PennyPress®

PUZZLER'S JUMBO BOOK OF WORD SEEKS™ 20

Penny Press is the publisher of a fine family of puzzle magazines and books renowned for their editorial excellence.

This delightful collection has been carefully selected by the editors of Penny Press for your special enjoyment and entertainment.

Puzzler's Jumbo Book of Word Seeks, No. 20, November 2015. Published four times a year by Penny Press, Inc., 6 Prowitt Street, Norwalk, CT 06855-1220. On the web at PennyDellPuzzles.com.

ISBN-13: 978-1-59238-083-1
ISBN-10: 1-59238-083-2

Printed by Quad/Graphics, Taunton, MA U.S.A. 10/13/15

PENNY PRESS PUZZLE PUBLICATIONS

✦ PUZZLE MAGAZINES ✦

All-Star Word Seeks
Approved Variety Puzzles
Classic Variety Puzzles Plus Crosswords
Easy & Fun Variety Puzzles
Easy Crossword Express
Family Variety Puzzles & Games
Fast & Easy Crosswords
Favorite Easy Crosswords
Favorite Fill-In
Favorite Variety Puzzles
Fill-In Puzzles
Garfield's Word Seeks
Good Time Crosswords
Good Time Easy Crosswords
Good Time Variety Puzzles
Large-Print Word Seek Puzzles
Master's Variety Puzzles
Merit Variety Puzzles & Games
Original Logic Problems
Penny's Famous Fill-In Puzzles
Penny's Finest Favorite Word Seeks
Penny's Finest Good Time Word Seeks
Penny's Finest Super Word Seeks
Quick & Easy Crosswords
Spotlight Celebrity Word Seek
Spotlight Movie & TV Word Seek
Spotlight Remember When Word Seek
Tournament Variety Puzzles
Variety Puzzles and Games
Variety Puzzles and Games Special Issue
Word Seek Puzzles
World's Finest Variety Puzzles

✦ SPECIAL SELECTED COLLECTIONS ✦

Alphabet Soup
Anagram Magic Square
Brick by Brick
Codewords
Crostics
Crypto-Families
Cryptograms
Diagramless
Double Trouble
England's Best Logic Puzzles
Flower Power
Frameworks
Large-Print Crosswords
Large-Print Cryptograms
Large-Print Missing Vowels
Letterboxes
Match-Up
Missing List Word Seeks
Missing Vowels
Number Fill-In
Number Seek
Patchwords
Places, Please
Quotefalls
Share-A-Letter
Simon Says
Stretch Letters
Syllacrostics
The Shadow
Three's Company
What's Left?
Word Games Puzzles
Zigzag

✦ PUZZLER'S GIANT BOOKS ✦

Crosswords
Sudoku
Word Games
Word Seeks

1 WORD SEEK 1

The words in the word list are hidden in the diagram of letters. Seek them by reading forward, backward, up, down, and diagonally, always in a straight line. Do not skip over any letters. Some of the letters in the diagram are used in more than one word and some are not used in any words. When you locate a word in the diagram, draw a loop around it. Put a check in the small square next to the word in the word list. We have started the puzzle for you.

Solution on page 480

- ☑ ACID
- ☐ AFRESH
- ☐ ARGYLES
- ☐ ASPARAGUS
- ☐ BEANPOLE
- ☐ BEET
- ☐ BEGONE
- ☐ CLEAT
- ☐ COBRA
- ☐ COLLIE
- ☐ COMPRESS
- ☐ DESERT
- ☐ DONKEY
- ☐ EQUATE
- ☐ EYEBALL
- ☐ FOUNTAIN
- ☐ FULLBACK
- ☐ HULLA-BALOO
- ☐ INFERIOR
- ☐ INVITATION
- ☐ LIBERAL
- ☐ MARRY
- ☐ MAVERICK
- ☐ NONSTOP
- ☐ PACIFY
- ☐ PRIDE
- ☐ PUMP
- ☐ RAPIER
- ☐ REPLACE
- ☐ RESIDUE
- ☐ ROTATE
- ☐ SCARLET
- ☐ SENTRY
- ☐ SHINE
- ☐ SHOWER
- ☐ SKULL
- ☐ SWOOP
- ☐ TELEGRAM
- ☐ UNDERTAKE

```
Y N W N C H U L L A B A L O O
R B O I S O L L A B E Y E D M
T E Y N P U M P M R E W O H S
N G S V S R G P A P E N K E D
E O E I O T H A R B K B C I C
S N K T D R O I R E F N I L A
I E A A E U D P Y A S P R L S
R T T T S E E N T N P S E O K
E A R I E Y I E R P W S V C U
I E E O R A L E C O B R A A L
P L D N T E P K O L A B M F L
A C N N G L N P S E L Y G R A
R E U R A S C A R L E T E E B
V O A C I D E Q U A T E K S N
F M E P A C I F Y O E N I H S
```

 2

WORD SEEK

 2 

Instructions for solving Word Seeks are given on page 5.

Solution on page 480

- ☐ BRANDISH
- ☐ CATTLE
- ☐ DERBY
- ☐ DOZE
- ☐ EDITOR
- ☐ EXCEEDING
- ☐ GAGA
- ☐ GLAMOUR
- ☐ GULP
- ☐ HANDBAG
- ☐ HEARSAY
- ☐ HELIUM
- ☐ HIDEAWAY
- ☐ HOBBY
- ☐ HOMINY
- ☐ IODINE
- ☐ JALAPENO
- ☐ KINSMEN
- ☐ LEVITATE
- ☐ LOZENGE
- ☐ MATURE
- ☐ MIS-SIONARY
- ☐ NESTLE
- ☐ PINOCHLE
- ☐ RETAIL
- ☐ ROBIN
- ☐ SARDINE
- ☐ SOFTBALL
- ☐ SUNFLOWER
- ☐ TERRIBLE
- ☐ THIRD
- ☐ TRIPLICATE
- ☐ TSETSE
- ☐ TURF
- ☐ UNDER-COOK
- ☐ VIBRATE
- ☐ WRENCH

```
G E L T S E N U K I O D I N E
L G G E T A C I L P I R T A X
A A U N D U N V I B R A T E C
M B L P E S R N W R E N C H E
O D P O M Z O F D E M X Y E E
U N D E R C O O K I O N L A D
R A N Y H R Z L S N I B O R I
O H G L A E V S E M I Y I S N
T E E A T W I P O R L H E A G
I L N B G O A H R F T E L Y H
D I I U N L L E V I T A T E O
E U D A A F T O D U D B T W B
R M R J L N J H S I D N A R B
B Y A E R U T A M Y H L C L Y
Y E S T E S T L N R E T A I L
```

3 WORD SEEK 3

Instructions for solving Word Seeks are given on page 5.

Solution on page 480

- ☐ ALREADY
- ☐ AUBURN
- ☐ BACKBEND
- ☐ BIRCH
- ☐ BOUNCER
- ☐ CAPSIZE
- ☐ CHEETAH
- ☐ CLOSELY
- ☐ CONSUMER
- ☐ DAYBED
- ☐ DYNAMITE
- ☐ EAGLE
- ☐ EXPERIENCE
- ☐ FIRST
- ☐ FONDER
- ☐ FOUNDATION
- ☐ GENERAL
- ☐ GROWL
- ☐ HOUSEFLY
- ☐ INGOT
- ☐ MARRIAGE
- ☐ MODEM
- ☐ MUTUAL
- ☐ NEWSPAPER
- ☐ OUTGROW
- ☐ RECEDE
- ☐ SHOWIEST
- ☐ SKIMPY
- ☐ STOOL
- ☐ SYMBOLIC
- ☐ TAMALE
- ☐ TANKER
- ☐ TENANT
- ☐ UNSTYLISH
- ☐ VANITY
- ☐ WAFFLE

C H E E T A H R E D N O F C V
D L X X O A E D E C E R M A T
A W O S P C L A R E N E G P A
Y O H O N E C I L O B M Y S N
B R H U T S R I F F X U Y I K
E G O X T S E I W O H S D Z E
D B U T A M A L E U O N A E R
U N S T Y L I S H N S O E A E
B R E T I M A N Y D C C R Y P
I U F B M A R R I A G E L P A
I B L D K V A N I T Y E A M P
N U Y H H C R I B I S A U I S
G A E L F F A W P O S G T K W
O U T G R O W B L N C L U S E
T N A N E T Y C M O D E M X N

4 PLACES, PLEASE 4

Fill the diagram with all the words in the word list. The words from each group start on their matching number, and they will read in all directions—forward, backward, up, down, and diagonally. Words from different numbers sometimes overlap; therefore, some letters will be used more than once. We have started the puzzle for you. When the puzzle is completed, all the squares will be filled.

Solution on page 480

1. YACHTSMAN
   YARROW
   YEARNING
   YODELING
   YUPPIE

2. BANANA ✓
   BEAUTY ✓
   BICARB ✓

3. CACTI
   CASTE
   CLIFF

4. NITPICK
   NONCHALANT
   NOR
   NOTEWORTHY
   NOW

5. TRAM
   TUNA
   TYKE

6. DATA
   DECO
   DIM
   DIP
   DOC

7. RIM
   ROE

8. LADLE
   LAITY
   LAPTOP
   LEVY
   LICORICE
   LINNET
   LIVELY
   LOCATION

9. SAWN
   SIGHT
   SPADE
   STAIR
   SUNG

10. MAY
    MITT

11. FAVA
    FLEE
    FLU
    FOG

12. OATH
    OHM
    OLD
    OLIO
    OPENING
    OPTIC
    OWN

13. GETUP
    GNAT
    GULL

14. ADOPTABLE
    AJAR
    ALP
    AYE

					1							
		Y	T	U	A	E	2 B	3				
4							A	I				5
							N		C			
			6				A			A		
							N				7 R	
							A					B
								8				
				9								
											10	11
			12									
							13					
				14								

5 PLACES, PLEASE 5

Instructions for solving Places, Please are given on page 8.

Solution on page 481

1. TACKY
TANTARA
THREAT

2. PAL
PIN
PLY
POSY

3. SILKSCREEN
SKEIN
SOAK
SORA

4. HAWS
HINTERLAND
HOCK
HOGAN
HORA
HOST
HUMID
HUSK

5. ADE ✓
AGAR ✓
AGED ✓
ALIST ✓

6. DEES
DELAY
DIGGER
DODO
DYNAST

7. MANE
MANTIS
MET

8. CHEST
CLIENTELE
CLOCKWORK
COINS
COUNTERSPY

9. YARN
YAWN
YELLOWBIRD
YESTERDAY
YOUNGSTER

10. WAG
WAN
WEE
WON

11. NEWS
NOD

12. BAITING
BESTOW
BOD
BOW

13. ENNUI
ENTICE
ESS
ETA

						1						T
									2		S	
										I		
3			4						L			
								5 A	D	E		
								G	G		6	
							7	A		E		
								R			D	
	8											
												9
										10		
	11				12							
							13					

6 WORD SEEK 6

Instructions for solving Word Seeks are given on page 5.

Solution on page 481

- ☐ ADMIRING
- ☐ ADVICE
- ☐ ALOE
- ☐ BALLROOM
- ☐ BATHTUB
- ☐ BOATMAN
- ☐ BOOKSHELF
- ☐ CRESCENT
- ☐ FANTASIZE
- ☐ FIREFLY
- ☐ FLORAL
- ☐ FOLIAGE
- ☐ FOREVER
- ☐ HECKLER
- ☐ INHALE
- ☐ INSECT
- ☐ JILT
- ☐ LIMERICK
- ☐ LOVE
- ☐ METEOR
- ☐ MOROSE
- ☐ OUTSIDE
- ☐ PEAK
- ☐ PESTLE
- ☐ RANGER
- ☐ REASONING
- ☐ RECITAL
- ☐ SARAN
- ☐ SATIN
- ☐ SETTLE
- ☐ SEVERAL
- ☐ SHIRT
- ☐ SPAR
- ☐ SWAMP
- ☐ SWEET-HEART
- ☐ TOOLBOX
- ☐ UNDER
- ☐ UNIQUELY
- ☐ UPRISE
- ☐ VEGE-TARIAN
- ☐ VIAL

```
L A R O L F M M T U S S P A R
C B O A T M A N O W M E I S E
X P E S T L E N E O O T N E L
O A T O O C L E T N R T H V K
B D E E S A T I N A O L A E C
L V M E T H U P R I S E L R E
O I R I E A N B E R E I E A H
O C C A D D I K A A E Q Z L B
T E R T I M Q C S T K G O E R
R T E C S I U I O E H V N E N
I L D E T R E R N G E T V A A
H I N S U I L E I E V E U L R
S J U N O N Y M N V R I B B A
F O L I A G E I G O P M A W S
B O O K S H E L F I R E F L Y
```

7 WORD SEEK 7

Instructions for solving Word Seeks are given on page 5.

Solution on page 481

- ☐ ABACUS
- ☐ BUTTE
- ☐ CALF
- ☐ CLIMAX
- ☐ DENT
- ☐ DINGO
- ☐ DOORMAT
- ☐ DRIVER
- ☐ ELASTIC
- ☐ EXECUTE
- ☐ FLASH
- ☐ FOLLOWING
- ☐ FRE-QUENTLY
- ☐ GAIETY
- ☐ GLIDING
- ☐ IMITATOR
- ☐ IMMERSE
- ☐ IMPACT
- ☐ JUBILANT
- ☐ LEAD
- ☐ LIGHT-HOUSE
- ☐ MAUVE
- ☐ MAYBE
- ☐ MUSTARD
- ☐ NEVERTHE-LESS
- ☐ NICE
- ☐ OBJECTIVE
- ☐ ORBIT
- ☐ OUTWEIGH
- ☐ PATRON
- ☐ PHEASANT
- ☐ PULSE
- ☐ RAVE
- ☐ ROBE
- ☐ ROSARY
- ☐ SEASONAL
- ☐ SHELTER
- ☐ SOLDER
- ☐ SPATULA
- ☐ SPRY
- ☐ STARE
- ☐ TEARY
- ☐ TOMCAT
- ☐ WHIZ
- ☐ WINE

```
J E S L U P A H Y R A S O R F
Y U Y P F C H B G L E A D R E
N R B L A I L E A I M V E N F
S G A I E T Y S A C E Q I L R
E C A E L S R U C S U W A R E
A I M I T A T O R E A S T G D
S T A R E L N H N Z H N N U L
O E O B J E C T I V E I T S O
N S O M V B L H C D W Y R P S
A R H U C Y W G D O O R M A T
L E A E X A M I L C B U T T E
J M P V L M T L D R A T S U M
I M P A C T O O G N I D I L G
T I B R O F E T U C E X E A D
S S E L E H T R E V E N I C E
```

 8 | LETTERBOXES | 8 

Can you find the correct places for the words in the word list? The starting letters for all the words are given in the circles. Letters may be used as parts of other words because of overlapping or crossing. The words read in a straight line and in all directions—forward, backward, up, down, and diagonally. Do not pass over a black square as you are solving. When the puzzle is completely solved, there will be a letter in every space. We have filled in one word to start you off.

Solution on page 481

- ☑ ANCHOR
- ☐ ARTICLE
- ☐ ASTROLOGY
- ☐ BOBSLED
- ☐ BRAINCHILD
- ☐ CALORIE
- ☐ CATFISH
- ☐ CHAPEL
- ☐ COMRADE
- ☐ DREAM
- ☐ FREIGHT
- ☐ HAIRY
- ☐ HERALD
- ☐ HUNTING
- ☐ INDEX
- ☐ LINGUINE
- ☐ MODERATE
- ☐ NEATEN
- ☐ NESTLING
- ☐ NEWSMAN
- ☐ NOISE-MAKER
- ☐ OPERETTA
- ☐ PLEDGE
- ☐ SABLE
- ☐ SANEST
- ☐ SEPTET
- ☐ SUNBONNET
- ☐ TALENT
- ☐ UNIMPOR-TANT
- ☐ WITNESS

			R	O	H	C	N	A		■	■	S	
			■	■			L						
			■										
		I											H
	S							■			■		C
H				D			C		■	■		H	N
C							A						N
	O	A										■	M
		U											■
B													P
	■	■	■	F								■	■
S						W							N
							N		S	■	T	■	■

9 LETTERBOXES 9

Instructions for solving Letterboxes are given on page 12.

Solution on page 481

- ☑ BREATHE
- ☐ CHEERFUL
- ☐ CLENCH
- ☐ CONVERT
- ☐ CORRESPOND
- ☐ DESPAIR
- ☐ DIRECTION
- ☐ DISHONEST
- ☐ DOMESTIC
- ☐ DOODAD
- ☐ ELECTOR
- ☐ FORTH
- ☐ FRAME
- ☐ HERBAL
- ☐ HOUSEBOAT
- ☐ IMITATE
- ☐ LACQUER
- ☐ LION
- ☐ LOOPHOLE
- ☐ MONTE
- ☐ MUTANT
- ☐ ORANGE
- ☐ PATIENT
- ☐ PERJURE
- ☐ RAIL
- ☐ RISEN
- ☐ SACRED
- ☐ SALARY
- ☐ SIMPLICITY
- ☐ SNUGGLE
- ☐ TRANSACT
- ☐ YACHTING

	M			F	C	D			C		S	■	M
S			■								L		■
				■	■			O					E
							■				■	■	
							B	R	E	A	T	H	E
								Y					
						I							
		D		R									
S		C				P							
						■				■			■
				R						■			■
	C		L	■								L	D
			D					D					F
	■		H	■	P						T	■	■

10 MISSING VOWELS 10

Before you can loop the words in the list below, you must first fill in the circles in the diagram with the missing vowels A, E, I, O, and U. We have filled in one word for you. *Solution on page 481*

- ☑ AMOUR
- ☐ ASCOT
- ☐ ASPIRIN
- ☐ BARBELL
- ☐ BEAR
- ☐ BLUE
- ☐ CARNIVAL
- ☐ CASTAWAY
- ☐ CHEMISTRY
- ☐ COTTON
- ☐ DEDUCT
- ☐ DELUGE
- ☐ DISTILL
- ☐ DOVE
- ☐ EERIE
- ☐ EGOMANIA
- ☐ ELOPE
- ☐ FACADE
- ☐ FAME
- ☐ FORMULA
- ☐ HOMELAND
- ☐ IRON
- ☐ MANICURIST
- ☐ MINER
- ☐ MONITOR
- ☐ OLIVE
- ☐ OREGANO
- ☐ PEDIATRICIAN
- ☐ RESTRICT
- ☐ RETORT
- ☐ RUNAROUND
- ☐ SALTINE
- ☐ SAVIOR
- ☐ SERIOUS
- ☐ SLOGAN
- ☐ SODDEN
- ☐ TAILING
- ☐ TRACE
- ☐ UNDERVALUE
- ☐ VANILLA
- ☐ WHOA

R B ○ R B ○ L L ○ T S ○ D V ○
○ R T C ○ D ○ D ○ L ○ G ○ L T
T P ○ L P N D N ○ L ○ M ○ H S
○ ○ B T ○ S ○ V ○ ○ R P M ○ ○
R D C T ○ V ○ R R ○ ○ B N S R
T ○ L ○ ○ N ○ M ○ G ○ D N ○ ○
○ ○ G Y R R ○ N A ○ ○ W S R C
S T ○ ○ R T ○ M ○ R N T H ○ ○
P R C L ○ T O N V L R D N ○ N
○ ○ N ○ ○ U S ○ ○ ○ L ○ N ○ ○
R C ○ M R N L ○ C G T ○ ○ S M
○ ○ G R ○ ○ G T M T ○ M D B ○
N ○ ○ ○ ○ V ○ L ○ ○ ○ R D M N
P N L F ○ D ○ C ○ F H D ○ V ○
C ○ S T ○ W ○ Y S T ○ C S ○ R

11 MISSING VOWELS 11

Instructions for solving Missing Vowels are given on page 14.

Solution on page 482

- ☑ ABIDE
- ☐ AIDE
- ☐ AIMLESS
- ☐ BARGE
- ☐ BELITTLE
- ☐ BETA
- ☐ BULGE
- ☐ CANOE
- ☐ CAPPUCCINO
- ☐ CASING
- ☐ CAVITY
- ☐ CLOUT
- ☐ CONSERVE
- ☐ COUP
- ☐ CRIME
- ☐ CROQUET
- ☐ DEFLATE
- ☐ DISAPPOINT
- ☐ EVOLVE
- ☐ FIRE-CRACKER
- ☐ FONDEST
- ☐ GIRDER
- ☐ GOER
- ☐ GUSSET
- ☐ HANDCLASP
- ☐ HISSING
- ☐ JEANS
- ☐ LEGION
- ☐ MEDALIST
- ☐ METRO
- ☐ OPTIMIST
- ☐ PLEASE
- ☐ REDCOAT
- ☐ REVERSE
- ☐ SAINTLY
- ☐ SARI
- ☐ SEEKING
- ☐ SIEVE
- ☐ SKELETON
- ☐ TOGA
- ☐ UNLUCKY
- ☐ WHOLESOME

```
G ○ ○ ○ ○ N L ○ C K Y G ○ ○ R
P M D P E D I B A R G ○ ○ S ○
S ○ ○ L T T ○ L ○ B ○ N H R D
○ R ○ D R ○ G S S T ○ Q ○ ○ C
L C ○ R T ○ M C ○ C ○ K ○ V ○
C ○ S S ○ L M ○ ○ P C L S ○ ○
D N ○ T ○ L ○ K S ○ P ○ F R T
N S S ○ ○ V ○ M R T ○ ○ G ○ S
○ ○ B ○ L G ○ C ○ N ○ N ○ ○ D
H R F ○ N D ○ S T S ○ S ○ N Y
P V V ○ ○ R T L ○ S ○ K S T T
○ ○ S L ○ S Y ○ S ○ ○ L ○ ○ S
○ ○ ○ F L ○ G ○ ○ N L V ○ ○ G
C S N ○ ○ J H B G L ○ P R H V
T ○ G ○ C ○ P P ○ C C ○ N ○ W
```

12 SQUARE NINES 12

Find 3x3 squares in the diagram that contain, in no particular order, the nine letters of the words listed. *Solution on page 482*

- ☑ ALTERNATE
- ☐ AMAZEMENT
- ☐ AMPHIBIAN
- ☐ AMUSEMENT
- ☐ APPREHEND
- ☐ BACKSTAGE
- ☐ BEAUTIFUL
- ☐ BIOGRAPHY
- ☐ BIOLOGIST
- ☐ COASTLINE
- ☐ COFFEEPOT
- ☐ DISAPPEAR
- ☐ DIVERSION
- ☐ EVOLUTION
- ☐ FARMHOUSE
- ☐ FAVORABLE
- ☐ HURRICANE
- ☐ IRREGULAR
- ☐ LIVELIEST
- ☐ MATRI-MONY
- ☐ NOTORIETY
- ☐ PRONOUNCE
- ☐ SANDPIPER
- ☐ SENSELESS
- ☐ SHORTHAIR
- ☐ SLINGSHOT
- ☐ STEAMSHIP
- ☐ SUBMARINE
- ☐ SWEETENER
- ☐ VARIATION

```
E O V I F U I S L I E B A P I
P E L T L A E G G B S O P S E
I N O U E B K C Z I T L D A R
A M M A E A S T M O G I P P E
T Y R L O F N M U Y H B N E H
O N E V R B E A E R A P I U N
I O T A N R Z M N L A I M A B
F O U R I U M A T T E N R S E
L E P C E H R O F C S O D M U
I O N N D S E F P E V I I L R
S G T P R I S O T E I T R U R
S H L P E A R H S L S L G E A
T A A A I R H T E N S R K E A
I H O N V O A M S E E E Z Z N
O C B I A T S P I W T E K D N
```

13 SQUARE NINES 13

Instructions for solving Square Nines are given on page 16.

Solution on page 482

- [x] AVAILABLE
- [ ] BACKDRAFT
- [ ] BACKSPACE
- [ ] BOTANICAL
- [ ] CONTINENT
- [ ] CORKSCREW
- [ ] CRITICIZE
- [ ] DEFECTIVE
- [ ] DELPHINIA
- [ ] DESPERATE
- [ ] EMBARRASS
- [ ] HEARTACHE
- [ ] HOME-GROWN
- [ ] HOUSEKEEP
- [ ] INCIDENCE
- [ ] INTERVIEW
- [ ] MAKESHIFT
- [ ] MANHANDLE
- [ ] MEMORANDA
- [ ] MODERNIZE
- [ ] OBVIOUSLY
- [ ] REPLENISH
- [ ] RESURFACE
- [ ] SCHNITZEL
- [ ] SPECIALTY
- [ ] STREETCAR
- [ ] TARPAULIN
- [ ] TOUCHDOWN
- [ ] WALLPAPER
- [ ] YELLOWEST

```
A L S E F Z I O E H C T E A Y
V L Y E Z M D E U P H H E M I
H W O T C R N E K S A R A F S
N O T P C I P H E S A B H T K
U D C Y E S E L D M R E P D Z
P I N L T A D E N A E T E R E
U L T E A L A M A N D A S U F
A A R T R V R O M L H P R C A
L P E S C C D V V E I I Z S T
L W P W I E I H F E C E I L N
N F G R N E N A E D T R C H E
I B I V T I O L V A K F H G N
S L S Y N T C B I A B C R W M
V O U O G Y A L A E A S O E O
U B S U Y E T N O P C K C R P
```

14 WORD SEEK 14

Instructions for solving Word Seeks are given on page 5.
Solution on page 482

☐ AFOUL
☐ AVERAGE
☐ BINDER
☐ BLACKTOP
☐ BOOKCASE
☐ BRAWL
☐ BUNGALOW
☐ CINEMA
☐ COLOR
☐ COWER
☐ DOFF
☐ EDIT
☐ ESTIMATION
☐ FANTASY
☐ FARMHAND
☐ FURTHERMORE
☐ GAZER
☐ GOLDENROD
☐ HIGHWAY
☐ HYENA
☐ INSTRUCTOR
☐ KEYBOARD
☐ LEVER
☐ LORD
☐ NEAR
☐ NETWORK
☐ OMIT
☐ PLUSH
☐ PRAIRIE
☐ PRIMER
☐ RAVIOLI
☐ REJOICE
☐ REVENGE
☐ RIOT
☐ SCHOOL
☐ SCREECH
☐ SHIPSHAPE
☐ SILL
☐ SPAM
☐ STRAND
☐ TEACHER
☐ TENDER
☐ TOASTER
☐ TROUPE

D D O R N E D L O G A Z E R K
R E V E N G E F R T E N D E R
E G A R E V A Y O E P V Y J E
D H C E E R C S T T H B M O T
N E A R M E O B C R O C T I S
I F R H N S L M U A O I A C A
B L A C K T O P R N D U R E O
B N V N I I R D T E G R P N T
D C I M T M Y V S Y H A E E E
B O O K C A S E N H H T L I L
R W L U W T S A I S W O R O U
A E I H R I F Y P O O I R U W
W R G A L O A I R H A D O F F
L I N L U N H K C R E M I R P
H D P L U S H S P A M E N I C

15 WORD SEEK 15

Instructions for solving Word Seeks are given on page 5.

Solution on page 482

- ☐ ACCESS
- ☐ ANYMORE
- ☐ APART
- ☐ ARCH
- ☐ AWESOME
- ☐ BAUBLE
- ☐ CANTER
- ☐ CARGO
- ☐ CATHEDRAL
- ☐ CHANNEL
- ☐ CLOYING
- ☐ CONNIVE
- ☐ CORPORAL
- ☐ DANGER
- ☐ DIFFER
- ☐ DISCRETION
- ☐ DIVAN
- ☐ DRINK
- ☐ ELEVATING
- ☐ ENDURANCE
- ☐ EXCITE
- ☐ GRANDEST
- ☐ INCH
- ☐ LETUP
- ☐ LOPE
- ☐ LOSE
- ☐ LOTUS
- ☐ OFFENSE
- ☐ OPPONENT
- ☐ PAYING
- ☐ PHENOMENON
- ☐ PLEBE
- ☐ POTLUCK
- ☐ PROVE
- ☐ REALM
- ☐ SEDAN
- ☐ SHOWBOAT
- ☐ TANKARD
- ☐ THREE
- ☐ TRINKET
- ☐ UNICYCLE
- ☐ VERSES
- ☐ VIOLIN
- ☐ WEATHER

```
R E T N A C K N O F F E N S E
N T R A P A G N A C C E S S B
I R I T C T H N I V D I R O E
L E N N A H C N I R I B E S L
O F K E R E R L A T D D H L P
I F E N G D A K O I A O T P D
V I T O O R N E S Y W V A O A
V D T P O A A C R B I Y E T N
E E H P T L R N O O I N W L G
T P R O V E E A D N M F G U E
I O E S T Y T R G E N Y E C R
C L E I E L B U A B S I N K E
X L O T U S E D A N V T V A A
E N O N E M O N E H P U T E L
U N I C Y C L E M O S E W A M
```

 16

V-WORDS

16 

The 5-letter words below are found in the diagram in a V shape pointing left, right, up, and down. *Solution on page 482*

- [x] ABATE
- ☐ AMBLE
- ☐ AVIAN
- ☐ BASIC
- ☐ CACAO
- ☐ CLAMP
- ☐ CRAMP
- ☐ CRAVE
- ☐ CROCK
- ☐ DEIGN
- ☐ DELTA
- ☐ DENSE
- ☐ DRIER
- ☐ EXTRA
- ☐ FLASK
- ☐ FOGGY
- ☐ FOLIO
- ☐ GENET
- ☐ GULCH
- ☐ HAZEL
- ☐ KITTY
- ☐ LEMON
- ☐ LENTO
- ☐ LYRIC
- ☐ MOURN
- ☐ NAVEL
- ☐ NIECE
- ☐ NOISE
- ☐ OASIS
- ☐ OTTER
- ☐ PEACH
- ☐ RAMEN
- ☐ RENEW
- ☐ ROAST
- ☐ RONDO
- ☐ STRAY
- ☐ SWAIN
- ☐ VALOR
- ☐ WHOLE
- ☐ WHORL

```
F B L F P T R K Z R M A R S L
H O C I L R S A O E A O A E H
F I G Z O A H A L M L R N N T
X G D U I C E Y P E K R C T E
Y G M E L S R E V C U A O X O
U L Y R N O B I N A C O T I C
P O O T L G E A C I N A M R Y
P A Z H T A I C S I B E O A A
S K N I W E V V E M N L R C R
R I K H D H N L A E Y E E T K
A E S R O E O T R B M T W V S
U W I R G D L O A E A T F U A
D S S O P L N P H M M L Z R U
E D V I N E K C P E I C C T D
U V G V L I A R D Z O E F I O
```

17 V-WORDS 17

Instructions for solving V-Words are given on page 20.

Solution on page 483

☑ ABOIL
☐ ANNOY
☐ APORT
☐ BONGO
☐ CHINA
☐ CHURN
☐ CLOSE
☐ CORGI
☐ COURT
☐ DRYAD
☐ EAGER
☐ EARTH
☐ EMCEE
☐ ENACT
☐ GLOAT
☐ GRUFF
☐ GUPPY
☐ HOKUM
☐ HUMUS
☐ HYPER
☐ KRAFT
☐ LAPSE
☐ LEASE
☐ MANGY
☐ MATER
☐ NIFTY
☐ PLANE
☐ PLANT
☐ ROUGH
☐ RUBLE
☐ SOPOR
☐ STUDY
☐ SWORN
☐ TARRY
☐ THROB
☐ TREAT
☐ TRUCK
☐ UNDID
☐ VALUE
☐ WAFER

```
Y E A Y U M C R K K N P T R E
I P V N E H K H O R U F P S H
O N U A I R N H U G A M O Y D
Y R T F L I T R A O U K U L T
G F T A F A T E I S C D R H C
D L V D M T L B R M E E R O T
F R I K N E Y Y E N P Y E O U
D D I O C U D D A M B Y N G B
M L B C Y U R N E L E U H R K
Y A V G R Y T E E A P T R K O
W F N T O F A S G O R O C W U
S I V N A C E D R L L I S A C
D P G W O D B R P A O U N M K
W O N R A B Y S V A T E E C O
C T T Y L I E Y T K L N M I U
```

 18

MISSING VOWELS

18 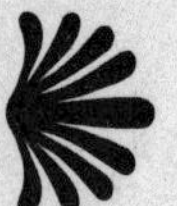

Before you can loop the words in the list below, you must first fill in the circles in the diagram with the missing vowels A, E, I, O, and U. We have filled in one word for you. *Solution on page 483*

- ☑ AGHAST
- ☐ AGITATE
- ☐ BEFOG
- ☐ CARAWAY
- ☐ CHARCOAL
- ☐ COMFORT
- ☐ CORE
- ☐ COTE
- ☐ COWHERD
- ☐ DESIRABLE
- ☐ ENVELOPE
- ☐ FOREGO
- ☐ JUSTICE
- ☐ LEARN
- ☐ LEGAL
- ☐ MALLET
- ☐ MOMENTOUS
- ☐ MORAY
- ☐ MUDDLE
- ☐ MUTTON
- ☐ NATIVE
- ☐ NEWSREEL
- ☐ NOVEL
- ☐ NUGGET
- ☐ OATMEAL
- ☐ PICK-POCKET
- ☐ PIERCE
- ☐ PRETEXT
- ☐ PROVINCE
- ☐ RAILWAY
- ☐ RAKE
- ☐ RASPBERRY
- ☐ RESIGN
- ☐ RETIRE
- ☐ RITUAL
- ☐ SOLVING
- ☐ SUBPOENA
- ☐ TEAM
- ☐ TEEN
- ☐ TILTING
- ☐ TREE
- ☐ TURKEY
- ☐ UPON
- ☐ WATER-PROOF

```
W T ○ R K ○ Y G ○ L ○ ○ T ○ R
○ ○ V ○ T ○ N ○ G G ○ T R R S
T ○ F ○ W ○ J ○ S T ○ C ○ W ○
○ M C L T Y M C ○ R ○ T ○ R ○
R ○ ○ L ○ ○ H N T ○ L L ○ M T
P ○ ○ R D ○ N ○ ○ P B ○ S T N
R T ○ D R ○ C N ○ V ○ R P ○ ○
○ M L C ○ ○ S C F L ○ ○ F P M
○ ○ ○ T R T K ○ ○ T ○ L ○ ○ ○
F ○ R ○ S P B ○ R R Y L R N M
L L W A ○ ○ R ○ C ○ ○ S ○ G ○
R ○ H C F S F ○ T V B R G ○ T
Y G K ○ W M Y G N ○ V L ○ S T
A ○ G ○ ○ P R ○ T ○ X T ○ ○ ○
T L N C ○ W H ○ R D L ○ ○ R N
```

19 MISSING VOWELS 19

Instructions for solving Missing Vowels are given on page 22.

Solution on page 483

- ☑ AGREE
- ☐ ANTIDOTE
- ☐ APPOINT
- ☐ BARONET
- ☐ BIKE
- ☐ BOBBIN
- ☐ CARPENTER
- ☐ CHANTER
- ☐ CLIPPING
- ☐ CORN-STARCH
- ☐ CREWEL-WORK
- ☐ CUTICLE
- ☐ DEVOUR
- ☐ DRAWBACK
- ☐ EDICT
- ☐ EVENING
- ☐ EXTERIOR
- ☐ FORBIDDEN
- ☐ GALLON
- ☐ HEARTH
- ☐ HOOF
- ☐ HOSIERY
- ☐ INTO
- ☐ MIRROR
- ☐ MISFIT
- ☐ MOAT
- ☐ NEIGHBORHOOD
- ☐ NOMINEE
- ☐ OILCAN
- ☐ PAINT
- ☐ PERTAIN
- ☐ RATTAN
- ☐ REMORSE
- ☐ REVEAL
- ☐ SEAMEN
- ☐ STEIN
- ☐ STOLE
- ☐ TEENAGER
- ☐ UPBEAT
- ☐ VILLAGE
- ☐ WEAN

N ◯ ◯ G H B ◯ R H ◯ ◯ D N S N
◯ L T C ◯ D ◯ Y C H ◯ N T ◯ R
B C G K ◯ S R ◯ M ◯ R ◯ D C N
B ◯ ◯ V R ◯ V ◯ ◯ L ◯ D R ◯ P
◯ T ◯ L ◯ R V N L N ◯ ◯ M ◯ W
B ◯ C S ◯ ◯ K C ◯ B W ◯ R D T
R C ◯ R N T T C R ◯ ◯ T ◯ ◯ H
F H R ◯ H N S ◯ L S ◯ ◯ ◯ ◯ D
T ◯ N ◯ ◯ ◯ F W D ◯ N B ◯ B V
M G S N ◯ P ◯ T N ◯ P R T ◯ ◯
◯ ◯ T ◯ L R P ◯ M ◯ T P N R L
S L ◯ T K ◯ ◯ ◯ L H M N ◯ ◯ L
F L R T P C N T ◯ C ◯ X ◯ N ◯
◯ ◯ C Ⓐ G R Ⓔ Ⓔ X N ◯ ◯ P ◯ G
T N H R ◯ G ◯ N ◯ ◯ T N F T ◯

 20 PLACES, PLEASE 20 

PLACES, PLEASE

Fill the diagram with all the words in the word list. The words from each group start on their matching number, and they will read in all directions—forward, backward, up, down, and diagonally. Words from different numbers sometimes overlap; therefore, some letters will be used more than once. We have started the puzzle for you. When the puzzle is completed, all the squares will be filled. *Solution on page 483*

1. YAMMER
   YEOMAN
   YODELER

2. CIRCULATE
   COMMER-
   CIAL
   CRAFTS-
   MAN

3. FACET
   FIGHT
   FOR
   FROST

4. MIEN
   MOA

5. PAS
   PEA
   PEN
   PER
   PINE
   PIT
   PRO

6. DEEM
   DIVA
   DUE
   DUN

7. RAIMENT
   RAPIDLY
   REPLY
   RID
   ROTARY

8. ZEALOUS
   ZENITH
   ZINNIA
   ZIRCON
   ZODIAC

9. GAD
   GAL
   GEE
   GNU
   GRAM
   GRIMACE

10. AGO
    ALB
    ANILE
    ANKH
    ANY
    ATE

11. EACH
    EGO
    ELL
    ELVISH
    ENTREE
    EQUAL
    ERA
    EYE-
    OPENER

12. SIR
    SKIER

13. BLEACH-
    ER ✓
    BOMBE ✓
    BURNT ✓

						1						
	2											
3												
							4			5		
			6			7						
												8
T												
	N	9							10			
		R			11							
			U							12		
E	B	M	O	13 B	L	E	A	C	H	E	R	

21 PLACES, PLEASE 21

Instructions for solving Places, Please are given on page 24.

Solution on page 483

1. ENJOYABLE
EPOS
ESPY
EXECUTIVE
EXTRANEOUS

2. UKE
UNDER-STAND
UPLIFT

3. PAC ✓
PET ✓
PLAYWEAR ✓

4. NAPE
NUT

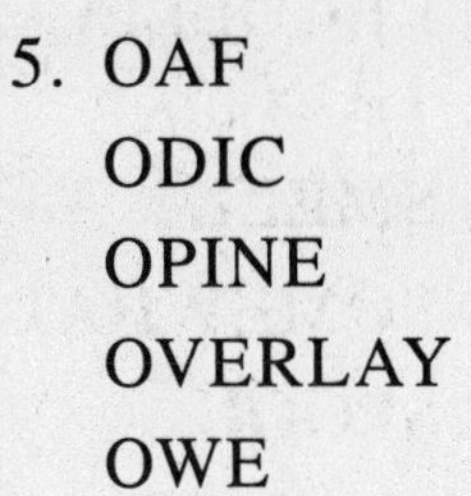

5. OAF
ODIC
OPINE
OVERLAY
OWE

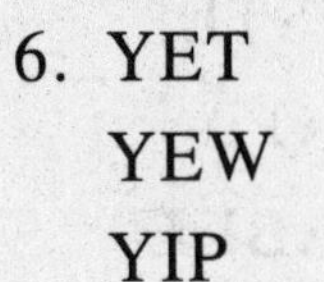

6. YET
YEW
YIP

7. DALE
DOE
DUO

8. GEM
GET
GOT
GRITS

9. CANYON
CITRON
COMPOTE

10. BANDIT
BEHEST
BETTOR
BIDDEN
BILLET
BLAZON
BRAY
BUTTRESS

11. SAP
SEEN
SET
SIN
SOIREE
SPLAT
STAT

12. TEA
TEN
TIDY

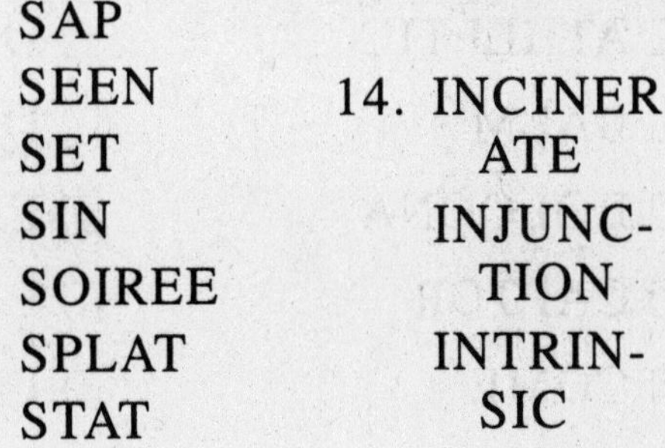

13. ACT
ADIT
AQUA
ATRIAL

14. INCINER-ATE
INJUNC-TION
INTRIN-SIC

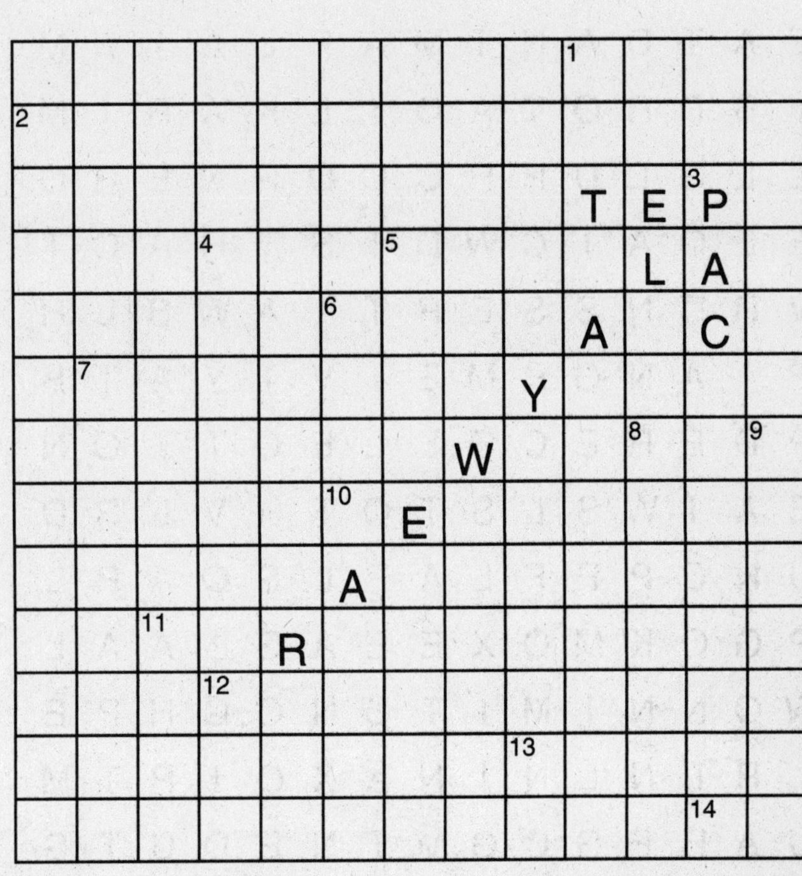

22 WORD SEEK 22

Instructions for solving Word Seeks are given on page 5.

Solution on page 483

☐ AERIE
☐ ALIAS
☐ ANGORA
☐ ATHLETIC
☐ BALM
☐ BOLOGNA
☐ CAPTOR
☐ COME
☐ CORNER
☐ CRINGE
☐ CURTSY
☐ DEFENSE
☐ DISTRACT
☐ DRAGON
☐ EXCELLENCE
☐ EXPLOSIVE
☐ FLAP
☐ FLOP
☐ GLEN
☐ GLIMPSE
☐ GRIN
☐ LANK
☐ LARGE
☐ LOIN
☐ MAMMOTH
☐ MARINADE
☐ MEDDLE
☐ MINNOW
☐ NEST
☐ PACKING
☐ PARROT
☐ PLAIN
☐ POLITICIAN
☐ PROLONG
☐ RECOLLECTION
☐ SMELL
☐ SOMEWHAT
☐ SPOOL
☐ STUDENT
☐ THISTLE
☐ TRIO
☐ USABLE
☐ VELVETY
☐ VIEWPOINT
☐ WADE
☐ WAITRESS

```
Y U B A L M E S N E F E D E M
T S E N E L G E N X Y D E G A
E A T D A N T M A P L A I N M
V B D R O T A O I L K W R I M
L L G L U R H C C O R N E R O
E E O A I C W D I S T R A C T
V R C N S S E R T I A W S L H
P I A N G R M E I V T Y A T B
P D E R E C O L L E C T I O N
E A I W S L S T O T H V L R D
U N C P P F L A P L S O A R L
P G O K M O X E E A G I A A L
W O N N I M I T C N C G H P E
L R L N L N I N A X O I R T M
U A H F G C G M T N E D U T S
```

23 WORD SEEK 23

Instructions for solving Word Seeks are given on page 5.

Solution on page 484

- ☐ ADDITION
- ☐ AGONIZE
- ☐ ALFRESCO
- ☐ BRITTLE
- ☐ CEREAL
- ☐ CONQUEST
- ☐ DEWDROP
- ☐ DORM
- ☐ DOWNHILL
- ☐ DUCHESS
- ☐ FELT
- ☐ GRAMMAR
- ☐ GREEN
- ☐ HIPPO
- ☐ INLET
- ☐ INTERN
- ☐ KISS
- ☐ KNOWN
- ☐ LEVEL-HEADED
- ☐ MANNER
- ☐ MARINARA
- ☐ MOGUL
- ☐ OPOSSUM
- ☐ PANTHER
- ☐ PARSLEY
- ☐ POTHOLE
- ☐ PROPOSE
- ☐ RAGE
- ☐ RECITE
- ☐ RENDEZVOUS
- ☐ ROMP
- ☐ SEVERE
- ☐ SIGNER
- ☐ SLEEK
- ☐ SOMETIMES
- ☐ SPEND
- ☐ STANCE
- ☐ STRESSFUL
- ☐ SWAT
- ☐ TOKEN
- ☐ UPHOLSTERY

```
R E N D E Z V O U S L E E K R
P R O P O S E W D E T I C E R
S S I K B R I N T E R N N F L
E E T G R A M M A R W G L E M
V G I R I U T E L N I D V L E
E A D E T P L U F S S E R T S
R R D E T H T A W S L U G O M
E A A N L O S S E H C U D V P
H N L P E L P M E Z I N O G A
T I L F O S I A M U S S O P O
N R N A R T D H R A Q R O M P
A A E D E E H N N S N N C Z P
P M K M D R S O E W L N O C I
N W O N K Y E C L P O E E C H
F S T A N C E C O E S D Y R H
```

24 LICENSE PLATES 24

Take a spin around this diagram and locate all of these number-letter License Plates.

Solution on page 484

- ☑ 3LM3M
- ☐ 452VA
- ☐ 4S5AV
- ☐ 55SEA
- ☐ 5QQUM
- ☐ 68ZDH
- ☐ 6WL6Y
- ☐ 742NV
- ☐ 86XBC
- ☐ 8Y2EZ
- ☐ 963ZN
- ☐ AS3BU
- ☐ C2ZKY
- ☐ DDA9Q
- ☐ DDH98
- ☐ ERX98
- ☐ G5N57
- ☐ GD9GR
- ☐ GK6CA
- ☐ GNP5P
- ☐ H738Y
- ☐ HUQS3
- ☐ JCU6C
- ☐ JWX2M
- ☐ K7Q9P
- ☐ ME66Y
- ☐ MW8AF
- ☐ P4DF4
- ☐ PK2UC
- ☐ R9MC6
- ☐ S26GW
- ☐ SCA2F
- ☐ TCW5D
- ☐ UA22P
- ☐ V56AL
- ☐ V9ZKU
- ☐ XBVP3
- ☐ YENL7
- ☐ Z8WAE
- ☐ ZNA7M

```
U A K 6 3 7 3 3 S Q U H U G 8
Y B 8 B L N M G 2 G 4 F D 4 P
Q E 3 N F C E N 6 G 5 9 V 9 B
X A E S 5 5 6 P G 3 G N A R 6
M Y R 2 A C 6 5 W R L 8 5 T 5
Z E 2 Y 8 2 Y P K 2 U C S 7 U
E R X 9 8 Z 8 W A E A X 4 7 M
D K H B 5 K 3 L M 3 M 2 8 W 9
H D C 4 Y Y 7 S D P N 6 8 5 8
D L A 6 5 V H J 5 V X A Q Q M
Z P L 9 U 2 A 6 W B F Q M K Z
8 W 2 K Q C V P C X U 2 7 W 8
6 N Z 3 6 9 J A T M 2 Q A W F
F 9 K K G N 6 6 G K 9 M N C 4
V B G E 2 U A 2 2 P L R Z X S
```

25 LICENSE PLATES 25

Instructions for solving License Plates are given on page 28.

Solution on page 484

☑ 2T873
☐ 3AZ7A
☐ 3TDP9
☐ 4EHRV
☐ 4WSPW
☐ 6LXDY
☐ 6ZHGM
☐ 77DM2
☐ 8F5FW
☐ 8VZSJ
☐ 9868Y
☐ 9LXEW
☐ 9ZSVU
☐ A7JYL
☐ BLSU9
☐ CBQ5L
☐ DVL9F
☐ E4WJZ
☐ E7UG6
☐ FM2JA
☐ G5QU6
☐ GG7HJ
☐ HF3DE
☐ HLT86
☐ HWU82
☐ J843T
☐ L2CYV
☐ L3UDQ
☐ M2Y6W
☐ Q5V9Q
☐ QRR3N
☐ RPQN7
☐ S37EJ
☐ VJ4EW
☐ W4YM9
☐ W5DAA
☐ WC45K
☐ WMR3P
☐ XNX7S
☐ YNXN8

F	H	T	X	Y	B	3	6	M	W	Q	D	U	3	L
7	B	J	H	X	D	Z	8	G	4	5	Q	J	5	5
7	3	3	8	7	X	X	T	H	Y	R	D	Q	Z	K
D	E	9	A	N	N	7	L	Z	M	M	B	A	U	F
M	P	4	4	Z	X	A	H	6	9	C	2	G	A	6
2	8	U	W	H	7	N	Q	P	R	8	G	Y	U	Z
G	G	7	H	J	S	A	Y	N	3	R	R	Q	6	4
L	2	C	Y	V	Z	3	9	A	6	K	5	4	C	W
W	B	L	S	U	9	7	P	3	A	G	U	S	4	S
V	E	H	5	Q	L	8	D	X	J	V	U	E	3	P
P	D	D	5	P	X	T	T	T	S	Q	H	7	V	W
Z	R	V	3	K	E	2	3	Z	Z	R	E	B	E	V
P	9	R	L	F	W	2	9	4	V	J	4	E	W	R
Q	M	C	J	9	H	B	Y	9	8	6	8	Y	D	7
W	K	8	F	5	F	W	P	4	A	J	2	M	F	R

 26 **BOXES** 26 

All the words in the list are found in the diagram in an unusual way. Each word reads clockwise or counterclockwise around the edges of a box (sometimes a square and sometimes a rectangle). *Solution on page 484*

☑ ASTERN
☐ ATTRACTING
☐ AWHILE
☐ BOOKWORM
☐ BURDEN
☐ CARPET
☐ CHRISTEN
☐ CLAMOR
☐ CONSIDER
☐ CORNEA
☐ ENGRAVER
☐ EVACUATE
☐ EXPEND
☐ FLABBY
☐ FOURTEEN
☐ FRIGHT
☐ HIGHLAND
☐ INGREDIENT
☐ KILOGRAM
☐ OBLIGATE
☐ OVERTONE
☐ PARADE
☐ PENCIL
☐ POSSIBLE
☐ RELIABLE
☐ REPROACH
☐ RINGMASTER
☐ SPIRIT
☐ TEETHE
☐ TELETHON
☐ THRONE
☐ TIDBIT
☐ TWELVE
☐ UNLACE
☐ WORDLESS

```
D R U I S I R E L B I N O M S
E N B Y T V H P O S S K R A C
U A B F E N C R D L E I C L E
L Y A L A Y A O W S S L N N U
O R N H T F D R K B F P E X U
N H D G I R A M O T S C D P K
E T H I K M N B O E A F N E D
E T E L A A H X F R N O E P A
B L I O G R E R T O E U E A R
O Y G R N A V G O C A R T T W
E T A U E V O E N T I N G A C
E V A C R E L I D E R G M R T
T L I O E L B A P E R G A P E
W E H N D B I T E L E T S P Y
T A W S I T T H O N T I R I B
```

27 BOXES 27

Instructions for solving Boxes are given on page 30.

Solution on page 484

- ☑ ANTLER
- ☐ AVENUE
- ☐ BROWBEATEN
- ☐ CHALET
- ☐ CREATURE
- ☐ CRUISE
- ☐ DEVOTE
- ☐ DISHEVEL
- ☐ ENROLL
- ☐ FEASIBLE
- ☐ FIESTA
- ☐ GIRDLE
- ☐ HANDSOME
- ☐ HEAD-STRONG
- ☐ JANGLE
- ☐ KEEPSAKE
- ☐ MATTRESS
- ☐ MONKEY
- ☐ NAPOLEON
- ☐ NOMINATE
- ☐ OINTMENT
- ☐ OVERSIZE
- ☐ PALACE
- ☐ PARISH
- ☐ PURCHASE
- ☐ RUTABAGA
- ☐ SEMESTER
- ☐ SENTENCE
- ☐ SHEPHERD
- ☐ SHRIEK
- ☐ SLICER
- ☐ TINGLE
- ☐ VOYAGE
- ☐ WESTWARD
- ☐ WIENER

J E L C N L E O D R A W M N G
A N G G F O R N W E S T M I L
R T I S E P A N D S O N E T E
E L U R C A L A H E M I N A B
A G E N L I E T C N R O T R E
Y O V U F I E L O G T N T B S
H P A E A T S P E H S G A M S
S I R O F G A H E R D H R R W
T E N L Y E K E K T A E B W E
B F E L M O N M T E N B R O E
V E R B R U P H N Y C H S K N
O A S I C L E M E S E R I E I
E Z I S H A S R E T A C I N W
I R D D E D E A B A T E L E R
G E L E V O T G A R U R S F S

28 WORD SEEK 28

Instructions for solving Word Seeks are given on page 5.

Solution on page 484

- ☐ AVIATOR
- ☐ BAYING
- ☐ BEFALL
- ☐ CAPABLE
- ☐ CELEBRATE
- ☐ DISLODGE
- ☐ ESTATE
- ☐ GUNBOAT
- ☐ HAYRIDE
- ☐ HOTEL
- ☐ INLAY
- ☐ INTERJECTION
- ☐ KINDLY
- ☐ KNIT
- ☐ LADYLIKE
- ☐ LINER
- ☐ LOCOMOTIVE
- ☐ MEDIATE
- ☐ MILLION
- ☐ MOSEY
- ☐ PARABLE
- ☐ PLAYER
- ☐ POPLAR
- ☐ POSTMEN
- ☐ POTSHOT
- ☐ QUAHOG
- ☐ QUEST
- ☐ RAJAH
- ☐ RUDELY
- ☐ SCRAMBLING
- ☐ SECURITY
- ☐ SERVANT
- ☐ SHORE
- ☐ SLAP
- ☐ STOWAWAY
- ☐ TENTATIVE
- ☐ TRANSFER
- ☐ TRUNK
- ☐ WELD
- ☐ WHIR
- ☐ ZERO

```
P R T E D I R Y A H L I N E R
P A S E R V A N T Y E S O M K
B J R R E W Z S M I L L I O N
S A I A A C E L E B R A T E U
S H Y W B C Y L E T O H C T R
W C O I U L L O K P T M E A T
E T R R N R E C I O A E J T R
S V I A E G D O L S I D R S A
E T I Y M Z U M Y T V I E E N
Y L A T C B R O D M A A T U S
Y L B O A G L T A E H T N Q F
P A D A B T K I L N C E I E E
A F L N P N N V N P O P L A R
L E E N I A U E B G O H A U Q
S B W T I K C G T O H S T O P
```

29 WORD SEEK 29

Instructions for solving Word Seeks are given on page 5.
Solution on page 485

- ☐ ABREAST
- ☐ ARID
- ☐ AUTOMATE
- ☐ BAYONET
- ☐ BELFRY
- ☐ BROTHER
- ☐ BUTLER
- ☐ CAMPER
- ☐ CHOOSY
- ☐ CONE
- ☐ DAFFODIL
- ☐ DEBATE
- ☐ DILL
- ☐ DISCARD
- ☐ DRAINED
- ☐ ENTICEMENT
- ☐ FELL
- ☐ FILE
- ☐ FLAXEN
- ☐ GLAND
- ☐ HERD
- ☐ IMMORTAL
- ☐ IMPOUND
- ☐ INTENSE
- ☐ LACY
- ☐ LIGHT-WEIGHT
- ☐ LINGO
- ☐ LUCID
- ☐ MIRTH
- ☐ MYNA
- ☐ NAME
- ☐ OFFSPRING
- ☐ OOZE
- ☐ PAMPHLET
- ☐ PRESIDENT
- ☐ REBEL
- ☐ RELIEF
- ☐ REUNION
- ☐ RIDE
- ☐ SAME
- ☐ SMALL
- ☐ SNORE
- ☐ SWIMSUIT
- ☐ THEM
- ☐ TYPHOON
- ☐ VEGETATION
- ☐ VENDOR
- ☐ WAIT
- ☐ WORKING

```
D I L L R I Y P B R E L T U B
Y N R E P M A C G T U L L E F
R T B C Z M N N A C G D I R A
F E O R P O I M I L M E G F B
L N Y H O R O D N E V N H G R
E S L H P T N E M E C I T N E
B E P S U A H Y G T I A W I A
T Y F A M L N E S N O R E K S
T F D E B A T E R E E D I R T
O L C F D A F F O D I L G O H
G A H E T R E U N I O N H W E
N X O I M S W I M S U I T L M
I E O L L A M S T E N O Y A B
L N S E D I S C A R D N A L G
H T Y R U D N U O P M I R T H
```

30 MISSING VOWELS 30

Before you can loop the words in the list below, you must first fill in the circles in the diagram with the missing vowels A, E, I, O, and U. We have filled in one word for you. *Solution on page 485*

- ☑ BRAISE
- ☐ BREAKABLE
- ☐ DIAGRAM
- ☐ DINE
- ☐ EMIR
- ☐ EXUDE
- ☐ FABLE
- ☐ FARE
- ☐ GOUGE
- ☐ GREYHOUND
- ☐ GRISTLE
- ☐ HARDTACK
- ☐ HUBCAP
- ☐ JACKPOT
- ☐ JAILER
- ☐ KEYNOTE
- ☐ KICKOFF
- ☐ LEMONADE
- ☐ LOUNGE
- ☐ LUBRICATE
- ☐ MARE
- ☐ MAYOR
- ☐ MIRAGE
- ☐ MORTIFY
- ☐ OMELET
- ☐ PAID
- ☐ PRESOAK
- ☐ RELAX
- ☐ ROSEBUD
- ☐ SHAMROCK
- ☐ SOME
- ☐ STEED
- ☐ TEAR-JERKER
- ☐ THESE
- ☐ TUBA
- ☐ TUTORIAL
- ☐ UNITE
- ☐ UNVEIL
- ☐ VAMPIRE
- ☐ WADERS
- ☐ WAIL
- ☐ WASHER
- ☐ WATER-FRONT
- ☐ WHATEVER

```
○ ○ X ○ D ○ S W K ○ ○ S ○ R P
L L D W D T G H ○ W D R G ○ ○
○ E T ○ ○ ○ S ○ ○ D ○ B ○ T T
○ S F S N T B T R M ○ F ○ ○ ○
N I ○ H ○ ○ ○ ○ ○ ○ R R G N C
G A B ○ D R M V S ○ M ○ S Y ○
○ R L R F ○ G ○ K ○ D B C ○ R
Y B ○ R R ○ ○ R L D R R M K B
F J ○ Y X L ○ G V L ○ ○ V N ○
○ N ○ L H J H ○ R D T ○ C K L
T ○ T ○ R ○ M S J ○ C K P ○ T
R N H ○ L P ○ ○ D X M ○ Y ○ R
○ ○ ○ W ○ ○ R N P ○ C B ○ H C
M T S R H ○ R G D T ○ L ○ M ○
V ○ ○ F F ○ K C ○ K R ○ L ○ X
```

31 MISSING VOWELS 31

Instructions for solving Missing Vowels are given on page 34.

Solution on page 485

☑ ABLE
☐ ABSOLUTELY
☐ ATTACHE
☐ AXEL
☐ BACKHOE
☐ BERET
☐ BIAS
☐ BILGE
☐ BOUNTY
☐ BRIER
☐ CONSENT
☐ DOGSLED
☐ EASY
☐ ELSE
☐ FAVORITE
☐ FIREARM
☐ GRADUAL
☐ GUESS
☐ HAIRLESS
☐ LATEX
☐ LOAN
☐ MEATLESS
☐ MENU
☐ MOTOR-CYCLE
☐ NICEST
☐ NOEL
☐ NOTE
☐ OKAY
☐ OUTGREW
☐ PARAKEET
☐ PLAYTHING
☐ REBUT
☐ RESIST
☐ RUBBISH
☐ SATISFACTORY
☐ SIDE
☐ SMOKE
☐ SOCKET
☐ SQUARE
☐ SUNRISE
☐ THRESHOLD
☐ TRAVERSE
☐ TUTU
☐ UTMOST
☐ VOTING
☐ WARE
☐ WREATH

```
L Y ○ K ○ V R W G ○ X E L B A
W ○ R G T ○ ○ N T R ○ ○ R B N
R K S ○ B F ○ T ○ M T C S D S
○ ○ ○ B T H ○ L ○ ○ ○ ○ D ○ ○
○ M ○ ○ T C ○ V ○ N L N ○ L N
T S B Y H ○ ○ K ○ ○ G S T S R
H ○ ○ ○ D Y ○ F T R Y ○ R G ○
R L H ○ ○ R L ○ S S ○ N ○ ○ S
P N R N ○ ○ L T T ○ W T V D ○
Y G ○ P R Y S S ○ L T ○ ○ M ○
T ○ K C ○ S ○ F ○ R ○ ○ R M H
N T H R ○ S H ○ L D ○ L S ○ K
○ ○ S ○ ○ S Q ○ ○ R ○ B ○ H C
○ N G R W P T S ○ M T ○ T ○ ○
B ○ L G ○ L C Y C R ○ T ○ M B
```

 32 **LETTERBOXES** 32 

Can you find the correct places for the words in the word list? The starting letters for all the words are given in the circles. Letters may be used as parts of other words because of overlapping or crossing. The words read in a straight line and in all directions—forward, backward, up, down, and diagonally. Do not pass over a black square as you are solving. When the puzzle is completely solved, there will be a letter in every space. We have filled in one word to start you off. *Solution on page 485*

- ☑ ACCOST
- ☐ ALDER
- ☐ ARRIVING
- ☐ ATTORNEY
- ☐ BEBOP
- ☐ BRONZE
- ☐ CART
- ☐ DEAN
- ☐ DISPOSITION
- ☐ DROOL
- ☐ ELEGANT
- ☐ ENCHANT
- ☐ EQUIPMENT
- ☐ FIELDER
- ☐ HORROR
- ☐ ICEBERG
- ☐ IMPORTANCE
- ☐ LOGICALLY
- ☐ MAIDEN
- ☐ MANGER
- ☐ MENTAL
- ☐ MESSY
- ☐ ORNAMENT
- ☐ PANEL
- ☐ PARE
- ☐ PRALINE
- ☐ PROPANE
- ☐ RELATION
- ☐ SPANGLE
- ☐ STROLL
- ☐ TECHNOLOGY
- ☐ THUNDER
- ☐ TOOLSHED
- ☐ TYPICAL

			A				P	T	L	■		T	
						P				■		S	
		D		■				■				O	
		■				I						C	I
A		F			C					■	B	C	
	B									■	■	A	M
													T
			■	D			S	S			■		
M			■				P		O			■	
			A					■				■	
								■			■	H	
					■				D				
	M			■	R								E
E							T						E

33 LETTERBOXES 33

Instructions for solving Letterboxes are given on page 36.

Solution on page 485

☑ ADRIFT
☐ ARCHITECT
☐ BREAK
☐ CANARY
☐ CARLOAD
☐ CHARITY
☐ CHECK
☐ CHIFFON
☐ CHOSE
☐ CITE
☐ COACH
☐ COPPER
☐ DETERGENT
☐ DISDAIN
☐ EUREKA
☐ GARBAGE-MAN
☐ HARBOR
☐ KNITTING

☐ MARJORAM
☐ MORTAR
☐ NAUGHT
☐ NOTABLE
☐ ORGANIZE
☐ PROMISE
☐ RAISE
☐ RESISTANCE

☐ SIDEWALK
☐ SLEDGE
☐ SPOKE
☐ STOPWATCH
☐ TIGHT
☐ TIMID
☐ URGENT
☐ WILDFIRE

	H	■	■	■	S			O				C	W
N						C	■						T
			C									S	C
		C				R	C		■		■		E
A										■			D
											R		■
												■	
D				■	C						U	A	
	■											D	
S	K								G			R	
		■	T									I	
		■								S		F	
		M		■					■			T	
	B	P	■	■	■	M	C						N

34 CROSS PAIRS 34

Hidden in the diagram below are pairs of words that cross at their common middle letter. Some are pairs of 5-letter words and some are pairs of 7-letter words. We have looped one pair for you.

Word list on page 560
Solution on page 485

A BBEY
F IBER

A ________
S ________

A ________
S ________

A ________
A ________

A ________
P ________

A ________
E ________

B ________
J ________

C ________
M ________

C ________
P ________

C ________
S ________

D ________
O ________

D ________
T ________

F ________
O ________

F ________
S ________

G ________
R ________

M ________
S ________

P ________
W ________

P ________
P ________

T ________
U ________

```
M Y B L S P I V N Y M G N D Y
E V E G W J Y D E T C A O A W
J A N W O L F T E S P U R E E
A P T E R D N E T E R P P S D
Y G R F E S S J N T S O A R H
E Y Y I E I U P A S T Y U D Y
C V C U C I L G C A O O I S F
U O V E C I R D O W G F U I E
T E R E C A E B G E M F F T N
H P L N L W M R N W U T S E O
F R E I C A F E I T Y G T V R
O T V P M O U T L I N E R E D
S E A T O S B D R A F T B A M
N T B L W L M T A R S I U B L
A P A G H H S N D A F W L R A
```

35 CROSS PAIRS 35

Instructions for solving Cross Pairs are given on page 38.

Word list on page 560 *Solution on page 486*

B ELOW
R ELIC

B ______
G ______

C ______
P ______

C ______
P ______

C ______
S ______

E ______
T ______

F ______
Q ______

G ______
P ______

G ______
S ______

G ______
R ______

H ______
N ______

K ______
T ______

M ______
T ______

N ______
O ______

P ______
S ______

R ______
S ______

R ______
R ______

R ______
V ______

R ______
T ______

N	N	E	B	O	N	R	P	R	V	O	N	P	R	C
H	I	C	T	H	E	I	O	H	I	O	C	I	O	I
R	I	S	E	C	P	V	A	T	I	E	G	N	I	S
H	U	C	O	P	Y	C	A	T	A	O	A	U	T	V
G	S	O	M	R	A	P	R	W	R	G	U	P	E	O
F	F	U	T	S	L	O	C	R	E	E	E	B	N	G
C	R	G	L	M	P	B	T	E	Z	T	C	R	A	W
G	Y	H	C	B	K	S	A	L	A	D	O	U	V	H
G	T	D	N	U	M	E	R	A	L	H	Z	M	A	G
Y	R	B	D	R	N	R	E	Y	T	E	U	O	E	S
K	K	O	E	O	E	V	Y	C	S	T	A	U	P	E
W	S	S	M	L	T	E	E	M	N	B	S	N	N	Y
F	I	A	I	U	O	K	Y	A	M	A	O	T	S	I
N	D	C	G	R	H	W	U	U	V	U	I	N	M	K
R	U	D	K	T	Z	Q	R	Z	L	Y	T	F	I	D

36 WORD SEEK 36

Instructions for solving Word Seeks are given on page 5.

Solution on page 486

- ☐ ABOLISHED
- ☐ BATCH
- ☐ BEDSIDE
- ☐ BLAH
- ☐ BLISTER
- ☐ CANE
- ☐ CATCALL
- ☐ CELLAR
- ☐ COSIEST
- ☐ CRAVAT
- ☐ CYCLE
- ☐ DEBIT
- ☐ DETACH
- ☐ DIMPLE
- ☐ DUEL
- ☐ EDUCATOR
- ☐ ELITE
- ☐ ENGROSS
- ☐ FLATTER
- ☐ GREASY
- ☐ JIGGER
- ☐ KERCHIEF
- ☐ LUSH
- ☐ OCTAVE
- ☐ PAYMENT
- ☐ PENNE
- ☐ PERCO-LATOR
- ☐ PRECIOUS
- ☐ PROGRESS
- ☐ RAFTING
- ☐ RANCH
- ☐ SAFEST
- ☐ SELTZER
- ☐ SHAD
- ☐ SILHOUETTE
- ☐ SLIGHTEST
- ☐ SLOPPY
- ☐ SPRAWL
- ☐ STAY
- ☐ STYLIST
- ☐ VERY
- ☐ WESTERLY
- ☐ WONDERFUL

```
E C P A Y M E N T Y S A E R G
N P R O G R E S S L B A T C H
A S H A D O E B S R E G G I J
C I I U V T L V O E D D W T C
B E E L H A I W R T S E A O R
Y L L G H L T O G S I B S A T
L S I L Y O E N N E D I F S S
R L L S A C U D E W E T I U Y
S O A O T R D E H S I L O B A
E P T C P E T R T N Y I O C T
L L R A T P R F G T C L C Y S
T U P A C A Y U S E E H T C E
Z S C M W U C L R E T T A L F
E H D I I L D P E N N E V E A
R A N C H D K E R C H I E F S
```

37 WORD SEEK 37

Instructions for solving Word Seeks are given on page 5.

Solution on page 486

- ☐ ABROAD
- ☐ AFFECTIONATE
- ☐ AMBITION
- ☐ AUTOMATIC
- ☐ BELUGA
- ☐ BILLIARDS
- ☐ BLARING
- ☐ BRISTLE
- ☐ CIVIL
- ☐ CONGEAL
- ☐ CRISIS
- ☐ DECREE
- ☐ DEFINES
- ☐ DELE
- ☐ DISOBEY
- ☐ DOILY
- ☐ FAST
- ☐ FEEBLE
- ☐ FLATLAND
- ☐ FOUGHT
- ☐ LOGGER
- ☐ MEATBALL
- ☐ MIND
- ☐ NEGLECT
- ☐ NEWBORN
- ☐ RESUME
- ☐ SAILOR
- ☐ SAWMILL
- ☐ SCOTCH
- ☐ SERMON
- ☐ STAIRWAY
- ☐ TADPOLE
- ☐ TAILSPIN
- ☐ TELEVISION
- ☐ TRIPLE
- ☐ TURBULENCE
- ☐ UNDERSEA

```
R V W E L O P D A T D L B S R
E T A I L S P I N N F I E E R
S A W M I L L N O A L E L R E
U T R I P L E I S L L L U M G
M N C G I G S T I E D T G O G
E P D V L I A A D E N S A N O
O M I E V I R U M C I I I L L
N C C E R D S T E N M R F Y F
O T L W S S N O A E A B O E A
I E A D C A E M T L S F U B D
T Y E E O I W A B U I E G O A
I L G C T L B T A B S E H S O
B I N R C O O I L R I B T I R
M O O E H R R C L U R L O D B
A D C E T A N O I T C E F F A
```

38 NUMBER SEEK 38

Solve this puzzle by seeking numbers instead of letters.

Solution on page 486

- ☑ 01271
- ☐ 07812
- ☐ 11777
- ☐ 13686
- ☐ 26127
- ☐ 28300
- ☐ 30302
- ☐ 30935
- ☐ 34099
- ☐ 42948
- ☐ 45071
- ☐ 45539
- ☐ 46148
- ☐ 46692
- ☐ 51219
- ☐ 51512
- ☐ 53845
- ☐ 54104
- ☐ 54883
- ☐ 54929
- ☐ 55972
- ☐ 58752
- ☐ 61063
- ☐ 69554
- ☐ 73016
- ☐ 73566
- ☐ 74564
- ☐ 75420
- ☐ 75833
- ☐ 83406
- ☐ 85766
- ☐ 87732
- ☐ 88709
- ☐ 89920
- ☐ 91079
- ☐ 92616
- ☐ 93191
- ☐ 95628
- ☐ 96689
- ☐ 98692

```
1 7 3 1 7 4 4 4 9 9 0 4 3 9 5
0 3 0 2 5 1 4 2 6 9 2 2 2 3 7
4 7 1 4 8 5 5 4 3 9 2 9 9 7 9
3 9 8 0 7 1 3 1 4 7 4 6 6 9 2
6 3 0 1 5 5 9 8 3 5 8 1 1 8 8
5 8 0 2 2 1 0 6 5 7 0 2 7 6 9
6 9 5 8 0 2 3 9 1 3 1 1 4 6 2
9 0 8 1 9 3 6 6 7 5 8 8 3 9 4
9 1 0 2 8 3 0 0 8 6 2 8 2 3 5
8 1 0 7 4 8 1 3 8 6 3 8 4 5 2
1 1 7 7 7 3 6 7 7 4 5 6 4 5 6
2 3 5 2 9 4 1 7 0 5 4 1 0 4 3
2 8 4 1 1 4 7 6 9 5 8 4 1 6 4
1 8 2 6 2 0 5 7 6 9 3 3 5 2 3
0 2 0 2 2 8 2 6 5 9 6 8 3 1 0
```

 39

NUMBER SEEK

39 

Solve this puzzle by seeking numbers instead of letters.

Solution on page 486

- ☑ 00361
- ☐ 04276
- ☐ 08921
- ☐ 11043
- ☐ 16809
- ☐ 19646
- ☐ 22018
- ☐ 23922
- ☐ 24563
- ☐ 26624
- ☐ 27646
- ☐ 29065
- ☐ 29593
- ☐ 30023
- ☐ 31556
- ☐ 37201
- ☐ 37558
- ☐ 38793
- ☐ 38890
- ☐ 39217
- ☐ 40525
- ☐ 41606
- ☐ 43936
- ☐ 47113
- ☐ 48372
- ☐ 51073
- ☐ 56170
- ☐ 61456
- ☐ 76385
- ☐ 77511
- ☐ 78228
- ☐ 80420
- ☐ 81458
- ☐ 81742
- ☐ 88425
- ☐ 88475
- ☐ 90751
- ☐ 95165
- ☐ 98202
- ☐ 99444

0 7 3 4 6 7 2 3 9 2 2 0 6 9 5
2 2 1 8 9 0 8 6 1 7 9 6 7 1 2
7 3 0 4 2 7 6 0 6 1 4 0 5 9 4
9 8 2 2 9 9 4 4 4 2 4 5 6 3 8
4 2 7 3 8 4 6 5 0 2 4 6 1 5 8
6 0 3 1 8 9 9 2 3 7 0 1 5 9 7
3 8 4 4 8 9 1 4 2 5 4 7 9 3 9
9 2 1 4 4 5 5 5 8 0 3 0 6 8 3
2 2 0 4 7 2 7 3 3 1 1 4 7 4 2
1 8 9 0 5 3 6 5 5 1 3 8 0 4 7
6 7 9 0 3 8 9 4 3 9 2 1 7 6 0
7 2 4 3 6 8 3 5 3 6 1 7 1 8 7
2 4 7 6 1 9 4 6 9 5 5 4 9 7 1
5 4 2 1 7 0 5 0 7 2 5 2 3 6 4
3 4 8 2 3 7 4 7 9 6 1 6 1 9 5

 40 | **PATCHWORDS** | 40 

It's a crazy quilt and a Word Seek combined! Each of the words in the list can be found in a continuous line in an irregularly shaped patch in the diagram. Move from letter to letter vertically or horizontally, but not diagonally. Each letter in the diagram will be used once; the patches do not overlap. We have located one word to start you off.

Solution on page 486

- ☑ ALUMNI
- ☐ BEFRIEND
- ☐ BLOWPIPE
- ☐ BOTH
- ☐ BUOY
- ☐ CHINOS
- ☐ CHURL
- ☐ CYCLONE
- ☐ DECLINE
- ☐ DENIAL
- ☐ FLUKE
- ☐ GRUNT
- ☐ INFANCY
- ☐ INVOLVE
- ☐ KNACK
- ☐ KNELT
- ☐ LATTICE
- ☐ LINDEN
- ☐ LUXURIOUS
- ☐ MIXING
- ☐ ONLINE
- ☐ OUTCLIMB
- ☐ PABLUM
- ☐ PANNER
- ☐ PETTICOAT
- ☐ PROSE
- ☐ REPORT
- ☐ REVERBERATE
- ☐ SERIES
- ☐ SILT
- ☐ SPRIG
- ☐ STORMPROOF
- ☐ THOROUGHFARE
- ☐ TINT
- ☐ YOKE

H G U O R L T T L I E D B I P
F A S H O E I N E S C L L P E
E R P T K N U M N I L A O W B
R G R I G A L E L U N I E I E
U N T O U Y I N F K E D N R F
T B L C T O L N O E I E D L A
A M I M E K P O T S R S E T T
O C P U L B A R M S E P S I C
K I E H U R T R P E N R O B E
C T T C I L N O O R N G N O T
A N L F N T I E F R A P I X H
N K I A N C C T A E P T M I Y
E D N I N Y Y C R E O R C U O
U L I O V O L L O B V E H B S
X U R U S E V E N R E R I N O

41 PATCHWORDS 41

Instructions for solving Patchwords are given on page 44.

Solution on page 487

- ☑ ADVANCE
- ☐ CONSIDERATE
- ☐ DECLARE
- ☐ ESOTERIC
- ☐ EXHORT
- ☐ FINIAL
- ☐ FLESHY
- ☐ FRAUD
- ☐ GOOSEBERRY
- ☐ HARKEN
- ☐ HAZARD
- ☐ JETTY
- ☐ LOSS
- ☐ MAIL
- ☐ NERVE
- ☐ NORMAL
- ☐ ORGANDY
- ☐ PEARLY
- ☐ PHONIC
- ☐ POROUS
- ☐ REBELLION
- ☐ REDID
- ☐ REPREHEND
- ☐ RESIDENCE
- ☐ RETRY
- ☐ RUFF
- ☐ SERUM
- ☐ SIGHTSEE
- ☐ SKID
- ☐ SORBET
- ☐ STAUNCH
- ☐ TABLET
- ☐ UMBER
- ☐ VERACITY
- ☐ WHOM
- ☐ WING

M	O	H	D	U	A	D	I	K	O	R	T	A	U	H
E	R	W	C	F	R	F	F	S	H	X	S	T	N	C
S	U	M	O	N	T	E	U	R	S	E	A	V	R	E
D	E	R	I	S	A	H	E	E	I	C	N	D	A	B
I	T	Y	D	E	R	A	Z	S	G	E	E	N	N	E
D	I	C	E	V	D	R	A	T	H	E	H	D	O	L
I	W	A	R	T	E	B	S	U	M	R	E	A	I	L
N	R	E	B	R	A	R	O	E	B	P	P	R	L	A
G	R	S	E	K	H	E	V	R	Y	E	R	L	Y	M
T	Y	O	N	E	N	E	R	N	D	S	Y	N	O	R
E	L	O	E	E	D	I	O	A	O	U	R	T	I	N
A	B	G	C	N	E	S	R	G	R	O	R	E	C	O
T	E	S	E	R	R	I	L	L	F	P	O	L	L	H
I	R	O	L	A	M	A	S	E	Y	T	S	I	A	P
C	E	T	C	E	D	Y	H	J	E	T	S	N	I	F

42 MISSING VOWELS 42

Before you can loop the words in the list below, you must first fill in the circles in the diagram with the missing vowels A, E, I, O, and U. We have filled in one word for you.
Solution on page 487

- ☑ ACTIVATE
- ☐ ALMANAC
- ☐ ALUMNA
- ☐ APARTMENT
- ☐ ATOM
- ☐ ATTIRE
- ☐ AWAKEN
- ☐ BEET
- ☐ BELIEVE
- ☐ BENCHMARK
- ☐ BIRDSEED
- ☐ CABIN
- ☐ COAST
- ☐ COMPLETE
- ☐ CORDIAL
- ☐ CROSSBOW
- ☐ DAZE
- ☐ EDGIEST
- ☐ EDUCATE
- ☐ EXPAND
- ☐ FISHERMAN
- ☐ FUTILE
- ☐ GALE
- ☐ GLEE
- ☐ GLOVE
- ☐ HAIRDO
- ☐ IMAGE
- ☐ LIFE
- ☐ MATERIAL
- ☐ MOVE
- ☐ NATION
- ☐ PULSING
- ☐ REMNANT
- ☐ ROOFTOP
- ☐ SOMERSAULT
- ☐ SOUR
- ☐ SPLURGE
- ☐ STEER
- ☐ TACO
- ☐ THERMOSTAT
- ☐ TOPPLE
- ☐ UNISON
- ☐ VEHICLE
- ☐ WOMEN

```
F ○ D B ○ N C H M ○ R K S X F
N Z ○ N ○ V R ○ N ○ S ○ N ○ ○
○ ○ P K ○ ○ ○ ○ M ○ G ○ T D T
○ D ○ ○ ○ P C ○ C P W ○ G T ○
T W R F R P X R L S L ○ ○ T C
A C T I V A T E ○ ○ ○ ○ ○ ○ ○
N ○ M L ○ ○ N M L S B T T N D
P ○ ○ C C H ○ ○ T C S T ○ ○ ○
N S N ○ K R G T M ○ ○ B M M ○
○ T T N S V R ○ M R P H ○ ○ S
B T N ○ N M ○ R ○ D ○ P ○ W D
○ L ○ M N ○ ○ ○ ○ ○ R H L V R
C L ○ L G H T ○ L ○ ○ T S ○ ○
T V M ○ T G S L G L ○ V ○ ○ B
○ G R ○ L P S G N ○ S L ○ P F
```

 43

MISSING VOWELS

43 

Instructions for solving Missing Vowels are given on page 46.

Solution on page 487

- ☑ AVOW
- ☐ BELLOW
- ☐ BEVEL
- ☐ BLOODLINE
- ☐ BORROW
- ☐ BREWERY
- ☐ CARVE
- ☐ CHESSMAN
- ☐ CHILI
- ☐ CLEANSE
- ☐ CLOVER
- ☐ COLLIDE
- ☐ COMPARISON
- ☐ DEMO
- ☐ DETRACT
- ☐ DISPEL
- ☐ FORTRESS
- ☐ FOUND
- ☐ FROLICSOME
- ☐ GARNER
- ☐ HEEL
- ☐ HELIPORT
- ☐ ICON
- ☐ LOCKET
- ☐ MANTLE
- ☐ MUMBLE
- ☐ NEVER
- ☐ NOVA
- ☐ NURSING
- ☐ ODOR
- ☐ OUTTALK
- ☐ PARTRIDGE
- ☐ PLATOON
- ☐ PRESERVATION
- ☐ PROFIT
- ☐ RANSOM
- ☐ REEL
- ☐ SHINGLE
- ☐ SNORKEL
- ☐ SOMEBODY
- ☐ SUBTLE
- ☐ TOIL
- ☐ WITHOUT

```
S K L ○ T T ○ ○ C L ○ ○ N S ○
C H ○ L ○ R W Y B V L A N G N
○ D ○ L L ○ C T R ○ V ○ D P P
L ○ V N R P C ○ ○ O R ○ B R M
T S D R G ○ C H W K R L ○ ○ F
B L ○ ○ D L ○ N ○ T C S V F R
○ B S M R ○ ○ L R S ○ ○ ○ ○ ○
S F R S ○ H T ○ Y R S G L T L
W ○ L L ○ B P R V M N M G M ○
C L ○ V ○ R ○ ○ ○ ○ ○ ○ ○ ○ C
W ○ T H ○ ○ T D S C ○ L R N S
C L ○ P S ○ D R Y ○ T B N T ○
R ○ N S ○ M ○ V ○ N ○ M ○ L M
○ V ○ N D N ○ ○ F F L ○ R ○ ○
R ○ V ○ N ○ S ○ R ○ P M ○ C D
```

44 WORD SEEK 44

Instructions for solving Word Seeks are given on page 5.
Solution on page 487

- ☐ BANDLEADER
- ☐ BLACKEST
- ☐ BRAD
- ☐ BURLAP
- ☐ CABARET
- ☐ CENTURY
- ☐ CHEDDAR
- ☐ COMB
- ☐ CONFESS
- ☐ DEFEND
- ☐ DEPRECIATE
- ☐ DONOR
- ☐ EAGLE
- ☐ ENLARGE
- ☐ FLAGMAN
- ☐ GLITCH
- ☐ HANDRAIL
- ☐ HEADLOCK
- ☐ INTERVENE
- ☐ KARATE
- ☐ MISTER
- ☐ MYTH
- ☐ OARSMEN
- ☐ PERK
- ☐ PLUNGE
- ☐ PROFILE
- ☐ PULLEY
- ☐ REDBIRD
- ☐ REPEAL
- ☐ RISER
- ☐ ROOST
- ☐ RUBBING
- ☐ SILENT
- ☐ SKIM
- ☐ SUCCOTASH
- ☐ TENTACLE
- ☐ THERMOM-ETER
- ☐ TURNIP
- ☐ VIPER
- ☐ WATERBED
- ☐ WREN
- ☐ ZEBRA

```
T U R N I P R O F I L E R C I
D E W B H R T Z R S I L E N T
R N R P L A E P E R K N T S K
E A E A W H N P S B T E E S G
D L N F B E T D I U R K M S N
B E G K E A A D R V C A O E I
I R P A D D C Y E A D Z M F B
R E L R E L L N L B I S R N B
D T P A E O E B R P R L E O U
H S A T O C C U S A L E H C R
C I L E S K I M O T D U T O R
T M R N A M G A L F S D N A K
I P U L L E Y H T Y M O E G W
L F B E G R A L N E D V O H E
G C O M B A N D L E A D E R C
```

45 WORD SEEK 45

Instructions for solving Word Seeks are given on page 5.

Solution on page 487

- ☐ ALMOST
- ☐ BANISTER
- ☐ BEELINE
- ☐ CANNON
- ☐ CATCHER
- ☐ CLEVER
- ☐ CLOG
- ☐ CONSULT
- ☐ CRANE
- ☐ DEFINITION
- ☐ EMERY
- ☐ EQUATOR
- ☐ FLEE
- ☐ GRANDDAD
- ☐ GULL
- ☐ HATBAND
- ☐ HERDSMAN
- ☐ HIGHLY
- ☐ INPUT
- ☐ INTERVAL
- ☐ KILN
- ☐ MACARONI
- ☐ MATEY
- ☐ MERINO
- ☐ MINDFUL
- ☐ MODIFY
- ☐ MOUTHWASH
- ☐ NATTY
- ☐ NEWT
- ☐ NINETY
- ☐ OUTPOST
- ☐ PHRASE
- ☐ PINEAPPLE
- ☐ QUICKLY
- ☐ RHINESTONE
- ☐ SCULPT
- ☐ SHIMMER
- ☐ SLAW
- ☐ SNOWSTORM
- ☐ STYE
- ☐ TRADE
- ☐ TYPO
- ☐ WORSHIP

```
Y L H G I H A G T M E P T E Y
F R W P G L R L O M H Y D E T
I E A O M A U U E R P A N N E
D H L O N S T R A O R O O I N
O C S D N H Y S Y T T A N L I
M T D O W H E R D S M A N E N
M A C A R O N I E W A S A E T
D C S T Y E B N F O T C C B E
N H T U P N I A I N E U Y S R
A W O R S H I P N S Y L C H V
B D M E R I N O I I K P L I A
T M I N D F U L T C S T E M L
A E L P P A E N I P W T V M L
H I T S O P T U O E F L E E U
K R O T A U Q E N A R C R R G
```

46 PLACES, PLEASE 46

Fill the diagram with all the words in the word list. The words from each group start on their matching number, and they will read in all directions—forward, backward, up, down, and diagonally. Words from different numbers sometimes overlap; therefore, some letters will be used more than once. We have started the puzzle for you. When the puzzle is completed, all the squares will be filled.

Solution on page 487

1. EMBELLISH
   ENERGETIC
   ERRONEOUS

2. GALL
   GOO

3. BETTA
   BLADE
   BREED
   BUGLER

4. FARO
   FEE
   FIR
   FRO

5. LAB
   LEE
   LOT

6. RABBI
   RIDER
   ROWDY
   ROYAL
   RUN

7. TANNING
   TENDER-
   LOIN
   TORERO
   TOWPATH

8. OAR
   ONSET
   OUSTER

9. CANINE
   CAW
   CEE

10. IAMB
    ICKY
    IGNOBLE
    INCUR
    INN
    IRONING
    ISOLATE

11. SAY
    SCAPE
    SLY

12. HAP
    HEW
    HINT

13. ZAP
    ZEAL
    ZUCCHINI

14. ADO
    AIL
    ART

15. PLIE ✓
    POI ✓
    PREP ✓

16. MATCH
    MERELY
    MOTORIST
    MUSIC

	1											2
								3				
			4								5	
								6				
7												
	8									9		
									10			
						11						E
		12			13					I		I
		14									O	L
									P	E	R	15 P
							16					

47 PLACES, PLEASE 47

Instructions for solving Places, Please are given on page 50.

Solution on page 488

1. ICY
IMMIGRATE
INORDINATE
IRK

2. CARETAKER
CHAIRLIFT
CONFIDANT

3. HIS ✓
HOE ✓
HUE ✓

4. BET
BOG
BREACH
BUNGLE
BUS

5. EERILY
EON
ERECT
ERG
ERST

6. OLD
ORTHODOX
OXEYE

7. MACRAME
MANY
MASK
MINIMUM
MOLE
MUSKET
MYSELF

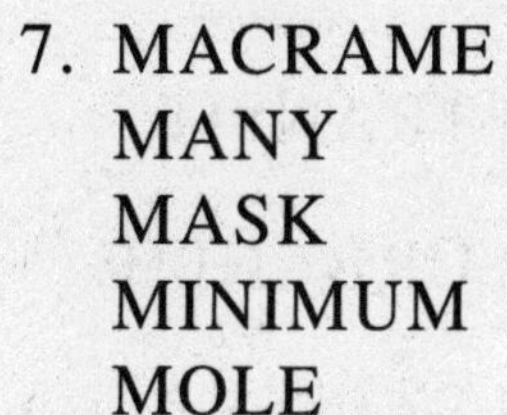

8. LAIC
LIT

9. AIR
ALL
APT

10. SCOW
SEA
SERVE
SILICA

11. DAINTY
DAM
DEFT
DEMOCRACY
DEN
DISACCORD
DUAD
DUB
SIX
SOD

12. YOKE-LESS
YUMMY

13. TOO
TOR
TWEE-DLE

14. NEAT
NUMB

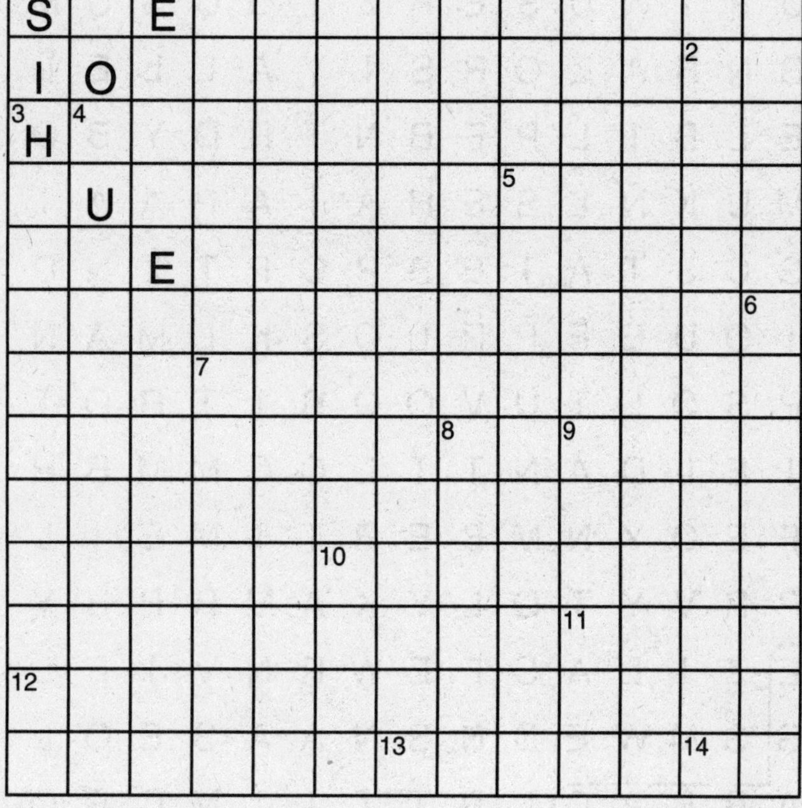

PLACES, PLEASE FANS! *Enjoy loads of fun puzzles in each volume of Selected Places, Please. See page 131 for details.*

48 ZIGZAG 48

Instead of reading in a straight line, each word has one bend in it. One word has been looped for you.

Solution on page 488

☑ CABBAGE
☐ COLESLAW
☐ DATEBOOK
☐ ENLACE
☐ FALLIBLE
☐ FONDANT
☐ FORGO
☐ FRIVOLOUS
☐ FURTHER
☐ GLUCOSE
☐ HEMISPHERE
☐ HIBERNATE
☐ LORIS
☐ MANNA
☐ MICROBE
☐ MONTHLY
☐ MUSCAT
☐ PARALLEL
☐ PELLET
☐ PHYLLO
☐ PIGMENT
☐ RAZORBACK
☐ SNIPPY
☐ SOMBER
☐ SPACE
☐ SPRINT
☐ TABLOID
☐ TANTALIZE
☐ TELEMARK
☐ TIMEPIECE
☐ TORTILLA
☐ TRANSIT
☐ URBANIZE
☐ VAINEST
☐ YESTERDAY

S	D	O	F	U	R	T	H	E	B	O	O	K	A	W
U	P	T	W	U	S	E	R	Z	T	G	C	S	U	M
G	N	R	A	Z	O	R	S	I	Y	A	L	L	E	L
E	L	B	I	L	P	E	B	N	T	R	D	Y	B	O
M	U	K	N	L	S	E	H	A	I	A	P	A	A	I
G	C	S	T	A	I	E	B	P	C	P	T	L	N	D
I	O	U	E	F	P	R	L	O	S	K	L	M	A	N
P	S	O	L	T	U	V	O	O	R	I	T	R	O	T
I	E	L	D	A	N	T	T	L	C	C	M	M	B	H
F	E	O	Y	N	M	B	E	R	T	I	M	E	I	L
P	R	V	Y	T	O	L	Y	K	A	M	R	P	H	Y
E	Z	I	L	A	S	F	E	W	R	N	V	I	F	L
G	G	M	W	E	D	N	S	N	A	A	S	E	O	L
A	B	B	A	C	L	R	T	T	I	I	M	C	R	O
A	H	S	P	A	T	S	E	N	T	E	L	E	G	K

49 ZIGZAG 49

Instructions for solving Zigzags are given on page 52.

Solution on page 488

- ☑ ALLEGIANCE
- ☐ BATTER
- ☐ BLUNTER
- ☐ CRACKLING
- ☐ EXCAVATE
- ☐ EXPLETIVE
- ☐ FLICKER
- ☐ GOLDFISH
- ☐ GUANACO
- ☐ HANDCAR
- ☐ IMPLY
- ☐ JUNKYARD
- ☐ KIPPER
- ☐ MUSTARD
- ☐ NASAL
- ☐ NURSE
- ☐ OCCASION
- ☐ OUTRUN
- ☐ PIQUANT
- ☐ POSTCARD
- ☐ PYRITE
- ☐ RADISH
- ☐ RECONCILE
- ☐ REGISTRY
- ☐ RISOTTO
- ☐ SCALAWAG
- ☐ SKULK
- ☐ SURVEY
- ☐ VENERABLE
- ☐ VISCOUS
- ☐ VORTEX
- ☐ VULNERABLE
- ☐ WAPITI
- ☐ WEAVE
- ☐ WHIRLPOOL

F	L	A	S	A	H	N	S	E	E	X	C	A	V	W
M	L	G	U	A	N	U	O	R	T	J	G	U	A	E
Y	M	I	O	A	V	R	T	E	U	N	L	A	T	A
G	U	Q	C	I	T	T	T	G	X	N	U	L	E	V
A	S	O	S	K	K	U	O	I	E	P	Y	L	I	X
W	T	C	A	E	R	I	S	R	A	B	L	E	B	S
A	A	R	D	R	L	T	P	E	X	P	G	E	K	S
L	O	O	P	L	R	I	N	P	M	I	K	U	T	Y
D	O	I	T	Y	H	O	C	I	A	B	L	E	V	I
F	Q	G	I	W	I	J	U	N	C	R	A	C	K	L
I	K	U	P	S	H	V	C	K	O	C	E	R	I	S
S	T	C	A	R	D	E	R	Y	P	U	H	N	R	U
H	O	C	W	N	E	I	E	A	V	A	G	P	E	R
S	C	P	B	A	T	T	K	R	N	O	Y	Y	E	V
I	D	A	R	E	A	H	T	D	C	A	R	T	E	X

50 LETTERBOXES 50

Can you find the correct places for the words in the word list? The starting letters for all the words are given in the circles. Letters may be used as parts of other words because of overlapping or crossing. The words read in a straight line and in all directions—forward, backward, up, down, and diagonally. Do not pass over a black square as you are solving. When the puzzle is completely solved, there will be a letter in every space. We have filled in one word to start you off.

Solution on page 488

- ☑ ACKNOWLEDGE
- ☐ AWRY
- ☐ BEFORE
- ☐ CASHEW
- ☐ CEREMONY
- ☐ CLEAR
- ☐ CUISINE
- ☐ EVENTUALLY
- ☐ GEARBOX
- ☐ INSET
- ☐ JOURNAL
- ☐ KETTLE
- ☐ LIVABLE
- ☐ LOPSIDED
- ☐ MIDTOWN
- ☐ NONSENSE
- ☐ NOWADAYS
- ☐ ORDERLY
- ☐ PASTEL
- ☐ PATHFINDER
- ☐ PETRIFY
- ☐ POSY
- ☐ PROPOSAL
- ☐ RAZOR
- ☐ RUSSET
- ☐ SOURDOUGH
- ☐ STANZA
- ☐ TEACUP
- ☐ TOMATO
- ☐ TRIPOD
- ☐ VENTILATE

(T)			(P)				(P)		(P)		■		■
(C)	■	(A)					(G)						
			C					(S)					
				K							■		■
(A)					N		(N)			■		(R)	■
						O	(N)						■
(O)	(M)						W				(B)	(J)	
(T)			(P)				(L)	L		■		(P)	
(S)		■							E		■		
(I)	■									D	■		
											G		
		■							■			E	
	■		■	(L)				(V)		■	(K)		
					(R)					(E)			(C)

51 LETTERBOXES 51

Instructions for solving Letterboxes are given on page 54.

Solution on page 488

- ☑ ACCEPTABLE
- ☐ ADEQUATE
- ☐ ARBOR
- ☐ BAKERY
- ☐ CASCADE
- ☐ CLOUDLESS
- ☐ COMMERCE
- ☐ CRICKET
- ☐ DEPOSITOR
- ☐ DINGO
- ☐ ENTOMB
- ☐ FINDING
- ☐ FLATIRON
- ☐ FORGONE
- ☐ GROWN
- ☐ HOLIDAY
- ☐ IMITATOR
- ☐ INTERIOR
- ☐ MEDIUM
- ☐ MOOSE
- ☐ NEED
- ☐ OILER
- ☐ PEANUT
- ☐ PENETRATE
- ☐ PICKLE
- ☐ PYTHON
- ☐ REDCAP
- ☐ SATCHEL
- ☐ SHINDIG
- ☐ SHUTTLE
- ☐ UNIVERSITY

N		■	■	C						O	S	■	A
		■	C				S		■		■	C	
										■	C		
										E	■		
	A								P		E		
B					P			T					
C							A						P
A	■					B	■						
	F	■			L						■		■
	■		■	E				R					
	M	■	■		■	F	G						P
	H								D				
	S												F
M				U		I		I					

 52

WORD SEEK

52 

Instructions for solving Word Seeks are given on page 5.

Solution on page 488

- ☐ AMEND
- ☐ ANYWAY
- ☐ APOSTLE
- ☐ APPAREL
- ☐ ATMOSPHERE
- ☐ AWAY
- ☐ BACKPACK
- ☐ BEYOND
- ☐ BIGWIG
- ☐ CABDRIVER
- ☐ CARAMEL
- ☐ CHARIOT
- ☐ CICADA
- ☐ COAL
- ☐ COBALT
- ☐ CONSIDERABLE
- ☐ DEPOT
- ☐ DESIGN
- ☐ EARPLUG
- ☐ ENTRUST
- ☐ FOOTNOTE
- ☐ GALA
- ☐ HAUNT
- ☐ HOMETOWN
- ☐ IMPACT
- ☐ LENGTHEN
- ☐ LINGUINE
- ☐ MAGNETIC
- ☐ MIMOSA
- ☐ NATIONWIDE
- ☐ NOUN
- ☐ OATH
- ☐ OLIVE
- ☐ OTHERWISE
- ☐ REAM
- ☐ REBOUND
- ☐ SEED
- ☐ SNARE
- ☐ STILT
- ☐ UNKNOWN
- ☐ VARIETY
- ☐ WILL
- ☐ WRING

```
N U C S E E D I W N O I T A N
A N O S N M T M W E L C C S G
P K B N O S A O R E I H A O I
O N A A U G T E N O V A P M S
S O L R N E H L R T E R M I E
T W T E M P E B L H O I I M D
L N T O S N O A R E B O U N D
E I H O G K O R E R M T F S E
C Y M T B C Y E B W L A W A Y
D T H B C A B D R I V E R L C
A E M E W P D I T S G P L A I
N I P Y O K N S D E L W L G C
Y R N O A C E N I U G N I L A
H A U N T A M O G N I R W G D
D V P D H B A C L E R A P P A
```

 53

WORD SEEK

53 

Instructions for solving Word Seeks are given on page 5.

Solution on page 489

- ☐ ACCOUNT
- ☐ ANKLE
- ☐ ARCHERY
- ☐ AURA
- ☐ CHALLENGER
- ☐ COMPANION
- ☐ DEES
- ☐ DUBBING
- ☐ EARL
- ☐ EDIBLE
- ☐ ENLIVEN
- ☐ FASTEN
- ☐ FLUNG
- ☐ FOREVER
- ☐ GOVERN
- ☐ GRAFFITI
- ☐ HAIL
- ☐ HALLWAY
- ☐ HECKLE
- ☐ HEIR
- ☐ HUNT
- ☐ INHALE
- ☐ KINGPIN
- ☐ LANTERN
- ☐ LIPSTICK
- ☐ LOOSEN
- ☐ MEND
- ☐ MICROSCOPIC
- ☐ MOONBEAM
- ☐ NECKLACE
- ☐ NOTHING
- ☐ ORBIT
- ☐ PENALIZE
- ☐ PILAF
- ☐ PLENTY
- ☐ RAFTER
- ☐ READJUST
- ☐ RIVERSIDE
- ☐ SAPLING
- ☐ SHOPLIFTER
- ☐ SNOUT
- ☐ SPREE
- ☐ STEM
- ☐ SWATCH

```
E H G N I H T O N T S A K N S
D Z T Y F T U O N S W R I E H
E U I M T O I A R U A C N V O
L E B L I N R F N J T H G I P
A M R B A C E E F D C E P L L
H Y O P I N R L V A H R I N I
N G M O S N E O P E R Y N E F
I O E K N U G P S R R G S H T
C V N C R B N N E C K L A C E
A E D I S R E V I R O L P E R
N R E T N A L A L O L P L L E
K N E S O O L R M W N D I K T
L M S P I L A F A S T E N C F
E L B I D E H Y F L U N G E A
H A I L A C C O U N T N U H R
```

54 MISSING VOWELS 54

Before you can loop the words in the list below, you must first fill in the circles in the diagram with the missing vowels A, E, I, O, and U. We have filled in one word for you. *Solution on page 489*

- ☑ AROUSE
- ☐ AVALANCHE
- ☐ BEESWAX
- ☐ BIGHORN
- ☐ BURGLAR
- ☐ CHATTERBOX
- ☐ CITATION
- ☐ CLUE
- ☐ COED
- ☐ COLUMN
- ☐ CONSTANT
- ☐ DETER
- ☐ DOLE
- ☐ EXTRACT
- ☐ FATHER
- ☐ FUEL
- ☐ GRAPPLE
- ☐ HASTEN
- ☐ MACE
- ☐ MEMO
- ☐ MONSTER
- ☐ NARROW
- ☐ PEDAL
- ☐ PERIL
- ☐ PINCERS
- ☐ SAVAGE
- ☐ SCARECROW
- ☐ SEABOARD
- ☐ SESAME
- ☐ SETTLE
- ☐ SEVENTH
- ☐ SINGLETON
- ☐ SODA
- ☐ SOIL
- ☐ SPINET
- ☐ STAMMER
- ☐ THOUGHT-FUL
- ☐ TICKTOCK
- ☐ TOOL
- ☐ UNNERVE
- ☐ WEEVIL
- ☐ WEREWOLF

```
○ G ○ V ○ S T ○ M M ○ R P M ○
M P L X ○ N N ○ R V ○ ○ A ○ V
○ ○ R W ○ R R ○ N T R M R C ○
S D R ○ ○ B ○ ○ S ○ L P O ○ L
○ ○ F H L H R N L ○ P N U N ○
S L G S ○ G ○ ○ F P S S S ○ N
L ○ ○ S C M R T T T P T E T C
B S T B D ○ H ○ ○ T ○ ○ S ○ H
F ○ ○ ○ ○ G R N B C ○ L R L ○
N V L T ○ ○ T ○ K M ○ H ○ G X
M ○ D ○ T ○ S T C V C K C N T
○ N H ○ F L ○ W ○ R ○ W N ○ R
L T D R ○ C ○ ○ ○ D ○ S ○ S ○
○ H M ○ K C W ○ L X M W P K C
C ○ T ○ T ○ ○ N F ○ T H ○ R T
```

55 MISSING VOWELS 55

Instructions for solving Missing Vowels are given on page 58.

Solution on page 489

- ☑ ACCOUNTANT
- ☐ ALOE
- ☐ ALTAR
- ☐ BALE
- ☐ BEAU
- ☐ BEECH
- ☐ BETTER
- ☐ CAPTIVE
- ☐ CLEAT
- ☐ COTTAGE
- ☐ DARE
- ☐ DELICATES-SEN
- ☐ EARMARK
- ☐ EAST
- ☐ EXHIBIT
- ☐ GAZE
- ☐ GEMSTONE
- ☐ GUILT
- ☐ HEARTY
- ☐ HOARDING
- ☐ HOOT
- ☐ KNOTHOLE
- ☐ LAPEL
- ☐ LEADEN
- ☐ LIBERAL
- ☐ MARINER
- ☐ MISTOOK
- ☐ MOPED
- ☐ NOTARY
- ☐ PERMISSION
- ☐ REORDER
- ☐ REVOLT
- ☐ SALON
- ☐ SEASONING
- ☐ SHEIK
- ☐ SPINAL
- ☐ STUMBLE
- ☐ SUMO
- ☐ TAPE
- ☐ TARANTULA
- ☐ TEAPOT
- ☐ VERDICT
- ☐ WICKEDLY

G	K	C	G	○	B	L	T	C	○	D	R	○	V	G
○	○	N	L	P	○	R	M	○	S	S	○	○	N	K
Z	L	T	○	○	○	○	L	○	B	G	○	○	L	T
○	○	○	D	T	C	W	M	○	X	○	D	M	D	S
R	B	○	T	S	H	○	○	K	B	R	H	○	○	○
T	N	A	T	N	U	O	C	C	A	○	L	X	L	○
K	R	○	M	R	○	○	L	○	K	○	R	B	○	S
M	○	R	○	N	○	R	H	○	C	○	M	○	R	○
Y	R	○	T	○	N	○	○	○	G	○	D	R	L	N
M	○	S	T	○	○	K	T	T	T	○	○	L	C	○
L	S	B	○	T	T	○	R	S	○	○	T	P	Y	N
L	○	N	○	P	S	H	○	○	R	T	Y	T	○	G
H	L	P	W	S	M	○	○	D	T	○	○	P	○	T
M	○	P	○	D	○	B	○	V	○	T	P	○	C	C
L	N	N	P	L	G	R	T	L	○	V	○	R	○	D

56 CROSS PAIRS 56

Hidden in the diagram below are pairs of words that cross at their common middle letter. Some are pairs of 5-letter words and some are pairs of 7-letter words. We have looped one pair for you.

Word list on page 560 *Solution on page 489*

A BOVE
A ROSE

A ______
D ______

C ______
W ______

C ______
E ______

C ______
S ______

D ______
T ______

D ______
H ______

D ______
R ______

D ______
N ______

D ______
E ______

F ______
R ______

G ______
W ______

K ______
T ______

L ______
S ______

M ______
S ______

O ______
S ______

P ______
S ______

R ______
S ______

S ______
T ______

W I Y H G W T O Y V K A S I C
K O I A U O S H G L L T K C E
O O U D L E R I G H T N I R P
E D T L P E Y T O M A E R D W
Y V A O D W D R D C L V T L P
S H R E W W E E H K Y E G M L
A T D U A F L I N G G R A E G
S B Y R C S L G G I P T W P W
I D O A W L R N E H S E S O T
T S S V L I I S V B N M B U D
E Y T C E P S E R T O B C Y G
N T F D A P S F E D O R R O C
K W A H L E K I R T I A S U S
B P S R R R K N M A I C S I E
S C H V O R C K H D N E Y T D

57 CROSS PAIRS 57

Instructions for solving Cross Pairs are given on page 60.

Word list on page 560 *Solution on page 489*

A CTRESS
I NTRUDE

A ______
C ______

A ______
C ______

A ______
M ______

A ______
O ______

A ______
P ______

A ______
H ______

B ______
L ______

B ______
H ______

B ______
C ______

B ______
C ______

C ______
F ______

C ______
C ______

C ______
F ______

C ______
P ______

C ______
O ______

E ______
V ______

H ______
T ______

S ______
U ______

```
D N E D R E S I O E L V U P B
C T H P I U S N S I T O M I N
L S F W A O E U A Y M U B E L
N U R E D U R T N I L L R B A
T U O L C E T D A C E A C B Y
E U N H V A C H N M A N R R V
E G T O C A A I E A A L I G N
C R A L R R Y P P O P A M H U
R V O I S F I F S M H T E Y T
V N B H L F R B A S L L I H F
E O Y E C O S R B C E A V D H
U T C F A A F O E O G S D T Y
C X O A I B N Y S N A P U N N
E L L N L N X O O D W O O M A
I A T C Y T U C E O M O D U A
```

58 PLACES, PLEASE 58

Fill the diagram with all the words in the word list. The words from each group start on their matching number, and they will read in all directions—forward, backward, up, down, and diagonally. Words from different numbers sometimes overlap; therefore, some letters will be used more than once. We have started the puzzle for you. When the puzzle is completed, all the squares will be filled.

Solution on page 489

1. BAN
   BLEARY
   BUNKMATE
   BYE
   DIT
   DOOR

2. PAY ✓
   POET ✓
   PROF ✓

3. DAWN
   DECORATIVE
   DIM
   DIN
   DISCERNING

4. SECT
   SON
   SUER

5. YEARN
   YENTA
   YEP
   YES
   YOUR
   YURT

6. FENCE
   FINAL
   FOP
   FREE-STYLE

7. EARNER
   ETA

8. WAX
   WAY
   WED
   WIT
   WONT

9. LATH
   LAXER
   LET
   LID

10. RISE
    ROE
    RUT

11. TAU
    TEDIUM
    TIL
    TSETSE
    TUMULT

12. HACIENDA
    HAT
    HEART-BREAK
    HIP
    HUB

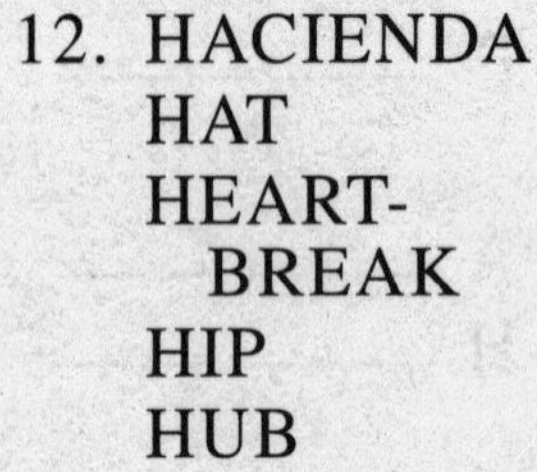

13. QUADRU-PLE
    QUIZ-ZICAL
    QUOTA-TION

14. ADVEN-TURE
    AFTER-MATH
    APPARI-TION

 59 **PLACES, PLEASE** 59 

Instructions for solving Places, Please are given on page 62.

Solution on page 490

1. ION
   IRE

2. YELLOWEST
   YESTER-YEAR
   YOUNGSTER

3. PATTERN
   PHOTO
   PRYING

4. UNDER-WHELM
   UNICYCLIST
   USE

5. BAG
   BEEN
   BID
   BRA

6. GAITER
   GENERIC
   GIRT
   GLAZIER
   GUY

7. EGG
   ELK
   EMU
   ENCORE
   EUCHRE

8. MANE
   MEANT
   MEN

9. FATE
   FEMUR
   FLAX
   FOX
   FREIGHT
   FRISK

10. WATER-PICK
    WEE
    WREST
    WRIT

11. HAS
    HOLE

12. AREEL
    ASH

13. SECURE ✓
    SIT ✓
    SOCK ✓

14. ORANG
    OTIC

15. VASTER
    VENISON
    VER-MOUTH
    VOCALLY
    VOLVOX

1											2	
						3						
									4			
		5										
							6					
							7					
E						8						
R			9									
U												10
C		T								11		
E	I			12								
13 S	O	C	K					14				
					15							

60 WORD SEEK 60

Instructions for solving Word Seeks are given on page 5.

Solution on page 490

- ☐ ARGYLE
- ☐ BARTERING
- ☐ BESTOW
- ☐ BOLA
- ☐ BOWLING
- ☐ CHIMNEY
- ☐ CONCEPT
- ☐ COWORKER
- ☐ DONATION
- ☐ DRUM
- ☐ EAGLET
- ☐ EMBED
- ☐ ENVIOUS
- ☐ FLEECE
- ☐ GONG
- ☐ HEAVEN
- ☐ INCH
- ☐ IRONY
- ☐ LEARN
- ☐ MAGAZINE
- ☐ MASON
- ☐ MERMAID
- ☐ MICRO-PHONE
- ☐ PATHWAY
- ☐ PLAYING
- ☐ PLEASURE
- ☐ REAP
- ☐ RECRUIT
- ☐ REFEREE
- ☐ SANK
- ☐ SHIPPING
- ☐ SIMPLE
- ☐ SINCERE
- ☐ SOWN
- ☐ SPECIALIST
- ☐ STOMACH
- ☐ SWORN
- ☐ TILT
- ☐ TOADSTOOL
- ☐ TYRANT
- ☐ VEIN
- ☐ VITAL
- ☐ WANED
- ☐ WINCE
- ☐ WRESTLING
- ☐ YAWN
- ☐ ZITI

```
B Z T I U R C E R S I M P L E
P E I C O N C E P T I L T A D
A M S T L H K E L E A R N T I
T B O T I R C E L Y G R A I A
H E W M O I G N I L W O B V M
W D N W A W G N I P P I H S R
A E O L A R G P L E A S U R E
Y C I N B E N O H P O R C I M
C S E W A S O M A G A Z I N E
T D B A R T E R I N G E I E N
Y R O Y S L I S I N C E R E V
R U L D K I R O N Y V E V C I
A M A S O N G O N G F A T N O
N O T E L G A E C E E L F I U
T H C A M O T S R H N R O W S
```

61 WORD SEEK 61

Instructions for solving Word Seeks are given on page 5.

Solution on page 490

- ☐ ARROGANT
- ☐ AUCTION
- ☐ CENTENNIAL
- ☐ CONCISE
- ☐ COOKTOP
- ☐ CROCK
- ☐ DRAM
- ☐ DREDGE
- ☐ FORMULA
- ☐ FUDGE
- ☐ GARTER
- ☐ HOUSEGUEST
- ☐ HYPE
- ☐ INVENTIVE
- ☐ ISLAND
- ☐ JILT
- ☐ JOYOUS
- ☐ LAST
- ☐ MACKEREL
- ☐ MAJESTIC
- ☐ MATRON
- ☐ MEAT
- ☐ NOBLE
- ☐ PEACE
- ☐ PICKUP
- ☐ PINPOINT
- ☐ PLATE
- ☐ POMPOM
- ☐ PREVENT
- ☐ REHEARSAL
- ☐ RELIEVER
- ☐ SESSION
- ☐ SMELT
- ☐ SMITTEN
- ☐ SNUGGLE
- ☐ STUDIO
- ☐ SWELTER
- ☐ THUNDERSTORM
- ☐ TOFU
- ☐ TREE
- ☐ TRUMPET
- ☐ TUNDRA

```
A G S D P R S M I T T E N G M
S A M N L C E A S U O Y O J A
C R E A A A O H R P E F M L R
I T L L T A S O E R O R U E D
T E T S E R H T K A O M Y L N
S R P I N P O I N T R G P B U
E E E L G G U N S O O S A O T
J T V E F R S R F N I P A N M
A L A I N N E T N E C T P L T
M E O W T D G L E R E K C A M
K W F I N N U M I P I C K U P
C S M U D R E D G E M H A L A
O E H G D U S V E P V U Y E W
R T L I J G T T N E V E R P P
C O N C I S E S S I O N R T E
```

 62 | # MISSING VOWELS | 62 

Before you can loop the words in the list below, you must first fill in the circles in the diagram with the missing vowels A, E, I, O, and U. We have filled in one word for you.

Solution on page 490

- ☑ ACCENT
- ☐ AGHAST
- ☐ ASPHALT
- ☐ BARON
- ☐ BEAR
- ☐ BLIZZARD
- ☐ BOULDER
- ☐ BREVITY
- ☐ CAROB
- ☐ CATFISH
- ☐ CHEWABLE
- ☐ CONTINENT
- ☐ COTE
- ☐ CRACKERJACK
- ☐ CREWELWORK
- ☐ CURSE
- ☐ DEFLATE
- ☐ DIVA
- ☐ ELEVEN
- ☐ ERASURE
- ☐ EXPECT
- ☐ GAZPACHO
- ☐ GENERAL
- ☐ HOMAGE
- ☐ INDENT
- ☐ JADE
- ☐ LEERY
- ☐ LIKELIHOOD
- ☐ MARKET
- ☐ MEEK
- ☐ MISFIT
- ☐ NUMEROUS
- ☐ RAILROAD
- ☐ READ
- ☐ SHOE
- ☐ SIZE
- ☐ SNOOTY
- ☐ SPEAK
- ☐ SUBWAY
- ☐ SURFING
- ☐ USEFULLY
- ☐ WORKPLACE
- ☐ WOUND

H S ○ F T ○ C ○ ○ C Y ○ Y C T

○ X P ○ C T H S M H L P T ○ ○

Y D A ○ R C R ○ W ○ L W ○ R K

D T S C ○ ○ ○ B V W ○ T ○ ○ R

○ ○ ○ P C K S ○ N ○ F N N B ○

V C Z V K E N ○ ○ B ○ ○ S C M

○ ○ ○ L ○ ○ N R R L S D ○ L N

G L D ○ R R S T ○ ○ ○ N ○ ○ Y

H P ○ R J H B P B ○ T ○ M J T

○ K F ○ ○ D ○ ○ H ○ L ○ K ○ L

S R L N C Z ○ M N ○ R R F C D

T ○ ○ ○ K L Z ○ ○ ○ L S ○ N Y

G W T G D S N ○ ○ G ○ T ○ ○ P

Y R ○ ○ L T Y S L M ○ ○ H S D

S ○ R F ○ N G S ○ B W ○ Y Z X

 63

MISSING VOWELS

63 

Instructions for solving Missing Vowels are given on page 66.

Solution on page 490

- ☑ ABIDE
- ☐ ALLOW
- ☐ ARTICLE
- ☐ ASIDE
- ☐ ATOP
- ☐ BIZARRE
- ☐ CARESS
- ☐ CHARADES
- ☐ CLIMATE
- ☐ COLLEAGUE
- ☐ CONTRACTOR
- ☐ COTTON
- ☐ DATE
- ☐ DELICATE
- ☐ ENHANCE
- ☐ EXCLUDE
- ☐ FEEL
- ☐ GATE
- ☐ GOATEE
- ☐ GREAT
- ☐ GUARANTEE
- ☐ HERRING
- ☐ HOAGY
- ☐ HUMIDITY
- ☐ LEAN
- ☐ LEGEND
- ☐ LIBRARY
- ☐ LOIN
- ☐ MANATEE
- ☐ MARINATE
- ☐ MOON
- ☐ NANA
- ☐ NOTICE
- ☐ OUTLAST
- ☐ OVAL
- ☐ PEAT
- ☐ RESULTING
- ☐ REVEAL
- ☐ ROUST
- ☐ SELECT
- ☐ SHEER
- ☐ SHUDDER
- ☐ SPOUT
- ☐ STEIN
- ☐ TEAMMATE
- ☐ TEEM
- ☐ TILE
- ☐ TOURNAMENT

S	H	○	○	R	○	S	○	L	T	○	N	G	B	R
G	G	F	L	C	○	R	○	S	S	G	Y	○	○	L
R	R	○	X	C	L	○	D	○	M	○	Z	○	○	B
S	○	○	A	B	I	D	E	D	○	○	S	○	D	○
○	D	L	○	R	○	T	C	○	R	T	N	○	C	N
L	D	○	L	T	N	○	R	R	○	○	W	○	C	H
○	○	B	V	○	N	L	○	○	N	○	○	○	N	○
C	H	R	R	H	V	○	M	H	○	M	L	S	○	N
T	S	○	L	T	○	○	M	C	T	L	L	T	H	C
P	○	R	○	T	○	M	M	○	○	T	○	○	L	○
G	○	Y	G	○	○	H	○	○	N	C	R	○	S	C
Z	L	○	○	V	○	R	G	D	○	R	M	N	P	○
N	○	T	T	○	C	○	L	L	○	○	○	○	○	T
M	○	N	○	T	○	○	○	N	T	T	T	○	○	○
D	L	○	G	○	N	D	G	○	P	○	Y	M	T	N

64 PATCHWORDS 64

It's a crazy quilt and a Word Seek combined! Each of the words in the list can be found in a continuous line in an irregularly shaped patch in the diagram. Move from letter to letter vertically or horizontally, but not diagonally. Each letter in the diagram will be used once; the patches do not overlap. We have located one word to start you off. *Solution on page 490*

- ☑ AGENCY
- ☐ ANET
- ☐ BACKWASH
- ☐ BILE
- ☐ BLAT
- ☐ CARTON
- ☐ CLOVEN
- ☐ CRUSH
- ☐ DROOP
- ☐ EXPENSIVE
- ☐ FLOWERY
- ☐ FONDER
- ☐ GERUND
- ☐ GOLF
- ☐ GROG
- ☐ IMPERFEC-TION
- ☐ MINNOW
- ☐ MOCHA
- ☐ NAVE
- ☐ ODDLY
- ☐ RATION-ALIZE
- ☐ REMINISCE
- ☐ RETAIL
- ☐ REVISE
- ☐ SERIF
- ☐ SLAKE
- ☐ SOCIALITE
- ☐ SOPRANO
- ☐ SPOOR
- ☐ TANKSHIP
- ☐ TEMPLATE
- ☐ TIEPIN
- ☐ TROUT
- ☐ UGLIER
- ☐ UNCIVIL
- ☐ UPRISE

D	N	U	E	T	A	O	O	N	E	G	A	S	E	R
A	E	R	M	P	L	P	R	C	Y	L	D	F	L	I
N	G	T	E	B	I	S	E	R	F	Y	D	O	O	F
E	T	T	A	L	L	E	P	N	E	C	N	N	G	R
C	K	S	H	B	F	I	M	O	I	T	E	A	V	E
A	W	A	N	O	O	N	R	C	L	O	V	E	E	M
B	M	I	N	W	O	D	E	T	E	K	N	C	S	I
R	D	E	X	P	N	S	L	I	P	S	A	U	I	N
O	E	V	I	E	A	O	A	A	I	H	T	P	R	I
O	S	U	S	N	R	P	I	H	C	N	O	N	E	S
P	H	R	R	Y	S	O	C	E	O	M	T	I	P	T
A	T	C	E	W	O	L	I	S	I	L	R	A	E	I
R	I	O	U	F	L	I	V	E	V	I	A	C	G	O
Z	I	N	G	U	N	C	T	R	T	E	T	S	L	R
E	L	A	L	I	E	R	U	O	R	R	E	K	A	G

65 PATCHWORDS 65

Instructions for solving Patchwords are given on page 68.

Solution on page 491

☑ ABLEST
☐ AGAPE
☐ BEIGE
☐ CAUGHT
☐ DEPUTY
☐ DOORWAY
☐ DRIVE
☐ DUCK
☐ DURING
☐ FOGY
☐ FRANK
☐ FURLONG
☐ GALLEY
☐ GORILLA
☐ HAMLET
☐ HAREM
☐ HOKUM
☐ HOOF
☐ LAVA
☐ LIVER-WURST
☐ MALLEABLE
☐ MOMENTUM
☐ MUSEUM
☐ NECESSITATE
☐ PINE
☐ PORTEND
☐ RUBLE
☐ RULING
☐ SPINSTER
☐ SWORDFISH
☐ TABLEWARE
☐ THENCE
☐ TUNGSTEN
☐ WAMPUM
☐ YANG
☐ YAPPER

E	N	I	E	L	B	A	E	L	L	M	U	I	T	A
U	M	P	E	R	A	E	G	B	A	M	T	S	E	T
S	E	U	E	N	W	T	I	E	M	E	N	S	E	C
G	Y	M	T	D	E	A	H	M	O	T	A	G	A	E
N	A	W	R	O	L	B	A	M	L	E	D	E	P	N
I	L	R	S	P	U	T	T	E	N	R	U	C	A	L
R	U	O	P	I	N	G	S	R	U	E	F	K	I	L
O	F	O	D	N	E	R	E	L	B	P	R	A	R	O
O	R	A	H	S	T	C	A	H	T	P	W	N	Y	G
H	E	M	S	T	A	Y	U	G	Y	A	A	K	E	L
R	W	U	R	Y	N	E	N	C	E	M	M	N	G	L
E	V	I	U	T	G	H	T	I	V	U	P	O	L	A
H	S	L	P	E	D	N	I	R	E	O	F	U	R	G
F	I	W	S	L	E	G	R	D	Y	G	L	F	H	O
D	R	O	A	B	S	T	U	D	A	V	A	M	U	K

66 V-WORDS 66

The 5-letter words below are found in the diagram in a V shape pointing left, right, up, and down.

Solution on page 491

- ☑ AFOUL
- ☐ AGREE
- ☐ AUGER
- ☐ AVAST
- ☐ AVOID
- ☐ BROOK
- ☐ BUNNY
- ☐ CAIRN
- ☐ CHAFF
- ☐ CHINA
- ☐ CURST
- ☐ DODGE
- ☐ ENACT
- ☐ FLOAT
- ☐ GROAN
- ☐ HOUSE
- ☐ KAZOO
- ☐ NONET
- ☐ OKAPI
- ☐ OPINE
- ☐ PROSY
- ☐ REMIT
- ☐ RONDO
- ☐ SAHIB
- ☐ SCRUB
- ☐ SHALL
- ☐ SLEEK
- ☐ SMITE
- ☐ SNARL
- ☐ SORRY
- ☐ STOLE
- ☐ SWIFT
- ☐ TALON
- ☐ TENTH
- ☐ TINGE
- ☐ TRUTH
- ☐ UNTIE
- ☐ VICAR
- ☐ VOICE
- ☐ WRATH

```
E A A R V E E A W E U T R I R
U L G H E L U E V Y S G S A E
L R O R S G T E K A T K E R C
O T K C N I R D F A H V U I T
S A R O I O M F N O R C V I T
Z O N U Y C L S U N K L P N Y
N O V E B A S D Y S V A U T R
Z D O S T R E V O H E R T T T
R T O P O N R Y D D T M I A H
Z R C S I R N Y G E I N V H O
P A E A Y N M E A B E O G L K
T B N M R S U R I T U C F E B
A E I I A H W B F L H K I A B
H T H H A I I I R U O O O R D
T C W E W C H U E O V G C P T
```

67 V-WORDS 67

Instructions for solving V-Words are given on page 70.

Solution on page 491

- ☑ ABAFT
- ☐ AEGIS
- ☐ ALACK
- ☐ BEDIM
- ☐ COCOA
- ☐ CORPS
- ☐ CREEL
- ☐ DIRGE
- ☐ DITTO
- ☐ DONEE
- ☐ DROVE
- ☐ EXULT
- ☐ FERAL
- ☐ GAMIN
- ☐ GECKO
- ☐ GENRE
- ☐ GENUS
- ☐ JOULE
- ☐ KITTY
- ☐ KRONA
- ☐ MOIRE
- ☐ NINON
- ☐ PICOT
- ☐ PLAZA
- ☐ QUIET
- ☐ REBAR
- ☐ SAVOR
- ☐ SEVER
- ☐ SHARE
- ☐ SHONE
- ☐ SNACK
- ☐ SPOOK
- ☐ SPUME
- ☐ STIFF
- ☐ TASTY
- ☐ TRACT
- ☐ UNDID
- ☐ USURP
- ☐ WACKY
- ☐ YACHT

P	N	K	C	O	T	E	N	R	Q	X	F	U	S	Y
D	C	K	V	E	R	E	E	U	A	Y	J	P	T	C
A	O	U	R	C	G	F	I	L	S	L	O	S	R	A
X	L	N	O	X	O	F	T	T	N	A	G	O	A	X
E	E	A	E	J	F	C	W	Y	S	S	V	C	K	T
E	N	C	B	G	A	D	P	A	T	E	D	E	O	Y
O	G	A	V	E	R	R	D	N	S	T	T	G	R	R
D	R	R	J	O	R	K	T	I	I	N	A	A	P	G
G	I	K	T	O	V	C	R	K	O	M	I	S	X	U
D	C	T	N	G	H	E	A	N	E	M	I	N	N	Y
A	H	E	L	T	X	S	I	Y	X	G	J	D	Z	K
J	N	M	R	U	H	C	M	Y	D	Y	E	J	I	W
J	D	S	M	A	P	W	U	C	K	B	K	A	A	D
A	K	E	Z	M	L	S	I	R	O	O	F	C	B	O
O	M	A	C	E	U	P	S	Y	P	T	U	O	P	A

68 WORD SEEK 68

Instructions for solving Word Seeks are given on page 5.

Solution on page 491

- ☐ ANNOY
- ☐ ARMORY
- ☐ ARTISAN
- ☐ BARKER
- ☐ BAZAAR
- ☐ BILLBOARD
- ☐ BLAZE
- ☐ BOWLER
- ☐ COMPLETING
- ☐ DIGNITY
- ☐ DONKEY
- ☐ ENDING
- ☐ EXERT
- ☐ EXHAUST
- ☐ FLABBY
- ☐ FOREMEN
- ☐ GAMY
- ☐ GENDER
- ☐ GROUND
- ☐ HANKER
- ☐ LINT
- ☐ MAGNIFY
- ☐ MAXIMUM
- ☐ MENAGERIE
- ☐ MOUNTAINTOP
- ☐ NECKLINE
- ☐ ONGOING
- ☐ PEROXIDE
- ☐ POSTAGE
- ☐ SADDLE
- ☐ SALT
- ☐ SCALPEL
- ☐ SKIN
- ☐ SNIDE
- ☐ SPLASHDOWN
- ☐ STRATEGY
- ☐ TESTIFY
- ☐ UNBOLT
- ☐ UNKINDLY

```
H M B Y T I N G I D N U O R G
P O A E N D I N G R A A Z A B
O U R L N X E X H A U S T G P
S N K E I C W S F O R E M E N
T T E P K G F L A B B Y R N N
A A R L S N I D E L E O T D M
G I I A O I W I Y L X N E E A
E N L C T T R O L I E N S R X
E T R S T E E O D B R A T E I
K O E A G L G E N H T I I L M
B P K A D P O Y I G S F F W U
N L N D F M H B K A O A Y O M
M E A R M O R Y N T N I L B I
M S H Z B C H B U U R F N P P
D O N K E Y F I N G A M Y G S
```

69 WORD SEEK 69

Instructions for solving Word Seeks are given on page 5.

Solution on page 491

- ☐ ASTUTE
- ☐ ATTRACT
- ☐ BALCONY
- ☐ BRICKLAYER
- ☐ BROCCOLI
- ☐ CONDONE
- ☐ DALLY
- ☐ DETEST
- ☐ DIVINE
- ☐ EXCERPT
- ☐ FLOE
- ☐ FRAGILE
- ☐ FRET
- ☐ GARDEN
- ☐ GASLIT
- ☐ GLEN
- ☐ GRANDEST
- ☐ HONEYMOON
- ☐ KANGAROO
- ☐ KIND
- ☐ OCCUPY
- ☐ ORCA
- ☐ PASTURE
- ☐ PILFER
- ☐ PIVOT
- ☐ PRAWN
- ☐ RAGE
- ☐ ROTISSERIE
- ☐ SCALLION
- ☐ SCRAWNY
- ☐ SENTRY
- ☐ SLICER
- ☐ SLYLY
- ☐ SPLITTING
- ☐ STUNT
- ☐ SUNDOWN
- ☐ SWIMWEAR
- ☐ THEATER
- ☐ TRYOUT
- ☐ UNPOPULAR
- ☐ UPTIGHT
- ☐ WOVE

```
Y R T N E S P L I T T I N G S
F R A G I L E O R E T A E H T
Y N O C L A B R O I B V D E P
S L W T S E D N A R G X R X R
T R Y O U T N A I E A F A S E
U I L C D R I C U S W G G C C
N L L C F N K R N S A M N R X
T O A U S L U O P I S U I A E
I C D P A C O S O T T P A W K
L C O Y A M A E P O U T R N S
S O E N Y S N L U R T I E Y L
A R P E D I T W L R E G F L I
G B N E V O W U A I A H L Y C
T O V I P M N C R R O T I L E
H X D T S E T E D E P N P S R
```

70 LETTERBOXES 70

Can you find the correct places for the words in the word list? The starting letters for all the words are given in the circles. Letters may be used as parts of other words because of overlapping or crossing. The words read in a straight line and in all directions—forward, backward, up, down, and diagonally. Do not pass over a black square as you are solving. When the puzzle is completely solved, there will be a letter in every space. We have filled in one word to start you off. *Solution on page 491*

- ☑ ADMINISTER
- ☐ BEAST
- ☐ BEHIND
- ☐ CABINET
- ☐ CANVAS
- ☐ CHAMELEON
- ☐ CONFIDENTIAL
- ☐ DELIVER
- ☐ EYELET
- ☐ FANTASY
- ☐ GALLOP
- ☐ GRAVEL
- ☐ INSPIRE
- ☐ KETTLE-DRUM
- ☐ KIELBASA
- ☐ MARRIAGE
- ☐ MEDDLER
- ☐ MINIVAN
- ☐ OCTAGON
- ☐ PARACHUTE
- ☐ RAPIDLY
- ☐ REDUCE
- ☐ RESONATE
- ☐ ROOMMATE
- ☐ SHRANK
- ☐ SNOWFALL
- ☐ TIMER
- ☐ TORPEDO
- ☐ TRIBE
- ☐ WADDLE

(G)	(R)	(B)						(R)	(I)	(P)	■	(E)	■
						(D)				(S)			(M)
		■	■								(C)		
		■											
											■		
							(W)			■	■		
(C)	(T)					(K)							
(K)										■	■	■	(G)
■				R	E	T	S	I	N	I	M	D	(A)
						(M)							
■		■		(O)							■	■	
					(B)	■	(S)						
(F)							■		(C)				(R)
	(C)	■							(R)				(T)

71 LETTERBOXES 71

Instructions for solving Letterboxes are given on page 74.

Solution on page 492

☑ APPRENTICE
☐ APTNESS
☐ ATTEMPT
☐ BARRAGE
☐ BLEACH
☐ BRASH
☐ COMPLAINT
☐ CRAYON
☐ DOWNHILL
☐ ENJOYABLE
☐ FASHION
☐ FONDEST
☐ GNAT
☐ GORGEOUS
☐ GROWTH
☐ HORIZON
☐ HYMNAL
☐ IGNITION
☐ INSIDE
☐ ITEMIZE
☐ MILDEW
☐ NORTHERN
☐ SENATOR
☐ SLUSH
☐ SNIVEL
☐ STAMPEDE
☐ STOOD
☐ SWALLOWTAIL
☐ VOLLEYBALL
☐ WHEEDLE

B	A						■	D	■	V	■		■
		F								■		■	■
												S	■
		H											M
		■	W						E				S
N		■		S		■	B	C					
							I						C
				I	S	T							
					N							I	
		■		E									
	■		R		G	■	■						I
		P	■									S	
	P	■	■			F							
A							A	G					H

72 SQUARE NINES 72

Find 3x3 squares in the diagram that contain, in no particular order, the nine letters of the words listed. *Solution on page 492*

☑ ALTERNATE
☐ BACKTRACK
☐ BACKWARDS
☐ BOOMERANG
☐ BROADCAST
☐ BURLESQUE
☐ CARDBOARD
☐ CHOPSTICK
☐ DARTBOARD
☐ FLOWERPOT
☐ FORTUNATE
☐ GRAVITATE
☐ HITCHHIKE
☐ KNOWLEDGE
☐ MAKESHIFT
☐ MATCH-BOOK
☐ NIGHTCLUB
☐ PARENTING
☐ PULVERIZE
☐ RECOGNIZE
☐ SAND-STORM
☐ SARCASTIC
☐ SOLITAIRE
☐ STABILIZE
☐ SWEETENER
☐ SWIVELING
☐ UNEARTHLY
☐ UNWRITTEN
☐ VEGETABLE
☐ WHOLE-SOME

S I N A A G U C C A C I O M E
K P G R V I L H D R S C E H S
O N T E T T B N O T S A L O W
Y B B N F U O K M A N S T R W
F O L A R O T B H P K E I I D
E T P C D A A C O L E T A Z Q
R O W R D B R O Y E E B L S I
T Z C A S O H G I S V G E V G
E L A B K I P C E V T O W N I
T N T K C C T K A F U A H M D
E R A C R H H I T E Y L R D W
O M B A T E I H M S N E T E N
N G O D S E L P I G E S R N T
K L E P B U E V Z O E E W U I
D W E A R Q U E R N C Y S B R

73 SQUARE NINES 73

Instructions for solving Square Nines are given on page 76.
Solution on page 492

☑ ADORNMENT
☐ ATTENDANT
☐ BADMINTON
☐ BODYGUARD
☐ BOOKLOVER
☐ BUTTERFLY
☐ CUSTOMARY
☐ DRIFTWOOD
☐ EASTERNER
☐ HOUSECOAT
☐ INFLUENCE
☐ INTERLUDE
☐ INVISIBLE
☐ MOMENTOUS
☐ NIGHTGOWN
☐ OUTSPOKEN
☐ PERIMETER
☐ REMAINDER
☐ RESERVOIR
☐ SECTIONAL
☐ SEMICOLON
☐ SENSELESS
☐ SLIPCOVER
☐ SQUEAMISH
☐ STAIRCASE
☐ SUNFLOWER
☐ THESAURUS
☐ TREASURER
☐ UPHOLSTER
☐ WALLPAPER

T N U F W T A U C R H O T N A
S O O D R O G Y M O E O S E O
P E K O I D U A T S A U C L I
M V L O M R D B E R N T O N M
E R O B T N A T R E E I Y Q A
S R E M O N E D F U D L K N N
V R I I D A T T B P E R G N H
E P S S I E F E R R I E W T G
L C O B L N U L Y E T M O N I
E E S V I I N C A D N S M Q E
S E S A R P S A R E E O U A S
L S N A L W C A I M R C H S I
O R U L P E S E T E R H M D Q
E W F T O U H U S R R P G S O
L P C E T L R U A U E V T A E

74 MISSING VOWELS 74

Before you can loop the words in the list below, you must first fill in the circles in the diagram with the missing vowels A, E, I, O, and U. We have filled in one word for you. *Solution on page 492*

☑ ABNORMAL
☐ ADVISE
☐ AERIE
☐ AFIRE
☐ ALEE
☐ ANTI
☐ AZALEA
☐ BADGER
☐ BROKEN
☐ CARRYOVER
☐ CAVE
☐ CHEAP
☐ COMMENT
☐ CORAL
☐ CRUISER
☐ DELPHINIA
☐ DOOM
☐ EVERY
☐ EXPLORE
☐ FIELDER
☐ GLIMMER
☐ GONDOLA
☐ HALE
☐ HICCUP
☐ INCLUDE
☐ LARDER
☐ LEPRECHAUN
☐ LOPE
☐ LUKEWARM
☐ MASTHEAD
☐ NOEL
☐ OKAY
☐ ONCE
☐ PHOTOGRAPH
☐ PIECRUST
☐ PLANE
☐ POTLUCK
☐ PRESOAK
☐ REVOKE
☐ SCALE
☐ SILO
☐ STOCKBROKER
☐ SURGEON
☐ TENDENCY
☐ TUBA
☐ TUMBLE

```
S S K A ○ S ○ R P M L ○ P ○ B
C ○ T ○ B ○ ○ C P ○ ○ H C ○ ○
○ ○ L ○ D N ○ G D S ○ N F Z D
L N K ○ C R O T ○ T ○ ○ ○ M G
○ T C L ○ K N R ○ H R L ○ R ○
P ○ ○ L Y ○ B G M ○ ○ R R ○ R
R D L M M C R R M A ○ R ○ W K
○ P T M B ○ N M ○ D L N ○ ○ ○
C ○ ○ Y P L ○ ○ L K ○ D X K D
H C P H ○ L ○ ○ D H ○ P L ○ V
○ C L L G K ○ ○ P N L R ○ L ○
○ ○ ○ R ○ F ○ L N ○ ○ G R ○ S
N H N V P ○ ○ C R ○ S T D M ○
Y R ○ V ○ D N ○ K ○ R B ○ T R
C R ○ ○ S ○ R ○ V ○ Y R R ○ C
```

75 MISSING VOWELS 75

Instructions for solving Missing Vowels are given on page 78.

Solution on page 492

☑ ACCORD
☐ AMIGO
☐ ASCOT
☐ ATTACHE
☐ BLACKOUT
☐ BURROW
☐ CEDE
☐ COBBLER
☐ COLA
☐ COPTER
☐ COUSIN
☐ DOGWOOD
☐ ESSENCE
☐ FICTION
☐ FIREFLY
☐ FOREGO
☐ GIRAFFE
☐ HAMMOCK
☐ LEGION
☐ LIBRARIAN
☐ LIKE
☐ LOBE
☐ LORE
☐ MELODY
☐ MOTEL
☐ NEARBY
☐ NOBODY
☐ OUTWARD
☐ PACIFIER
☐ PAMPER
☐ PENNANT
☐ PERISCOPE
☐ PLACE
☐ POIGNANT
☐ POLAR
☐ SAMPAN
☐ SEER
☐ SHADOWBOX
☐ SHOPPING
☐ SIDESHOW
☐ TRANSGRESS
☐ TURTLENECK
☐ UNSUNG

```
F ○ R ○ F L Y P P ○ N N ○ N T
M Y ○ L ○ C ○ B B L ○ R C ○ R
C D L L S ○ D ○ S H ○ W ○ G ○
D ○ ○ W G ○ D A C C O R D ○ N
X B P N Y B R ○ ○ N R R ○ R S
○ ○ ○ T ○ R T L ○ N ○ C K ○ G
P N B R ○ T P N ○ ○ T C ○ F R
T T R W ○ R L ○ F F ○ R ○ G ○
K ○ ○ D ○ N ○ ○ R ○ R B ○ L S
W C N ○ R D C G N ○ P P ○ H S
L S ○ N K ○ ○ ○ N ○ S L ○ K ○
○ ○ ○ M P C W H ○ ○ P C ○ F N
T ○ G ○ M ○ ○ T S S S M ○ C C
○ R ○ P M ○ P L ○ N ○ N ○ P ○
M ○ L ○ D Y H S B ○ L N ○ S ○
```

76 BOXES 76

All the words in the list are found in the diagram in an unusual way. Each word reads clockwise or counterclockwise around the edges of a box (sometimes a square and sometimes a rectangle). *Solution on page 492*

- ☑ ALCOVE
- ☐ ALWAYS
- ☐ APPROACH
- ☐ BILLFOLD
- ☐ BOTTOM
- ☐ BRANCH
- ☐ CALCULATOR
- ☐ CAMPUS
- ☐ CAPFUL
- ☐ CLAMBAKE
- ☐ COBWEB
- ☐ CONCLUDE
- ☐ DEDICATE
- ☐ DELIBERATE
- ☐ DESCRY
- ☐ ENABLE
- ☐ GIRDLE
- ☐ GOVERNOR
- ☐ GURGLE
- ☐ HOODWINK
- ☐ ICECAP
- ☐ MISTAKEN
- ☐ NOSEDIVE
- ☐ OPTION
- ☐ PRONTO
- ☐ PROTRUDE
- ☐ RELATIVE
- ☐ SHORTAGE
- ☐ SKATER
- ☐ SOUVENIR
- ☐ THWART
- ☐ ULTERIOR
- ☐ UNENDING
- ☐ WINDFALL
- ☐ WITHIN

```
E W A O T L W G O V I T S E G
H B C C L Y A R E E R A H V A
C R E A U S W O N R E L O R T
N A M P F A L S E S T D F P A
O C S U D U L E V K A B L I C
W N M B N I W D I M L I L C E
I I O O K H O O S N E B A W K
T H T T P T D Y T E D E M B A
E W A R O H E R A K E R C N O
B B T V E A S C R O T A L U C
C O N O C L O A L C U L U D E
R I T P N O R C I C A T R G N
D G P L T O P H D E D E O U I
L E G U D E P A B L S R I N D
Y L G R T O R N E E O U V E N
```

77 BOXES 77

Instructions for solving Boxes are given on page 80.

Solution on page 493

- ☑ AFLAME
- ☐ CHAPEL
- ☐ CHOKER
- ☐ CHRISTEN
- ☐ CLOUDBURST
- ☐ CREASE
- ☐ EDGIER
- ☐ EGGNOG
- ☐ ELEVENTH
- ☐ ERMINE
- ☐ ESTATE
- ☐ FAREWELL
- ☐ FOLKLORE
- ☐ HOPPER
- ☐ IMPALA
- ☐ JANGLE
- ☐ MAINTAIN
- ☐ MARIGOLD
- ☐ MEADOW
- ☐ NEEDLESS
- ☐ NOTEBOOK
- ☐ NUGGET
- ☐ OVERDONE
- ☐ PETITION
- ☐ PLIGHT
- ☐ PORTHOLE
- ☐ QUIVER
- ☐ RECORD
- ☐ RESEMBLE
- ☐ RUSTIC
- ☐ SENTENCE
- ☐ SIMPLIFY
- ☐ SONGBIRD
- ☐ UMBRELLA
- ☐ WATERCOLOR

J H V G L E A L B L E V E O F
P M I N A J M F M F R E L C H
A L A M U R E A E S E N E P A
G E T A S C E S C N E T H O H
O G N I T I O D H G T M R P D
N G U T E P N R R I S I E P I
A R T O E I E E R Q B N E R D
M I L P R G O V I U E R C O R
D G H T E D L E E T K O H T R
L O O B E N S S T A W R O L O
L K N O T W O D C T S I L E P
O L V S I M E A L E R C O N T
F O T Y U P P G O C U R S G D
E R A F I L L A U D B E D B Q
W E L L N E R B M V J D R I Y

78 WORD SEEK 78

Instructions for solving Word Seeks are given on page 5.
Solution on page 493

- ☐ ACIDITY
- ☐ ANTHILL
- ☐ BABE
- ☐ BARD
- ☐ BEAUTY
- ☐ BEFALL
- ☐ BOGUS
- ☐ BOOT
- ☐ CAMEL
- ☐ CIRCUS
- ☐ COMPETE
- ☐ CONSTABLE
- ☐ DRIVEWAY
- ☐ EMIR
- ☐ FOLLY
- ☐ FRATERNITY
- ☐ HANDSOME
- ☐ INSTANT
- ☐ INTERVIEW
- ☐ LARYNGITIS
- ☐ LENTIL
- ☐ LULLABY
- ☐ LUMPY
- ☐ MAMMAL
- ☐ MASH
- ☐ MAYO
- ☐ MEET
- ☐ METRIC
- ☐ MURAL
- ☐ NEWBORN
- ☐ OCTET
- ☐ OUT-NUMBER
- ☐ PATRON
- ☐ PHOBIA
- ☐ PUTT
- ☐ RODE
- ☐ SAMPLE
- ☐ SCARCELY
- ☐ SOURBALL
- ☐ TANKARD
- ☐ TOENAIL
- ☐ WADERS
- ☐ WASHING
- ☐ WRANGLER

```
Y T U A E B N L Y C I R C U S
C A M E L Y E A L M E T R I C
G N I H S A W R L A O C T E T
T K S B L W B U O C B I C T H
S A M P L E O M F O G R L P A
M R W E I V R E T N I O U H N
E D O R H I N W Y S U T L O D
Y L S F T R C R R T T U E B S
T I O C N D A T N A T S N I O
I A Y B A L L U L B N U T A M
D N A R A R M A K L O G I S E
I E M I R B C K M E R O L T B
C O M P E T E E M M T B T E A
A T S R E D A W L L A F E B R
F R A T E R N I T Y P M U L D
```

79 WORD SEEK 79

Instructions for solving Word Seeks are given on page 5.
Solution on page 493

- ☐ ALREADY
- ☐ AVOCADO
- ☐ BALLPOINT
- ☐ BLOCKING
- ☐ BRAVADO
- ☐ CELERY
- ☐ CHECK
- ☐ CHIC
- ☐ COLD
- ☐ COOKIE
- ☐ DEACON
- ☐ DEVIATE
- ☐ DIAMETER
- ☐ DOUBLE-HEADER
- ☐ EMPLOY
- ☐ FIANCEE
- ☐ FRAGMENT
- ☐ GILD
- ☐ HISTORICAL
- ☐ HONEYBEE
- ☐ HORIZONTAL
- ☐ INLAY
- ☐ LATTER
- ☐ LIGHTNING
- ☐ LISTLESS
- ☐ LOBSTER
- ☐ PINKISH
- ☐ PLASTIC
- ☐ POSTAL
- ☐ SALOON
- ☐ SAME
- ☐ SEALANT
- ☐ SHRED
- ☐ SILL
- ☐ SITCOM
- ☐ SLIT
- ☐ SODDEN
- ☐ STABLE
- ☐ TAUPE
- ☐ TEAL
- ☐ TROOP
- ☐ VALLEY
- ☐ WANT
- ☐ WHENEVER
- ☐ WHIP

```
Y L O B S T E R N S S T N A W
R B A D K L E E E C N A I F H
E O L C A T A A E E O T M D E
L M E O T C L T M T D L O E N
E H P A C A O G N E A U D E E
C S L L N K A V A O B I A B V
H I S T O R I C A L Z T V Y E
I K P L F Y O N E L N I A E R
C N G N I N T H G I L D R N D
D I A M E T E R O S K E B O W
E P T D T A U P E T M O Y H H
R O D S D E L Y A L N I O F I
H O T E A L Y D A E R L A C P
S R R S A L O O N S I T C O M
S T A B L E P P O S T A L H A
```

80 LICENSE PLATES 80

Take a spin around this diagram and locate all of these number-letter License Plates. *Solution on page 493*

☑ 25SEC
☐ 3QJ5M
☐ 3WZDV
☐ 4HFJ9
☐ 4MYSF
☐ 4SDYH
☐ 585BM
☐ 737XV
☐ 76MMQ
☐ 77A7E
☐ 8Q3V7
☐ 992Q4
☐ 9B7W4
☐ 9HXL8
☐ A5LMP
☐ ARKW6
☐ D3H5T
☐ DY3MY
☐ EU3BD
☐ FVWB4
☐ FXB2T
☐ GT6M6
☐ HFJX8
☐ K45QB
☐ K5CN8
☐ KESH8
☐ L7T9J
☐ LJ92A
☐ MWU4F
☐ NCM9J
☐ NWH2Y
☐ P4M5Q
☐ PMW92
☐ Q9S5R
☐ S5HK9
☐ S7R73
☐ SX8KA
☐ VZSF4
☐ XE6X3
☐ YHY2S

```
M 2 8 H S E K Z S J Q H 8 H X
7 4 Q M M 6 7 2 4 9 9 J K E J
V Y S Q D 6 Y A 9 B H M 6 E U
3 Z A D 3 H S J 7 K W X C V 9
Q W S Q Y 5 F W 3 7 3 V L N 5
8 X J F H H 4 3 7 R 7 S F 8 S
F 5 U K 4 5 Q B X P 4 M 5 Q X
M A 9 Q 3 W Z D V 5 D B 2 W 8
D 2 2 E 2 S C Y D P M W 9 2 K
J 9 T 7 L E U 3 B D 6 W K R A
9 J U P S 4 8 M T 3 3 M U R W
C L 3 5 M T N Y 2 H W N 6 4 Q
J J 2 Y B L C 5 B 5 3 S 6 T F
2 6 S Q 9 S 5 R X T V 3 Q G G
N F C H B Q K A F 5 G J A 7 M
```

81 LICENSE PLATES 81

Instructions for solving License Plates are given on page 84.

Solution on page 493

☑ 22A9N
☐ 2ASX4
☐ 2B7RW
☐ 2UGXV
☐ 368HR
☐ 4BM8F
☐ 54MCQ
☐ 5AGFF
☐ 6BHDT
☐ 738QR
☐ 7AUBX
☐ 8SYB7
☐ 8X6VZ
☐ 9YVBT
☐ AS53Q
☐ B7ENH
☐ C5T84
☐ CU65Z
☐ D58GH
☐ DPJ9X
☐ DPQ6N
☐ FGWL7
☐ G338S
☐ GUE64
☐ H6462
☐ HY4HC
☐ JA7FF
☐ JJ53Q
☐ M7W7J
☐ NL9DC
☐ RB5HJ
☐ SU3VG
☐ SUHH6
☐ T626V
☐ TRFH9
☐ UTA5G
☐ V6GN4
☐ VF6D6
☐ WU6CV
☐ YNG3Q

H	Z	U	R	G	V	F	W	6	F	H	N	5	S	C
L	5	6	V	3	Q	F	U	B	4	W	N	U	L	8
D	6	3	S	3	B	F	6	H	N	6	H	E	V	S
P	U	9	5	8	2	Z	C	D	G	H	Y	W	7	Y
S	C	S	H	S	B	V	V	T	6	8	C	W	J	B
5	A	G	F	F	7	A	J	6	V	C	5	9	S	7
4	8	T	5	C	R	2	U	G	X	V	T	D	3	A
N	F	B	G	L	W	T	V	9	F	8	M	B	4	U
E	G	V	M	7	W	7	J	J	5	3	Q	R	H	B
N	W	Y	6	Q	2	P	Q	Q	3	G	N	Y	U	X
6	L	9	6	2	D	4	R	C	H	2	4	T	7	E
Q	7	9	A	7	6	U	H	M	6	H	A	3	B	M
P	V	9	D	E	L	T	8	4	C	5	8	S	N	X
D	N	8	U	C	J	A	6	5	G	Q	A	V	X	T
M	G	G	X	E	8	H	3	3	R	B	5	H	J	4

82 PLACES, PLEASE 82

Fill the diagram with all the words in the word list. The words from each group start on their matching number, and they will read in all directions—forward, backward, up, down, and diagonally. Words from different numbers sometimes overlap; therefore, some letters will be used more than once. We have started the puzzle for you. When the puzzle is completed, all the squares will be filled.

Solution on page 493

1. HARD-HEADED
   HAY
   HEREAFTER
   HIT
   HUMANE-NESS

2. NIL
   NOR

3. PAD
   PYRE

4. EAR
   EBON
   ELATE
   ELM
   ELUDER
   ENGULF

5. ADOBE
   AGAR
   ALLY
   APSE

6. SAFER
   SHOETREE
   SLIP
   SPOOKY

7. YEAR-BOOK
   YODEL

8. FANTASTIC
   FIBULA
   FINITE
   FLAXEN
   FODDER

9. DEE
   DON
   DYE

10. GENIAL
    GHEE
    GIDDY
    GLEAN
    GLIDING
    GLOP
    GOAT

11. TEA
    TODDY
    TORT
    TRIP

12. JET ✓
    JOG ✓
    JOY ✓
    JUICE ✓

13. RALE
    REPENT
    REPINE
    RESOLVE
    RUIN

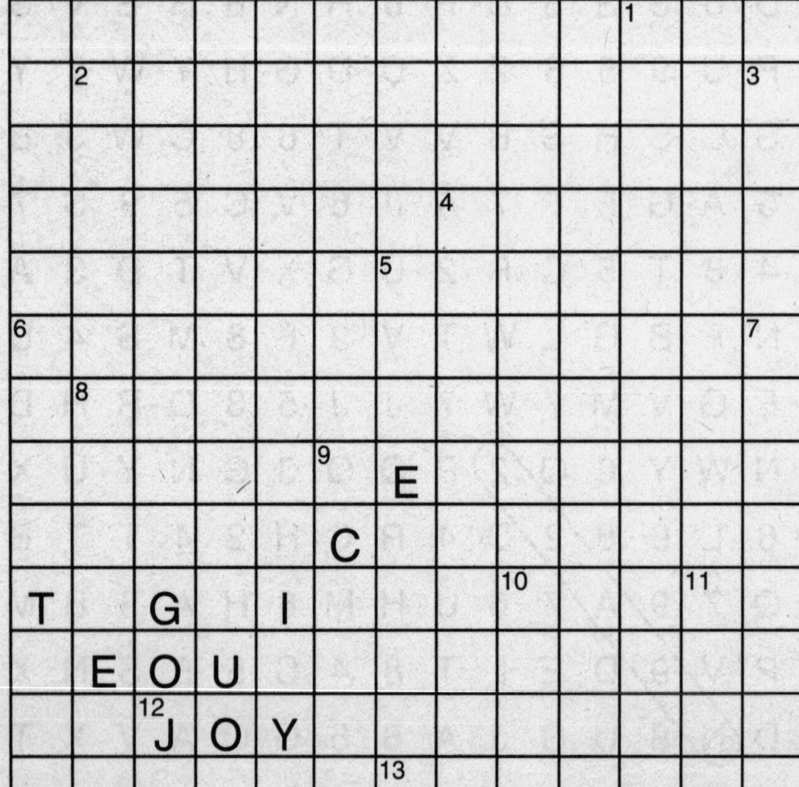

83 PLACES, PLEASE 83

Instructions for solving Places, Please are given on page 86.

Solution on page 494

1. RAW
   RUE

2. TAB
   TEE
   TRUDGE
   TWO

3. YAP
   YAW

4. DAW
   DEB
   DECISION
   DIALOGUE
   DIS-
   CONTINUE
   DOG
   DRAMA
   DREAR

5. HAG
   HAM
   HAZARDOUS
   HECTIC
   HER
   HIM

6. SALAD
   SAUCY
   SEGUE
   SET
   SILT
   SPIEL
   SPIRE

7. AGO ✓
   ALIENATE ✓
   AYE ✓

8. LAG
   LARGER
   LAVE
   LYE

9. VAGUELY
   VALUABLE
   VARIATION
   VENDOR
   VERITY

10. CHI
    COO
    COT
    CRACK

11. BATT
    BEATER
    BILLY
    BOON
    BRIG

12. WALL
    WEIR
    WON

13. PER
    PIG
    PIT
    POD
    POETRY
    PRO
    PSI

14. EASTER-
    LY
    ENCOUR-
    AGE
    EQUATO-
    RIAL

15. GRAFT
    GRIT

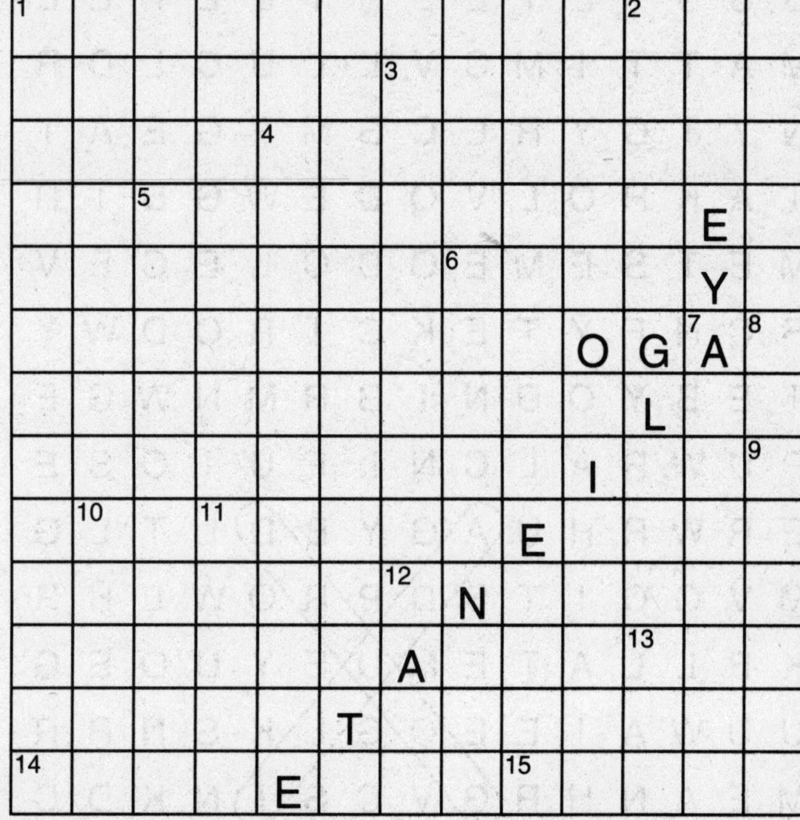

84 CROSS PAIRS 84

Hidden in the diagram below are pairs of words that cross at their common middle letter. Some are pairs of 5-letter words and some are pairs of 7-letter words. We have looped one pair for you.

Word list on page 560 *Solution on page 494*

A DULT
G OURD

A ______
W ______

A ______
W ______

B ______
M ______

B ______
B ______

B ______
P ______

B ______
S ______

C ______
G ______

C ______
T ______

C ______
R ______

C ______
G ______

C ______
G ______

F ______
S ______

H ______
M ______

M ______
U ______

O ______
S ______

R ______
U ______

S ______
T ______

U ______
W ______

A A S A Y W H E P O S F D L G
O A S R I F S S D I F N R O T
B U S T E T E E E I E E F E E
M A T T I M C V L L U C L D R
N Y T C Y R E C B M F G E A I
I A K H O L V O D E W G D I R
M E T S E M E O D C L E C E V
R C N F Y T E K C I R O D W Y
T E B Y O D N I B R M N W G E
P U W R A L C N L F U I O S E
E R W R H U A G Y B D L T L G
M V G C I T B D P R O W L H R
K P L L A T E M U E Y U O E G
U U W A I E E O G L K S N R R
M E A N H R G V C S T N K D C

85 CROSS PAIRS 85

Instructions for solving Cross Pairs are given on page 88.

Word list on page 560 *Solution on page 494*

A LIAS
S HIRK

A
C

B
S

B
D

B
D

B
V

B
T

C
P

C
S

E
M

E
G

F
F

F
S

J
M

L
R

L
T

N
P

P
S

S
S

P S B D Y D H P D L B B P Y N
T A U N K B E A A Y E O S N D
M S N C B A C C T S L S O X W
P A A E C P W V I E E L A P N
N T R O L E B D C M E I O E T
S R A C C R E A E M A H A J K
Y T F H S S T D P D E L C R D
H I O G N I W A R D I V I O W
F V G E Y J E R G B N H O A F
H C N U L L E M I O S R C R S
B I A F D B N T Y A B P N C T
I R T B I O A E K O I E O C F
T B E F M L X F X N V L E O G
O V P E P U L E X I D N Y K L
L F L S K M R Y G U V I E D N

86 NUMBER SEEK 86

Solve this puzzle by seeking numbers instead of letters.

Solution on page 494

- ☑ 01265
- ☐ 02163
- ☐ 03087
- ☐ 05404
- ☐ 06275
- ☐ 08998
- ☐ 15412
- ☐ 24920
- ☐ 28796
- ☐ 30617
- ☐ 31054
- ☐ 31681
- ☐ 33160
- ☐ 34084
- ☐ 35023
- ☐ 38979
- ☐ 44419
- ☐ 44542
- ☐ 44573
- ☐ 47381
- ☐ 56042
- ☐ 58944
- ☐ 60248
- ☐ 61089
- ☐ 61603
- ☐ 62471
- ☐ 67371
- ☐ 68297
- ☐ 72404
- ☐ 74076
- ☐ 75629
- ☐ 77551
- ☐ 81896
- ☐ 83283
- ☐ 84540
- ☐ 87808
- ☐ 89510
- ☐ 90801
- ☐ 98463
- ☐ 99721

```
8 6 5 0 8 4 2 0 6 2 7 5 3 7 6
4 1 2 3 6 6 4 1 0 6 2 5 7 5 9
3 6 0 8 8 3 0 4 6 7 3 7 1 3 7
1 5 4 1 2 8 0 0 1 5 9 8 8 5 4
4 2 8 9 9 8 0 1 3 2 6 2 0 5 2
4 9 4 9 7 4 3 2 3 1 3 3 6 9 8
6 7 6 7 4 0 7 6 3 8 0 0 4 5 1
5 9 0 5 1 4 9 5 1 8 4 5 4 0 7
8 8 7 2 7 0 7 9 7 2 3 5 4 1 8
7 3 8 8 4 3 8 4 7 5 0 5 1 0 9
1 7 2 6 2 0 4 0 3 2 6 1 9 8 8
8 5 1 0 6 1 5 0 9 4 1 8 3 7 4
2 7 5 4 1 3 6 4 8 5 6 4 3 8 6
8 3 7 7 7 1 2 4 0 4 2 7 5 0 3
1 2 6 4 7 6 7 9 9 4 8 7 2 8 1
```

87 NUMBER SEEK 87

Solve this puzzle by seeking numbers instead of letters.

Solution on page 494

- ☑ 03370
- ☐ 03397
- ☐ 04670
- ☐ 09086
- ☐ 11651
- ☐ 13771
- ☐ 15775
- ☐ 20762
- ☐ 22639
- ☐ 26779
- ☐ 28516
- ☐ 29441
- ☐ 33255
- ☐ 35601
- ☐ 35969
- ☐ 39052
- ☐ 41059
- ☐ 41839
- ☐ 41913
- ☐ 47596
- ☐ 48029
- ☐ 48237
- ☐ 53321
- ☐ 53986
- ☐ 55138
- ☐ 66343
- ☐ 68779
- ☐ 69511
- ☐ 72349
- ☐ 72989
- ☐ 75387
- ☐ 76644
- ☐ 78475
- ☐ 81004
- ☐ 83024
- ☐ 83665
- ☐ 88865
- ☐ 95026
- ☐ 96094
- ☐ 98423

4 6 1 5 1 1 5 7 3 7 8 8 3 7 9
8 7 8 3 5 5 3 2 5 3 5 5 7 8 2
3 1 5 1 0 6 5 3 6 8 5 3 4 7 0
6 4 0 9 2 1 2 6 9 0 2 2 9 0 7
2 0 7 0 6 1 5 8 2 4 3 4 3 6 6
3 9 5 9 4 8 9 5 5 3 3 2 1 8 2
8 9 3 1 3 2 0 3 6 5 0 0 6 8 6
9 4 8 9 4 3 2 9 6 8 9 0 3 2 2
8 3 7 3 0 7 0 8 0 4 8 0 2 9 3
9 2 6 1 1 5 9 6 2 6 2 8 5 1 7
2 7 6 2 5 5 2 9 4 4 1 9 1 3 9
7 9 4 7 2 7 5 6 0 3 6 7 2 7 6
7 0 4 6 7 0 7 3 3 0 6 8 7 7 9
8 8 9 6 1 9 4 5 9 4 4 7 4 1 5
7 9 1 4 3 0 1 4 5 7 2 4 0 9 3

88 LETTERBOXES 88

Can you find the correct places for the words in the word list? The starting letters for all the words are given in the circles. Letters may be used as parts of other words because of overlapping or crossing. The words read in a straight line and in all directions—forward, backward, up, down, and diagonally. Do not pass over a black square as you are solving. When the puzzle is completely solved, there will be a letter in every space. We have filled in one word to start you off.

Solution on page 494

- ☑ ADDER
- ☐ ADHERENT
- ☐ AFFIRM
- ☐ BALANCING
- ☐ BANTAM
- ☐ BISON
- ☐ BOOTH
- ☐ CEILING
- ☐ CHISEL
- ☐ DISCRETION
- ☐ EIGHTY
- ☐ GLOSSY
- ☐ HORSERADISH
- ☐ HYENA
- ☐ LOSING
- ☐ MISCHIEF
- ☐ OFTEN-TIMES
- ☐ OPPOSE
- ☐ REACH
- ☐ SANDWICH
- ☐ SOAPBOX
- ☐ SORENESS
- ☐ SPATTER
- ☐ SPOKEN
- ☐ STILETTO
- ☐ TEASE
- ☐ TERRIBLE
- ☐ USHERETTE
- ☐ VETERAN
- ☐ WETTER
- ☐ ZEALOUS

B					U	C	S						
	B	A	■										G
			■			■			■	H	■		
					D		M			■	■		
				■							■		
				■		■	S						
								S					L
S	A											T	Z
■			C	A								■	
				D									■
				D								■	O
■			■	E						W		■	■
				R		O					E		H
				T		V			B				S

89 LETTERBOXES 89

Instructions for solving Letterboxes are given on page 92.

Solution on page 495

☑ ABSENT
☐ BEGONE
☐ CATCHER
☐ CHEMICAL
☐ CONFERENCE
☐ DEFENSE
☐ DISGUST
☐ ELECTOR
☐ ENORMOUS
☐ FASTER
☐ HEARTBEAT
☐ HIBERNA-TION
☐ LIMERICK
☐ LIONESS
☐ MANICURE
☐ MIGHT
☐ MOVIE
☐ MUSTER
☐ ONLOOKER
☐ ORNATE
☐ POSTMEN
☐ RECEPTACLE
☐ REGARD
☐ SHAFT
☐ STENCIL
☐ TASTIEST
☐ TECHNICAL
☐ TRINKET
☐ WORRY

■	S	H										T	
				M							D	■	
T	N	E	S	B	A	L							T
T								■		R	■		
C							■					■	
C													F
M													
						P							E
						S							M
		■	■				■						
						E		■					■
	M								R			■	■
			■	■		■		B					
W	D	■	■	H	■	C	O						O

 90

WORD SEEK

90 

Instructions for solving Word Seeks are given on page 5.
Solution on page 495

☐ ADEPT
☐ AIRDROP
☐ APPROVE
☐ AUTUMN
☐ BELITTLE
☐ BEVEL
☐ CLEVER
☐ EYELINER
☐ FITFUL
☐ GREASY
☐ HABIT
☐ HARDTOP
☐ HEADLINE
☐ IGLOO
☐ INTACT
☐ MANOR
☐ MEMENTO
☐ METROPOLIS
☐ NOTE
☐ OBSERVANT
☐ OUTRAGE
☐ PACKET
☐ PARTRIDGE
☐ PERMANENT
☐ POOCH
☐ PROVOKE
☐ PUCKER
☐ RADICAL
☐ RANSOM
☐ REBUKE
☐ SCREEN
☐ SEMI-ANNUAL
☐ SEND
☐ SERENITY
☐ SHARPEN
☐ SLUG
☐ SNAPSHOT
☐ TINDER
☐ TOKEN
☐ URGENT
☐ WORN

W L R E V E L C S C R E E N O
H A B I T S N B W E G Y T L O
V C K P I I E I K U E I A U L
S I E I A L F C L L N U T D G
H D F N I O U S I D N R B N I
A A P T R P T N E N A M R E P
R R T A D O E R A G R E A S Y
P L D C R R W I E T O N H O W
E R P T O T M S E R E N I T Y
N V O G P E R T O H S P A N S
E L O V S M F I T F U L U E M
K E C R O H A R D T O P T M A
O V H F P K T N E G R U U E N
T E K C A P E K U B E R M M O
O B S E R V A N T M O S N A R

91 WORD SEEK 91

Instructions for solving Word Seeks are given on page 5.

Solution on page 495

☐ ACTIVE
☐ BIDE
☐ BOREDOM
☐ BRUISER
☐ CHAMPIONSHIP
☐ CLATTER
☐ CURTSY
☐ DECLINE
☐ DEFT
☐ DEPLETE
☐ DERBY
☐ EFFECT
☐ ELEVATING
☐ GARNER
☐ GLEE
☐ HERALD
☐ HOTHEAD
☐ KNOWN
☐ LAVENDER
☐ LIFTOFF
☐ LOCUST
☐ LORD
☐ LOVELY
☐ MISPLACE
☐ MODIFY
☐ NAVEL
☐ NEWSMAN
☐ NUMERAL
☐ PRAM
☐ PURL
☐ REEL
☐ REPOT
☐ RESENT
☐ SIMPLEST
☐ SOMEBODY
☐ SOURDOUGH
☐ STONE
☐ SUNSHINE
☐ VERANDA
☐ WATERSPORT
☐ WHALE
☐ WHOLESALER

```
E E L A R E M U N E W E C F P
T C E F F E N H D H V D U T R
W H A L E S C I O E G I R S E
N E K L G U O L L T R B T U N
E R S R P N E U A C H B S C R
W A T E R S P O R T E E Y O A
S L O E A H I C D D T D A L G
M D N L M I D M T E O E E D N
A V E R A N D A S B P U R F I
N R L A V E N D E R E L G N T
W B O R E D O M L O R D E H A
O P I H S N O I P M A H C T V
N U T N E S E R M O D I F Y E
K R L F F O T F I L N A V E L
Y L E V O L R E S I U R B T E
```

92 MISSING VOWELS 92

Before you can loop the words in the list below, you must first fill in the circles in the diagram with the missing vowels A, E, I, O, and U. We have filled in one word for you.

Solution on page 495

- ☑ ABROAD
- ☐ ALMOND
- ☐ BLINKER
- ☐ BRICKLAYING
- ☐ CARGO
- ☐ CHANGE
- ☐ CHERISH
- ☐ CONVENE
- ☐ COTTONTAIL
- ☐ CULTURE
- ☐ DEGREE
- ☐ DEPOSITOR
- ☐ DISTANT
- ☐ ELEMENTARY
- ☐ ENDLESS
- ☐ ENSNARE
- ☐ HOPE
- ☐ HORNET
- ☐ INDICATE
- ☐ IRIS
- ☐ JIBE
- ☐ MEDICAL
- ☐ MERGE
- ☐ NAVAL
- ☐ NEWSCAST
- ☐ ONTO
- ☐ PRETENSE
- ☐ RAVE
- ☐ REALM
- ☐ REBUTTAL
- ☐ RECESS
- ☐ RELIC
- ☐ RUSTLE
- ☐ SILENT
- ☐ SITE
- ☐ SPECIFIC
- ☐ TERRACE
- ☐ TIER
- ☐ TRIFLE
- ☐ UNBUTTON
- ☐ VALENTINE
- ☐ WASHTUB

```
J C T G W ○ C N R T R ○ F L ○
C H ○ N G ○ L ○ ○ ○ ○ R ○ V ○
S ○ S ○ L ○ N T N T ○ T ○ C W
S R ○ Y L Y J C S V T L N H ○
○ ○ C ○ ○ ○ ○ ○ M ○ ○ ○ M ○ S
L S ○ L C F L ○ B N R N B R H
D H R K ○ P R ○ T ○ N S ○ N T
N H R C D G R ○ M ○ R R ○ ○ ○
○ ○ ○ ○ ○ ○ N S S ○ C ○ R T B
W P T R M ○ S R ○ K N ○ L B ○
S ○ C B C ○ L T ○ R ○ T D ○ G
C ○ ○ D N ○ M L ○ V ○ N ○ N C
A B R O A D ○ R ○ N S N ○ R ○
S Y G ○ C ○ T T ○ N T ○ ○ L Y
T R ○ T ○ S ○ P ○ D ○ G R ○ ○
```

93 MISSING VOWELS 93

Instructions for solving Missing Vowels are given on page 96.

Solution on page 495

☑ AISLE
☐ ALTHOUGH
☐ APPALL
☐ ARIA
☐ ASTRONOMY
☐ AXIS
☐ CHAUFFEUR
☐ COMFORTER
☐ COPPERHEAD
☐ CORNET
☐ DEAN
☐ DISPATCH
☐ DOCTRINE
☐ ELATION
☐ FEAT
☐ FOREPAW
☐ GEYSER
☐ GRADING
☐ JOURNEY
☐ KIMONO
☐ LITANY
☐ LOATHE
☐ LODE
☐ LOGICAL
☐ LOZENGE
☐ MIRROR
☐ MOUNT
☐ NOTABLE
☐ OUST
☐ PAIL
☐ PITIFUL
☐ PORRIDGE
☐ RACKET
☐ RESIN
☐ ROOM
☐ SALTINE
☐ SLEEVE
☐ SNAPDRAGON
☐ SPITEFUL
☐ TACO
☐ TERRIER
☐ THIEVE
☐ UNSTOP

```
N ○ ○ T ○ L ○ L B ○ T ○ N ○ ○
K L ○ ○ S T G N ○ D ○ R G P R
D ○ H C T ○ P S ○ D G N P ○ ○
○ T M R R L J ○ T T ○ ○ S C ○
○ ○ ○ ○ ○ T C N ○ Z L ○ H F N
H N H R N H ○ ○ ○ L N ○ L R W
R Y T R ○ ○ L L M ○ ○ ○ S ○ ○
○ D ○ ○ M ○ ○ ○ G F F P C C P
P L ○ M Y G R ○ F ○ ○ ○ J K ○
P ○ L C ○ H R ○ T ○ R R ○ ○ R
○ D T C T D ○ ○ S N T R T T ○
C ○ ○ S P R P B ○ Y ○ ○ ○ ○ F
○ L ○ ○ N D ○ T N ○ ○ D P ○ R
T X N J ○ ○ R N ○ Y F G Y S M
○ S F J A I S L E ○ V ○ ○ H T
```

 94 | ZIGZAG | 94 

Instead of reading in a straight line, each word has one bend in it. One word has been looped for you. *Solution on page 495*

- ☑ AMPLIFIER
- ☐ ATTRACTIVE
- ☐ BEANPOLE
- ☐ CATHEDRAL
- ☐ CLICKING
- ☐ CRISIS
- ☐ CRYSTAL
- ☐ DEMOCRACY
- ☐ DEWLAP
- ☐ DISASTER
- ☐ DIVOT
- ☐ EJECTION
- ☐ FLOCK
- ☐ GAGGLE
- ☐ GARBLE
- ☐ GERMPROOF
- ☐ GNARL
- ☐ GRISTLE
- ☐ HORROR
- ☐ IMPOSTOR
- ☐ LAYOVER
- ☐ MAINLAND
- ☐ MESCAL
- ☐ OVOID
- ☐ POMPOUS
- ☐ PORTRAY
- ☐ RECLUSE
- ☐ RESOUND
- ☐ SKYCAP
- ☐ SYNDICATE
- ☐ TAFFETA
- ☐ TALUS
- ☐ THRUSH
- ☐ TRIBUTARY
- ☐ WINTERIZE

B	C	D	E	W	G	T	F	L	O	L	G	G	A	G
Z	O	A	T	P	E	S	Y	R	C	R	E	S	L	T
B	U	T	A	R	Y	A	T	B	K	D	L	O	U	E
W	I	T	A	C	D	S	M	A	E	B	O	U	S	S
E	O	R	S	H	I	I	A	W	L	A	P	N	L	U
R	Z	A	T	O	V	D	I	N	L	A	N	D	O	L
G	G	I	C	R	P	N	N	I	K	C	I	L	C	C
A	O	E	R	T	T	M	G	Y	Y	A	R	T	R	E
R	L	O	R	E	I	C	I	U	S	H	E	O	J	A
B	R	J	M	A	F	V	L	R	L	W	P	E	N	U
P	O	M	P	C	I	A	E	H	T	A	C	G	R	I
O	V	O	R	Y	L	T	D	T	Y	T	C	E	J	S
F	U	I	O	K	P	E	R	C	I	D	V	S	H	T
S	S	D	O	S	M	F	A	R	C	O	M	E	D	L
I	Z	W	F	T	A	F	L	A	Y	N	N	M	U	E

95 ZIGZAG 95

Instructions for solving Zigzags are given on page 98.
Solution on page 496

- [x] ANONYMITY
- [ ] BENEFIT
- [ ] BLANKET
- [ ] BOUTIQUE
- [ ] BRIEF
- [ ] CANARY
- [ ] CAPYBARA
- [ ] CIRCULAR
- [ ] CITYSCAPE
- [ ] COMEDIC
- [ ] CUTUP
- [ ] DEIGN
- [ ] DIVERT
- [ ] DUKEDOM
- [ ] DUMB-FOUND
- [ ] EGOMANIA
- [ ] JENNET
- [ ] KNOWING
- [ ] LENDER
- [ ] MARABOU
- [ ] MOUSETRAP
- [ ] PAYMENT
- [ ] PERPLEX
- [ ] QUASAR
- [ ] REMEMBER
- [ ] RETENTION
- [ ] REWELD
- [ ] RIVERBED
- [ ] SNAIL
- [ ] SNOWSHOE
- [ ] SPECIALTY
- [ ] SUGGESTION
- [ ] TALLYHO
- [ ] TENANT
- [ ] TOURIST

```
I X T I F E C J T R E V C U R
T E N A N O D I N G I O J T A
A N K E T H E W D D M V R U S
L S B S N S I O D E B R E P A
B A R A N W G N T D N U E U C
B Y C E G O R K E T O C Q L S
I L P I M J E N N F I A L T Y
U A L A R E B D B A T R I S T
O D N E C C M M L S S I U P I
B I U S N O U L A R E G X O C
A P J K U D Y A H N G T X C T
R A M S E H A Y T P U I E F D
W R E R O D N I A O R Q L R L
Y T I M Y N O Y B B R U P T E
R A N A C N M E N T P E R E W
```

96 PATCHWORDS 96

It's a crazy quilt and a Word Seek combined! Each of the words in the list can be found in a continuous line in an irregularly shaped patch in the diagram. Move from letter to letter vertically or horizontally, but not diagonally. Each letter in the diagram will be used once; the patches do not overlap. We have located one word to start you off.

Solution on page 496

- ☑ ADAPT
- ☐ ARCHAEOLOGY
- ☐ ARDENT
- ☐ BACKACHE
- ☐ BESMIRCH
- ☐ BRING
- ☐ CEREAL
- ☐ CHURN
- ☐ DECRY
- ☐ DEMIJOHN
- ☐ DISCUSS
- ☐ FLUENT
- ☐ FOSTER
- ☐ GOTHIC
- ☐ KINFOLK
- ☐ LISP
- ☐ LONGBOW
- ☐ MACAW
- ☐ MANUAL
- ☐ MOPEY
- ☐ MULBERRY
- ☐ OMIT
- ☐ PANTRY
- ☐ PRONOUNCE
- ☐ ROWDY
- ☐ SHORTHAND
- ☐ SIESTA
- ☐ SODA
- ☐ SPAR
- ☐ STAVE
- ☐ SUNRISE
- ☐ UMPING
- ☐ UNKEMPT
- ☐ VELOUR
- ☐ VOLUNTEER
- ☐ WARY

```
P R E G N I N G S M C H P E R
L O C N B R I P E I R M O Y E
O N O U C H N M B I S S P S T
N G B O W U R U A E A D A O F
T U L F L U N M T S Y O R H T
N E Y V O E T U L R R S N A R
O W D A R E H E B E J O D H O
R E D R A B C A D A I H N S Y
T N R Y C K A P E L M E W A R
A N T R E T O T V O U D K Y G
P N U E C H G D I S R S L L O
E K L A C I S S U C N U O O E
M L I M A A L M O S R I F H A
P D S P N U C A M T A S N C R
T E C R Y W A T I E V E I K A
```

97 PATCHWORDS 97

Instructions for solving Patchwords are given on page 100.

Solution on page 496

☑ ACQUIT
☐ AFFIX
☐ APATHY
☐ BEHEST
☐ BEWITCH
☐ CAPTIVITY
☐ CLASH
☐ COLLAGE
☐ CURRANT
☐ DIGEST
☐ DOLT
☐ EFFORT
☐ HEIR
☐ HOLOGRAM
☐ ICEBOX
☐ ICING
☐ INNATE
☐ INTERNSHIP
☐ LAIC
☐ LEGALIZE
☐ OUTGOING
☐ PAPERWORK
☐ PHONE
☐ RECANT
☐ RHODODENDRON
☐ SCOOT
☐ SHINE
☐ SLAPSTICK
☐ SPOT
☐ SPRIT
☐ TENPINS
☐ TOLD
☐ TONE
☐ UNDONE
☐ UNJUST
☐ WOMEN

B	E	T	C	H	N	R	N	I	M	E	O	G	T	T
E	W	I	I	H	S	E	T	W	O	N	I	O	U	O
N	O	H	P	H	S	A	C	Q	T	G	N	A	S	P
R	T	P	N	I	E	L	Y	U	I	G	N	P	A	Y
E	I	R	E	T	G	C	T	R	R	T	I	C	T	H
C	S	P	E	S	A	A	I	U	A	N	S	I	E	N
A	N	T	G	I	L	P	V	C	I	N	C	O	D	D
G	A	O	C	D	I	T	I	N	P	S	I	O	O	R
E	L	L	T	A	Z	E	E	E	T	E	C	T	D	O
S	H	K	E	N	K	R	N	O	D	B	O	H	O	N
A	L	C	I	N	W	O	N	D	L	T	X	R	T	R
T	C	S	T	I	R	T	U	T	O	L	O	F	F	O
S	E	P	A	P	E	O	N	E	M	A	D	E	F	F
E	H	A	P	A	L	E	H	U	J	R	G	X	I	A
B	S	L	C	I	R	I	T	S	N	U	O	L	O	H

98 WORD SEEK 98

Instructions for solving Word Seeks are given on page 5.

Solution on page 496

- ☐ ABODE
- ☐ ALKALINE
- ☐ AMETHYST
- ☐ AROUSE
- ☐ AURA
- ☐ BOOST
- ☐ BOUGHT
- ☐ BRIDGE
- ☐ BUSY
- ☐ CHERUB
- ☐ CURVE
- ☐ CUTTLEFISH
- ☐ DEVELOPMENT
- ☐ DISSOLVE
- ☐ DRAFT
- ☐ FEROCITY
- ☐ FLYING
- ☐ FOREIGN
- ☐ HADDOCK
- ☐ HANDCLASP
- ☐ IMPEDE
- ☐ JABBER
- ☐ LOCOMOTIVE
- ☐ LOUSIER
- ☐ MAIN
- ☐ NATION
- ☐ NONSTOP
- ☐ ONYX
- ☐ PURCHASE
- ☐ RACEWAY
- ☐ REIMBURSE
- ☐ REND
- ☐ RIVALRY
- ☐ SHOULD
- ☐ SOAR
- ☐ SOLVING
- ☐ SWIG
- ☐ TIRE
- ☐ USHER
- ☐ UTTERLY
- ☐ VALIANT
- ☐ WISHFUL
- ☐ ZINNIA

```
L F E S U O R A B N B F D R T
H A D D O C K R I O T I R E H
S Y R L A V I R L N S N V I G
I D A B O D E O A S N I A M U
F L F O G H U I O T T I J B O
E U T E S S L L S O A R Z U B
L O F U I A V I M P E D E R U
T H D E V E L O P M E N T S R
T S R S R U C K Y J F F D E E
U O Y A F O P S A L C D N A H
C L T H L Y C B Y L R U E I C
G V S C T Y B I N G I E R O F
I I O R S E N A T I O N T V O
W N O U R G M A X Y N O E T E
S G B P A U R A C E W A Y P U
```

 99

WORD SEEK

99 

Instructions for solving Word Seeks are given on page 5.

Solution on page 496

- ☐ ADMEN
- ☐ AERIAL
- ☐ AIRS
- ☐ BALLOON
- ☐ BEVY
- ☐ BREW
- ☐ CHAT
- ☐ COIL
- ☐ DEPRECIATE
- ☐ DIAGRAM
- ☐ DISTRESS
- ☐ DOWN
- ☐ EDITION
- ☐ FAMILIAR
- ☐ FELINE
- ☐ GRIME
- ☐ GUSSET
- ☐ HARK
- ☐ HOROSCOPE
- ☐ IMMUNE
- ☐ KUMQUAT
- ☐ LASER
- ☐ LEASH
- ☐ MARACA
- ☐ MISTRUST
- ☐ MODERNIZE
- ☐ MOSQUITO
- ☐ MUSCLE
- ☐ NEIGHBOR
- ☐ OPTING
- ☐ ORDEAL
- ☐ PALATE
- ☐ PARDON
- ☐ RECEDE
- ☐ REPLICA
- ☐ ROSY
- ☐ SKEPTIC
- ☐ SLINGSHOT
- ☐ SLOG
- ☐ SPARROW
- ☐ SPINAL
- ☐ SUET
- ☐ SWATCH
- ☐ SYSTEM
- ☐ TELEVISION
- ☐ THUNDER

N	E	M	D	A	S	E	D	D	D	G	R	I	M	E
O	N	M	C	T	K	D	O	I	E	O	N	F	A	A
I	U	O	I	E	E	E	W	S	P	L	O	E	R	K
T	M	Y	I	S	P	C	N	T	R	S	O	L	A	R
I	M	S	Y	S	T	E	M	R	E	P	L	I	C	A
D	I	O	B	U	I	R	Y	E	C	I	L	N	A	H
E	I	R	S	G	C	V	U	S	I	N	A	E	O	C
O	E	A	H	Q	E	C	E	S	A	A	B	R	H	T
W	R	B	G	B	U	O	R	L	T	L	O	A	R	A
M	O	D	E	R	N	I	Z	E	E	S	T	I	E	W
R	N	R	E	S	A	L	T	A	C	T	N	L	D	S
N	O	D	R	A	P	M	S	O	O	P	T	I	N	G
A	E	R	I	A	L	H	P	T	A	U	Q	M	U	K
E	T	A	L	A	P	E	L	C	S	U	M	A	H	H
S	U	E	T	O	H	S	G	N	I	L	S	F	T	W

100 PLACES, PLEASE 100

Fill the diagram with all the words in the word list. The words from each group start on their matching number, and they will read in all directions—forward, backward, up, down, and diagonally. Words from different numbers sometimes overlap; therefore, some letters will be used more than once. We have started the puzzle for you. When the puzzle is completed, all the squares will be filled.

Solution on page 496

1. DEBATE
   DEBIT
   DECEIVE
   DERIVE
   DRY

2. EMERY
   EMU

3. SETAE ✓
   SHY ✓
   SKI ✓

4. BEAN
   BEET
   BOWL

5. TEN
   TIE

6. PAINT
   PEG
   PIZZA
   PORT
   PRY

7. VAN
   VAT
   VEE

8. RANDOM
   RITZIER

9. MAKO
   MANAGER
   MARIONETTE
   MATINEE
   MERINO
   MIMIC
   MINX
   MULL

10. FELL
    FERVID
    FETE
    FORD
    FUMBLE
    FURY

11. ADO
    AIM
    AMORAL
    AMP
    APE

12. CAR
    CAYENNE
    CLAM
    CLOTH
    CRUET

13. OHM
    OIL
    OUR

14. GAL
    GET

15. HAMMER-HEAD
    HEXAGO-NAL
    HULLA-BALOO

16. ULSTER
    UNCOUTH
    USABLE

						1						2
	3 S	H	Y								4	
5	E	K										
	T		I		6							
	A	7										
	E											
							8		9			
			10									
										11		
12												
							13					
	14											15
						16						

101 PLACES, PLEASE 101

Instructions for solving Places, Please are given on page 104.

Solution on page 497

1. AFTER
AGED
ANEAR
ANI

2. SHE
SIR
SKIFF
STEPPE
SWAN

3. MAR
MIL
MUG

4. ZANY
ZAP
ZEE
ZERO
ZING

5. PAIN
PALACE
PEAR
PIQUE
POKE

6. OBJECT
OBSES-
SION
OFFICER
OPERATOR
OUTING

7. GAD
GOB
GRILLE
GULF

8. WED
WOE
WRY

9. RAP
RECEPTION
REEXAMINE
REF
REWON
RHO
ROB
ROW

10. EELER
ELK

11. LAY
LIP

12. FIB
FIN
FLU
FOWL

13. TEMPER
THROW
TREFOIL
TUREEN

14. ION ✓
ITS ✓
IVY ✓

15. BARRIS-
TER
BEARD
BLEACHER
BREADING
BYLAW

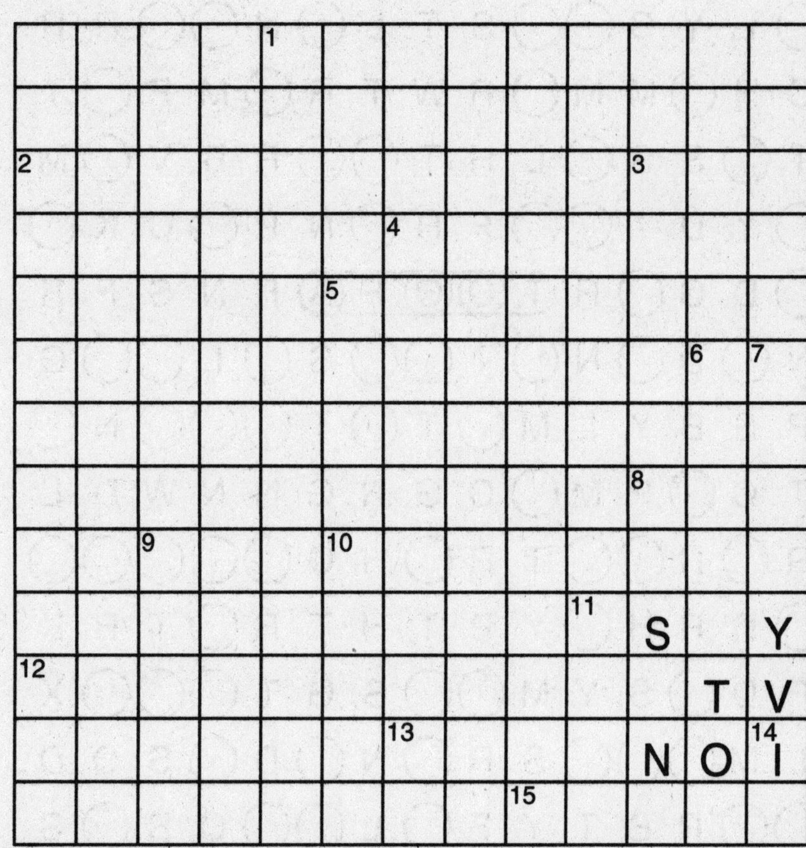

102 MISSING VOWELS 102

Before you can loop the words in the list below, you must first fill in the circles in the diagram with the missing vowels A, E, I, O, and U. We have filled in one word for you. *Solution on page 497*

- ☑ AFOOT
- ☐ ALLOT
- ☐ ALOE
- ☐ ANCHOR
- ☐ ASEA
- ☐ ASTROLOGY
- ☐ BARRIER
- ☐ BISHOP
- ☐ BREATHLESS
- ☐ BRIEFLY
- ☐ COASTLINE
- ☐ CODE
- ☐ COMPACT
- ☐ DEAL
- ☐ DISCORD
- ☐ DONATE
- ☐ DUET
- ☐ ENDURE
- ☐ EXCEED
- ☐ FOOTNOTE
- ☐ HAMMER
- ☐ HENPECK
- ☐ IMPOR-TANCE
- ☐ INGROWN
- ☐ KILOGRAM
- ☐ LEAD
- ☐ LYRICAL
- ☐ MEOW
- ☐ MITE
- ☐ MUTUAL
- ☐ PAYEE
- ☐ QUALIFY
- ☐ REACTION
- ☐ REIN
- ☐ REVERSE
- ☐ RISE
- ☐ SALE
- ☐ SEDAN
- ☐ SLIGHTEST
- ☐ SQUEEGEE
- ☐ STRAIGHT
- ☐ TOMATO
- ☐ TRIPLE
- ☐ TRUMPET
- ☐ YORE

```
R L ○ C ○ R Y L F ○ ○ R B Y W
○ X C ○ ○ D M ○ T ○ ○ L L ○ T
○ L Y C ○ ○ S T L ○ N ○ ○ R R
C H ○ M M ○ R W T R ○ M P ○ T
T ○ S S ○ L H T ○ ○ R B V ○ M
○ Y D T ○ ○ F H ○ N P ○ C K ○
○ D G ○ R T O O F A R N S F R
N ○ D ○ N ○ T ○ ○ S ○ L ○ ○ G
P S B Y L M ○ T ○ T ○ ○ ○ N ○
T C ○ P M ○ C G R G N N W D L
R ○ R ○ ○ T R ○ H C ○ ○ ○ ○ ○
○ R R H ○ Y P T H T R ○ T R K
P D ○ S Y M ○ ○ S G T ○ ○ ○ X
L M ○ ○ ○ S R ○ N ○ D ○ S Q D
○ ○ R B T Y F ○ L ○ ○ Q B ○ S
```

103 MISSING VOWELS 103

Instructions for solving Missing Vowels are given on page 106.

Solution on page 497

- ☑ AMIDST
- ☐ ARROW
- ☐ AWAY
- ☐ BEELINE
- ☐ BICYCLE
- ☐ BOAR
- ☐ BOOM
- ☐ CHAFE
- ☐ CONSIDERABLE
- ☐ COPE
- ☐ CORPORAL
- ☐ COWORKER
- ☐ DEMOCRAT
- ☐ FENCE
- ☐ FISHTANK
- ☐ FIXTURE
- ☐ FLEET
- ☐ GLISTEN
- ☐ GOSPEL
- ☐ HAIRPIN
- ☐ HEAR
- ☐ HOSE
- ☐ IRREGULAR
- ☐ LESSON
- ☐ LITERAL
- ☐ MALE
- ☐ MOHAIR
- ☐ MOLAR
- ☐ PERSPIRE
- ☐ PINCERS
- ☐ POCKETBOOK
- ☐ PRALINE
- ☐ RIOT
- ☐ ROVE
- ☐ SAGE
- ☐ SARI
- ☐ SNEAK
- ☐ SOUNDPROOF
- ☐ SUNBEAM
- ☐ TANTALIZE
- ☐ TEAM
- ☐ TRANSACT
- ☐ TRIPOD
- ☐ UTMOST

○ C N ○ F N ○ P R ○ ○ H ○ M N

○ G ○ S P ○ L F ○ M ○ L ○ L T

K L ○ W ○ Y ○ Y ○ N F ○ ○ R ○

○ ○ B S ○ S D ○ M ○ C R ○ T ○

○ S C ○ H R B ○ ○ M ○ ○ R H R

B T H T R N K R P P H T R ○ R

T ○ ○ M ○ ○ P ○ R ○ ○ ○ ○ S ○

○ N F S ○ D D ○ R N R L W ○ G

K L ○ ○ N L C ○ T ○ S T ○ N ○

C T ○ ○ X T C ○ S N ○ R T ○ L

○ M ○ S R T L Y ○ N F Y M L ○

P S C ○ S ○ ○ ○ C L ○ ○ ○ ○ R

○ V ○ R Z ○ K R ○ ○ L C S R F

T B ○ ○ L ○ N ○ ○ ○ B K T P K

Z A M I D S T ○ R ○ P S R ○ P

104 WORD SEEK 104

Instructions for solving Word Seeks are given on page 5.
Solution on page 497

☐ ACADEMY
☐ AGENT
☐ APELIKE
☐ APOLOGIZE
☐ ASTERISK
☐ BASTION
☐ BESET
☐ BLUEBIRD
☐ BRAWN
☐ CAUTIOUS
☐ CONTESTANT
☐ DENTURE
☐ DILL
☐ DISK
☐ EATS
☐ ENAMELWARE
☐ ENTAIL
☐ FALLACY
☐ FLING
☐ GARTER
☐ GIRDER
☐ HONEYPOT
☐ HYPHEN
☐ IMPOUND
☐ LESSEN
☐ LIPSTICK
☐ MAESTRO
☐ MELD
☐ OCELOT
☐ PAGODA
☐ PEAT
☐ PEPPY
☐ PERSPEC-TIVE
☐ PSALM
☐ QUITTER
☐ RELUCTANT
☐ SCORCH
☐ SECRET
☐ SMALL
☐ STAGE
☐ STRUT
☐ TAXI
☐ TICKET
☐ TORTE

N O C E L O T D V B R A W N O
H E H B V S R F A L L A C Y R
C G S E L I P S T I C K E T T
R A W S B R T Z Q A L L A M S
O T U E E I F C P U L X G A E
C S U T O L S O E K I L E P A
S L R N I H L N R P D T N D M
B A M N K O D T A K S C T L G
G C G S G N U E W S W R A E I
E A I I U E H S L I E S E M R
N D Z O W Y M T E R P C C P D
T E P E P P Y A M E T O R T E
A M G H N O T N A T C U L E R
I Y E E A T S T N S T R U T T
L N D E N T U R E A D O G A P

105 WORD SEEK 105

Instructions for solving Word Seeks are given on page 5.
Solution on page 497

- ☐ ADVENTURE
- ☐ AGREEABLE
- ☐ BAKERY
- ☐ BREEZEWAY
- ☐ BULLFROG
- ☐ CABARET
- ☐ CAROM
- ☐ CHORALE
- ☐ CITY
- ☐ CLIMAX
- ☐ DEEM
- ☐ EGOIST
- ☐ ELECTRICAL
- ☐ EMERALD
- ☐ FORGIVE
- ☐ GOLDEN
- ☐ GRAZE
- ☐ HELD
- ☐ HURT
- ☐ IMPORT
- ☐ JEST
- ☐ MANDATE
- ☐ MOAT
- ☐ NAPE
- ☐ NARROWER
- ☐ NOSE
- ☐ OUTFOX
- ☐ OVERSTEP
- ☐ PEKOE
- ☐ PICTURE
- ☐ PLATEAU
- ☐ POEM
- ☐ RETAIN
- ☐ RHINO
- ☐ RIDGE
- ☐ SACHET
- ☐ SCAPE
- ☐ SERVANT
- ☐ SHORTCUT
- ☐ SIDECAR
- ☐ SPUN
- ☐ STOP
- ☐ SWAB
- ☐ TRUTHFUL
- ☐ VANTAGE
- ☐ VOTE
- ☐ WATERCRAFT

N	R	H	E	S	T	P	N	O	S	E	P	A	N	Y
U	I	W	G	C	L	R	V	C	L	I	M	A	X	R
P	D	A	A	A	H	O	U	E	C	P	E	K	O	E
S	G	T	T	P	T	U	C	T	R	O	H	S	F	K
R	E	E	N	E	B	T	U	R	H	I	N	O	T	A
F	A	R	A	O	R	R	G	O	R	F	L	L	U	B
U	O	C	V	I	E	R	E	V	T	R	U	H	O	P
M	D	R	C	A	A	G	R	E	E	A	B	L	E	O
O	D	A	G	Z	N	E	U	R	Z	C	I	T	Y	T
R	L	F	E	I	W	T	T	S	T	E	H	C	A	S
A	E	T	P	O	V	I	N	T	S	D	W	O	W	I
C	H	O	R	A	L	E	E	E	E	I	M	A	D	O
T	E	R	A	B	A	C	V	P	J	S	B	E	Y	G
M	A	N	D	A	T	E	D	L	A	R	E	M	E	E
N	E	D	L	O	G	R	A	O	I	M	P	O	R	T

106 LETTERBOXES 106

Can you find the correct places for the words in the word list? The starting letters for all the words are given in the circles. Letters may be used as parts of other words because of overlapping or crossing. The words read in a straight line and in all directions—forward, backward, up, down, and diagonally. Do not pass over a black square as you are solving. When the puzzle is completely solved, there will be a letter in every space. We have filled in one word to start you off. *Solution on page 497*

- ☑ AFRAID
- ☐ APPETIZING
- ☐ APRON
- ☐ BUGLE
- ☐ CABLE
- ☐ CARAMEL
- ☐ CONSIST
- ☐ DRIZZLE
- ☐ EDGEWISE
- ☐ EVIDENT
- ☐ FLAVOR
- ☐ GARMENT
- ☐ GEISHA
- ☐ GRAPH
- ☐ HOURLONG
- ☐ HURL
- ☐ INFERIOR
- ☐ INHALE
- ☐ INQUIRE
- ☐ INSEAM
- ☐ INTERPRET
- ☐ LEARNER
- ☐ PEPPERONI
- ☐ PERCEIVE
- ☐ PREFAB
- ☐ PRIORITY
- ☐ PROMINENCE
- ☐ READER
- ☐ SCORE
- ☐ SEVERAL
- ☐ SMITTEN
- ☐ TUBE
- ☐ UNDERCOOK
- ☐ VALET

						C	A	F	R	A	I	D	T
	■	P		S		■						G	
■					■		■	P					
P											P	■	
A					■		S						
					I								
								■	V			E	
			I										U
						■	H		■			C	■
													G
				H					■		■		
D	B				G								■
■		■			■		L						R
I					E							■	P

107 LETTERBOXES 107

Instructions for solving Letterboxes are given on page 110.

Solution on page 498

- ☑ ACTIVITY
- ☐ BABBLE
- ☐ BELLBOY
- ☐ BOUQUET
- ☐ BUILT
- ☐ BUST
- ☐ CARRYING
- ☐ CASTE
- ☐ CONVEN-IENT
- ☐ DISCLOSE
- ☐ DUMBBELL
- ☐ EXTRACT
- ☐ FREEDOM
- ☐ HARMONIZE
- ☐ HIDEOUT
- ☐ HILT
- ☐ HOUSETOP
- ☐ LAUNCH
- ☐ LAYAWAY
- ☐ LEVY
- ☐ MICROPHONE
- ☐ MINCER
- ☐ NIBBLE
- ☐ PARABLE
- ☐ POLYESTER
- ☐ PUNCH
- ☐ SAVIOR
- ☐ SERIAL
- ☐ SPILLING
- ☐ THING
- ☐ TOWELETTE
- ☐ TRACTOR

						D	P						T
			H	H									■
	M					■		■					D
		■		C		P							B
C	■		■							F			B
A				S							N	L	
	C												■
		T		■		B							
			I	H									■
				V								■	B
				■	I	■						S	■
	E	T	S	■	M	T	P	■	H		■		■
L							Y		L	■		■	
T													B

108 CROSS PAIRS 108

Hidden in the diagram below are pairs of words that cross at their common middle letter. Some are pairs of 5-letter words and some are pairs of 7-letter words. We have looped one pair for you.

Word list on page 560 *Solution on page 498*

A BHOR______
E THIC______

B ______
G ______

B ______
F ______

C ______
O ______

C ______
P ______

D ______
E ______

D ______
H ______

E ______
T ______

E ______
W ______

E ______
Y ______

F ______
S ______

F ______
I ______

G ______
Q ______

L ______
M ______

M ______
T ______

M ______
W ______

O ______
R ______

Q ______
R ______

S ______
S ______

U Q W E Y Q E X D D T U S K H
S M E G N G T E E E O E N T K
S A R G E L A C G X S E L G P
U Z C T Y P I C A L E I V X A
E P S P L B D V A T U T A B C
M Z C I E Q E F E Q N B H R A
Y K A L F X M R P N W O E I C
Q U M L U P P O E I R F C K C
Q W P A G Q F T P M E D A L B
C O M B I N E E G E W L R I P
K H Y D I H R P T P D S G F H
Z A C D T E L O H W U I I C S
L A E O D E E X C E L T T V B
T A O R P U L Y A C O U E T T
L T O I F E R G Y M H A Y L O

 109

CROSS PAIRS

109 

Instructions for solving Cross Pairs are given on page 112.

Word list on page 560 *Solution on page 498*

A LONE
C ROCK

B ______
R ______

B ______
S ______

B ______
M ______

C ______
H ______

C ______
P ______

C ______
T ______

C ______
S ______

C ______
V ______

C ______
T ______

C ______
H ______

D ______
N ______

D ______
V ______

D ______
S ______

F ______
T ______

G ______
H ______

H ______
L ______

I ______
M ______

O ______
S ______

P	C	P	Z	Y	U	C	G	S	Y	L	O	N	L	H
N	M	D	R	R	H	E	E	E	N	B	E	O	O	B
K	E	I	I	O	T	R	Z	N	V	D	A	V	I	T
T	A	T	R	A	V	I	S	I	B	L	E	E	A	E
H	B	D	R	C	L	E	M	F	O	R	A	L	G	G
T	I	E	E	O	F	S	O	E	R	M	I	N	T	T
C	P	L	D	T	H	S	I	D	A	S	I	M	I	S
O	L	I	L	S	B	S	L	M	S	T	B	A	I	F
O	O	U	E	S	S	M	C	I	Y	A	R	K	L	C
U	A	P	N	I	P	V	L	C	C	A	L	F	R	C
V	K	N	M	G	M	B	L	K	L	K	A	O	U	T
A	B	S	A	A	I	L	O	G	A	E	C	Z	N	S
V	I	I	I	R	H	A	T	C	H	K	R	I	R	E
D	A	Z	C	R	E	S	T	S	P	C	A	K	R	E
E	E	H	G	R	B	R	O	G	C	T	O	M	L	C

LOOKING FOR MISSING LIST WORD SEEKS? *Find them in our Selected Missing List Word Seek volumes! To order, see page 131.*

110 MISSING VOWELS 110

Before you can loop the words in the list below, you must first fill in the circles in the diagram with the missing vowels A, E, I, O, and U. We have filled in one word for you. *Solution on page 498*

☑ ACORN
☐ AFLOAT
☐ ALIGHT
☐ AMENDMENT
☐ ANTE
☐ BOBSLED
☐ CAMERA
☐ CENTURY
☐ COMPLEX
☐ DEPEND
☐ DISARM
☐ DODO
☐ DOODLE
☐ DOTE
☐ DOWEL
☐ FLAPPER
☐ FORECAST
☐ GATE
☐ HEAVE
☐ HOMAGE
☐ HOSTESS
☐ ICIEST
☐ INDENT
☐ INFORMANT
☐ INSET
☐ JADE
☐ JUBILEE
☐ LOSE
☐ MARINADE
☐ NOSTRIL
☐ OUT-STRETCH
☐ OVER-SHADOW
☐ OZONE
☐ PEDESTAL
☐ RAGWEED
☐ RELATION
☐ REMOTE
☐ SEEN
☐ SPEAK
☐ STUBBORN
☐ TINE
☐ UPROAR
☐ WEAVE
☐ WOODMEN
☐ WRESTLING

W J ○ D ○ P ○ N D T ○ ○ L F ○
○ ○ P L S M R ○ N L ○ W ○ D B
○ Z D ○ ○ ○ C ○ N T ○ R Y ○ Z
V ○ ○ ○ B G M L K ○ ○ ○ B D X
○ N ○ B H D H ○ N C T S R ○ ○
N ○ ○ T N S ○ T ○ ○ L T ○ F L
○ T N ○ S P R S M ○ ○ L ○ L P
S N M S S T T ○ D ○ N ○ R ○ M
T ○ C N ○ ○ R D V ○ D N P P ○
R N ○ ○ T ○ L ○ R ○ ○ G ○ P C
○ M R ○ S ○ D P T ○ N W V ○ ○
L X W ○ ○ D M ○ N C T R G R M
○ V ○ ○ H ○ G ○ M ○ H ○ O ○ ○
D ○ ○ D L ○ ○ L ○ B ○ J G C R
T S ○ ○ C ○ N F ○ R M ○ N T A

111 MISSING VOWELS 111

Instructions for solving Missing Vowels are given on page 114.

Solution on page 498

- ☑ ACREAGE
- ☐ AMBUSH
- ☐ ANYPLACE
- ☐ ATTRIBUTE
- ☐ AUSTERE
- ☐ BANTER
- ☐ BRAIN-CHILD
- ☐ BUILDING
- ☐ CANAPE
- ☐ CARICA-TURE
- ☐ CHEER
- ☐ COMPANY
- ☐ CONTAIN
- ☐ CORE
- ☐ COTE
- ☐ CREAK
- ☐ CRIMSON
- ☐ EDGE
- ☐ EDUCATOR
- ☐ ELDEST
- ☐ EMBARGO
- ☐ ENLARGE
- ☐ EXCURSION
- ☐ EYELID
- ☐ FARM-HOUSE
- ☐ GARDEN
- ☐ IDENTIFY
- ☐ LEAN
- ☐ ORIOLE
- ☐ OUTSIDER
- ☐ PESO
- ☐ PROOF
- ☐ RAGE
- ☐ REAR
- ☐ REIGN
- ☐ REPORT
- ☐ SEVENTY
- ☐ SPOIL
- ☐ TEEN
- ☐ THISTLE
- ☐ TOTAL
- ☐ WETTEST
- ☐ YEARLING

P	R	○	○	F	C	Y	F	S	○	V	○	N	T	Y
R	○	T	N	○	B	○	N	○	○	T	N	○	C	○
○	L	○	○	R	○	○	R	○	M	B	○	S	H	G
L	○	○	N	M	○	○	○	○	P	C	L	M	S	○
D	C	X	T	H	P	D	R	L	○	M	R	○	P	R
L	○	P	C	○	T	○	○	R	D	○	○	R	○	D
○	L	H	R	○	T	○	○	S	T	○	K	C	○	○
H	P	T	S	S	R	C	M	○	T	E	N	D	L	N
C	Y	C	○	○	○	S	C	B	G	○	○	G	W	L
N	N	○	○	T	Y	○	○	A	○	N	○	N	○	○
○	○	R	○	N	D	○	E	○	T	R	G	D	T	R
○	G	R	Y	○	○	R	L	○	N	G	G	○	T	G
R	○	○	H	C	C	P	F	○	P	○	S	○	○	○
B	C	R	○	A	K	Y	○	L	D	○	S	T	S	R
T	H	○	S	T	L	○	T	○	B	○	R	T	T	○

112 WORD SEEK 112

Instructions for solving Word Seeks are given on page 5.

Solution on page 498

- ☐ ANGELIC
- ☐ BASHFUL
- ☐ BECOME
- ☐ BERET
- ☐ BOBBIN
- ☐ CAMPAIGN
- ☐ CELLOPHANE
- ☐ CHEW
- ☐ COOT
- ☐ CROOKED
- ☐ DISSECT
- ☐ EASIEST
- ☐ ERROR
- ☐ ETCH
- ☐ ETHNIC
- ☐ FLIP
- ☐ FURTHER
- ☐ GRIMACE
- ☐ HACK
- ☐ HANDRAIL
- ☐ HOUSEFLY
- ☐ HYMN
- ☐ IMPROVISE
- ☐ LITTLE
- ☐ MUMBLE
- ☐ NEST
- ☐ OFTEN
- ☐ ORALLY
- ☐ PESTLE
- ☐ PINPOINT
- ☐ POSH
- ☐ PURR
- ☐ RACETRACK
- ☐ REVOLT
- ☐ RHINOC-EROS
- ☐ SECEDE
- ☐ SKATES
- ☐ SPAM
- ☐ STARDOM
- ☐ SURPRISE
- ☐ THREAD
- ☐ TOUCH-DOWN
- ☐ TRAMPLE
- ☐ UKULELE
- ☐ WREAK

C R O O K E D O S E C E D E P
M B O B B I N Y L E L T T I L
O M A P S E L E L U K U L T O
D B A S H F U L N E T F O R R
R T E R E B O E L B M U M A H
A C H S O P E S I V O R P M I
T O U C H D O W N K C T T P N
S O R A L L Y A L C A H S L O
H T N I O P N I P A M E E E C
E E M P W G A S U R P R I S E
M T Y E E R R O R T A E S E R
O M H L D S E K R E I V A T O
C C I N E S T A C C G O E A S
E C A M I R G L K A N L R K S
B H C T E C D A E R H T E S N

113 WORD SEEK 113

Instructions for solving Word Seeks are given on page 5.

Solution on page 499

- ☐ ALTER
- ☐ AUCTIONING
- ☐ AUTHORITY
- ☐ BARGE
- ☐ BEANBAG
- ☐ BETTER
- ☐ BIRDCAGE
- ☐ BLACKEN
- ☐ BLEAK
- ☐ BRAZEN
- ☐ DOODAD
- ☐ ENTRYWAY
- ☐ FANATIC
- ☐ FREEWAY
- ☐ FURL
- ☐ GANGPLANK
- ☐ GARBAGE-MAN
- ☐ GAUZE
- ☐ GENDER
- ☐ GERANIUM
- ☐ INSOLE
- ☐ KINDLY
- ☐ MOONBEAM
- ☐ PASTURE
- ☐ PETTICOAT
- ☐ PLATOON
- ☐ PRETTY
- ☐ RANT
- ☐ SANDBOX
- ☐ SASHAY
- ☐ SEESAW
- ☐ SEPTET
- ☐ SHIP
- ☐ SHROUD
- ☐ STARK
- ☐ SUMMERY
- ☐ TENTH
- ☐ TRANSMIT
- ☐ TREMOR
- ☐ VEST
- ☐ WHITEST

```
K T E N T H P L A T O O N L R
I B E L O S N I U S A S H A Y
N L B E T T E R C I T A N A F
D A D O O D M T T Y T T E R P
L C P D A B U O I E Z U A G G
Y K A U Y T I R O H T U A T A
R E S O Z G N Y N N W R I T B
E N T R Y W A Y I G B M S I N
M M U H A W R N N A S E R K A
M R R S E K E V G N V D A R E
U W E E E Z G E A P C E O M B
S E R T A P M R I A L M O P A
S F U R L A T H G B E A M R R
X O B D N A S E E R E D N E G
P E T T I C O A T S T A R K E
```

114 PLACES, PLEASE 114

Fill the diagram with all the words in the word list. The words from each group start on their matching number, and they will read in all directions—forward, backward, up, down, and diagonally. Words from different numbers sometimes overlap; therefore, some letters will be used more than once. We have started the puzzle for you. When the puzzle is completed, all the squares will be filled.

Solution on page 499

1. PASTORAL
PATTY
PEDICURE
PREVEN-
TION
PYLON

2. REPO ✓
RHEA ✓
RID ✓
ROT ✓

3. SAT
STY

4. ZIG
ZIP

5. WAR
WAVER
WEB
WET
WING-
BACK
WIRETAP
WOK

6. ANET
APRICOT
ARC
AVAST

7. GOO
GUT

8. OBSOLETE
OCTOPI
ONRUSH
OODLES
OOZE
OPENER
ORGANZA

9. DESPOT
DRIVE

10. BAN
BAUD
BUD

11. TAD
TAPIOCA

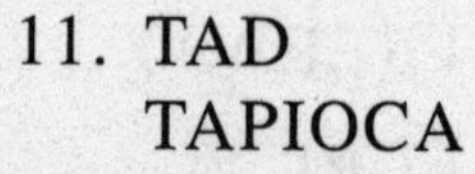

12. KEA
KIT

13. ETHICAL
EXCITE

14. UNDER-
WHELM
URN

15. JAMBOREE
JODHPURS
JUDGE
JUNCTION
JUROR

				1								
						O	P	E	2 R	H	E	A
3								O	I		4	
		5					T		D			
					6				7			
							8					
	9											
										10		
								11				
					12							
13												14
								15				

115 PLACES, PLEASE 115

Instructions for solving Places, Please are given on page 118.

Solution on page 499

1. NEE
NIT

2. RESEND
RESIDENCE
RIND
RUNIC

3. BIT
BORN
BOW
BUS

4. AMPERE
ANACON-DA
ANON
ANYTHING
ARE
AWL
AXLE

5. EEL
EON
ERASE
EVEN
EXTRA

6. HAS
HONE

7. FAD
FAT
FEE
FLAP

8. GAL-LANTRY
GARNET
GASEOUS
GENERIC
GUNWALE

9. MACHETE
MANACLE
MAP
MENAGE

10. TACH
TACIT
TRY
TUN

11. PAC
PANACEA
PECK
PERIDOT
PIE
PITY
PLAN

12. LAC
LAP
LEI
LOB

13. CAB
CAT
CUE

14. INDUCTEE
INELASTIC
INTER-WEAVE

15. SANDER ✓
SUNSET ✓
SYNC ✓

<table>
<tr><td></td><td></td><td>1</td><td></td><td>2</td><td></td><td></td><td></td><td></td><td></td><td></td><td></td><td></td></tr>
<tr><td></td><td></td><td></td><td></td><td></td><td></td><td></td><td></td><td></td><td></td><td>3</td><td></td><td></td></tr>
<tr><td></td><td></td><td></td><td></td><td></td><td></td><td></td><td></td><td></td><td></td><td></td><td></td><td></td></tr>
<tr><td></td><td></td><td>4</td><td></td><td></td><td></td><td></td><td></td><td></td><td></td><td></td><td></td><td></td></tr>
<tr><td></td><td></td><td></td><td></td><td></td><td>5</td><td></td><td></td><td></td><td></td><td></td><td></td><td></td></tr>
<tr><td></td><td>6</td><td></td><td></td><td></td><td></td><td></td><td>7</td><td></td><td></td><td></td><td></td><td></td></tr>
<tr><td></td><td></td><td></td><td></td><td></td><td></td><td></td><td></td><td></td><td></td><td></td><td>8</td><td>9</td></tr>
<tr><td>R</td><td></td><td></td><td></td><td></td><td></td><td></td><td></td><td></td><td></td><td></td><td></td><td></td></tr>
<tr><td></td><td>E</td><td></td><td></td><td>10</td><td></td><td></td><td></td><td></td><td></td><td></td><td></td><td></td></tr>
<tr><td></td><td></td><td>D</td><td></td><td></td><td></td><td>11</td><td></td><td></td><td></td><td></td><td></td><td></td></tr>
<tr><td></td><td></td><td></td><td>N</td><td></td><td></td><td></td><td></td><td>12</td><td></td><td>13</td><td></td><td></td></tr>
<tr><td>14</td><td></td><td></td><td></td><td>A</td><td></td><td></td><td></td><td></td><td></td><td></td><td></td><td></td></tr>
<tr><td>T</td><td>E</td><td>S</td><td>N</td><td>U</td><td>15 S</td><td>Y</td><td>N</td><td>C</td><td></td><td></td><td></td><td></td></tr>
</table>

116 WORD SEEK 116

Instructions for solving Word Seeks are given on page 5.

Solution on page 499

- ☐ ANSWER
- ☐ ASPIRE
- ☐ ASTRIDE
- ☐ BABY
- ☐ BEHALF
- ☐ BRIDLE
- ☐ BULKHEAD
- ☐ CATCALL
- ☐ CERAMIC
- ☐ CHARCOAL
- ☐ CRIB
- ☐ DEEDS
- ☐ DIPLOMA
- ☐ DRAT
- ☐ ELASTIC
- ☐ EMCEE
- ☐ FIDGET
- ☐ FLAGMAN
- ☐ FOIL
- ☐ FOREVER
- ☐ FRAT
- ☐ FURTHER-MORE
- ☐ GALLON
- ☐ HEAD-WAITER
- ☐ INFERNO
- ☐ INTERFERE
- ☐ ITSELF
- ☐ KARAT
- ☐ MEATLESS
- ☐ OUTRAN
- ☐ RAIL
- ☐ RECITAL
- ☐ REMNANT
- ☐ RENTAL
- ☐ SLACK
- ☐ SLIPPER
- ☐ SLOWPOKE
- ☐ SOCK
- ☐ SPREAD
- ☐ TANKSHIP
- ☐ TRADESMAN
- ☐ UPSET
- ☐ VETERINARY

```
E D I R T S A B N F S L A C K
Y R C L Y A I A I A L K H E F
R A E A O R N D M A M A C O M
A T R T C U G K C O R G R O S
N O A I I E T T S C L E A P S
I N M C T A A R O H V P R L B
R R I E S C W A A E I E I R F
E E C R A I L D R N A P I D F
T F B U L K H E A D P D K R A
E N D B E R F S S E L T A E M
V I A E E R O M R E H T R U F
H B C N E H G A L L O N A P O
Y M T T M D A N S W E R T S I
E A N F B E S L O W P O K E L
L I A S P I R E F F L E S T I
```

117 WORD SEEK 117

Instructions for solving Word Seeks are given on page 5.
Solution on page 499

- ☐ AIRLIFT
- ☐ AORTA
- ☐ APPRISE
- ☐ AWAIT
- ☐ BADGE
- ☐ BALLOT
- ☐ BANISTER
- ☐ CARTON
- ☐ CLAN
- ☐ CRESS
- ☐ CROWN
- ☐ DERAIL
- ☐ EYEBALL
- ☐ FIST
- ☐ HONEYDEW
- ☐ INTENT
- ☐ JAVELIN
- ☐ KEPT
- ☐ LAYETTE
- ☐ LOCAL
- ☐ MANTIS
- ☐ MINIBUS
- ☐ MOONLIGHT
- ☐ NATURAL
- ☐ NOMINA-TION
- ☐ OKAY
- ☐ OUTWORK
- ☐ PAIR
- ☐ PHONOGRAPH
- ☐ PREEN
- ☐ QUICHE
- ☐ RAPPER
- ☐ SCRATCH
- ☐ SMITE
- ☐ SOURCE
- ☐ SPLENDOR
- ☐ SPYING
- ☐ STOVEPIPE
- ☐ STUNT
- ☐ SUITOR
- ☐ THAT
- ☐ TRANSLATION
- ☐ WOODSHED
- ☐ ZEST

S T U N T D J Z S E C R U O S
I T S I F A E U C R G A A P T
T N A U V S B H S A O D Y O O
N W O E T I M S S R R I A B V
A P L I N T E N T D N T A B E
M I A I T H P A R G O N O H P
N O M I N A T I O N I O C N I
K R O N R T L M E S W I W W P
R O D N E L P S T S U O E I E
O T N A L E I E N Q I D R Y T
W I A T L I R F K A Y R E C T
T U L U A A G P T E R B P C E
U S C R A T C H N E A T P P Y
O L I A R E D O T L O K A Y A
B A L L O T H B L S S E R C L

118 V-WORDS 118

The 5-letter words below are found in the diagram in a V shape pointing left, right, up, and down.
Solution on page 499

☑ ABEAM
☐ ANTSY
☐ ATOLL
☐ ATONE
☐ BASTE
☐ BLUSH
☐ BOMBE
☐ CAGER
☐ CAIRN
☐ CLAMP
☐ DAILY
☐ DEFER
☐ DEISM
☐ DRIER
☐ ERUPT
☐ EXULT
☐ FLUSH
☐ FOCAL
☐ GAMIN
☐ GAMMA
☐ KARMA
☐ LADEN
☐ LOAMY
☐ MANLY
☐ OKAPI
☐ OLEIN
☐ OWLET
☐ PINTO
☐ PIOUS
☐ POULT
☐ QUEUE
☐ SEDGE
☐ SIGHT
☐ SNARL
☐ SQUAB
☐ STUDY
☐ TEDDY
☐ UNZIP
☐ WHICH
☐ WILCO

```
H E K F Y C A T L K P E P L U
F C P A L M L O P M R Q L N M
L O I A R U A A R U E E Z S P
Q H C N S P X K D L M I I I R
W C O H I G I E O A C R N E P
K N S D A E N O N W D B F T D
T U G M E G U P O L L R L E O
E E L K M S M E G E Y U G B D
H L D B N A U B T G B L O A F
O D G A I Q L H A R E M I P G
Y T O E R X G C Q S U R K A C
O C A Y B L H I T T N D M F C
L M N A B A D E S Y X C Y I F
I I N K T A N Q S Q I W P C N
D O W L M O U T Q T Y T A R F
```

119 V-WORDS 119

Instructions for solving V-Words are given on page 122.
Solution on page 500

- ☑ ABATE
- ☐ AGAVE
- ☐ AGLET
- ☐ BLAND
- ☐ BLAZE
- ☐ BLOOM
- ☐ BRACE
- ☐ BRAIN
- ☐ CADET
- ☐ CLEFT
- ☐ CRAWL
- ☐ ESTER
- ☐ FORTY
- ☐ GRAND
- ☐ GRUFF
- ☐ GUAVA
- ☐ KRONA
- ☐ LOOSE
- ☐ MOONY
- ☐ NEWEL
- ☐ PASHA
- ☐ PAYER
- ☐ QUELL
- ☐ RANCH
- ☐ SEINE
- ☐ SHACK
- ☐ SINCE
- ☐ SINEW
- ☐ SMILE
- ☐ SNICK
- ☐ SNORT
- ☐ SPREE
- ☐ TEETH
- ☐ TETRA
- ☐ THINE
- ☐ THIRD
- ☐ TILDE
- ☐ TOILE
- ☐ TREND
- ☐ TROUT

N S O O A T Q L P W L L D V I
P V N A R Z H A T B I W D F M
I A C O R K R E I T E V E E A
P E S Y G B E D E N R A Z L I
A H Z E L N H T N I V A U T S
A Q E A I N T C H A R L E G K
M C G L V H L T R D W D O R B
N A K F I E O G I A Q F A O U
T I B M T N F L R O F H S C V
G R S A L E E T M U T E A T Q
S A E E S C L H Y G L S U S U
A N U T C G T N C L I O P Q C
D N I Y A Y O P M N F R R P Y
B C V N C L D O A C E O E T K
K S D O B A B R M Y H W R E C

120 MISSING VOWELS 120

Before you can loop the words in the list below, you must first fill in the circles in the diagram with the missing vowels A, E, I, O, and U. We have filled in one word for you.

Solution on page 500

- ☑ AERIE
- ☐ ALLEY
- ☐ AMBITION
- ☐ ARMORY
- ☐ BELOVED
- ☐ BENCHMARK
- ☐ BLASE
- ☐ BRUNET
- ☐ CONDIMENT
- ☐ DIFFER
- ☐ DIRE
- ☐ DUAL
- ☐ FARE
- ☐ FEAR
- ☐ FINGER
- ☐ GRANDSTAND
- ☐ GROVE
- ☐ HATCHET
- ☐ HEROISM
- ☐ JUGGLING
- ☐ LANE
- ☐ LEGIBLE
- ☐ LOATHING
- ☐ MACHINE
- ☐ MANTEL
- ☐ PEDIGREE
- ☐ PERHAPS
- ☐ PISTOL
- ☐ POPOVER
- ☐ PROUD
- ☐ READY
- ☐ REPLACE
- ☐ RIBBING
- ☐ ROTATE
- ☐ SANDMAN
- ☐ SPACE-FLIGHT
- ☐ SUBTLE
- ☐ TREMEN-DOUS
- ☐ TUBA
- ☐ UNIQUELY
- ☐ WERE

Y K R ○ M H C N ○ B R ○ ○ F L
D D R D ○ V ○ L ○ B V V L ○ W
○ ○ M M S ○ ○ R ○ H ○ C T T ○
○ ○ H ○ T C H ○ T R ○ N B H R
R L R ○ B B ○ N G N ○ D ○ G ○
○ ○ B G H S ○ N D M ○ N S ○ V
T M P ○ R G N ○ L G G ○ J L ○
○ M L L G ○ M ○ ○ ○ ○ S A F P
T ○ ○ ○ ○ ○ N L ○ D T R E ○ ○
○ C ○ ○ N C L D N R M S R C P
○ H T T S ○ ○ ○ S ○ G H I ○ D
B ○ H F Y ○ M R R T ○ ○ E P ○
○ N ○ Q ○ ○ L Y ○ P ○ B D S ○
T ○ N ○ R B H B S F ○ N G ○ R
N N G T H D ○ R ○ F F ○ D S P

121 MISSING VOWELS 121

Instructions for solving Missing Vowels are given on page 124.
Solution on page 500

☑ ALIVE
☐ ALLEGE
☐ ALUMNI
☐ AMONG
☐ AQUA
☐ BANQUET
☐ BEAU
☐ BUSYBODY
☐ CATERER
☐ COHORT
☐ COLLAPSE
☐ CONCEALING
☐ DEFICIENCY
☐ ELAPSE
☐ ELECTRICITY
☐ EMEND
☐ FEARFUL
☐ FURRIER
☐ GENERAL
☐ HAPPEN
☐ HARMONY
☐ IMAGE
☐ LIAR
☐ LOOP
☐ MAMMOTH
☐ MAPLE
☐ OMEN
☐ PLIABLE
☐ PROPERTY
☐ RENOWN
☐ ROSE
☐ RUBBING
☐ SATURATE
☐ SEASHORE
☐ SEEM
☐ SMOOTH
☐ SOLACE
☐ STOCKPILE
☐ SWORDFISH
☐ THERE
☐ TOOK
☐ VALVE
☐ VEHICLE

```
○ V B ○ S Y B ○ D Y G N ○ M ○
M ○ ○ S P ○ L ○ C M ○ C M Y C
○ L ○ M N ○ C S ○ P M ○ ○ N ○
G V ○ Q ○ ○ M P P ○ ○ H N ○ L
○ ○ ○ G N ○ L ○ ○ C N ○ C M ○
S ○ N R B ○ H L M R D R S R C
T W V ○ H ○ C L ○ M ○ T ○ ○ T
○ R ○ ○ R Y K ○ ○ T ○ H P H R
L ○ ○ R L ○ T C ○ C S T T F ○
B B C R D ○ L R K ○ R W H ○ C
○ B ○ ○ ○ F ○ P ○ G ○ L L ○ ○
○ ○ L F R T ○ S Q P N ○ Y R T
L N ○ ○ ○ L ○ S M ○ ○ T H F Y
P G S S ○ ○ M C H P W R Q ○ S
D ○ F ○ C ○ ○ N C Y N R P L R
```

122 SQUARE NINES 122

Find 3x3 squares in the diagram that contain, in no particular order, the nine letters of the words listed.

Solution on page 500

- ☑ BEAUTIFUL
- ☐ BEDSPREAD
- ☐ CANDIDATE
- ☐ CHOPSTICK
- ☐ CHRONICLE
- ☐ CLASSWORK
- ☐ CUSTOMIZE
- ☐ DESTROYER
- ☐ DETERGENT
- ☐ DIRECTION
- ☐ DOWNSHIFT
- ☐ ENDURANCE
- ☐ ENUMERATE
- ☐ EYEOPENER
- ☐ GUIDELINE
- ☐ HANDSTAND
- ☐ HEARTACHE
- ☐ IMMIGRANT
- ☐ INSISTING
- ☐ INVENTORY
- ☐ KNOWLEDGE
- ☐ LEISURELY
- ☐ OWNERSHIP
- ☐ PAGEANTRY
- ☐ PERSEVERE
- ☐ REDUCTION
- ☐ SHORTCAKE
- ☐ SPEARHEAD
- ☐ STALEMATE
- ☐ WALLPAPER

```
L M E A P S I S D D E B R E T
A T E A R N W N H E P D E S Y
A T S D H E O F T A R S O R D
L P P E R R Y I B U A W L K C
E A A P E V A U L E A A C S U
W R L S E E S P C I D D M E T
P E Y L Z U N K O T C N O Z I
N U E I T I G H C S I R C T D
E G L B I I N A D N L E H H L
I D I U S N S D N N I A E A K
O N C E S T H A T E E Y E I W
E R T O H K K E U R P O T V T
E E D R C A I M N E E N N R T
T G N U N V I T G W D G A G E
E R E E A B A R M L O K A P Y
```

123 SQUARE NINES 123

Instructions for solving Square Nines are given on page 126.
Solution on page 500

☑ APARTMENT
☐ ATTENDANT
☐ CLIPBOARD
☐ EASYGOING
☐ ENERGETIC
☐ ESTABLISH
☐ FREIGHTER
☐ GUACAMOLE
☐ HOURGLASS
☐ INVISIBLE
☐ OBJECTION
☐ PERSIMMON
☐ PROOFREAD
☐ READINESS
☐ REALISTIC
☐ REBELLION
☐ REPLENISH
☐ SCIENTIST
☐ SOCIALITE
☐ SPAGHETTI
☐ SPLITTING
☐ STAINLESS
☐ STERILIZE
☐ STRONGMAN
☐ TIMEPIECE
☐ TIMESAVER
☐ UNEARTHLY
☐ UPPERMOST
☐ WORKBENCH
☐ ZOOKEEPER

```
V U E L R B T A O U U L A Z P
E A M O H I L H R L Y R E P O
D A G C N E S S S G N H T M S
D R E G E R P A M T N E P R U
G F E I T E T T A R O K E O D
L H R T A A N S I L H Z O E O
B B U M T N D I C E J V L A U
M O F R E P L R B N O C W B K
M P R D N O A P O T I S K O N
I E A O Y E S T L E S T E W H
S D S S G I G H A C I N B R C
R N E I P T P A Z I L V I T E
E L I T N L L I E E S I E S A
O B L S S V W M I T R P M V R
V A A S E I L C E P N O M I C
```

124 LETTERBOXES 124

Can you find the correct places for the words in the word list? The starting letters for all the words are given in the circles. Letters may be used as parts of other words because of overlapping or crossing. The words read in a straight line and in all directions—forward, backward, up, down, and diagonally. Do not pass over a black square as you are solving. When the puzzle is completely solved, there will be a letter in every space. We have filled in one word to start you off.

Solution on page 500

- ☑ ALLURE
- ☐ BAPTIZE
- ☐ BELIEVE
- ☐ BLONDE
- ☐ CARFARE
- ☐ CHARISMA
- ☐ CORRIDOR
- ☐ DETERIORATE
- ☐ DITCH
- ☐ DRAINAGE
- ☐ EXCLAIM
- ☐ HEAVIER
- ☐ HUNK
- ☐ INDEFINITE
- ☐ IRATE
- ☐ LICENSE
- ☐ LIQUEFY
- ☐ LOITER
- ☐ MONTH
- ☐ NOBODY
- ☐ NURSEMAID
- ☐ PITCH
- ☐ PORTRAIT
- ☐ PUNISHMENT
- ☐ REBEL
- ☐ RECEIVE
- ☐ SHEATH
- ☐ SHORTSTOP
- ☐ TENSE
- ☐ TILL
- ☐ TODAY
- ☐ TURF
- ☐ UNLACE

E	T		D						M	■	■	C	
			■			■						■	
	A												
	L												
	L		S									L	
	U										■		S
R	R	H	■							■			L
B	E												D
L					D	P	T						B
									R		N		■
I									T		P		■
					P								N
		■	■	■		■			■	■			■
	B						■	C	C	T			

125 LETTERBOXES 125

Instructions for solving Letterboxes are given on page 128.

Solution on page 501

- ☑ ANISE
- ☐ ASCOT
- ☐ ATMOSPHERE
- ☐ AUDITOR
- ☐ BLOOPER
- ☐ BORROW
- ☐ BRAN
- ☐ BRIER
- ☐ BUNGLER
- ☐ CENTRAL
- ☐ CLIPPING
- ☐ CLUMSY
- ☐ COLLECTOR
- ☐ COMMA
- ☐ COUNTER
- ☐ CUSTOMARY
- ☐ DECREASE
- ☐ FARCE
- ☐ FRANKFURTER
- ☐ FRYER
- ☐ FUNNIES
- ☐ HASTE
- ☐ HOMEY
- ☐ HONEYBEE
- ☐ OCCULT
- ☐ POLITICIAN
- ☐ SALTY
- ☐ SECRECY
- ☐ SOFTBALL
- ☐ SOWN
- ☐ SWIMWEAR
- ☐ VILLAGE
- ☐ WITLESS

S					C				P				B
B								O					
	S			■	■							A	H
			F		A		C						■
							C					■	■
												■	
		C							■	■			S
									■	■			V
D				■							W		
			■	■				S				S	
F									B				■
A	N	I	S	E									■
						C					■	■	F
				H					B			■	■

126 WORD SEEK 126

Instructions for solving Word Seeks are given on page 5.

Solution on page 501

- ☐ ABLE
- ☐ ARTFUL
- ☐ ASCEND
- ☐ ATTACK
- ☐ BOOKMARK
- ☐ CANCAN
- ☐ CAPPUCCINO
- ☐ CHARM
- ☐ CORNCOB
- ☐ DOMINATE
- ☐ ELITE
- ☐ ENFOLD
- ☐ ESCORT
- ☐ EXCELLENCE
- ☐ FASCINATION
- ☐ GRIT
- ☐ INFANTRY
- ☐ INHERIT
- ☐ LAPEL
- ☐ LEAFLET
- ☐ MINUTES
- ☐ MOMENT
- ☐ NECKLACE
- ☐ NEEDFUL
- ☐ PACKING
- ☐ PLAYPEN
- ☐ POETRY
- ☐ PRESIDENT
- ☐ PUREE
- ☐ RECYCLE
- ☐ RELIT
- ☐ SAFE
- ☐ SHAME
- ☐ SOCKET
- ☐ STRONGBOX
- ☐ TRANCE
- ☐ TREASURE
- ☐ TRICKLE
- ☐ TURMOIL
- ☐ URCHIN
- ☐ WILY

```
G T R I C K L E P N C T P L K
P C L I O M R U T A I A I R K
T O E E G P R M P A C H A R M
I R C T T E R P I K N M C O G
R N N I E X U E I N K I M R L
E C A L K C E N S O U E M X U
H O R E C E G T O I N T O O F
N B T I O L E B L T D B E S D
I S N P S L T A D A G E A S E
A O H L F E Y R T N A F N I E
T L N A C N A C O I E B O T N
T I E Y M C K R E C Y C L E F
A L L P O E T R Y S S L S E O
C T R E A S U R E A A E I A L
K G G N R L A R T F U L G W D
```

127 LICENSE PLATES 127

Take a spin around this diagram and locate all of these number-letter License Plates.

Solution on page 501

☑ 2QJYL
☐ 32LVL
☐ 423W2
☐ 44D7B
☐ 46K6E
☐ 5FLBX
☐ 6LCFL
☐ 7NXJZ
☐ 8PLFT
☐ A3ZSZ
☐ B3JGA
☐ C6Z9S
☐ DPR4U
☐ EDR9G
☐ G2GAZ
☐ G4KHY
☐ H249C
☐ HX4ND
☐ J7AF7
☐ J7C5H
☐ J8YUD
☐ J9HXN
☐ JBN5Q
☐ JQ9VP
☐ JT2QX
☐ JTZW7
☐ N4C93
☐ PX4DP
☐ PXC8N
☐ Q27SB
☐ R3YBM
☐ R8SNT
☐ RABS5
☐ TN62N
☐ TQ9DD
☐ V7Q8U
☐ VMJ2C
☐ VXDQ7
☐ WC2ED
☐ XU369

```
Z V N 4 C 9 3 B V E W 7 8 Z K
S S M 7 F Q 2 7 Q D X V A B S
M L Z J L J L D E R Q G S K L
D M T 3 2 7 V 4 6 9 2 2 R C 5
B 3 J G A C L 4 K G H T 7 5 F
D U Y 8 J 5 T N 6 2 N J L S L
E E 7 5 S H K G 4 K H Y R N B
L 9 2 B C 6 Z 9 S Z J X N 7 X
G X A C J 2 C U 8 Q 7 V 4 K V
Y R U 7 W Z T J 2 5 R 8 S N T
L V A 3 P D 6 T N N B 3 J B D
A F 2 E 6 D E 2 8 B X Q Y P N
7 4 C 7 S 9 4 Q C J 9 H R B 7
F P E L 3 Q C X X V M 4 9 D M
L Y R X 6 T F L P 8 U T P J 4
```

128 LICENSE PLATES 128

Instructions for solving License Plates are given on page 132.

Solution on page 501

- ☑ 286JC
- ☐ 39QP5
- ☐ 3YBL9
- ☐ 4DAPG
- ☐ 4FD28
- ☐ 4UQBC
- ☐ 4UX4V
- ☐ 4V6WD
- ☐ 6K24V
- ☐ 6TQW6
- ☐ 7HZJC
- ☐ 9WMTP
- ☐ B3E7Y
- ☐ CB6VL
- ☐ CLFP3
- ☐ CN6UR
- ☐ CZP2C
- ☐ DZW9R
- ☐ E5TUY
- ☐ F68SC
- ☐ F6HAW
- ☐ FEDD6
- ☐ FEU2G
- ☐ HL7E7
- ☐ HWQP5
- ☐ JQBJ9
- ☐ KGNY2
- ☐ N2PVB
- ☐ NZRS9
- ☐ QR8MF
- ☐ S5E5N
- ☐ ST9T2
- ☐ TH988
- ☐ TS44V
- ☐ U7UB3
- ☐ V5R5R
- ☐ W338Q
- ☐ X7LJS
- ☐ YE4LV
- ☐ Z9PJY

```
3 P F L C B V P 2 N Y J R 4 Q
Y G T B 4 F D 2 8 D 5 U F Y F
Y T Q U E 2 Z X 6 7 6 E 7 3 R
9 U X U 3 T C E J N D Q 5 3 D
4 4 2 J P 9 5 B C D 8 P P S W
V G W 9 6 T Q W 6 3 V 4 2 K 6
3 B U 7 U S M P 3 V 5 R 5 R V
Y H Y Y A 4 R W 5 R L M 4 2 4
F 7 G 5 R 4 R G 9 S R Z N C G
X 6 E P P V J W L K G N Y 2 E
H 7 8 3 A Q Z W B T F J E P 2
L F L S B D W A Y H P 2 4 Z G
7 H Z J C W 4 H 3 9 H W L C T
E B 9 P S 5 U 6 Z 8 Q V V W K
7 A U N 9 7 4 F M 8 R Q G 3 L
```

129 MISSING VOWELS 129

Before you can loop the words in the list below, you must first fill in the circles in the diagram with the missing vowels A, E, I, O, and U. We have filled in one word for you.

Solution on page 501

- ☑ BISON
- ☐ BROKE
- ☐ BURDEN
- ☐ CANYON
- ☐ CERTAIN
- ☐ CONSONANT
- ☐ CROONER
- ☐ DRAMATIC
- ☐ FETTUCCINI
- ☐ FLEECE
- ☐ FOREHEAD
- ☐ GENERATOR
- ☐ GORGEOUS
- ☐ HALFHEARTED
- ☐ HARBOR
- ☐ HEIFER
- ☐ INLAY
- ☐ INSTANT
- ☐ LUGE
- ☐ LURE
- ☐ MACARONI
- ☐ NOTICE
- ☐ OARSMAN
- ☐ ORIENT
- ☐ OVERSEER
- ☐ OXEN
- ☐ PALER
- ☐ PLATING
- ☐ PREMISE
- ☐ PRIZE
- ☐ RAGTIME
- ☐ REDCOAT
- ☐ REFUTE
- ☐ REGIME
- ☐ RESTFUL
- ☐ SEAMAN
- ☐ SERUM
- ☐ SNARE
- ☐ SOAPBOX
- ☐ STUPENDOUS

```
B T N N ○ T ○ C ○ F R ○ G ○ L
○ N O S I B N B R ○ K ○ V R ○
R ○ F ○ T ○ S N B R N N ○ N F
D ○ L ○ D ○ T R ○ ○ H F L ○ H
○ R ○ D C ○ ○ T R H ○ ○ S G N
N ○ ○ N T H N ○ P ○ Y P ○ N ○
N Z C ○ B N T ○ H ○ G R ○ ○ M
P ○ ○ P S ○ ○ C V D G ○ P T ○
○ L ○ ○ R ○ ○ N R ○ N Z B ○ ○
L ○ F T S ○ R ○ ○ ○ R ○ ○ L S
○ R K S R V N ○ R S ○ S X P ○
R ○ G ○ M ○ S ○ M S N N ○ ○ M
F ○ T T ○ C C ○ N ○ M ○ ○ ○ ○
○ M ○ T G ○ R N ○ Y N ○ C R R
B D R ○ M ○ T ○ C ○ R ○ N S P
```

130 MISSING VOWELS 130

Instructions for solving Missing Vowels are given on page 134.

Solution on page 501

☑ ANVIL
☐ AROSE
☐ BANDIT
☐ BENEATH
☐ BRIDEGROOM
☐ BROADEN
☐ CAREEN
☐ CHASTISE
☐ CHIEF
☐ COMMITTEE
☐ DELIGHT
☐ DEMOTE
☐ EXHAUST
☐ FRIES
☐ GIGANTIC
☐ GROTTO
☐ HALE
☐ HAZARD
☐ HISSING
☐ HITCHHIKE
☐ HOSIERY
☐ IGNORE
☐ JOIST
☐ KEYBOARD
☐ LEMON
☐ LOGGER
☐ LUMBERJACK
☐ MATE
☐ MISPLAY
☐ NEEDLEPOINT
☐ OCCUPY
☐ OVERCOAT
☐ PATRIOT
☐ PERSONAL
☐ REDO
☐ SHEIK
☐ TEARFUL
☐ TIEBACK
☐ WHERE
☐ YEAH

```
N D T W G B R ○ D ○ G R ○ ○ M
S ○ ○ X H ○ ○ S T ○ ○ R T A P
F H D L N ○ T ○ M T G ○ ○ N H
H R ○ ○ ○ ○ R P ○ ○ ○ G D V ○
T ○ ○ ○ ○ G ○ ○ S ○ N N N I Z
○ ○ S ○ K R H D P C T ○ ○ L ○
○ C R ○ S C B T L R ○ R B C R
N ○ ○ ○ ○ ○ ○ N ○ ○ C ○ B ○ D
○ L N M S R T J Y V P D X R F
B ○ F F M ○ Y S R ○ J ○ ○ ○ G
L H ○ S S ○ N G ○ ○ T ○ ○ ○ R
○ K ○ H H C T ○ H H B H ○ N ○
M K C ○ B ○ ○ T V Y C M L S T
○ M ○ D ○ M ○ T ○ ○ R F ○ L T
N Y P ○ C C ○ K R ○ G G ○ L ○
```

131 PATCHWORDS 131

It's a crazy quilt and a Word Seek combined! Each of the words in the list can be found in a continuous line in an irregularly shaped patch in the diagram. Move from letter to letter vertically or horizontally, but not diagonally. Each letter in the diagram will be used once; the patches do not overlap. We have located one word to start you off.

Solution on page 502

- ☑ BASK
- ☐ CLOUD
- ☐ COMEDY
- ☐ COQUET
- ☐ DOGLEG
- ☐ DUBIOUS
- ☐ EVADE
- ☐ FOLIATE
- ☐ GIBE
- ☐ HARDWARE
- ☐ HELMSMAN
- ☐ HERD
- ☐ HUMILITY
- ☐ IMPUTE
- ☐ INTRIGUE
- ☐ JUNTA
- ☐ KILIM
- ☐ LITIGATOR
- ☐ MELODY
- ☐ OMEGA
- ☐ PEKE
- ☐ PLUTOCRAT
- ☐ POPPY
- ☐ POUND
- ☐ PROPHECY
- ☐ RATTLE
- ☐ RECUSE
- ☐ RISQUE
- ☐ ROTE
- ☐ SAGUARO
- ☐ SAWN
- ☐ SLANDER
- ☐ SPRAY
- ☐ SQUEAL
- ☐ SUMMON
- ☐ THREW
- ☐ USEFUL
- ☐ WHOM

```
T E O C L I L T T A S L D E E
D U Q G I M E T A R Y A N R K
O G L E K W N N U J P P O P E
H A R D S A E H E A M A P O P
N R A W A R R Q U L O G E M R
A E L E U O D S Y D H W R P O
M S M H G D U S U O L T O H Y
U I N T A S B I O I E A G E C
S E U R U N T U P M M T I H T
E L G I O D E M O N L I E R E
F U E U P R U M F V E C T O W
R A T Q S I S L O A D O M R C
C O I G I T A I S E E D E D L
P T B I L Y T R U P R Y K U O
L U E M U H E E C S A Y S A B
```

132 PATCHWORDS 132

Instructions for solving Patchwords are given on page 136.

Solution on page 502

- ☑ ADIT
- ☐ BLOC
- ☐ CASTANET
- ☐ CATLIKE
- ☐ CHEERILY
- ☐ CRUST
- ☐ DESCRY
- ☐ EAGER
- ☐ EXODUS
- ☐ FANTAIL
- ☐ FRECKLE
- ☐ HELIUM
- ☐ HESITANT
- ☐ HOCK
- ☐ HUMOR
- ☐ JACKET
- ☐ KNOTTY
- ☐ MELODIC
- ☐ NESTLE
- ☐ NICHE
- ☐ NOTORIETY
- ☐ ONLY
- ☐ PAYOFF
- ☐ PERISH
- ☐ PUEBLO
- ☐ REACTIVATE
- ☐ RECORD
- ☐ SCHEME
- ☐ SHIPPER
- ☐ SHOOK
- ☐ SMART
- ☐ STEAL
- ☐ STINT
- ☐ TARO
- ☐ TREMBLY
- ☐ UNTIDY
- ☐ WHET
- ☐ WORN

F A N I L T S E N E R E A G C
C A T A E L K S P P N O R E O
W S N E H O C H I L L H S B L
H T A T H E L F F A Y O C I L
E T O X E K I U O E K O H R Y
S U D R A N O M Y T S H E E T
E H E T M T T P A L O S Y U S
K C I N S Y S T E B R I R R C
I L T A E M C I U P E P C S E
A T C R O E H D A S T T O N D
C D I R N T N H T N I O E T Y
L O T O D I U U M C A R I R E
E A N W Y E Y L O K J E R E T
M T I R E L M B R E O C C A A
H E S F C K E R T T R D T I V

133 PLACES, PLEASE 133

Fill the diagram with all the words in the word list. The words from each group start on their matching number, and they will read in all directions—forward, backward, up, down, and diagonally. Words from different numbers sometimes overlap; therefore, some letters will be used more than once. We have started the puzzle for you. When the puzzle is completed, all the squares will be filled.

Solution on page 502

1. MAD
   MILLION-
   AIRE
   MIX
   MUD

2. DAREDEVIL
   DAW
   DELEGA-
   TION
   DON
   DUMB-
   WAITER

3. ELOPE-
   MENT
   ENCHI-
   LADA
   ERR
   EXHIBI-
   TION

4. RAW
   REALM
   REUNION
   RIGOR
   RILE

5. HIE
   HOE

6. TALL
   TAX
   THRILL-
   ER
   TOIL
   TOO
   TREAS-
   URY
   TRIP

7. PAPRIKA ✓
   PIG ✓
   PLACATE ✓

8. WADE
   WEIR
   WIG
   WORE

9. OAR
   OLD
   ONTO

10. GAB
    GAS

11. ZAG
    ZINC

12. SIP
    SLYEST
    SUE

13. INSERTION
    INTROVERT
    IRONIC

14. LAMPREY
    LAWYER
    LENTIL
    LOT

		1										E
		2										T
											3	A
				4								C
							5					A
									6			L
												7 P
	8		9								I	A
										G		P
							10					R
					11					12		I
13												K
					14							A

134 PLACES, PLEASE 134

Instructions for solving Places, Please are given on page 138.

Solution on page 502

1. WANED
   WIZ

2. MERCENARY
   MIDSECTION
   MOUNTAINS

3. DIM
   DRYER
   DUB
   DYE

4. JAY ✓
   JIG ✓
   JOB ✓
   JOT ✓

5. AERATE
   AMEBA
   AMONGST
   ANEMONE
   ANILE
   ANTIHERO

6. EAR
   EAT
   EGGS
   END

7. GAZELLE
   GEAR
   GEE
   GENT
   GLEE
   GOT
   GROW

8. BETWEEN
   BIGWIG
   BIVALVE
   BRAISE

9. TART
   TEA
   THEW
   TRET
   TWO

10. PARTIAL-LY
    PERSIST-ENT
    POINSET-TIA
    PREP
    PROF

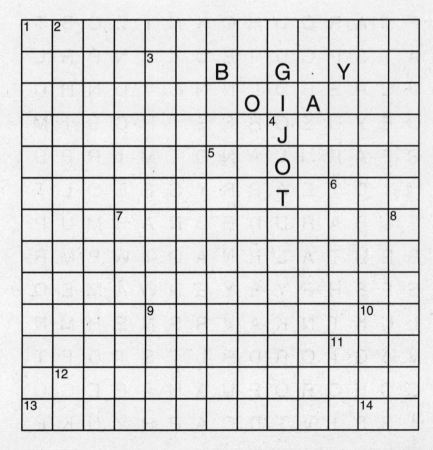

11. RIVET
    ROE

12. HEN
    HERETO

13. SHRIEK
    STEM-WARE
    STEWARD

14. FLINT
    FOE

1	2											
				3		B		G		Y		
							O	I	A			
								4 J				
						5		O				
								T		6		
			7									8
				9							10	
										11		
	12											
13											14	

135 WORD SEEK 135

Instructions for solving Word Seeks are given on page 5.

Solution on page 502

- ☐ ALREADY
- ☐ BOGEY
- ☐ BOOKEND
- ☐ BORDER
- ☐ BRUTAL
- ☐ CATNAP
- ☐ CLAPBOARD
- ☐ CURVY
- ☐ DURABLE
- ☐ EMINENT
- ☐ ERST
- ☐ FARMLAND
- ☐ FAVOR
- ☐ FISH
- ☐ HANDED
- ☐ HARDHEADED
- ☐ HORNET
- ☐ INNING
- ☐ LINK
- ☐ MADNESS
- ☐ MAROON
- ☐ MESH
- ☐ MIDYEAR
- ☐ MISCHIEF
- ☐ NONSTICK
- ☐ PLUME
- ☐ PRONTO
- ☐ RATHER
- ☐ ROMP
- ☐ SACK
- ☐ SHINY
- ☐ SPAT
- ☐ TOPPER
- ☐ TRIKE
- ☐ TUMULT
- ☐ TURBAN
- ☐ VOGUE
- ☐ WEDGE

```
C I K I S P W C G M F S E B Y
A L C P H T B T B N A B R U T
F M A R O O N O K N I L C B T
A T S P G U R E D K C N P R L
V C P E B D L N N C V D N H U
O E Y U E O H F E I H C S I M
R F A R M L A N D T M I R P U
M I D Y E A R R Y S F E O L T
E L B A R U D E D N A H M U P
B R U T A L H N A O I W P M R
E E S H F Y E Y E N W A M E O
L U K T N K A V R S N E H M N
V A G I O R D R L T S T D F T
C C H O R O E U A H A F E G O
I S B I V T D C A R H V N K E
```

136 WORD SEEK 136

Instructions for solving Word Seeks are given on page 5.

Solution on page 502

- ☐ AROUND
- ☐ BATTERY
- ☐ BEARABLE
- ☐ BIKINI
- ☐ BLAB
- ☐ BLOB
- ☐ BOLT
- ☐ BOOTLESS
- ☐ CARAWAY
- ☐ DECANT
- ☐ EIGHT
- ☐ FUND
- ☐ FUTURE
- ☐ GASP
- ☐ HAZEL
- ☐ INDUCE
- ☐ INTRUDE
- ☐ ITCH
- ☐ JEANS
- ☐ JOSTLE
- ☐ LEAFY
- ☐ MOODI-NESS
- ☐ MUSLIN
- ☐ PLIERS
- ☐ PLYWOOD
- ☐ PRISSY
- ☐ PROMOTE
- ☐ QUITE
- ☐ REJECT
- ☐ REVUE
- ☐ SCARY
- ☐ SCHEDULE
- ☐ SCIENCE
- ☐ SOLEMN
- ☐ STRAWBERRY
- ☐ TIFF
- ☐ TIPTOP
- ☐ WIELD

```
N I L S U M D D L E A F Y Z M
P M V V C E S Y N C Q F F I T
B R N H C H S S F U T U R E H
L E Z A H S E R E D O G I L G
O S N W I E L D E N N R A T I
B T P R F Q T W U I I U A S E
C R P R O M O T E L L D F O P
G A P L Y W O O D R E P O J S
E W R D H B B I T Q E E U O Y
P B E A E C N E I C S J L R M
Y E V H W T T N P A T E E S D
D R U L R A I I T L M T N C B
G R E U A K Y Z O N T A J A T
W Y D F I E T B P A E V L R J
C E L B A R A E B J N B H Y I
```

137 CROSS PAIRS 137

Hidden in the diagram below are pairs of words that cross at their common middle letter. Some are pairs of 5-letter words and some are pairs of 7-letter words. We have looped one pair for you.

Word list on page 560

Solution on page 503

A SKER
T OKEN

B ________
H ________

B ________
C ________

B ________
O ________

B ________
C ________

C ________
R ________

C ________
K ________

C ________
C ________

D ________
S ________

E ________
I ________

F ________
S ________

G ________
W ________

G ________
G ________

H ________
S ________

H ________
M ________

M ________
S ________

R ________
V ________

S ________
S ________

S ________
S ________

```
T F K E F Q I R T C R O V M T
M K I P R K G L A B I E U O U
H C T A C U N S R K R N K F K
C H T I X R T A O A C E O S Y
N P Y N P I V P L H N K Y S A
C O R O N E T G U C W G S Y Q
M E R G E H V N E R F Y T T G
O T U E L P B D R S S H E E T
S S H B H O R O U W Y B A X F
A P T Q A S Q U A T T L M O T
U M Y R Y C G S L C L F Y N Y
L C D U I D K E B H S E A L G
N E D I W C W H S U R C P H S
R D I W A O H O O T S M R X S
E E G H V Q L Y R E I B O B E
```

138 CROSS PAIRS 138

Instructions for solving Cross Pairs are given on page 142.

Word list on page 560 *Solution on page 503*

A DAPT ________
S HAKE ________

A ________
G ________

B ________
H ________

B ________
G ________

B ________
T ________

C ________
H ________

C ________
O ________

C ________
S ________

C ________
S ________

D ________
L ________

E ________
G ________

H ________
I ________

H ________
M ________

L ________
M ________

L ________
S ________

P ________
V ________

P ________
R ________

P ________
T ________

S ________
T ________

Y M N E H L G S E V D X K G H
C D C C K Y E O E I E I V C A
O H N R N K C U L C B K N D M
P E I A H R Y T S U G U A E C
B H M C H X R H I B L P T H R
S U A A K B A P A M T O U T S
H E P S C A R I E R T L S A E
R I G U E V B C T R E E T O P
C P L M E R I T U U T C U B O
K O O R B A L K B S Y A I O O
I X A Y A L L N A G S T I C E
W D T H O W E V E R W L T N U
O Y K S U H G T R E X E I A I
R V P U H S A M P A T W M N C
H P M M A D L U U T T B L R G

139 LETTERBOXES 139

Can you find the correct places for the words in the word list? The starting letters for all the words are given in the circles. Letters may be used as parts of other words because of overlapping or crossing. The words read in a straight line and in all directions—forward, backward, up, down, and diagonally. Do not pass over a black square as you are solving. When the puzzle is completely solved, there will be a letter in every space. We have filled in one word to start you off. *Solution on page 503*

- ☑ ABSOLUTE
- ☐ BLOCKING
- ☐ BOTTLE
- ☐ CARESS
- ☐ CHALK
- ☐ CLASH
- ☐ CREDIT
- ☐ DETEST
- ☐ DUST
- ☐ DYNASTY
- ☐ ETIQUETTE
- ☐ EXILE
- ☐ FEATHER
- ☐ FRAUD
- ☐ IRKSOME
- ☐ MERRY
- ☐ MIDWEEK
- ☐ NONSENSE
- ☐ NORTH
- ☐ NULL
- ☐ OMIT
- ☐ PENCIL
- ☐ PLEASE
- ☐ QUARRY
- ☐ REFRAIN
- ☐ REVISE
- ☐ SHOP
- ☐ SOON
- ☐ SULTRY
- ☐ SWIG
- ☐ THOUGHTFUL
- ☐ THREATEN
- ☐ TUMBLE
- ☐ WEASEL
- ☐ WORKMEN
- ☐ WRUNG

	(T)			(N)	(N)	(W)	(R)					(A)	(C)
(N)				(E)		■			■		B	■	■
		■						(B)		S		(D)	
				(M)			(D)		O				■
(S)								L				■	(D)
							U						■
		(W)				T			(F)	■			
					E								(E)
	(M)								(F)			■	
		(I)			(B)								
									(P)				
		(O)	■	(C)						(S)	(P)		
(Q)					(C)					■	■		(R)
(T)	(S)	■	■	(S)			(T)			■	■	(W)	■

140 LETTERBOXES 140

Instructions for solving Letterboxes are given on page 144.

Solution on page 503

☑ ADVERTISE
☐ BIAS
☐ BOVINES
☐ CANTER
☐ CARMINE
☐ CENTENNIAL
☐ CHANGE
☐ COIL
☐ COMPOST
☐ COTTON
☐ COYOTE
☐ DIVINE
☐ DREDGE
☐ ELOPE
☐ EXCEPT
☐ FOREWARN
☐ GLOOM
☐ HANGOUT
☐ IMPOSE
☐ INDIGO
☐ LINEUP
☐ LOUD
☐ MATTRESS
☐ MURMUR
☐ PIANIST
☐ RACE
☐ RAVEN
☐ SIMPLE
☐ SLOG
☐ SMELT
☐ SPRAIN
☐ STAKEOUT
☐ SWELL
☐ SWORD
☐ TEAK
☐ WHALE

E											C	E	
		■	C										■
L			L					B		C			■
							■				■		R
									W		■		A
S	C					S						D	C
■		M									V		
H	P	I		S						E		C	
						C	D	S	R				
■						G	T	T					
■							I				■		
	■					S				■	■		D
■		■			E			R	M		■		■
F	I				S							S	■

141 ZIGZAG 141

Instead of reading in a straight line, each word has one bend in it. One word has been looped for you. *Solution on page 503*

- ☑ ACERBATE
- ☐ BEMIRE
- ☐ CAMPFIRE
- ☐ CLOCKWORK
- ☐ COLONEL
- ☐ COPYEDITOR
- ☐ CURBSIDE
- ☐ CUTLET
- ☐ DAPPLE
- ☐ DISPERSE
- ☐ ELECTORAL
- ☐ ERRONEOUS
- ☐ FACING
- ☐ FEEBLE
- ☐ FLUNG
- ☐ GAMBLING
- ☐ HATBOX
- ☐ HURTLE
- ☐ KEYHOLE
- ☐ LANDSCAPE
- ☐ LOFTY
- ☐ NEBULA
- ☐ NOUVEAU
- ☐ OBSERVANT
- ☐ POPGUN
- ☐ PRINT
- ☐ PRODUCE
- ☐ REMATCH
- ☐ REPLY
- ☐ SHAPELY
- ☐ SOUTHEAST
- ☐ USURY
- ☐ VALIDATE
- ☐ VIBRANT
- ☐ WINDBURN

M W D I S P E L E M I R E W O
M V Y B P R C R Y B L U N G B
W I W L S I T E R I F P M U E
I B R E E N O D U O R U L A N
N R T S E P R I S O N A S O C
D A N T S H A S D U C E U L Y
B R E C A P L B E E F V O E K
U W S L O O S E R M T C P F G
L E N O P P A D K U K A H A A
N W L C U G Y X R W C A D C M
H O U V L T U E O S T W T I B
C T A M E R H N D B V G N I L
U L L O F U M E N I S G A A P
V E L T R O T S A E T E V E L
N T Y K E Y H O L A S O R C Y

ZIGZAG FANS! *You'll love our special collections packed with dozens of engaging Zigzag puzzles. To order, see page 131.*

142 ZIGZAG 142

Instructions for solving Zigzags are given on page 146.

Solution on page 503

- ☑ AIRINESS
- ☐ ARISE
- ☐ ARTILLERY
- ☐ BASEBALL
- ☐ BELLHOP
- ☐ CARBON
- ☐ CASUAL
- ☐ CORRUPT
- ☐ COUNSELOR
- ☐ DEPTH
- ☐ DISTANT
- ☐ FANCY
- ☐ FISSION
- ☐ HALTER
- ☐ HEADLOCK
- ☐ HOORAY
- ☐ IMPROMPTU
- ☐ MAGNESIUM
- ☐ METEORITE
- ☐ MISSING
- ☐ MOIRE
- ☐ OUTCOME
- ☐ OVERALL
- ☐ PARTNER
- ☐ POLENTA
- ☐ PUBLICLY
- ☐ REMARK
- ☐ SALAMI
- ☐ SECANT
- ☐ SILKSCREEN
- ☐ SPORE
- ☐ SPRAWLING
- ☐ SUNSHINE
- ☐ UNSELFISH
- ☐ UTOPIA

```
Y O C O M E E R I S D E B I Y
L Y T P V N U O I R O E T E M
C R U B R I M L O T L G P A P
I B O L A H K K E V E L G T R
L L A B E S M U I S E N H O O
V U S A C A N C Y R N A U O M
H E A R T I F U A E L U P W P
N E E D L P T L S T Y B O N T
U S A L L O L N U R R A L C U
A T E S S O V B O A E E R P R
V R N L A S C G C I N M T O R
Y Y I A F M N K P T S T A M O
T S R M C I L W A R P S R H C
E N I I E S S I N G I K K A S
H D A T S I D H B F T E R O P
```

143 MISSING VOWELS 143

Before you can loop the words in the list below, you must first fill in the circles in the diagram with the missing vowels A, E, I, O, and U. We have filled in one word for you. *Solution on page 504*

- ☑ APPLAUSE
- ☐ BASIC
- ☐ BATHROBE
- ☐ BUTTERFLY
- ☐ CLERICAL
- ☐ CONTROL
- ☐ CORRESPOND
- ☐ CRAFTSMAN
- ☐ CURFEW
- ☐ DARKEST
- ☐ DEDICATE
- ☐ DISCO
- ☐ EASTERN
- ☐ EJECTION
- ☐ HONEST
- ☐ IGUANA
- ☐ IMITATING
- ☐ KINSMEN
- ☐ LEAVING
- ☐ MARKET
- ☐ MODESTY
- ☐ NAVIGATOR
- ☐ PEROXIDE
- ☐ SCREECH
- ☐ TEPID
- ☐ THINKER
- ☐ TOOTHPICK
- ☐ WASHCLOTH
- ☐ WILDEST
- ☐ WORLD-WIDE

```
○ ○ S T ○ R N Y G N ○ V ○ ○ L
N ○ V ○ G ○ T ○ R M C S N T K
○ G L S D S H L ○ F N C ○ T V
M ○ R K ○ T ○ T ○ T S R ○ H D
S V R D ○ C ○ B ○ Y C ○ G ○ K
T L ○ P ○ T ○ X P L K ○ ○ N C
F M ○ R ○ R K R ○ F C C J K ○
○ D ○ N H ○ C D R R B H T ○ R
R L G T N ○ ○ ○ ○ ○ ○ P S R F
C M ○ S N W P D X T S V ○ ○ ○
D B M T D W H ○ ○ T ○ P N B W
S ○ R L X C T C D ○ C B ○ K G
N ○ R J P V ○ ○ ○ B L K H N M
L ○ C S ○ D ○ T S ○ K R ○ D D
W ○ L D ○ S T E S U A L P P A
```

144 MISSING VOWELS 144

Instructions for solving Missing Vowels are given on page 148.

Solution on page 504

- ☑ APPRECIATE
- ☐ BIOLOGIST
- ☐ CARLOAD
- ☐ CHOOSE
- ☐ CIRCULAR
- ☐ CONTRAST
- ☐ CORSAGE
- ☐ CULTIVATE
- ☐ DEFINITE
- ☐ DENSE
- ☐ EXISTENCE
- ☐ FOOTHOLD
- ☐ GOURD
- ☐ HEADWAY
- ☐ HUGGABLE
- ☐ HUSBAND
- ☐ LECTURING
- ☐ OBSERVE
- ☐ PENNILESS
- ☐ PHONE
- ☐ PLANET
- ☐ PROFIT
- ☐ REASONING
- ☐ RECUR
- ☐ SOYBEAN
- ☐ STOKE
- ☐ TEACART
- ☐ UNVEIL
- ☐ UPHOLSTER
- ☐ VITALITY

N G N ○ R ○ T C ○ L ○ ○ V N ○
T F S ○ Y B ○ ○ N D ○ N ○ H P
B ○ G ○ S R ○ C L S T ○ K ○ ○
S ○ ○ R ○ ○ S ○ N ○ N G R ○ P
X ○ ○ C P K H ○ H ○ P H E D H
V D B L ○ T D ○ T ○ T ○ T W ○
○ ○ F S ○ R G N N ○ K S A ○ L
T Y T ○ ○ G T N T R K B I Y S
○ S F ○ ○ R ○ ○ ○ ○ D ○ C X T
L T ○ B N L V S P L ○ N E T ○
○ Y L R ○ ○ ○ ○ T ○ ○ D R ○ R
T ○ Y S T ○ F T Y C L R P F V
Y B S L H N C ○ L R R ○ P ○ L
N R ○ C ○ R ○ V D ○ ○ ○ A R P
R C C K H X B C L C C G C P G

145 WORD SEEK 145

Instructions for solving Word Seeks are given on page 5.

Solution on page 504

- ☐ ABUNDANCE
- ☐ APELIKE
- ☐ ARRIVING
- ☐ CENTIPEDE
- ☐ CULPRIT
- ☐ DISLODGE
- ☐ DOUGHNUT
- ☐ ERECT
- ☐ FAULTY
- ☐ FIFTEEN
- ☐ FIREPROOF
- ☐ GEESE
- ☐ HELMET
- ☐ HERALD
- ☐ HILLTOP
- ☐ IMPATIENCE
- ☐ IRREGULAR
- ☐ KINFOLK
- ☐ MEDAL
- ☐ PAINTING
- ☐ PARADISE
- ☐ REPAIRMAN
- ☐ SALESMEN
- ☐ SEGMENT
- ☐ SHIPSHAPE
- ☐ SHOVE
- ☐ SNEAK
- ☐ UNSTYLISH

```
T K C L C N N E M S E L A S K
D I S L O D G E H E R A L D T
S N E A K L R I S F O E N N Y
L F K D C N P A I I E R E C T
F O I E F S I R L T D M M E V
N L L M H V E C Y U G A M R T
A K E A P P F E T E G L R U H
B G P M R A T N S G E E N A I
U E A O U I T T N H E H R H P
N M O L R N E I U E G E I R K
D F T P K T V P E U E L S R I
A Y L K L I O E O N L T I E I
N U A Y R N H D O T C F F B F
C V C R B G S E O S R E U I O
E K A S M R E P A I R M A N F
```

146 WORD SEEK 146

Instructions for solving Word Seeks are given on page 5.

Solution on page 504

- ☐ AFTERWARD
- ☐ ALLERGY
- ☐ ANGRY
- ☐ AVIATION
- ☐ BACKYARD
- ☐ CHRISTEN
- ☐ COLORIST
- ☐ DESSERT
- ☐ DRONE
- ☐ EIGHTEEN
- ☐ GRISTLE
- ☐ IMPATIENT
- ☐ JUBILANT
- ☐ LEASH
- ☐ NEITHER
- ☐ PARENTAGE
- ☐ PREMIER
- ☐ PURPLE
- ☐ REIMBURSE
- ☐ SAINTLY
- ☐ SNORKELING
- ☐ STACK
- ☐ SUBMARINE
- ☐ TERMINATE
- ☐ TRUMPET
- ☐ UNDERFOOT
- ☐ WEDDING

```
U N S T R U M P E T C D G B T
D P A R E N T A G E G R A D S
F R P J H D R S H J I C L U I
C R O B T E E H E S K L B E R
D H P N I R S D T Y A M M I O
W R R V E F S L A G A E Y G L
Y I A I N O E R N R D P L H O
G U M W S O D I I S L R T T C
R N J P R T L N M B S E N E J
E E I G A E E S R U B M I E R
L Y N D K T T N E U N I A N L
L S R R D A I F T L M E S H B
A C O G C E H E A P U R P L E
R N U K N P W T N A L I B U J
S L I E V A V I A T I O N I H
```

147 NUMBER SEEK 147

Solve this puzzle by seeking numbers instead of letters.

Solution on page 504

☑ 01987
☐ 04371
☐ 05268
☐ 07435
☐ 10905
☐ 11603
☐ 13885
☐ 19628
☐ 20825
☐ 21702
☐ 22829
☐ 44412
☐ 46046
☐ 48156
☐ 52215
☐ 56672
☐ 58177
☐ 59942
☐ 60440
☐ 60635
☐ 62421
☐ 65719
☐ 65994
☐ 66064
☐ 68265
☐ 70253
☐ 70987
☐ 70988
☐ 71904
☐ 75453
☐ 75508
☐ 76287
☐ 78019
☐ 82884
☐ 83149
☐ 88208
☐ 91648
☐ 92681
☐ 96993
☐ 97820

```
7 1 4 9 6 1 6 5 6 5 7 1 9 0 4
5 8 6 5 7 2 1 9 4 1 9 2 5 5 4
5 5 0 5 3 6 7 8 6 8 5 1 2 2 4
0 4 4 0 6 8 8 9 0 7 2 3 0 6 1
8 5 6 4 2 5 9 2 6 5 8 8 6 8 2
3 1 5 0 0 1 1 5 6 2 0 8 8 0 7
1 7 8 9 0 7 0 6 1 5 2 5 7 4 6
7 7 0 0 0 5 7 8 9 2 3 3 2 8 2
3 1 2 2 8 2 6 6 2 4 2 1 4 8 5
9 8 9 4 5 2 1 8 7 6 9 5 4 6 1
5 5 6 6 9 3 2 0 2 6 9 7 7 8 5
0 1 6 5 9 9 4 1 3 8 2 1 5 1 2
9 5 9 1 1 9 5 5 6 9 9 8 5 6 9
8 0 2 8 8 2 3 0 1 0 6 0 7 4 4
3 3 0 4 3 7 1 3 6 1 1 0 4 8 9
```

148 NUMBER SEEK 148

Solve this puzzle by seeking numbers instead of letters.

Solution on page 504

- ☑ 00266
- ☐ 02870
- ☐ 10209
- ☐ 11827
- ☐ 12118
- ☐ 13424
- ☐ 14635
- ☐ 16648
- ☐ 17004
- ☐ 18294
- ☐ 19283
- ☐ 19973
- ☐ 20277
- ☐ 30007
- ☐ 31295
- ☐ 31880
- ☐ 37528
- ☐ 41628
- ☐ 42954
- ☐ 44913
- ☐ 47355
- ☐ 48907
- ☐ 53023
- ☐ 54382
- ☐ 60196
- ☐ 61184
- ☐ 66717
- ☐ 68353
- ☐ 75046
- ☐ 75160
- ☐ 76962
- ☐ 78127
- ☐ 80256
- ☐ 85384
- ☐ 85668
- ☐ 89149
- ☐ 90902
- ☐ 94217
- ☐ 99735
- ☐ 99815

```
3 9 3 6 1 3 8 8 0 8 1 3 4 2 4
2 7 0 5 1 7 2 1 8 7 1 5 7 1 1
5 0 5 2 3 1 6 4 4 9 4 6 0 4 6
8 1 5 0 9 6 8 9 4 0 6 7 2 8 2
9 8 1 8 4 9 4 4 6 0 8 0 3 3 8
4 9 2 8 1 6 8 1 1 2 1 5 4 5 8
0 3 9 5 2 6 5 9 0 0 3 4 1 8 5
0 0 4 6 7 7 6 8 2 0 0 2 5 3 5
7 1 7 6 6 3 2 9 0 4 2 2 4 9 6
1 7 1 8 8 3 6 7 9 2 7 3 2 1 1
2 1 9 9 7 3 5 6 4 7 1 1 9 6 0
4 1 5 1 5 0 3 1 2 8 3 4 5 3 5
9 4 7 6 9 8 0 0 8 0 3 6 4 1 6
4 1 7 7 5 6 2 0 5 9 0 9 0 2 6
1 2 6 7 8 8 3 3 3 1 9 2 8 3 2
```

149 PLACES, PLEASE 149

Fill the diagram with all the words in the word list. The words from each group start on their matching number, and they will read in all directions—forward, backward, up, down, and diagonally. Words from different numbers sometimes overlap; therefore, some letters will be used more than once. We have started the puzzle for you. When the puzzle is completed, all the squares will be filled.

Solution on page 505

1. CANINE
   CANON
   CROSSBOW
   CRY
   GULP
   GYRO

2. NARRATION
   NASTURTIUM
   NOVELETTE

3. GAD
   GALL
   GAR
   GNU

4. RALE
   RED
   RIG
   ROW

5. PAL
   POD
   PUT

6. LEE
   LOX

7. SEGO
   SERIAL
   SIDE
   SILAGE

8. DEBRIEF
   DECEIT
   DINGY
   DRASTIC

9. JETTISON ✓
   JIGGER ✓
   JOCUND ✓

10. YANG
    YAPPER
    YARDAGE
    YEARLY
    YEOMAN
    YIELD
    YODEL

11. MERCY
    MUG

12. EBB
    EFT
    EGO
    EMERY
    EWER

13. AEGIS
    AIRY
    ALPINE
    AMUSE
    ATTORNEY
    AVER

14. ICE
    IRK

15. TAM
    TEMP
    TERRY
    TOLD
    TUG

N				1								
O	2											
S					3				4			
I												
T												
T		5			6							
E											7	8
9 J						10						
O	I								11			
C		G	12					13				
U			G					14				
N				E								
D			15		R							

 150 — PLACES, PLEASE — 150 

PLACES, PLEASE

Instructions for solving Places, Please are given on page 154.

Solution on page 505

1. CANNOT
   CAPSULE
   CROUPIER
   CRYSTAL
   CYCLONE

2. SEAR
   SPY
   STARRING
   STYE

3. GAL
   GIRT

4. MERELY
   MORN

5. OBI
   OPE
   ORB
   OUST
   OVER

6. LAITY
   LAYER
   LEAPT
   LYRE

7. ABASE
   ADAPTER
   AIRS
   ALE
   ALUM
   ANISEED
   ANY

8. JABBER
   JAZZMAN
   JEALOUS
   JOURNEY-MAN
   JUNKET

9. WIT
   WREN
   WRIT
   WRY

10. DEE ✓
    DIN ✓
    DRY ✓

11. ICKY
    ILK
    INELI-GIBLE
    ION

12. HAREM
    HAVOC
    HEM
    HERMIT-AGE
    HEX
    HOG
    HOVEL

13. EGG
    ERNE

14. TAXI
    TEARY
    THIGH
    TRYST
    TYRANT

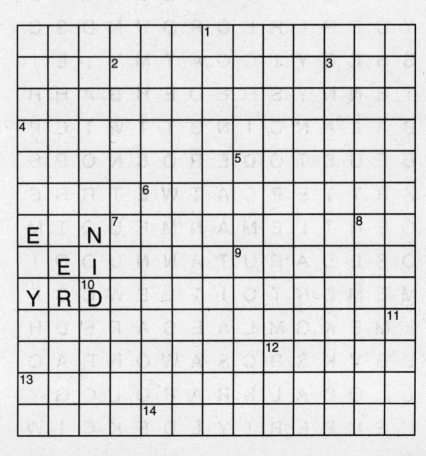

						1						
			2							3		
4												
							5					
				6								
E		N	7								8	
	E	I					9					
Y	R	10 D										
												11
								12				
13												
				14								

151 WORD SEEK 151

Instructions for solving Word Seeks are given on page 5.

Solution on page 505

- ☐ APOLOGY
- ☐ ARROW
- ☐ BALANCING
- ☐ BANGLE
- ☐ CHEST
- ☐ CONNECT
- ☐ DEFACE
- ☐ EARTHWORM
- ☐ EXPERT
- ☐ FOOTSTOOL
- ☐ GENTLEMAN
- ☐ MEDIATE
- ☐ MEMENTO
- ☐ MOVEMENT
- ☐ PARLIAMENT
- ☐ PERISCOPE
- ☐ PRICEY
- ☐ RADIATOR
- ☐ RESEMBLE
- ☐ ROUND
- ☐ SNITCH
- ☐ SPONSORED
- ☐ STOWAWAY
- ☐ TAPER
- ☐ TEACUP
- ☐ TENTACLE
- ☐ TRACE
- ☐ UNLESS
- ☐ UNNATURAL
- ☐ WICKEDLY

```
B T H T A P E R B O O K R G Y
T R E P X E U A M E D I A T E
Y C E R L R L C R O U N D S C
S B E G Y I C O A T M V I E I
T B N N Y S H E O E H B A H R
B A L A N C I N G T T W T C P
B E U S T O D E R O S N O P S
K R T I E P C A T W E T R R S
G E N T L E M A N M E U O T M
O S E L A R U T A N N U O O I
M E M E N T O I T L E W C C F
L M E K G M L A E C A F E D H
E B V K S R C S A W O R R A O
L L O D A L S R A P O L O G Y
H E M P E R T Y L D E K C I W
```

152 WORD SEEK 152

Instructions for solving Word Seeks are given on page 5.

Solution on page 505

- ☐ BALSA
- ☐ BLACKOUT
- ☐ CHASTE
- ☐ CONFRONT
- ☐ COOKIES
- ☐ DECLARE
- ☐ DOORMAN
- ☐ ELATION
- ☐ EMERGENCY
- ☐ ENSUE
- ☐ EXCEEDING
- ☐ FELINE
- ☐ FINAL
- ☐ FROLIC
- ☐ GOBLET
- ☐ JAW-BREAKER
- ☐ LUBRICATE
- ☐ LURID
- ☐ MEATBALL
- ☐ NAUGHTIER
- ☐ NEWBORN
- ☐ OVERDRIVE
- ☐ QUIET
- ☐ SCREEN
- ☐ SEMISWEET
- ☐ SHOWBOAT
- ☐ SPOKESMAN
- ☐ SQUIRREL
- ☐ TREMBLE
- ☐ TUNNEL
- ☐ YOURSELF

K V K T L N N D O O R M A N S
E N S U E A R A E F E L I N E
T G D O T U N Y M L K T D K I
N A E K E G B I O S A O W T K
O S C C L H T R F U E T E W O
R L L A B T A E M S R K I C O
F A A L O I G U E L B S O O C
N B R B G E N M M U W H E P N
O V E R D R I V E B A O L L S
C W H G O S D T R R J W B U F
I U X B W A E U G I W B M R R
T K W E S C E N E C L O E I O
N E E R C S C N N A M A R D L
N T E I U Q X E C T D T T M I
S Q U I R R E L Y E T S A H C

153 BOXES 153

All the words in the list are found in the diagram in an unusual way. Each word reads clockwise or counterclockwise around the edges of a box (sometimes a square and sometimes a rectangle). *Solution on page 505*

- ☑ BEAUTIFY
- ☐ CINNAMON
- ☐ CLOTHE
- ☐ COFFEE
- ☐ CONGRESS
- ☐ CURTSY
- ☐ DISBAR
- ☐ DUMBBELL
- ☐ EFFORTLESS
- ☐ ENSEMBLE
- ☐ ETHNIC
- ☐ FATHER
- ☐ FOUGHT
- ☐ FRIDGE
- ☐ HERDSMAN
- ☐ HYACINTH
- ☐ JALOPY
- ☐ LONESOME
- ☐ MOLEHILL
- ☐ MORSEL
- ☐ NOTATION
- ☐ OPTION
- ☐ OVERCOOK
- ☐ PLIGHT
- ☐ PRISTINE
- ☐ SIDEKICK
- ☐ SLEDGE
- ☐ STOLEN
- ☐ TELEGRAM
- ☐ TENANT
- ☐ TIME-KEEPER
- ☐ UMBRELLA
- ☐ UNBOLT
- ☐ VICINITY
- ☐ VIRTUE

```
V E U N O M D U O F R S L E C
I R T B S E O G H T O E G D K
T P L O E L A S E A M L M N E
H G I O N O K T R F R L O P Y
K E T P O O O S U B R I L A J
R Y F E G C V Y C L T H E P R
B A R I D R E L B M O E N A I
S I D A S E E N S E L C I T S
T A H H M H Y V S F E K K O N
I T T Y A N T I E F E S E L E
O O N A N T I C L O C I D U M
N N I C E T N I T R E P L A B
A M O N G R B M E K E E L E B
N I C S S E P U T I F T R G O
H T E M U L L A E B Y M A R S
```

154 BOXES 154

Instructions for solving Boxes are given on page 158.

Solution on page 505

- ☑ ACQUAINT
- ☐ AIRING
- ☐ AIRMEN
- ☐ BURGUNDY
- ☐ CHECKERS
- ☐ CHLORINE
- ☐ CHUBBY
- ☐ CONCLUDE
- ☐ DEPENDENCE
- ☐ DILUTE
- ☐ DOCUMENT
- ☐ ENDANGER
- ☐ ERUPTION
- ☐ FACADE
- ☐ FEASIBLE
- ☐ FRILLY
- ☐ HOMEMADE
- ☐ INDENT
- ☐ MUTANT
- ☐ NEWSROOM
- ☐ NONFICTION
- ☐ OUTWEIGH
- ☐ PADDLE
- ☐ PIGEON
- ☐ PLEASANT
- ☐ PUCKER
- ☐ REGRET
- ☐ SENIOR
- ☐ SIDESTEP
- ☐ SIMPLICITY
- ☐ SKEWER
- ☐ STRAND
- ☐ SWITCH
- ☐ TELEVISE
- ☐ TROWEL

```
R M E S R S W E E L P T L D S
I A N I O O M N A S A N E D N
V E W O R H E G D N U C P A E
S R E L T E M E N O A E D E P
I S K Q M D A R E I W S U C G
V E R G W B B U P T C H L O F
E T R E Q Y C H Y D F A C N L
L E F N E D N Q C K E D A R S
B S E T D S A Y U P R I S E C
I S A I N T R T E T F L Y K H
O C U Q C A H U D Q Y L H C E
D A M L I M P L I F N O R I N
T N E T S Y T I C G E N I A G
M A P P E I E W T I O N D Y B
U T S I D G H O U P N U G R U
```

155 MISSING VOWELS 155

Before you can loop the words in the list below, you must first fill in the circles in the diagram with the missing vowels A, E, I, O, and U. We have filled in one word for you. *Solution on page 506*

☑ ATHLETE
☐ BARKING
☐ BEECH
☐ BOOKLET
☐ BURROW
☐ CHAIN
☐ CLIPPER
☐ CLOTHESPIN
☐ COVER
☐ DRIFTWOOD
☐ ELEGANCE
☐ FIREARM
☐ HARMONICA
☐ KNOCKOUT
☐ MOUTH
☐ NAMEPLATE
☐ NECTARINE
☐ NUMBER
☐ ONLOOKER
☐ REEDUCATE
☐ REGULATE
☐ RESTORE
☐ REWRITE
☐ SANDWICH
☐ SOMEWHAT
☐ THRESHOLD
☐ TOPPLE
☐ TRIMMER
☐ UNDERDONE

```
N W C D S ○ M ○ W H ○ T L M R
○ ○ R ○ T S ○ R M ○ ○ T H R M
C F R ○ V R ○ K ○ ○ L N ○ C R
T L N W W ○ ○ H K R S P H ○ ○
○ G C T R V R C ○ F N ○ G H ○
R B N F K ○ ○ ○ ○ ○ ○ ○ D C R
○ ○ F ○ W N D R P N L K N ○ ○
N N N R K ○ C S ○ ○ ○ ○ M W F
E ○ ○ D C R ○ L T M G M N D G
T T M ○ ○ H ○ ○ ○ ○ M T R N C
E B T B T R L B L P L ○ F ○ H
L ○ M ○ ○ K D ○ L L P P R S H
H ○ L V ○ R S ○ P ○ P ○ P T G
T C W ○ R R ○ B N T D F R ○ N
A H B C D L ○ H S ○ R H T D T
```

156 MISSING VOWELS 156

Instructions for solving Missing Vowels are given on page 160.

Solution on page 506

☑ ABSENCE
☐ ACQUIRE
☐ AWKWARD
☐ BLACKTOP
☐ CANOLA
☐ CAPTIVITY
☐ COMFORTER
☐ CONFLICT
☐ DANCING
☐ EDUCATION
☐ ELEVATION
☐ EMERGENCE
☐ GEYSER
☐ OVERRATE
☐ PACIFY
☐ PADRE
☐ PARSNIP
☐ PERTINENT
☐ PILLOW
☐ PLAYING
☐ POSITION
☐ PULLING
☐ REFERENCE
☐ REMINDER
☐ ROUST
☐ SANDAL
☐ SERPENT
☐ SNAPDRAGON
☐ TROUSERS
☐ WHITE

N R P Y V H R ○ T R ○ F M ○ C
T S L T R ○ ○ S ○ R S N W Y H
D R ○ W K W ○ F Y G Y ○ T V Y
E ○ Y S C P ○ P ○ L L ○ N G S
C D ○ Q T R ○ B N L V T P H ○
N N N N ○ N L R ○ ○ N ○ T Y C
E ○ G N ○ ○ ○ P T W Y C D L Q
S M C N C G V P H ○ ○ ○ ○ P ○
B ○ ○ K ○ Y ○ ○ R L N D L ○ ○
A R T R F C T R F ○ N ○ ○ S R
Q ○ D ○ G ○ ○ N D ○ S R N ○ ○
P ○ C K B ○ ○ Y S P ○ K ○ T S
P ○ G N ○ C N ○ D ○ ○ Y C ○ Y
P ○ N S R ○ P C S G D N H ○ ○
R ○ V ○ R R ○ T ○ T C K S N G

 157 | LETTERBOXES | 157 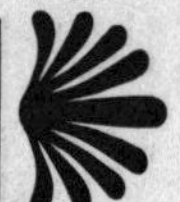

157 LETTERBOXES 157

Can you find the correct places for the words in the word list? The starting letters for all the words are given in the circles. Letters may be used as parts of other words because of overlapping or crossing. The words read in a straight line and in all directions—forward, backward, up, down, and diagonally. Do not pass over a black square as you are solving. When the puzzle is completely solved, there will be a letter in every space. We have filled in one word to start you off.

Solution on page 506

- ☑ ADVANTAGE
- ☐ CHAMPAGNE
- ☐ CHOCOLATE
- ☐ CREAK
- ☐ DOORSTEP
- ☐ ENTRANT
- ☐ EXPIRE
- ☐ FRACTION
- ☐ HAILSTONE
- ☐ IMPROVISE
- ☐ LOGICALLY
- ☐ MENTION
- ☐ MIDDAY
- ☐ NEWSPAPER
- ☐ NUISANCE
- ☐ OCTAVE
- ☐ PITIFUL
- ☐ PROGRAM
- ☐ REDRAFT
- ☐ ROTISSERIE
- ☐ SEAPLANE
- ☐ SHORN
- ☐ STORAGE
- ☐ TANKSHIP
- ☐ TATTER
- ☐ TELLTALE
- ☐ VETERAN

C							T		C	O	P	■	■
	V											N	R
	S							■					
	■	■	■					■					
	■	■				A		N					
	■					D							
				T		V					M		
P						A							
H		M				N						E	
■	■					T							
■	■					A							
■	■			R	D	G	L						
						E	T			S			
■	■		S	F					I				E

 158

LETTERBOXES

158 

Instructions for solving Letterboxes are given on page 162.

Solution on page 506

- ☑ AEROSOL
- ☐ ARGYLE
- ☐ BACKPACK
- ☐ BOOTEE
- ☐ BREECHES
- ☐ BURLESQUE
- ☐ COSTUME
- ☐ DESPERADO
- ☐ ENTRY
- ☐ FOLLOWING
- ☐ FORGAVE
- ☐ GAUZE
- ☐ HOME-GROWN
- ☐ HONEY-COMB
- ☐ ICEBREAKER
- ☐ MIDSUMMER
- ☐ MISTAKEN
- ☐ OVERGROWN
- ☐ PINAFORE
- ☐ POSTMAN
- ☐ POTSHOT
- ☐ RAINBOW
- ☐ READJUST
- ☐ RHYME
- ☐ ROOMMATE
- ☐ SHAWL
- ☐ THRASH
- ☐ TRIBE

P													M
P													R
■	T		■	F		F		H		■		■	
■												■	
P												■	M
											E		
												■	
			T									A	
		R										E	
O	■	■	■		D		H		B	C		R	S
	G								■	■		O	
	I											S	
■						A	R				B	O	
■								B	■	■	■	L	

159 WORD SEEK 159

Instructions for solving Word Seeks are given on page 5.

Solution on page 506

☐ ARMHOLE
☐ ATTRACT
☐ BEWILDER
☐ BILLIARDS
☐ BOUGHT
☐ CAULDRON
☐ CHICKADEE
☐ CRITICIZE
☐ DESIST
☐ DIVAN
☐ FIXTURE
☐ HALVE
☐ HUBCAP
☐ INTERLUDE
☐ MANI-CURIST
☐ NOVELTY
☐ OCELOT
☐ OPPOSITE
☐ PULVERIZE
☐ RADIAL
☐ RELIABLE
☐ REORDER
☐ REVENGE
☐ RIDICULE
☐ SEDATE
☐ SHOE-MAKER
☐ STUFFING
☐ THESE
☐ TIGRESS
☐ WITHSTAND

D F I X T U R E T S I S E D R
C N S E D A T E H U K R V E A
A D A A R M H O L E D S E E D
U Z I T O L E C O I M D C E I
L U P V S M S B T C A R T T A
D E V L A H E E Z K N B B X L
R Z R K W N T W C G I H L V N
O I E B K C R I T I C I Z E G
N R D T D L H L W R U K Y G N
T E R I I C E D U L R E T N I
H V O X C S S E R G I T L E F
G L E G Z U O R L I S K E V F
U U R K H W L P A W T G V E U
O P A C B U H E P X Y K O R T
B I L L I A R D S O O E N P S

160 WORD SEEK 160

Instructions for solving Word Seeks are given on page 5.

Solution on page 506

- ☐ ACCOMPANY
- ☐ AGROUND
- ☐ APPRISE
- ☐ BLOCKAGE
- ☐ BRIEFCASE
- ☐ BUSIER
- ☐ CENTURY
- ☐ CLOMP
- ☐ CONTORT
- ☐ CRITERIA
- ☐ DEFECTIVE
- ☐ DELUXE
- ☐ DRESSING
- ☐ EXCITE
- ☐ EYEBROW
- ☐ HOTEL
- ☐ LEGMAN
- ☐ LIFESAVER
- ☐ MUSIC
- ☐ NICKNAME
- ☐ NUMERATE
- ☐ ORGANIC
- ☐ OVERUSE
- ☐ OXTAIL
- ☐ PERCOLATOR
- ☐ RESIDENT
- ☐ SHRINKAGE
- ☐ THUMBTACK
- ☐ TRESS
- ☐ TUITION
- ☐ UNIVERSAL

S L A I R E T I R C P M G Y W
R H R L T N H O T E L L N T O
E O R L R M U S I C I A I U R
S D T I B R M M O F P A S I B
I E A A N G B N E M E B S T E
D L P T L K T S O R M T E I Y
E U P X Y O A C I N A G R O E
N X R O R V C G E W N T D N V
T E I T E A K R E X K I E F I
R Y S R G B R I E F C A S E T
E N E U U C L O M P I I V L C
S L A S R E V I N U N R T K E
S V I Y C E N T U R Y V A E F
L E G M A N V B L O C K A G E
R V G B D N U O R G A V O V D

161 PLACES, PLEASE 161

Fill the diagram with all the words in the word list. The words from each group start on their matching number, and they will read in all directions—forward, backward, up, down, and diagonally. Words from different numbers sometimes overlap; therefore, some letters will be used more than once. We have started the puzzle for you. When the puzzle is completed, all the squares will be filled.

Solution on page 507

1. KANGAROO
   KERCHIEF
   KETTLEDRUM
   KHAKI
   KNELL

2. DEB ✓
   DUN ✓
   DUO ✓

3. BATE
   BEE
   BETA
   BOA
   BRUNCH
   BUN
   EUCHRE
   EXPO

4. ECLAT
   ENACT
   ERA
   ETHOS

5. WEE
   WHITENER
   WONT

6. SEC
   SPA
   SUB

7. CEL
   CUTE

8. VACATE
   VANILLA
   VAULTING
   VICARIOUS
   VOLUME

9. UNCLEAN
   UNIPOD
   UNLUCKY
   UNROLL
   UNWRAP
   USE
   UTMOST

10. RAPT
    RING
    RITE
    ROAST

11. PAR
    PEG
    PET
    PRY

12. LOG
    LUTE

13. MAINSTAY
    MANAGER

14. FLOWERPOT
    FLUME
    FORGO

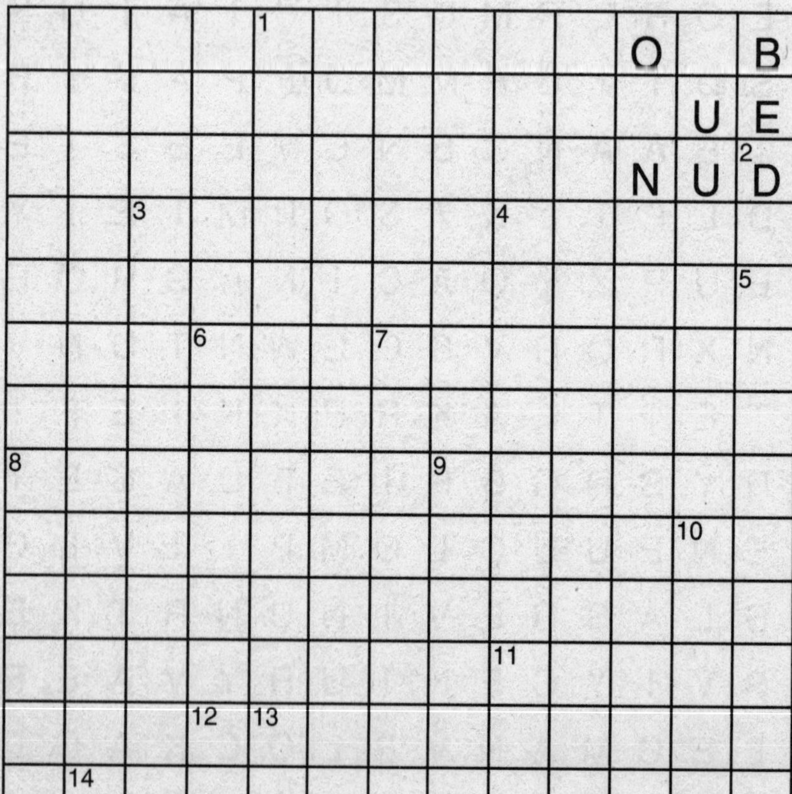

162 PLACES, PLEASE 162

Instructions for solving Places, Please are given on page 166.

Solution on page 507

1. BALANCE
   BANKING
   BLOTCH
   BUNGLE

2. CATTIER
   CLUE

3. FIBER
   FLAMMABLE
   FLICK
   FORTUITOUS
   FRANCHISE

4. ACT
   AIL
   ALL

5. ILL
   IVY

6. TABLEAU
   TENNIS
   TIL
   TOWER

7. LAB
   LED
   LET

8. KIBITZ
   KILT
   KITE
   KNEW
   KNIT
   KOLA

9. PARD
   PISTON
   PUN
   PYTHON

10. DECAL ✓
    DEN ✓
    DRAT ✓

11. EBON
    ESS

12. RAIN-COAT
    REDUCE
    RELIN-QUISH
    REM
    RETE
    ROOM
    RUE

13. GAP
    GIFT
    GLIDE
    GOB
    GUESS

14. ZERO
    ZONE

15. MEER-SCHAUM
    METRO

16. OLEIN
    ORE

17. SEE
    STET

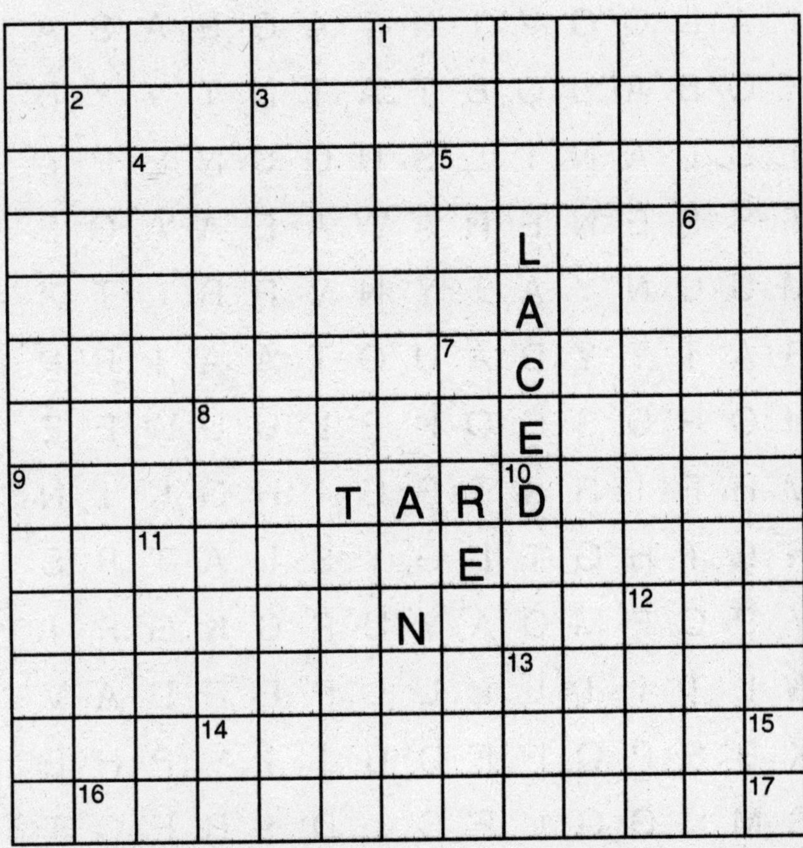

163 WORD SEEK 163

Instructions for solving Word Seeks are given on page 5.

Solution on page 507

- ☐ AWARENESS
- ☐ BATTY
- ☐ CABANA
- ☐ COMPUTER
- ☐ COOLANT
- ☐ CRAVE
- ☐ CUPCAKE
- ☐ DIRECT
- ☐ EVERYBODY
- ☐ EXPENSIVE
- ☐ FIFTH
- ☐ FLUSH
- ☐ GUARANTEE
- ☐ HAPPIEST
- ☐ HOROSCOPE
- ☐ INQUIRY
- ☐ LIEU-TENANT
- ☐ LIGHTEN
- ☐ MARIGOLD
- ☐ MENAGERIE
- ☐ OBTAIN
- ☐ OPTIMISM
- ☐ PARALEGAL
- ☐ PREJUDGE
- ☐ SMUGGLE
- ☐ TUTORIAL
- ☐ USABLE
- ☐ VINTAGE

B I J C O M P U T E R R C P U
C T N C X E E G D U J E R P S
I A N Q O V I N T A G E A S A
K O B A U O B T A I N I V Y B
I C L A N I L S U G S N E P L
T S S E N E R A W A E A A G E
M U Q N Y A T Y N V R R L T X
B A T T Y D A U O T A A I S P
H O R O S C O P E L U U W E E
M H F I R S T B E I H G K I N
N E T H G I L G Y S L A T P S
Y P C F M O A Y U R C K G P I
W L T I I L L L L P E B U A V
X B S P Q F F D U I I V P H E
S M U G G L E C L D I R E C T

164 WORD SEEK 164

Instructions for solving Word Seeks are given on page 5.

Solution on page 507

- ☐ ADRIFT
- ☐ AUTOMATIC
- ☐ AWEIGH
- ☐ BLOODLINE
- ☐ BRAVADO
- ☐ CHRONICLE
- ☐ CONQUEST
- ☐ COWHERD
- ☐ CREDIBLE
- ☐ DIALECT
- ☐ DIVIDE
- ☐ ELIMINATE
- ☐ EQUIPPING
- ☐ FLASK
- ☐ FRAGILE
- ☐ GOVERNOR
- ☐ HANDMADE
- ☐ MIDTOWN
- ☐ MONTE
- ☐ OUTLAST
- ☐ PETRIFY
- ☐ PLATINUM
- ☐ PROPANE
- ☐ SCUTTLE
- ☐ SNOWFALL
- ☐ SOMEWHERE
- ☐ TURKEY
- ☐ UNIVERSITY
- ☐ WRESTLING

```
Q V B Y R O N R E V O G C V W
A D R I F T E L G W N O Y R V
L I P L A T I N U M W O E S Q
D A M W N M I C I H O S K N E
I L H O I P G H E L T S R O C
V E M N P Y B R C L D C U W R
I C A I R T D O I E I O T F E
D T U S O I K N T R M N O A D
E Q R C P S G I A E E Q D L I
E L I G A R F C M H H U A L B
R G N L N E M L O W G E V I L
G G F C E V R E T E I S A D E
N P E T R I F Y U M E T R P E
E D A M D N A H A O W T B Y F
V E L T T U C S T S A L T U O
```

165 MISSING VOWELS 165

Before you can loop the words in the list below, you must first fill in the circles in the diagram with the missing vowels A, E, I, O, and U. We have filled in one word for you.

Solution on page 507

☑ ACTIVE
☐ BARTEND
☐ BILGE
☐ BIRDBATH
☐ CAROM
☐ CHUBBIER
☐ CRESCENT
☐ CRUDE
☐ DOCTRINE
☐ EXPRESS
☐ EXTRANEOUS
☐ EYEOPENER
☐ FIRSTBORN
☐ FURNACE
☐ HEADLINER
☐ HIGHWAY
☐ MAGNETIC
☐ PREJUDICE
☐ RESOLUTE
☐ RIBBING
☐ SLENDER
☐ SUNSCREEN
☐ SURGEON
☐ TOBACCO
☐ TOMATO
☐ UNHEALTHY
☐ UPPERMOST
☐ VOUCHER

```
R ○ D N ○ L S ○ T ○ L ○ S ○ R
X D C D Y S ○ N S C R ○ ○ N T
R C C ○ D ○ ○ V ○ ○ C H ○ R P
○ B H J D C W M ○ R ○ C F G B
N M N ○ S ○ Y H T L ○ ○ H N ○
○ G H ○ B S J S G N V ○ ○ ○ C
P X R X B B ○ ○ R ○ ○ H T B L
○ C T P C M ○ ○ R D H T ○ B R
○ G J R R ○ F ○ L P H ○ M ○ D
Y M ○ ○ ○ G F ○ R S T B ○ R N
○ D P S L N N X X D ○ D T L ○
○ P M S D ○ ○ N ○ ○ G R ○ S T
○ ○ N ○ R T C ○ D R L ○ F N R
V G A C T I V E ○ G ○ B J G ○
T ○ B ○ C C ○ R F S B R L N B
```

166 MISSING VOWELS 166

Instructions for solving Missing Vowels are given on page 170.

Solution on page 507

- ☑ AIRLINER
- ☐ ANIMAL
- ☐ BODYGUARD
- ☐ CASCADE
- ☐ COMPARE
- ☐ CONSTRUCT
- ☐ FAREWELL
- ☐ HORIZON
- ☐ LOWLAND
- ☐ MANTEL
- ☐ MASTER
- ☐ MATERIAL
- ☐ MINDING
- ☐ MOUTHWASH
- ☐ PENALTY
- ☐ PRACTICAL
- ☐ PREMIERE
- ☐ RAINFALL
- ☐ RASPING
- ☐ RESENT
- ☐ REVEILLE
- ☐ SENSOR
- ☐ SPOOK
- ☐ STOREROOM
- ☐ TRADITION
- ☐ TROLLEY
- ☐ UNDERNEATH
- ☐ WAVER
- ☐ YACHTSMAN

```
Y H R ○ T S ○ M G N ○ D N ○ M
C R G L L ○ M ○ N ○ F S B ○ ○
N ○ Y L V R ○ S P ○ N G Y R ○
W ○ B ○ D Z T R ○ L L ○ Y ○ R
○ N D ○ R N ○ ○ T H P Z N ○ ○
N F V V D H R F P L D ○ T M R
W ○ V ○ R R ○ R ○ G ○ P C ○ ○
F L M R H S ○ W H T ○ ○ M R T
○ L ○ S Z C L ○ ○ ○ N B E P S
R ○ D R T ○ ○ D G S R N T ○ R
○ T ○ ○ N H ○ M T Y I ○ N S ○
W N C D H R C R P L D S Z P S
○ ○ S Y T D ○ ○ R ○ ○ ○ G ○ ○
L M ○ T T C H I Y R R D B ○ N
L L C Y T L A N ○ P L ○ C K T
```

167 LETTERBOXES 167

Can you find the correct places for the words in the word list? The starting letters for all the words are given in the circles. Letters may be used as parts of other words because of overlapping or crossing. The words read in a straight line and in all directions—forward, backward, up, down, and diagonally. Do not pass over a black square as you are solving. When the puzzle is completely solved, there will be a letter in every space. We have filled in one word to start you off.

Solution on page 508

- ☑ ACCURATE
- ☐ BALLET
- ☐ BASIL
- ☐ BLACKJACK
- ☐ CHEDDAR
- ☐ CLOYING
- ☐ COLLECTOR
- ☐ CRISIS
- ☐ CROSSTOWN
- ☐ CUTICLE
- ☐ DEPLORE
- ☐ DODGE
- ☐ ENGROSS
- ☐ GARDENIA
- ☐ HARDILY
- ☐ HOMESPUN
- ☐ INCIDENCE
- ☐ INSINCERE
- ☐ MEDIUM
- ☐ MEMBERSHIP
- ☐ NURSE
- ☐ OVERSHOE
- ☐ PERJURE
- ☐ PILFER
- ☐ PINKIE
- ☐ REPLENISH
- ☐ SHORTSTOP
- ☐ SONGBIRD
- ☐ WORRY

			A		I						G	■	W
			C	C	E							■	
			C				C						
			U				P						
B			R			H							
			A	I	N								C
	P		T						S	■			O
	■	R	E										
	■	C	■	■	■		D						
								H		■	■	■	
	P											C	
						M						B	
	■							C	■	■	■	■	
				D							S	■	

168 LETTERBOXES 168

Instructions for solving Letterboxes are given on page 172.
Solution on page 508

- ☑ ACCRUE
- ☐ AIRCRAFT
- ☐ ANNUL
- ☐ BACKREST
- ☐ BEAUTIFUL
- ☐ BLUFF
- ☐ BOWLER
- ☐ BREAKABLE
- ☐ CARAFE
- ☐ CONFORM
- ☐ CRANBERRY
- ☐ DELPHINIA
- ☐ ENSNARE
- ☐ FIGHTER
- ☐ FOUNDATION
- ☐ GLADIATOR
- ☐ HAIRIEST
- ☐ HEARTBURN
- ☐ HEEDLESS
- ☐ HUMBLE
- ☐ IDOLIZE
- ☐ OVERDONE
- ☐ ROOFING
- ☐ SKYLIGHT
- ☐ SUNFLOWER
- ☐ TWINKLE
- ☐ VERANDA

■					B				C		B		■
E	U	R	C	C	A		C						
							A	■	■				■
■		F				C			■				■
■	■			■	S	G	■			B			■
	■		■					H					
			V	R					H			E	
											■		
													D
						T							
		■											
O		■											H
	S						B			I	A	H	■

169 WORD SEEK 169

Instructions for solving Word Seeks are given on page 5.

Solution on page 508

- ☐ ACTIVITY
- ☐ BROWNIE
- ☐ CHIMNEY
- ☐ CRUET
- ☐ DARTBOARD
- ☐ DENSITY
- ☐ DESERVE
- ☐ DISROBE
- ☐ FARMHOUSE
- ☐ GARMENT
- ☐ HYPNOTIZE
- ☐ LOUSIER
- ☐ MOTEL
- ☐ NARRATIVE
- ☐ NATION-WIDE
- ☐ NEWSREEL
- ☐ PAVING
- ☐ REHEARSAL
- ☐ RESORT
- ☐ SPARKING
- ☐ STAGEHAND
- ☐ STYLE
- ☐ TEAPOT
- ☐ THOUSAND
- ☐ TINGLE
- ☐ TOBOGGAN
- ☐ TURNOVER
- ☐ WINTERIZE

B R O W N I E P H F O R I I D
G N I V A P S Y G A R M E N T
T R S Y G O P M W R F D A B E
C L E L G N I T F M V S M L D
E R E B O R S I D H U I Y I B
G Z U T B N D R A O B T R A D
P G I E O T A I H U S R H L N
Y Z G R T M T T G S L O A E A
E Z M U E E Y N I E L S C V H
N A R R A T I V E O R E T R E
M O I P I K N R P A N R I E G
I R O S R F S I E M L W V S A
H T N A M W Y H W V A F I E T
C E P C E R E V O N R U T D S
D S B N H R E I S U O L Y Z E

170 WORD SEEK 170

Instructions for solving Word Seeks are given on page 5.

Solution on page 508

☐ AIRPORT
☐ ARMOR
☐ CHARISMA
☐ CLEANER
☐ CONSTABLE
☐ CURIOUS
☐ DAMPEN
☐ DANGLE
☐ DELIVER
☐ ELEPHANT
☐ ESCALATOR
☐ FUMBLE
☐ FURNITURE
☐ HOUSE-WORK
☐ JAMBOREE
☐ KINGPIN
☐ LISTENER
☐ NOTCH
☐ PROFESSION
☐ RIDER
☐ SELTZER
☐ SERVE
☐ SEWING
☐ SHODDY
☐ SLYER
☐ SNOWPLOW
☐ SQUEAMISH
☐ SUMMER
☐ TIMBER
☐ TREADMILL
☐ VACCINATE
☐ WADDLING

V	D	Z	V	V	L	G	W	R	E	Z	T	L	E	S
Q	A	S	E	W	I	N	G	O	Q	V	E	R	U	S
D	M	C	H	Q	S	I	F	T	O	U	O	O	K	L
E	P	L	C	N	T	L	U	A	I	M	I	R	D	Y
L	E	E	T	I	E	D	R	L	R	R	O	A	O	E
I	N	A	O	P	N	D	N	A	U	W	N	F	S	R
V	T	N	N	G	E	A	I	C	E	G	U	Q	E	C
E	R	E	G	N	R	W	T	S	L	M	U	B	H	S
R	E	R	T	I	U	N	U	E	B	E	M	A	R	N
E	A	R	R	K	A	O	R	L	A	I	R	S	E	O
M	D	I	O	H	H	M	E	M	T	I	I	H	V	W
M	M	D	P	B	N	O	I	S	S	E	F	O	R	P
U	I	E	R	B	M	S	W	M	N	O	P	D	E	L
S	L	R	I	U	H	A	A	G	O	V	L	D	S	O
E	L	L	A	Y	J	V	J	I	C	O	M	Y	G	W

171 CROSS PAIRS 171

Hidden in the diagram below are pairs of words that cross at their common middle letter. Some are pairs of 5-letter words and some are pairs of 7-letter words. We have looped one pair for you.

Word list on page 561 *Solution on page 508*

A DULT
S AUNA

A ______
C ______

A ______
W ______

A ______
M ______

A ______
J ______

A ______
F ______

B ______
F ______

B ______
C ______

C ______
S ______

E ______
V ______

G ______
T ______

G ______
S ______

J ______
W ______

L ______
M ______

L ______
P ______

M ______
P ______

M ______
R ______

M ______
W ______

S ______
S ______

```
I S Z N N T P D R I Y H Y A N
X Z A T L R S O V A T H S I N
M E J U W T U V Y O R E S A L
S U D A N G C O E N E A E U F
Y A L I H A X Y M R B L M W C
W T O C S I O P I D G G B D T
Z J T N H A B E R E V E O H W
R I R E L D D I R G M B U D G
W S P M J M N L O C C R N N S
T P M E T T A I I N D A A A M
Y R I R M E S T A H M L B L N
S T Y O V R N G E G C E O L A
D V R F F A T S A Y R T Z C E
S A W A Z P I L L A T A A I D
Y X U O P S F Y D O T O B P F
```

172 CROSS PAIRS 172

Instructions for solving Cross Pairs are given on page 176.

Word list on page 561 *Solution on page 508*

A BBOT_____
H ABIT_____

A ________
B ________

A ________
B ________

B ________
S ________

B ________
S ________

B ________
C ________

C ________
S ________

D ________
S ________

D ________
P ________

E ________
R ________

E ________
M ________

E ________
T ________

G ________
S ________

L ________
R ________

M ________
R ________

M ________
S ________

O ________
R ________

S ________
S ________

S ________
W ________

```
G Y Y W B L P H G R A S T M D
D F L I S E I U I R R E B E J
S L O E G U D V M L L J Z J B
S T R U M E A R E P F F B H N
X U A O R L E T O N K L L E N
M X C R W S E R E L S I E G E
T Y I F T R D S M M L R N H N
B C H P A E I B A Z G U D R S
K K F J M R R T M E R O T S K
G H E O T O C E Z E T C V R A
E N O S O H H K L Y N S O T D
N G I D B A S C A I C J O Z W
F O D T O B B A T E A L O O S
M L S I S I L X N M L R Z Y B
Y G D K R T E T E R P B T L Z
```

173 PATCHWORDS 173

It's a crazy quilt and a Word Seek combined! Each of the words in the list can be found in a continuous line in an irregularly shaped patch in the diagram. Move from letter to letter vertically or horizontally, but not diagonally. Each letter in the diagram will be used once; the patches do not overlap. We have located one word to start you off.

Solution on page 509

- ☑ ABHORRENT
- ☐ ACCIDENT
- ☐ APPRECIATION
- ☐ ARMY
- ☐ CINEMA
- ☐ DARKROOM
- ☐ DEAN
- ☐ DEMUR
- ☐ DIGITAL
- ☐ DONATE
- ☐ ELAN
- ☐ EVACUATION
- ☐ FALLOW
- ☐ IMITATION
- ☐ INTELLIGENT
- ☐ LANCER
- ☐ LUBBER
- ☐ MORES
- ☐ MOTHER
- ☐ NECKLINE
- ☐ POME
- ☐ POUTY
- ☐ PREFACE
- ☐ REGENCY
- ☐ REPUTE
- ☐ RINGLET
- ☐ SAWING
- ☐ SILLY
- ☐ SOGGIER
- ☐ SORTIE
- ☐ STATUS
- ☐ THING
- ☐ THROE
- ☐ VISIT
- ☐ YULE

A	B	R	R	T	O	N	T	A	E	N	I	C	C	A
T	H	O	E	N	I	D	I	L	M	A	D	I	C	R
E	L	I	R	A	T	I	G	B	E	S	E	N	P	E
A	G	N	C	I	E	L	U	B	R	I	L	T	U	T
P	P	R	E	A	L	O	P	Y	T	E	L	Y	Y	E
D	O	R	D	N	E	M	P	O	U	O	R	H	C	N
O	S	T	E	A	N	N	E	N	E	R	O	T	G	E
N	A	I	E	T	L	E	L	I	S	W	M	V	E	R
E	T	L	I	N	A	C	K	E	L	O	S	I	G	N
T	E	L	G	E	N	C	E	L	L	A	I	A	W	I
N	I	I	T	G	G	I	R	U	Y	F	T	S	O	O
S	I	M	A	O	S	E	R	O	M	G	N	K	R	M
U	A	R	T	I	R	E	H	T	E	R	I	R	A	D
T	S	M	N	O	N	O	I	T	F	P	H	T	R	U
A	T	Y	E	V	A	C	U	A	A	C	E	D	E	M

174 PATCHWORDS 174

Instructions for solving Patchwords are given on page 178.

Solution on page 509

☑ AGATE
☐ ASEPTIC
☐ BEDIM
☐ BENEATH
☐ BLEW
☐ CERISE
☐ CHARACTER
☐ CHERRY
☐ EDUCATOR
☐ EQUITY
☐ FASTIDIOUS
☐ FLAMBEAU
☐ HERB
☐ HOMESICK
☐ HOPE
☐ INCAPABLE
☐ INLAID
☐ JUKE
☐ LECTURE
☐ LIMB
☐ LOVABLE
☐ MANLY
☐ OFFICIATING
☐ ONRUSH
☐ PETROL
☐ REPRESENT
☐ RUMPLE
☐ SHORT
☐ SLUSH
☐ STATUE
☐ STILT
☐ SUBTLE
☐ SWARM
☐ TEETHE
☐ TELLER
☐ TYKE

H	E	R	R	N	O	T	S	E	R	R	E	B	L	E
C	M	A	Y	R	U	N	E	R	P	E	L	T	E	R
D	I	S	E	P	S	H	M	U	R	B	U	B	W	U
E	T	C	I	T	E	L	P	H	E	T	S	E	C	T
B	E	L	S	L	U	C	N	J	K	Y	A	T	E	L
I	U	L	E	H	S	A	I	U	E	A	G	S	E	M
T	Q	E	R	B	A	P	E	K	L	T	S	I	C	O
Y	B	S	I	L	E	D	T	R	O	E	U	O	K	H
I	M	E	R	I	N	I	E	P	T	E	D	I	N	L
L	A	U	E	C	L	A	T	O	H	E	I	T	A	Y
B	E	A	R	M	E	D	A	R	G	N	A	S	M	T
M	T	W	S	S	T	U	C	A	T	I	F	E	I	L
A	R	O	R	E	A	T	U	I	C	A	B	L	T	S
L	S	H	H	T	R	A	E	F	I	V	H	T	N	E
F	E	P	O	C	A	H	C	F	O	O	L	A	E	B

175 WORD SEEK 175

Instructions for solving Word Seeks are given on page 5.

Solution on page 509

☐ ACME
☐ APTNESS
☐ ASTIR
☐ BARITONE
☐ BIGWIG
☐ BRUNETTE
☐ CAGER
☐ CATLIKE
☐ COMMA
☐ CONSUME
☐ CURVE
☐ EDGIER
☐ EMBROIDER
☐ EXCITABLE
☐ FLAT
☐ FOREGO
☐ FOSSIL
☐ GASKET
☐ GENIUS
☐ JAGUAR
☐ LAYMAN
☐ MOBILE
☐ NERVOUSNESS
☐ ODOMETER
☐ OVERDRAWN
☐ PRIZEFIGHT
☐ REALM
☐ SANEST
☐ SCORN
☐ SKIT
☐ SOLO
☐ SQUIRM
☐ TARP
☐ TICK
☐ UPTIGHT
☐ WANED

P R A T G E N I U S E O X Y R
K R E A L M T R S M R I U Q S
C C I I S H E T S O C D V Y S
I O B Z G T G F E F L A T E E
T O M I E D I O N N D O V M N
M I T M R F E R T E U R B E S
W P O K A N I E P X U R K C U
U D B I G W I G A C O I B L O
O R A U G A J O H I L Z S I V
E N O T I R A B D T W T A M R
W A H P R D N E A A E I N B E
E M C E X R R C N B N K E P N
D Y G M O E R E G L I S S O F
V A B C E V D Z G E X Q T A D
C L S C C O N S U M E B D C G

176 WORD SEEK 176

Instructions for solving Word Seeks are given on page 5.

Solution on page 509

- ☐ ANGER
- ☐ APARTMENT
- ☐ BADGER
- ☐ BAKESHOP
- ☐ BAZAAR
- ☐ BLURB
- ☐ BUNT
- ☐ CAMP
- ☐ CAPSIZE
- ☐ CHASE
- ☐ CHIEF
- ☐ COLA
- ☐ COMPLEX
- ☐ CRAVAT
- ☐ DEWY
- ☐ ENLIST
- ☐ FITFUL
- ☐ HUNK
- ☐ INSURE
- ☐ LAWMEN
- ☐ MAKEUP
- ☐ MAROON
- ☐ MILESTONE
- ☐ MUSTANG
- ☐ NEATEN
- ☐ NOEL
- ☐ OPPONENT
- ☐ PEDESTAL
- ☐ POTLUCK
- ☐ POUNCE
- ☐ RACETRACK
- ☐ REBUS
- ☐ SHOWN
- ☐ STALL
- ☐ TRIPLICATE
- ☐ UNAPPEALING

```
L U F T I F B E C G I G M D N
R S M C N A P N P N C Z X O W
I U O A Z U M L E I E H E U O
G B K A R U B I D L U L L R H
F E A N S O U S E A C N P E S
O R M T E N O T S E L I M G X
A P A R T M E N T P O B O N R
K N P E L C W A A P M A C A C
G N V O Z H C A L A D K C H M
E R U S N I R V L N C E A W E
E B I H L E S G F U T S W A C
V L P P G F N P L R E H L Y N
K U I D L N E T A E N O L F U
C R A V A T O C N C C P Y O O
T B A V X P K W B M A K E U P
```

177 MISSING VOWELS 177

Before you can loop the words in the list below, you must first fill in the circles in the diagram with the missing vowels A, E, I, O, and U. We have filled in one word for you. *Solution on page 509*

- ☑ ALEE
- ☐ AMAZEMENT
- ☐ ATHLETIC
- ☐ BENEFIT
- ☐ BUCKET
- ☐ CAKE
- ☐ CHORUS
- ☐ COMMUNITY
- ☐ DECIDE
- ☐ DINGO
- ☐ DISPOSITION
- ☐ EGRET
- ☐ ELDEST
- ☐ FUNGI
- ☐ GAZE
- ☐ GROCER
- ☐ HIDE
- ☐ HOOPLA
- ☐ HOURLY
- ☐ INSIGHT
- ☐ MELODY
- ☐ PATHWAY
- ☐ POINSETTIA
- ☐ PRAYER
- ☐ REPENT
- ☐ RIPPLE
- ☐ RUBBING
- ☐ SAVING
- ☐ SCALE
- ☐ SPOIL
- ☐ STREETCAR
- ☐ TALE
- ☐ TAUPE
- ☐ TERRIFIC
- ☐ TOGA
- ☐ VERVE

```
B ◯ C K ◯ T Y G R C ◯ K ◯ C C
◯ V P ◯ Y ◯ T ◯ ◯ ◯ Z D P ◯ B
M ◯ M P L F P H ◯ G ◯ F M M C
◯ B Z ◯ D ◯ ◯ T G C N M D H H
Z T S ◯ N N T W ◯ ◯ ◯ ◯ ◯ D P
◯ Y H T G ◯ H D ◯ N S R D ◯ T
M L ◯ L S B W L ◯ P ◯ N Z G R
◯ R D N ◯ ◯ ◯ T ◯ S ◯ V ◯ N G
N ◯ ◯ ◯ L T Y S G N ◯ B B ◯ R
T ◯ H P S C ◯ F ◯ R R ◯ T F ◯
P H ◯ P P T ◯ C R A ◯ R W F C
N ◯ ◯ N ◯ L K G S L G Y K L ◯
H ◯ R ◯ ◯ Y ◯ V R E V ◯ ◯ D R
L C N C G Y D ◯ L E M L T R Z
D F S G L S T R ◯ ◯ T C ◯ R P
```

178 MISSING VOWELS 178

Instructions for solving Missing Vowels are given on page 182.

Solution on page 509

☑ AFRESH
☐ ALWAYS
☐ AMMUNITION
☐ BANDAGE
☐ CHEEKS
☐ COPPER
☐ COUGAR
☐ DISSECT
☐ EACH
☐ ENVIRON-MENT
☐ EUREKA
☐ EVOLUTION
☐ EYELET
☐ FALCON
☐ FLASHBULB
☐ GLAZE
☐ GLOBAL
☐ GUIDANCE
☐ HAVEN
☐ MALE
☐ MATTE
☐ RAVIOLI
☐ RETAIL
☐ RICE
☐ SIMPLIFY
☐ SINGULAR
☐ SITE
☐ STIMULATE
☐ THREE
☐ TOIL
☐ UTTER
☐ WADE
☐ WEIGHTY

```
T G L ○ B ○ L H K R G L B P S
B L F V S ○ S L ○ ○ Y ○ ○ F N
L ○ W ○ L E N T ○ F ○ L C ○ N
○ Z T W R K ○ D ○ G R B ○ ○ T
B ○ ○ F T ○ ○ L ○ M ○ T T ○ R
H Y A H L N S ○ N G ○ L ○ R R
S ○ N C C S ○ N P L ○ L ○ M F
○ Y V ○ K ○ ○ M ○ P H G ○ K T
L M T ○ S M K V N C ○ C V T C
F S ○ H N P ○ ○ L ○ ○ V ○ R ○
H H L N G L R ○ C P R C V ○ S
C M ○ T C ○ ○ D Y P D ○ R G S
F C Y G W F ○ ○ R ○ M H V L ○
K S ○ Z F Y M W R R T Y Z N D
G N ○ ○ T ○ N ○ M M ○ T T ○ ○
```

179 NUMBER SEEK 179

Solve this puzzle by seeking numbers instead of letters.

Solution on page 510

☑ 00109
☐ 01886
☐ 07828
☐ 11981
☐ 12278
☐ 15564
☐ 18188
☐ 22379
☐ 22633
☐ 25995
☐ 35176
☐ 37290
☐ 39781
☐ 43151
☐ 43847
☐ 43987
☐ 45121
☐ 47055
☐ 47997
☐ 48511
☐ 49320
☐ 54278
☐ 60428
☐ 61563
☐ 64747
☐ 65075
☐ 66415
☐ 68567
☐ 72382
☐ 72641
☐ 73353
☐ 80441
☐ 81457
☐ 82601
☐ 85222
☐ 90204
☐ 94243
☐ 97888
☐ 98095
☐ 98359

```
8 3 5 1 2 8 4 1 0 2 5 6 8 4 2
1 7 2 6 8 9 9 2 5 6 6 3 1 8 2
8 3 6 3 2 8 8 6 5 5 7 3 3 5 3
6 7 1 5 3 5 2 8 1 4 6 2 7 1 7
8 9 4 5 1 5 8 1 4 5 7 4 5 1 9
8 7 9 9 7 4 9 3 1 2 8 1 7 5 5
1 2 7 0 3 6 4 6 9 3 6 4 8 4 3
0 5 4 5 1 2 1 0 4 7 3 1 5 8 7
6 5 9 0 4 8 0 7 8 2 8 6 2 2 4
2 0 8 9 6 7 2 1 1 9 8 1 2 0 6
8 7 2 4 5 8 6 4 4 0 8 4 2 2 4
3 4 9 1 7 2 3 5 0 1 7 0 8 3 9
4 9 8 7 0 1 2 1 8 1 9 5 9 5 4
6 6 4 1 5 8 0 8 7 6 8 8 2 5 3
4 6 5 1 6 9 6 6 1 8 7 2 2 1 2
```

 180

NUMBER SEEK

180 

Solve this puzzle by seeking numbers instead of letters.

Solution on page 510

- ☑ 15607
- ☐ 17012
- ☐ 17535
- ☐ 19426
- ☐ 29296
- ☐ 30877
- ☐ 31987
- ☐ 33237
- ☐ 35460
- ☐ 35965
- ☐ 40493
- ☐ 43819
- ☐ 45210
- ☐ 54481
- ☐ 54583
- ☐ 55025
- ☐ 55953
- ☐ 56894
- ☐ 58612
- ☐ 61332
- ☐ 62328
- ☐ 62452
- ☐ 62872
- ☐ 67512
- ☐ 70543
- ☐ 71015
- ☐ 71178
- ☐ 75514
- ☐ 75544
- ☐ 75614
- ☐ 78347
- ☐ 78670
- ☐ 84731
- ☐ 84764
- ☐ 85460
- ☐ 88520
- ☐ 90888
- ☐ 91722
- ☐ 98999
- ☐ 99053

```
4 5 6 9 5 2 2 3 1 6 3 0 8 7 7
2 4 1 1 3 4 7 4 9 0 2 7 8 2 6
6 4 6 4 0 5 0 8 2 1 4 6 8 1 4
5 8 5 4 6 0 4 3 4 6 7 9 1 9 5
9 1 9 4 7 3 4 8 5 0 1 2 5 4 8
0 3 3 8 8 8 0 9 0 9 5 9 2 7 7
2 5 3 3 9 5 4 6 2 4 3 2 1 3 7
0 4 4 1 3 9 3 6 5 4 5 1 0 1 7
7 6 1 9 8 2 9 8 7 2 7 5 9 7 8
2 0 3 6 8 1 3 1 7 4 1 7 9 8 4
0 3 5 8 5 6 1 7 8 4 8 6 8 5 7
7 8 0 6 2 7 0 5 4 3 6 2 8 3 3
6 8 9 4 0 6 7 5 5 4 4 2 3 5 1
5 5 9 1 5 7 6 1 3 3 2 5 4 2 6
3 1 2 1 5 9 8 4 6 0 4 5 9 8 6
```

181 V-WORDS 181

The 5-letter words below are found in the diagram in a V shape pointing left, right, up, and down. *Solution on page 510*

- ☑ ALLAY
- ☐ AREEL
- ☐ BANJO
- ☐ BRAWN
- ☐ CAIRN
- ☐ CARET
- ☐ CRAWL
- ☐ DAISY
- ☐ DATUM
- ☐ DILLY
- ☐ DONEE
- ☐ DOZEN
- ☐ EXTRA
- ☐ FRONT
- ☐ HOGAN
- ☐ HORSE
- ☐ INTRO
- ☐ LADLE
- ☐ LICIT
- ☐ LOTUS
- ☐ LOYAL
- ☐ MACHO
- ☐ MUNCH
- ☐ OFFER
- ☐ OVATE
- ☐ PROUD
- ☐ ROWEL
- ☐ SAUTE
- ☐ SCULL
- ☐ SEIZE
- ☐ SHANK
- ☐ SOBER
- ☐ SORRY
- ☐ SPRAT
- ☐ SWATH
- ☐ TRACT
- ☐ USING
- ☐ VIDEO
- ☐ WHICH
- ☐ WHIFF

```
I O H E L O M A O R E Z K A B
D X D I M L C V R T O E I W S
F A D U W T Y Y U T T S U N V
I T T A K F V L N A U C O L G
R S N L R D I W R F S K L B L
J V Y O E C I V K P P U E O D
V A J O A D I V N K S R T U K
L N V I L A G T Z G Y R O N O
W A A L R I W B A A O W X H I
U R T B Z N E N W Z T H L M C
E F T E E H O S O W E H U A P
W E U E F X C D H S J N M H D
R H L F K T T I R A W F C L W
C A I L H R S J N O F E E H Z
Y C C N A B Z K R O H W L R K
```

182 V-WORDS 182

Instructions for solving V-Words are given on page 186.

Solution on page 510

- ☑ AFORE
- ☐ ALOOF
- ☐ BERYL
- ☐ CELLO
- ☐ CHARM
- ☐ COATI
- ☐ CREEK
- ☐ CRONE
- ☐ CURSE
- ☐ EVOKE
- ☐ FAITH
- ☐ GLARE
- ☐ GUARD
- ☐ KAZOO
- ☐ LEMUR
- ☐ LENTO
- ☐ LETHE
- ☐ MANNA
- ☐ OATEN
- ☐ PENNE
- ☐ PERCH
- ☐ PLAIT
- ☐ POLKA
- ☐ SCAMP
- ☐ SCOWL
- ☐ SKUNK
- ☐ SPILT
- ☐ SPUME
- ☐ STEAK
- ☐ STERE
- ☐ THICK
- ☐ TROOP
- ☐ TROVE
- ☐ TWILL
- ☐ UNPIN
- ☐ UPEND
- ☐ WHIRL
- ☐ WIDEN
- ☐ WISER
- ☐ ZILCH

K	L	G	A	G	O	I	D	P	F	V	N	Y	L	L
T	E	E	U	T	O	O	F	L	E	K	U	E	W	R
S	I	Y	N	R	H	V	Z	R	E	P	H	O	T	S
G	G	A	T	E	T	A	E	E	E	T	M	A	C	L
W	L	W	R	M	K	W	N	T	R	N	O	A	T	S
P	I	A	W	U	T	O	I	D	S	C	D	L	K	I
D	N	S	V	M	V	L	R	P	Z	K	B	N	L	L
N	E	A	P	E	L	A	I	C	M	K	U	E	O	H
R	A	N	H	O	S	R	U	O	H	M	C	P	R	W
L	O	M	L	I	O	R	V	G	E	A	E	Y	S	F
Y	N	U	P	R	N	W	U	A	R	T	L	B	O	A
K	Z	I	T	E	I	N	K	M	B	F	S	O	K	Z
D	V	F	P	H	R	C	E	L	I	F	F	U	R	B
Y	F	N	W	C	I	L	C	T	I	A	O	N	V	E
Y	U	T	H	T	F	H	H	P	P	Z	F	K	G	H

183 WORD SEEK 183

Instructions for solving Word Seeks are given on page 5.

Solution on page 510

- ☐ AUDIO
- ☐ AUTO
- ☐ DISORDER
- ☐ FEAT
- ☐ FINCH
- ☐ FLEECE
- ☐ FLORAL
- ☐ HEADSTAND
- ☐ HOCKEY
- ☐ IMPALA
- ☐ INCINERATE
- ☐ INVENTORY
- ☐ KNELT
- ☐ LETTUCE
- ☐ MASTER-PIECE
- ☐ MISPRINT
- ☐ MITTEN
- ☐ MONARCH
- ☐ NEWS
- ☐ NUTMEG
- ☐ PURR
- ☐ REIN
- ☐ RITUAL
- ☐ RUDE
- ☐ SAMPAN
- ☐ SCRAWNY
- ☐ SIDESHOW
- ☐ SKATER
- ☐ SKILLET
- ☐ STAKE
- ☐ SUGAR
- ☐ TEMPLE
- ☐ THINE
- ☐ TRADE-MARK
- ☐ UNITY

```
G H K A L A P M I L G U W K Y
E C N T E L I N A P M A S E F
M N E L A S V R H O G S K R R
T I L U P E O T N S C C L U L
U F T R N L F A U T O I D U A
N I I T F E R W O H S E D I S
R N O R E C T R A D E M A R K
T R S V H N G A S C R A W N Y
Y L K E C E I P R E T S A M S
H E A D S T A N D E L H L S T
C T T S U G A R L C N P I P A
O T E W L N O L A E R I M N K
R U R E U S I P G E E R C E E
N C G N I K Y T I L U D U N T
A E W D S S K N Y F K L G P I
```

184 WORD SEEK 184

Instructions for solving Word Seeks are given on page 5.

Solution on page 510

- ☐ AFOOT
- ☐ AMISS
- ☐ ASPARAGUS
- ☐ BUFF
- ☐ CAVIAR
- ☐ CHEERY
- ☐ COMPRESS
- ☐ CONSIDERATE
- ☐ CREDO
- ☐ CRIMP
- ☐ DOWNSTAIRS
- ☐ ELDERLY
- ☐ ENGAGE
- ☐ ESPRESSO
- ☐ FUTURE
- ☐ GENT
- ☐ GLAND
- ☐ INNING
- ☐ INSTEAD
- ☐ KINDLING
- ☐ MANUAL
- ☐ MOMENTOUS
- ☐ MUSS
- ☐ OWLISH
- ☐ PENSION
- ☐ PLANER
- ☐ POSH
- ☐ PROOF
- ☐ REALISTIC
- ☐ ROTATION
- ☐ SHIELD
- ☐ SIESTA
- ☐ SPOOF
- ☐ TRAM
- ☐ TRYOUT
- ☐ WICK

H D P B C D P F O F F P G L S
O C Y L C O N O S B U F F S N
S C G D A W M O S A I T I S W
B P U E V N R P E L F M U S S
A T S E I S E S R V A O M R C
N O I T A T O R P E T U O O E
A S P A R A G U S N S E N T M
G C I T S I L A E R N S U A P
K N F O O R P M D G I O R E M
K C I W R S O Y A D Y T N L I
I P P L H M R G E R D S N D R
I K O I D E E R T N I N O E C
W P E S E N A B S O H M A R G
D L U H H T I N N I N G A L V
D C C R E D O K I N C O A Y G

185 PLACES, PLEASE 185

Fill the diagram with all the words in the word list. The words from each group start on their matching number, and they will read in all directions—forward, backward, up, down, and diagonally. Words from different numbers sometimes overlap; therefore, some letters will be used more than once. We have started the puzzle for you. When the puzzle is completed, all the squares will be filled.

Solution on page 511

1. YARDSTICK
YEARBOOK
YELLOW
YODELING
YUPPIE

2. ADO ✓
APE ✓
AQUA ✓

3. PEN
PIE
PIG
POETIC

4. LEOPARD
LIFE-GUARD
LOQUACIOUS
LOW

5. REFUSAL
ROAN
RODE
ROT
ROUGE
RYE

6. IRE
ITER

7. SCHOOL
SERENE
SHROUD
SKIPPER
SOPH

8. MITER
MOT
MUSH

9. FAN
FLOE
FOR
FRO

10. KEPT
KILN
KNACK
KOPEK

11. GASP
GROUT

12. OBOE
OILIEST
OKAPI
OMEN
ONSHORE
OOLONG
OUTDOOR
OVUM

13. DON
DYE

14. TAU
TEN
THEY
TIDAL
TWO

15. CARGO
COMPLETING
CURL

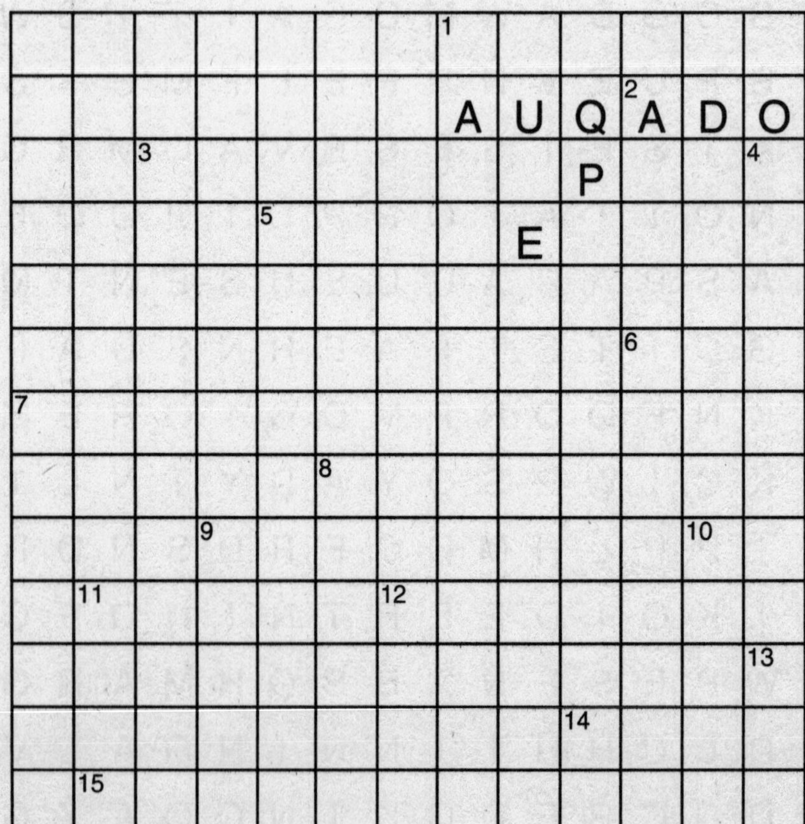

 186 **PLACES, PLEASE** 186 

186 PLACES, PLEASE 186

Instructions for solving Places, Please are given on page 190.

Solution on page 511

1. PARALLEL
   PIGLET
   POTPIE
   PUG

2. ULTIMATELY
   UPPITY
   URBAN

3. NAG
   NAIL
   NAP
   NEE
   NEGATING
   NEST
   NIFTY
   NORM

4. FACT
   FAT
   FERN
   FINE
   FUN

5. AGLET
   AMBITIOUS
   ARE

6. YACHT
   YIP
   YUAN

7. OCCULT
   OFFENSIVE
   OTTOMAN
   OVER-TIME
   OXYGEN

8. TEA
   TIE
   TONER
   TRY

9. HALT
   HATH
   HEAT
   HIS
   HUNCH
   HYENA

10. CON
    CUE

11. GET ✓
    GHEE ✓
    GURU ✓

12. VACCINE
    VERI-TABLE
    VIRTUAL-LY

13. RARE
    RECREA-TIONAL
    RIVE
    RUMI-NATE

14. SHUNT
    SITUATE
    STUN
    SUE

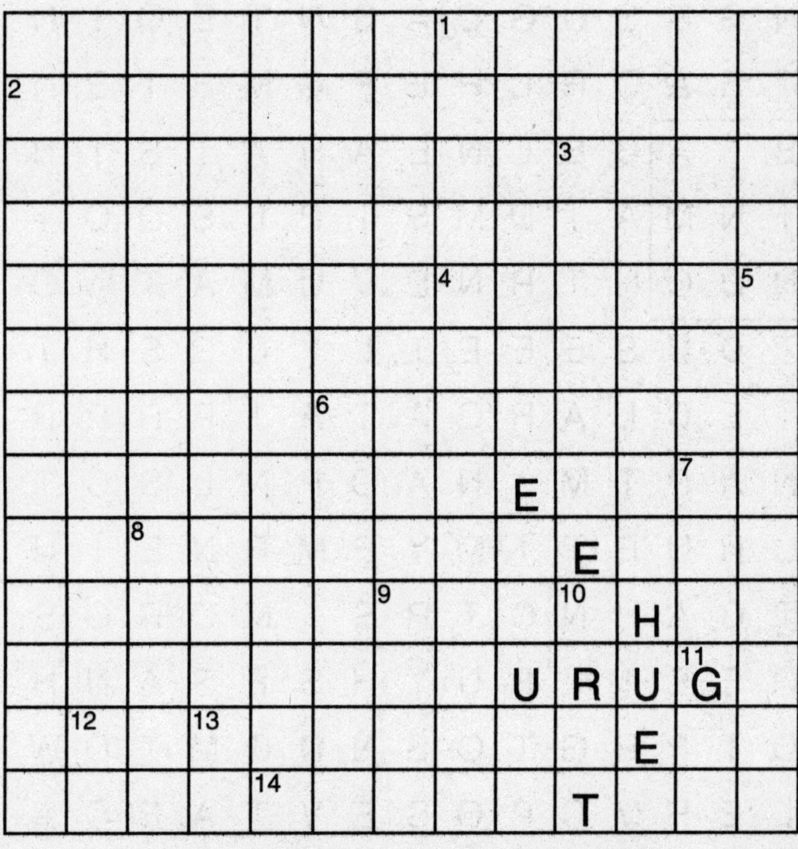

187 SQUARE NINES 187

Find 3x3 squares in the diagram that contain, in no particular order, the nine letters of the words listed. *Solution on page 511*

☑ BADMINTON
☐ BARBAROUS
☐ BARTERING
☐ BILLBOARD
☐ CHALLENGE
☐ CONSONANT
☐ CRAFTSMAN
☐ DEDUCTION
☐ DESTROYER
☐ DETERMINE
☐ DISMISSAL
☐ ELEVATING
☐ HAIRBRUSH
☐ IMAGINARY
☐ IMMIGRANT
☐ INSERTION
☐ MARSUPIAL
☐ MODERNIZE
☐ MONASTERY
☐ NIGHTLIFE
☐ PARACHUTE
☐ PERIMETER
☐ PERSIMMON
☐ PRINCIPAL
☐ PUSSYFOOT
☐ REASONING
☐ SCRIPTURE
☐ STEAMBOAT
☐ WATCH-BAND
☐ WITHSTOOD

```
T F H I A E N T N G R S E R E
R I B H R R N O O U Y R D M Z
N G R S U G C A S N T E O I N
T E A O R L H E F C M S I E N
B T A B B L N E A R A I S T R
I N M A I D M S I P L S D O I
N D O H T R N E V U M A T W O
T D U S E E E I L I C R S H T
I E C L A R G A T A I P R R P
N A P T M I N A O P N L S C T
U R U E T I M Y E M R N E I U
T C A H N G T R S I M O R G S
G E E I L F U Y H S E S A N H
D T P R G T O S N D O M T D W
L E R M C P O S E V T A B C A
```

188 SQUARE NINES 188

Instructions for solving Square Nines are given on page 192.

Solution on page 511

- ☑ BICYCLING
- ☐ BREEZEWAY
- ☐ BROADCAST
- ☐ CAFETERIA
- ☐ CHECKMATE
- ☐ CLIPBOARD
- ☐ DANDELION
- ☐ EDITORIAL
- ☐ ESTABLISH
- ☐ HANDSHAKE
- ☐ HARMONIZE
- ☐ HEARTBEAT
- ☐ HONEYMOON
- ☐ HOUSEBOAT
- ☐ IMMIGRATE
- ☐ INTERJECT
- ☐ MOUNTAINS
- ☐ ORANGEADE
- ☐ PHYSICIAN
- ☐ READINESS
- ☐ RESTRAINT
- ☐ SEVENTEEN
- ☐ SLOPPIEST
- ☐ SNOWSTORM
- ☐ SPEARHEAD
- ☐ SPINELESS
- ☐ TENTATIVE
- ☐ UNEARTHLY
- ☐ WATERFOWL
- ☐ WHITTLING

```
O N T F R S N P S A H O W T L
S U I G E I E F L B S U F E A
N A M T A S D A I E T O O R W
K O M R I A K E I R A T W S P
K L O E O H H N D L O M S N Y
C B Y M N Z K O N A H C H C I
I T N H O S S I D E C E I A P
B I G W T N P S R M K T F C E
N I L T A E E L Y V Y A E R T
C Y C B A G R R E N E Z E A H
C B R A O D N S I T R W B T A
I A D T S V T A T J C S A E V
L P O E N E E T C L Y E R P P
I T E E E N I T D W L A H D U
P S S S C V S Y D C U T N Y M
```

189 MISSING VOWELS 189

Before you can loop the words in the list below, you must first fill in the circles in the diagram with the missing vowels A, E, I, O, and U. We have filled in one word for you. *Solution on page 511*

- ☑ ABLAZE
- ☐ ACUTE
- ☐ AFTERMATH
- ☐ ALOUD
- ☐ ANTE
- ☐ AREA
- ☐ BICKER
- ☐ BLACKBOARD
- ☐ CALICO
- ☐ CHORALE
- ☐ CITIZENSHIP
- ☐ COMPLAIN
- ☐ CRAYON
- ☐ CURABLE
- ☐ DIMENSION
- ☐ DISCHARGE
- ☐ EGOIST
- ☐ FORUM
- ☐ FRAUD
- ☐ GIGGLE
- ☐ HEAR
- ☐ LEAD
- ☐ LIABLE
- ☐ LITTLER
- ☐ MEALTIME
- ☐ MERRIEST
- ☐ MINUS
- ☐ NEARBY
- ☐ OCEAN
- ☐ OILY
- ☐ PILOT
- ☐ RAPTURE
- ☐ REDO
- ☐ SEQUEL
- ☐ SLEUTH
- ☐ SPANGLE

```
D B H H K H Q L M ○ N ○ ○ C ○
M ○ F S T ○ ○ C ○ S N Z ○ H D
○ T ○ F R ○ ○ D R R ○ T T L N
N Z ○ L B R M ○ R M ○ ○ ○ R ○
○ Y T L ○ G R R ○ Z ○ L Z C ○
S D ○ B ○ ○ ○ T ○ L G N ○ P S
○ ○ L G L P L N S T Y ○ T Q N
Q ○ G T T ○ S Y T N F Y S N ○
○ L T ○ ○ H C ○ M P L ○ ○ N M
○ ○ R M ○ R E K C ○ B R ○ G ○
L ○ N P Y T M Z B L S C G Z D
R H F P ○ ○ ○ Y A ○ ○ Q ○ D Q
D ○ S C H ○ R G ○ L ○ R ○ H C
Y G ○ R ○ D ○ ○ ○ Y B R ○ ○ N
D B G N H H F C ○ H Z A D C C
```

190 MISSING VOWELS 190

Instructions for solving Missing Vowels are given on page 194.
Solution on page 511

☑ AERIAL
☐ ALPHABETIZE
☐ AMOUR
☐ BEFORE
☐ BEVEL
☐ BRICKLAYER
☐ BUSINESS
☐ CALORIE
☐ CAUTION
☐ DANCER
☐ DECODE
☐ EIGHTH
☐ FLUKE
☐ HEALTH
☐ HERBIVORE
☐ HOMINY
☐ INDOOR
☐ LAUNCH
☐ LONE
☐ LYRICAL
☐ MICRO
☐ MINE
☐ MURAL
☐ OBLIGATE
☐ OPPOSE
☐ OVERFLOW
☐ PARENTAGE
☐ PERIL
☐ PIPER
☐ ROAD
☐ ROSE
☐ SEVERE
☐ SHALLOW
☐ STEAMSHIP
☐ TUBA
☐ WORE

```
Y R L P W ○ R ○ M R D C Z N P
L N ○ ○ B R M R ○ N D ○ ○ R ○
Z A ○ Y P S T ○ C ○ H ○ ○ B P
M P I M ○ P T V R B T Z W ○ ○
○ S ○ R ○ L ○ ○ ○ ○ ○ H R V R
H T L ○ E H K S ○ T ○ ○ F ○ ○
○ ○ R ○ L A C C ○ M L M P L C
R W ○ R ○ F ○ B ○ M S B ○ L N
B ○ B L ○ G ○ T ○ R ○ H Y ○ ○
○ L H N F H B D N S B R ○ L D
V F L C P W ○ ○ ○ B ○ G ○ P V
○ R Y L N C K N M C H ○ K L D
R ○ ○ F ○ ○ ○ G ○ T N ○ R ○ P
○ V K D L S ○ L H ○ P H ○ H K
S ○ P F S H ○ L L ○ W R Z Y P
```

191 WORD SEEK 191

Instructions for solving Word Seeks are given on page 5.

Solution on page 512

- ☐ AUTUMN
- ☐ BASEBALL
- ☐ BOTANICAL
- ☐ BRIEFLY
- ☐ BROADLOOM
- ☐ CARROT
- ☐ CLERIC
- ☐ COMMENT
- ☐ CREWELWORK
- ☐ DENIM
- ☐ DOMINEER
- ☐ DOUBLE
- ☐ EXALT
- ☐ GUESSWORK
- ☐ GYRO
- ☐ HAYWIRE
- ☐ LATTER
- ☐ MOUNT
- ☐ OUT-STANDING
- ☐ PARAKEET
- ☐ PESO
- ☐ PLED
- ☐ PLUME
- ☐ POPE
- ☐ PUTTER
- ☐ RAREBIT
- ☐ RELAX
- ☐ RESEND
- ☐ ROUSE
- ☐ RUDELY
- ☐ SHRIMP
- ☐ STUDENT
- ☐ TACK
- ☐ TARMAC
- ☐ USAGE
- ☐ WELD

R	G	M	L	A	C	I	N	A	T	O	B	F	W	A
E	E	C	I	R	E	L	C	G	N	N	Y	Y	O	K
L	S	T	A	N	X	D	F	D	E	U	U	U	R	E
A	U	M	T	R	E	S	P	T	D	H	T	O	X	N
X	O	D	H	A	R	D	B	U	U	S	W	A	M	T
B	R	O	A	D	L	O	O	M	T	S	L	U	W	K
T	N	E	M	M	O	C	T	A	S	T	T	S	B	R
B	D	L	E	W	E	B	N	E	P	U	E	H	W	O
T	A	C	K	N	R	D	U	G	A	R	L	R	C	W
P	E	S	O	I	I	G	R	A	R	E	B	I	T	L
E	P	D	E	N	W	M	D	S	A	S	U	M	L	E
O	M	F	G	B	Y	D	O	U	K	E	O	P	M	W
R	L	U	A	I	A	E	N	D	E	N	D	H	O	E
Y	F	F	L	X	H	L	Y	L	E	D	U	R	Y	R
G	G	P	O	P	E	P	L	D	T	A	R	M	A	C

192 WORD SEEK 192

Instructions for solving Word Seeks are given on page 5.

Solution on page 512

- ☐ ABLER
- ☐ AWAKEN
- ☐ BOISTEROUS
- ☐ CHOSEN
- ☐ CITY
- ☐ DETEST
- ☐ DISTRIBUTOR
- ☐ DRAINED
- ☐ ELECT
- ☐ FOOLISH
- ☐ FORTY
- ☐ GESTURE
- ☐ GRILLE
- ☐ HARK
- ☐ HERO
- ☐ HILL
- ☐ HUFF
- ☐ INNOCENT
- ☐ INTERVIEW
- ☐ LEVER
- ☐ MADAME
- ☐ MARSH
- ☐ MISHAP
- ☐ NARROWING
- ☐ NYLONS
- ☐ OMISSION
- ☐ REBELLION
- ☐ RECYCLE
- ☐ REGION
- ☐ SHOWROOM
- ☐ SOUTH
- ☐ TENOR
- ☐ TROUPE
- ☐ UPSHOT
- ☐ WEAPON
- ☐ WHET

```
E N E S O H C T M I S H A P H
O U A U S S C S A N M K E S T
E V D R A I N E D N O R U R U
K O A G R L E T A O O O K P O
M M M R D O S E M C R P S E S
G K V I I O W D E E W H A L H
C C N L S F R I T N O I G E R
H I L L T S Y S N T H E N C W
I N T E R V I E W G S Y R T G
U L Y Y I O N O I L L E B E R
L T T K B H D T N O C W S E E
O T R O U P E V N Y U T L R V
O A O F T N H S C D U B E I E
H M F V O P O L N R A E S H L
A N D R R L E N E K A W A G W
```

 193 | LETTERBOXES | 193 

Can you find the correct places for the words in the word list? The starting letters for all the words are given in the circles. Letters may be used as parts of other words because of overlapping or crossing. The words read in a straight line and in all directions—forward, backward, up, down, and diagonally. Do not pass over a black square as you are solving. When the puzzle is completely solved, there will be a letter in every space. We have filled in one word to start you off. *Solution on page 512*

- ☑ AGENDA
- ☐ ALMOST
- ☐ ANNUAL
- ☐ AVALANCHE
- ☐ BEAKER
- ☐ BEET
- ☐ BUOYANT
- ☐ CHART
- ☐ CIRCLE
- ☐ COMPLY
- ☐ COURAGE
- ☐ CUSTOMER
- ☐ DOUBT
- ☐ ELECTRICITY
- ☐ GENTLEMEN
- ☐ GUEST
- ☐ HASTE
- ☐ HINT
- ☐ INSPECT
- ☐ LARDER
- ☐ LEER
- ☐ MAMMAL
- ☐ MOCK
- ☐ NERVOUS
- ☐ PEARLY
- ☐ POLICEMAN
- ☐ PORT
- ☐ PRODUCER
- ☐ RATTAN
- ☐ RECEPTACLE
- ☐ SENT
- ☐ SHOUT
- ☐ SINCE
- ☐ SNOOZE
- ☐ STRUGGLE

■			■	■		M	■	L	G			S	
D			■			B			■	S	C		■
										■			■
		M					■			■			C
B		L								A			
		A			S								
P	N								P			■	
													A
H					C								G
■							P						E
H			■		S							C	N
I	■											E	D
	■				B						S	■	A
	C		R				R						■

 194

LETTERBOXES

194 

Instructions for solving Letterboxes are given on page 198.

Solution on page 512

☑ ADJECTIVE
☐ BERET
☐ CHIRP
☐ COMMITTEE
☐ COSTAR
☐ EYESIGHT
☐ FLUTE
☐ GELATIN
☐ HEAVEN
☐ HIBERNATE
☐ HOME
☐ HULLA-BALOO
☐ IMMENSE
☐ INHABIT
☐ LENGTH
☐ LIST
☐ LIZARD
☐ LUNCHBOX
☐ MANDOLIN
☐ ODOR
☐ OUTRUN
☐ RIDDLE
☐ ROSARY
☐ SCROD
☐ SICKLE
☐ SWING
☐ TANKARD
☐ THAT
☐ THEATERGOER
☐ THRIVE
☐ TRACE
☐ TWENTY
☐ WINNER

■		(T)		■				E			(R)		(T)
(M)							V		(C)	■		(H)	
■						I				■			
(O)	■				T			(H)					
■				C						(L)			(B)
■			E					(L)					■
(T)		J			(L)	(S)					(T)		(G)
	D					(I)							(T)
(A)				■									
			■										
		■		■					(E)		(T)		
		■	■	(C)					■				
					(O)		(I)				■	(R)	■
(S)	(W)						(H)	(C)	(F)	(L)			

195 LICENSE PLATES 195

Take a spin around this diagram and locate all of these number-letter License Plates.

Solution on page 512

- ☑ 25LMR
- ☐ 2V4L9
- ☐ 3KDDH
- ☐ 3YBQN
- ☐ 4EXED
- ☐ 4LB59
- ☐ 4SAH6
- ☐ 5FZCM
- ☐ 5TM7Y
- ☐ 62J6J
- ☐ 6FRUZ
- ☐ 75C5V
- ☐ 772GS
- ☐ 7RZ28
- ☐ 84JJ5
- ☐ 8524Z
- ☐ 87FSY
- ☐ 8VGFY
- ☐ 8VNJN
- ☐ 9QQUM
- ☐ A6QVE
- ☐ ET6XM
- ☐ F8ZQZ
- ☐ FTZY3
- ☐ HVL9B
- ☐ K7YAT
- ☐ K93FF
- ☐ KJ3K8
- ☐ L8NUD
- ☐ LHTG7
- ☐ M4FTX
- ☐ PPG92
- ☐ S5FTA
- ☐ SXP7Y
- ☐ T35ST
- ☐ U3AKG
- ☐ X3URT
- ☐ Y3Y7B
- ☐ YB7A6
- ☐ Z8X57

```
4 E X E D K Z U K 4 K K C Y B
3 R T U 7 A Z 9 3 S C 3 3 7 9
3 T N Y 6 G 3 K 6 A 7 B Y M K
R 8 A Q 7 F T Y M H K 3 Z T S
L T V 7 F 7 R H B 6 Y G T 5 6
Z E 2 B 5 T U U L Q X T F 4 M
B G 9 C F H 3 S Z N N J N V 8
S R 5 R Z 8 X 5 7 R Z 2 8 J X
X V Z R C 8 7 F S Y F D 6 K N
P S 4 Q M X 6 T E T 5 J J 4 8
7 G 2 Y Z L A A 3 5 2 3 B M G
Y B 5 F K 8 5 S K 6 K 9 U 6 R
6 5 8 G 9 J F 2 D 8 L Q G 9 C
R X 2 V 4 L 9 T D V Q B D P J
A S X 8 J 6 U 6 H 9 5 B L 4 P
```

196 LICENSE PLATES 196

Instructions for solving License Plates are given on page 200.

Solution on page 512

- ☑ 2BQ74
- ☐ 2HXLA
- ☐ 2KY7T
- ☐ 38P2B
- ☐ 3YUYV
- ☐ 4HERW
- ☐ 4U9G3
- ☐ 5V8WB
- ☐ 6B2QR
- ☐ 7MBPS
- ☐ 82JM4
- ☐ 8HTYS
- ☐ 8P92U
- ☐ 9ZP94
- ☐ A8HVJ
- ☐ C7K6N
- ☐ CP429
- ☐ DMK42
- ☐ EEK6K
- ☐ EF6ZT
- ☐ FD3ZK
- ☐ FXA9R
- ☐ FZDM6
- ☐ H5H23
- ☐ HD3KS
- ☐ HR3HM
- ☐ JT3FM
- ☐ KN6R9
- ☐ LCB9C
- ☐ NBF9T
- ☐ QD3EM
- ☐ QX8XJ
- ☐ RDR9C
- ☐ S4PSD
- ☐ SX6TG
- ☐ TNYW3
- ☐ VEVU7
- ☐ WU3PJ
- ☐ X8WYV
- ☐ ZP4U9

```
A 9 Q C 7 D 6 4 7 3 2 H 5 H U
9 2 E M 7 M V 5 M 4 R Q V 8 Q
E 4 B Z D K 9 A E J 7 Z 8 L L
6 P U Z E 4 6 B 3 A 2 Q W W C
S C F U E 2 9 N D G S 8 B 7 B
J T 3 F M V S P Q J 9 4 2 2 9
P K 6 K E E T X Z R F U P S C
4 Z V E V U 7 3 6 9 Q 8 4 S 9
T A 2 R 3 W Y N T T 3 2 Y P D
W R E H 4 U K U T Q G T B X Z
U K V J Y C 2 A L X H 2 S 6 F
3 Q Y V T 9 F B N 8 F R W D D
P Y W H P R Y A K X H D 3 K S
J A 8 8 D D Z E D J F Z F H V
Z F X A 9 R P W 4 2 K 5 7 Y M
```

197 ZIGZAG 197

Instead of reading in a straight line, each word has one bend in it. One word has been looped for you. *Solution on page 513*

- ☑ ALIAS
- ☐ ANTACID
- ☐ AUTHENTIC
- ☐ BAITING
- ☐ BATTERY
- ☐ BEDROOM
- ☐ BLINTZE
- ☐ CURST
- ☐ DAINTY
- ☐ DISPARATE
- ☐ ELECTRON
- ☐ FLARE
- ☐ FOREWARN
- ☐ GAMBLER
- ☐ HIGHBROW
- ☐ INITIATE
- ☐ INTENT
- ☐ JUKEBOX
- ☐ KIMONO
- ☐ LABORIOUS
- ☐ LETTER
- ☐ NOVELIST
- ☐ OFFENSE
- ☐ PLAYING
- ☐ POTENTIAL
- ☐ PRESERVE
- ☐ PROJECTOR
- ☐ SEDUCTIVE
- ☐ STARRY
- ☐ STORM-PROOF
- ☐ TEXTURE
- ☐ TOPCOAT
- ☐ UNTIE
- ☐ WHITEOUT
- ☐ ZLOTY

H	V	I	E	H	T	U	A	M	N	E	F	F	O	P
U	P	M	N	T	E	N	T	P	V	S	T	A	R	R
E	L	T	T	T	A	V	M	R	E	S	E	R	P	Y
L	A	I	I	I	B	R	L	O	T	Y	B	K	M	H
A	Y	N	C	A	O	A	Z	O	R	P	O	E	U	V
I	I	G	P	T	B	P	T	F	J	T	X	N	D	J
T	N	O	S	E	L	S	T	S	T	E	M	O	O	R
N	T	E	X	T	T	I	E	E	O	L	C	R	S	U
E	V	I	T	C	U	D	R	E	L	E	C	T	H	C
L	R	O	R	Y	O	R	Y	U	Z	L	E	V	O	N
B	I	U	F	O	R	E	E	T	H	I	G	H	B	R
M	U	S	A	C	B	W	T	N	Y	S	C	O	N	O
A	N	T	L	P	Y	A	A	I	R	T	A	J	M	W
G	T	E	O	O	N	R	L	L	H	E	N	I	A	D
D	I	C	A	T	E	N	F	B	X	W	K	T	L	E

198 ZIGZAG 198

Instructions for solving Zigzags are given on page 202.

Solution on page 513

- [x] ALIGNMENT
- [ ] ASPECT
- [ ] BACON
- [ ] BESIEGE
- [ ] BREAKUP
- [ ] CAIMAN
- [ ] CARHOP
- [ ] CIRCA
- [ ] DOWNTIME
- [ ] ELLIPTICAL
- [ ] ENAMEL
- [ ] ENRAPTURE
- [ ] EYELINER
- [ ] FLARING
- [ ] GREY-HOUND
- [ ] HAZARDOUS
- [ ] IMPUGN
- [ ] INTEREST
- [ ] LANDMARK
- [ ] LUMBAR
- [ ] MILITARY
- [ ] NURSEMAID
- [ ] OWLET
- [ ] PAUCITY
- [ ] PILLOW
- [ ] PLACATE
- [ ] POTHOLE
- [ ] REDOUBT
- [ ] ROSEMARY
- [ ] SEINE
- [ ] SLEIGH
- [ ] SOARED
- [ ] SPECIFIC
- [ ] STEERSMEN
- [ ] TAFFY

```
Y W N I E S Y I M L N G U P M
F E P S O P U K A E R E T N I
F M C A U C I T Y S R R E N R
A I R I O W L E M T A B G G A
D T B E F R L D A H O L E U L
P N W O D I N E R O Y P I Z F
R P U H R A C E K L D B S G W
A D L O L O D L W E T N E M N
B U M P H O B Y G O A C A T E
M A R Y U Y R R E E L L I P M
E I A C B A E N N R P B T U S
S M L T T B A N U A D I S Z R
O A D I A M E S R Z C O K T E
R N O C S L E I G A P T U R E
Z F I R C A H L L H C E P S A
```

199 MISSING VOWELS 199

Before you can loop the words in the list below, you must first fill in the circles in the diagram with the missing vowels A, E, I, O, and U. We have filled in one word for you.

Solution on page 513

- ☑ BUILDING
- ☐ CARRYOVER
- ☐ CHAUFFEUR
- ☐ CLAMBAKE
- ☐ CLIPPER
- ☐ COINCIDE
- ☐ COMMERCIAL
- ☐ DISARRAY
- ☐ ENTICE
- ☐ EQUIPMENT
- ☐ EXTENT
- ☐ FLAPPER
- ☐ FLEET
- ☐ HEARTACHE
- ☐ HEROIC
- ☐ HUNDRED
- ☐ MINIMAL
- ☐ PACIFIER
- ☐ PARABLE
- ☐ PIZZERIA
- ☐ POLAR
- ☐ PUBLISH
- ☐ REMEMBER
- ☐ REOPEN
- ☐ REPLICA
- ☐ SCOUT
- ☐ SHRINE
- ☐ STATEMENT
- ☐ UNNATURAL
- ☐ YOURS

```
P ○ L ○ R ○ V ○ Y R R ○ C B Q
○ F L ○ P P ○ R Z ○ T ○ ○ L F
C C ○ ○ N C ○ D ○ C N ○ T S Z
H S ○ L B ○ P F ○ B ○ X C H S
D Z V L T K F ○ R C M T L R H
○ S Z ○ P ○ R D ○ ○ ○ ○ ○ ○ ○
D Q ○ ○ ○ ○ ○ L P M T N M N N
P C ○ H H S R ○ P M ○ T B ○ D
S ○ C ○ ○ C C R ○ ○ T ○ ○ L R
R C R R P ○ ○ ○ L R S C K ○ ○
○ Q R ○ F M B T C C ○ ○ ○ M D
○ ○ X ○ B L ○ ○ R ○ S Z N ○ K
Y B ○ Y L L N N B ○ V L Z N Y
D R R ○ ○ P ○ N T L ○ L N ○ M
H G N I D L I U B S K H T M P
```

200 MISSING VOWELS 200

Instructions for solving Missing Vowels are given on page 204.

Solution on page 513

☑ ADVOCATE
☐ ANGELIC
☐ ANSWER
☐ ANTEATER
☐ AVAST
☐ BARONET
☐ BURROW
☐ CERTAIN
☐ CHEEKBONE
☐ CONDIMENT
☐ COURTHOUSE
☐ ELUDE
☐ FANTASTIC
☐ FITTING
☐ FOURTEEN
☐ GERANIUM
☐ HOMELAND
☐ IRREGULAR
☐ LAYETTE
☐ PROPELLER
☐ RECORDER
☐ REMODEL
☐ SNOWBALL
☐ SPECIAL
☐ SPREE
☐ TESTER
☐ TIEBACK
☐ TIMESAVER
☐ UNTIDY

```
T T L ○ ○ C ○ P S S K R P S R
B ○ R R ○ W R ○ T ○ ○ T N ○ ○
S W P T ○ ○ M ○ R V V ○ K N T
○ C H R M L ○ ○ ○ P W ○ ○ F S
N H N ○ ○ B ○ S ○ B S ○ S ○ ○
G ○ D G ○ P ○ G ○ N T Y ○ T T
○ ○ D C S M ○ L ○ R ○ C T T N
L K K M ○ F L L ○ R ○ R T ○ ○
○ B S T G W ○ C L T R B ○ N M
C ○ ○ R T H ○ ○ S ○ M ○ Y G ○
○ N S W ○ R N ○ R M R D ○ B D
V ○ Y D D T T S S T N B L P N
G S ○ ○ ○ N D N ○ L ○ M ○ H ○
N L R D A D V O C A T E L F C
○ S Y F F N M G B ○ R ○ N ○ T
```

201 WORD SEEK 201

Instructions for solving Word Seeks are given on page 5.

Solution on page 513

- ☐ AWKWARD
- ☐ BOOKLOVER
- ☐ BRANDED
- ☐ BUSTLE
- ☐ CONSENT
- ☐ DRIVEWAY
- ☐ ENROLL
- ☐ ESSENTIAL
- ☐ EXAGGERATE
- ☐ FREQUENT
- ☐ GRAVITATE
- ☐ HALFTIME
- ☐ HISTORY
- ☐ INTERFERE
- ☐ MATRIMONY
- ☐ MEMENTO
- ☐ MISMANAGE
- ☐ MONEYBAG
- ☐ NOBLEMEN
- ☐ NOMINATE
- ☐ OFFICE
- ☐ PLENTY
- ☐ REVEAL
- ☐ SIDEWALK
- ☐ SMELT
- ☐ SPECK
- ☐ STOLE
- ☐ THINKER
- ☐ VALVE
- ☐ WARNING

```
R V E I W A R N I N G N D W T
O F F I C E E N Y T N E L P N
S P E C K M T T N O B U Y O E
N N M N E E N E O L R T M G U
V M I L R E M X M T A I O H Q
B H B F S I L A I T N E S S E
T O E N T N E G R A D E H I R
N R O F A N T G T M E L M D F
E C L K R Y A E A O D O Q E S
E A E O L R T R M N R T E W M
H V L N E O I A M E A S L A E
E L L V B T V T R Y W M T L L
U H E A L S A E L B K W S K T
Y A W E V I R D R A W F U I I
L Y K Q U H G L W G A P B N M
```

202 WORD SEEK 202

Instructions for solving Word Seeks are given on page 5.

Solution on page 513

- ☐ ABSENT
- ☐ ADORN
- ☐ ANTARCTIC
- ☐ AWESOME
- ☐ BAFFLER
- ☐ BEANSTALK
- ☐ BLOCKING
- ☐ CARDBOARD
- ☐ DISAPPOINT
- ☐ ENCLOSURE
- ☐ FAIRWAY
- ☐ GRIDIRON
- ☐ HITCH
- ☐ IMPERFECT
- ☐ INMOST
- ☐ ISOLATE
- ☐ LEAPT
- ☐ MENTAL
- ☐ MOTORCADE
- ☐ NATIONAL
- ☐ NOONTIME
- ☐ OINTMENT
- ☐ PERHAPS
- ☐ RAINBOW
- ☐ RECOUP
- ☐ SIRLOIN
- ☐ SNOOTY
- ☐ SPACEMAN
- ☐ SWIMSUIT
- ☐ TIPTOE

```
A D T T G G S W I M S U I T C
B F I F S L N R H S E N E D R
S S P S L O E I P I Y N R W A
E M T P A L M A K Y T A T D W
N L O R F P C N I C O C O A E
T C E F R E P M I B O R H T L
T H A A M C E O D E N L A G Y
N B K A P I L R I A S L B R B
E B N T N T A K U N O S W I A
M O T O R C A D E S T I P D W
T S P A H R E P I T O R U I E
N A N L F A I R W A Y L O R S
I N O O N T I M E L L O C O O
O A W O B N I A R K F I E N M
B F I S L A N O I T A N R I E
```

203 CROSS PAIRS 203

Hidden in the diagram below are pairs of words that cross at their common middle letter. Some are pairs of 5-letter words and some are pairs of 7-letter words. We have looped one pair for you.

Word list on page 561 *Solution on page 514*

A BUZZ
P LUMP

A ______
V ______

B ______
B ______

C ______
M ______

C ______
E ______

C ______
T ______

E ______
S ______

E ______
T ______

F ______
P ______

F ______
S ______

G ______
S ______

H ______
S ______

H ______
S ______

I ______
P ______

O ______
P ______

O ______
S ______

P ______
P ______

S ______
S ______

T ______
W ______

E	I	U	I	E	X	S	C	S	N	F	R	A	C	S
Q	X	Z	M	D	Y	W	B	O	L	T	I	G	P	B
T	Y	E	P	C	S	R	H	L	N	D	I	L	A	V
P	H	A	R	F	O	L	E	I	U	S	I	O	L	C
T	R	E	A	T	V	P	A	M	N	T	X	W	H	Y
E	S	U	S	D	S	T	H	R	E	E	H	S	M	C
T	L	Q	N	E	C	A	N	L	C	A	Z	X	H	O
T	S	I	N	E	V	A	I	R	U	L	L	I	P	R
B	M	C	F	O	R	E	I	N	E	F	L	T	A	L
S	W	R	C	O	F	G	N	T	L	L	I	L	U	M
Z	E	E	R	P	R	H	Q	Y	E	C	G	T	G	P
P	Z	D	L	P	O	P	U	L	A	R	H	N	I	Y
T	E	U	A	B	V	C	I	L	U	Y	A	U	U	P
R	M	T	B	N	A	M	R	B	G	S	Q	H	R	B
P	C	Y	F	A	Y	S	E	S	H	E	G	I	S	N

204 CROSS PAIRS 204

Instructions for solving Cross Pairs are given on page 208.

Word list on page 561 *Solution on page 514*

B ERTH ______
S PRAY ______

B ______
T ______

B ______
D ______

C ______
D ______

C ______
D ______

C ______
S ______

C ______
S ______

C ______
P ______

D ______
R ______

D ______
T ______

E ______
R ______

H ______
P ______

H ______
W ______

H ______
R ______

L ______
S ______

L ______
N ______

O ______
S ______

R ______
T ______

U ______
W ______

R L H C S N T F L P H A V I E
S T I G A A A Q L O S A O S B
Q P D V U C O N I O N P R E G
P C E Q E A H P P V I O R E L
A L S D Y R L E S E W T D A M
L P L P I Q R D N F H W C N Y
N P P C Y F Y N I P Y E V A E
H A U O U T N U A D D G T U C
H C R M P T U O H T I W G R N
T N E M G E S B C A H O V O N
B O G E Y S K R N E R S D A D
D I I N O C T I U R C E R O N
E S T D U Y T S E T F E W A U
K Y P T A L V K E N R R E O H
G Y S H Y W C Y N E Y Y C K T

205 WORD SEEK 205

Instructions for solving Word Seeks are given on page 5.

Solution on page 514

☐ BACKWARD
☐ BORSCHT
☐ BUBBLEGUM
☐ CAPTIVITY
☐ CHICKEN
☐ DAYLILY
☐ DEBATE
☐ DESIRABLE
☐ DISTRACT
☐ EITHER
☐ ENCHILADA
☐ GLANCE
☐ HAIRDO
☐ ILLUMINATE
☐ INHERIT
☐ INSOMNIA
☐ LENGTHEN
☐ LONESOME
☐ LOOSE
☐ MARATHON
☐ MERELY
☐ PETAL
☐ PLUNGER
☐ POTHOLDER
☐ PRETENSE
☐ SHOE-MAKER
☐ STIRRUP
☐ SWALLOW
☐ TATTLE
☐ TOTEM

```
O D H Y M U G E L B B U B H D
N D T I R E H N I L O O S E L
G A R B O R S C H T H A B Y O
M Y E I U I B H E C N A L G N
R L G W A T L I O W T E Y E E
E I P O T H O L D E R A H T S
G L R L S Y V A U E M T H A O
N Y B L U T N D M M G A M K M
U N C A C I I A A N I I K N E
L E H W R V P R E T E N S E L
P L I S E I A L R R T M A I R
E T C A R T S I D U H O U T N
T T K H H P M E B W P S T H E
A A E O V A A B D G S N N E W
L T N B A C K W A R D I G R M
```

206 WORD SEEK 206

Instructions for solving Word Seeks are given on page 5.
Solution on page 514

- ☐ ADMIRABLE
- ☐ AMBUSH
- ☐ BEDSIDE
- ☐ BORDER
- ☐ CAPTURE
- ☐ COUNSELOR
- ☐ CRUDE
- ☐ DEFECTIVE
- ☐ EDGEWISE
- ☐ ENEMY
- ☐ EXECUTE
- ☐ EXPLOSIVE
- ☐ FINDING
- ☐ FOREIGNER
- ☐ GRAFFITI
- ☐ HANDMADE
- ☐ HEARSAY
- ☐ IMPOLITE
- ☐ KERNEL
- ☐ KNOCKOUT
- ☐ LEARN
- ☐ LUCRATIVE
- ☐ RAPPER
- ☐ REBUKE
- ☐ SAILBOAT
- ☐ SCRAMBLE
- ☐ SEMIANNUAL
- ☐ STANZA
- ☐ TWISTER

```
A H K E R N E L B A R I M D A
E C S A M D R S R E P P A R Y
D O D V U E C E T L D M K M A
G U N R B R N I E A K S E Z S
E N C U A G L A E U N N I C R
W S K M I O R X I N E Z M D A
I E B E P N P H A N D M A D E
S L R M V L U C R A T I V E H
E O I F O I E S A I L B O A T
F R O S I T T D A M B U S H W
P I I V U N G C R E D R O B I
Y V X C S Y D Y E S X N B M S
E C E T P I T I F F A R G S T
T X T U O K C O N K E U B A E
E R U T P A C T C G V D H L R
```

207 BOXES 207

All the words in the list are found in the diagram in an unusual way. Each word reads clockwise or counterclockwise around the edges of a box (sometimes a square and sometimes a rectangle). *Solution on page 514*

- ☑ ABUNDANT
- ☐ APPEAR
- ☐ ASTERISK
- ☐ BABOON
- ☐ BAREST
- ☐ BETRAY
- ☐ BROWSING
- ☐ CHAMPION
- ☐ COLLAR
- ☐ CREAMIER
- ☐ DARKEN
- ☐ DAYBED
- ☐ DRENCH
- ☐ FONDUE
- ☐ GARGLE
- ☐ GEOMETRY
- ☐ GLASSFUL
- ☐ HAIRLESS
- ☐ HOMEMADE
- ☐ INDUCE
- ☐ JOURNALIST
- ☐ KETTLE-DRUM
- ☐ LAWFUL
- ☐ LEMONADE
- ☐ MEADOW-LAND
- ☐ NARROWER
- ☐ PERISH
- ☐ PROVINCE
- ☐ SEAFARER
- ☐ SENTINEL
- ☐ SHIPPING
- ☐ SPITEFUL
- ☐ TUNDRA
- ☐ UMPIRE
- ☐ VOTING

```
U B N E N E K L P P J M P M U
R A O L D A R G L R I A I R E
E B O N C R A G E S S H O N G
S T E C O L L W F O N C N I V
A R B J A R D C E U D S C T O
E A Y R T U N U I T D R E P R
P P G D E L E D N U B A R T N
O H E O M O N A N T A F S I E
M R D H H D R R S H D A E N S
E M A V C N E R I P O H M E L
L U F S B Y W O R E W C D D T
G L A S A K S C B I L A N R T
E D D T E R I N G S T J O U E
B Y A W F E T I L H R E I M K
O G L L U L S P P I C R E A K
```

208 BOXES 208

Instructions for solving Boxes are given on page 212.

Solution on page 514

- ☑ ANYPLACE
- ☐ ARCHER
- ☐ AUBURN
- ☐ BEWILDER
- ☐ BILLFOLD
- ☐ CATTLE
- ☐ CEMENT
- ☐ COLLAPSE
- ☐ CONVERSE
- ☐ DEEJAY
- ☐ DEFINITE
- ☐ DINOSAUR
- ☐ DISCREET
- ☐ ENDANGER
- ☐ ERRING
- ☐ FLAMINGO
- ☐ HANDED
- ☐ HATTER
- ☐ IODINE
- ☐ JAILER
- ☐ JANGLE
- ☐ JUVENILE
- ☐ LITANY
- ☐ MECHANIC
- ☐ MUSTACHE
- ☐ REPEAT
- ☐ SENTENCE
- ☐ SHRINK
- ☐ STARER
- ☐ STATIONERY
- ☐ STICKPIN
- ☐ THRONE
- ☐ TIMEKEEPER
- ☐ TRILLION
- ☐ ZINNIA

```
A R E U L A M I C M E S R T A
R C H T F O G N A H C V E P E
G O R E U S C B D L O N V A I
I A O N I I O I L L F H P Z N
L J E K R E N T R I N A T I N
E R C S H M E C R E G N Y L D
E T D I F E D G E N D A P A H
A S O N I T E H C A S E L T R
U R D I R S M U S T I C A T E
B N A J E T D E N I P K E M I
U A Y E R A P S T R N E B S T
A H D E Z L S E E Y R E P E R
N D E N I L O C N S E N I D B
N B V U J E L G D T I O D L E
W O H U G J A N F A T I J I W
```

209 MISSING VOWELS 209

Before you can loop the words in the list below, you must first fill in the circles in the diagram with the missing vowels A, E, I, O, and U. We have filled in one word for you.

Solution on page 515

- [x] BEHALF
- [ ] BRAVE
- [ ] BRIDLE
- [ ] BUNION
- [ ] CLAIM
- [ ] DAFFODIL
- [ ] EXCURSION
- [ ] FUNCTION
- [ ] GASLIT
- [ ] GREASE
- [ ] HAUNTING
- [ ] HESITANT
- [ ] HORIZONTAL
- [ ] MANTIS
- [ ] MINNOW
- [ ] MULTIPLY
- [ ] NATIVITY
- [ ] ONSLAUGHT
- [ ] OUTLINE
- [ ] QUALITY
- [ ] RAMPAGE
- [ ] RAVEN
- [ ] REPLENISH
- [ ] SENSITIVE
- [ ] SIMMERING
- [ ] SUMMARIZE
- [ ] SURGEON
- [ ] TEXTILE
- [ ] THIRTEEN
- [ ] TREASON

```
B R ○ D L ○ ○ ○ R S V M W R G
G ○ H M L S ○ ○ Q Q ○ ○ ○ N N
N M N P ○ T P V F L Z Q N R ○
○ P M ○ L L G ○ T ○ L Y N V V
T ○ R ○ ○ G N ○ R ○ M M ○ S ○
N G N N ○ C P ○ L N L T M G R
○ ○ ○ R T L M D ○ ○ ○ Y ○ P B
○ S X ○ Y M C T T S V T N T E
H T ○ C ○ B H T N ○ T ○ S ○ H
M N R S ○ ○ F ○ ○ ○ M L L X A
L T M N R R S R Z R ○ ○ ○ T L
M Q ○ T G ○ S L ○ T N ○ ○ ○ F
N ○ ○ G R ○ S ○ R S T Q G L R
N ○ W S D ○ F F ○ D ○ L H ○ T
N ○ T ○ V ○ T Y H N S Y T Z H
```

210 MISSING VOWELS 210

Instructions for solving Missing Vowels are given on page 214.

Solution on page 515

☑ AFTERNOON
☐ ANDROID
☐ BACKSPACE
☐ BAROMETER
☐ CANTER
☐ COMFORTER
☐ DEFINE
☐ DEVALUE
☐ DOORBELL
☐ EASTWARD
☐ EXHAUST
☐ HOSTESS
☐ LINEN
☐ LOCALLY
☐ NARRATIVE
☐ OCCUPY

☐ PATERNAL
☐ PINEAPPLE
☐ PORRIDGE
☐ PROMINENCE
☐ PULLING
☐ REVOLVER

☐ ROBOT
☐ SEAFOOD
☐ SHEPHERD
☐ SHOULD
☐ THOUSAND
☐ WRITTEN

B	S	K	W	W	R	○	T	T	○	N	○	F	○	D
N	○	H	○	S	T	○	S	S	Y	P	○	C	C	○
○	M	R	○	V	○	L	V	○	R	D	G	G	P	○
N	L	F	○	P	R	○	M	○	N	○	N	C	○	F
○	K	P	A	M	H	H	S	W	T	V	P	L	H	○
L	H	○	P	F	○	○	Y	L	L	○	C	○	L	○
D	L	T	○	○	T	T	R	B	C	L	R	T	S	S
○	R	○	C	S	○	E	○	D	○	○	L	R	○	T
○	○	R	○	H	N	N	R	R	M	○	H	G	○	G
R	T	N	P	○	B	B	○	N	F	D	D	H	S	N
D	N	○	S	○	○	H	T	P	O	○	F	R	T	○
N	○	L	K	L	L	L	○	B	R	O	○	D	W	L
○	C	H	C	D	W	K	T	R	T	X	N	L	○	L
T	S	○	○	H	X	○	○	Y	○	R	P	V	R	○
Y	R	○	B	○	T	P	Y	D	R	V	R	F	D	P

211 WORD SEEK 211

Instructions for solving Word Seeks are given on page 5.

Solution on page 515

☐ ATTENDANT
☐ BAGEL
☐ BENCH
☐ BROUGHT
☐ BUSHEL
☐ CHAOS
☐ COMMERCE
☐ EARLOBE
☐ HAMBURGER
☐ HEADLINER
☐ IRKSOME
☐ KILOGRAM
☐ LEAGUE
☐ LEVITATE
☐ MUDDLE
☐ OBSOLETE
☐ OWNERSHIP
☐ PERFORM
☐ PRIMARY
☐ RACEHORSE
☐ REPTILE
☐ SANGRIA
☐ SCRUTINIZE
☐ SEABOARD
☐ SENTRY
☐ SLOPPY
☐ SPRINT
☐ STILETTO
☐ TEPID
☐ TODDLER
☐ TREASURER
☐ TRIVIA

A B L S B I T O D D L E R O R
R R E N M S P R I N T D B O A
E O A Z Y R A M I R P S A H C
G U G C I O M A R G O L I K E
R G U H B N W S K L V E R Y H
U H E A D L I N E R E G G G O
B T E O O A T T E N D A N T R
M S M S K T E Y U R T B A N S
A I V I R T T C F R S R S S E
H R E R U S A E R T C H Y L B
C K I R E P T I L E R S I O O
N S L E E L I E H I M Y F P L
E O N D C V V O P O T M R P R
B M R O F R E P E I R S O Y A
L E H S U B L M U D D L E C E

212 WORD SEEK 212

Instructions for solving Word Seeks are given on page 5.

Solution on page 515

☐ ACQUAINT
☐ ADVENTURE
☐ BAILIFF
☐ BREATHLESS
☐ CASHMERE
☐ COPYCAT
☐ CRITERIA
☐ DEPOSITOR
☐ DISPENSE
☐ EAGER
☐ ENORMOUS
☐ ICING
☐ IMPOUND
☐ JOYOUS
☐ MICROWAVE
☐ OVERLAP
☐ PLEASURE
☐ RECKLESS
☐ REFLECT
☐ SCALPEL
☐ SELECTION
☐ SLURP
☐ STOCKPILE
☐ STRODE
☐ SURFING
☐ TODDY
☐ WETTER
☐ WINDSTORM

```
T C E L F E R E M H S A C B M
A I I D A E R U S A E L P I R
I L L I A C Q U A I N T C M O
J M J S S E L H T A E R B F T
V C O P Y C A T D N O L T F S
S E L E C T I O N W E O O I D
I C I N G D G C A E D V D L N
M S S S G E H V R L D Y D I I
L D U E L P E I E I U O Y A W
E N O R M O U S C P T V R B M
P U Y E F S I P K K D E M T R
L O O T D I S P L C W R R E S
A P J T E T N L E O F L G I I
C M V E G O I G S T M A U C A
S I N W P R U L S S E P F W O
```

213 PLACES, PLEASE 213

Fill the diagram with all the words in the word list. The words from each group start on their matching number, and they will read in all directions—forward, backward, up, down, and diagonally. Words from different numbers sometimes overlap; therefore, some letters will be used more than once. We have started the puzzle for you. When the puzzle is completed, all the squares will be filled.

Solution on page 515

1. OGRE
OUGHT
OUTSPOKEN

2. DEEDS
DIGGER
DIRIGIBLE
DISDAIN
DOWNSIDE

3. GAB ✓
GAP ✓
GEL ✓
GESSO ✓

4. PAIN
PEARL
PHI
PLEA
PLUS

5. ADZ
ANI
ANTI-DOTE
ASININE
AWE

6. MEASURE
MIDDAY
MILE
MINX

7. WAN
WRIT

8. SAID
SIC
SKUA

9. CERTAINTY
CONCERT
CUSHION
CUTOFF

10. KID
KIN

11. UKE
UMP
UNDO

12. JAUNT
JIBE
JUBILANT
JUDO
JUICE
JULEP
JUMP
JURY

13. FEN
FERRY
FOG

14. TOO
TREK
TYRO

15. YEN
YET

16. EDGER
EGG-PLANT
EGO
EON

				P				1				
			A				2					
		3 G	E	S	S	O						
4	E	A										
L		B							5			
						6				7		
			8									9
			10									
		11		12								
								13				
											14	
15				16								

214 PLACES, PLEASE 214

Instructions for solving Places, Please are given on page 218.

Solution on page 515

1. AIDE
   ALL
   AXON

2. KATYDID
   KNEEL

3. VENERABLE
   VOLLEYBALL
   VULNERABLE

4. SELL
   SHEA
   SIREN
   SLY

5. FELONY
   FILE
   FLAX
   FLEW
   FLIGHTY
   FRACTION

6. BAR
   BAY
   BILE
   BRA

7. LAIC
   LANYARD
   LINGER
   LOBO
   LUTE

8. HANG
   HIE
   HOD

9. NEON
   NETTLE
   NONE
   NOVA

10. RHO
    RIATA
    ROE

11. ODD
    OIL
    OKAY
    ONLY
    OPTIONAL
    ORNA-MENTAL
    OVERSELL

12. EARTH-MOVER
    ECCEN-TRIC
    ENTHU-SIASM

13. CANT
    CHI

14. DEMOLI-TION ✓
    DIAL ✓
    DILL ✓

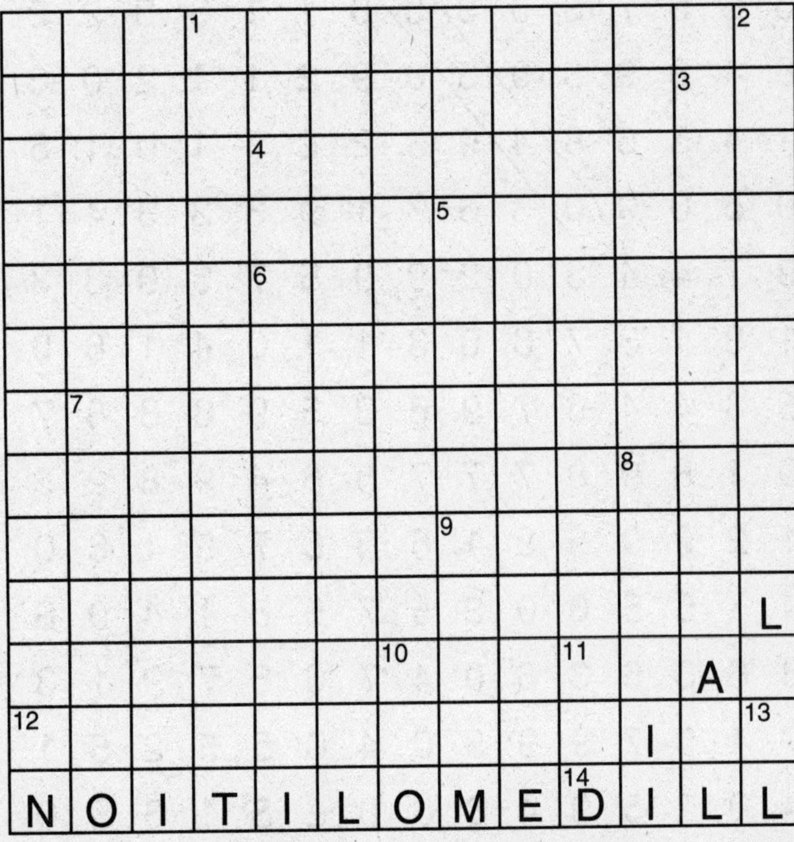

215 NUMBER SEEK 215

Solve this puzzle by seeking numbers instead of letters.

Solution on page 516

- [x] 05540
- [ ] 06568
- [ ] 11043
- [ ] 15914
- [ ] 18987
- [ ] 19599
- [ ] 19919
- [ ] 23693
- [ ] 26025
- [ ] 26613
- [ ] 29303
- [ ] 32030
- [ ] 33238
- [ ] 34685
- [ ] 35579
- [ ] 38955
- [ ] 39505
- [ ] 41405
- [ ] 43671
- [ ] 48760
- [ ] 48934
- [ ] 50886
- [ ] 52786
- [ ] 57465
- [ ] 61868
- [ ] 65509
- [ ] 65574
- [ ] 66573
- [ ] 70635
- [ ] 71016
- [ ] 72188
- [ ] 74824
- [ ] 76777
- [ ] 79694
- [ ] 87544
- [ ] 89465
- [ ] 90261
- [ ] 92191
- [ ] 98858
- [ ] 99573

2 8 2 1 5 0 5 9 3 9 7 3 1 2 1
8 5 2 0 6 2 9 9 0 2 6 1 9 4 6
6 6 5 7 3 5 3 5 3 1 1 3 3 2 2
8 4 8 9 3 9 5 6 9 2 1 1 2 0 6
1 4 5 6 8 4 9 3 2 2 7 1 0 1 6
6 5 0 9 0 3 6 7 1 9 3 3 3 4 1
9 7 4 4 3 0 2 9 9 5 7 3 0 3 3
1 8 1 3 7 6 0 3 1 1 0 4 1 6 9
5 8 4 4 6 7 9 6 3 5 9 8 8 8 7
9 1 8 9 8 7 7 7 5 6 4 9 8 2 5
1 2 9 9 5 9 1 6 5 6 7 5 1 6 0
4 7 5 5 6 0 3 5 7 5 8 1 4 0 6
8 6 3 6 3 6 0 4 7 6 8 7 9 1 3
7 4 0 7 9 9 3 0 4 0 5 5 2 5 1
4 0 2 5 9 4 8 3 0 2 8 1 6 5 0

216 NUMBER SEEK 216

Solve this puzzle by seeking numbers instead of letters.

Solution on page 516

- ☑ 01367
- ☐ 14472
- ☐ 16634
- ☐ 19752
- ☐ 19787
- ☐ 24125
- ☐ 24393
- ☐ 24990
- ☐ 26457
- ☐ 29357
- ☐ 29576
- ☐ 33442
- ☐ 35262
- ☐ 36777
- ☐ 45623
- ☐ 45678
- ☐ 47863
- ☐ 48836
- ☐ 48872
- ☐ 53402
- ☐ 54362
- ☐ 55969
- ☐ 59903
- ☐ 60844
- ☐ 61642
- ☐ 63216
- ☐ 63935
- ☐ 65132
- ☐ 65235
- ☐ 68465
- ☐ 69956
- ☐ 70479
- ☐ 75227
- ☐ 79999
- ☐ 81525
- ☐ 83243
- ☐ 84598
- ☐ 87970
- ☐ 88584
- ☐ 95809

5	3	5	0	7	8	8	4	7	4	4	8	1	5	2
3	2	1	5	7	2	1	6	5	0	3	7	1	2	0
4	4	4	9	3	1	5	6	5	0	9	6	9	5	5
0	6	1	9	7	2	2	4	1	2	5	5	7	1	4
2	1	5	6	9	3	5	8	3	9	7	4	8	0	5
9	6	3	9	1	0	8	6	9	6	9	3	7	0	5
3	1	8	5	9	7	8	0	3	1	2	9	3	8	9
0	2	6	4	1	6	3	8	8	7	7	6	9	1	9
9	3	3	6	5	4	4	4	7	3	8	4	3	7	8
7	6	2	8	3	9	7	4	0	2	8	6	4	3	8
3	8	1	0	8	4	8	5	8	8	4	0	2	0	2
7	0	9	3	5	2	6	2	3	2	7	4	4	1	1
4	5	7	7	7	6	3	6	3	9	3	5	3	2	2
7	2	6	2	9	2	1	9	7	5	2	2	7	3	7
2	6	7	9	5	6	4	8	6	6	5	9	8	5	5

217 WORD SEEK 217

Instructions for solving Word Seeks are given on page 5.

Solution on page 516

- ☐ AFFLUENT
- ☐ AWHIRL
- ☐ CONCERTO
- ☐ COVENANT
- ☐ CUNNING
- ☐ DUFFEL
- ☐ ELECTORAL
- ☐ EVIDENCE
- ☐ EXPRESSION
- ☐ HOARD
- ☐ INKLING
- ☐ INTERNAL
- ☐ NOVELTY
- ☐ ORANGUTAN
- ☐ PHASE
- ☐ PSALM
- ☐ READING
- ☐ REPAIRMAN
- ☐ SADDEN
- ☐ SAUCER
- ☐ SEACOAST
- ☐ SPINAL
- ☐ STONEWASH
- ☐ STREW
- ☐ TAILGATE
- ☐ TIGHTROPE
- ☐ TROUBLE
- ☐ WAREHOUSE

```
Y T L E V O N T F S A D D E N
E N N O T C N N L T P S A L M
V U A N D A W E W O W I N G F
I L E T N T G U G N I N N U C
D H L E U I A L E E N I O A S
E S V P L G S F I W D U T T L
N O E H L H N F L A L R R R E
C D L A L T V A E S T E E S L
E R U S C R R R R H W P C A B
W A R E H O U S E O A X N U U
Y O K C T P A H U I R R O C O
Y H K C X E N S R I E V C E R
C L E F F U D M T T V O V R T
N L R I H W A I N K L I N G N
E Y I L I N O I S S E R P X E
```

218 WORD SEEK 218

Instructions for solving Word Seeks are given on page 5.

Solution on page 516

☐ ABSENCE
☐ ALUMNI
☐ ATTRACT
☐ CARTOON
☐ CHORUS
☐ CIDER
☐ COMMUNITY
☐ CONGRESS
☐ COOKBOOK
☐ DEMOTION
☐ DUMPLING
☐ EMBOSS
☐ EXCELLENT
☐ FRAGILE
☐ HOMESTEAD
☐ IMPRINT

☐ MINSTREL
☐ NOTATION
☐ POSSESSION
☐ PRAIRIE
☐ RESULTING
☐ SEEDLESS

☐ SPRAWLING
☐ TANGERINE
☐ TOLERATE
☐ TUGBOAT
☐ TUMBLE
☐ WATCH

```
B G I C A R T O O N G R K A C
D T D A E T S E M O H M O L O
S C I D E R S M P I C F O U N
S A P K F X P S U S T R B M G
O R P R A I R I E S A A K N R
B T O L E R A T E E W G O I E
M T D Y G S W S E S D I O X S
E A U D K N L N F S T L C F S
C O M M U N I T Y O U E E E E
N B P R N R N T M P L R L S R
E G L I E W G E L L A B O X S
S U I G M U D H E U M T U H K
B T N U D I M N S U S D A W C
A A G N O I T A T O N E B E N
T F T N I R P M I N S T R E L
```

219 LETTERBOXES 219

Can you find the correct places for the words in the word list? The starting letters for all the words are given in the circles. Letters may be used as parts of other words because of overlapping or crossing. The words read in a straight line and in all directions—forward, backward, up, down, and diagonally. Do not pass over a black square as you are solving. When the puzzle is completely solved, there will be a letter in every space. We have filled in one word to start you off.

Solution on page 516

- ☑ ACCURATE
- ☐ AWOKE
- ☐ BARNACLE
- ☐ BENEFIT
- ☐ CEDER
- ☐ CHISEL
- ☐ CLAMORING
- ☐ DELICACY
- ☐ EMERGENCY
- ☐ FASCINATE
- ☐ GENTEEL
- ☐ GUARANTEE
- ☐ HUNTING
- ☐ LAMPPOST
- ☐ LOTTERY
- ☐ MARKDOWN
- ☐ MUSLIN
- ☐ PARALEGAL
- ☐ PEOPLE
- ☐ PIGEON
- ☐ PREDICTION
- ☐ RENEGADE
- ☐ RIGIDITY
- ☐ SAINT
- ☐ SORCERER
- ☐ SPECTACLE
- ☐ SWOLLEN
- ☐ TOMCAT

■				S		M	L	E					G
R		P	■	■					■	■	■	B	C
			■	■					■				
			■				C		■				
						L			P				
													R
	S												
					T								
F				■						S	D		
			■	■				G			■		
B	A							■			■		
	A	C	C	U	R	A	T	E			■	C	
					P	M							H

220 LETTERBOXES 220

Instructions for solving Letterboxes are given on page 224.

Solution on page 516

- ☑ ABRASIVE
- ☐ ANCHORMEN
- ☐ ANKLE
- ☐ BEGONIA
- ☐ BOOMERANG
- ☐ CAPTIVATE
- ☐ DAREDEVIL
- ☐ DOWNPOUR
- ☐ DUSTY
- ☐ FILLET
- ☐ FLAVOR
- ☐ GALOSHES
- ☐ GLOSSY
- ☐ ILLUSION
- ☐ LABORATORY
- ☐ MINIBUS
- ☐ MIXTURE
- ☐ PLIERS
- ☐ PRONOUN
- ☐ REGISTER
- ☐ RELENT
- ☐ RESERVE
- ☐ SCARECROW
- ☐ SIMILAR
- ☐ STARLIT
- ☐ STRONGMAN
- ☐ TEENAGER
- ☐ TRICYCLE

G							S		S		P	F	B
	F	■	■	A									
		■							■				
								L					
						■							
R				R	■	■							A
										M			B
A		D			■								R
	■	■	■			■							A
	■	D											S
	■	■			■		T		S				I
	P								■			D	V
S	G	■	T					C			I	■	E

221 PATCHWORDS 221

It's a crazy quilt and a Word Seek combined! Each of the words in the list can be found in a continuous line in an irregularly shaped patch in the diagram. Move from letter to letter vertically or horizontally, but not diagonally. Each letter in the diagram will be used once; the patches do not overlap. We have located one word to start you off. *Solution on page 517*

- ☑ AFLUTTER
- ☐ AGAPE
- ☐ AMBLE
- ☐ BALING
- ☐ BEREFT
- ☐ BOARDROOM
- ☐ BROW
- ☐ BURST
- ☐ CHICKPEA
- ☐ CLOG
- ☐ EERIE
- ☐ EGRESS
- ☐ FASTER
- ☐ GAIETY
- ☐ INTROVERT
- ☐ LEGISLATION
- ☐ LOAMY
- ☐ MERRILY
- ☐ NACRE
- ☐ NOCTURNAL
- ☐ PANT
- ☐ PRESERVATIVE
- ☐ PUFF
- ☐ QUARTO
- ☐ REWARD
- ☐ SEPIA
- ☐ SEVENTY
- ☐ SHUT
- ☐ SMIDGE
- ☐ SPIRAL
- ☐ STARFISH
- ☐ STEEL
- ☐ THOU
- ☐ TRUISM
- ☐ VINTAGE
- ☐ WORSEN

N	O	C	T	R	A	G	T	N	B	U	T	F	F	U
E	N	R	U	E	I	R	G	A	P	R	S	R	B	P
P	A	L	T	T	E	E	O	L	C	L	W	O	I	M
A	G	L	U	Y	T	W	A	S	P	A	E	G	D	S
E	A	F	A	A	T	I	R	D	I	R	E	R	E	B
G	R	S	R	V	E	V	Y	L	I	R	F	T	L	S
S	E	S	E	E	E	R	N	M	E	R	I	T	A	I
T	A	P	S	U	E	I	A	C	R	M	O	N	E	G
F	R	R	E	O	I	N	U	A	E	S	R	T	L	A
I	S	G	T	H	R	T	Q	R	T	I	U	W	O	E
B	H	N	R	E	O	V	E	L	O	Y	E	S	R	P
A	L	I	A	T	F	T	R	O	A	M	N	C	H	K
A	T	B	M	S	A	O	B	S	T	U	P	I	I	C
G	N	L	E	O	R	A	Y	E	V	H	E	A	E	T
E	I	V	M	O	D	R	T	N	E	S	S	L	E	S

222 PATCHWORDS 222

Instructions for solving Patchwords are given on page 226.

Solution on page 517

☑ AARDVARK
☐ AIRIER
☐ BECOME
☐ BRASH
☐ CENSUS
☐ CLOSEST
☐ CORROBORATE
☐ EATS
☐ ENTIRETY
☐ EPOS
☐ EQUIPPING
☐ FANCIFUL
☐ FENDER
☐ GAME
☐ IMPISH
☐ NOMAD
☐ PARLEY
☐ PHARMACIST
☐ PLAINTIFF
☐ PROVERB
☐ QUOIT
☐ REARING
☐ ROMPER
☐ RUNDOWN
☐ SCAPEGOAT
☐ SKIMPY
☐ SLEEVE
☐ SPRUCE
☐ STRUT
☐ TETRA
☐ THEN
☐ THIGH
☐ VAST
☐ VESTRY
☐ WAIT
☐ WILCO

U	I	P	N	G	O	S	R	O	M	E	R	L	C	O
Q	E	P	I	E	P	A	E	C	E	I	W	I	A	V
O	B	C	H	T	G	R	B	E	H	R	I	T	S	C
R	O	O	I	G	A	I	N	G	S	A	A	S	O	L
A	R	R	E	H	M	E	H	S	B	R	T	E	S	T
T	E	T	C	U	R	R	S	I	P	M	U	R	S	U
R	T	E	T	S	P	E	L	V	E	I	T	T	S	S
A	E	R	H	E	N	D	E	E	R	A	S	C	E	N
O	V	B	O	W	N	N	E	F	K	V	I	P	U	L
R	P	Y	D	R	U	Q	A	A	R	D	C	H	F	I
S	T	R	N	U	O	L	P	M	P	Y	A	A	Y	C
E	V	P	A	T	I	A	R	O	E	E	M	R	P	N
A	E	E	C	W	F	I	T	I	R	L	K	I	M	A
T	T	G	S	A	F	N	N	R	Y	R	S	O	M	F
S	A	O	T	I	I	T	E	E	T	A	P	N	A	D

223 MISSING VOWELS 223

Before you can loop the words in the list below, you must first fill in the circles in the diagram with the missing vowels A, E, I, O, and U. We have filled in one word for you. *Solution on page 517*

- ☑ ABOARD
- ☐ AIRY
- ☐ ALIGHT
- ☐ ARIA
- ☐ BALLERINA
- ☐ BELOW
- ☐ BUILT
- ☐ CHEAT
- ☐ COLUMN
- ☐ DANGLE
- ☐ DEES
- ☐ DIARY
- ☐ DOSAGE
- ☐ EXPLORE
- ☐ FALCON
- ☐ FIREWOOD
- ☐ FREIGHTER
- ☐ FROSTING
- ☐ GOING
- ☐ GUSSET
- ☐ KILO
- ☐ LEGITIMATE
- ☐ MACKEREL
- ☐ MINCER
- ☐ NEEDFUL
- ☐ NICE
- ☐ PEDDLE
- ☐ PILFER
- ☐ POINTY
- ☐ PROSECUTE
- ☐ REMIT
- ☐ SPIEL
- ☐ SUB-FREEZING
- ☐ UNIFORM
- ☐ UPROAR
- ☐ WIPE

```
P D S G L D H ○ ○ G F M M T L
P R Z ○ R D S P N R L P H L G
R D ○ S ○ P N ○ C ○ ○ G N ○ N
W ○ D S ○ N T W G F ○ L R ○ ○
○ N ○ ○ ○ S Y ○ M L G L P B Z
L G L T ○ C T D ○ ○ R ○ Y X ○
○ L R R H ○ ○ L C P ○ D D L ○
B ○ F ○ M T ○ T K M ○ N C ○ R
A M ○ ○ T F ○ R ○ W ○ ○ D B F
B T T Y D H C M R ○ F ○ N ○ B
O ○ X ○ T ○ G G ○ B T ○ W D ○
A L ○ L L N ○ ○ L R C P ○ C S
R N ○ ○ ○ N ○ R ○ L L ○ B ○ W
D L M K ○ P R ○ ○ R R F ○ K Z
G N ○ ○ G D Y F P Y F D K F F
```

224 MISSING VOWELS 224

Instructions for solving Missing Vowels are given on page 228.

Solution on page 517

- ☑ ADMIT
- ☐ APPETIZER
- ☐ BELLHOP
- ☐ BURLAP
- ☐ CLINIC
- ☐ CONFIDANT
- ☐ COWER
- ☐ DODO
- ☐ DOWEL
- ☐ DRUMMER
- ☐ EVERY-WHERE
- ☐ FAZE
- ☐ FLOUR
- ☐ FOUL
- ☐ IDENTICAL
- ☐ INCLUDE
- ☐ LOGJAM
- ☐ NATURE
- ☐ NORTHERN
- ☐ OOZE
- ☐ ORIENT
- ☐ OVAL
- ☐ OVERRATE
- ☐ PERUSE
- ☐ PHOTOGRAPHY
- ☐ REBATE
- ☐ REED
- ☐ REVOKE
- ☐ SCORE
- ☐ SETTEE
- ☐ SOCIAL
- ☐ STOVETOP
- ☐ SUEDE
- ☐ SUNRISE
- ☐ USABLE
- ☐ VOICE

○	C	W	M	J	○	D	Y	P	○	R	○	F	W	G
○	M	D	S	○	V	R	P	○	T	○	V	○	T	S
Z	R	Y	C	R	○	○	J	H	○	○	○	○	Z	W
○	P	○	H	D	R	M	V	L	B	R	R	L	D	S
D	○	○	○	P	R	M	W	L	○	N	Y	○	B	G
V	○	○	P	N	○	○	N	○	R	○	W	○	C	S
○	S	D	B	P	T	R	D	B	C	○	H	B	○	S
R	○	V	○	K	○	○	G	○	L	W	○	N	L	L
○	Z	T	M	H	L	T	N	○	B	○	R	L	○	P
T	○	R	T	C	P	F	○	○	T	○	○	V	○	N
○	F	R	N	○	○	H	S	Z	S	○	○	N	C	D
N	○	○	R	D	S	N	M	○	○	○	H	B	○	F
N	S	○	○	A	D	M	I	T	W	R	B	P	S	M
P	S	N	M	○	J	G	○	L	R	○	○	L	F	W
○	T	L	○	D	○	N	T	○	C	○	L	Y	○	L

225 WORD SEEK 225

Instructions for solving Word Seeks are given on page 5.

Solution on page 517

- ☐ AFTERWARD
- ☐ AMEN
- ☐ BATHROBE
- ☐ BUSY
- ☐ CANNOT
- ☐ CARVE
- ☐ COLORIZE
- ☐ COSTLY
- ☐ DAYBREAK
- ☐ DROWSY
- ☐ ENVIRONMENT
- ☐ EROSION
- ☐ ERUPT
- ☐ FLOWER
- ☐ GETUP
- ☐ HATCH
- ☐ JAZZ
- ☐ KINDLY
- ☐ MILESTONE
- ☐ NOUN
- ☐ OUTLET
- ☐ PENTHOUSE
- ☐ PORK
- ☐ PROFIT
- ☐ QUIET
- ☐ REDCAP
- ☐ REPLACE
- ☐ ROTISSERIE
- ☐ RUGGED
- ☐ SCOTCH
- ☐ SCREECH
- ☐ SHREW
- ☐ SHUTOFF
- ☐ SLIP
- ☐ SURVEY
- ☐ SWUNG

```
E H S L Z D C T I F O R P T P
R T C I D R O W S Y U P G E Q
U O R E W O L F F F T M I U K
P N E H N U O N K A L R I L O
T N E M N O R I V N E E G Z S
S A C M J M I L E S T O N E A
V C H S A E Z E S H U T O F F
Y P O E W S E I B C O S T L Y
E A Z T R U T V D O G E T U P
V C Z W C O N K A E R B Y A D
R D A V R H S G I W G H U O R
U E J L C T K I A N E G T S L
S R H T P N U R O C D R U A Y
Z C A R V E D L O N R L H R B
J H O L R P R Z Z P U I Y S R
```

226 WORD SEEK 226

Instructions for solving Word Seeks are given on page 5.

Solution on page 517

- ☐ BEACON
- ☐ BLEST
- ☐ BREADING
- ☐ CASTER
- ☐ CHAFE
- ☐ CLAN
- ☐ CORNCOB
- ☐ CRACKER
- ☐ CURL
- ☐ DABBLE
- ☐ ENTOMB
- ☐ EXQUISITE
- ☐ FLIRT
- ☐ FOOLPROOF
- ☐ GAWK
- ☐ GOER
- ☐ GRIMACE
- ☐ LAYER
- ☐ LEASE
- ☐ MACHETE
- ☐ MATEY
- ☐ MERCY
- ☐ MYTH
- ☐ NEEDLE
- ☐ PERMISSION
- ☐ PRETTY
- ☐ RECEIVER
- ☐ REUPHOLSTER
- ☐ RUSSET
- ☐ STICKY
- ☐ STRADDLE
- ☐ THUMBTACK
- ☐ TIMBER
- ☐ VERBAL
- ☐ VIAL
- ☐ WEALTH

C C U A E F D L H W P H L X Y
W L V S C N O C A E B R T C C
E G A W K R P O R I U E F Y X
A E K N T R A M L C V T F K M
L A B R E V I C E P B S P C X
T I L T S S I R K T R L C I R
H E T I S I U Q X E E O E T P
U Y P I U T R I L F R H O S M
M U O B R E A D I N G P C F T
B N D B B C D G C D E U Q A Q
T Q H M Q A N O E A E E M Y M
A G I O R M B E F B S R D M A
C T M T A I S R A B T T D L T
K Q S N Q R F N H L A Y E R E
Y C R E M G R E C E I V E R Y

227 PLACES, PLEASE 227

Fill the diagram with all the words in the word list. The words from each group start on their matching number, and they will read in all directions—forward, backward, up, down, and diagonally. Words from different numbers sometimes overlap; therefore, some letters will be used more than once. We have started the puzzle for you. When the puzzle is completed, all the squares will be filled. *Solution on page 518*

1. CEE
CREAMER
CRY
CYNIC

2. ICKY
IMP

3. GALVANIZE
GHEE
GILT
GOVERNMENT
GROCERIES

4. HEADDRESS
HORRIBLE
HUNK
HYMN
HYPNOTIST

5. RAT
RENEGE
ROADRUNNER
RUE

6. PECK
PER

7. ABATE
AVIARY
AWRY

8. FACET ✓
FLU ✓
FOIL ✓
FURL ✓

9. LAB
LEAVEN
LEGIBLE
LITCHI
LOGIC
LOTTO
LUMBER

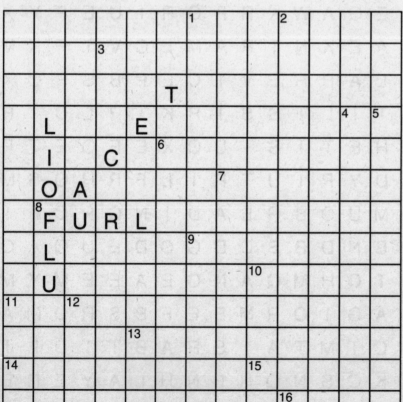

10. WAGON
WET
WIG
WIZ
WOK

11. TAME
TEETOTALER
TINSMITH
TREY
TUB

12. NEE
NIB

13. SCRAG
SET
SMUG
SOP
STY

14. MATE
MEET

15. OAT
OBOE
ORE
OVER

16. UNSTOP
URN

						1			2			
			3									
					T							
	L			E							4	5
	I		C		6							
	O	A					7					
	8 F	U	R	L								
	L					9						
	U							10				
11		12										
				13								
14								15				
									16			

228 PLACES, PLEASE 228

Instructions for solving Places, Please are given on page 232.

Solution on page 518

1. ICEMAN
INJECT
INSIGNIA
ITCHING

2. OAK ✓
ORATE ✓
OWN ✓

3. PALATABLE
PARTIALLY
PROTECTION

4. YAK
YEA
YON

5. MAR
MAY
MEN
MET
MYTHICAL

6. LACE
LIRA

7. EEL
EFT
ELEGANCE
ENDORSE
ERR
ETA
ETCH

8. SAGE
SALUTE
SAVANNA
SIDLE
SLAG

9. VENT
VERVE
VILLA
VIM
VINE

10. DOSS
DUN

11. HAVEN
HEFT
HEMLOCK
HIDEOUS
HORA
HUMANITY
HUNGRY
HYPE

12. ADE
ARROYO
ASTERN
AWL

13. RES
RIPE

14. FEE
FERAL
FIFE
FIN

15. BEAUTIFY
BIO
BOA
BROOK

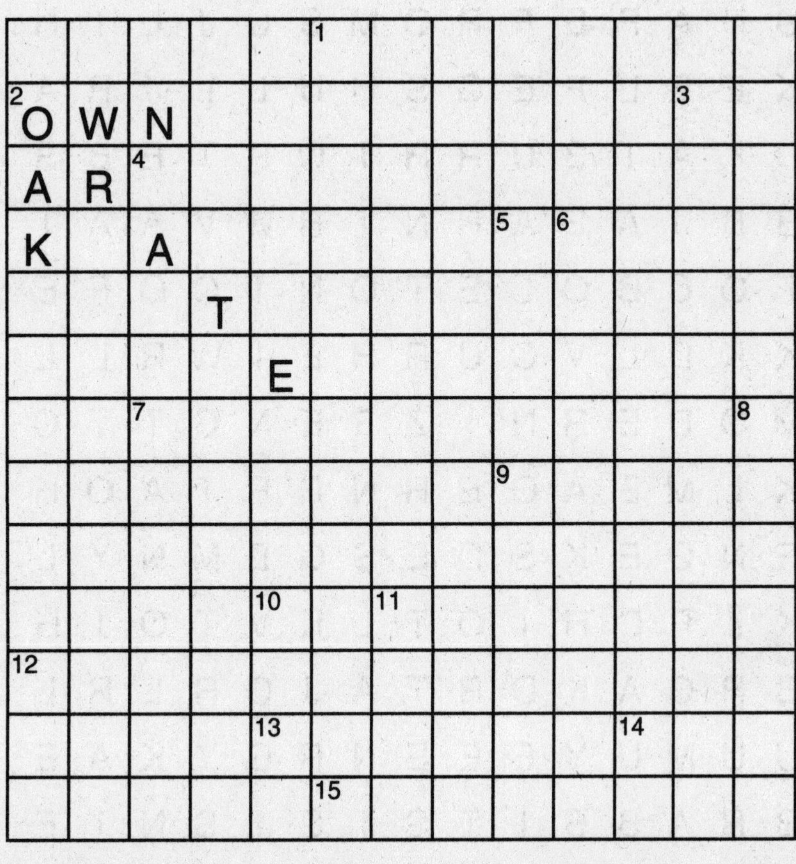

229 WORD SEEK 229

Instructions for solving Word Seeks are given on page 5.

Solution on page 518

- ☐ ALONGSIDE
- ☐ BAREBACK
- ☐ BETROTH
- ☐ BODE
- ☐ BROGUE
- ☐ BUGLE
- ☐ CHASTE
- ☐ CONTORT
- ☐ DEAN
- ☐ EARN
- ☐ ERODE
- ☐ FABRIC
- ☐ FALTER
- ☐ FOOTNOTE
- ☐ FURTHER-MORE
- ☐ GOVERN
- ☐ GREEN-HOUSE
- ☐ HYACINTH
- ☐ INSIST
- ☐ JIFFY
- ☐ KEEL
- ☐ LATER
- ☐ LILY
- ☐ LOCKET
- ☐ MEAGER
- ☐ MODERNIZE
- ☐ OARSMEN
- ☐ PEANUT
- ☐ PLIABLE
- ☐ RABBIT
- ☐ SETTER
- ☐ SHAM
- ☐ SLANT
- ☐ SNEER
- ☐ TEAKETTLE
- ☐ WORTH

O Y S M K B M L B B N K V C R

B R L N R T Y A R E T A L C C

U U A P E F R O M S U J L I H

K E E L F E G S H U L L J R A

D K A I B U R H T O R T E B S

B B J A E A R N T H W V A A T

F O C B O L E T O N T O O F E

K K D L V O U R H E I W R L L

M O D E R N I Z E E N C T T C

K L M E A G E R N R R T A O H

E N O E K S D E S G E M N Y L

K L P C H I O T L K V T O I H

B R G A K D R T A J O R L R L

U U M U Y E E E N R G Y K A E

B R A B B I T S T S I S N I F

230 WORD SEEK 230

Instructions for solving Word Seeks are given on page 5.

Solution on page 518

- ☐ ABIDE
- ☐ ALIKE
- ☐ AROUND
- ☐ ARTERY
- ☐ AVOID
- ☐ BARTER
- ☐ BEACH
- ☐ CALCULATOR
- ☐ CAMPAIGN
- ☐ CARPET
- ☐ CYCLE
- ☐ DISCUS
- ☐ EVAPORATE
- ☐ EXCEEDING
- ☐ EYELID
- ☐ FICTION
- ☐ FIESTA
- ☐ GIANT
- ☐ GONE
- ☐ GRAB
- ☐ GUTTER
- ☐ HERB
- ☐ KEROSENE
- ☐ OBSERVE
- ☐ PEROXIDE
- ☐ PROBLEM
- ☐ PUTTY
- ☐ RESPONSIBLE
- ☐ SANE
- ☐ SNEEZE
- ☐ SOMEWHAT
- ☐ STALEMATE
- ☐ TELL
- ☐ TERN
- ☐ TIDBIT
- ☐ TREATY

Z K S L M Y I A D C B V F D L
T S N O I T C I F A E R I L N
R N B W M A C D Z L A S E Z V
M E A A B E P Y B C C T S H E
D E T I R R W I C U H R T N Y
Y Z D T G T S H S L A D A D E
M E G O U N E G A A E L N D L
T E R N O G T R C T M U I K I
P Y S P I E A A P O O X X K D
B R S E N D M K E R O S E N E
C E C A R P E T A R O P A V E
R T S I A G L E E T I B D I T
L R D I O V A P C U A A L W D
W A G N P U T T Y X I R K E A
B N E Z O B S E R V E G M D M

231 CROSS PAIRS 231

Hidden in the diagram below are pairs of words that cross at their common middle letter. Some are pairs of 5-letter words and some are pairs of 7-letter words. We have looped one pair for you.

Word list on page 561 *Solution on page 518*

A LLEY_____
D ELAY_____

A ________
P ________

A ________
D ________

A ________
L ________

B ________
H ________

B ________
M ________

C ________
T ________

C ________
S ________

D ________
D ________

D ________
D ________

D ________
H ________

D ________
L ________

F ________
S ________

G ________
W ________

M ________
W ________

M ________
U ________

P ________
P ________

P ________
R ________

S ________
S ________

G K T T R F L E Z V W P N A E
H I I E F O A H G B Z E T O Z
D I V A N E D I W N A T K Z B
P A A E P S E I O I E E S S P
W O D I N P M R D M P Z N C A
D Y P S T O R E P N F R O W N
C E Z P T U M T L K U Z R L N
R L G F Y T I S N E D N T I S
S E E F V E W M B A B T R R K
Y H F A Y A M A A R Z I O H E
T A S E T S K H N L P Z C B W
D I L H D H A N D S A W I E A
Z L G E Z A R C A R C R I P D
A I N I D V S D G B C B U M W
L B C K D E S H E H F Z M M V

232 CROSS PAIRS 232

Instructions for solving Cross Pairs are given on page 236.

Word list on page 561 *Solution on page 518*

A LDER
D ODGE

A ______
S ______

A ______
T ______

B ______
M ______

B ______
P ______

B ______
M ______

C ______
P ______

C ______
S ______

C ______
S ______

D ______
P ______

D ______
L ______

M ______
R ______

M ______
W ______

N ______
W ______

P ______
T ______

P ______
P ______

R ______
R ______

S ______
S ______

S ______
S ______

K N T M E R R M O R W B D L M
O C R T R N E P O N E I M O R
C E A A K D C C P G A E T C G
I L D M I N E R A L U I L T F
S I D O S D I N P P F L P O Y
O I H O R M P L C L R M L M E
A R M R E S T N B I R E P G A
L O T A D C A Y C R N A D N G
L E H E E N B I H A H O G L U
P A P T N N T C P O D S T U A
D T S A D I R S H S T S T T S
H A O A L A B A P E T B E E W
W S I O N E E A E A E U G I Y
A G P O N M K R C N R K D A T
G Y M T K A N K B C Y K S Y U

233 MISSING VOWELS 233

Before you can loop the words in the list below, you must first fill in the circles in the diagram with the missing vowels A, E, I, O, and U. We have filled in one word for you. *Solution on page 519*

☑ APOSTROPHE
☐ ASPIRE
☐ BEDECK
☐ BLANKET
☐ BOLO
☐ BOOK
☐ CHEAPEN
☐ COLA
☐ COVE
☐ EXCEL
☐ FASCINATION
☐ FLATLAND
☐ FORTE
☐ FUTURE
☐ GOLFER
☐ GROOMER
☐ HIATUS
☐ HUMBLE
☐ INLET
☐ MISLAY
☐ PAID
☐ PANDA
☐ POUR
☐ RADICAL
☐ REACTION
☐ REPEAL
☐ RUBBER
☐ SPOKE
☐ STARBOARD
☐ UNDONE
☐ UNISON
☐ VAGABOND
☐ VIGOR
☐ VIVID
☐ WALLPAPER
☐ WITHSTOOD

B K ○ L B M ○ H S P ○ K ○ W C
G ○ S P L V M S G ○ D ○ V ○ V
G ○ L D ○ Ⓔ H P Ⓞ R T S Ⓞ P Ⓐ
N B L ○ N N S X ○ F ○ ○ C G F
W ○ W F K ○ D ○ L L R ○ ○ R ○
S R ○ ○ ○ H B ○ ○ ○ Y B M H T
R V ○ T T R ○ ○ C T ○ ○ N ○ ○
○ ○ V B ○ H ○ W G L ○ ○ P ○ R
P L G T B N S ○ ○ ○ ○ R P ○ ○
○ G S ○ D ○ ○ T P N V C D T ○
P K D ○ V P R C ○ D ○ ○ X T D
L H N D ○ ○ P ○ S ○ C S R ○ G
L ○ B ○ D ○ C K P ○ D ○ ○ L G
○ V D L B H G H L S F W D N T
W P X W M C D N H Y ○ L S ○ M

234 MISSING VOWELS 234

Instructions for solving Missing Vowels are given on page 238.

Solution on page 519

- ☑ ADJOIN
- ☐ BONSAI
- ☐ BOTANY
- ☐ CAMPGROUND
- ☐ CARTWHEEL
- ☐ DESPERADO
- ☐ DISTURBANCE
- ☐ DOCTOR
- ☐ ENLACE
- ☐ EXERCISE
- ☐ FAIRY
- ☐ FEEL
- ☐ FREEWAY
- ☐ GRIDDLE
- ☐ HINDER
- ☐ INVENTORY
- ☐ LONGHAND
- ☐ MARINA
- ☐ METRO
- ☐ MORE
- ☐ OFFEND
- ☐ OUTWORK
- ☐ PUBLIC
- ☐ REAL
- ☐ REPOT
- ☐ SQUID
- ☐ STATUE
- ☐ TASTE
- ☐ TEAHOUSE
- ☐ TORE
- ☐ VESSEL
- ☐ WADE
- ☐ WARRANTY
- ☐ WHEAT
- ☐ YULE

W ○ G Q K R ○ P ○ T C F T L ○
S W L T M ○ T R ○ Y ○ C ○ ○ C
R L Y D X D X P S ○ ○ ○ R ○ ○
S Q ○ ○ D N ○ D P L T J H H L
○ A D J O I N C B ○ X W T W N
N ○ C N ○ B R ○ T S ○ D ○ T ○
V J R C ○ M P G R ○ ○ N D R J
○ ○ B W S H ○ ○ D F R ○ T ○ K
N X S V ○ D G ○ S M J ○ R C X
T T T S ○ R R N ○ ○ ○ S N ○ B
○ Y ○ W ○ ○ R F ○ H C R W S M
R C T S P L F ○ ○ L Y R ○ ○ F
Y V ○ S T ○ T ○ N Q J K ○ N Q
L ○ ○ R N ○ S B ○ T ○ N Y X ○
F D N D R ○ D N ○ H Y X V S ○

235 WORD SEEK 235

Instructions for solving Word Seeks are given on page 5.

Solution on page 519

- ☐ ACORN
- ☐ AVENGE
- ☐ CARPENTER
- ☐ CHOOSY
- ☐ CLASP
- ☐ COBRA
- ☐ DECENT
- ☐ DESIST
- ☐ FOLKLORE
- ☐ FRIEND
- ☐ GNAT
- ☐ GOBLIN
- ☐ GRILLE
- ☐ HASP
- ☐ HIRE
- ☐ HORSE-RADISH
- ☐ INDOOR
- ☐ INSIGHT
- ☐ INTO
- ☐ MANKIND
- ☐ MORSEL
- ☐ NATION-WIDE
- ☐ NEIGH
- ☐ PESETA
- ☐ POLO
- ☐ PORT
- ☐ PREFAB
- ☐ RECLUSE
- ☐ RINGLET
- ☐ SCALE
- ☐ SESAME
- ☐ SLICE
- ☐ STATISTIC
- ☐ SUNSCREEN
- ☐ TRUSS
- ☐ WINDMILL

E L A C S M N P M S O U S H O
P R E F A B P O D G V H D T D
V E I T H R R R N A R E N E N
G E C H D S P T I E C I B S E
T F I I E I I E K E M W L U E
P I R L L I M D N I W A A L A
E E C I T S I T A T S R S C E
G N A T E U I R M R E G O E E
N A T I O N W I D E E R W R S
E T R U S S D N I P N S O A N
V K S I V C H G N S U L R E S
A Y G I K R A L D A K B I O F
B H N T S E S E O L O G L O H
T A T E S E P T O C H O O S Y
G O B L I N D F R R P T A T B

236 WORD SEEK 236

Instructions for solving Word Seeks are given on page 5.

Solution on page 519

☐ AFLOAT
☐ ALLOCATE
☐ APPRENTICE
☐ ATTIC
☐ AWAIT
☐ BARBER
☐ BAUBLE
☐ CATERING
☐ CLOTHE
☐ DETECT
☐ DISPOSITION
☐ EXECUTIVE
☐ FLAMMABLE
☐ GAVEL
☐ GLAZE
☐ HACK
☐ HARDEN
☐ HOLLOW
☐ HOMER
☐ ICON
☐ JOYRIDE
☐ LAVA
☐ LEAK
☐ LEGION
☐ NEGLIGEE
☐ OPAL
☐ PLUMMET
☐ PROM
☐ RAIDER
☐ SINCE
☐ SLACK
☐ SPINDLY
☐ STABLE
☐ TENDON
☐ TRAVELING
☐ VITAMIN

```
P K B T E C G T S I N C E L T
C V I T A M I N C O L D L R O
R N E D R A H T I E I E A X N
X Z L M I I B G T R T V V I Z
M X M T N S E V Y A E E A A N
T E M M U L P O C L X T D G G
E L B A T S J O I S E Z A L G
L R E M O H L N S P C A L C N
B E E G I L G E N I U Z K O K
A N H D A P P R E N T I C E C
M F O I I V M E L D I I R L A
M S L D O A O B B L V H O W L
A K L O N P R R U Y E T A N S
L F O N A E P A A D H I F C F
F C W L H T T B B E T B Y G K
```

237 V-WORDS 237

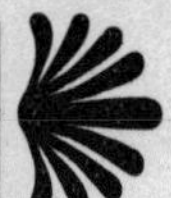

The 5-letter words below are found in the diagram in a V shape pointing left, right, up, and down.
Solution on page 519

- ☑ AGGIE
- ☐ AITCH
- ☐ ANILE
- ☐ ARENA
- ☐ ATRIA
- ☐ BESET
- ☐ BETTA
- ☐ BORON
- ☐ BOWER
- ☐ BROAD
- ☐ CHECK
- ☐ CHOCK
- ☐ CHOSE
- ☐ CLERK
- ☐ COMIC
- ☐ CONCH
- ☐ CRESS
- ☐ DANCE
- ☐ DRONE
- ☐ FLOAT
- ☐ FLUFF
- ☐ GHOST
- ☐ GLOAT
- ☐ GUEST
- ☐ HOLLY
- ☐ HUMID
- ☐ HUMOR
- ☐ IMBUE
- ☐ MODEL
- ☐ PICKY
- ☐ REEKY
- ☐ RETAG
- ☐ SLEET
- ☐ SWIRL
- ☐ TACKY
- ☐ TIMER
- ☐ TWEAK
- ☐ TWEET
- ☐ VIPER
- ☐ WRITE

```
O D D K G D T M P G F O O T A
T A K G E I O C I E H H S C A
O A A N A C E G H C C O D E K
F R O N V L N C A W A K L R O
E L B R I A T T E T O H E G Y
F N U M D W F R E M S B U L H
O F A E D O O R O E B E L M C
F T L B M B M A L N U D O O T
R R E Y E B T S C B O R E A H
I I E S A T T H S W M C C E Y
B W A A I R U R L D R I T K C
T I S M K M M K O E P I E W Y
T M O B E F I O P E S I C E E
Y L O R B R H D R E R S V E R
H C U V C U K U T O L R T F P
```

238 V-WORDS 238

Instructions for solving V-Words are given on page 242.
Solution on page 519

- ☑ ACUTE
- ☐ AEGIS
- ☐ ALONE
- ☐ BEECH
- ☐ CABAL
- ☐ CABBY
- ☐ CARRY
- ☐ CHAFF
- ☐ CHANT
- ☐ CRIMP
- ☐ CROCK
- ☐ DISCO
- ☐ FIERY
- ☐ FLOUT
- ☐ GAMIN
- ☐ GRAZE
- ☐ GREET
- ☐ HENCE
- ☐ INTRO
- ☐ MAGMA
- ☐ MEANS
- ☐ ODEUM
- ☐ ONSET
- ☐ OXBOW
- ☐ PATIO
- ☐ PIVOT
- ☐ PRISM
- ☐ RANCH
- ☐ SARAN
- ☐ SAUCY
- ☐ SLANG
- ☐ SLOPS
- ☐ SPURN
- ☐ SWELL
- ☐ THOSE
- ☐ TRAIT
- ☐ TROTH
- ☐ WAKEN
- ☐ WALTZ
- ☐ WOMEN

```
L I C A C F A M R T T P S T M
P A S A O G C L S I R A I A O
F N B E R D T W O I C A P V U
O F D E T A E N G H M M O C V
U R A G E U E L A X I T Y X R
S H T C M T Z G L B H R K B B
C N H E U G I E B O R T C O B
I U A I L S V M Z N S A W A H
X N W L C Y I C A L F E C C Y
G A E O S N V D S G O I N R X
L E U M L L U P R T V R E A O
V T O M D F O A H H U C T C R
P W Z Y A B M C Z I N P K A Y
B F K A I G V F G E B E S A P
T T N K R C Z A E O N N H W W
```

239 LETTERBOXES 239

Can you find the correct places for the words in the word list? The starting letters for all the words are given in the circles. Letters may be used as parts of other words because of overlapping or crossing. The words read in a straight line and in all directions—forward, backward, up, down, and diagonally. Do not pass over a black square as you are solving. When the puzzle is completely solved, there will be a letter in every space. We have filled in one word to start you off. *Solution on page 520*

- ☑ ABSOLUTE
- ☐ ALIBI
- ☐ ANGLE
- ☐ AUTO
- ☐ BALSA
- ☐ BOOKEND
- ☐ CHARADES
- ☐ COUGH
- ☐ CRUISE
- ☐ CURT
- ☐ EIGHTBALL
- ☐ ENOUGH
- ☐ FEATHER
- ☐ FIVE
- ☐ GRADING
- ☐ HOMEY
- ☐ HORROR
- ☐ MARASCHINO
- ☐ MISFIT
- ☐ MODEST
- ☐ ONWARD
- ☐ PERCOLATE
- ☐ PORTAL
- ☐ QUACK
- ☐ RAISIN
- ☐ RECIPE
- ☐ REPLACEMENT
- ☐ ROSTER
- ☐ RUNG
- ☐ SHAD
- ☐ TENSENESS
- ☐ UTMOST
- ☐ WAYSIDE
- ☐ WOKE

■	H	■	M	P	O			A					
W	■						■	C					
	■			■									H
												R	
S		■	■	■		■							A
							G			■	■		
		F		E									F
					A	B	S	O	L	U	T	E	R
						C						E	
									T				C
			■		A	R							C
		■		W						■			
	B						R				■		R
M	■				U	Q	B	■		M	■		

240 LETTERBOXES 240

Instructions for solving Letterboxes are given on page 244.

Solution on page 520

- ☑ ABBOT
- ☐ ANKLET
- ☐ BAZAAR
- ☐ BLACKBOARD
- ☐ BRAT
- ☐ CHAIRPERSON
- ☐ CUISINE
- ☐ DISTRESS
- ☐ ENTANGLE
- ☐ HYDRANT
- ☐ LUAU
- ☐ MARCH
- ☐ MASCOT
- ☐ MATH
- ☐ MYSTIFY
- ☐ OUTRAN
- ☐ PATHWAY
- ☐ PECAN
- ☐ PLAYTHING
- ☐ RAFFLE
- ☐ RATION
- ☐ RESET
- ☐ SAFE
- ☐ SCOUT
- ☐ SOLITAIRE
- ☐ STAIN
- ☐ SUNDAE
- ☐ TARGET
- ☐ TERRARIUM
- ☐ TUXEDO
- ☐ UPPERCUT
- ☐ WORDPLAY

T	P									O	S		
	C					P			S				■
	B										A		H
	L		■							S	B		
E	S									■	B		
			A						■	■	O		
			M			R					T	M	
		■			W								
	R					U							
		■											P
		■			■		T						M
			■	■		■							M
								C	■	■			■
B		■	■	S			D				■	■	R

241 WORD SEEK 241

Instructions for solving Word Seeks are given on page 5.

Solution on page 520

- ☐ ACCESS
- ☐ AKIN
- ☐ BANDLEADER
- ☐ BARMAID
- ☐ BATHE
- ☐ CALF
- ☐ CARRIAGE
- ☐ CONFIDENT
- ☐ COWARD
- ☐ DEPOSE
- ☐ ENVOY
- ☐ FELLOW
- ☐ FLEX
- ☐ HAMLET
- ☐ HIBERNATION
- ☐ MAHOGANY
- ☐ MAMMAL
- ☐ MEDDLE
- ☐ MOLT
- ☐ MULCH
- ☐ NOTIFY
- ☐ ONTO
- ☐ OTHERWISE
- ☐ RESORT
- ☐ REWRITE
- ☐ SKYLINE
- ☐ SNOOZE
- ☐ SOUTH
- ☐ SPARE
- ☐ SUNSHINE
- ☐ TELESCOPE
- ☐ THIRSTY
- ☐ TOUR
- ☐ VITAL
- ☐ WRIST
- ☐ YARDAGE

G S S M H F U Y S C Z R C T E
O W O L L E F R S O P A P S N
N L V U H I X E E N L A O I V
T B Z C T I A D C F M P K R O
O N L O E H B A C I E A K W Y
S U N S H I N E A D R A W O C
M E D D L E G L R E W R I T E
L G P S R A Y D R N Z U S D H
A A U O D N H N I T A O R A T
M L T R C A P A A A R T O H A
M S A I M S I B G G M O I N B
A Y P L V W E K E W O R S O S
M A E A E N I L Y K S H A E N
O T H E R W I S E T M W A B R
I K T T X E L F Y T W R F M T

242 WORD SEEK 242

Instructions for solving Word Seeks are given on page 5.

Solution on page 520

- ☐ ALLOT
- ☐ BAIT
- ☐ BARLEY
- ☐ BRISK
- ☐ CEREAL
- ☐ CHRONICLE
- ☐ COMPETE
- ☐ DEBONAIR
- ☐ DERRICK
- ☐ DISTRACTION
- ☐ DONOR
- ☐ ELASTIC
- ☐ FOYER
- ☐ GROUCH
- ☐ INSURE
- ☐ JINGLE
- ☐ LIFEGUARD
- ☐ OATH
- ☐ PAGE
- ☐ PANE
- ☐ PELT
- ☐ PERCH
- ☐ PINWHEEL
- ☐ REMOVAL
- ☐ RIDE
- ☐ SACHET
- ☐ SCARY
- ☐ SEALER
- ☐ SHOWER
- ☐ SKATER
- ☐ SOFTEN
- ☐ STUCCO
- ☐ SURVIVOR
- ☐ THROW
- ☐ TURBULENCE
- ☐ WITHSTAND

```
B K O A B H K G C O M P E T E
P J B S A C H E T S B G M L I
P A N E I U L C E U S C A R Y
N S G R T O I N E R U S N I E
W O R E C R F E E V T P M H Y
R E I C R G E L C I N O R H C
D E U T F D G U C V B T L E P
T T T O C N U B A O V D Y L J
S L Y A I A A R K R E P E U A
P E S J K T R U E B E E L C W
R E W O H S D T O M H L R E B
N D R R F H M N S W O I A R R
L F O C H T A O N I D V B E I
R W J E H I E I F E D G A A S
D O N O R W P N I O C L S L K
```

243 SQUARE NINES 243

Find 3x3 squares in the diagram that contain, in no particular order, the nine letters of the words listed. *Solution on page 520*

☑ AFTERMATH
☐ ANTARCTIC
☐ BIRTHMARK
☐ CARETAKER
☐ CHILDHOOD
☐ CLIPBOARD
☐ COLLECTOR
☐ DAVENPORT
☐ DETERMINE
☐ FACECLOTH
☐ FIREPROOF
☐ FISHERMAN
☐ HERBIVORE
☐ HOME-GROWN
☐ IMMIGRATE
☐ LECTURING
☐ LIMELIGHT
☐ MARGARINE
☐ MOTORBIKE
☐ ORIGINATE
☐ REHEARSAL
☐ REVOLTING
☐ SHORTSTOP
☐ SWIVELING
☐ TANTALIZE
☐ TELEPHONE
☐ UNEARTHLY
☐ UNNATURAL
☐ VIEWPOINT
☐ WATERFALL

```
C P O I H A Z T I R V N U Y A
L R E R M N W O K M P O T R L
C O F F S E G O B E E H E H N
H L T C S R H M T R N E L N R
A E C O G R E I I V G I U A U
B L R O H N G L L N W I N A T
A P I O H V T O S I E V I F A
C O D H L F P E N A P T O O C
I N C O D E U R A M S O S D W
C A T B M L G I R G P R T N I
T R A R K C T N R R H O T E A
A M H I R A E D E B V H A L Z
T F E A A R E M I E O R E E M
A A W S P O T T A G N A S R E
L L R N N V D R M I I T M W W
```

244 SQUARE NINES 244

Instructions for solving Square Nines are given on page 248.

Solution on page 520

- ☑ ALLOWANCE
- ☐ APPLIANCE
- ☐ ARROWHEAD
- ☐ BEDSPREAD
- ☐ CERTAINLY
- ☐ CHOCOLATE
- ☐ CRITICIZE
- ☐ CUSTOMIZE
- ☐ DESERTION
- ☐ DETECTIVE
- ☐ EAGERNESS
- ☐ EVERGREEN
- ☐ GUIDELINE
- ☐ HOME-MAKER
- ☐ INFLUENCE
- ☐ MARMA-LADE
- ☐ MONASTERY
- ☐ NAVIGATOR
- ☐ NURSEMAID
- ☐ OBVIOUSLY
- ☐ PRESIDENT
- ☐ PRONOUNCE
- ☐ SCHNITZEL
- ☐ SEASONING
- ☐ SEMICOLON
- ☐ SINGLETON
- ☐ STEAMSHIP
- ☐ TABLEWARE
- ☐ TARPAULIN
- ☐ VOLUNTARY

```
M N L I Z E W K F I U E S I F
O E G N M L O U S A O T D P O
I S T O C O V B Y A V N R E E
M A E E S I O L I G I R A D H
H S P M S A E M N U L M A M A
E F U R N N G A D E E E A L T
N L N E P S I I S R E V M M K
E I C O O D C L H R N G A R O
V T T I P N C O A O Z S E E H
E E D P E L O T E I T E N S E
N D E A C A N Z I C M U L Z I
I S R B L A W R I C Y Y C H T
E O T I U D O R L I N L R B W
M R N L P H A E Y A O Y A L A
S Y A A R W D N C T V U T E E
```

245 MISSING VOWELS 245

Before you can loop the words in the list below, you must first fill in the circles in the diagram with the missing vowels A, E, I, O, and U. We have filled in one word for you. *Solution on page 521*

☑ ADORE
☐ AFOUL
☐ ALBUM
☐ BEHOLD
☐ BETA
☐ BROWSE
☐ CANAPE
☐ CLONE
☐ COLLIE
☐ CONSIDERATE
☐ DECOY
☐ DOORKNOB
☐ DOSE
☐ DURESS
☐ ELSEWHERE
☐ EXTENT
☐ FAMILY
☐ FELINE
☐ GAPE
☐ HEADLOCK
☐ HUNDRED
☐ LANCE
☐ LEAKAGE
☐ LUNGE
☐ MUTTER
☐ PHOTO-GENIC
☐ PIKE
☐ PREJUDICE
☐ RECALL
☐ REDO
☐ SISTER
☐ SQUIRREL
☐ TAILING
☐ TEMPURA
☐ UNIVERSAL
☐ YOKE

R L S S ○ T M R R D ○ S E P B

D Y ○ ○ S G ○ R F P M B R R L

Y ○ L S S ○ ○ M ○ M ○ ○ O ○ G

L B ○ V R T R K P T J W D T G

M ○ B L ○ ○ ○ ○ ○ ○ S D A T B

F ○ M ○ L Y V R D ○ R D N ○ H

X H R ○ D ○ ○ ○ F J L ○ B M D

B ○ H ○ L D C G N ○ L ○ ○ T K

J ○ K L ○ ○ ○ S Q ○ ○ R R ○ L

S D ○ S L P H ○ T ○ G ○ N ○ C

D L N C ○ ○ ○ C R N ○ ○ Y X X

○ ○ ○ N N N C F L K ○ R P S B

C C L K G ○ K ○ ○ ○ N T G ○ S

○ K ○ G ○ C L Y R ○ N ○ X H P

Y R F ○ R ○ H W ○ S L ○ B ○ H

246 MISSING VOWELS 246

Instructions for solving Missing Vowels are given on page 250.

Solution on page 521

- ☑ BRACE
- ☐ BUILD
- ☐ CAPTIVITY
- ☐ CARROT
- ☐ CASHEW
- ☐ CHAMBER
- ☐ CIRCLE
- ☐ COIF
- ☐ COUP
- ☐ DELI
- ☐ DIMENSION
- ☐ EASY
- ☐ EBONY
- ☐ ENUMERATE
- ☐ ERMINE
- ☐ EVER
- ☐ FUNNEL
- ☐ GATOR
- ☐ HOOT
- ☐ LUNAR
- ☐ MEDICAL
- ☐ METRIC
- ☐ MUSTER
- ☐ PENDULUM
- ☐ PRACTICE
- ☐ REFORM
- ☐ REVIEW
- ☐ SALOON
- ☐ SLENDER
- ☐ SPIRE
- ☐ STEIN
- ☐ TELECAST
- ☐ THISTLE
- ☐ TRANQUILIZE
- ☐ UNDERCOVER
- ☐ WALRUS

```
○ ○ M D W V Z M C ○ R C L ○ M
C Z R T L ○ B C ○ S H ○ W R B
○ L ○ M H ○ ○ B B ○ P G ○ ○ R
P N ○ L ○ ○ ○ V M F Y F N Y (A)
T M D N ○ N S B ○ L ○ D B Q C
○ ○ D ○ ○ ○ ○ T ○ R ○ M ○ N (E)
V L Z S M R Q C L R D C ○ C G
○ ○ ○ S T ○ ○ N C ○ ○ V ○ F H
T D V D M D N ○ ○ R ○ T S ○ M
Y N ○ B ○ N V S R R C Z ○ N M
N ○ C M T ○ ○ ○ ○ ○ T H R N N
S P ○ F R L T ○ R ○ ○ ○ L ○ P
Z S ○ ○ ○ S Z P L ○ N C ○ L H
N Z P ○ C G R ○ T ○ G F W S B
V S P C T ○ L ○ C ○ S T B N Y
```

 247 # WORD SEEK 247 

Instructions for solving Word Seeks are given on page 5.

Solution on page 521

- ☐ ALTERNATE
- ☐ BALLOT
- ☐ BOOTEE
- ☐ BRIEF
- ☐ BUCKET
- ☐ CARING
- ☐ EGOIST
- ☐ EPOXY
- ☐ FISH
- ☐ FLECK
- ☐ FOOLISH
- ☐ FORGONE
- ☐ GARB
- ☐ HAMPER
- ☐ HOMESPUN
- ☐ INITIATE
- ☐ LOLL
- ☐ MAGICAL
- ☐ MEADOW
- ☐ MINK
- ☐ MOROSE
- ☐ MUSICIAN
- ☐ PROOFREAD
- ☐ SHEET
- ☐ SLAT
- ☐ STROLL
- ☐ TANGLE
- ☐ TEASE
- ☐ TENTATIVE
- ☐ TOGS
- ☐ TRANS-GRESS
- ☐ TREETOP
- ☐ VENDOR
- ☐ WANED
- ☐ WHOOP
- ☐ WINTER-IZING

```
N R P K C E L F I E E T O O B
L U E O D R O H N T E K C U B
L D P E T R D M I N A H X R W
O L N S G E E G T P K N I M G
L A O O E A E A I R G E G N S
W E N R D M T R A O F X I L V
B E N O T I O B T O V Z A Y E
U G W M V S G H E F I T T C N
L S S E R G S N A R T L S A D
A L T E R N A T E E B A I R O
M Z Y U Y W O T E A F C O I R
Z H M X H L N H Z D I I G N M
Y F O O L I S H M S S G E G Y
S P O A W I R O U T E A S E S
E P B F F H A M P E R M D F R
```

248 WORD SEEK 248

Instructions for solving Word Seeks are given on page 5.

Solution on page 521

- ☐ ACADEMIC
- ☐ AGENDA
- ☐ ALGA
- ☐ ARGUMENT
- ☐ BACKSTAGE
- ☐ BRAVO
- ☐ CODDLE
- ☐ DEMERIT
- ☐ DETAIL
- ☐ FLED
- ☐ HEALTH
- ☐ KEEN
- ☐ LIZARD
- ☐ LOCATE
- ☐ LOSS
- ☐ MARSH
- ☐ MOURN
- ☐ NOMINA-TION
- ☐ OVERSIGHT
- ☐ PERTAIN
- ☐ PLOT
- ☐ PROVISION
- ☐ QUITE
- ☐ RAPID
- ☐ RATIONALIZE
- ☐ REGALE
- ☐ RESENT
- ☐ SCHEDULE
- ☐ SECRET
- ☐ SHOPPER
- ☐ SINGER
- ☐ SNAP
- ☐ SORCERY
- ☐ SWORN
- ☐ TRYOUT

```
F L E D R E G A L E A L G A A
E T I U Q Z E O D C O S U N I
M H O A T N C G A E W H O R R
L G P H T A I D A O M I W E E
D I T A T E E A R T T E W G S
P S U E N M D N T A S G R N E
P R O V I S I O N R Z K V I N
S E Y C D S S I N G E I C S T
E V R I C H M C V U S P L A Q
C O T P T O A E H M O V A R B
R Q L L N P D Y R E C R O S N
E O A L I P N D H N D I P A R
T E O Z K E E N L T E U D U U
H S R A M R G Y B E I Q L G O
S C E Z I L A N O I T A R E M
```

249 PLACES, PLEASE 249

Fill the diagram with all the words in the word list. The words from each group start on their matching number, and they will read in all directions—forward, backward, up, down, and diagonally. Words from different numbers sometimes overlap; therefore, some letters will be used more than once. We have started the puzzle for you. When the puzzle is completed, all the squares will be filled.

Solution on page 521

1. IDEALISTIC
ILL

2. PANHANDLE
PRECEDING
PRIMITIVE

3. LIE ✓
LOAN ✓
LYE ✓

4. HAS
HAUL
HEX

5. RAVE
ROT
RUM

6. FAIL
FAST
FEED
FLIP
FRANK
FRYER
FUNGI

7. CASTE
COG

8. SANEST
SERIES
SKEW

9. TERRY
THIS
TOUGH
TUBA
TWEED

10. DIG
DOER
DRY

11. ACIDITY
ACT
ANIMATE
ANTI
ARRAIGN
ATTIRE

12. MID
MOA

13. WAD
WAG
WAS
WEB
WEE
WHENCE
WITH-DRAWN
WORKMAN-SHIP

14. ODE
OPE

15. YACHTS-MAN
YAHOO
YESTER-YEAR
YODEL
YOUNGISH

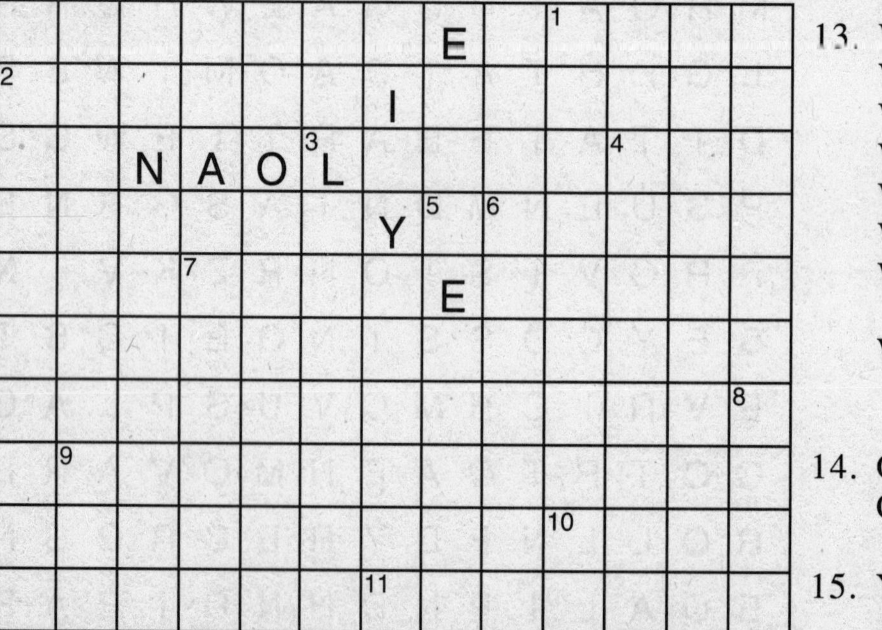

250 PLACES, PLEASE 250

Instructions for solving Places, Please are given on page 254.

Solution on page 521

1. GAD
GENET
GNU
GRAY

2. LEG
LOP

3. EAGLET
EAR
EMU
ERG

4. THANE
TILL
TIP
TONE
TRY

5. PAD
PEA
PIN

6. AJAR
APSE
AROUSE

7. FENCING
FLICK
FLOP
FRAPPE
FRISKY
FROZEN

8. ZEPPELIN
ZIGZAG
ZINFANDEL
ZIPPER
ZUCCHINI

9. BASAL
BEE
BIG
BLAND
BOUDOIR
BREEDER
BUNNY
BYE

10. COED
CORONA
CORPS
CUT

11. HAND ✓
HOME ✓
HOUR ✓
HUG ✓

12. DIN
DOC

13. SAGO
SIB
SKI
SLUR

14. INFO
INK

15. OBLIQUE
OPINION
OPTICS
ORDAIN
OUTERWEAR

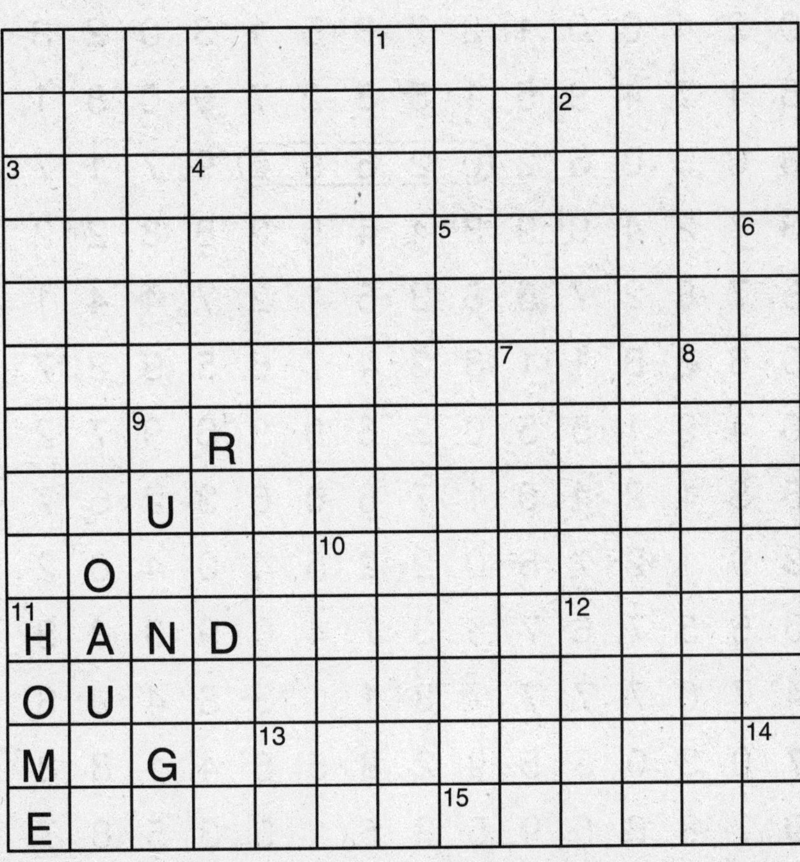

251 NUMBER SEEK 251

Solve this puzzle by seeking numbers instead of letters.

Solution on page 522

- ☑ 02596
- ☐ 12516
- ☐ 12791
- ☐ 13012
- ☐ 21526
- ☐ 23511
- ☐ 23606
- ☐ 33153
- ☐ 34299
- ☐ 36049
- ☐ 46012
- ☐ 51450
- ☐ 55454
- ☐ 55876
- ☐ 57827
- ☐ 59535
- ☐ 60398
- ☐ 62367
- ☐ 62575
- ☐ 64197
- ☐ 67077
- ☐ 68482
- ☐ 68988
- ☐ 71676
- ☐ 72551
- ☐ 73400
- ☐ 75669
- ☐ 76489
- ☐ 79739
- ☐ 82921
- ☐ 84480
- ☐ 86404
- ☐ 87219
- ☐ 87540
- ☐ 87827
- ☐ 90246
- ☐ 94870
- ☐ 95255
- ☐ 95901
- ☐ 97570

```
5 9 5 4 0 7 8 0 6 5 7 9 0 9 6
8 0 6 8 1 0 7 6 7 4 1 5 0 3 8
9 2 4 6 0 1 2 7 8 5 1 3 0 2 3
5 4 7 4 9 5 1 5 5 2 7 9 0 8 1
8 6 3 0 5 2 0 2 5 9 6 9 7 1 7
3 7 2 4 9 9 3 4 4 5 3 8 8 2 2
5 7 8 2 7 5 6 2 5 1 2 7 4 4 1
0 6 8 8 1 1 8 3 4 7 6 5 9 8 7
6 4 9 1 5 5 0 2 6 9 8 6 9 7 2
5 8 1 2 4 0 1 7 6 0 6 3 2 6 7
3 9 1 2 7 8 0 2 2 5 4 0 4 6 2
0 6 5 7 6 7 5 3 7 4 0 9 3 8 8
4 7 0 7 7 7 7 8 1 1 3 8 4 9 8
7 0 3 0 5 5 9 2 8 5 6 4 1 8 8
9 7 8 6 5 9 5 3 5 1 3 3 5 8 7
```

252 NUMBER SEEK 252

Solve this puzzle by seeking numbers instead of letters.

Solution on page 522

☑ 02541
☐ 05139
☐ 08988
☐ 10188
☐ 10431
☐ 12247
☐ 12701
☐ 16397
☐ 19900
☐ 22754
☐ 24276
☐ 35032
☐ 35174
☐ 36442
☐ 36738
☐ 37942
☐ 40607
☐ 41051
☐ 45130
☐ 46299
☐ 48268
☐ 49553
☐ 52496
☐ 55279
☐ 56956
☐ 59041
☐ 62992
☐ 64308
☐ 71864
☐ 79403
☐ 79880
☐ 84656
☐ 86580
☐ 88519
☐ 91683
☐ 92757
☐ 93801
☐ 95030
☐ 97469
☐ 98871

6 1 0 3 6 9 0 0 2 2 2 9 9 2 6
8 4 6 3 4 9 5 5 3 3 1 2 4 2 5
4 6 3 3 6 4 4 2 0 3 3 2 6 0 6
4 7 7 0 9 0 1 5 4 7 4 2 2 1 4
5 6 1 4 8 7 3 0 9 9 4 9 5 1 8
1 4 8 5 5 8 1 9 7 7 6 5 9 6 5
3 3 6 7 3 8 2 3 0 2 2 4 2 6 6
0 8 4 1 0 5 1 3 9 7 1 8 7 4 0
9 3 6 1 8 1 4 5 9 3 4 2 0 9 7
1 0 8 1 0 9 0 7 2 9 7 6 2 4 7
5 7 8 9 9 3 9 1 6 2 0 9 8 5 8
5 2 8 9 0 8 5 8 4 7 4 0 8 2 9
5 9 1 0 8 3 9 2 8 5 3 2 8 7 3
2 3 0 0 4 8 7 4 5 7 2 2 6 2 0
1 0 1 4 4 6 1 2 7 6 1 0 3 6 9

253 LICENSE PLATES 253

Take a spin around this diagram and locate all of these number-letter License Plates.

Solution on page 522

☑ 2S95A
☐ 2ZGHF
☐ 37ZRC
☐ 3BQPQ
☐ 3H8HQ
☐ 3KWSV
☐ 3WSE7
☐ 4G5A4
☐ 4ZCKL
☐ 5BEL6
☐ 5HL34
☐ 5RZCP
☐ 5Z2G3
☐ 8KJYZ
☐ 95QQW
☐ 9UHKV
☐ 9Y66S
☐ A2UTB
☐ BY6LQ
☐ CMFH7
☐ D985M
☐ DBXA2
☐ ER652
☐ HA4P8
☐ JY5TM
☐ LKEA2
☐ M7ZPN
☐ N9LQH
☐ QY3PL
☐ S5VXA
☐ UDVM4
☐ US9MS
☐ V8RT3
☐ VV8KZ
☐ X2542
☐ X5YMN
☐ X6DFR
☐ Y843X
☐ YV7QE
☐ ZR5Q6

G B W X Q S 3 8 Z 5 E 6 X Z 7
4 3 L H 5 7 G 8 K B 2 A R B Y
4 Q 8 V Z Y J K 8 E G 5 B K V
J H X R 8 5 M D V L Q T 6 3 7
3 A C P V R A N V 6 U Q F R Q
Y 8 4 3 X 8 2 4 5 2 X B F 9 E
C A F P C Z R 5 A 2 Z D J L U
H M 5 J J Y 5 T M A 6 G W 9 D
B 3 F 9 Y 6 6 S 3 X V K H U 9
A W G H S M H W Y B S Q 2 F 8
X S 3 2 7 2 Q A 4 D W L Y Q 5
Z E M Z Z Q L N G P K 6 8 Y M
5 7 P 9 5 5 9 E 5 E 3 Y L 3 S
H N 6 9 S C N E A 9 3 B Q P Q
A 4 M V D U X 2 4 Z C K L L B

254 LICENSE PLATES 254

Instructions for solving License Plates are given on page 258.
Solution on page 522

- [x] 2N2KL
- [ ] 42RCW
- [ ] 4NJMJ
- [ ] 5R3AM
- [ ] 5YFC3
- [ ] 6EVEJ
- [ ] 6P9D3
- [ ] 85ZYU
- [ ] ADMS3
- [ ] CK74G
- [ ] D9HL6
- [ ] DCUS4
- [ ] DUSC4
- [ ] DV28B
- [ ] DWF3X
- [ ] EC3U7
- [ ] EYU6T
- [ ] FNH2M
- [ ] FXRV8
- [ ] G42CG
- [ ] G6F6W
- [ ] H2Q6R
- [ ] H3DS5
- [ ] H49GB
- [ ] H6XVM
- [ ] HJM88
- [ ] J3KA2
- [ ] LZJ65
- [ ] M3X9Y
- [ ] N8ZNB
- [ ] P4V3G
- [ ] Q983U
- [ ] R3PGN
- [ ] RXHU2
- [ ] W7T8N
- [ ] W7Z4N
- [ ] WN6WF
- [ ] XBS2V
- [ ] YJW5U
- [ ] ZL52E

```
H 5 A D W E 5 J E V E 6 A P 8
B P D U 4 Y M B R W C R 2 4 3
A 8 2 S F J R G 3 H 6 K 6 X T
H D U C N X 6 9 P 5 7 A 7 R P
8 C 3 4 9 Z Q 4 G E R G G 4 2
D G U D 6 M 2 H N F C 3 V S G
F U 3 8 9 Q H 4 5 2 S 3 A D V
X B S 2 V P Z R 4 M G K U M F
H 3 U S A 7 6 G D L N 8 T 7 W
G 6 F 6 W K M A Y Z L 5 2 E 6
N H X W D U 3 M 5 J 2 K Y 9 N
8 D J V D Y X J S 6 W U 2 M W
Z A 2 M M Z 9 2 D 5 6 5 H N Z
N 8 F X 8 5 Y 7 3 T K 5 U X 2
B F X R V 8 D 9 H L 6 P 5 U R
```

255 MISSING VOWELS 255

Before you can loop the words in the list below, you must first fill in the circles in the diagram with the missing vowels A, E, I, O, and U. We have filled in one word for you.

Solution on page 522

- ☑ ALTO
- ☐ APPROVAL
- ☐ BOOKLOVER
- ☐ BOUNTY
- ☐ BURROW
- ☐ CEASE
- ☐ CICADA
- ☐ CITRUS
- ☐ DENIM
- ☐ FARMLAND
- ☐ FEUD
- ☐ GEESE
- ☐ GROCERY
- ☐ IGUANA
- ☐ INTERPRET
- ☐ LEAGUE
- ☐ MAYOR
- ☐ MELLOW
- ☐ MIRE
- ☐ MOUSSE
- ☐ PARENTHESES
- ☐ PEARL
- ☐ POTENT
- ☐ ROUND
- ☐ SEASCAPE
- ☐ SHAKER
- ☐ SHINDIG
- ☐ STOOP
- ☐ STREET
- ☐ SURFING
- ☐ THIRTEENTH
- ☐ TIDE
- ☐ TOMBOY
- ☐ UNSTYLISH
- ☐ WINE
- ☐ WORE

B K G S G R ○ C ○ R Y W F V G
W ○ R R ○ B M P P (A) L T (O) ○ P
L B ○ ○ N T Y ○ ○ W G ○ S R S
L P H K B W C T C ○ T R ○ ○ ○
B ○ ○ T L C ○ ○ S L ○ P D M N
L G ○ R N ○ D N ○ L M R ○ F S
M ○ ○ G ○ ○ V T ○ ○ B ○ C H ○
○ ○ V ○ ○ N ○ ○ S M ○ T ○ R N
P D F ○ G ○ T T R B Y N C W S
G N ○ F R ○ S H R D D ○ M H T
○ N L T R P ○ P ○ ○ L D ○ K Y
○ S S ○ ○ M P N G S H K Y L L
S N ○ ○ G T ○ ○ ○ P ○ T ○ D ○
○ K T ○ F M C ○ T R ○ S R P S
W S F G C L R ○ ○ N D ○ ○ F H

 256 **MISSING VOWELS** 256 

Instructions for solving Missing Vowels are given on page 260.

Solution on page 522

- ☑ ADVENTURE
- ☐ ASPARAGUS
- ☐ AWEIGH
- ☐ BRIDE
- ☐ CHUTE
- ☐ CREATE
- ☐ DISPLAY
- ☐ EMBRACE
- ☐ ESCORT
- ☐ GALLON
- ☐ HOMINY
- ☐ HOVER
- ☐ HUGGABLE
- ☐ INKWELL
- ☐ INSOLE
- ☐ LIME
- ☐ LISTEN
- ☐ MACAROON
- ☐ MEEK
- ☐ MIDDLE
- ☐ MONUMENTAL
- ☐ OCTAVE
- ☐ OKRA
- ☐ ORDER
- ☐ OVERSHOE
- ☐ PILE
- ☐ PLANE
- ☐ POISE
- ☐ POKE
- ☐ PROPER
- ☐ QUOTA
- ☐ RESIDENTIAL
- ☐ SECURE
- ☐ SOMEWHERE
- ☐ SPRAIN
- ☐ URGE

P ○ ○ S ○ N ○ K S R G B V N L
S V T R C T R K B N ○ W P ○ L
P ○ R ○ H W ○ M ○ S S L M ○ ○
○ R C P L M V R R P ○ ○ ○ R W
R S ○ ○ P H ○ M ○ N Y T N P K
D H V P R S H N ○ H N T S S N
E ○ L H ○ ○ ○ ○ ○ ○ G N ○ ○ ○
R ○ T ○ ○ R C G D M K ○ L M P
U S ○ G D T G ○ ○ B ○ L ○ N B
T C W M ○ ○ S C M R ○ N ○ W D
N ○ B V B ○ ○ ○ ○ G ○ T T N ○
E R ○ L R R G P D ○ S P L ○ Y
V T ○ V ○ R ○ ○ D ○ R B S S L
D ○ T ○ ○ Q W C L P ○ K R ○ T
A H N Q N Q L N ○ T ○ H C M M

257 WORD SEEK 257

Instructions for solving Word Seeks are given on page 5.

Solution on page 523

- ☐ AFAR
- ☐ ANGEL
- ☐ BALLAD
- ☐ BAMBOO
- ☐ BAYING
- ☐ CITATION
- ☐ CODE
- ☐ COMPEL
- ☐ CRUNCHY
- ☐ ENERGY
- ☐ FLUE
- ☐ FRANKFURTER
- ☐ FROCK
- ☐ HARVEST
- ☐ HERO
- ☐ HIBERNATE
- ☐ HONEYBEE
- ☐ KICK
- ☐ MANNERLY
- ☐ MIRTH
- ☐ MOLDING
- ☐ MOMENTOUS
- ☐ OVERSHADOW
- ☐ PARSNIP
- ☐ REGARD
- ☐ SALSA
- ☐ SCARF
- ☐ SCREENING
- ☐ SCURRY
- ☐ SHOVEL
- ☐ SNAG
- ☐ SOLID
- ☐ SONATA
- ☐ TEACUP
- ☐ TORCH
- ☐ UNLACE

```
S C U R R Y G P Y H P C N H O
T O R E H N B A L L A D P V W
L D D R I Y E R R A N G E L G
S E P D D M E S E M T R N N D
S O L I D C B N N H S A I G H
O O B M A B Y I N H G Y N T H
M Y G R E N E P A I A I R O H
H K C I K N N D M B N I R M S
L A C R S U O T N E M O M C P
E E R P U W H I E R A F A S U
V K P V H N F R T N E R S N C
O N C M E C C L B A F G L A A
H P O O O S R H U T T A A G E
S B S K R C T O Y E C I S R T
F R A N K F U R T E R A C U D
```

258 WORD SEEK 258

Instructions for solving Word Seeks are given on page 5.

Solution on page 523

- ☐ ACME
- ☐ CAPABLE
- ☐ CLEAN
- ☐ COBBLESTONE
- ☐ COPPER
- ☐ DELICIOUS
- ☐ DESCRY
- ☐ DOVE
- ☐ ENTRY
- ☐ FORETELL
- ☐ GUTSY
- ☐ HAPPEN
- ☐ HAZEL
- ☐ IMPALA
- ☐ INFANT
- ☐ LINGER
- ☐ MAKESHIFT
- ☐ MINUTES
- ☐ MORTGAGE
- ☐ NOEL
- ☐ NOSY
- ☐ NOWHERE
- ☐ NURSERY
- ☐ OCELOT
- ☐ PARODY
- ☐ POTHOLDER
- ☐ RELIEF
- ☐ RENDEZVOUS
- ☐ SCALP
- ☐ SMEAR
- ☐ SPYING
- ☐ STROP
- ☐ TACKLE
- ☐ TANK
- ☐ WENT

```
K P D F E N T R Y T S C F L L
H L O L N C V Y F R E G N I L
S A E R O F D I S V T W M M S
M C P P T E H Y O O U M E Z G
E S P P S S N D A T N A F N I
A E W C E S U O I C I L E D T
R I R K L N U F W I M P A L A
N Y A T B Y L O S H M E A W G
F M O F B E R R V O E T A N K
P O T H O L D E R Z F R I C Y
C C F N C K F T S E E Y E D S
L E Z A H C G E I R P D O L T
E L C A P A B L E S U R N V U
A O A N G T E L K A A N B E G
N T H E R R Y B Y P Z F H S R
```

259 BOXES 259

All the words in the list are found in the diagram in an unusual way. Each word reads clockwise or counterclockwise around the edges of a box (sometimes a square and sometimes a rectangle). *Solution on page 523*

- ☑ ADAPTING
- ☐ AIRLINER
- ☐ ALTHOUGH
- ☐ AMETHYST
- ☐ BEFRIEND
- ☐ BORING
- ☐ CLEVER
- ☐ DISPATCH
- ☐ FACTOR
- ☐ FINDER
- ☐ FORECAST
- ☐ FRESHMAN
- ☐ GROOVE
- ☐ HITHER
- ☐ LENGTHEN
- ☐ MANGER
- ☐ MEMBER
- ☐ MISPRINT
- ☐ MOTORCAR
- ☐ MOTORIST
- ☐ NOWADAYS
- ☐ PASTRY
- ☐ PRISTINE
- ☐ PROPORTION
- ☐ SALINE
- ☐ SAPPHIRE
- ☐ SAWING
- ☐ SHRINK
- ☐ SOUGHT
- ☐ STEALING
- ☐ TUMBLE
- ☐ TYRANT
- ☐ WAFFLE
- ☐ WALLET
- ☐ WATERSPORT

I	N	N	I	T	H	E	R	M	T	N	A	C	F	L
K	N	D	F	S	G	W	E	E	T	Y	R	R	F	E
S	I	E	R	O	U	M	B	M	F	L	M	O	A	W
H	R	E	G	O	T	E	L	R	C	M	O	T	C	H
I	T	H	E	V	E	L	G	A	S	T	T	A	N	G
N	P	T	N	E	R	C	P	W	G	S	O	F	I	B
G	A	G	L	N	E	P	R	I	N	I	R	T	R	O
A	D	N	E	I	T	S	I	M	T	D	E	S	Y	U
O	B	E	F	R	O	P	O	P	A	T	C	A	P	E
P	B	N	G	P	G	P	R	S	I	D	H	T	A	M
W	R	L	I	N	O	I	T	R	M	A	O	L	L	E
N	I	A	R	E	S	F	W	E	G	N	U	A	W	T
G	L	I	N	R	A	M	A	T	Y	H	G	H	M	A
S	A	S	E	I	P	E	R	S	N	O	W	S	V	N
T	E	U	A	H	P	T	H	Y	A	D	A	E	R	F

BOXES

Instructions for solving Boxes are given on page 264.

Solution on page 523

- [x] ACCEPT
- [ ] BAKESHOP
- [ ] BLOCKING
- [ ] CADDIE
- [ ] COMMON
- [ ] DELIBERATE
- [ ] DIPSTICK
- [ ] DISTRICT
- [ ] ENDING
- [ ] FORMER
- [ ] LEFTOVER
- [ ] MOCCASIN
- [ ] MUZZLE
- [ ] NICKEL
- [ ] OBSOLETE
- [ ] ORGANIZE
- [ ] PLACID
- [ ] POIGNANT
- [ ] PREACH
- [ ] RAINDROP
- [ ] REALTY
- [ ] REARMOST
- [ ] RELIABLE
- [ ] REMAKE
- [ ] SEDIMENT
- [ ] SEEDLING
- [ ] SMUDGE
- [ ] SOMBER
- [ ] STARRY
- [ ] SUPPLEMENT
- [ ] TEAMSTER
- [ ] TOMATO
- [ ] TRESPASS
- [ ] VALISE
- [ ] ZEALOT

K P T S Y P R A I K T K E G D
B E A R R O R D N C C A S M U
H C C O M T Z E G O M N I A S
P A N O M O T A B L E F T P S
R E L I A T O L V R E V O S T
E L B A N T P B E C A H M E R
E S G N G I O A I D D O R A E
E D L I G K H K S T F E G I Y
S I P D I T S E T C I Z A E N
T M L A C O P A R I N I N L I
N E O B K D I M E D G C K E R
Z T I S R E G S T N E M A M E
R E L O M B Z U P P L E L I B
Y A V E I Z Z M R O O D T M E
T L I S F O L E R F U E T A R

261 CROSS PAIRS 261

Hidden in the diagram below are pairs of words that cross at their common middle letter. Some are pairs of 5-letter words and some are pairs of 7-letter words. We have looped one pair for you.

Word list on page 561

Solution on page 523

B OUND
S AUNA

C ______
L ______

C ______
T ______

C ______
T ______

E ______
J ______

E ______
T ______

F ______
P ______

F ______
U ______

F ______
S ______

H ______
L ______

H ______
V ______

J ______
W ______

L ______
L ______

O ______
W ______

Q ______
R ______

R ______
T ______

S ______
T ______

S ______
S ______

T ______
Y ______

```
Y X A H W U K T K F M O S H U
K T W C L C X E T A R C R R A
B R R R E B X E C N E P U O H
E C I U J A L Q Y C D S S C Y
X W N M M O X V I Y F L U S H
T G G I S P Y N E E T O A O Q
X S N W H E E L L W V W L I H
T E O N B R V T D N A B T A H
E S P A L A A Q R J B R W Y A
J Q A N O E G R U S S O A N F
Y D C C Y I R T S I R W U F D
L K I L E C O E M O E A A N M
D I R U L D F W G C S T E M D
X A Y E D M A I A I S R L L P
E A L Y J A R R U U T R L Y C
```

262 CROSS PAIRS 262

Instructions for solving Cross Pairs are given on page 266.

Word list on page 561 *Solution on page 523*

B ATON ______
D ITTY ______

B ______
C ______

B ______
C ______

B ______
T ______

B ______
O ______

C ______
P ______

C ______
S ______

D ______
N ______

F ______
T ______

F ______
G ______

G ______
I ______

L ______
S ______

M ______
V ______

R ______
V ______

S ______
W ______

S ______
T ______

S ______
T ______

T ______
W ______

U ______
W ______

B Y M N E Y E W N N E N H M L
D U N P D U T E O W E S E L F
T V R N D C E T W R A Y I Y P
I N A R O N A M I R R R F O H
G C E T I B L S T D D Y B F N
N V G M H T W I N K L E L X I
O I R T Y N O N E R C R U S H
K A E R F A S O S U S P E N D
C E A K E T P T S A M M S W N
T H T G S N D V P A E A N E U
U W E N G N F E I H T L X N R
T I U S U U C S T X B I I I K
S R W O S A S B E N V O S H M
L U F T I U T T Y Y N K H I W
M M F P E G D X O U Y X B H V

 263 **LETTERBOXES** 263 

LETTERBOXES

Can you find the correct places for the words in the word list? The starting letters for all the words are given in the circles. Letters may be used as parts of other words because of overlapping or crossing. The words read in a straight line and in all directions—forward, backward, up, down, and diagonally. Do not pass over a black square as you are solving. When the puzzle is completely solved, there will be a letter in every space. We have filled in one word to start you off.

Solution on page 524

- ☑ ABROAD
- ☐ ACCENT
- ☐ AFFORD
- ☐ ALLIANCE
- ☐ AMIDST
- ☐ ANNIVERSARY
- ☐ ANYONE
- ☐ BERTH
- ☐ BINGO
- ☐ BLIZZARD
- ☐ CACHE
- ☐ CORPORAL
- ☐ CRATER
- ☐ CREED
- ☐ DEMO
- ☐ EXCESS
- ☐ GILD
- ☐ HYPNOTIZE
- ☐ KILN
- ☐ LATERAL
- ☐ MANAGER
- ☐ OILING
- ☐ PRANKSTER
- ☐ PREFER
- ☐ REJECT
- ☐ RELIT
- ☐ STUNG
- ☐ SWAN
- ☐ TOADSTOOL
- ☐ TUBE
- ☐ UPHOLSTERY
- ☐ VAINEST
- ☐ VEHICLE
- ☐ VIDEO
- ☐ WEAR

U	C				E		A			■		S	
■		■	C			B						■	
	■		C		R						H	■	D
	■			O							T		
			A					G				L	
S		D	■	C		P			■				A
A	T											V	
P											A		M
							B						K
B		V				■							■
					■							■	■
	W			■				O				B	■
					A		R						■
	V						R						A

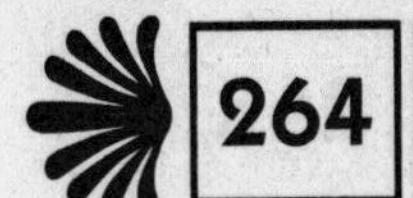

264 LETTERBOXES 264

Instructions for solving Letterboxes are given on page 268.

Solution on page 524

- ☑ BAREST
- ☐ BEDLAM
- ☐ BREAKABLE
- ☐ CHALET
- ☐ CONVEY
- ☐ DOORWAY
- ☐ DOWNHILL
- ☐ DROVER
- ☐ ENACT
- ☐ EXILE
- ☐ FALSE
- ☐ FRIDGE
- ☐ GLIMMER
- ☐ GRANDDAD
- ☐ HURT
- ☐ INPUT
- ☐ LOAF
- ☐ LULLABY
- ☐ MICROPHONE
- ☐ NARRATION
- ☐ ONYX
- ☐ ORBIT
- ☐ OUTSTANDING
- ☐ PAYCHECK
- ☐ REAPER
- ☐ ROSE
- ☐ RUSTY
- ☐ SARONG
- ☐ SAUCE
- ☐ SLINGSHOT
- ☐ TAXICAB
- ☐ TICKLE
- ☐ UPSHOT
- ☐ WORM

R		■	M	R	P			C	H				■
	■				T	■	W				■	■	E
	B						D	U				■	
		■											
			L			G							
			G	■									
				■			L						D
		T											
							T	R	■				
							S			O			S
				■			E		O				
				■		■	R	■				■	
		O		■		■	A	B		F			
F	S				N	I	B	C					E

265 WORD SEEK 265

Instructions for solving Word Seeks are given on page 5.

Solution on page 524

- ☐ ARBOR
- ☐ ARRIVE
- ☐ BUFF
- ☐ BUNDLE
- ☐ CABDRIVER
- ☐ CANARY
- ☐ CONGEAL
- ☐ CRISIS
- ☐ DANDELION
- ☐ DEAL
- ☐ ENRICH
- ☐ ESCALATOR
- ☐ FINGER
- ☐ FLUNG
- ☐ FRACTION
- ☐ HORSE
- ☐ HULLA-BALOO
- ☐ LITTLE
- ☐ MAST
- ☐ MICRO
- ☐ MUTTON
- ☐ RARE
- ☐ RECUT
- ☐ RELACE
- ☐ ROBE
- ☐ RUMBLE
- ☐ SALVE
- ☐ SHIMMER
- ☐ SPITBALL
- ☐ STAY
- ☐ STRAIGHT
- ☐ SUAVE
- ☐ SUITOR
- ☐ THRASH
- ☐ WIND-BREAKER
- ☐ WRINKLE

H E I E B C S S U M E H V V E
Y O E V A U S T H R A S H L V
E W O N W V F N R C O S T G L
E C A L E R R F A A D T T K A
S R E K A E R B D N I W I M S
Y P R S M B D U F L M G W U P
C B I M F R A C T I O N H T S
R R I T I O N L E H N Y A T S
I H O V B T D K L A E G N O C
S O E B A A E L K U H K E N C
I R R M R L L V N C H U F R U
S C E Y D A I L I O G L E L P
W I C N E C O R R R U M B L E
N M U D A S N S W N R P O T O
L B T L T E E B G H R A R E L

266 WORD SEEK 266

Instructions for solving Word Seeks are given on page 5.

Solution on page 524

☐ ABASE
☐ ALUMNA
☐ ARGYLE
☐ BASIN
☐ COMBAT
☐ CONTINENT
☐ DANDY
☐ DECREE
☐ DISHONEST
☐ EMIR
☐ EYEBROW
☐ FINICKY
☐ FROND
☐ GUISE
☐ HOODWINK
☐ HURDLE
☐ IRONIC
☐ KIWI
☐ KNUCKLE
☐ LEVEL-HEADED
☐ LIQUID
☐ LONG
☐ MANTRA
☐ MAROON
☐ NOVELIST
☐ PERSIMMON
☐ POST
☐ PROFESSION
☐ RATTAN
☐ RAZZ
☐ RUDDY
☐ SILENT
☐ SNOWMAN
☐ SPOIL
☐ TIDY
☐ UNDERDOG

```
O D T E R A V N H Q G A L N Y
K A E U U C W O M Y R F O K S
H N D C I H O E U G D M C Q I
A D U N R D R N Y Z M I Q O L
Y Y O C W E B L T I N Y T U E
G R Q I K T E T S I L E V O N
I O N C L L Y R F G N O L M T
U K D E D A E H L E V E L A S
C C N R R P K N L S S T N N E
P R O F E S S I O N S A W T N
S E R M N D Q S P O I L B R O
D S F N B U N H P W R S K A H
R I M E I A U U I M T A A N S
H U R D L E T K R A Z Z M B I
S G F I R A T T A N M U L A D
```

267 PATCHWORDS 267

It's a crazy quilt and a Word Seek combined! Each of the words in the list can be found in a continuous line in an irregularly shaped patch in the diagram. Move from letter to letter vertically or horizontally, but not diagonally. Each letter in the diagram will be used once; the patches do not overlap. We have located one word to start you off.

Solution on page 524

- ☑ ACTIVE
- ☐ ADVERSE
- ☐ ATOP
- ☐ BALLAST
- ☐ BERYL
- ☐ CART
- ☐ CONSIGN
- ☐ DATUM
- ☐ DEBIT
- ☐ DECLARE
- ☐ ECSTASY
- ☐ ENTER
- ☐ EQUIDIS-TANT
- ☐ ESOTERIC
- ☐ EYETEETH
- ☐ FOLDER
- ☐ FORE
- ☐ FRACAS
- ☐ GUARDRAIL
- ☐ INANE
- ☐ NETTLE
- ☐ PECULIAR
- ☐ PLAY
- ☐ QUIRKY
- ☐ RIDERSHIP
- ☐ SAID
- ☐ SEAPLANE
- ☐ SNIPE
- ☐ SPLINT
- ☐ STARLIGHT
- ☐ SUTRA
- ☐ TESTER
- ☐ TRINE
- ☐ WARILY
- ☐ WINERY
- ☐ ZYDECO

```
R I D E R S H A W E V C A E A
E T A C W I I R I L I T A N T
E H R S E N P N E Y R I N P O
T E T P A E R T E R A I A L L
C Y E L R T Y L R A D L S B A
I R N A I N T I S T I U T E P
T E E L P E H G Y S A C E P I
O S E I S Y Z M S A E R D E N
A C T N E D D U E T S A L C S
R A S O C S A T Q U C E V E E
F R E P L U T E R I D A D R S
E D T T A Y R A O F I S K Y C
B L S E B E L T E R A T R N O
I I D R G R E T D L N T I S N
T A R A U Y L E N O F Q U I G
```

268 PATCHWORDS 268

Instructions for solving Patchwords are given on page 272.

Solution on page 524

☑ CAFTAN
☐ COGENT
☐ CONVERSATION
☐ CURL
☐ DELE
☐ DIMINISH
☐ DORMANT
☐ DREAMLAND
☐ ESPOUSE
☐ GENERAL
☐ GLIDER
☐ GOODY
☐ GYRO
☐ HARSH
☐ HIGH
☐ INEPT
☐ KENNEL
☐ MARINER
☐ MISSIONARY
☐ MUTANT
☐ NEATEN
☐ OCHER
☐ PEACH
☐ PEST
☐ PHYLLO
☐ PLAIN
☐ POPGUN
☐ RADIUS
☐ ROMP
☐ SEAWATER
☐ SHIPMATE
☐ SKYCAP
☐ SMILE
☐ SPAGHETTI
☐ STOOD
☐ VOLUNTEER

D	E	E	S	P	P	E	S	E	P	T	L	A	R	E
L	L	E	U	O	N	O	T	N	I	E	V	C	E	N
R	U	E	S	N	I	I	T	A	S	R	N	O	G	P
T	C	D	O	L	A	E	A	C	H	S	K	S	H	M
N	A	M	R	P	S	P	H	S	I	C	Y	R	R	O
S	H	I	P	M	E	I	L	E	N	A	H	A	D	O
L	G	E	T	A	A	M	S	M	I	P	G	P	Y	O
E	Y	R	R	A	W	D	I	I	D	N	U	O	P	G
N	K	O	E	T	R	A	U	S	E	T	O	L	L	Y
N	E	M	A	T	N	A	A	L	H	T	I	S	T	H
R	E	O	R	I	N	T	N	M	G	A	D	O	O	P
N	H	C	Y	R	E	U	D	A	E	P	S	O	C	N
A	R	E	R	A	N	M	M	R	R	D	H	G	T	E
T	F	E	U	L	O	I	I	E	L	G	I	E	A	E
C	A	T	N	O	V	S	S	D	I	H	G	N	T	N

269 MISSING VOWELS 269

Before you can loop the words in the list below, you must first fill in the circles in the diagram with the missing vowels A, E, I, O, and U. We have filled in one word for you.

Solution on page 525

- ☑ ABATE
- ☐ ADVICE
- ☐ APTER
- ☐ ARTISAN
- ☐ ASTRONOMER
- ☐ AUBURN
- ☐ BRIDAL
- ☐ DAIS
- ☐ ENCYCLOPEDIA
- ☐ EXTINCT
- ☐ GOBBLE
- ☐ HEAT
- ☐ IMITATOR
- ☐ JAGUAR
- ☐ LATHE
- ☐ LEAVE
- ☐ MENAGERIE
- ☐ MEOW
- ☐ MORAY
- ☐ MUTE
- ☐ NAPKIN
- ☐ OILIER
- ☐ ORDINARY
- ☐ REVERE
- ☐ SANDWICH
- ☐ SHOULD
- ☐ SLOGAN
- ☐ SNAIL
- ☐ SOLVING
- ☐ TEACHER
- ☐ TOAST
- ☐ TOOTHACHE
- ☐ TOPIC
- ☐ UNANIMOUS
- ☐ WERE
- ☐ ZOOM

```
L S D H L M T S ○ ○ T W Z Z ○
L S M ○ T ○ ○ B M ○ Z ○ G D S
A S T R ○ N ○ M ○ R R N V N ○
T B R ○ D ○ L N ○ ○ ○ ○ ○ ○ ○
H ○ A W P G Z ○ W V C ○ N L M
○ G ○ T H ○ R G L ○ L C ○ B ○
V C ○ L E R Y ○ T R Y H N B N
H R L Y ○ ○ S L T C C G H ○ ○
T ○ ○ C H ○ R S L ○ N D ○ G N
Y R ○ N ○ D R ○ H R T ○ ○ T ○
○ V ○ ○ L P P T ○ T ○ ○ T ○ R
L Z G ○ Z ○ ○ B X ○ X ○ M X S
P S ○ J D ○ ○ T B S G N G ○ ○
Y H D ○ T ○ ○ R Y ○ R ○ M ○ C
S N ○ P K ○ N M D N N P D Z J
```

270 MISSING VOWELS 270

Instructions for solving Missing Vowels are given on page 274.

Solution on page 525

- ☑ ABASH
- ☐ BASIS
- ☐ BINDER
- ☐ BORE
- ☐ CENSOR
- ☐ CLOYING
- ☐ COWER
- ☐ CUTICLE
- ☐ DECEIT
- ☐ DOWNBEAT
- ☐ DRIVE
- ☐ EASILY
- ☐ EXUDE
- ☐ FEAST
- ☐ HAIRIEST
- ☐ HEAD-QUARTERS
- ☐ IDLE
- ☐ IMPATIENT
- ☐ LAWFUL
- ☐ LOSE
- ☐ MALE
- ☐ MOLE
- ☐ OVERGROWN
- ☐ PARLIAMENT
- ☐ PEACE
- ☐ PITIFUL
- ☐ PREFIX
- ☐ PULPIT
- ☐ REFUSE
- ☐ SANDPAPER
- ☐ SLIDE
- ☐ SONGFEST
- ☐ STERILE
- ☐ TODDLE
- ☐ VICE
- ☐ WARBLE

```
P V R T B ○ R ○ D ○ X ○ ○ L D
○ H ○ S ○ F ○ R H Y ○ V ○ B H
L N W ○ R B L ○ D D ○ C ○ ○ T
P T ○ ○ Y ○ N L G R ○ F ○ B ○
○ ○ C F R G T ○ G V ○ D L ○ M
T ○ R T S ○ ○ R ○ A H V T B P
L B ○ L ○ M ○ ○ ○ X B ○ ○ T ○
P N F G ○ W ○ T F ○ D A S W T
R W C V N ○ L S B D Q ○ S L ○
○ ○ Y ○ S ○ M ○ L ○ F D ○ H ○
F D S ○ T B Y ○ W G R F ○ D N
○ X L N ○ ○ S ○ N F ○ S ○ ○ T
X Y R S ○ ○ C ○ L T ○ L G G H
F N ○ T L C S L ○ C S L R H D
P S ○ N D P ○ P ○ R ○ D N ○ B
```

271 WORD SEEK 271

Instructions for solving Word Seeks are given on page 5.

Solution on page 525

- ☐ ALMOST
- ☐ ASTROLOGY
- ☐ ATHLETIC
- ☐ BLURT
- ☐ BRANDISH
- ☐ BREECHES
- ☐ BUNT
- ☐ CAVITY
- ☐ CLEF
- ☐ CRAMP
- ☐ DEVOTE
- ☐ ENTERTAIN
- ☐ FIASCO
- ☐ FURY
- ☐ GADGET
- ☐ GONDOLA
- ☐ GRINDER
- ☐ HALTER
- ☐ HANGER
- ☐ HEED
- ☐ LEDGE
- ☐ ORCHESTRA
- ☐ PHARMACY
- ☐ PLANET
- ☐ POLISH
- ☐ PROFES-SIONAL
- ☐ RADIANT
- ☐ RAVEN
- ☐ SCALD
- ☐ SPOOK
- ☐ STATIONERY
- ☐ THYME
- ☐ VENT
- ☐ VERSUS
- ☐ WATCH

```
A C H E E D T A R E G N A H T
H L K C L D T L A T T F Y R P
A A M A T H Y A V O N T U O M
L C C O L A V N E V U L L R N
T S L E S E W O N E B I O V Y
E N T E R T A I N D S P O O K
R I E S F U S S E H C E E R B
C E U V A R T S E H C R O R W
G S D N V Y R E N O I T A T S
F O N N T V O F P L A N E T T
I U N I I C L O L E D A M E H
A L V D R R O R W I G I G P Y
S A R A O Y G P S T W D R Y M
C T M T M L Y H P Y A A E Y E
O P H A R M A C Y G G R P L C
```

272 WORD SEEK 272

Instructions for solving Word Seeks are given on page 5.

Solution on page 525

- ☐ ASLANT
- ☐ BODY
- ☐ BROCHURE
- ☐ BULLET
- ☐ CHARITY
- ☐ CHIMP
- ☐ CIGARETTE
- ☐ CONCERN
- ☐ DEWDROP
- ☐ DREAM
- ☐ DROWSE
- ☐ ERODE
- ☐ FAKE
- ☐ FLOWERPOT
- ☐ HASTEN
- ☐ HOVEL
- ☐ ICEMAN
- ☐ INTERN
- ☐ LABOR
- ☐ MAYBE
- ☐ MEALTIME
- ☐ MESA
- ☐ MULTIPLY
- ☐ POSSESSION
- ☐ RECOLLECTION
- ☐ ROUGHLY
- ☐ RUSTLE
- ☐ SCOOP
- ☐ SOCIALITE
- ☐ TRAMPLE
- ☐ TUREEN
- ☐ TYPE
- ☐ UPDO
- ☐ UPRISE
- ☐ USHER
- ☐ WELD

K	E	V	M	A	E	R	D	B	Y	H	F	W	K	U
L	F	L	R	S	G	V	U	T	N	L	T	C	M	P
N	E	A	P	E	V	L	I	P	O	R	D	W	E	D
R	O	V	K	M	L	R	M	W	I	U	S	R	A	O
E	S	I	O	E	A	I	E	Y	S	M	V	V	L	G
S	M	B	T	H	H	R	S	A	S	L	A	N	T	I
W	S	U	C	C	P	E	T	T	E	R	A	G	I	C
O	C	T	L	O	E	N	E	T	S	A	H	C	M	N
R	O	L	T	T	I	L	I	R	S	U	S	H	E	R
D	O	Y	A	N	I	L	L	C	O	N	C	E	R	N
Y	P	U	T	B	A	P	D	O	P	D	R	S	U	R
E	D	E	G	I	O	M	L	P	C	U	E	I	S	K
B	R	O	C	H	U	R	E	Y	T	E	E	R	T	N
N	G	O	B	Y	L	L	W	C	S	I	R	P	L	T
L	S	N	F	M	A	Y	B	E	I	O	E	U	E	A

273 ZIGZAG 273

Instead of reading in a straight line, each word has one bend in it. One word has been looped for you. *Solution on page 525*

- ☑ ADEQUACY
- ☐ AFFORDABLE
- ☐ ANATOMY
- ☐ ATTACH
- ☐ AUDITION
- ☐ BANDIT
- ☐ BISHOP
- ☐ BRAVE
- ☐ BUDGET
- ☐ CATTAIL
- ☐ CLUTCH
- ☐ DONATE
- ☐ ELOPEMENT
- ☐ EQUIPMENT
- ☐ GIGABYTE
- ☐ GRIMY
- ☐ HEMLINE
- ☐ JOYOUS
- ☐ MAGPIE
- ☐ MESSY
- ☐ NOMAD
- ☐ PATCHWORK
- ☐ PEROXIDE
- ☐ PLETHORA
- ☐ RANGE
- ☐ REVEL
- ☐ RIDGEPOLE
- ☐ ROOSTER
- ☐ RUTABAGA
- ☐ SAINTLY
- ☐ SCHNAUZER
- ☐ SHRILLEST
- ☐ STATUS
- ☐ TAXABLE
- ☐ WREATHE

```
J Z A R O H T E E I R T C V Y
L C U T X R L V L R N N T L Y
Y C Q T I P E M B O T E I T B
A T E S D L E P A A P M D A E
N R D O E H U K X F P E N M S
O T A O N P D B R F L I R H S
D V M R I D G E P O O L S O Y
E A A E B B E A W R L I E P R
D T A T U S T H M D B Z K S U
S C H N T A C H A R A U D I T
B Y T E A T C B X T N R L A I
H A P M A U L A O E A I B Y O
Y C G P U E Z M T H A A O O N
M R T I Q E Y E Y T G J E U N
I C L U G N A R R A E R W S K
```

ZIGZAG

Instructions for solving Zigzags are given on page 278.

Solution on page 525

- ☑ ALUMNUS
- ☐ BLITZ
- ☐ BLOTCH
- ☐ BRAGGART
- ☐ CREATIVE
- ☐ DAFFODIL
- ☐ DECELERATE
- ☐ DEGRADE
- ☐ DINGLE
- ☐ DISOWN
- ☐ DOWNSIDE
- ☐ EMBEZZLE
- ☐ EUREKA
- ☐ FORBIDDEN
- ☐ GLOBE
- ☐ HANDLER
- ☐ HOPPING
- ☐ HOUSECOAT
- ☐ IMPLY
- ☐ JAUNTY
- ☐ JUSTICE
- ☐ KINSHIP
- ☐ MEGAHERTZ
- ☐ OXYGEN
- ☐ PARENT
- ☐ PAUSE
- ☐ PINATA
- ☐ RELIGIOUS
- ☐ SEWING
- ☐ SHIPYARD
- ☐ SPOUSE
- ☐ SUMMARIZE
- ☐ TRANSPIRE
- ☐ VANDALIZE
- ☐ WASHTUB

```
K I C R E A T X W Y T N U A W
P I N A T E I A N S P I R E J
U S N W O D V R R E N T B B P
P I H S V V E T A E E Z Z L E
L D S I P P O H P Z L B Z I O
M E J N P L P M I I L E M T X
C E U G M Y E L L R C G C E Y
Z S G B N U A D N A V H N E G
B R L A R D L R W M S E W I D
M S E E H A A A O L M X U E D
B U T L K E G F S I D U N H I
D O H E D A R G F D U Y S O B
H P S N B G L T A O C E S U R
A S A B E O Z R R E L I G I O
X H W D C I T S U J S U A P F
```

275 PLACES, PLEASE 275

Fill the diagram with all the words in the word list. The words from each group start on their matching number, and they will read in all directions—forward, backward, up, down, and diagonally. Words from different numbers sometimes overlap; therefore, some letters will be used more than once. We have started the puzzle for you. When the puzzle is completed, all the squares will be filled. *Solution on page 526*

1. UMP
   UNARM
   UNBEND
   UNITE

2. ADORNMENT
   ALTERATION
   ARTICULATE

3. NEE
   NENE

4. LEI
   LOB

5. DADS
   DETAINMENT
   DOE
   DUB

6. KEG
   KEN
   KEPT
   KITE
   KNAVE
   KNEEL

7. YARDSTICK
   YEARNING
   YENTA
   YOUNG
   YUMMIEST

8. FEE ✓
   FINITE ✓
   FLY ✓
   FUR ✓

9. PERKY
   PINUP
   PISTON

10. VAMP
    VIA

11. EERINESS
    ELATE
    EMBARGO
    EMERGE
    ENNUI
    EQUIP
    EXPEL
    EXTRA

12. TEMP
    TRIG

13. HAD
    HIS
    HOPS

14. SIC
    STRIP
    SUB
    SUE

15. RAN
    REFUTE
    RHO
    ROE

16. GELID
    GREBE

							1					
												2
		3						Y			4	R
5					6				L			U
	7									8 F		
									E	I		
		9			10			E		N		
										I		
								11		T		
										E		12
				13							14	
				15								
						16						

276 PLACES, PLEASE 276

Instructions for solving Places, Please are given on page 280.

Solution on page 526

1. CHAP
CHOICE
CITY
COUNSE-LOR
COY

2. NAY
NIT
NOR

3. EAVE
ELL
END
ERR

4. IDOL
INAPT
ISLAND

5. PAR
PIG
PIPPIN
PLATE
POETRY
PRO

6. SADDER
SAY
SEASON
SLIPPERY
SNEER

7. AFFAIR
AIRPORT
ANTIGEN
ARABLE
ARCANE
ASEA
ATONE
ATRIAL

8. BARD
BATH
BILL
BOA
BONGO
BUT

9. MAR
MATINS
MEMORIAL
MIGRATION

10. TAG
TAR
TEA
TOFU

11. OLD
OVA

12. LADLE ✓
LIEGE ✓
LOOK ✓

13. RARITY
REALISTIC
RECTORY
RENAME
REPOSE

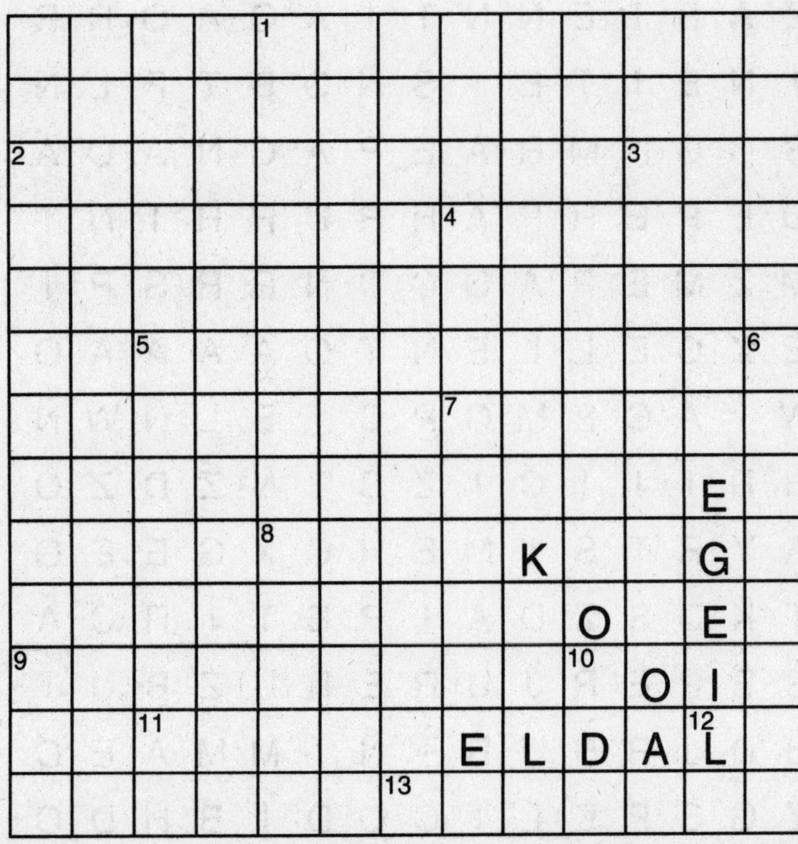

277 WORD SEEK 277

Instructions for solving Word Seeks are given on page 5.

Solution on page 526

- ☐ ATTRACTING
- ☐ BEDTIME
- ☐ BEIGE
- ☐ CARNATION
- ☐ CHEMISTRY
- ☐ CONDUCTOR
- ☐ CORRAL
- ☐ CRITERIA
- ☐ DEUCE
- ☐ DIRECTION
- ☐ DISAPPEAR
- ☐ DOCILE
- ☐ EXCELLENT
- ☐ FOLKLORE
- ☐ INTERNAL
- ☐ LOOPHOLE
- ☐ MEMENTO
- ☐ MINIBUS
- ☐ OCTAGON
- ☐ PERJURE
- ☐ PINBALL
- ☐ PRESTIGE
- ☐ SANDER
- ☐ SOMEWHAT
- ☐ SPEARHEAD
- ☐ STANCE
- ☐ TOPAZ
- ☐ WARRANTY

```
P S D F O L K L O R E U N E C
D T A N I B Y T L D Z L K R A
Z A B T E N N T I A O A O R R
I N E I T E T S N O B T P L N
S C G H M R A E P A C N A O A
O E P E R P A H R U R R I N T
M Z M E P A O C D N R R S P I
E X C E L L E N T O A A A A O
W I A G E M O P C I B L N W N
H R I I I C I Z S T N Z D Z O
A Y R T S I M E H C X G E E G
T K D S Z D A I R E T I R C A
B E P E R J U R E R U Z B U T
B D J R S U B I N I M M A E C
Y G S P E L I C O D I B H D O
```

278 WORD SEEK 278

Instructions for solving Word Seeks are given on page 5.

Solution on page 526

☐ ADMIT
☐ ALARM
☐ BALLET
☐ BENEATH
☐ CASTAWAY
☐ CHOSEN
☐ CULTIVATE
☐ FAVORITISM
☐ FRAGMENT
☐ IMMIGRANT
☐ JACKKNIFE
☐ LITTER
☐ MARSHLAND
☐ MEASURE
☐ MILDER
☐ PERCEIVE
☐ PROPOSAL
☐ RAPIER
☐ REFINE
☐ RELATION
☐ SCALPEL
☐ SMOKE
☐ SOCIABLE
☐ SQUEEGEE
☐ STREETCAR
☐ TREACHERY
☐ TRICKLE
☐ UPPERMOST
☐ WISHFUL

P B I S O C I A B L E K O M S
W E A P T S O M R E P P U N R
I N R L N T N E M G A R F A A
S I M C L E E N R I N F C T B
H R J F E E O S P E G T D E M
F A V O R I T I S M E R N R C
U S C Y T J V O Y E Q E A U F
L Q Y A R A H E R R A L L N L
V U L W I C V T E T A T H A T
U E I A C K S F H C I C S D M
R E T T K K I F C V P O R M I
H G T S L N H D A A P S A I L
K E E A E I L T E O W F M T D
G E R C S F E E R U S A E M E
S C A L P E L P T R E I P A R

279 MISSING VOWELS 279

Before you can loop the words in the list below, you must first fill in the circles in the diagram with the missing vowels A, E, I, O, and U. We have filled in one word for you. *Solution on page 526*

- ☑ ANGORA
- ☐ ANYTHING
- ☐ BARKING
- ☐ BEAUTIFUL
- ☐ BOOMERANG
- ☐ BRIDESMAID
- ☐ CARNIVAL
- ☐ CONSONANT
- ☐ COSTUME
- ☐ CROSSTOWN
- ☐ DESPERADO
- ☐ DILUTE
- ☐ DINGO
- ☐ DOUSE
- ☐ EASTERNER
- ☐ EXTERIOR
- ☐ FIREFLY
- ☐ GANDER
- ☐ INCIDENCE
- ☐ INTERVAL
- ☐ LASAGNA
- ☐ LEGEND
- ☐ MARRIAGE
- ☐ PORPOISE
- ☐ POSTAL
- ☐ SAMBA
- ☐ SIMPLEST
- ☐ TOUCAN
- ☐ TREASON
- ☐ TURNOVER
- ☐ VACANCY

```
B C F T ○ ○ C ○ N G ○ S ○ L ○
R ○ ○ T ○ L ○ D N ○ G ○ L V M
○ R B B ○ R K ○ N G F C P F ○
D N (A) R (O) G N (A) R ○ M ○ ○ B T
○ ○ C L B S P ○ R P ○ ○ S ○ S
S V H ○ ○ M W T V T D ○ T M ○
M ○ T R D F S N N ○ ○ B ○ L C
○ L L ○ T ○ ○ ○ X V R M L R ○
○ ○ ○ ○ L R N T ○ C ○ ○ ○ F G
D S G P V ○ ○ C ○ H P S G ○ ○
○ C M N S R ○ ○ ○ ○ S N ○ R ○
G ○ W N ○ N ○ ○ S T ○ R N ○ R
S H ○ ○ C D P T ○ ○ D B D F R
K C R Y R P Y W N N N C ○ L ○
G N ○ H T Y N ○ B ○ Y W R Y M
```

280 MISSING VOWELS 280

Instructions for solving Missing Vowels are given on page 284.

Solution on page 526

- [x] AMAZEMENT
- [ ] ARTICHOKE
- [ ] BACKBOARD
- [ ] BALONEY
- [ ] BICYCLING
- [ ] CHEATER
- [ ] CONFERENCE
- [ ] CORONET
- [ ] DECAL
- [ ] ENJOYMENT
- [ ] FREQUENT
- [ ] GALLERY
- [ ] HONEYPOT
- [ ] IMMERSE
- [ ] NATURE
- [ ] OBJECTIVE
- [ ] OVERCOAT
- [ ] PATROL
- [ ] POTTERY
- [ ] RECONCILE
- [ ] RETAILER
- [ ] RIVET
- [ ] RUSSET
- [ ] SIDESHOW
- [ ] TAKEOUT
- [ ] TENTACLE
- [ ] TETHER
- [ ] TURBAN
- [ ] UNISON

```
N ○ T ○ R ○ V ○ T C ○ J B ○ B
G N R ○ T (A) ○ L ○ R L W V ○ S
B ○ ○ S R ○ M M ○ M J F L ○ R
○ B L P ○ C ○ (A) N F V ○ D V ○
C R Q L V N N K Z ○ N ○ D F H
K ○ V J ○ ○ J V ○ (E) S R G R T
B T C P T R ○ M Y H M ○ R G ○
○ ○ H ○ N ○ Y P ○ T C (E) N L T
○ S ○ T ○ F M W B ○ C ○ N ○ ○
R S ○ T ○ N ○ R M ○ L L T T N
D ○ T ○ Q ○ N Y N C ○ B T R T
○ R ○ R ○ C T C Y R Z N D Y ○
C Y R Y R C ○ C T ○ N ○ R ○ C
○ D K S F L ○ ○ G V G L C Y L
L J T L ○ B P T ○ ○ ○ K ○ T ○
```

281 LETTERBOXES 281

Can you find the correct places for the words in the word list? The starting letters for all the words are given in the circles. Letters may be used as parts of other words because of overlapping or crossing. The words read in a straight line and in all directions—forward, backward, up, down, and diagonally. Do not pass over a black square as you are solving. When the puzzle is completely solved, there will be a letter in every space. We have filled in one word to start you off. *Solution on page 527*

- ☑ AIRSHIP
- ☐ ANTIDOTE
- ☐ BLACKBOARD
- ☐ BLEND
- ☐ BUNION
- ☐ BURNERS
- ☐ DOGGY
- ☐ EASYGOING
- ☐ EDUCATION
- ☐ EIGHTBALL
- ☐ ELIMINATE
- ☐ GARDEN
- ☐ HEARTBEAT
- ☐ LIMERICK
- ☐ LOBSTER
- ☐ MANICURE
- ☐ MASCARA
- ☐ MATERIAL
- ☐ MEANING
- ☐ NAUTICAL
- ☐ OUT-NUMBER
- ☐ SLIVER
- ☐ SLURP
- ☐ VALENTINE
- ☐ WAITER
- ☐ WHODUNIT
- ☐ WOODSHED

	E							O		■	S	■	■
	■								N	■			■
		■	W						■	■			M
		■								W			
		■	■		A	I	R	S	H	I	P		
				■									E
	D										H		
A		B	L									M	
												V	
				■	E								
				■	L								■
				■	M								■
							G	S					
M	W							B		E			■

282 LETTERBOXES 282

Instructions for solving Letterboxes are given on page 286.

Solution on page 527

☑ ABSOLUTELY

☐ ADJOURN

☐ BALLPOINT

☐ BURGUNDY

☐ CAMSHAFT

☐ CURFEW

☐ FAVOR

☐ FERTILE

☐ GRAIL

☐ IMPORT

☐ MODEST

☐ MOUNT

☐ PEPPERONI

☐ PERMANENT

☐ RANCID

☐ REVOLVER

☐ ROSEBUSH

☐ ROTATION

☐ SCANDAL

☐ SHREW

☐ SLAPSTICK

☐ STATEMENT

☐ THRILLING

☐ TREASURY

☐ TROPICAL

☐ WARNING

☐ WORLDWIDE

(M)				(S)									■
(A)													(R)
				(S)	(W)							■	(C)
■	(R)									■	■		(M)
							(C)		■	■			(A)
■									(P)			B	(T)
(S)							■				S		
								(W)		O			
(P)									L			■	
			(B)				(R)	U				■	
							(T)			■	■		
(F)						E						(F)	
■	(G)				L								(R)
■	■	■	■	Y		(B)	■	(I)					(T)

283 WORD SEEK 283

Instructions for solving Word Seeks are given on page 5.

Solution on page 527

- ☐ APOSTROPHE
- ☐ ATTEND
- ☐ BIRDSEED
- ☐ CHARGE
- ☐ CLINCH
- ☐ CLOTHE
- ☐ COMMA
- ☐ DEVICE
- ☐ EXISTENCE
- ☐ FOURSOME
- ☐ FRAGILE
- ☐ FRIEND
- ☐ GLISTEN
- ☐ HABITAT
- ☐ HERITAGE
- ☐ IGNITION
- ☐ INKLING
- ☐ LATEX
- ☐ LIFESAVER
- ☐ LIVESTOCK
- ☐ NOTEBOOK
- ☐ ORIOLES
- ☐ OUTSMART
- ☐ PERSEVERE
- ☐ RATION
- ☐ RECTANGLE
- ☐ RELENT
- ☐ RETRIEVER
- ☐ STRING
- ☐ SURRENDER
- ☐ SYMPTOM

```
M K C H A R G E I A K O R A X
O O K Y E G M G P C L I N C H
T O B L N O N O O R I O L E S
P B L I S I S T A T I B A H V
M E R R T T S D N E T T A I F
Y T U I R E S C P L O M D N G
S O O O V X U E R G U A S K U
F N P I E I R D E N T H V L C
G H L T A S R E V A S E F I L
E L A G E T E E E T M R C N O
C L I V N E N S I C A I O G T
I G E S E N D D R E R T M G H
V R B S T C E R T R T A M K E
E T N E L E R I E L I G A R F
D R A T I O N B R D N E I R F
```

284 WORD SEEK 284

Instructions for solving Word Seeks are given on page 5.

Solution on page 527

☐ BOBOLINK
☐ CHARTER
☐ CHECKER
☐ CUPBOARD
☐ DACHSHUND
☐ DARKROOM
☐ DOSAGE
☐ EXCITABLE
☐ HOUSETOP
☐ KNOTHOLE
☐ LOGICALLY
☐ MACHO
☐ MICROWAVE
☐ MINING
☐ NEWSPAPER
☐ PARTICULAR
☐ PREMIER
☐ PROGRAM
☐ QUARRY
☐ REGION
☐ RIGID
☐ SEALANT
☐ SLOPPIEST
☐ SPRANG
☐ STILETTO
☐ SWITCHING
☐ TRIANGLE
☐ TUNDRA

```
Y T Y B A N B Y Y W I O R C K
S T R O T T E L I T S L I H P
T E R B H O L W T N O I G E R
R M A O R A D M S A D E I C E
I A U L C G K I E P R T D K I
A R Q I A E X C I T A B L E M
N G G N M N U R P D L P U R E
G O N K E P T O P A U Y E L R
L R E I B G T W O R C T O R P
E P E O H E N A L K I H I O G
H G A T S C R V S R T E H N N
M R A U R D T E U O R C A S I
D W O S N A L I N O A R A G N
N H X U O N H K W M P Q Q G I
W X T M B D A C H S H U N D M
```

285 NUMBER SEEK 285

Solve this puzzle by seeking numbers instead of letters.

Solution on page 527

- ☑ 07995
- ☐ 09140
- ☐ 12571
- ☐ 13850
- ☐ 13974
- ☐ 23328
- ☐ 23394
- ☐ 28631
- ☐ 30139
- ☐ 31930
- ☐ 31981
- ☐ 35796
- ☐ 38566
- ☐ 40947
- ☐ 44978
- ☐ 48176
- ☐ 54416
- ☐ 54555
- ☐ 56323
- ☐ 69764
- ☐ 71164
- ☐ 71259
- ☐ 71573
- ☐ 73798
- ☐ 74365
- ☐ 75632
- ☐ 76001
- ☐ 81040
- ☐ 82073
- ☐ 82280
- ☐ 84420
- ☐ 86655
- ☐ 86713
- ☐ 88068
- ☐ 89496
- ☐ 93609
- ☐ 98516
- ☐ 98643
- ☐ 98718
- ☐ 99019

```
2 7 1 2 5 9 2 4 1 1 8 6 5 9 8
2 6 8 1 4 7 3 3 7 7 6 7 2 6 7
0 8 9 9 4 0 2 4 3 5 1 6 0 3 9
2 8 6 3 1 3 9 7 4 2 5 8 5 7 8
3 3 6 3 6 0 1 3 3 1 8 8 1 8 8
5 5 9 5 4 9 9 3 7 4 9 1 6 6 3
8 4 7 7 3 1 9 9 9 7 6 8 8 6 9
9 2 6 9 6 4 0 3 3 4 4 8 5 5 5
5 0 4 6 9 0 6 7 6 8 8 4 9 5 2
8 0 3 7 8 0 0 5 3 7 0 2 8 5 4
7 4 6 9 9 6 7 1 8 4 8 4 1 4 2
3 4 4 1 1 4 0 7 5 6 1 8 0 5 1
1 9 4 2 9 3 9 5 9 9 7 0 4 1 7
6 7 0 3 0 5 8 3 1 9 8 1 6 3 8
0 8 2 2 8 9 4 3 4 1 9 7 3 6 2
```

286 NUMBER SEEK 286

Solve this puzzle by seeking numbers instead of letters.

Solution on page 527

- ☑ 02380
- ☐ 02522
- ☐ 05554
- ☐ 06827
- ☐ 13021
- ☐ 15143
- ☐ 20159
- ☐ 23653
- ☐ 23722
- ☐ 27179
- ☐ 31578
- ☐ 32078
- ☐ 33593
- ☐ 37386
- ☐ 41373
- ☐ 41481
- ☐ 43093
- ☐ 49375
- ☐ 51974
- ☐ 52565
- ☐ 53230
- ☐ 53771
- ☐ 55585
- ☐ 62376
- ☐ 62886
- ☐ 62996
- ☐ 65111
- ☐ 65201
- ☐ 67205
- ☐ 74202
- ☐ 74994
- ☐ 75549
- ☐ 76937
- ☐ 77117
- ☐ 81582
- ☐ 81853
- ☐ 85521
- ☐ 87308
- ☐ 89262
- ☐ 93940

9 1 2 4 1 3 3 5 8 6 6 5 7 0 6

5 3 4 0 0 3 4 1 5 1 9 7 4 7 2

4 1 2 0 4 9 8 6 0 5 2 3 8 0 8

1 5 4 5 8 5 6 4 2 6 8 5 1 9 8

6 7 0 4 3 3 9 5 7 9 4 5 5 7 6

3 8 2 2 7 3 2 9 6 1 9 5 2 8 9

7 5 3 8 9 5 8 0 4 8 7 6 7 9 5

0 0 1 0 6 3 4 1 3 7 3 0 3 2 1

2 1 3 5 5 0 7 6 7 3 7 3 8 6 1

5 4 8 6 2 7 1 6 4 0 1 6 2 2 4

2 8 3 4 3 7 1 0 9 8 1 3 9 0 8

5 2 8 5 1 8 1 4 9 3 7 5 0 9 4

7 6 3 5 0 4 5 7 4 6 7 0 7 2 9

6 2 2 5 2 0 6 1 9 0 6 1 2 6 1

7 4 2 0 2 5 4 5 3 7 4 3 6 3 2

287 WORD SEEK 287

Instructions for solving Word Seeks are given on page 5.

Solution on page 528

☐ APOLOGIZE
☐ AVALANCHE
☐ BUOYANT
☐ CANVAS
☐ CHIMPANZEE
☐ CONTEXT
☐ CORNET
☐ DESKTOP
☐ ENDURANCE
☐ FISHERMAN
☐ HAZARD
☐ HEAVIER
☐ IMITATING
☐ INFANCY
☐ LONESOME
☐ MAJESTIC
☐ MODEM
☐ PENDULUM
☐ PRONOUN
☐ SAFETY
☐ SAILBOAT
☐ SCAPE
☐ SCRIMP
☐ SEMISWEET
☐ SOBER
☐ SPECIMEN
☐ TROUSERS
☐ UNICYCLE
☐ WARE-HOUSE
☐ WORKING

N P M I R C S E D A J W S S N
G U D C O E L A V E A M C R E
H T O R I C A A I R S A K E M
U A N N Y N L K E L P K Z S I
H E Z C O A C H U E B N T U C
T E I A N R O E S A A O N O E
G N A C R U P A E P J B A R P
U N H V S D V U M O W L Y T S
R E I E I N Z I I L O O O X A
H D G T A E H C S O R N U E F
A N F C A C R F W G K E B T E
M A J E S T I C E I I S B N T
Y C N A F N I Z E Z N O H O Y
P E N D U L U M T E G M H C S
J N A M R E H S I F M E D O M

 288

WORD SEEK

288 

Instructions for solving Word Seeks are given on page 5.

Solution on page 528

- ☐ AUTOMATIC
- ☐ BAROMETER
- ☐ BONNET
- ☐ BUNGALOW
- ☐ CASHIER
- ☐ CHAMP
- ☐ CHERRY
- ☐ COLLAPSE
- ☐ COMPLAINT
- ☐ DARKEST
- ☐ DECAF
- ☐ ELECTOR
- ☐ GRANDSON
- ☐ HEARTACHE
- ☐ MANICURIST
- ☐ NYLONS
- ☐ OBTAIN
- ☐ REACTION
- ☐ RELATIVE
- ☐ REOPEN
- ☐ RUBBISH
- ☐ SCHNITZEL
- ☐ SEACOAST
- ☐ SPOOL
- ☐ STOPLIGHT
- ☐ TUGBOAT
- ☐ WILDEST
- ☐ WINTERIZE
- ☐ WRENCH

W I L D E S T C H E R R Y W U
H E W P N C C N E P O E R R H
G A H O Y H C H T S T W L E E
R W L C A N S D S N C R C N V
A Y I M A I W W A C E O Y C I
N U P N B T S T O P L I G H T
D D T B T Z R M C L E F C T A
S A U O F E P A A A A C U D L
O R O A M L R P E R S G H L E
N K C B A A S I S H B H N F R
V E F I T E T P Z O Y S I U U
D S N B T A O I A E W O Z E B
R T I K N O I T C A E R B N R
L P Z D L M A N I C U R I S T
G R E T E M O R A B O N N E T

289 CROSS PAIRS 289

Hidden in the diagram below are pairs of words that cross at their common middle letter. Some are pairs of 5-letter words and some are pairs of 7-letter words. We have looped one pair for you.

Word list on page 561 *Solution on page 528*

A EROSOL
A GROUND

A ______
G ______

A ______
C ______

C ______
T ______

C ______
L ______

D ______
L ______

D ______
M ______

D ______
E ______

F ______
I ______

G ______
R ______

G ______
S ______

J ______
S ______

K ______
P ______

L ______
S ______

M ______
P ______

M ______
V ______

R ______
T ______

T ______
W ______

T ______
T ______

L	K	B	G	W	A	T	Z	T	G	Y	A	C	L	C
Y	L	X	S	O	A	H	E	L	T	T	G	V	J	V
E	G	V	G	K	D	N	E	S	R	R	R	E	C	Y
Y	Z	N	N	E	O	A	E	A	E	R	O	S	O	L
F	I	I	I	R	N	T	N	D	D	R	U	K	S	M
L	F	R	R	D	E	S	U	R	G	T	N	I	L	G
E	B	L	O	P	I	U	V	A	O	M	D	M	D	C
S	S	E	N	T	I	F	V	R	L	T	U	P	A	D
H	C	T	I	D	E	E	D	E	F	T	L	B	R	A
H	J	O	N	H	L	V	L	V	R	R	I	A	L	V
E	C	M	G	E	P	T	A	J	Y	N	W	S	X	A
R	N	U	S	M	S	M	L	F	R	L	R	U	B	E
H	A	O	O	I	F	N	A	U	C	O	B	M	U	J
L	O	C	H	C	C	E	O	T	A	Y	C	A	T	K
M	P	T	S	P	L	M	X	C	S	V	K	C	G	X

290 CROSS PAIRS 290

Instructions for solving Cross Pairs are given on page 294.

Word list on page 561 *Solution on page 528*

A BHOR
E THER

A ____
C ____

B ____
C ____

B ____
S ____

B ____
T ____

B ____
J ____

B ____
E ____

C ____
V ____

C ____
S ____

E ____
T ____

E ____
S ____

E ____
R ____

F ____
L ____

F ____
P ____

G ____
M ____

H ____
S ____

P ____
S ____

S ____
T ____

S ____
S ____

```
L X Y A F N H R C P R M Q N H
Q O X O Y A Y B A U O O W U V
V A Y Y J Q E G R E V O N I M
L E U A M N A Y R Q L C W E N
R W R R L M E Y Y C H R D S S
J E G O U G U R M A F O U L C
I E K T N V C M I T O W R R N
N E D A O R B R N F S N E A P
V S R U E G J E A D N I X O T
E T S Q R N L E N S R O O J G
S E E E C K S R R B K R B J H
U N Y C R T E T O M E N L G Y
R R G A E P F R H H K L U A C
F A P A P I M C T C B O S K V
J S D L B R P E Y U T A H H S
```

291 MISSING VOWELS 291

Before you can loop the words in the list below, you must first fill in the circles in the diagram with the missing vowels A, E, I, O, and U. We have filled in one word for you.

Solution on page 528

☑ AMMUNITION
☐ AVENUE
☐ BANDAGE
☐ BAREFOOT
☐ BUNGLE
☐ CAMPFIRE
☐ CAPTURE
☐ CURSE
☐ ELEMENT
☐ EXPLOSION
☐ FORGONE
☐ HAILSTONE
☐ HUMOROUS
☐ JOYOUSLY
☐ LLAMA
☐ LOSING
☐ MANTEL
☐ MINIMAL
☐ REGULATE
☐ REMAINDER
☐ SAVING
☐ SEESAW
☐ SPILLING
☐ TEACART
☐ TIMESAVER
☐ TOLLGATE
☐ ULTIMATUM
☐ WHITTLING
☐ YELLOWISH

C S S C G H N B ○ G ○ D N ○ B
○ T ○ ○ C ○ R T ○ V ○ N ○ ○ G
P R ○ D N ○ ○ M ○ R F J N F N
T S S W B L Y R M ○ ○ C M ○ ○
○ J ○ R ○ S F ○ R G S F ○ Y V
R ○ W G N T ○ G L W N S ○ J ○
○ S ○ G G O ○ ○ H L ○ ○ T ○ S
V R M N L N I ○ R L ○ ○ S Y T
○ ○ F ○ ○ ○ T T P ○ L W ○ ○ X
S C P L N T P X I L M L ○ ○ L
○ G X L L ○ ○ ○ G N ○ ○ Y S B
M ○ R ○ F P M ○ C M U T H L H
○ S N P Y ○ T ○ ○ V G M N Y Y
T G Y S L ○ C N L P X V M ○ X
C F P L ○ L T ○ M ○ T ○ M A M

292 MISSING VOWELS 292

Instructions for solving Missing Vowels are given on page 296.

Solution on page 528

- ☑ ALBATROSS
- ☐ ALLEGE
- ☐ ANYMORE
- ☐ ARDUOUS
- ☐ BAMBOOZLE
- ☐ BEDSIDE
- ☐ BETTER
- ☐ DELPHINIA
- ☐ DEPOT
- ☐ ENCHILADA
- ☐ ENTREE
- ☐ FEARSOME
- ☐ FREIGHTER
- ☐ INVENT
- ☐ KEYBOARD
- ☐ LEAPT
- ☐ LIVABLE
- ☐ MECHANICAL
- ☐ MISTOOK
- ☐ MOONBEAM
- ☐ NUTMEG
- ☐ OBJECTION
- ☐ OVERLOOK
- ☐ PRECISE
- ☐ PRODUCER
- ☐ SECRET
- ☐ SHUTEYE
- ☐ SPRAWLING
- ☐ STAMPEDE
- ☐ TEAHOUSE
- ☐ ZEBRA

```
Z ○ B R ○ R D ○ ○ ○ S R V F Z
○ B L S T ○ M P ○ D ○ B L R B
V D R B S S ○ S H ○ T ○ Y ○ ○
○ L ○ ○ ○ O P N M D ○ D N ○ T
R M ○ L C V R R T D D S W G T
L ○ C ○ P ○ ○ T ○ R L ○ L H ○
○ ○ Y R P H D L A W ○ D ○ T R
○ B J ○ C T ○ ○ N B L ○ C ○ ○
K N ○ D T H B N R D L ○ ○ R M
D ○ L B C Y R G ○ P F A N R Y
○ ○ L N ○ S ○ ○ H ○ ○ T ○ G N
P M ○ K ○ ○ T S ○ M K G H B ○
○ D G ○ M T ○ N M T ○ R C ○ S
T N ○ V N ○ ○ M ○ S R ○ ○ F G
P R ○ C ○ S ○ L Z ○ ○ B M ○ B
```

293 WORD SEEK 293

Instructions for solving Word Seeks are given on page 5.

Solution on page 529

☐ ABSENTEE
☐ ADAGE
☐ ARGUMENT
☐ ARRIVAL
☐ ATOMIZER
☐ ATTRACTIVE
☐ BOARDING
☐ BURDEN
☐ DILIGENT
☐ ESTABLISH
☐ FIZZLE
☐ GUESSWORK
☐ HURRICANE
☐ KNEEHOLE
☐ LANCE
☐ LISTLESS
☐ LUNCH-ROOM
☐ PINTO
☐ PUNGENT
☐ RAMPAGE
☐ RATTLER
☐ REPAIR
☐ SCROLL
☐ SEARCHING
☐ SITCOM
☐ TERRITORY
☐ TORPEDO
☐ UNHEALTHY

```
T B F A T T R A C T I V E Z E
O R I A P E R G E G A D A P L
R H Z M Z G N R A M P A G E O
P D Z D U I R E Z I M O T A H
E C L M D I L I G E N T K E E
D N E R T U N H E A L T H Y E
O N A O V S T S M B U R D E N
T O R C C E T O T N I P S E K
B Y W R I A O E E T N E S B A
B N O H B R K R O W S S E U G
L L N L H C R Y R A T T L E R
L A I C P H N U L M O C T I S
K S N A T I C C H U G L S F K
H U K C T N E G N U P Y I I L
L D W K E G A R R I V A L H F
```

 294 WORD SEEK 294 

Instructions for solving Word Seeks are given on page 5.

Solution on page 529

- ☐ ACTIVITY
- ☐ ANYBODY
- ☐ ARTFUL
- ☐ BARBELL
- ☐ BOAST
- ☐ BREAKFAST
- ☐ CARAFE
- ☐ CONDENSE
- ☐ CRAVE
- ☐ DEFINITE
- ☐ DISHTOWEL
- ☐ FONDEST
- ☐ FORESTED
- ☐ GLOSSY
- ☐ HANDWRITE
- ☐ PROJECT
- ☐ RENEGADE
- ☐ REPORT
- ☐ SHERBET
- ☐ SHRUB
- ☐ SHUDDER
- ☐ SKULL
- ☐ STOPWATCH
- ☐ TESTIMONY
- ☐ TIGHTROPE
- ☐ TOBOGGAN
- ☐ UNNATURAL
- ☐ WEALTHIEST
- ☐ WISHBONE

A K W H B J Y N O M I T S E T
R G I F O R E S T E D P F R C
T L S R A U E S N E D N O C E
F O H T S F A T F W W P N Y J
U S B O T F O I I E E J D D O
L S O O K T N C A R A F E O R
D Y N A G I B L S H W T S B P
T I E A T G T E F C F D T Y Y
E R S E C H A B D T C O N N K
B V K H I T U N N A T U R A L
R F A E T R I F O W G R K L H
E K S R H O S V H P P E U D F
H T M S C P W R I O R K N M A
S H U D D E R E F T S K L E F
H J B A R B E L L S Y W S O R

295 PLACES, PLEASE 295

Fill the diagram with all the words in the word list. The words from each group start on their matching number, and they will read in all directions—forward, backward, up, down, and diagonally. Words from different numbers sometimes overlap; therefore, some letters will be used more than once. We have started the puzzle for you. When the puzzle is completed, all the squares will be filled. *Solution on page 529*

1. HAPPINESS
   HIBISCUS
   HIDER
   HITCH
   HOSPITABLE

2. LAY
   LIT

3. MALL ✓
   MAP ✓
   MIST ✓
   MOA ✓

4. BEAT
   BEE
   BROKERAGE
   BUSH
   THIRD-HAND
   TIKI
   TRIBUTARY

5. GABLE
   GEARSHIFT
   GLEANING
   GUESS
   GULLIBLE

6. TACO
   TEEN

7. DARN
   DEBT
   DEE

8. AGENDA
   ALBEIT
   APERY

9. CAB
   CAR
   CITE
   CLEFT
   COSINE

10. EASEL
    EELER
    ENVOY
    ERNE
    ESS
    EVENLY

11. FAUN
    FEAT
    FINE
    FLAIR
    FLUKE
    FOGY
    FORK

12. PAC
    PERCALE
    PLY
    POSSE

13. OASIS
    OBI

14. SILO
    SKYLINE
    SON

								1				
2		T	S	I	3 M	O	A					
				A	A							
			L		P							4
5		L									6	
			7				8					
										9		
		10										
									11			
	12							13				
				14								

296 PLACES, PLEASE 296

Instructions for solving Places, Please are given on page 300.

Solution on page 529

1. RAISIN
   REVOKE
   RING
   RUMMY

2. WALTZ
   WOEBE-
   GONE

3. EAT
   ELM
   ELSE-
   WHERE
   ENUNCIATE
   EXCLUSION

4. GET
   GNAW
   GUEST
   GUT

5. BAND-
   STAND
   BIAS
   BUXOM

6. SANDPIPER
   SILLINESS
   SITAR
   SIX
   SOB
   SPHERE
   STARK
   SUN

7. ZAP
   ZEE
   ZLOTY

8. HALT
   HAS
   HENNA
   HUB

9. CAW
   CLAMP
   CLERK
   COS

10. ION ✓
    IRE ✓
    IRK ✓

11. DARE
    DEMUR
    DENTS
    DIN
    DOC

12. TASK
    TERRAR-
    IUM
    TOGS
    TRANSIENT
    TURQUOISE

13. PEA
    PLEDGE
    PLIED
    PSEUDO

14. MASON
    MEW
    MUSKRAT

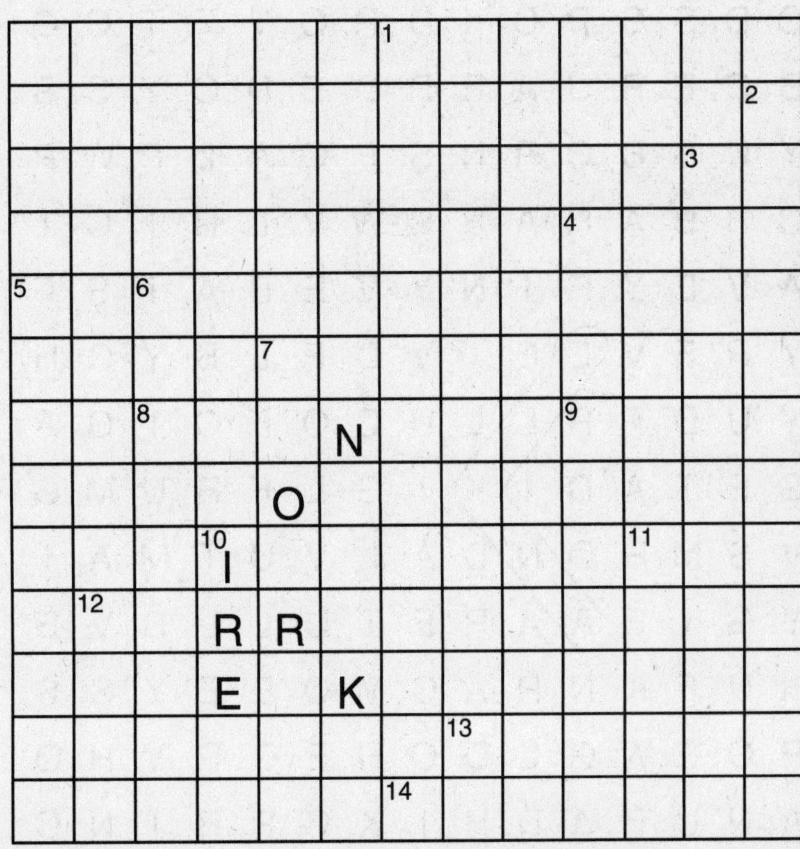

297 V-WORDS 297

The 5-letter words below are found in the diagram in a V shape pointing left, right, up, and down.
Solution on page 529

☑ ANKLE
☐ ARTSY
☐ BAGGY
☐ BEGOT
☐ BRIEF
☐ CUBED
☐ CURRY
☐ DELAY
☐ DERBY
☐ DOLLY
☐ DOWSE
☐ DRAKE
☐ ENDOW
☐ ESTER
☐ FOCUS
☐ FUSSY
☐ GESSO
☐ GUILD
☐ HOLEY
☐ HOMER
☐ KOALA
☐ LOUGH
☐ MEDIC
☐ MERRY
☐ NADIR
☐ NERVE
☐ OILER
☐ RAMEN
☐ SARAN
☐ SCOWL
☐ SHARD
☐ SHIRE
☐ SNAKE
☐ SPEAR
☐ SPECK
☐ SPRIG
☐ STAVE
☐ SWISH
☐ TERRA
☐ TRULY

B R L S E W T F Y E A S K R O
V W K P U C O E N R S A E C H
O D S C P C K D R O V T T G G
B C E R U A E R D E D O Y S S
Y U S B C R N S P O A L P W P
C H B A R A B S W V L R I C I
A V E Y R I N Y V E B A I S F
Y R F V E E I V D F L B Y G H
Y U D F R L L U C O F O T G A
S P T A D I K I G L F R U M G
V S M R O N D A L V U T M A I
Y G Y E A A R E T U L L B V E
H N F K N R A C M O E E Y S S
P O E W G L D O H E G R Y H O
A N U P A D H I K C R B I N C

298 V-WORDS 298

Instructions for solving V-Words are given on page 302.

Solution on page 529

☑ ADDLE	☐ LOESS	☐ OVOID	☐ SLOPS
☐ ARRAY	☐ MATEY	☐ PADRE	☐ TIPSY
☐ CHURN	☐ MEANS	☐ PEONY	☐ TRUST
☐ CLANG	☐ MODEL	☐ PRIME	☐ UNTIL
☐ COUTH	☐ MOTET	☐ RELAX	☐ WHALE
☐ CREST	☐ NARES	☐ RESIN	☐ WHEAL
☐ DRAMA	☐ OTTER	☐ RIVAL	☐ YUCCA
☐ DROOL			
☐ EMCEE			
☐ EMERY			
☐ FEIGN			
☐ FUDGE			
☐ GRUFF			
☐ GRUMP			
☐ HOAGY			
☐ HOARD			
☐ HYDRO			
☐ IDYLL			
☐ LEGAL			

```
W I E I H G G L A T E L U V D
U S H O D I L C A S E R E H Y
S X A H L Y C M T G N Y C D C
P I T R H O E U V X X F O A G
C C A R D A G R Y M N M H X H
L F H U U G N R E P O Y G T W
G I F S R R E S U T D R U V L
X L T U L P P M T E E R A O I
I N O A G O P O E S G T O N C
U S V P E Y I C V A I N I L U
U W L I G D G L M O R N A P X
L G H W R H A A E E N D S R F
W T A E E X O P I R L Y D W R
D H A L M H R G W E N M O A O
M L A P F I N E R I F I Y C N
```

299 WORD SEEK 299

Instructions for solving Word Seeks are given on page 5.

Solution on page 530

☐ ACCOMPANY
☐ AFTERNOON
☐ ALTAR
☐ BEFALL
☐ BLEACHERS
☐ BLOCKAGE
☐ BRUNCH
☐ CELEBRATE
☐ CHENILLE
☐ CLUTTER
☐ DELUGE
☐ DUMPLING
☐ EMBROIDER
☐ FINAL
☐ GASOLINE
☐ HIBERNATE
☐ LEISURELY
☐ OPERATE
☐ RELIGION
☐ RESTYLE
☐ RING-LEADER
☐ ROULETTE
☐ SALMON
☐ SCIENCE
☐ STARCHY
☐ SUBDUE
☐ TOILETRY
☐ WEIGH

```
E G A K C O L B D A K C F T B
L N R S U B D U E F G L R N R
L G O E Y G M L K T F U L O U
I A A M D P H G I E W T C I N
N C N S L A Y H C R A T S G C
E T B I O A E T A N R E B I H
H M N L F L S L E O K R S L L
C G S T B P I T G O B R S E R
A C C O M P A N Y N E C I R E
R E D I O R B M E H I S T T S
S G Y L B R T A C E U R A E T
U U M E D A B A N R F R B F Y
D L L T N T E C E B E F A L L
D E H R P L E L N P P S U R E
C D C Y B A Y R O U L E T T E
```

300 WORD SEEK 300

Instructions for solving Word Seeks are given on page 5.

Solution on page 530

☐ ANACONDA
☐ BARREL
☐ CLAMBAKE
☐ CONTROL
☐ DAUNT
☐ FACIAL
☐ GRILLE
☐ IGUANA
☐ IMMIGRATE
☐ IMPRESSIVE
☐ INDEED
☐ JUMPING
☐ MACAROON
☐ MISLABEL
☐ MOODINESS
☐ PLURALIZE
☐ POULTRY
☐ PULLEY
☐ REDHEAD
☐ RESONATE
☐ SANDSTORM
☐ SEMESTER
☐ SHIPSHAPE
☐ SHRINKAGE
☐ SKILL
☐ STAINLESS
☐ USEFULLY

D P G Y E S V H R E D H E A D
R U D L M A C O N T R O L S M
U L A L I N E E T A N O S E R
R L U U S D P L K R E E J T D
Z E N F L S P R L G N R Y E Z
E Y T E A T S T A I N L E S S
V Z S S B O R G D M R D Y E H
I M I U E R C O F M N G R Y I
S G A L L M O L A I C A F L P
S N U C A M E G A K N I R H S
E I N A A R F S S M T Z H F H
R P P V N R U T Z I B L L K A
P M K N H A O L E R R A B O P
M U Y R T L U O P L L I K S E
I J R A N A C O N D A A G E S

301 SQUARE NINES 301

Find 3x3 squares in the diagram that contain, in no particular order, the nine letters of the words listed. *Solution on page 530*

☑ ABOLISHED
☐ BADMINTON
☐ BOOKLOVER
☐ BULLDOZER
☐ CASSEROLE
☐ CHILDHOOD
☐ CUSTOMARY
☐ DARTBOARD
☐ DAVENPORT
☐ DECATHLON
☐ DESTROYER
☐ EFFICIENT
☐ EVERGREEN
☐ INFLUENCE
☐ INFORMANT
☐ INTERFERE
☐ IRRITABLE
☐ LIMOUSINE
☐ MARGARINE
☐ MARKETING
☐ MATRIMONY
☐ MISTLETOE
☐ OVERSLEEP
☐ PARACHUTE
☐ PARAGRAPH
☐ PERTINENT
☐ REIMBURSE
☐ SINCERITY
☐ SLIPCOVER
☐ SPLITTING

```
K R H A N L N M T N S N E T R
O R P A C I E I A B L S I E R
I P G A U E F N D O E I N F E
N I T R H C F T D D H A M T A
S L T P A T A M O O I R N O S
N E T E P R T R C H L M I Y V
I C Y B H O S Y U M P C S P K
S I R U R E E D U L Z C O L U
N L M S E V N V E O L A E H Y
O C I B E G R K B R D D T N L
V R S N B I R O L O B R O V D
L P E T T R A E S T A A E P N
R V E M I L E S C T G M N E T
O E S L O U M K A E I R R I T
K L E I N I S L D K A N V G L
```

302 SQUARE NINES 302

Instructions for solving Square Nines are given on page 306.

Solution on page 530

- ☑ APARTMENT
- ☐ BACKSTAGE
- ☐ CARPENTRY
- ☐ CLIENTELE
- ☐ COMPACTOR
- ☐ DISMISSAL
- ☐ EAVESDROP
- ☐ FACECLOTH
- ☐ FOLLOWING
- ☐ GRASSLAND
- ☐ HITCHHIKE
- ☐ HOROSCOPE
- ☐ JUNGLEGYM
- ☐ LUBRICANT
- ☐ MANNEQUIN
- ☐ MIDSUMMER
- ☐ MOUSETRAP
- ☐ NAVIGATOR
- ☐ PASSENGER
- ☐ PENETRATE
- ☐ REBELLION
- ☐ RESTRAINT
- ☐ SECTIONAL
- ☐ SENSITIVE
- ☐ SHRUBBERY
- ☐ STRONGBOX
- ☐ TRANSLATE
- ☐ VACCINATE
- ☐ WATCHBAND
- ☐ YELLOWEST

```
R P S S P E M I T M S O P V E
E S E A O U D M S A E C R X V
N A G T M R M S D I O O H U S
V O A D Y S E S I L L W R R Y
I R T R N B R T T G F N B E B
N L C O X T N A R T W L I O T
B U A G S O A H E I R R E L C
V C A N D V P I H K K N A N S
Y J L S R E E T H C S V S Y T
G E G A T L I L F O I I E O W
U N M A T N C E C A T N E L L
Q I N I O Y R A C R V C C W B
A N E B S T R P C O I A A H A
E E R A K A T M T O Q A T N D
T T P C G E A N B Q U I K X J
```

303 MISSING VOWELS 303

Before you can loop the words in the list below, you must first fill in the circles in the diagram with the missing vowels A, E, I, O, and U. We have filled in one word for you.

Solution on page 530

☑ APPREHEND
☐ BANTER
☐ BAPTISM
☐ BEADING
☐ BLANKET
☐ CARETAKER
☐ CHAMELEON
☐ COMMITTEE
☐ DEMOCRAT
☐ ENERGIZE
☐ FOSTER
☐ GRINDSTONE
☐ IMPACT
☐ LOCUST
☐ LOVEBIRD
☐ LUNCHEON
☐ MAGICAL
☐ MOISTURE
☐ PAYING
☐ PINEAPPLE
☐ POSITIVE
☐ PROFIT
☐ QUICK
☐ REMAKE
☐ REPAIRMAN
☐ SHORTHAIR
☐ UTTERLY
☐ VAGUELY
☐ WORKROOM

```
Q N ○ M R ○ ○ P ○ R ○ T N ○ B
○ G R H G C ○ P ○ Y ○ N G M ○
○ K Q S R S F T S ○ C ○ L S R
C ○ M M ○ T T ○ ○ R V ○ M W ○
K D Z T N ○ ○ H C N ○ L ○ ○ T
Y H ○ C D C R ○ M ○ K ○ G R S
L V G ○ S ○ ○ B W A G M ○ K ○
○ Y N P T ○ L R P Z W ○ C R ○
○ L ○ M ○ ○ N P ○ R H H ○ ○ M
G R D ○ N M R ○ P T ○ C L ○ S
○ ○ ○ K ○ E T C R ○ ○ F L M ○
V T ○ F H K D ○ ○ G ○ K ○ L T
N T B E Y S H Z L M ○ N ○ T P
H ○ N F ○ S T ○ R M ○ Z ○ R ○
N D W P L ○ V ○ B ○ R D ○ P B
```

304 MISSING VOWELS 304

Instructions for solving Missing Vowels are given on page 308.
Solution on page 530

- ☑ ABOUT
- ☐ ABRASIVE
- ☐ APPALL
- ☐ ATLAS
- ☐ BOTANICAL
- ☐ BROADCAST
- ☐ DECIDE
- ☐ DESERT
- ☐ EERIE
- ☐ ELEVATE
- ☐ EMBOSS
- ☐ ENTICEMENT
- ☐ EXCLUSIVE
- ☐ EYELASH
- ☐ FIRSTBORN
- ☐ GESTURING
- ☐ GROVE
- ☐ HATCHET
- ☐ KUMQUAT
- ☐ MAINTAIN
- ☐ MANEUVER
- ☐ OINTMENT
- ☐ OPPONENT
- ☐ OVERCOOK
- ☐ REVALUE
- ☐ SENORA
- ☐ SOUGHT
- ☐ STARGAZER
- ☐ STIMULATE
- ☐ TRUTHFUL

```
H T H G ○ ○ S ○ B R ○ S ○ V ○
○ D L ○ N M G R L ○ T T K G N
○ ○ L N M ○ ○ G ○ R L U ○ R G
N S ○ T C ○ R S F ○ ○ O ○ Q H
T ○ P ○ D ○ N ○ H N S B C S ○
M R P C V F V ○ T ○ T A R H T
○ T ○ ○ ○ X C L ○ S ○ V ○ R C
N S N M R T H L R V ○ Z V ○ H
T ○ L ○ K Z ○ ○ T R ○ G ○ Z ○
D K ○ N N V F L X N N R R ○ T
○ Y H T ○ ○ T ○ ○ Q M ○ K G ○
C K Z R N S P P B M M V G R V
○ D ○ ○ R ○ ○ P H M ○ P C ○ ○
D L ○ C ○ N ○ T ○ B D T R T L
○ Y ○ L ○ S H M ○ M B ○ S S ○
```

305 WORD SEEK 305

Instructions for solving Word Seeks are given on page 5.

Solution on page 531

- ☐ ATTENTION
- ☐ BLUEPRINT
- ☐ CLAMORING
- ☐ DISTANCE
- ☐ EDICT
- ☐ ELEGANCE
- ☐ EXPRESS
- ☐ EYELINER
- ☐ FATIGUES
- ☐ FRIDGE
- ☐ HECKLER
- ☐ HELICOPTER
- ☐ INTERJECT
- ☐ JERSEY
- ☐ KIELBASA
- ☐ LANOLIN
- ☐ MENTAL
- ☐ MERGE
- ☐ NUMERAL
- ☐ POLAR
- ☐ SAUNA
- ☐ SEDATE
- ☐ SIDECAR
- ☐ TAILGATE
- ☐ TOLLHOUSE
- ☐ TRAVELING
- ☐ VIEWPOINT
- ☐ VIGILANT
- ☐ WANDER

```
A O F E T A D E S T R S U S A
P T A W A N D E R C H I E P G
K E T A G L I A T E G D I R F
X U I E D X L R L J M E R G E
H M G B N O T I P R S C E C G
R Y U C P T C E L E G A N C E
V I E W P O I N T T U R U G C
I S S K P L D O J N K L E N N
G S R T M L E O N I I Y B I A
I E E K E H G N I L E V A R T
L R L A N O L I N L L M I O S
A P K M T U X M I R B E A M I
N X C A A S F N F J A O D A D
T E E R L E E J E R S E Y L G
U R H L A R E M U N A F N C K
```

306 WORD SEEK 306

Instructions for solving Word Seeks are given on page 5.

Solution on page 531

- ☐ ABUNDANT
- ☐ ALONGSIDE
- ☐ ANCESTOR
- ☐ CARPENTER
- ☐ CHLORINE
- ☐ CITRUS
- ☐ CROCUS
- ☐ CUISINE
- ☐ DEPLOY
- ☐ ELASTIC
- ☐ ERECT
- ☐ ESCORT
- ☐ ETERNITY
- ☐ EXCURSION
- ☐ HACKSAW
- ☐ LEOTARD
- ☐ LIGHTNING
- ☐ MANAGEMENT
- ☐ MOPER
- ☐ POLYESTER
- ☐ REBOUND
- ☐ SCOUT
- ☐ SHOELACE
- ☐ SPLASH
- ☐ TENSENESS
- ☐ TEXTILE
- ☐ WATERBED
- ☐ WHICHEVER
- ☐ WOODPILE

```
C R G S D R A T O E L V V U E
A G E R E C T A C R O C U S U
R T N E M E G A N A M R W A C
P I G I X O L W A T E R B E D
E P M T N E S C O R T U O C S
N R I O O T E N S E N E S S E
T L E H P R H A E D S H C X E
E R S T V E E G A L C S C D N
R O C V S V R N I H A U I D I
Y T I N R E T E L L R S Y T S
O S T S B H Y O E S G D T T I
L E R O C C R L I N C Y D I U
P C U O V I W O O D P I L E C
E N S B N H N L S P L A S H S
D A H E G W A S K C A H C G D
```

307 LICENSE PLATES 307

Take a spin around this diagram and locate all of these number-letter License Plates. *Solution on page 531*

- ☑ 26F3B
- ☐ 2HHMF
- ☐ 2KJGQ
- ☐ 2NX8C
- ☐ 2UGTN
- ☐ 3NNZG
- ☐ 599GG
- ☐ 5BPCN
- ☐ 5T9S4
- ☐ 5VZXH
- ☐ 5YSYZ
- ☐ 6G8D4
- ☐ 6KAZT
- ☐ 7KCRP
- ☐ 8B6R6
- ☐ 8HPPG
- ☐ 96G2D
- ☐ 9ARC2
- ☐ AND87
- ☐ BZ24V
- ☐ D6G4Y
- ☐ K3U3B
- ☐ KH5G9
- ☐ N7KZM
- ☐ NK49X
- ☐ P7CF2
- ☐ Q7H2M
- ☐ Q7KP3
- ☐ QHG45
- ☐ QXM3V
- ☐ QXR9D
- ☐ R8LJ5
- ☐ S6QJ3
- ☐ S8UQD
- ☐ SRRE2
- ☐ V6ZTU
- ☐ V846H
- ☐ WRN4Q
- ☐ YWFG2
- ☐ Z7NLD

```
7 M 4 S 9 T 5 2 N X 8 C L K Z
4 B 4 D V V Y H K 7 D 3 H M K
G 3 3 8 8 Q 3 H 4 7 2 5 9 G Y
P F 4 U 3 G 3 M 9 Q G D G W 8
P 6 7 P 3 J 6 F X 9 6 9 F N 7
H 2 K 3 M K Q R A Q 9 G R K G
8 7 Z V Y 2 9 6 M 5 2 F C 7 P
Q Y 4 G 6 D Z Y S Y 5 R K A 6
Q Z R 4 B Z 2 4 V Q P 7 C J G
N 7 K Z M M T 3 D Q U 8 S Z S
C N H W 9 6 S U S H 9 D N K 6
P L 8 2 R A S 5 R G X N Y K L
B D R 6 M N R Q R 4 3 A A J 4
5 B B E U F 4 C E 5 V Z X H H
R 8 L J 5 P L Q 2 N T G U 2 T
```

308 LICENSE PLATES 308

Instructions for solving License Plates are given on page 312.

Solution on page 531

- ☑ 2HV32
- ☐ 2YJB9
- ☐ 3G9D4
- ☐ 43Y7C
- ☐ 4B35D
- ☐ 4NJRX
- ☐ 4PUWK
- ☐ 56BFR
- ☐ 6MGUG
- ☐ 7AVXT
- ☐ 7JUJ2
- ☐ 7MXGU
- ☐ 99WGU
- ☐ BRS9N
- ☐ DJ9UC
- ☐ DRXU8
- ☐ E3NS4
- ☐ F4PRN
- ☐ FJR2R
- ☐ K4EBM
- ☐ KCN54
- ☐ L35XX
- ☐ L9APH
- ☐ LA5DR
- ☐ M743E
- ☐ MFX2K
- ☐ NZ88S
- ☐ P3LL9
- ☐ QLT3X
- ☐ S2PYR
- ☐ S8S4Q
- ☐ SP5WN
- ☐ SVY4X
- ☐ TQP9P
- ☐ W2ZJY
- ☐ W6NS4
- ☐ X97E6
- ☐ XCR2A
- ☐ Y9BX4
- ☐ Z9MPH

X 9 7 E 6 A G 4 3 7 X D 6 M M
Q L M G M N U B 9 M 2 C T K R
4 L Z G 2 9 G 3 B X B 8 R 4 D
S 3 T 8 4 M M 5 J G P E D 2 5
8 P J 3 7 F 6 D Y U Z 9 4 R A
S V Y 4 X B 9 Y 2 E G 3 P K L
6 7 3 2 F 4 P R N 3 X W B Q Z
C E K R S F J R 2 R V X 9 K T
7 6 S N 2 W 2 Z J Y B H 5 9 P
T A 6 D P 4 S N 3 E D R 2 3 T
N W V R Y Z 4 5 N C K J S B L
V Z B X R 9 5 W K W U P 4 9 F
E K 8 U T M 5 W 9 J 6 9 A L N
V N H 8 F P P E 7 F E P J B P
J 8 S 8 S H U E 5 P H N 6 D 6

309 LETTERBOXES 309

Can you find the correct places for the words in the word list? The starting letters for all the words are given in the circles. Letters may be used as parts of other words because of overlapping or crossing. The words read in a straight line and in all directions—forward, backward, up, down, and diagonally. Do not pass over a black square as you are solving. When the puzzle is completely solved, there will be a letter in every space. We have filled in one word to start you off.

Solution on page 531

- ☑ ALFRESCO
- ☐ BOOSTER
- ☐ CANAPE
- ☐ CRITICAL
- ☐ DEFRAUD
- ☐ DIMENSION
- ☐ ELEVATION
- ☐ FIESTA
- ☐ HONEYDEW
- ☐ INSISTING
- ☐ KINGPIN
- ☐ MAKESHIFT
- ☐ MANNER
- ☐ MUSTACHE
- ☐ NOISE-MAKER
- ☐ PENNE
- ☐ PINWHEEL
- ☐ PROGRESS
- ☐ REEDUCATE
- ☐ RESEMBLE
- ☐ SIEVE
- ☐ SIGHT
- ☐ SPECTACLE
- ☐ SULTRY
- ☐ TIGER
- ☐ TRAILER
- ☐ WATERFOWL
- ☐ WEIGHTY

		K	D	■	■	H			E				W
■											S		
R	■						S						
■		N						■		■	■		
■										■	■		
	O			I									
		C											
	B		S				P	R					
	■			E				■				P	
					R				W			■	S
				S		F						■	
					T	D	L		■		M	■	
	T							A	M	P		■	F
M						C							

LETTERBOXES

Instructions for solving Letterboxes are given on page 314.

Solution on page 531

- ☑ ALREADY
- ☐ APPLIANCE
- ☐ ARGYLE
- ☐ BEHALF
- ☐ BUILDING
- ☐ DEPLORE
- ☐ EXCLAIM
- ☐ FLUORIDE
- ☐ HENCE
- ☐ HOMESPUN
- ☐ KINDLE
- ☐ OILCAN
- ☐ ORANGE-ADE
- ☐ OUTRAGE
- ☐ PATIENCE
- ☐ PINKIE
- ☐ PLUMP
- ☐ PROBABLE
- ☐ RACEHORSE
- ☐ RESISTANCE
- ☐ SHORTCAKE
- ☐ SPLENDID
- ☐ STORAGE
- ☐ TAILLIGHT
- ☐ TANGERINE
- ☐ THREATEN
- ☐ VARIOUS
- ☐ WINDSTORM

O	T								H	■	A	■	O
■		■						O		L		P	
					B			■	R				
■	K							E					
S	■	S	■			■	A	T	T				
		B				D	■						
E					Y								
											S		
	A						■						
									W	P			R
	■								■				
	■												
		■	■			D							
■					H			A	R		V	P	F

 311

PATCHWORDS

311 

It's a crazy quilt and a Word Seek combined! Each of the words in the list can be found in a continuous line in an irregularly shaped patch in the diagram. Move from letter to letter vertically or horizontally, but not diagonally. Each letter in the diagram will be used once; the patches do not overlap. We have located one word to start you off.

Solution on page 532

- ☑ ACREAGE
- ☐ ASTERN
- ☐ AUGER
- ☐ BATTLE
- ☐ BLUNTLY
- ☐ BOAT
- ☐ CADRE
- ☐ COBALT
- ☐ COED
- ☐ DOOM
- ☐ EDUCATOR
- ☐ ENSIGN
- ☐ FAULT
- ☐ FELL
- ☐ GARGLE
- ☐ GENET
- ☐ INQUIRY
- ☐ INVENTORY
- ☐ LAST
- ☐ LOWER
- ☐ MOREL
- ☐ NARRATOR
- ☐ NAVEL
- ☐ PENANCE
- ☐ PLAYHOUSE
- ☐ POOR
- ☐ RATIONAL
- ☐ SHOVEL
- ☐ SPYING
- ☐ STANCH
- ☐ STROP
- ☐ STUPOR
- ☐ SYRUP
- ☐ TANGIBLE
- ☐ TYPIFY
- ☐ ULTERIOR
- ☐ VEST
- ☐ WATTLE

A	L	R	A	L	E	R	O	E	S	T	L	A	N	E
S	L	G	G	R	Y	T	M	V	R	W	O	T	G	L
T	E	N	T	O	C	A	O	P	O	E	R	R	I	B
T	S	E	I	N	O	E	B	U	R	T	A	O	O	E
A	N	V	U	Q	G	D	S	T	E	O	C	E	P	L
N	I	R	I	T	N	I	Y	U	G	R	U	D	T	T
C	F	Y	N	E	E	S	P	A	L	E	T	Y	A	W
H	E	L	E	U	S	E	P	U	R	V	I	P	E	T
I	G	L	G	O	C	R	E	S	Y	A	F	N	R	S
S	N	C	O	H	A	D	C	N	A	N	Y	R	B	A
N	L	A	B	Y	E	L	P	E	N	I	T	A	L	A
E	T	P	L	A	V	O	H	A	B	O	Y	N	U	C
O	D	A	T	O	R	R	S	T	T	N	L	T	E	R
O	R	R	E	R	I	O	U	L	L	A	O	P	A	G
M	A	N	T	L	U	F	A	T	E	L	R	T	S	E

312 PATCHWORDS 312

Instructions for solving Patchwords are given on page 316.

Solution on page 532

- ☑ ARGENT
- ☐ AWARE
- ☐ COSTAR
- ☐ DEBATE
- ☐ DOBBIN
- ☐ DOCTOR
- ☐ EXCUSE
- ☐ FONDNESS
- ☐ FORTUNE
- ☐ FOXTAIL
- ☐ FRACTURE
- ☐ GARAGE
- ☐ GREET
- ☐ HALE
- ☐ HEATHER
- ☐ HOGSHEAD
- ☐ KIBBLE
- ☐ LIGHT
- ☐ MEMO
- ☐ MONARCH
- ☐ NAVY
- ☐ NUMB
- ☐ ODDLY
- ☐ OVER-ACTIVE
- ☐ PANNER
- ☐ PITCHER
- ☐ PLUSH
- ☐ POSE
- ☐ QUASH
- ☐ RELISH
- ☐ RENOWN
- ☐ RUDDY
- ☐ SNOOD
- ☐ STOREROOM
- ☐ SUBLET
- ☐ TRIPLET
- ☐ VELD
- ☐ ZEAL

A	G	A	R	A	G	E	H	T	A	E	T	A	B	R
R	O	V	E	L	E	R	K	H	E	E	A	D	E	O
G	C	A	R	A	E	Z	I	B	B	L	W	A	D	T
E	T	I	V	E	T	E	Q	U	O	M	E	R	O	C
N	T	C	T	H	L	L	B	A	S	E	M	X	T	A
R	S	O	H	G	I	S	U	M	H	B	F	O	L	I
A	T	Y	A	L	E	S	O	O	U	M	Y	V	E	R
S	U	L	D	E	M	O	P	O	N	H	S	A	N	N
E	C	X	D	O	A	N	E	R	P	L	U	N	N	A
I	P	E	H	C	R	O	R	D	A	O	H	B	I	P
R	L	E	U	R	S	T	W	N	E	G	O	B	E	N
T	D	T	T	E	P	R	O	R	H	S	D	D	S	D
G	L	E	C	T	I	E	N	E	L	Y	D	O	S	N
R	T	V	A	C	H	R	O	F	I	S	D	O	N	O
E	E	F	R	R	E	T	U	N	E	H	U	R	S	F

313 MISSING VOWELS 313

Before you can loop the words in the list below, you must first fill in the circles in the diagram with the missing vowels A, E, I, O, and U. We have filled in one word for you.

Solution on page 532

☑ CASTLE
☐ DAMSEL
☐ DRAWING
☐ FIEND
☐ FLOWER
☐ FUNNEL
☐ GENERAL
☐ HASTE
☐ HEADSET
☐ HELMET
☐ HIRE
☐ HOUSEGUEST
☐ INSOMNIA
☐ LAYOVER
☐ LEER
☐ LUMBER
☐ MAKO
☐ MANTLE
☐ MOMENTOUS
☐ MOTORCAR
☐ NAVAL
☐ NEARBY
☐ PECULIAR
☐ PEDAL
☐ PLANE
☐ POETIC
☐ QUIZ
☐ RIATA
☐ SCENIC
☐ SHAKE
☐ SHUTTLE
☐ SOURCE
☐ TESTER
☐ TIARA
☐ TOOL
☐ TOTE
☐ TROUPE
☐ WEAN

```
S H ○ K ○ C S Q R S K Y T K Q
H K ○ R ○ H H M ○ ○ C R ○ ○ S
H Z H T ○ ○ ○ ○ R ○ B ○ D R P
C ○ ○ ○ ○ ○ T ○ F K Z M N ○ Z
P ○ S D ○ N T R L ○ G B ○ ○ P
P N S T ○ S L G ○ N ○ R ○ L C
H ○ L M ○ T ○ M N V M N ○ ○ ○
T V ○ T V L ○ G N ○ ○ N D C N
○ M ○ K ○ T T G ○ H ○ Y C ○ S
○ R ○ W ○ L F N F ○ T W A P ○
L R N R ○ D P ○ ○ K S R S L M
○ R C S Q H P W T M B T T ○ N
○ ○ M R ○ ○ T ○ ○ Y G S L V ○
R ○ H ○ P ○ ○ R T L Q S E ○ ○
D W R T K L ○ D ○ P Z Z C N H
```

314 MISSING VOWELS 314

Instructions for solving Missing Vowels are given on page 318.

Solution on page 532

- ☑ ABDOMEN
- ☐ ALMANAC
- ☐ AMBER
- ☐ BOUNTY
- ☐ BUREAU
- ☐ COME
- ☐ CONFLICT
- ☐ DESIGN
- ☐ FAIRY
- ☐ GRINDER
- ☐ HEAL
- ☐ HICCUP
- ☐ HOLLER
- ☐ HORROR
- ☐ INTACT
- ☐ JULEP
- ☐ LIVELY
- ☐ MOON
- ☐ MOTHER
- ☐ NETTING
- ☐ OFTEN
- ☐ POLISH
- ☐ PROLONG
- ☐ RANDOM
- ☐ ROBOT
- ☐ ROTISSERIE
- ☐ SAGA
- ☐ SELECT
- ☐ SHAMROCK
- ☐ SHRIVEL
- ☐ TINE
- ☐ TOOK
- ☐ TOWERING
- ☐ WALLPAPER
- ☐ YODEL
- ☐ ZOOM

```
B D N C T T H L L H M R B F T
○ G ○ ○ J ○ ○ ○ P ○ S J V ○ N
○ M B F R N L ○ T T W ○ W Z L
○ ○ J ○ G ○ L H Y ○ D ○ L ○ V
R ○ T ○ S S ○ R ○ ○ R T V ○ M
○ N S R ○ R R ○ H ○ C ○ R Z P
B ○ H Y W R ○ D N ○ R G ○ N M
D T A Y R ○ D G L H J F P N G
K F M B T G L F S ○ N T ○ C T
H ○ R P D N N M R B V G P N H
Y ○ ○ D ○ O ○ ○ ○ T C ○ L ○ S
Z C C T C L M ○ T N S S L W K
C ○ K C W ○ ○ E B T ○ T ○ Y Z
J P ○ R ○ R B J N G ○ C W V G
R ○ B M ○ P D F ○ R ○ N D ○ M
```

315 BOXES 315

All the words in the list are found in the diagram in an unusual way. Each word reads clockwise or counterclockwise around the edges of a box (sometimes a square and sometimes a rectangle). *Solution on page 532*

- ☑ ALLIANCE
- ☐ ALTOGETHER
- ☐ ALUMNI
- ☐ ARITHMETIC
- ☐ AUTHOR
- ☐ AUTOMATE
- ☐ BOLDLY
- ☐ CONSECRATE
- ☐ COSTLY
- ☐ DAINTILY
- ☐ DEACON
- ☐ DETEST
- ☐ EDITOR
- ☐ ELEPHANT
- ☐ ELOQUENT
- ☐ FARMLAND
- ☐ GAZPACHO
- ☐ GRANDEST
- ☐ HASTEN
- ☐ IMPALA
- ☐ INTEND
- ☐ INTEREST
- ☐ MISTAKEN
- ☐ MUSEUM
- ☐ NEWSCAST
- ☐ NOTATION
- ☐ OCELOT
- ☐ PATENT
- ☐ PATERNAL
- ☐ REPENT
- ☐ RUSTLE
- ☐ SAFARI
- ☐ SOLITARY
- ☐ SOMBRERO
- ☐ STRODE

```
N N E S T O L O T R Q U A I N
G H T E D Q E C O D E T R A M
N A S E B U T R R A F H O L U
D R U U P E N E I S A E B D A
E G M M H L E P Y F C D Y L E
S T A K A E Y K Z G O N C T R
I M N E N T R O T A H L O S U
P A T W O S E D Z Z C I E Y C
T N E S C A I L L P A T A R S
E I A Z O N C E A N R E N M L
N D F K T N O S O R I M C C E
A P A Q A O M B R E T H E R S
L M R E T I L F E G O T L A N
A I E S N D Y W E R O M A T O
P K S T I A D E D I T U A E C
```

316 BOXES 316

Instructions for solving Boxes are given on page 320.

Solution on page 532

☑ ADEQUATE
☐ ASLANT
☐ BACKREST
☐ BLOCKADE
☐ BRUNETTE
☐ BURLAP
☐ CAPTOR
☐ CLEVER
☐ DYNAMO
☐ EXPERIENCE
☐ EXTEND
☐ FLAM-
BOYANT
☐ FOURTH
☐ HARDLY
☐ HAYSTACK
☐ INFINITE
☐ JAILER
☐ LISTENER
☐ LUSTER
☐ MAHOGANY
☐ MOTIVE
☐ NOMINATE
☐ ODOMETER
☐ PERSONAL
☐ PIRATE
☐ POIGNANT
☐ PRESERVE
☐ PRYING
☐ PUBLIC
☐ RECALL
☐ SEAPLANE
☐ SONGFEST
☐ SPARSE
☐ THOUGHTFUL
☐ VICINITY

E S P B O M P F E Q U A O M E
S R A U N I Y L D A E T T I V
S I L R E N H A R X T E E G N
T E N E T A H L B E D N B F O
V Y T I I M O O E I A U R E S
I C I N N Y G C D L J F K S T
L P H F I N A K A E R P C A B
B U T O O R E T P S V E R P J
V E R U K O G E L E R V O T I
E L C E Y D O M A N O S Y S T
H E Y I N A M B L P E R A Y A
U S T Y G S L O F U L T H K C
L R E R P A A Y T H G U O J P
R S C L P T N A N E I R E T A
I C A L O I G N C E E X P I R

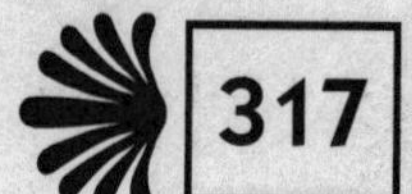

317 WORD SEEK 317

Instructions for solving Word Seeks are given on page 5.
Solution on page 533

☐ APERTURE
☐ BOOKSTORE
☐ BUST
☐ CENT
☐ CONVENIENT
☐ CRAG
☐ DENY
☐ DIGIT
☐ DISHEVEL
☐ DREAM
☐ EARMARK
☐ FLUNG
☐ FONDER
☐ FRUIT
☐ FURNACE
☐ HANDCAR
☐ HARBOR
☐ HOLLOW
☐ HOWL
☐ HURDLE
☐ JOINT
☐ KUDOS
☐ MAYOR
☐ MISTAKE
☐ MYNA
☐ NEPHEW
☐ NESTLE
☐ OMISSION
☐ ORALLY
☐ PERHAPS
☐ PIGPEN
☐ QUAD
☐ REMIT
☐ REVEAL
☐ ROCKET
☐ STEAMER
☐ STORMY
☐ TONGUE

B T I G I D S F P Y G H N R C
L W O H H P T I U K U E D O C
V E F N A D E M R R P F N C A
B H C H G F A A D G N V R K U
A P R F L U M L I N E A G E H
O E R U T R E P A N G L C T S
P N N M A E R D I S H E V E L
P G O E J R C E Y L L A R O J
D P E I S O N C N H A R B O R
G W M I S T A K E A A Y I R Y
Y T O O L S L R D N N N E D M
B I D L M K I E Y D T V N A R
Q U E P L O O M K C E S Y U O
K R E D N O F I O A K O U Q T
V F M H J B H T L R R V S B S

318 CROSS PAIRS 318

Hidden in the diagram below are pairs of words that cross at their common middle letter. Some are pairs of 5-letter words and some are pairs of 7-letter words. We have looped one pair for you.

Word list on page 562

Solution on page 533

A SCOT
L UCID

A ________
M ________

B ________
P ________

C ________
G ________

C ________
M ________

C ________
T ________

E ________
W ________

E ________
R ________

G ________
P ________

G ________
T ________

H ________
L ________

M ________
T ________

P ________
R ________

P ________
S ________

R ________
S ________

R ________
S ________

R ________
W ________

S ________
S ________

S ________
T ________

A N D F O A T A G L E S F G N
W H U D A W S P U T L W L E E
C P A U O L G C U R U O C S A
C A C B A H I O O R A R R D T
P A M S B D R P E T E D G T B
C U B E L B A I L P C O N A P
G U N I L R F W A O V C E M I
D C L I U O F I R N R E V E S
H E W P P G E M P E M V A A T
N F M A R T D I O S D I R E N
P E T U N I W N L R T C N R C
T A M E R O T I D U A S O E N
C O S O R M N C L S E N D A R
R I V T W G F A M L O E U I T
R I H V A N E M W H R I F L M

319 CROSS PAIRS 319

Instructions for solving Cross Pairs are given on page 324.

Word list on page 562 *Solution on page 533*

A BASE ______
P LAID ______

A ______
D ______

A ______
S ______

B ______
H ______

B ______
M ______

C ______
D ______

C ______
P ______

C ______
F ______

D ______
M ______

D ______
M ______

D ______
T ______

E ______
O ______

E ______
S ______

E ______
R ______

F ______
G ______

H ______
N ______

H ______
R ______

I ______
T ______

O ______
S ______

```
K T Z Z E K N B N S O F E B D
R C H N H L E U D E T M N N E
G O O T O U D E M G W H A A F
L Z N H L F E U H P E B G L N
O O F O S D F V S C T E O U T
M K R Z D R D I I A R R E R O
C H O S E C I W H R C A E C N
W M W P F I T O M C D N B N L
S A N X I E T Y Z N I Y B L D
I C S V N L O U L R D A S U E
D G S T E E E F O L R I A S R
Z N N L S Y R Z O G E O A U D
A W A I T O A M A I N B R L C
L T R T Z R H I F H A A X R P
E C E E S T N G K D L E H Z E
```

PLACES, PLEASE

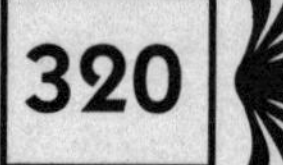

Fill the diagram with all the words in the word list. The words from each group start on their matching number, and they will read in all directions—forward, backward, up, down, and diagonally. Words from different numbers sometimes overlap; therefore, some letters will be used more than once. We have started the puzzle for you. When the puzzle is completed, all the squares will be filled.

Solution on page 533

1. AMPERE
   ARMADILLO
   ARRANT
   ATTEMPT

2. VERITY ✓
   VIA ✓
   VILER ✓

3. CALL
   CHI

4. RACY
   RYE

5. SAC
   SASH
   SLIT
   SUCH
   SWIM

6. LAC
   LAD
   LET-DOWN
   LIABLE
   LYE

7. BANKROLL
   BAY
   BETA
   BIDE
   BLOT
   BOLSTER
   BRA

8. DEALT
   DEBUT
   DELL
   DEVALUE
   DISH
   DREAR

9. OBLIGE
   OLLA
   OOLONG
   ORDERLY
   OSTLER
   OVERLAY

10. TACTIC
    THERAPY
    THIRSTY
    THREE-FOLD
    TRUISM

11. WAN
    WHORL
    WICK
    WIT

12. FEE
    FRIES
    FUME
    FUR

13. GLEE
    GOO
    GOT
    GULP

14. PHI
    PLIER
    PLUMS

15. ICE
    IRIS
    ISM

					1							
2 V	I	L	E	R							3	
E	I											
R		A				4			5			
I												
T		6	7									
Y								8				
						9						10
11												
											12	
				13								
		14							15			

321 PLACES, PLEASE 321

Instructions for solving Places, Please are given on page 326.

Solution on page 533

1. INDUSTRIAL
   ISOLATION
   ITINERARY

2. SHINER
   SIN
   SLEPT
   SOCK

3. YEA
   YELP
   YEN
   YEW

4. WARILY
   WELD
   WEPT
   WHOA
   WIGGLE
   WILCO
   WRITER

5. NEED
   NEWLYWED
   NITROGEN
   NOCTUR-NAL
   NOVEL

6. PLIE
   PURR

7. TRAWL
   TREE
   TRILLION

8. VAN
   VEE
   VIOL

9. RAIL
   RAY

10. HAT
    HEIR

11. CASHEW
    CITY
    COLIC
    CRUST
    CZAR

12. FADE
    FIR
    FLEW
    FLYING
    FOB
    FOOT
    FRATER-NIZE
    FRO

13. ADO
    ANY
    AUK
    AWESOME

14. BOMBARD
    BUR
    BUT

15. DAISY ✓
    DRAG ✓
    DREW ✓

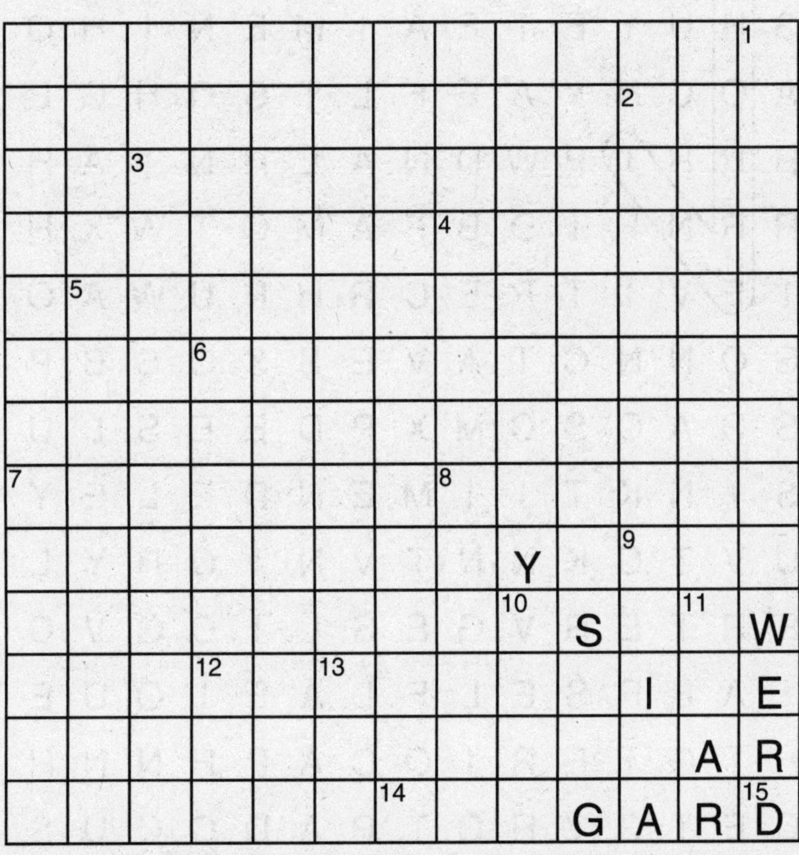

322 ZIGZAG 322

Instead of reading in a straight line, each word has one bend in it. One word has been looped for you. *Solution on page 533*

- ☑ ABHORRENT
- ☐ ADAPT
- ☐ BUNCO
- ☐ CACHE
- ☐ CHEAP
- ☐ CHICORY
- ☐ COLLIDE
- ☐ CONVERTER
- ☐ ENVELOP
- ☐ FAMOUSLY
- ☐ GARRISON
- ☐ GHOSTLIKE
- ☐ GODDESS
- ☐ HERSELF
- ☐ INEXACT
- ☐ INVERSE
- ☐ LANDFILL
- ☐ LEAPFROG
- ☐ MENIAL
- ☐ MERCENARY
- ☐ OBSERVE
- ☐ PASTIME
- ☐ PAWNSHOP
- ☐ PERCEPTIVE
- ☐ RECKONING
- ☐ ROTTEN
- ☐ STEAMING
- ☐ TAXABLE
- ☐ TECHIE
- ☐ THICKSET
- ☐ TISSUE
- ☐ UNIQUE
- ☐ VESSEL
- ☐ VIBRATE
- ☐ WATERFALL

```
W A N E C R E M E X L R K B L
A B R O T E F L K L N S C A C
G H U Y E T E A I M E N I H O
A O C N Y A E F L T S O H G E
R R R T P W D N A L H N T A H
R R N F I D B F A M O T W X H
I E V I T P E C R H P U W A O
S O N N C T A V E S S O S B P
S G A O S C M X P D E E S L U
S I N K T I I M E N D E L E Y
U V T C K N N T V N I O R Y L
E R T E R V G E S L I C G V C
I A B R S E L F L A E I Q U E
H T G I E R I O C A P H N N H
C E T O V H C T P A D C C U S
```

323 ZIGZAG 323

Instructions for solving Zigzags are given on page 328.

Solution on page 534

☑ ACCIDENTAL
☐ AMIDST
☐ ANTIQUE
☐ BEGET
☐ CHEERY
☐ CHURCH
☐ CRUCIAL
☐ DECREASE
☐ DISCOVER
☐ EMBER
☐ FILCH
☐ FREEHAND
☐ GUTSY
☐ GYMNAST
☐ HAMLET
☐ HILLTOP
☐ HUMORIST
☐ INTERCEDE
☐ MOUSSE
☐ MUNDANE
☐ NAPOLEON
☐ NARRATION
☐ NEEDLESS
☐ PATRIOTIC
☐ PERCOLATE
☐ RENAME
☐ REWASH
☐ SAILING
☐ SLINKY
☐ SOMEONE
☐ SPOTTY
☐ STATIONER
☐ TENPINS
☐ THIGH
☐ THUMBTACK

G U T S C O V E R P O T L L F
K A I Y T L T Y K E T N I I D
A D N U M A G K H R R H L A N
N A P O L T T N Q C R C E D A
E A U R E N O I I O T E E D H
H E R E O E S A I L T S A D E
C G R R N D I C C A S T I S E
Q I O Y A D O R E H U M O R E
T H U M B T T R T N H M F D E
W T Y N E A I O N A O R L D N
T G Q A G C C H M U P E I S I
W E R S E K R L O S S M B T P
A G E T I Q U E Q S A O Y M N
S L N A M E H T S E D S I T E
H A I C U R C T H F H S P O T

324 WORD SEEK 324

Instructions for solving Word Seeks are given on page 5.

Solution on page 534

- ☐ APPEASE
- ☐ ASTRONAUT
- ☐ BAUBLE
- ☐ BETWEEN
- ☐ BEWILDER
- ☐ COLORIST
- ☐ CRANBERRY
- ☐ DIRECTION
- ☐ EFFORT
- ☐ EGOIST
- ☐ GLIMPSE
- ☐ HEIFER
- ☐ HIBACHI
- ☐ MINCING
- ☐ MISPLAY
- ☐ NEGLIGEE
- ☐ NUMERATE
- ☐ OMELET
- ☐ OUTSMART
- ☐ RAVINE
- ☐ SCONE
- ☐ SCREAMING
- ☐ SELDOM
- ☐ SEQUENCE
- ☐ SHRED
- ☐ SNOR-KELING
- ☐ STAGEHAND
- ☐ THIEF
- ☐ TIMESPAN
- ☐ UNLOCK
- ☐ VILLAGE
- ☐ VOLUNTEER

```
U A R E T T S I R O L O C M E
N F P E H G R T E F F O R T N
L E W I F N S E A S F B Y S I
O N E G L I G E E G A L L I V
C F I W G M E Q L T E G H O A
K Y N S T A U H V D N H N G R
C R A N B E R R Y I O U A E G
O E P L N R B H L R M M L N W
U S S C P C E E H E Y I I O D
T A E P M S K D R C N C A A V
S E M V M R I A L T N O D U L
M P I S O I T M H I B A C H I
A P T N T E L E M O W V O S N
R A S P I Y M G B N D E R H S
T U A N O R T S A B A U B L E
```

325 WORD SEEK 325

Instructions for solving Word Seeks are given on page 5.

Solution on page 534

- ☐ AIRSHIP
- ☐ ALIAS
- ☐ ARROWHEAD
- ☐ BEWITCH
- ☐ CARMINE
- ☐ CHECKMATE
- ☐ CONSTANT
- ☐ DANCER
- ☐ DRANK
- ☐ DRONE
- ☐ ENDLESS
- ☐ ETERNAL
- ☐ GENEROUS
- ☐ MARINER
- ☐ MEMORIZE
- ☐ MOUND
- ☐ POTHOLDER
- ☐ QUALIFY
- ☐ RAINFALL
- ☐ RAVIOLI
- ☐ ROSEBUSH
- ☐ SCRAWL
- ☐ SELECTION
- ☐ SNOWCAPPED
- ☐ SPOOF
- ☐ SPRAIN
- ☐ SQUABBLE
- ☐ STICKPIN
- ☐ SWEETENER
- ☐ TRADEMARK

I L O I V A R R O W H E A D E
S S E L D N E G N E S A E B N
S S L N U D Z O M T C F E S O
R U U Q A Y I S M A R I N E R
L O R N D T R T T M A O I N D
M R C B C S O I T K W R M E L
T E Y E H W M C R C L A R L Z
R N L W U E E K A E A V A B H
O E A I H E M P D H T F C B A
S G N T Y T P I E C N N I A I
E E R C S E W N M I H H A U R
B E E H D N Q U A L I F Y Q S
U W T W A E O R R F O O P S H
S F E P O R P C K N A R D A I
H A L I A S R E D L O H T O P

326 NUMBER SEEK 326

Solve this puzzle by seeking numbers instead of letters.

Solution on page 534

- ☑ 02979
- ☐ 03880
- ☐ 06094
- ☐ 06581
- ☐ 13225
- ☐ 24715
- ☐ 33118
- ☐ 33122
- ☐ 34045
- ☐ 36293
- ☐ 36856
- ☐ 39859
- ☐ 42945
- ☐ 43874
- ☐ 45811
- ☐ 47928
- ☐ 48074
- ☐ 48910
- ☐ 49506
- ☐ 49602
- ☐ 52173
- ☐ 57441
- ☐ 60938
- ☐ 62613
- ☐ 63386
- ☐ 64256
- ☐ 64761
- ☐ 65033
- ☐ 67171
- ☐ 67417
- ☐ 67862
- ☐ 68669
- ☐ 69966
- ☐ 75087
- ☐ 75475
- ☐ 77376
- ☐ 82149
- ☐ 85556
- ☐ 92855
- ☐ 96586

3 5 6 3 9 8 5 9 0 3 7 3 0 4 3
0 1 4 7 3 6 7 1 7 1 4 5 6 2 5
2 0 6 9 4 0 4 6 3 9 9 3 0 3 9
6 2 0 1 9 1 5 3 1 3 2 8 9 6 7
7 6 5 1 3 0 7 2 8 5 0 0 4 7 0
0 7 9 1 3 8 2 1 2 7 3 0 5 3 5
6 1 4 3 6 8 1 9 2 3 4 8 0 7 4
1 4 4 9 2 3 3 9 1 5 1 7 3 7 4
8 0 4 4 3 0 3 2 6 9 9 6 6 8 6
2 8 3 0 1 5 2 8 2 9 7 4 2 1 8
6 5 6 4 4 1 8 5 6 0 2 6 9 6 3
2 6 4 9 5 5 2 5 4 3 7 4 3 9 7
1 7 2 0 5 1 8 3 7 8 0 5 7 3 1
5 4 5 5 4 6 8 1 6 4 8 9 6 1 2
7 5 6 4 3 3 8 2 1 4 9 7 5 7 5

327 NUMBER SEEK 327

Solve this puzzle by seeking numbers instead of letters.

Solution on page 534

- ☑ 00330
- ☐ 02090
- ☐ 10195
- ☐ 12546
- ☐ 13501
- ☐ 16778
- ☐ 24601
- ☐ 24789
- ☐ 25767
- ☐ 26218
- ☐ 28197
- ☐ 29398
- ☐ 29905
- ☐ 30077
- ☐ 34791
- ☐ 35941
- ☐ 37398
- ☐ 38814
- ☐ 38825
- ☐ 42966
- ☐ 44593
- ☐ 44694
- ☐ 46614
- ☐ 48991
- ☐ 50978
- ☐ 51753
- ☐ 54741
- ☐ 58410
- ☐ 69434
- ☐ 71507
- ☐ 76571
- ☐ 79230
- ☐ 85213
- ☐ 85642
- ☐ 86892
- ☐ 88218
- ☐ 88293
- ☐ 88622
- ☐ 93282
- ☐ 94784

5 0 1 4 8 5 7 6 2 1 6 2 7 0 8
4 3 6 3 3 7 6 4 4 0 8 4 5 3 4
9 2 1 9 5 4 5 3 6 7 7 1 5 0 5
6 9 9 4 7 0 4 3 (0 3 3 0 0) 2 9
4 7 3 6 9 9 1 5 1 7 5 3 3 6 1
4 0 6 7 6 5 7 1 9 2 0 2 0 9 0
4 1 8 8 3 2 3 6 4 0 5 5 8 0 1
7 6 3 1 9 9 8 4 7 0 3 8 1 5 5
6 0 9 1 5 9 8 7 8 8 8 9 2 7 6
5 5 8 4 8 0 4 8 4 6 8 8 6 4 4
3 1 4 7 4 5 9 3 2 8 2 7 2 1 9
8 3 4 7 9 1 0 2 2 9 5 7 6 8 3
2 2 5 8 9 1 9 1 3 2 3 6 6 9 3
9 6 2 7 7 2 8 9 7 2 4 1 4 7 4
8 6 9 1 4 6 8 2 9 0 1 7 1 2 2

328 MISSING VOWELS 328

Before you can loop the words in the list below, you must first fill in the circles in the diagram with the missing vowels A, E, I, O, and U. We have filled in one word for you.

Solution on page 534

- ☑ AMETHYST
- ☐ ANGLE
- ☐ BARITONE
- ☐ BOTTLE
- ☐ BREWERY
- ☐ BULKHEAD
- ☐ DISCOURAGE
- ☐ EVAPORATE
- ☐ GLOBE
- ☐ GOLDENROD
- ☐ GRIEF
- ☐ GUITAR
- ☐ HALFWAY
- ☐ HIDEOUS
- ☐ HORSESHOE
- ☐ IMITATING
- ☐ KITCHEN
- ☐ OVERCOAT
- ☐ QUICKLY
- ☐ RACEWAY
- ☐ RIDDLE
- ☐ SANDWICH
- ☐ SPITEFUL
- ☐ TERMINATE
- ☐ THREAD
- ☐ VERTICAL
- ☐ WONDER-FUL

```
B C G ○ N G L ○ S Y G ○ N F G
○ R D N R W T P ○ ○ V R ○ Y T
L T ○ ○ ○ C ○ W ○ ○ H V H ○ N
K V ○ W S T ○ T R H V ○ C W N
H F Q B ○ C ○ C G H H R T F Y
○ F B F ○ R ○ T L C H T ○ L ○
○ ○ ○ R N ○ Y ○ ○ P Y ○ K ○ T
D L H H T L F W R M M C T H ○
D Q L S R R D M S ○ ○ ○ H M N
G ○ L D ○ N R ○ D ○ G L R W ○
G K M D ○ S T Q Q Q ○ ○ ○ N M
R L N S B ○ R ○ T ○ N ○ ○ F R
D ○ ○ ○ L T T ○ B R ○ D D L ○
W W R B K T S Y H T E M A ○ T
L T S P ○ T ○ R ○ P ○ V ○ Y H
```

329 MISSING VOWELS 329

Instructions for solving Missing Vowels are given on page 334.

Solution on page 535

- ☑ ANNOUNCER
- ☐ ANTISEPTIC
- ☐ ARTWORK
- ☐ BRIEFCASE
- ☐ BULLET
- ☐ COLLATE
- ☐ DISCIPLE
- ☐ EXTERIOR
- ☐ FLAGPOLE
- ☐ HEARTBURN
- ☐ HYENA
- ☐ INFERIOR
- ☐ INHABIT
- ☐ LIKEWISE
- ☐ MISPRINT
- ☐ NAUGHTIER
- ☐ NONSTOP
- ☐ POMPOM
- ☐ POPOVER
- ☐ PORTION
- ☐ PROMOTION
- ☐ RELACE
- ☐ REMARK
- ☐ REVENUE
- ☐ SAMPAN
- ☐ SHIELD
- ☐ SLOGAN
- ☐ STAIRCASE
- ☐ TAROT
- ☐ TELEGRAM
- ☐ UPRISE

M	P	○	P	○	V	○	R	H	N	N	T	W	P	K
○	R	T	W	○	R	K	S	○	M	○	P	M	○	P
R	○	V	○	N	○	○	S	○	C	○	B	F	T	K
G	M	N	○	P	M	○	S	R	C	T	P	B	S	○
○	○	G	B	V	C	V	○	T	○	R	R	V	N	H
L	R	W	D	F	R	L	N	B	S	○	○	T	○	○
○	K	P	○	○	○	P	T	○	○	P	○	○	N	D
T	N	○	R	P	S	○	M	R	W	S	T	F	T	○
○	R	○	G	○	B	C	○	N	○	K	○	T	C	S
B	P	○	G	○	M	T	○	P	K	R	L	○	○	H
○	L	R	H	○	X	○	T	P	○	K	L	R	L	○
F	N	N	○	○	L	○	T	○	L	○	○	○	L	○
X	○	○	N	S	C	S	R	○	R	○	B	T	○	L
Y	H	B	Y	R	E	C	N	U	O	N	N	A	T	D
N	○	○	G	H	T	○	○	R	X	N	P	V	○	X

330 LETTERBOXES 330

Can you find the correct places for the words in the word list? The starting letters for all the words are given in the circles. Letters may be used as parts of other words because of overlapping or crossing. The words read in a straight line and in all directions—forward, backward, up, down, and diagonally. Do not pass over a black square as you are solving. When the puzzle is completely solved, there will be a letter in every space. We have filled in one word to start you off. *Solution on page 535*

- ☑ ACROBATICS
- ☐ ALMOST
- ☐ ATTENDANT
- ☐ BIOGRAPHY
- ☐ CARLOAD
- ☐ CHIEFLY
- ☐ CINDER
- ☐ CONFIDENT
- ☐ DERRICK
- ☐ DISPERSE
- ☐ EXCEEDING
- ☐ HOMEOWNER
- ☐ LAUNDER
- ☐ MALAMUTE
- ☐ NICKNAME
- ☐ OPERATOR
- ☐ ORIGAMI
- ☐ PANTRY
- ☐ PRACTICE
- ☐ PREFIX
- ☐ PRIORITY
- ☐ PROSE
- ☐ REGROUP
- ☐ SEDIMENT
- ☐ SHADE
- ☐ STATEMENT
- ☐ TADPOLE
- ☐ WAVER

	■	■	■	■									M
■		■	S				A						P
S	O						C						P
							R					C	
							O	■	S				■
D							B						N
						T	A						
				L			T						
				W	E		I	A				A	
		C					C				■		
	■			■			S			■	■		
			■		■							O	
		■	C	■	D				P				
B						P			H	■	■		R

331 LETTERBOXES 331

Instructions for solving Letterboxes are given on page 336.

Solution on page 535

- ☑ AIRCRAFT
- ☐ BARGE
- ☐ BROWBEATEN
- ☐ CLAPBOARD
- ☐ DISGUISE
- ☐ DRAWL
- ☐ FIERCE
- ☐ FURNITURE
- ☐ GARLAND
- ☐ IDOLIZE
- ☐ INSERTION
- ☐ KNOWLEDGE
- ☐ METEORITE
- ☐ MONOTONY
- ☐ MYSTIC
- ☐ ORDEAL
- ☐ OUTSIDER
- ☐ PAROLEE
- ☐ RELIEVER
- ☐ RETORT
- ☐ ROSARY
- ☐ SEASONING
- ☐ SORCERER
- ☐ SPARKING
- ☐ STOOGES
- ☐ WALLET
- ☐ WEDDING

A					S			O					
I	■	■	■	■								R	
R						G							
C	■									I	■	■	
R	■	■	■	M								■	D
A		■	■	■									F
F	B											■	■
T	W	S		R									K
M												W	
						D							
					S								
					■	P							
											I	■	
			F	■					C			S	B

332 WORD SEEK 332

Instructions for solving Word Seeks are given on page 5.

Solution on page 535

- ☐ ARMORY
- ☐ AWHIRL
- ☐ BEBOP
- ☐ BESET
- ☐ BIOLOGIST
- ☐ CIRCULAR
- ☐ COLLAR
- ☐ COMPILE
- ☐ CONTEMPT
- ☐ COUNSELOR
- ☐ ENSEMBLE
- ☐ FEATURE
- ☐ FOREPAW
- ☐ FRAGILE
- ☐ GALLOP
- ☐ GUIDELINE
- ☐ HAIRBRUSH
- ☐ INSPECT
- ☐ JITTERBUG
- ☐ MINIBIKE
- ☐ NECTARINE
- ☐ PEDIGREE
- ☐ RAJAH
- ☐ RECORDER
- ☐ RELATIVE
- ☐ REVIEW
- ☐ SECRETE
- ☐ SELTZER
- ☐ TYPE-SETTER
- ☐ VALLEY

H Y F O U N L E O N F C R E B
A A P E T E R C E S O O E Z E
W C I R E C O R D E R N Z Y E
H O O R H T Y P E S E T T E R
I L T M B A F M C W P E L L G
R L B A P R J O I E A M E L I
L A F G A I U A T N W P S A D
E R L G A N L S R I I T W V E
J L I U S E I E H L C B E W P
Y L B E C G U B R E T T I J O
E R L M O R E L P D F N V K B
L O O L E S I S B I P N E B E
R J O M E S N C K U H U R M B
S I H T R I N C J G A L L O P
B E V I T A L E R U T A E F G

333 WORD SEEK 333

Instructions for solving Word Seeks are given on page 5.

Solution on page 535

☐ AMAZEMENT
☐ ANCESTRY
☐ CALCULATOR
☐ CLEAVER
☐ COMICAL
☐ DETACH
☐ DEVISE
☐ ENDURE
☐ FOOTHOLD
☐ FRESHMEN
☐ GANGPLANK
☐ GORILLA
☐ LENTIL
☐ NONSTICK
☐ OVERDRIVE
☐ PRETEXT
☐ PRODUCER
☐ RELATION
☐ REMINISCE
☐ RESULTING
☐ ROUGHLY
☐ SCAMPER
☐ SERENADE
☐ SLIGHTEST
☐ STERNEST
☐ THEIR
☐ WALKING

H A C O M I C A L G C M T G R
L I T N E L G A A F W A S O H
A M A Z E M E N T X E T E R P
O D P A A I G E I G C C N I A
Z E V H Y P F F S T S A R L N
F E U C L N W E O I L S E L C
R U U A H X O V N O V U T A E
E Z N L G S L I G H T E S T S
S K E C U E M R T N C H D E T
H G R U O E N D E A I A O W R
M W U L R X R R T P L K T L Y
E E D A N E R E S H M E L E D
N R N T Y D O V P A E A R A D
H E E O C L N O N S T I C K W
N M P R E C U D O R P F R S N

334 PATCHWORDS 334

It's a crazy quilt and a Word Seek combined! Each of the words in the list can be found in a continuous line in an irregularly shaped patch in the diagram. Move from letter to letter vertically or horizontally, but not diagonally. Each letter in the diagram will be used once; the patches do not overlap. We have located one word to start you off.

Solution on page 535

- ☑ ANIMA
- ☐ ANKLEBONE
- ☐ BALLOT
- ☐ BLOAT
- ☐ BREED
- ☐ CHERUB
- ☐ COLLECTION
- ☐ COUGH
- ☐ CURTAIN
- ☐ DEAN
- ☐ DURESS
- ☐ EDGY
- ☐ ELECTRODE
- ☐ FEEDBACK
- ☐ FLANGE
- ☐ FORECAST
- ☐ FREAKY
- ☐ GENIAL
- ☐ LARVA
- ☐ LASH
- ☐ MOTION
- ☐ MUSLIN
- ☐ PROFANE
- ☐ PUCK
- ☐ RENT
- ☐ RICH
- ☐ SHINY
- ☐ SIENNA
- ☐ STREAM
- ☐ SWORE
- ☐ TEXTURE
- ☐ THRIVE
- ☐ TIME
- ☐ TOPIC
- ☐ TURNCOAT
- ☐ TWOSOME
- ☐ WAPITI
- ☐ WHOSE

```
F E B A C S H I N N I C U E T
P E D T K C E V Y F A T R X T
U C K O P O U I R O R E S T U
T N E C I H G T H I S C A E R
E E R E D O T T A E N D E E M
R D E L T R U R O S N A A N I
B B L E C Y G N C W E A M O T
R U A I N E D E L O R M I T N
E H C S S G H S A A P A N I O
D U R E W N O L K W I T I E M
L V A E H E B E N A U M O S O
A R M S O O C N I L S T W G N
R E A R I L L E F O E R F E A
T S L O C H T C A R A T A O L
B A L T N O I E N P K Y B L F
```

335 PATCHWORDS 335

Instructions for solving Patchwords are given on page 340.

Solution on page 536

- ☑ ALLOCATE
- ☐ CANE
- ☐ CHAIRING
- ☐ CHOIR
- ☐ COAST
- ☐ CORRECT
- ☐ CRECHE
- ☐ DECANT
- ☐ DOWNPOUR
- ☐ ECONOMIST
- ☐ EXURB
- ☐ FAINTLY
- ☐ FAMISH
- ☐ FIBER
- ☐ FOREGO
- ☐ GLOVE
- ☐ GRAVEL
- ☐ HUBCAP
- ☐ IFFY
- ☐ INSTRUCT
- ☐ LISLE
- ☐ MAID
- ☐ MILK
- ☐ OUTLIVE
- ☐ PANTHER
- ☐ PEARLY
- ☐ PICNIC
- ☐ PREDATE
- ☐ RECIPE
- ☐ RENDERING
- ☐ RETRY
- ☐ SHED
- ☐ SKEWER
- ☐ TEAK
- ☐ TIDAL
- ☐ TORQUE
- ☐ TRIO
- ☐ TWOFER

```
A O N T V E A C O A M R I N P
S C A L O E T T L L A I E G E
T E C G O U P I D D I A N A A
C D W N P R A L A S I H C C R
O R O D U B C P E H M R E Y L
G R T K H L S I S K A F B I Y
R E C L I E I C E E W R I F F
A V E E M Y L B R O E R O I F
C U L C O R T R U U T L H A F
T R T S N O E R X E V I C I N
O E F N I M I F O P E R E D T
I R O W E T S E R A N E H Y L
R T C T U K O G N G T H S R E
P N I R Q A R C I R E E R P D
I C T O T E E C H E D N E T A
```

336 MISSING VOWELS 336

Before you can loop the words in the list below, you must first fill in the circles in the diagram with the missing vowels A, E, I, O, and U. We have filled in one word for you.

Solution on page 536

- ☑ AGAINST
- ☐ ALLEGE
- ☐ APART
- ☐ AWOKE
- ☐ BARBAROUS
- ☐ BEAM
- ☐ BICKER
- ☐ BRIGADE
- ☐ BRONZE
- ☐ CHUTE
- ☐ CITYWIDE
- ☐ CULTURE
- ☐ DECAF
- ☐ DOORKNOB
- ☐ ENABLE
- ☐ FIANCE
- ☐ GATOR
- ☐ HEAP
- ☐ KOSHER
- ☐ LINE
- ☐ OBLIGATE
- ☐ OVAL
- ☐ PIPE
- ☐ PRECIOUS
- ☐ RAID
- ☐ RAPIDLY
- ☐ REASON
- ☐ RULE
- ☐ SIESTA
- ☐ SOCKET
- ☐ SQUAD
- ☐ STATE
- ☐ STEAMSHIP
- ☐ TOASTER
- ☐ TOFFEE
- ☐ USABLE
- ☐ WHITE
- ☐ WOODEN

R Z ○ ○ P ○ P S M ○ T ○ H C Y
B S S B C ○ ○ ○ T G N R T L M
H ○ ○ P ○ ○ H ○ Q ○ W ○ D K S
Z D B ○ ○ R L S S L K ○ B T R
M T L C Z D B T M L P C ○ L C
P ○ ○ T S N Ⓘ Ⓐ G Ⓐ B T ○ ○ ○
R R ○ T S ○ ○ T R D ○ ○ L S R
P ○ D B Q K R R K ○ K T B S D
B R ○ G ○ D ○ ○ B ○ ○ ○ S ○ S
L ○ W D ○ C H P W R C S ○ Q M
○ L Y C N T S ○ ○ K ○ F ○ D K
N ○ T ○ W ○ ○ D ○ N F ○ D V Q
○ T ○ H W V K R Y ○ D C S S K
D F C F H ○ V S T B Z ○ W ○ R
R Y S ○ B L ○ G ○ T ○ D T D N

337 MISSING VOWELS 337

Instructions for solving Missing Vowels are given on page 342.
Solution on page 536

- ☑ ADOBE
- ☐ ANNUL
- ☐ APPROVE
- ☐ COLORIZE
- ☐ CUSTARD
- ☐ DALE
- ☐ DANCING
- ☐ DELEGATE
- ☐ DEMEAN
- ☐ DOUBT
- ☐ FAKE
- ☐ FILLET
- ☐ HAMPER
- ☐ HAVOC
- ☐ HAZARD
- ☐ HONEST
- ☐ JAUNT
- ☐ JOKE
- ☐ LODE
- ☐ LOSE
- ☐ LYRICAL
- ☐ MAROON
- ☐ MIDYEAR
- ☐ PAVEMENT
- ☐ PESTLE
- ☐ PRAYER
- ☐ PUMA
- ☐ QUILL
- ☐ RANGER
- ☐ REIGN
- ☐ SAFEST
- ☐ SUNSET
- ☐ TEARY
- ☐ THESAURUS
- ☐ TREACHERY
- ☐ ULTIMATE
- ☐ VIOLIN
- ☐ WINE

H N L ○ D ○ H ○ V ○ C ○ R V T
L ○ S ○ L D P ○ R F K T ○ S D
A N N T T P H ○ Z ○ R D Y R P
M D S ○ R H N R F ○ L P ○ V R
○ ○ O ○ S G ○ T Q ○ R T R ○ ○
P L V B ○ T ○ S N ○ S ○ P N ○
S ○ Q R E T J N ○ ○ ○ M L ○ G
T G N ○ C N ○ D C ○ ○ L B ○ N
N ○ ○ M ○ D L M D H R J L R C
○ T T R ○ ○ Y D ○ M F ○ D ○ T
M ○ N S K T R W V T ○ Z S M D
○ G Z L ○ J ○ V ○ ○ L ○ N ○ J
V V Q ○ B F C W Z N L ○ ○ ○ F
○ Y R ○ H C ○ ○ R T ○ B K M Q
P Y N N N C L S M Q T ○ L ○ D

 338

WORD SEEK

338 

Instructions for solving Word Seeks are given on page 5.

Solution on page 536

- ☐ AMPLE
- ☐ BEAVER
- ☐ CAULDRON
- ☐ CHASE
- ☐ CHOKER
- ☐ CODE
- ☐ CROCK
- ☐ CRUNCH
- ☐ DISTILL
- ☐ ENTWINE
- ☐ FREQUENT
- ☐ GLIDING
- ☐ GOBLET
- ☐ HUSTLE
- ☐ LAND
- ☐ LOON
- ☐ LUXURY
- ☐ MASTHEAD
- ☐ MINCE
- ☐ MISSING
- ☐ MOOT
- ☐ OVERCOME
- ☐ PACK
- ☐ PALE
- ☐ PLAYPEN
- ☐ PORTER
- ☐ REPLENISH
- ☐ SAPLING
- ☐ SCARCE
- ☐ SLYEST
- ☐ SMELL
- ☐ STORE
- ☐ SUBMARINE
- ☐ TIPTOE
- ☐ TOAD
- ☐ UNVEIL
- ☐ WITTY
- ☐ WOVEN

P Q L Q P A L E G C A N H A E

E H L O M O C X O L H S X M T

B C I I O N R V D T I A N P E

E N T W I N E T G N P D S L L

A U S M O R W N E T A I I E B

V R I X C O I L N R B L T N O

E C D O V S P S C H O K E R G

R T M E S E C D A E H T S A M

U E N I R A M B U S O H S N P

T D M E R L U P L A Y P E N Y

K S E C U V N K D P U B L T P

C C E X C Q V C R L Y I T O R

A O U Y K Q E O O I P I S O S

P R D L L P I R N N W F U M K

Y L L E M S L C F G E P H S X

339 WORD SEEK 339

Instructions for solving Word Seeks are given on page 5.

Solution on page 536

- ☐ ALWAYS
- ☐ ANGORA
- ☐ ANSWER
- ☐ APACE
- ☐ BIGWIG
- ☐ CAFETERIA
- ☐ CAMPER
- ☐ CLUCK
- ☐ DARKER
- ☐ DISPATCH
- ☐ EARSHOT
- ☐ ENDOW
- ☐ FALTER
- ☐ HISSING
- ☐ IMMUNE
- ☐ IRONCLAD
- ☐ KICK
- ☐ LIQUEFY
- ☐ LIST
- ☐ MARKSMAN
- ☐ MODEL
- ☐ PAIL
- ☐ PEOPLE
- ☐ PUTT
- ☐ RIVER
- ☐ SCOOTER
- ☐ SEED
- ☐ SLANG
- ☐ SNOOTY
- ☐ STABLE
- ☐ STUMP
- ☐ SULK
- ☐ TIGHTROPE
- ☐ UNDERSEA
- ☐ USHER
- ☐ UTENSIL
- ☐ WAIL
- ☐ WATERY

```
I G T K T O H S R A E C A P A
A G I W G I B S H Y V F N P H
G E A E S D C E C F A L T E R
Y I S S C A F E T E R I A O I
L M I R M R Q D A U W A A P H
T N P P E F E N P Q O S U L K
G I E U H D P V S I D W Y E M
Y R G U T E N S I L N R S A O
S O U H N T N U D R E K R A D
K N A S T A B L E T H K G E E
I C O N H R L T A N S W E R L
C L U O G E O W S M U T P E Q
K A I L T O R P A I M M U K O
U D E A C Y R N E Y L K M M A
Y B D S P G N A L S S E S I P
```

340 CROSS PAIRS 340

Hidden in the diagram below are pairs of words that cross at their common middle letter. Some are pairs of 5-letter words and some are pairs of 7-letter words. We have looped one pair for you.

Word list on page 562

Solution on page 536

A RDOR
L ODGE

B ______
M ______

C ______
O ______

C ______
S ______

C ______
P ______

C ______
G ______

C ______
M ______

C ______
D ______

D ______
G ______

E ______
P ______

E ______
P ______

F ______
O ______

G ______
M ______

H ______
L ______

J ______
O ______

L ______
Z ______

M ______
P ______

M ______
T ______

P ______
Y ______

L M B R D Y M T A E C X L O Y
E U A U P E P U T R O O W N G
G S O P H I D O E S D N W R T
B L O H L O Z E N G E O A E A
C P I L G E S D E R D D R C R
P C B S C G U I P N U O L S G
E O L H T N B H Z A M T T I N
X E I A W E E U L S P B E S M
D M L S N T N B A H E I V O M
P L Y E E G Y P P I Z E O Z N
Y L O L M B T Y E Y F R C C T
E N U R P U U X L Y E I H R L
N D R M I G H T N L F A E H S
E L S M E G O U I G O V S R Z
L T I J V Y U O U H O J S O Y

341 CROSS PAIRS 341

Instructions for solving Cross Pairs are given on page 346.

Word list on page 562 *Solution on page 537*

A BBEY
E LBOW

B ______
C ______

B ______
C ______

B ______
S ______

C ______
N ______

C ______
P ______

C ______
S ______

C ______
T ______

D ______
W ______

F ______
Q ______

H ______
W ______

H ______
H ______

L ______
Z ______

P ______
P ______

P ______
P ______

R ______
S ______

S ______
W ______

S ______
T ______

T ______
U ______

W	N	A	B	Q	C	Q	U	Z	E	E	G	H	V	H
C	E	R	R	B	U	H	I	K	R	G	T	E	C	V
R	R	W	E	O	G	D	O	F	D	Y	G	A	O	H
G	U	A	T	E	L	P	E	R	K	I	O	V	L	E
P	C	E	S	D	S	F	R	C	E	P	P	E	T	P
H	S	K	E	H	I	Y	A	P	O	I	U	A	I	K
G	N	I	D	N	I	W	T	S	Y	R	R	A	C	Q
U	R	P	R	T	N	W	B	P	W	R	S	R	H	R
T	R	G	A	C	G	W	A	O	A	T	E	S	A	B
B	I	B	H	S	W	R	I	N	K	L	E	O	L	C
Y	O	Z	A	W	T	T	S	S	O	E	T	U	R	B
O	E	E	O	N	I	U	U	O	T	I	R	N	R	N
L	I	B	E	L	W	O	R	R	L	B	S	D	F	C
R	L	R	B	W	V	Q	O	E	T	A	P	I	N	B
E	Q	A	Y	A	C	T	R	R	D	S	R	G	F	O

342 WORD SEEK 342

Instructions for solving Word Seeks are given on page 5.

Solution on page 537

- ☐ ARIA
- ☐ BRAKE
- ☐ BREATH
- ☐ CABANA
- ☐ CAMISOLE
- ☐ CICADA
- ☐ CLEF
- ☐ COWHERD
- ☐ CRAVE
- ☐ DEFER
- ☐ DUMPSTER
- ☐ EMERALD
- ☐ EMPRESS
- ☐ ENLACE
- ☐ GRIM
- ☐ HOMEMADE
- ☐ INSTANT
- ☐ KARATE
- ☐ KITTY
- ☐ LATERAL
- ☐ LEOPARD
- ☐ LOOSEN
- ☐ MEMO-RANDA
- ☐ OPAL
- ☐ ORCHID
- ☐ ORIOLE
- ☐ RIVERBOAT
- ☐ ROTATE
- ☐ SALTY
- ☐ SANG
- ☐ SKETCH
- ☐ SLUR
- ☐ TILT
- ☐ TOTAL
- ☐ TULIP
- ☐ TUNNEL
- ☐ USEFULLY
- ☐ VINYL

```
P B P R H B G C H C T E K S L
T A O B R E V I R O O W Y A I
U U C E T D C C T W E P D T G
Y D A A T A D A H H C N A C D
F T R I B M L D R E A A C L I
H A L A T E R A L R L I A E H
K T N A P M U D O D N R K F C
B A U M S O S M U G E A G A R
T L N N I H E U K M R A M U O
R N Y A N M F L E B P I L U T
Y S A N G E U D O T S S M W E
P Y T T I K L E R O T A T E V
B W Y W S V L F L F S R U E A
E U C G D N Y E M P R E S S R
P B G E L O I R O P D C N G C
```

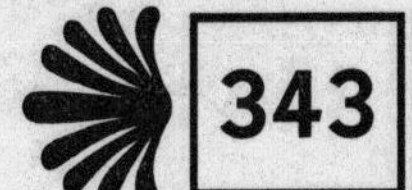

343 WORD SEEK 343

Instructions for solving Word Seeks are given on page 5.

Solution on page 537

- ☐ ALLOY
- ☐ ALUMNA
- ☐ AWHILE
- ☐ BEFALL
- ☐ BROTH
- ☐ CELEBRATE
- ☐ CHOP
- ☐ CONDEMN
- ☐ CRANNY
- ☐ DEEJAY
- ☐ DELICATE
- ☐ DESCEND
- ☐ DISPEL
- ☐ ESCAPADE
- ☐ GAZELLE
- ☐ GIMMICK
- ☐ GREASY
- ☐ HANDED
- ☐ LIVESTOCK
- ☐ MOUSE
- ☐ OUTWEIGH
- ☐ PICKY
- ☐ PLOY
- ☐ PORE
- ☐ PREFER
- ☐ REFUTE
- ☐ SLOPS
- ☐ SNITCH
- ☐ SNOB
- ☐ SNUB
- ☐ SONIC
- ☐ TAFFY
- ☐ THEN
- ☐ THRILL
- ☐ TUTU
- ☐ VERGE
- ☐ WAITRESS
- ☐ WEEKEND

```
T B P S F E E L L E Z A G U K
J H U O U T S B R O T H T C Y
A M R N H A C N I A R U I F M
H V I I S C A H E W T M F W E
A B N C L I P H G H M A D E G
B E F A L L A S N I T C H M R
V Y A J E E D N G L E L C A E
E S U O M D E E R E I W L C V
W A I T R E S S S V N U T A S
R E T A R B E L E C M L D U L
S R E F E R P S R N E E C A O
C G R K S B T A A P D N L H P
Z S O C E O N B S N N L D L S
B O P M C N N I A A O H O I C
P I C K Y S D H R Y C Y W Y L
```

344 PLACES, PLEASE 344

Fill the diagram with all the words in the word list. The words from each group start on their matching number, and they will read in all directions—forward, backward, up, down, and diagonally. Words from different numbers sometimes overlap; therefore, some letters will be used more than once. We have started the puzzle for you. When the puzzle is completed, all the squares will be filled.

Solution on page 537

1. MADRAS
   MEAN
   MILKWEED

2. KNIT
   KOI

3. SCAPE-GOAT
   SENTI-MENT
   SLENDER-IZE

4. LEGGY ✓
   LEI ✓
   LIAR ✓
   LUTE ✓

5. DACE
   DIVINE
   DON
   DUO

6. BACK-FLIP
   BALANC-ING
   BINAL
   BOARD-ROOM
   BORNE

7. FENNEL
   FINISH
   FLOSS

8. OAT
   OBI
   OLD
   OLIO
   OUNCE

9. HAD
   HAG
   HAY
   HEN
   HERO
   HOT

10. AERATE
    AFAR
    ANT

11. IDLEST
    INLAY
    INN
    INPUT
    IRON
    IVORY

12. RASP
    REPO
    RESENT-FUL
    RIB
    RID
    RUT

13. PIN
    POUCH
    POUT
    PROW

14. CATLIKE
    CAY
    COP

15. TABLE
    TAD

						1						
2											3	
					R	A	I	4 L				
			5				E	E	U			
	6					I		G		T	7	
		8						G			E	
						9		Y				
10												
				11								
									12			
					13							
					14						15	

345 PLACES, PLEASE 345

Instructions for solving Places, Please are given on page 350.

Solution on page 537

1. SIMULATION
   SNAP

2. ABYSS
   ASEA
   ATELIER

3. IMBALANCE
   INSTRUCTOR
   INTERFAITH

4. EACH
   EEL
   ELM
   ENNUI
   EON
   ERA
   EXPONENT

5. CAN ✓
   CEL ✓
   CUP ✓

6. UNIT
   URN
   USE

7. LANCER
   LIE
   LINER
   LIVERY

8. TAU
   TEE
   TIN

9. OFT
   OILSKIN
   ORE
   ORGANZA

10. ZEALOT
    ZEE
    ZEPPELIN
    ZINC
    ZIRCON

11. JACK
    JEANS
    JELLY
    JENNET
    JETTY
    JONQUIL
    JOUST

12. NEE
    NIL
    NOR

13. GILD
    GLAD
    GLUT
    GNU
    GOER

14. FAT
    FEN
    FLU

15. PAN
    PLY
    PORT-FOLIO

16. BODY-SUIT
    BYTE

1									2			
											3	
		4		P								
				U								
		N	A	5 C					6			
				E			7					
				L						8		9
	10											
						11						
				12				13				
										14		
15												
			16									

346 MISSING VOWELS 346

Before you can loop the words in the list below, you must first fill in the circles in the diagram with the missing vowels A, E, I, O, and U. We have filled in one word for you. *Solution on page 537*

☑ ADVERB
☐ AQUA
☐ ASPARAGUS
☐ BABBLE
☐ BARE
☐ BEHIND
☐ BIRTHDAY
☐ CARRIAGE
☐ CHORUS
☐ CHUBBIER
☐ COIL
☐ CONTENT
☐ DODGER
☐ ECHO
☐ ENJOYABLE
☐ GEAR
☐ GOURMET
☐ HUNTING
☐ IMPAIR
☐ LAWMAN
☐ LINEN
☐ LOOKING
☐ MANTRA
☐ MAVERICK
☐ MEDIUM
☐ OASIS
☐ OBEY
☐ RETAIL
☐ SIDECAR
☐ SKATER
☐ SKEET
☐ SLEIGH
☐ SPADE
☐ SPINE
☐ WADER
☐ WAGON
☐ WIPER
☐ ZERO

D L L W S K ○ ○ T S S P ○ D ○
V ○ ○ Q ○ N Q N ○ C H ○ N T L
L G M ○ ○ D ○ M M B W N B S B
L A N P S T ○ ○ R ○ ○ L ○ ○ ○
D D S ○ N ○ V R ○ R G R H J Y
○ V G ○ T ○ D D ○ T ○ ○ ○ H ○
D E C S R N Y ○ G H N M T G J
G R ○ ○ B B ○ H C D P J Y ○ N
○ B C G R G G H B ○ B B L ○ ○
R K N M ○ N H C ○ Y R ○ Z L V
○ ○ J W ○ ○ K R R ○ W T R S N
T B T K ○ ○ R ○ Z M ○ T N ○ S
○ G ○ ○ S P ○ R ○ G ○ S N ○ V
○ ○ W V K W ○ N ○ Q Z ○ ○ J M
L ○ ○ C W S G R K C L Y Y S W

347 MISSING VOWELS 347

Instructions for solving Missing Vowels are given on page 352.

Solution on page 538

☑ ACHE
☐ ACTOR
☐ AERIE
☐ AISLE
☐ BELITTLE
☐ BRAISE
☐ CLIMAX
☐ COBWEB
☐ COPPER
☐ CRANE
☐ DECIMAL
☐ DOOR
☐ DUDE
☐ ELLIPSE
☐ EMPLOYEE
☐ EXTERNAL
☐ EYELINER
☐ IMAGE
☐ IMPEDE
☐ ISOLATE
☐ KALE
☐ LAKE
☐ MITE
☐ ONRUSH
☐ OVERUSE
☐ PARLOR
☐ PESTO
☐ QUARRY
☐ RELIEF
☐ SANDAL
☐ SEWING
☐ STOOP
☐ TREADMILL
☐ UNDONE
☐ WHEEL
☐ WHOLESALE
☐ WIDE
☐ YELLOW

```
M D ○ D ○ B Y ○ V D K C B T P
H K ○ G ○ ○ ○ ○ ○ S Q R G R G
M ○ ○ W L R T L N T ○ ○ K ○ ○
R M B L ○ ○ ○ S ○ ○ S N G L ○
○ ○ ○ ○ L Y M ○ K T D ○ D R Y
C W H ○ L E S ○ L ○ T N P ○ ○
X R S W H S ○ R N ○ T L ○ P L
○ ○ ○ C H Y ○ V ○ R ○ S ○ H P
C L A N R ○ T X ○ D ○ P M ○ M
G X L R ○ M ○ ○ C ○ G G H ○ ○
M W ○ ○ F L D L ○ C S N L C F
L ○ ○ M P M ○ X P ○ T ○ M T Q
Q F Y D ○ S F Y P M ○ W ○ ○ C
○ K ○ L ○ L ○ B ○ ○ ○ ○ W R F
R ○ L ○ ○ F C Q R L P S W V B
```

348 WORD SEEK 348

Instructions for solving Word Seeks are given on page 5.

Solution on page 538

☐ ACCORD
☐ ANXIOUS
☐ BAKESHOP
☐ BRAWN
☐ COVER
☐ DOUGH
☐ EPOXY
☐ GIDDY
☐ GROOMER
☐ HOURLY
☐ HUMIDITY
☐ INCH
☐ KITTEN
☐ LARK
☐ LAWYER
☐ MAGNOLIA
☐ OILIER
☐ OXEN
☐ PICKLE
☐ POTENT
☐ RAPPER
☐ REMEDY
☐ SCAMPI
☐ SEAM
☐ SENORA
☐ SILK
☐ SLAPSTICK
☐ SLOT
☐ SOLICIT
☐ STAINLESS
☐ STUNG
☐ SURPRISE
☐ TAFFETA
☐ TICKING
☐ TROWEL
☐ TRUNK
☐ WAIVE
☐ WEAR

```
I X S C K N U R T L D O U G H
L B E P O X Y Y S I E W T U A
G N U T S V L S L G C W M R Y
N R F C X R E C A N X I O U S
W C O G U L R R P T D N L R T
A I L O N G A M S I E I E O T
R O H I M C E K T S L F L X S
B I A C C E W Y I W V S F T O
Y T R O N S R L C N E V I A W
S K R A L I B A K E S H O P T
E D L Y P R C W I T G I F I N
W S C A M P I Y N T L T L C E
Y D E M E R E E G I D D Y K T
L E R A V U W R E K V P A L O
A O E N M S W R T C L O F E P
```

349 WORD SEEK 349

Instructions for solving Word Seeks are given on page 5.

Solution on page 538

☐ ATOM
☐ BERATE
☐ BUNGLE
☐ CALF
☐ CAMERA
☐ CARPENTER
☐ CELLULAR
☐ CHEW
☐ CONSENT
☐ CROUTON
☐ CUSTOM-ARY
☐ DAINTY
☐ DYNASTY
☐ FOYER
☐ FRILLY
☐ GERANIUM
☐ HOLD
☐ LEAF
☐ LOUPE
☐ MATURE
☐ MERE
☐ OCTOPI
☐ OUTPUT
☐ PLUMBING
☐ PRIVACY
☐ RECEDE
☐ RETREAT
☐ SHALT
☐ SHREW
☐ SMELT
☐ STAFF
☐ STRATEGY
☐ STUCK
☐ TEPID
☐ THESIS
☐ TONE
☐ UNNERVE
☐ VELVET

```
T L W K M C G T H E S I S W D
E L O B V E E K E F R I L L Y
L H A U A V R L E V V U O L D
G R D H P R A E L I L H T Y L
N C O N S E N T D U Y E N A G
U O H Y T N I A D G L A V W M
B R T E T N U U E C S A N T P
K O E U W U M T A T W E R H S
C U S T O M A R Y C A V I R P
U T T E R R P G N I B M U L P
T P F O T E C H G P E I F F T
S U O S N C A W B O R L U E L
A T Y T O E T T S T A F F E E
I T E P I D O E K C T A A H M
L R R A R E M A C O E F C Y S
```

LETTERBOXES

Can you find the correct places for the words in the word list? The starting letters for all the words are given in the circles. Letters may be used as parts of other words because of overlapping or crossing. The words read in a straight line and in all directions—forward, backward, up, down, and diagonally. Do not pass over a black square as you are solving. When the puzzle is completely solved, there will be a letter in every space. We have filled in one word to start you off. *Solution on page 538*

- ☑ ABSENTEE
- ☐ AFFECT
- ☐ AFRESH
- ☐ ANNUALLY
- ☐ BACKDRAFT
- ☐ BAKERY
- ☐ BASH
- ☐ BREEZE
- ☐ BROWN
- ☐ CONCEIVE
- ☐ COUPON
- ☐ CRINGE
- ☐ EMBOSS
- ☐ FAITH
- ☐ FEEBLE
- ☐ GUFF
- ☐ HALL
- ☐ HONEYDEW
- ☐ JIGGER
- ☐ LAGER
- ☐ LEVY
- ☐ MARGARITA
- ☐ MEMENTO
- ☐ MIRROR
- ☐ NAMESAKE
- ☐ QUARTER
- ☐ REMODEL
- ☐ ROOKIE
- ☐ SEEM
- ☐ SETTER
- ☐ SHONE
- ☐ SIMILAR
- ☐ STAIN
- ☐ SURGE
- ☐ TRIKE
- ☐ VIEW

				S					E	■	A	H	M
S	■	■	J	B						■			R
					C		Q	■		■			
		■		B									
	■			S								S	
H												B	
■								V					E
A				■								E	M
N		F					■		A	■	T		
							C		B	N			
							■	■	E		■		
		G	■			M		S					T
		■	■	■			B		S				
C	L					A	F	B	R				S

351 LETTERBOXES 351

Instructions for solving Letterboxes are given on page 356.
Solution on page 538

- ☑ AFFAIR
- ☐ ARMREST
- ☐ BANDANNA
- ☐ BERRY
- ☐ BOLOGNA
- ☐ CARPET
- ☐ CHAPTER
- ☐ COSMIC
- ☐ CREPT
- ☐ CRUMB
- ☐ DAZE
- ☐ DESCRIBE
- ☐ DOODLE
- ☐ EDICT
- ☐ ESTABLISH
- ☐ FAUCET
- ☐ FIVE
- ☐ FLORAL
- ☐ FLUTE
- ☐ INCENSE
- ☐ NEON
- ☐ NICK
- ☐ OVERLOAD
- ☐ PATSY
- ☐ PLED
- ☐ PROFESSOR
- ☐ REOPEN
- ☐ SEPTET
- ☐ SHOWCASE
- ☐ SPRANG
- ☐ STATUE
- ☐ STIFF
- ☐ SUNDAE
- ☐ TAMPER
- ☐ TOUR
- ☐ TRAMPLE
- ☐ TUNA

■	■	■	■		■	C		S			P	D	B
N					S	■		■		■	■		R
									E				
C													
	■	T									■		
						T							
S		A							D			■	
O								■			S		A
	N	F					B			S	S		F
						C			C		■		F
		T						■			■		A
D												P	I
E		■											R
B	■		I	P				■				F	

352 V-WORDS 352

The 5-letter words below are found in the diagram in a V shape pointing left, right, up, and down.
Solution on page 538

- ☑ ADAGE
- ☐ AGAZE
- ☐ ANILE
- ☐ BANJO
- ☐ BATHE
- ☐ CINCH
- ☐ CRAKE
- ☐ CRAZY
- ☐ DENSE
- ☐ ETHER
- ☐ FOGGY
- ☐ GLACE
- ☐ GUILD
- ☐ GUSTO
- ☐ HYPER
- ☐ JUROR
- ☐ KARMA
- ☐ LEASE
- ☐ LUCKY
- ☐ MANIA
- ☐ MOPEY
- ☐ MUSHY
- ☐ MYRRH
- ☐ NOTCH
- ☐ OXIDE
- ☐ SAGER
- ☐ SHEER
- ☐ SKIRT
- ☐ SMACK
- ☐ STARK
- ☐ STEAL
- ☐ SUGAR
- ☐ TEMPT
- ☐ TIGHT
- ☐ TRIAD
- ☐ TRUSS
- ☐ VAPID
- ☐ VERSE
- ☐ WISER
- ☐ XENON

```
Y O P R I A G N A N P O A B V
O D R X D D H S O E T O T R P
Y J O E M Y E T Y A L J M S O
N O N P P E H H C H L U U Y Y
T A T S R T T E S H S G T R R
B H K A E G A T R A K R O R A
D A G H Z R E Z G G U R H D I
R I T U C R S A Y E U S L K J
T M P N S N E S L I R I S F G
H A A E I I N V I I N T L M R
V M R C V A W Y E A A C T E A
Y A J N R M K W G D D R Z C G
X S F C N Z L E Z G I A K G M
F E K O U Y K W O X H A G A O
M Y N B E L L F Y O I B D A N
```

353 V-WORDS 353

Instructions for solving V-Words are given on page 358.

Solution on page 539

- ☑ ADMAN
- ☐ ADULT
- ☐ ALLAY
- ☐ ARENA
- ☐ AROMA
- ☐ BLEST
- ☐ BONGO
- ☐ BRAID
- ☐ CABBY
- ☐ CLAMP
- ☐ COINS
- ☐ COLBY
- ☐ DOETH
- ☐ DOZER
- ☐ DUVET
- ☐ ELOPE
- ☐ FABLE
- ☐ FOUND
- ☐ GAVEL
- ☐ GNARL
- ☐ GROVE
- ☐ HAREM
- ☐ HUTCH
- ☐ IDEAL
- ☐ LODEN
- ☐ OWLET
- ☐ PHONY
- ☐ PRATE
- ☐ ROYAL
- ☐ SCROD
- ☐ SNIPE
- ☐ SPARE
- ☐ SPRIT
- ☐ STOAT
- ☐ TEACH
- ☐ TERRA
- ☐ THINE
- ☐ THREE
- ☐ TRAIN
- ☐ TROMP

```
V A R P O M L C H O G S M W F
R O D V M R L E P A L E N N C
Y U E U A A G E V T R E T I M
V A D D A N R E S R T I O A L
L E L O I W G E R H R C R D O
N M T N L P N F L W A P O T U
G L S L U A E L R B D L S L T
U Y A P O R Y H D V B Y B T A
D D R M A R F I Y Z N Y O U C
M E A H B W A N E W O V P E B
E A N D T O D R E W T D A H L
I G N I M O W M B F N R U I O
R G H O R T H L H A T O O N N
O T O U B C E C R E F M Y T D
R Z T V T T S R A F P Z O B A
```

354 SQUARE NINES 354

Find 3x3 squares in the diagram that contain, in no particular order, the nine letters of the words listed. *Solution on page 539*

☑ BANDSTAND
☐ BILLIARDS
☐ BOUNTIFUL
☐ CLASSWORK
☐ COASTLINE
☐ DEDUCTION
☐ DESTROYER
☐ DISMISSAL
☐ EQUIPMENT
☐ GENERATOR
☐ GROUNDHOG
☐ HERBIVORE
☐ IMMIGRATE
☐ INSURANCE
☐ MAR-MALADE
☐ MARSUPIAL
☐ MINCEMEAT
☐ NIGHTLIFE
☐ OBJECTIVE
☐ OVERSLEEP
☐ PAPERWORK
☐ PROPELLER
☐ RIVERSIDE
☐ SENSATION
☐ SHIPSHAPE
☐ SLIPCOVER
☐ SPECULATE
☐ SPLITTING
☐ STARGAZER
☐ UPPERMOST

```
D E R R T B N N Z U N U N C T
M O Y E O T D S I L F I D D B
H D T S L A A D I B O T O E V
F P E I C N L R A L I D R I H
J M Q N A R Z O W S S I R E B
A E T U E S P K C S M A M M F
G E R I A U T I P C P I G T P
O N R N E C L S T O R E H F Z
G H G T I M G N I S V L N I J
U O D E A M Q N A E P E S A S
I A A L A P P Z B E C H H P F
S R M M R W E B I J E S I P K
U P L R O R K M T O V I R G A
W L O E L D G R U P D E R S E
J P R E Y N P P S E N A A Z T
```

355 SQUARE NINES 355

Instructions for solving Square Nines are given on page 360.

Solution on page 539

- ☑ BAMBOOZLE
- ☐ BARNSTORM
- ☐ BAROMETER
- ☐ CRITICIZE
- ☐ EXTREMELY
- ☐ FANTASIZE
- ☐ FIRSTBORN
- ☐ FORBIDDEN
- ☐ HAILSTONE
- ☐ HAZARDOUS
- ☐ INFLUENCE
- ☐ INSISTING
- ☐ LATECOMER
- ☐ MANNEQUIN
- ☐ MATCHBOOK
- ☐ PERISCOPE
- ☐ POLYESTER
- ☐ PROOFREAD
- ☐ SENSITIVE
- ☐ SLOPPIEST
- ☐ STALEMATE
- ☐ SUCCESSOR
- ☐ SUPERSTAR
- ☐ SURFBOARD
- ☐ TECHNICAL
- ☐ TELEPHONE
- ☐ TERRARIUM
- ☐ TERRITORY
- ☐ WINDSTORM
- ☐ WITHSTOOD

E	R	Y	E	F	I	T	E	I	L	E	R	E	E	H
S	T	T	R	T	I	S	V	H	Y	E	T	P	O	E
W	O	I	R	G	N	S	E	P	P	S	O	L	N	T
H	D	O	L	N	I	I	C	O	E	S	I	P	Z	T
O	R	P	F	N	E	Y	R	I	S	Z	D	U	S	E
O	A	D	U	C	E	X	T	E	H	A	R	C	E	I
E	R	F	S	B	M	E	L	S	A	U	O	U	S	E
D	D	O	R	N	O	L	O	I	N	Q	S	S	C	D
N	B	I	R	T	A	B	B	U	N	A	O	B	W	X
W	P	E	C	R	E	M	Z	E	N	M	C	T	A	C
G	W	F	L	O	R	E	C	D	F	O	K	H	C	N
S	P	T	A	E	T	I	I	B	A	U	I	I	E	L
E	R	S	E	M	C	Z	I	S	R	R	M	I	D	S
R	U	A	L	T	B	A	F	E	E	T	R	S	T	E
Q	Y	D	B	T	Y	T	N	A	T	O	W	N	O	I

356 WORD SEEK 356

Instructions for solving Word Seeks are given on page 5.

Solution on page 539

- ☐ APIECE
- ☐ APPOINT
- ☐ ATTORNEY
- ☐ AWRY
- ☐ BARREN
- ☐ BESTOW
- ☐ BLUEPRINT
- ☐ CHEEKBONE
- ☐ CLIP
- ☐ CONVENE
- ☐ CRAVAT
- ☐ DAMPEN
- ☐ ENSURE
- ☐ EVIDENCE
- ☐ FASTER
- ☐ FLEA
- ☐ FORCE
- ☐ FUROR
- ☐ GRAY
- ☐ ISLAND
- ☐ LEAPT
- ☐ LOAD
- ☐ MUDDLE
- ☐ NATION
- ☐ NOMINEE
- ☐ PADRE
- ☐ PARENT
- ☐ PING
- ☐ REPRIEVE
- ☐ RISER
- ☐ SODA
- ☐ SOLID
- ☐ SPECIAL
- ☐ SPIGOT
- ☐ SUNSHINE
- ☐ VIRTUAL
- ☐ WANED
- ☐ YODEL

```
D B R F U R O R C L R W N R S
E A O C Y Y B E L A I C E P S
C R O O O E T P I U L S N O B
Y R D L U N A R P T I O L F I
F E A A I R V I U R M I T N G
L N M O P O A E V I D E N C E
L B P N F T R V N V T E C D B
S P E A V T C E A E L F N L O
A U N T P A E L R E C A U A S
F E N O B K E E H C L E W P W
W O T S E B T R Y S P D I R C
P A R Y H S M U I R F G D P Y
I V A C A I L S I S O D A U A
N R K F E D N N A T I O N H M
G P A R E N T E P O U R T A S
```

357 WORD SEEK 357

Instructions for solving Word Seeks are given on page 5.
Solution on page 539

☐ ADVENTURE
☐ BAITER
☐ BATON
☐ BEARSKIN
☐ BLEND
☐ BURNT
☐ CLUNG
☐ CORNEA
☐ DECIDE
☐ EAVESDROP
☐ EXERCISE
☐ EXPIRE
☐ FACIAL
☐ FLEX
☐ HINDER
☐ INFANTRY
☐ INTENSE
☐ LIZARD
☐ MOCK
☐ NUGGET
☐ OCCUPANT
☐ OUSTER
☐ POET
☐ PRIMARY
☐ PROVOKE
☐ QUIP
☐ RANK
☐ RECENT
☐ SENT
☐ SLOW
☐ SMEAR
☐ SWEAR
☐ SWUNG
☐ THESE
☐ UNHOOK
☐ WASHRAG
☐ WISDOM
☐ YONDER

```
R A E M S E M O D S I W B Y C
T D O Q A X C C E B I F O Y E
D C R I W E L C X Z A N Z A N
K E R A I R U U P C D I V O T
I G C E Z C N P I E R E T Y M
V N N I T I G A R H S A W E N
Q D F U D S L N E D B P E I R
H L B A W E U T R K L N K W E
I N T E N S E O U Y O S K C S
N U G G E T P I T R R V O P Z
D S U S B N R M N A S L O W N
E X E L F E A Y E M R E H R P
R H E E T C N B V I T X N I P
T N R U B E K I D R Z G U T L
D S H C O R N E A P I Q T X P
```

358 MISSING VOWELS 358

Before you can loop the words in the list below, you must first fill in the circles in the diagram with the missing vowels A, E, I, O, and U. We have filled in one word for you.

Solution on page 539

- ☑ ABET
- ☐ APRICOT
- ☐ ARROW
- ☐ AUBURN
- ☐ BOOK
- ☐ BUTTE
- ☐ CHESSMAN
- ☐ CHIME
- ☐ CONCISE
- ☐ DELIVERY
- ☐ ENERGY
- ☐ FAIRWAY
- ☐ FATE
- ☐ FELLOW
- ☐ FLUE
- ☐ GRAZE
- ☐ HAIR
- ☐ IMPOSE
- ☐ JABBER
- ☐ LIKE
- ☐ LISTEN
- ☐ MAKE
- ☐ MANNERLY
- ☐ MYTHICAL
- ☐ PARODY
- ☐ PATHWAY
- ☐ PHONE
- ☐ POTENTIAL
- ☐ PROJECT
- ☐ RIVAL
- ☐ SCHEME
- ☐ SOFTER
- ☐ SWITCHING
- ☐ SWOON
- ☐ TOGETHER
- ☐ TOMATO
- ☐ VENDOR

G N ○ M S S ○ H C C T W K P K
○ C P W G D T B ○ ○ K ○ N D C
R K ○ R S R M ○ N N ○ R L Y N
H ○ ○ T ○ M ○ T ○ C H R F R H
N ○ ○ L F J K Z Y ○ A ○ ○ L P
T ○ G ○ T H ○ R ○ S T B S R ○
W ○ L L ○ F ○ C M ○ ○ W E T T
L ○ V ○ R V T Y T ○ ○ B ○ T ○
N ○ T S ○ L T ○ Y T B C N M N
○ R R L C H ○ W C ○ ○ R ○ P T
S N ○ ○ ○ R B H J R W H ○ P ○
○ D ○ C D K ○ T P G C R H V ○
P F ○ R N N P ○ G S ○ ○ ○ F L
M L W H G D ○ P H D N C T ○ W
○ W C K P Y J V Y ○ M ○ H C F

359 MISSING VOWELS 359

Instructions for solving Missing Vowels are given on page 364.

Solution on page 540

- ☑ ACTIVE
- ☐ APOLOGIZE
- ☐ AVENGE
- ☐ BATHROBE
- ☐ BISCUIT
- ☐ BLOTTER
- ☐ BONE
- ☐ COMPLETE
- ☐ COULD
- ☐ CUTE
- ☐ DOVE
- ☐ DROVER
- ☐ EARRING
- ☐ EIGHTY
- ☐ EXCEPT
- ☐ FLATTERY
- ☐ GADGET
- ☐ GARLIC
- ☐ HEARSAY
- ☐ HULA
- ☐ MEDDLE
- ☐ NOEL
- ☐ PARADE
- ☐ PILE
- ☐ PRALINE
- ☐ RERAN
- ☐ REVEL
- ☐ SABLE
- ☐ SHAME
- ☐ SHRIEK
- ☐ STEER
- ☐ STRESSFUL
- ☐ TAVERN
- ☐ TRADE
- ☐ TREASURY
- ☐ UNCLE
- ☐ UPON
- ☐ WESTERLY

B	T	N	P	W	N	P	X	○	M	○	H	S	R	X
S	N	P	○	R	○	G	(A)	R	L	○	C	○	M	F
C	T	R	Y	R	○	S	C	R	○	D	○	○	L	Z
○	W	L	○	V	○	L	T	Z	○	T	D	○	T	T
M	Z	V	○	V	Y	R	(I)	○	S	D	T	○	C	○
P	○	N	W	T	○	G	V	N	R	T	○	○	M	○
L	G	V	H	D	○	T	(E)	Y	○	L	○	P	L	T
○	W	G	○	L	Y	○	S	R	○	L	Y	○	P	B
T	○	W	○	N	R	○	Y	○	D	S	H	W	G	K
○	○	P	○	N	○	C	B	○	T	H	R	○	B	○
N	○	L	○	F	S	S	○	R	T	S	B	○	N	○
C	○	Z	N	L	○	○	V	R	D	R	○	V	○	R
T	P	○	C	X	○	B	○	○	C	M	N	L	L	H
S	○	B	L	○	R	H	D	N	S	P	○	D	○	S
K	X	B	○	N	T	T	○	G	D	○	G	R	P	W

360 BOXES 360

All the words in the list are found in the diagram in an unusual way. Each word reads clockwise or counterclockwise around the edges of a box (sometimes a square and sometimes a rectangle).

Solution on page 540

- ☑ ABRASION
- ☐ ARRIVE
- ☐ ASSESSMENT
- ☐ ASSISTANCE
- ☐ BACKPACK
- ☐ BLACKTOP
- ☐ CANDID
- ☐ CELLAR
- ☐ CHAPERON
- ☐ CREDIBLE
- ☐ CUSTOMER
- ☐ DEBATING
- ☐ DEFINITE
- ☐ DENTAL
- ☐ DISTRACT
- ☐ DONATE
- ☐ DUMPLING
- ☐ EXPEND
- ☐ FIGURE
- ☐ FLAPJACK
- ☐ FOLDER
- ☐ FOURSOME
- ☐ MARGIN
- ☐ NORMAL
- ☐ PLATFORM
- ☐ POSTAL
- ☐ PRESTO
- ☐ SCRIBBLE
- ☐ SHRANK
- ☐ SPARSE
- ☐ SPIRIT
- ☐ SPOKEN
- ☐ SUDDEN
- ☐ TOOLSHED
- ☐ TROUSERS

```
I R E D N S U M P O S B L O R
V R X P E D D E L A T I E U T
E A N K D I G N I T E D C S S
S R H S C D T B N I F E R E R
E A E M A N E R F G U R I L A
S P F R L I D L O N A N B B C
I R V O N T A P D E T C M P K
B A V M E D L J H E S E O O T
U O F E K O F A N O I A L E D
R L E N S P K C A B S S H E
S O M P L A C K B R A A E R P
P E R O F T L C A C L T S T O
A H C N G D U T R E L N S V K
X I R I F E C D T O M E M N I
U P S T A B T I S U C R A R G
```

361 BOXES 361

Instructions for solving Boxes are given on page 366.

Solution on page 540

☑ ANTEATER
☐ BONSAI
☐ BROKER
☐ BUSTLE
☐ CHARCOAL
☐ CLINCH
☐ CONCEALING
☐ DEPENDABLE
☐ ENIGMA
☐ ERUPTION
☐ FIGURINE
☐ FLATLAND
☐ FOSSIL
☐ GASKET
☐ HOODWINK
☐ HYMNAL
☐ IGNORANT
☐ MANTIS
☐ MINNOW
☐ MONETARY
☐ OVERSHOE
☐ OVERTOOK
☐ PAMPER
☐ PATERNAL
☐ RANSOM
☐ REACTION
☐ REGION
☐ REMAKE
☐ SEAMAN
☐ SNOWFALL
☐ SOURCE
☐ STRIFE
☐ STUBBORN
☐ TEAMMATE
☐ WORDLESS

```
F W U B E A T E R E P I E S W
A N S T L R O N P A M W F T G
M A E R B Y M O D W I O I R I
L F M E R O E O H K N N G P E
I O A K O V E R S A U R E E N
S S W O O T R U K G O C U D D
E L D R A G I G E T S E F E A
H U P M N M N I M C G N I L B
M Y H O S A E F W O N C E A C
N A L T T F O A L L S O R S T
D F L A N R C Y C N I B N O I
N S O L A E R A H C L B S S F
O A I P A T A R O T P U T E T
B I S M S A N C N I I R E A A
N T N A D E T I G O N E A M M
```

362 WORD SEEK 362

Instructions for solving Word Seeks are given on page 5.

Solution on page 540

☐ BEHALF
☐ BOBBIN
☐ CLINIC
☐ CONTEXT
☐ DAILY
☐ DISHRAG
☐ ELECTORAL
☐ ERRATIC
☐ EVALUATE
☐ FLEECE
☐ GUSH
☐ LIKENESS
☐ MAUVE
☐ MINE
☐ MODEST
☐ MOLD
☐ MONTH
☐ NETHER
☐ PICKUP
☐ PINBALL
☐ PONE
☐ RICER
☐ SALE
☐ SASH
☐ SEEDLESS
☐ SHIP
☐ SHOCK
☐ SHRINE
☐ SPOOL
☐ STRUNG
☐ SWORDFISH
☐ TOMAHAWK
☐ VARIETY
☐ VERBAL
☐ VOWEL
☐ WHIMSY
☐ WOOLLY

B E N D B I G E P N M A U V E

O C I N I L C N C U S K O L M

B T K O P S E I U E K H E Y F

B L O O P S H M V R E C O S B

I S V O W E L R F E T L I C E

N T X E T N O C A O R S F P K

S E E D L E S S R G R B K W E

Y V T G X K U A P I N B A L L

S A S H O I L V C B E H A L F

M L S U E L A E W I A S G K T

I U D H N R R S O M T U D S T

H A H S I F D R O W S A E L P

W T A E R P L T L H I D R C O

V E T N H P O R L L O E F R N

N Y B L S S M H Y M O N T H E

363 WORD SEEK 363

Instructions for solving Word Seeks are given on page 5.
Solution on page 540

- ☐ ANGELIC
- ☐ ARMING
- ☐ AWAY
- ☐ AXIOM
- ☐ BARONET
- ☐ BEAN
- ☐ BINDER
- ☐ CAMSHAFT
- ☐ CHEAP
- ☐ CINEMA
- ☐ CLOD
- ☐ DELE
- ☐ DERIDE
- ☐ DETAIN
- ☐ DILLSEED
- ☐ ENOUGH
- ☐ ENTICE
- ☐ FASHION
- ☐ FROWN
- ☐ GENUINE
- ☐ GOOF
- ☐ IDIOM
- ☐ LANDLORD
- ☐ LENGTH
- ☐ OUTNUMBER
- ☐ PALOMINO
- ☐ POKER
- ☐ RODENT
- ☐ SHAKER
- ☐ SNAPPY
- ☐ SPLATTER
- ☐ STERILIZE
- ☐ SUNK
- ☐ THERE
- ☐ THROB
- ☐ VERY
- ☐ VINEGAR
- ☐ WAFER

```
G Z M V P F R E S G T A B R V
O M Y A W A T D C N X H A E N
O N E C G R F M O I D I R K A
F H I E R R A I O M T Y O O E
C I N M O Z H M M R S N N P B
O I D W O S S P L A T T E R N
V U N F A L M R O D E N T D C
L W T F N I A T E D R G I S D
A M E N I C C P W I I L H N O
R E D H U D I D R O L D N A L
E E N E T M W L X S I R E P C
K R D O R G B D E V Z L S P Y
A G E N U I N E Z G E U X Y V
H W S H I G D E R D N L M F Y
S P C K T B H E L K W A F E R
```

PATCHWORDS

364

It's a crazy quilt and a Word Seek combined! Each of the words in the list can be found in a continuous line in an irregularly shaped patch in the diagram. Move from letter to letter vertically or horizontally, but not diagonally. Each letter in the diagram will be used once; the patches do not overlap. We have located one word to start you off. *Solution on page 540*

- ☑ ANCHOR
- ☐ ANON
- ☐ ANTE
- ☐ ARGUE
- ☐ BIRD
- ☐ BOWER
- ☐ CATTAIL
- ☐ CHAFE
- ☐ COFFEE
- ☐ DIGGER
- ☐ DINGHY
- ☐ DISMAY
- ☐ ENJOY
- ☐ EUCHRE
- ☐ FLOE
- ☐ FOOTSTOOL
- ☐ FOUNT
- ☐ KRONE
- ☐ LOFTY
- ☐ MAINSTAY
- ☐ MEATBALL
- ☐ MICROBE
- ☐ MODERATE
- ☐ MONSTER
- ☐ OILIEST
- ☐ OVERSAW
- ☐ PANG
- ☐ PINK
- ☐ PREEN
- ☐ RESEND
- ☐ SETBACK
- ☐ STAMPEDE
- ☐ STUD
- ☐ THICKSET
- ☐ TREADLE
- ☐ TULLE
- ☐ TURKEY
- ☐ WEEVIL

```
R E B D J O Y C A T T T U R Y
B W O I N E H T L I A T D K E
I R G N T C I G N A E R I G R
E D H Y S K S F L P A D L G E
F A O I E T E O O O T S E F D
A H C L I E M U N T W T O O I
R G E S A T O E O L E E L M S
E U R E R E D S T F P V I A Y
L O F N D M O N E R I N T A S
B O T Y S E T E D E S K U W R
E R C K C A B R O P T L L V E
T B I M A E N C H M A E P O E
A A L T N R A I N D U T R F E
E N L E C H M A S R O S E F O
M O N A U E Y A T K N E E N C
```

365 PATCHWORDS 365

Instructions for solving Patchwords are given on page 370.

Solution on page 541

- ☑ ACTUAL
- ☐ ANEW
- ☐ BEDECK
- ☐ BELL
- ☐ BLOOM
- ☐ CELERY
- ☐ CENSOR
- ☐ CHERRY
- ☐ CORRODE
- ☐ COWPOKE
- ☐ DISCUSS
- ☐ GENUS
- ☐ GIRDLE
- ☐ GREBE
- ☐ HOUSEBOY
- ☐ INDEX
- ☐ LAMBAST
- ☐ LEGALIZE
- ☐ MACRO
- ☐ ODIOUS
- ☐ PARTIAL
- ☐ PENCIL
- ☐ PROPOSE
- ☐ RILE
- ☐ SAVE
- ☐ SECRECY
- ☐ SEDGE
- ☐ SEQUEL
- ☐ SLUSH
- ☐ SOMBER
- ☐ STIFLE
- ☐ TAKE
- ☐ TINGE
- ☐ UNFORTUNATE
- ☐ UNLESS
- ☐ VARY
- ☐ VISA
- ☐ WINDBLOWN

```
Z I L A G E L B D N W E E L I
E A C S A B L L O I W N A E R
A U T T E M A N W E D S A V H
L E G E B I V F I S G E S U S
U N G R A S E L T S E Y O L S
S W O C R P E K C O M R P P S
L P E S O C N D E O V A O R O
L O K N E I B E S L B C U R M
E B E L C L E O U C Y S S E B
R R C E R A T I R E D I S C A
E Y A T Y N U D C E G U O R M
H E K D E R T O E I N N L E S
C R I O F O Y H S T L D E S S
L D G R N B O O A P A N X E Q
E C O R U E S U R T I I L E U
```

366 MISSING VOWELS 366

Before you can loop the words in the list below, you must first fill in the circles in the diagram with the missing vowels A, E, I, O, and U. We have filled in one word for you. *Solution on page 541*

☑ ABBOT
☐ AFTERWARD
☐ ALPINE
☐ ALREADY
☐ AMISS
☐ ANTIQUE
☐ AXLE
☐ BASKET
☐ BEHOLD
☐ CANCEL
☐ COMPEL
☐ CONSIDERATE
☐ CREATE
☐ DODO
☐ DURABLE
☐ ERRAND
☐ EXOTIC
☐ FRIEND
☐ HATTER
☐ HOVEL
☐ MARCHING
☐ MERGE
☐ MOTIF
☐ MOVE
☐ NOSE
☐ NOVA
☐ POETRY
☐ POPPA
☐ PRETENSE
☐ PROPANE
☐ RECYCLE
☐ RIBBON
☐ RITE
☐ SARI
☐ SEETHE
☐ SERVANT
☐ TOOTH
☐ WEIRD

```
A V ○ R H S ○ P R ○ P ○ N ○ D
B C X T ○ C ○ V N C W Q X B ○
B B ○ ○ Y ○ T ○ ○ ○ L N Q L W
O ○ T M N N ○ P B N M ○ R G ○
T H ○ R P C R P B S F ○ V ○ D
○ L C Y C ○ R ○ ○ ○ ○ V L ○ D
D D N F T L L P R D W B D G H
L ○ R ○ T T ○ H Y ○ ○ ○ L N N
C T N ○ V R ○ S ○ R T S ○ ○ P
F S F T W N Y R ○ ○ ○ ○ H H L
○ R K ○ ○ R D D C T M R ○ C T
V S ○ P T Q ○ P D ○ ○ ○ B R V
○ R L ○ D ○ ○ T ○ K S ○ B ○ C
M ○ ○ Q N G M ○ F S S ○ W M P
T P K C N D ○ R R ○ N D N P L
```

367 MISSING VOWELS 367

Instructions for solving Missing Vowels are given on page 372.

Solution on page 541

☑ ACHIEVEMENT
☐ BALONEY
☐ BORE
☐ CHANGE
☐ DAMAGE
☐ DIME
☐ ENGAGE
☐ EVOLVE
☐ EXTRA
☐ FLAVOR
☐ GAGA
☐ GLADE
☐ HEEDLESS
☐ HENPECK
☐ INSET
☐ LOPE
☐ MEDIC
☐ MUSEUM
☐ NESTLE
☐ NIECE
☐ NOSTRIL
☐ OKRA
☐ ORALLY
☐ PELLET
☐ PHARMACY
☐ PINKISH
☐ PISTOL
☐ PLUGGER
☐ PORTRAY
☐ REPEAL
☐ RIOT
☐ ROTARY
☐ ROUND
☐ STREETCAR
☐ TEDIOUS
☐ UNTIE
☐ VALET
☐ VILE

V Y B R K ○ P L P ○ C ○ ○ N P
F R ○ P ○ R ○ B L M V ○ L X G
G A V N P ○ R ○ ○ ○ B ○ D ○ N
K T C S ○ L T M G D R F L ○ V
N ○ G H X L R L G ○ S T S V M
Y R S ○ I Y ○ V ○ T M T S D ○
C H ○ N G E Y B R F L ○ V ○ R
○ R K ○ P ○ V ○ T ○ S M D M N
M ○ S ○ ○ M ○ E X T R ○ K C ○
R R R H ○ T D G M P X C T P P
○ ○ Y ○ C ○ ○ ○ G E ○ ○ ○ ○ D
H ○ T ○ ○ R L G K P N L S K M
P N R ○ T T G N N S B T L P D
○ D S S ○ L D ○ ○ H ○ X F ○ V
P ○ N K ○ S H T ○ L ○ V R Y T

368 ZIGZAG 368

Instead of reading in a straight line, each word has one bend in it. One word has been looped for you.

Solution on page 541

- ☑ BEDROLL
- ☐ BOROUGH
- ☐ BRUSH
- ☐ EXCITE
- ☐ FORETELL
- ☐ GENIE
- ☐ HORSEBACK
- ☐ HUMOR
- ☐ IDLENESS
- ☐ IMITATE
- ☐ INNUENDO
- ☐ KLAXON
- ☐ LOCKET
- ☐ MELLOW
- ☐ NYLON
- ☐ PAGEANT
- ☐ PARTIALLY
- ☐ POSTURE
- ☐ PULLOVER
- ☐ REPOT
- ☐ REVENGE
- ☐ SEANCE
- ☐ SELDOM
- ☐ SHORTAGE
- ☐ SKYLARK
- ☐ SMIDGEN
- ☐ SPINNAKER
- ☐ STICKBALL
- ☐ SUFFRAGIST
- ☐ SUNFLOWER
- ☐ TIPTOP
- ☐ UNCIVIL
- ☐ UNFAIR
- ☐ WORK-HORSE
- ☐ YARMULKE

```
K N V N R M E L L E U H S U R
C Y O F E E O O I P X K N M B
A L L H V T W P D V A C I T E
B B O C O L A O D T I G R R Y
E R K L Y K S T L M S D E L P
S E L C A P D P I F U P L A I
T U F A I R S P I N N A O E N
P N F A B T K G P T I V K T N
U E E F O F S E A T O D N E U
H G U O R K H O R S E O S S R
N S D O N A E S O E X S E A M
E E W I E C G L F A T L Y B U
H G V N M I E P L K D E E D L
M U A E S S N O M O A D L N K
R O M T R O H S T U R E A L E
```

369 ZIGZAG 369

Instructions for solving Zigzags are given on page 374.

Solution on page 541

- ☑ AMBIANCE
- ☐ ANYHOW
- ☐ AUTOPILOT
- ☐ BANDY
- ☐ BOGUS
- ☐ BRANCHING
- ☐ CALIPER
- ☐ CANNERY
- ☐ CHALLAH
- ☐ COMPOSURE
- ☐ CRACKER
- ☐ DAIQUIRI
- ☐ DRIVER
- ☐ DUMBFOUND
- ☐ ELEVATE
- ☐ FIFTEEN
- ☐ FORGIVE
- ☐ FRAGRANT
- ☐ IMPOSTER
- ☐ KINGLINESS
- ☐ PERFUME
- ☐ QUORUM
- ☐ RECREATE
- ☐ REGALE
- ☐ RETIRE
- ☐ RIGHT
- ☐ ROMANTIC
- ☐ SIGNAL
- ☐ SUBDIVIDE
- ☐ TAILBACK
- ☐ TENDON
- ☐ TETCHED
- ☐ TRITE
- ☐ UTTERANCE
- ☐ WIGWAG

```
E L E V A S U B D F R A G R A
C E R M T E O I S N G U K K N
R O B R E T V L M G U T U T T
E I M S N I D U M B F O O O E
A Q M P D R R O U Q K P L W R
T N E E O E T N V V S I I G A
E R C N Y S S E N I L G N K N
F U M E I U R R D A R R W I C
I L H G I R K Y B A C D H A E
F T N A L E E B M T I C B O G
T E A A L E K V C Q N L Y U O
E A N D G L C H U A I A S P S
N D Y E E E A I R A L P M O T
A W H P V H R B T M A I E O E
B F O R G I C T E T C U C R R
```

370 CROSS PAIRS 370

Hidden in the diagram below are pairs of words that cross at their common middle letter. Some are pairs of 5-letter words and some are pairs of 7-letter words. We have looped one pair for you.

Word list on page 562 *Solution on page 541*

A DAPT
P LAIN

A ______
C ______

B ______
O ______

B ______
S ______

B ______
M ______

B ______
S ______

C ______
T ______

E ______
O ______

F ______
L ______

I ______
Y ______

I ______
Q ______

N ______
N ______

O ______
T ______

Q ______
S ______

R ______
S ______

S ______
T ______

S ______
T ______

S ______
T ______

V ______
V ______

```
L T Y E R M R F N K E D N T R
Y A A D A E Y A L Q E L U A Y
V I B E D S V A W L Y E Y D U
K R T E R E T E M K N O R T C
N S C V L T T E N F N A Y P S
D C I Q U A C K R I T E I L S
M E T O T R F L O N I N E R T
T O P S B I T N E I N E L U D
N H O A L R B A V C T C D E Q
I O G S T S S R N K L E G Q R
B E G U E P B I E Y E A F E S
L V M N O L A W Q W B N T M R
A I T M I L K D A B E O I I F
F K T S P T A E A K V R D W V
U B S R K Y S C F N K G Y Y T
```

371 CROSS PAIRS 371

Instructions for solving Cross Pairs are given on page 376.
Word list on page 562 *Solution on page 542*

A FFIX
I NFER

A ____
C ____

A ____
M ____

A ____
C ____

B ____
P ____

B ____
M ____

B ____
M ____

B ____
D ____

C ____
H ____

C ____
K ____

D ____
P ____

E ____
S ____

F ____
S ____

F ____
S ____

G ____
S ____

G ____
S ____

G ____
L ____

P ____
T ____

S ____
T ____

```
B N X N M O I F F D E P N T R
M O W I G N Y U K B N L S S Y
N M X O F E G N I S D E E D F
K A O E E F O G F L U B P S M
M H R N R R A I K G H E Y S C
E A F E I H C C E B N U P O B
C M T D F T H B D T R O N O T
L I N E A N O M X L S D R C E
B A F S Y L A R D S O A E P H
B R I S T L E E E H C F B E A
D O C E E Y K P U E R S O F B
C L T R S N I P N E T T A W I
B E A T O D P I P T N I L G T
K S U C O N O L E K R N U L D
E G K C S L Y S A Y E K N S C
```

372 WORD SEEK 372

Instructions for solving Word Seeks are given on page 5.

Solution on page 542

☐ ACCUSE
☐ ADMIRAL
☐ ARROWHEAD
☐ BACKSPACE
☐ BARBECUE
☐ BELONG
☐ CABOOSE
☐ CONTRACTOR
☐ DESERVE
☐ DRIZZLE
☐ FESTIVITY
☐ FOLIAGE
☐ GENTRY
☐ GUESS-WORK
☐ HARDTACK
☐ INTERIOR
☐ JUNIOR
☐ LEERY
☐ LUNCHEON
☐ NICKEL
☐ PLUSH
☐ RUBBING
☐ RUGGED
☐ SCREAMING
☐ STENCIL
☐ TEETHE
☐ TEMPLATE
☐ THUMB-TACK
☐ TWELVE
☐ VINEYARD

```
L E B B A C K S P A C E H E P
L V L P T G E N T R Y H V S L
D R A Y E N I V O R F L U U U
W E R I O I I T I O E I N C S
T S I E B M C N M W N C P C H
T E M P L A T E T H H N I A G
J D D F R E H T E E T E V U Y
U U A T R R U E O A J T E T B
N T N I Y C M N G D G S I A E
I O O I S S B S I N S V R J L
C R R P O Z T O M W I B E Z O
K C A T D R A H O T E B G E N
E S O O B A C R S C N V B D G
L E E R Y O K E U D E G G U R
E G A I L O F E L Z Z I R D R
```

373 WORD SEEK 373

Instructions for solving Word Seeks are given on page 5.

Solution on page 542

- ☐ ABHOR
- ☐ ANTIC
- ☐ ARRIVAL
- ☐ AVOCADO
- ☐ CELESTIAL
- ☐ COMPUTE
- ☐ DASHING
- ☐ ELEMENT
- ☐ ENDER
- ☐ ENERGETIC
- ☐ FALLACY
- ☐ FRESHMAN
- ☐ GREASE
- ☐ HANGAR
- ☐ HARMONIZE
- ☐ HIDEAWAY
- ☐ LARYNGITIS
- ☐ LISTLESS
- ☐ MOUNTAIN
- ☐ NONFAT
- ☐ OUTDO
- ☐ PENETRATE
- ☐ PRIMITIVE
- ☐ RESERVOIR
- ☐ SERGEANT
- ☐ STILETTO
- ☐ TRACTOR
- ☐ VIBRATE
- ☐ WRONGFUL

```
F C V Y M D A S H I N G S N S
T I I Y O V S S E L T S I L Y
R T B Z O M E V U O N E T U E
A N R C W L I D T H I S I E T
C A A O E T M T I A A A G O U
T D T M I L E T A R T E N E P
O C E M H L E F E M N R Y D M
R N I A I S M S L O U G R R O
T R I T R E E U T N O W A F C
P G S O E R F R W I M O L A R
G G H N V G I Z F Z A N C L O
M B D O N E R V A E Y L O L U
A E I O U A U E A N O N F A T
R R R A G N A H N L V O W C D
Z W S T L T H I D E A W A Y O
```

374 LICENSE PLATES 374

Take a spin around this diagram and locate all of these number-letter License Plates. *Solution on page 542*

- ☑ 2UDFV
- ☐ 3544R
- ☐ 3BVSQ
- ☐ 3FZU4
- ☐ 5ZRS7
- ☐ 75TXG
- ☐ 7XKKA
- ☐ 9B8LM
- ☐ 9RUER
- ☐ 9V4S7
- ☐ A3R4H
- ☐ A94WW
- ☐ C5JGN
- ☐ CJY8B
- ☐ E4WDU
- ☐ EAF2J
- ☐ H26ZB
- ☐ H786S
- ☐ JRGJ7
- ☐ JZCP2
- ☐ L63W7
- ☐ LF8J3
- ☐ MKQ33
- ☐ N5Y8S
- ☐ N97QP
- ☐ NB27D
- ☐ P8BF5
- ☐ PK3PY
- ☐ PN7SZ
- ☐ PU2X6
- ☐ QHDJ8
- ☐ RUB8W
- ☐ T88X7
- ☐ U9JT6
- ☐ UXJM2
- ☐ VDL9U
- ☐ WY8N9
- ☐ X989S
- ☐ Z2JNY
- ☐ Z322L

2	7	S	R	Z	5	2	A	Z	A	X	9	6	M	2
C	J	Y	8	B	U	P	9	P	2	N	F	L	M	L
P	G	2	R	D	D	C	4	C	8	J	8	S	D	M
S	R	A	F	4	W	Z	W	Y	5	B	N	8	E	B
P	J	V	3	A	4	J	W	L	9	J	F	Y	L	Z
Z	3	2	2	L	E	5	X	6	H	B	G	5	H	Q
7	S	6	8	7	H	9	3	3	2	6	Y	N	3	Q
N	B	7	X	8	8	T	3	W	6	9	R	U	E	R
P	B	K	N	9	7	Q	P	7	Z	U	9	L	D	V
F	K	2	S	P	K	8	K	3	B	V	S	Q	2	B
A	P	3	7	M	J	4	S	8	7	L	A	2	L	P
3	Z	4	P	D	Y	U	W	J	5	S	M	W	U	8
R	D	2	H	Y	9	Z	T	C	T	J	4	2	Q	G
4	5	Q	E	V	Q	F	9	Y	X	A	X	V	X	K
H	3	L	F	8	J	3	7	U	G	6	T	J	9	U

375 LICENSE PLATES 375

Instructions for solving License Plates are given on page 380.

Solution on page 542

- ☑ 3M2Z4
- ☐ 4HR7U
- ☐ 4YM96
- ☐ 5PH4M
- ☐ 6C5CK
- ☐ 6HTEB
- ☐ 6U42V
- ☐ 6U6MD
- ☐ 7938K
- ☐ 8MC22
- ☐ 8WEQW
- ☐ 8WSYH
- ☐ 8YUEL
- ☐ 92CX6
- ☐ 95NXZ
- ☐ 9EXU9
- ☐ 9RLCN
- ☐ 9VNUA
- ☐ BWYR7
- ☐ C2CVH
- ☐ EC4LC
- ☐ F79PV
- ☐ FA7KR
- ☐ FJ2RF
- ☐ GFBW6
- ☐ H39QS
- ☐ H8A2H
- ☐ HL3YT
- ☐ JKP2A
- ☐ JY44C
- ☐ MBN3W
- ☐ NEKA3
- ☐ NRS5B
- ☐ PH788
- ☐ RM375
- ☐ S3XHQ
- ☐ S5XMH
- ☐ TRG3P
- ☐ WVUX4
- ☐ YS8S5

P B R K 7 A F 9 W 6 3 Z J 8 T
E H 4 X U V W Q G H A V C W Y
J N 7 N C 7 E 8 V T K S J S 3
T U V 8 L W Z C G E E 8 8 Y L
T 9 P V 8 E 2 4 E B N S 3 H H
T W 9 8 2 C U 4 6 C 5 C K 9 V
A U 7 R H 4 L Y B X T G L R 7
R 6 F B W L U J 8 R B 5 S R N
N F 3 9 2 C X 6 G M 4 H P 5 9
4 J K P 2 A W 3 S 3 X H Q 9 U
6 2 3 F H B P 8 S 7 5 S 5 C X
U R 7 M F 8 X M Q 5 R N B R E
6 F 9 G 2 M A C 9 3 X Y C S 9
M B N 3 W Z B 2 3 Z G M W Z 4
D Z 6 9 M Y 4 2 H E 3 8 H B 9

376 PLACES, PLEASE 376

Fill the diagram with all the words in the word list. The words from each group start on their matching number, and they will read in all directions—forward, backward, up, down, and diagonally. Words from different numbers sometimes overlap; therefore, some letters will be used more than once. We have started the puzzle for you. When the puzzle is completed, all the squares will be filled.

Solution on page 542

1. TEENY
   TRAPPER
   TRY

2. PAD ✓
   PHI ✓
   POUR ✓

3. QUADRUPLE
   QUAFF
   QUAGMIRE
   QUICK-SAND
   QUOIT

4. MAR
   MASK
   MAYBE
   MID

5. HIE
   HOARD
   HOG

6. RADIO
   RAMEKIN
   RAVEL
   REVAMP
   RIGIDITY

7. LAWSUIT
   LIMEADE
   LINKAGE
   LOCALLY
   LUXU-RIOUS

8. CALLOW
   CAT
   CRADLE
   CRICK

9. BAR
   BASIC
   BIN
   BOON
   BOUGH

10. FANCY
    FESTIVE
    FLY

11. AND
    ANTI
    ARCH
    ASTOUND
    ATE
    AXEL

12. ICON
    IDLER
    INACTIVE
    ION
    IRK
    ISLE

13. WANT
    WHORL

14. SHE
    SKY
    SOD

	1						R	U	O	2 P	H	I
								3		A		
					4					D		
							5					
				6								
7											8	
						9						10
		11										
									12			
	13							14				

377 PLACES, PLEASE 377

Instructions for solving Places, Please are given on page 382.

Solution on page 543

1. YELLOW-BIRD
YEP
YESTERYEAR
YON
YOUNGSTER

2. POND
POSE

3. THUS
TIER
TOUT
TSETSE

4. NASTURTIUM
NEGOTIABLE
NOTEBOOK
NOW

5. HAT
HAWS
HELMET
HISS
HOOPLA
HYENA

6. BADE
BEG
BOLO
BRA

7. DEN ✓
DOE ✓
DOLOR ✓

8. GAM
GEE
GOT

9. SEMI
SERA
SETA
SIENNA
SOLO

10. OOZE
OWN

11. CALL
CANT
CASK
COED
CONSTRUE
COUPLE

12. RALE
RANI
RAW
RECK-ONING
ROUND-ABOUT
RUM
RUN

13. KEA
KNEW
KNOW

14. AIM
ANI

15. MENS-WEAR
MENU

16. LAITY
LEAK-PROOF
LIANA
LUAU

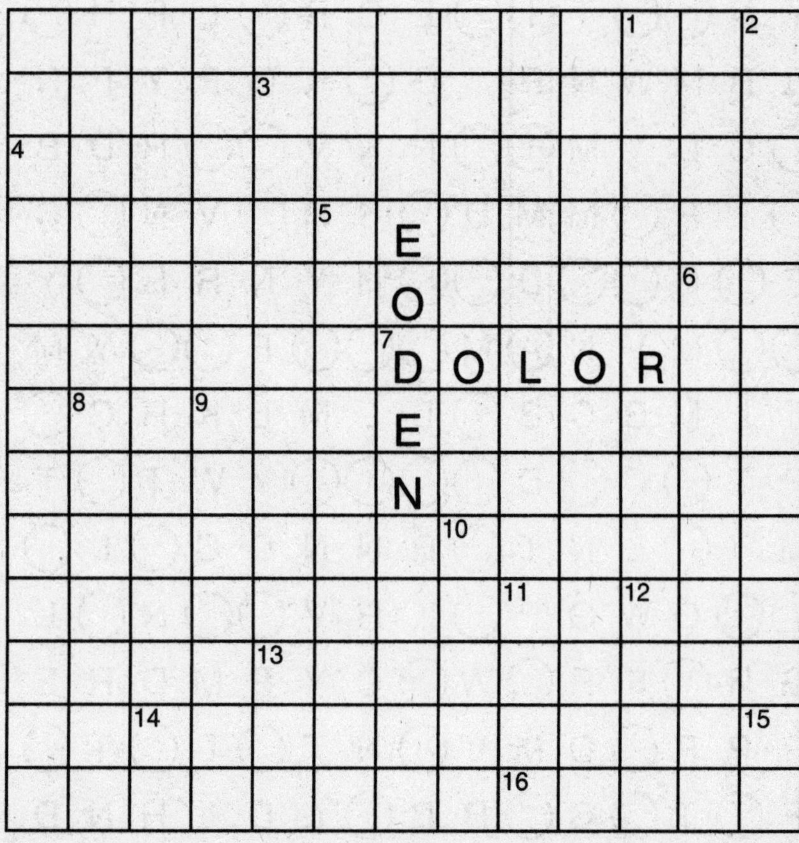

378 MISSING VOWELS 378

Before you can loop the words in the list below, you must first fill in the circles in the diagram with the missing vowels A, E, I, O, and U. We have filled in one word for you.

Solution on page 543

- ☑ ADMIRING
- ☐ ALPHA
- ☐ AMBITION
- ☐ AMPLIFIER
- ☐ BARTEND
- ☐ BOBOLINK
- ☐ COMRADE
- ☐ CONVERSE
- ☐ COPPERHEAD
- ☐ COURAGE
- ☐ COWORKER
- ☐ CRANBERRY
- ☐ DEFLATE
- ☐ DOCILE
- ☐ HORNET
- ☐ LEVER
- ☐ LINEMAN
- ☐ LUBRICATE
- ☐ MEAGER
- ☐ MEDITATE
- ☐ MINCING
- ☐ MONOGRAM
- ☐ MOODINESS
- ☐ PRATTLE
- ☐ STARE
- ☐ TARPAULIN
- ☐ TRILOGY
- ☐ VENTILATE

```
P S H C S G ○ M ○ G ○ R ○ ○ C
K F S T S N T D ○ T ○ N R ○ H
Y N ○ ○ T I ○ L C R ○ L P H ○
R R M W N R T G ○ K G P Y P N
○ C D Y M I ○ N K V ○ ○ R D B
○ L R ○ M M D ○ S R ○ V N ○ C
F ○ C ○ ○ D ○ ○ H Y N R B ○ Y
○ ○ M V N A M ○ ○ ○ F ○ ○ Y M
L L M B C B ○ L L M L K R G ○
P T ○ C ○ D ○ ○ ○ ○ Y W T ○ T
M T ○ L N T ○ R N N C C ○ L ○
○ ○ G W G P ○ K R V ○ ○ N ○ L
G R ○ K R ○ W ○ C Y P M D R F
P P R ○ D M V ○ N T ○ L ○ T ○
F ○ T ○ C ○ R B ○ L D L H N D
```

379 MISSING VOWELS 379

Instructions for solving Missing Vowels are given on page 384.

Solution on page 543

☑ ARMCHAIR
☐ BACKWARDS
☐ BILLING
☐ CAROUSEL
☐ CHAPLAIN
☐ COMMENCE
☐ DONOR
☐ EARMARK
☐ EASYGOING
☐ ENRICH
☐ EXISTENCE
☐ FOREPAW
☐ HANDRAIL
☐ INHIBIT
☐ LOGICALLY
☐ MAGNIFY
☐ MOTTO
☐ MOUSETRAP
☐ NOTEWORTHY
☐ ORDINARY
☐ RAINBOW
☐ RECORD
☐ RUMOR
☐ SCOUT
☐ SHEPHERD
☐ SHIELD
☐ SOAPBOX
☐ TERRACE
☐ TREASURER
☐ WHISKER

N D L ○ ○ H S R ○ C ○ R D D D
R ○ N ○ D R K R ○ M R ○ ○ R S
A T R D G ○ N R ○ C H B ○ ○ C
G R D G N ○ ○ G Y S ○ ○ C H ○
W ○ M T D ○ C F D C T N N P ○
○ ○ S C S K ○ ○ K L ○ X ○ ○ T
B S P ○ H N P W L T T ○ M H ○
N ○ L ○ G A ○ ○ S L H B M S R
○ R R ○ R R I ○ R ○ Y P ○ P R
○ ○ M ○ D ○ X R N T M ○ C ○ ○
R R T S M ○ F D L H ○ ○ K G C
N ○ T ○ W ○ R T H Y ○ S T T ○
○ R D ○ N ○ R Y N S ○ B ○ T L
B C C N ○ ○ L P ○ H C R ○ ○ ○
B ○ L L ○ N G H W M T C S T M

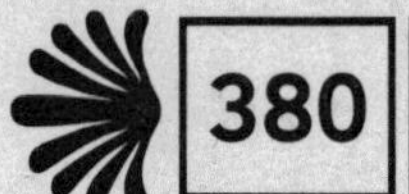 380 WORD SEEK 380 

Instructions for solving Word Seeks are given on page 5.

Solution on page 543

- ☐ ACCIDENT
- ☐ ANKLE
- ☐ BAILIFF
- ☐ BOUNCE
- ☐ CENTURY
- ☐ CHAUFFEUR
- ☐ CLING
- ☐ COLLEGE
- ☐ CONSTABLE
- ☐ DEPENDENCE
- ☐ DETERGENT
- ☐ DIFFICULT
- ☐ FLARE
- ☐ FLUTTER
- ☐ FOXIER
- ☐ HESITANT
- ☐ IMITATOR
- ☐ IMPULSE
- ☐ NUCLEAR
- ☐ OPTICIAN
- ☐ OVERTURE
- ☐ PENGUIN
- ☐ PLACING
- ☐ PLEASANT
- ☐ RESUME
- ☐ RETRIEVE
- ☐ SWEETENER
- ☐ TENNIS
- ☐ TIMEPIECE

```
P L A C I N G R N F D X R Y A
I T X O G S O U F I T X L N L
S I N N E T C I F N R S K F C
F Y I S A L L F E G E L L O C
D L A T E I I G C D E X E O G
C I I A A C R U E F F U A H C
O M R B U E I P E O L U I C D
I P E L T T E P C V U G A H Y
U U T E R N S W E E T E N E R
G L D I D E V E I R T E R S U
S S P E C D S E P T E C E I T
P E N G U I N U E U R N I T N
M C K X S C A E M R U U X A E
E R A L F C R N I E S O O N C
P L E A S A N T T V V B F T A
```

381 WORD SEEK 381

Instructions for solving Word Seeks are given on page 5.

Solution on page 543

- ☐ ALLOCATE
- ☐ AMOUNT
- ☐ BALCONY
- ☐ BATTLESHIP
- ☐ BIGWIG
- ☐ BUNTING
- ☐ CACTUS
- ☐ CHOCOLATE
- ☐ DIAGONAL
- ☐ DRANK
- ☐ ELEPHANT
- ☐ EYESHADE
- ☐ FAITHFUL
- ☐ KANGAROO
- ☐ METEOR
- ☐ MIRACLE
- ☐ NOONTIME
- ☐ ONSTAGE
- ☐ OUTYELL
- ☐ PREMED
- ☐ PROCEDURE
- ☐ RECONCILE
- ☐ REMIND
- ☐ REPLENISH
- ☐ SILLIER
- ☐ SMOKE
- ☐ STREAK
- ☐ TURNSTILE
- ☐ VOLUNTARY

```
G T O G M I R A C L E K O M S
D N S L S W H E D A H S E Y E
W U I N C V G S C I K Y Y D D
M O L T V O I C I O V N K K I
E M L Y N L I A V N N O A H M
M A I B U U E R U D E C O R P
I L E V A N B D O C T L I E D
T U R N S T I L E A A A P L S
N F V F K A T K L C L B R E E
O H L V G R N L L T O G E P R
O T A O U Y O F E U C I M H E
N I N F D C K E Y S O W E A M
K A N G A R O O T L H G D N I
L F S T R E A K U E C I T T N
M H E G A T S N O Y M B P C D
```

382 LETTERBOXES 382

Can you find the correct places for the words in the word list? The starting letters for all the words are given in the circles. Letters may be used as parts of other words because of overlapping or crossing. The words read in a straight line and in all directions—forward, backward, up, down, and diagonally. Do not pass over a black square as you are solving. When the puzzle is completely solved, there will be a letter in every space. We have filled in one word to start you off. *Solution on page 543*

- ☑ AMOROUS
- ☐ BARTERING
- ☐ BEANIE
- ☐ CONDENSE
- ☐ CRUNCH
- ☐ DEDICATE
- ☐ DETECTIVE
- ☐ FOOTNOTE
- ☐ HARDTOP
- ☐ ICEBOAT
- ☐ JOYRIDE
- ☐ LIFEGUARD
- ☐ NOTIFY
- ☐ NOVELIST
- ☐ PIPSQUEAK
- ☐ RELEASE
- ☐ REMISS
- ☐ RESPECT
- ☐ SARCASTIC
- ☐ SCAFFOLD
- ☐ SLOWPOKE
- ☐ SORRY
- ☐ SPRAWLING
- ☐ SWORE
- ☐ TRAMPOLINE
- ☐ WAXEN
- ☐ WHEREVER
- ☐ WRANGLE

N	R					S	C						
D		■		■							H	■	■
								B	■	C	J	■	■
							■	F	P				S
	■								S				■
	■												■
		■		S									
	■												
R													
D										■	T	I	
												N	
■												W	
■				■									L
B	R	W					A	M	O	R	O	U	S

383 LETTERBOXES 383

Instructions for solving Letterboxes are given on page 388.

Solution on page 544

- ☑ AGENCY
- ☐ ATTEMPT
- ☐ BACKBEND
- ☐ BEDROOM
- ☐ BREECHES
- ☐ COLORIST
- ☐ COMMUNITY
- ☐ DOLLOP
- ☐ EVERYBODY
- ☐ FISHTANK
- ☐ HAYRIDE
- ☐ LEISURELY
- ☐ LIBERTY
- ☐ MESSENGER
- ☐ MOROSE
- ☐ NEGLIGEE
- ☐ ORDEAL
- ☐ OUTPOST
- ☐ PILLOWCASE
- ☐ POLLUTE
- ☐ RADICAL
- ☐ REHEARSAL
- ☐ REVEREND
- ☐ SCHNAUZER
- ☐ STARCH
- ☐ SUBWAY
- ☐ TEXTILE
- ☐ TUTORIAL

	(N)						(D)	(M)	(R)	(B)	(L)		■
		■	■	■	Y			(E)					■
		■	■	C									
		■	N					(P)					
		E						■					
	G												(T)
(A)						■	■	■				(O)	
(R)													(S)
											(C)	■	
			■	(C)									(F)
(P)		(B)											(M)
■		(O)											(R)
					(S)	(B)							
■	(H)					(S)	(T)					(L)	

384 PATCHWORDS 384

It's a crazy quilt and a Word Seek combined! Each of the words in the list can be found in a continuous line in an irregularly shaped patch in the diagram. Move from letter to letter vertically or horizontally, but not diagonally. Each letter in the diagram will be used once; the patches do not overlap. We have located one word to start you off. *Solution on page 544*

- ☑ AMORTIZE
- ☐ AVOID
- ☐ AWKWARD
- ☐ AXIL
- ☐ BASIS
- ☐ BOUDOIR
- ☐ CHOICE
- ☐ COMPOSE
- ☐ COSIGN
- ☐ DAME
- ☐ DOSS
- ☐ FIZZ
- ☐ GROTTO
- ☐ GULF
- ☐ JUDO
- ☐ MENTOR
- ☐ MESSY
- ☐ MIDDAY
- ☐ MIRAGE
- ☐ MISER
- ☐ MOAN
- ☐ MUTTER
- ☐ NIMBUS
- ☐ NOISE
- ☐ OVERDRIVE
- ☐ PRONG
- ☐ PUPIL
- ☐ QUIVER
- ☐ ROADBED
- ☐ SOGGIER
- ☐ SORENESS
- ☐ SUBPOENA
- ☐ TECHIE
- ☐ TIMER
- ☐ TREND-SETTER
- ☐ VIVIDLY
- ☐ WAYLAY
- ☐ ZIPPY

M	O	Y	L	D	I	K	W	A	I	M	Y	P	Z	S
C	A	N	V	I	V	W	D	R	N	B	U	P	I	O
O	E	U	G	R	E	A	Y	A	W	T	S	R	E	G
M	S	L	S	O	N	A	L	R	E	E	C	H	I	G
P	O	F	S	S	E	Y	U	I	V	G	E	I	E	N
G	O	V	D	R	R	I	Q	L	O	R	M	T	R	D
N	O	E	R	I	D	O	P	I	T	R	I	E	T	S
P	R	L	E	V	U	P	U	O	T	A	G	R	T	E
I	D	I	H	C	O	R	I	M	T	N	E	B	E	D
O	A	X	O	I	B	E	S	R	O	E	M	D	A	O
V	J	U	D	C	O	M	N	A	A	D	T	T	Y	R
A	G	N	O	E	R	A	E	E	M	R	E	U	A	D
S	I	S	A	B	T	P	O	F	I	R	E	M	I	D
O	O	S	S	Z	I	B	S	Y	Z	Z	M	N	M	E
C	D	S	I	E	S	U	S	E	M	T	I	O	I	S

385 PATCHWORDS 385

Instructions for solving Patchwords are given on page 390.

Solution on page 544

- ☑ ABUT
- ☐ ACUTE
- ☐ ATOMIC
- ☐ BEAMING
- ☐ BIAS
- ☐ CANINE
- ☐ COLLEGIAN
- ☐ COMPLIANT
- ☐ DADS
- ☐ DEVISE
- ☐ ENTOMB
- ☐ FEEL
- ☐ FORTH
- ☐ HARP
- ☐ HOMEWARD
- ☐ HUBBUB
- ☐ INSTILL
- ☐ LAYER
- ☐ LINDY
- ☐ LOUVER
- ☐ LUNAR
- ☐ MILL
- ☐ MINUET
- ☐ MISDEMEANOR
- ☐ NACHO
- ☐ OCCUPY
- ☐ OFFENSE
- ☐ OSPREY
- ☐ PHLOX
- ☐ PLIGHT
- ☐ PREVAIL
- ☐ RAFT
- ☐ RECIPE
- ☐ SEGUE
- ☐ SNOWMAN
- ☐ STALK
- ☐ UNICYCLE
- ☐ ZYDECO

R	A	H	N	I	E	E	F	R	O	F	V	I	S	T
P	T	E	U	M	L	L	L	T	H	D	E	E	E	U
E	O	D	Y	Z	Y	A	L	I	M	C	U	T	A	B
P	C	E	A	N	E	R	N	A	R	A	E	L	L	I
I	C	E	M	W	O	L	U	N	A	T	N	T	S	T
A	N	R	N	O	C	I	N	T	I	O	M	F	N	I
C	H	O	S	S	C	L	D	Y	L	D	B	A	R	B
E	D	M	I	A	U	P	Y	C	P	A	D	M	A	E
M	S	I	B	H	O	R	D	O	M	R	S	I	N	G
E	A	O	A	I	M	A	P	H	U	E	O	L	L	P
O	N	S	N	G	E	W	H	X	B	V	U	C	I	G
R	O	P	L	E	C	I	L	O	B	U	S	A	N	H
F	F	R	L	O	C	M	A	V	A	B	T	N	I	T
E	E	E	Y	Y	C	O	T	E	I	L	A	E	E	U
N	S	E	L	C	I	N	U	R	P	K	L	S	E	G

 386

NUMBER SEEK

386 

Solve this puzzle by seeking numbers instead of letters.

Solution on page 544

- ☑ 00132
- ☐ 01659
- ☐ 07699
- ☐ 12906
- ☐ 15066
- ☐ 15954
- ☐ 17621
- ☐ 20451
- ☐ 22350
- ☐ 28377
- ☐ 29756
- ☐ 31870
- ☐ 33796
- ☐ 34606
- ☐ 35112
- ☐ 35788
- ☐ 37261
- ☐ 40678
- ☐ 48748
- ☐ 51384
- ☐ 52148
- ☐ 53058
- ☐ 54164
- ☐ 58808
- ☐ 58999
- ☐ 67165
- ☐ 70936
- ☐ 77325
- ☐ 77832
- ☐ 78239
- ☐ 79096
- ☐ 79975
- ☐ 80222
- ☐ 83492
- ☐ 89117
- ☐ 89381
- ☐ 91798
- ☐ 94251
- ☐ 94802
- ☐ 97188

```
0 3 0 9 8 4 7 8 4 2 1 0 9 6 4
0 1 0 9 4 0 8 3 8 0 6 2 0 2 9
1 3 1 6 4 6 5 7 7 3 2 5 1 7 3
3 7 2 7 1 7 4 4 6 1 7 6 2 1 4
2 2 2 0 8 8 0 5 6 6 3 5 1 9 0
7 7 7 8 3 2 5 9 8 0 0 9 1 1 0
9 7 2 1 9 3 0 5 4 8 6 5 5 2 0
7 8 5 7 8 9 7 1 8 8 0 4 3 7 2
8 9 5 4 7 1 2 9 0 6 0 8 3 2 9
8 6 9 0 6 7 8 2 6 2 0 2 3 6 2
2 4 9 7 3 1 3 2 5 7 1 8 9 0 9
1 7 1 7 5 5 4 8 4 3 6 9 3 5 7
6 6 3 2 9 5 9 5 2 1 9 1 6 5 1
5 4 4 8 5 9 2 0 3 7 6 1 7 3 6
8 9 7 1 9 0 4 6 3 9 0 7 8 1 3
```

387 NUMBER SEEK 387

Solve this puzzle by seeking numbers instead of letters.

Solution on page 544

- ☑ 01449
- ☐ 01756
- ☐ 04010
- ☐ 06872
- ☐ 07145
- ☐ 09235
- ☐ 10837
- ☐ 11433
- ☐ 17760
- ☐ 23511
- ☐ 25138
- ☐ 25229
- ☐ 25532
- ☐ 38158
- ☐ 44207
- ☐ 45007
- ☐ 45407
- ☐ 49005
- ☐ 50270
- ☐ 51524
- ☐ 53855
- ☐ 61529
- ☐ 61840
- ☐ 63451
- ☐ 64161
- ☐ 71891
- ☐ 71953
- ☐ 73749
- ☐ 75177
- ☐ 77642
- ☐ 79047
- ☐ 80009
- ☐ 81764
- ☐ 83017
- ☐ 84490
- ☐ 87663
- ☐ 93617
- ☐ 95226
- ☐ 99013
- ☐ 99307

```
3 4 6 4 3 6 0 6 7 0 0 7 1 4 7
7 5 1 8 6 1 7 1 8 0 1 2 6 1 3
6 5 8 0 3 7 9 0 3 3 4 1 1 8 7
1 5 4 3 6 5 7 1 0 9 4 5 2 8 3
9 9 0 1 3 7 1 2 7 4 9 4 4 4 8
7 2 8 5 7 4 1 5 2 4 3 4 2 7 3
9 0 2 6 4 0 5 3 5 0 3 5 9 0 5
5 9 4 3 8 9 3 0 4 0 1 0 1 4 7
7 2 4 3 2 7 2 9 2 5 9 0 6 8 2
3 3 7 2 5 5 3 2 9 5 7 7 1 5 7
6 5 7 8 5 3 2 9 6 3 1 1 4 1 4
5 1 7 7 6 0 0 2 7 8 0 3 6 8 2
1 6 5 6 5 0 2 4 9 5 3 9 8 3 8
8 0 7 2 0 5 9 1 6 5 8 8 8 5 9
4 8 7 8 9 3 7 8 4 4 9 0 0 5 6
```

388 WORD SEEK 388

Instructions for solving Word Seeks are given on page 5.

Solution on page 544

- ☐ ABSORB
- ☐ ALLEGE
- ☐ ASTER
- ☐ BEELINE
- ☐ BOGEY
- ☐ COCOA
- ☐ CORPORAL
- ☐ DARTBOARD
- ☐ DEEJAY
- ☐ DEFEND
- ☐ DIVAN
- ☐ EXODUS
- ☐ FAVORABLE
- ☐ FOOTHOLD
- ☐ FROM
- ☐ GARB
- ☐ HAVOC
- ☐ HOLY
- ☐ ICIEST
- ☐ INDEPEND-ENT
- ☐ KETTLE
- ☐ KILO
- ☐ LOCH
- ☐ MUTTON
- ☐ NOVELTY
- ☐ OILING
- ☐ PILOT
- ☐ POLECAT
- ☐ RIDER
- ☐ ROBUST
- ☐ RULE
- ☐ SCORN
- ☐ SIGNER
- ☐ SIREN
- ☐ SKELETON
- ☐ STORAGE
- ☐ THEATER
- ☐ WORE

G O B M P M J K H D S H R Y H
U N S O D N A A K A O C O C X
H R I U S I G N E R I S O L U
A O I L D P V D F T E L U R Y
V B U N I O L A S B O G E Y N
O U S L D O X K N O V E L T Y
C S O O H E E E G A R O T S T
D T D T R L P L A R O P R O C
N W O R E B T E T D E E J A Y
E O X T A A H N N T A D L M O
F S O S C R E I O D E L I O L
E N T E K O A L T T E K M R I
D E L I T V T E T G T N M F Y
R O L C M A E E E G K U T N G
P O N I T F R B R A G T M W R

389 WORD SEEK 389

Instructions for solving Word Seeks are given on page 5.

Solution on page 545

☐ ADORE
☐ ARCTIC
☐ ARTWORK
☐ BRIM
☐ CANOLA
☐ CHAOS
☐ COSTLY
☐ DEPRESS
☐ EPIC
☐ EXIST
☐ FLAP
☐ FLURRY
☐ GENIAL
☐ HOLLOW
☐ JOINT
☐ KISS
☐ OVERLAP
☐ OXEN
☐ PEAT
☐ PREFIX
☐ PUMP
☐ RADIANCE
☐ RESET
☐ ROUGHLY
☐ SAUCER
☐ SAWHORSE
☐ SENSOR
☐ SHORN
☐ SPONSORED
☐ STALE
☐ STROP
☐ SUBFREEZING
☐ TERRAIN
☐ TROWEL
☐ UNDERDONE
☐ WHINNY
☐ WIRING
☐ YOURS

```
A U N R O H S S W M W P P C L
O R A D O R E P U H O C H A X
T P C L G G N O G R I A I F N
O S L T N X S N T K O N T G F
C O I I I S O S R S E O N W L
W P R X Z C R O U G H L Y Y U
V I A K E D W R E C U A S N R
W M I L E T J E C N A I D A R
E S S E R P E D S S P E A T Y
S P X A F E T T E R R A I N L
B R I M B L V R E D O U Z B T
M A F C U A A O O S M H O W S
L B E L S T F N W W E X W Y O
S Y R H A S E W M N E R K A C
X S P M U P J O I N T L Y W S
```

390 MISSING VOWELS 390

Before you can loop the words in the list below, you must first fill in the circles in the diagram with the missing vowels A, E, I, O, and U. We have filled in one word for you. *Solution on page 545*

- ☑ ATTACHE
- ☐ BANGLE
- ☐ BREAK
- ☐ CANOPY
- ☐ CARELESS
- ☐ DISBAR
- ☐ EAGLE
- ☐ EATERY
- ☐ ENGRAVING
- ☐ EXCUSE
- ☐ FINEST
- ☐ FITNESS
- ☐ FOIL
- ☐ GARBAGE
- ☐ GAUZE
- ☐ GENIUS
- ☐ HALO
- ☐ HOLE
- ☐ HUMMING-BIRD
- ☐ LEAF
- ☐ LOGGER
- ☐ OPENER
- ☐ PACE
- ☐ PAPYRUS
- ☐ READ
- ☐ REBUTTAL
- ☐ ROTATE
- ☐ SARAN
- ☐ SAUSAGE
- ☐ SCALE
- ☐ SCOOT
- ☐ SINCE
- ☐ SUMO
- ☐ THEME
- ☐ TIDAL
- ☐ TOADSTOOL
- ☐ UPROAR
- ☐ URGENT

```
V B P G K L S K T K G Z L L G
Y L ○ T T ○ B ○ R N G L ○ G ○
F E H N R G X ○ ○ T K G ○ F ○
S D H Y G C P V M N G B T ○ Z
L ○ P C ○ L ○ G F ○ ○ F S ○ ○
V ○ M S A R ○ ○ R G H R D L N
P R ○ ○ G T ○ R B R ○ T ○ T ○
S L L N P V T B Y ○ ○ C ○ S C
K ○ ○ R B ○ S A S F S ○ T ○ N
H H ○ M M ○ N G B ○ R D R Y ○
G L K S F ○ N ○ S T D ○ L P S
Y R ○ T ○ ○ ○ N R N L B ○ ○ ○
D B ○ B ○ G T ○ G ○ Y C F N F
T ○ D ○ L T ○ ○ S S ○ Z V ○ B
H ○ L ○ D M K S K S T ○ ○ C S
```

MISSING VOWELS

Instructions for solving Missing Vowels are given on page 396.

Solution on page 545

- ☑ ARIA
- ☐ BLAZE
- ☐ BOLA
- ☐ CAPTIVE
- ☐ CHISEL
- ☐ CIGAR
- ☐ CLERIC
- ☐ CLOUD
- ☐ COPE
- ☐ DANGER
- ☐ DEBIT
- ☐ DIRE
- ☐ ETHICAL
- ☐ EXCLAIM
- ☐ FIXING
- ☐ FRINGE
- ☐ GENETIC
- ☐ HIBERNATION
- ☐ HOUR
- ☐ INFO
- ☐ KENNEL
- ☐ MANDATORY
- ☐ MENAGERIE
- ☐ NEPHEW
- ☐ ROOK
- ☐ ROUST
- ☐ SAFARI
- ☐ SANITARY
- ☐ SAVAGE
- ☐ SHOWBOAT
- ☐ SMILE
- ☐ SPOUSE
- ☐ TINSEL
- ☐ TOTTER
- ☐ UNSUNG
- ☐ VALID
- ☐ VERVE
- ☐ WHEAT

```
B R X Z R R S T ○ K X ○ R ○ D
R L ○ Y R ○ T ○ D N ○ M S R D
B A ○ ○ W ○ M L N H F M H ○ D
S S I Z H S Y ○ C ○ D ○ N F V
B P R R ○ T B C ○ B T G Y ○ R
○ P ○ C A P T ○ V ○ ○ ○ L S G
T P ○ ○ T C R H G R R ○ R ○ Y
F M K L S ○ L T L N D ○ N Y D
F R ○ N G ○ S ○ T ○ ○ ○ G ○ T
○ ○ G ○ V ○ S N R T T S ○ ○ V
L B N X L ○ D ○ B ○ T L N ○ C
○ ○ ○ F H C T P C ○ C S R ○ P
M P X C F T X H M N ○ V S P T
S G ○ B ○ L ○ ○ M L ○ N N ○ K
S F F T S H ○ W B ○ ○ T L D K
```

392 CROSS PAIRS 392

Hidden in the diagram below are pairs of words that cross at their common middle letter. Some are pairs of 5-letter words and some are pairs of 7-letter words. We have looped one pair for you.

Word list on page 562

Solution on page 545

A DMEN
A RMOR

A ______
M ______

A ______
C ______

B ______
L ______

B ______
M ______

B ______
N ______

C ______
V ______

C ______
R ______

D ______
P ______

D ______
L ______

E ______
U ______

H ______
L ______

H ______
S ______

M ______
T ______

N ______
P ______

P ______
V ______

P ______
T ______

R ______
S ______

R ______
R ______

P	E	S	W	R	T	D	T	V	U	L	Y	R	M	N
M	M	E	E	E	E	K	W	I	I	E	A	T	A	P
V	L	A	R	U	M	S	I	R	P	D	V	C	A	O
V	C	A	H	G	T	M	L	O	E	G	E	R	O	L
H	C	G	T	C	A	V	L	C	B	P	K	O	E	V
V	O	H	O	U	I	N	C	S	E	A	D	M	E	N
E	T	A	R	R	A	N	N	O	L	E	M	R	C	P
P	G	S	T	E	G	D	R	C	L	W	E	A	O	H
M	R	A	E	I	R	E	L	I	E	V	E	E	E	Y
M	T	E	B	U	D	P	O	E	E	L	A	R	O	M
K	E	D	M	N	N	L	B	T	R	H	O	I	T	R
N	R	M	U	I	A	L	E	Y	E	N	A	E	E	S
A	E	A	P	S	E	E	R	E	V	I	R	V	R	L
R	L	N	E	T	T	R	B	O	U	M	I	C	E	M
L	U	R	N	I	Y	Y	U	B	E	L	S	I	E	N

393 CROSS PAIRS 393

Instructions for solving Cross Pairs are given on page 398.

Word list on page 562 *Solution on page 545*

A DAGE
L LAMA

A ______
O ______

A ______
J ______

B ______
D ______

B ______
S ______

C ______
F ______

C ______
S ______

C ______
O ______

C ______
S ______

D ______
S ______

D ______
T ______

D ______
G ______

E ______
E ______

F ______
V ______

I ______
V ______

L ______
R ______

L ______
S ______

P ______
Q ______

T ______
T ______

V	F	I	B	D	H	Q	K	L	E	N	C	E	S	C
C	V	K	N	L	I	C	I	C	A	S	B	I	L	B
V	H	N	I	E	I	S	N	S	E	E	G	R	E	T
E	S	A	E	T	A	A	C	A	N	L	H	E	N	N
F	L	H	S	B	L	V	C	O	R	O	N	E	T	I
F	R	T	F	M	J	I	N	S	H	I	R	Y	V	T
C	I	P	O	T	E	L	S	I	U	R	N	K	N	L
E	T	E	Q	E	D	L	L	R	U	O	G	A	E	Q
R	C	D	D	C	L	A	K	C	E	V	I	L	O	L
J	P	A	N	I	E	I	O	C	I	L	L	R	F	M
A	H	B	R	E	U	M	L	Y	A	Y	A	L	U	A
S	M	D	G	B	P	G	I	V	R	C	L	R	T	F
T	E	A	R	I	P	S	A	L	M	I	T	L	G	Q
I	D	T	L	N	O	F	U	V	T	S	A	H	O	E
A	L	E	S	L	R	A	Q	S	N	S	U	D	B	J

394 WORD SEEK 394

Instructions for solving Word Seeks are given on page 5.

Solution on page 545

- ☐ BACKREST
- ☐ BALD
- ☐ BOOTEE
- ☐ BRAIN
- ☐ BUCKLE
- ☐ CHAR
- ☐ COCONUT
- ☐ DECANT
- ☐ FOGGY
- ☐ FRILL
- ☐ GETUP
- ☐ GLARE
- ☐ GLOBE
- ☐ HIKE
- ☐ LAPTOP
- ☐ LEGISLATE
- ☐ LOVE
- ☐ MAJESTY
- ☐ MERCHANDISE
- ☐ MISFIT
- ☐ MORALE
- ☐ NULL
- ☐ PACIFY
- ☐ PARALLEL
- ☐ PIGPEN
- ☐ PRIMATE
- ☐ PYTHON
- ☐ RAVEN
- ☐ REVENUE
- ☐ SCOFF
- ☐ SEAL
- ☐ SMOOTH
- ☐ SUBLET
- ☐ SURF
- ☐ TEPID
- ☐ VALUABLE
- ☐ VIBRATING
- ☐ WAFFLE

```
S D I P E T V H T O O M S B G
T G E T U P I A U H L A A L P
V A E C H E B R N U L L O R M
S R M H A U R A O E D B I W I
U E S I D N A H C R E M D R S
B U C K L E T C O K A T H J F
L B O E L V I L C T R W O E I
E N F F K E N P E W R E T O T
T I F R R R G Y A L R A S H B
V A L U A B L E T C L P V T S
W R G S E A A P Y S I A A E S
E B K P P D R E I G E F R C N
N O H T Y P E G P V G J Y A F
I M O R A L E E O D N O A E P
C P P L H L N L A E S V F M L
```

395 WORD SEEK 395

Instructions for solving Word Seeks are given on page 5.

Solution on page 546

- ☐ ASHORE
- ☐ AWARD
- ☐ BARREL
- ☐ BEAD
- ☐ BOUQUET
- ☐ COLESLAW
- ☐ DEFEAT
- ☐ DIGITAL
- ☐ DOWNSHIFT
- ☐ ENDURANCE
- ☐ ETHER
- ☐ FLAIR
- ☐ INFANCY
- ☐ JAILER
- ☐ JERKY
- ☐ JIGGER
- ☐ LION
- ☐ MADNESS
- ☐ MENTAL
- ☐ MIDST
- ☐ MINUTE
- ☐ MISCHIEF
- ☐ NOUN
- ☐ OFFEND
- ☐ OUTSTANDING
- ☐ PICKET
- ☐ PROF
- ☐ QUOTA
- ☐ RENOWN
- ☐ ROOST
- ☐ SCUBA
- ☐ SNAG
- ☐ SNIT
- ☐ SPHERE
- ☐ SPINET
- ☐ STARLIT
- ☐ TOAST
- ☐ TORE

D B F N M W B Q O O Y L F N S

Q U O T A J E J M F A O K P M

M I R P D H A C E T F T H D Q

L Q P A N C M I N U T E I J C

T A E F E D H E L A R U N N A

A B U C S C M P K E R Q G D S

D O W N S H I F T E R U C F H

M G N I D N A T S T U O D F O

R T M I F D T K R H L B O N R

Y E T A L R I Y T E N I P S E

H K N S S E L G S R G F K K T

A C R T A N R L I O D G Q H F

Y I Y E U O A R D T S D I M Y

W P U O J W T G A W A R D J B

K I N A E N S Y O B F L A I R

396 PLACES, PLEASE 396

Fill the diagram with all the words in the word list. The words from each group start on their matching number, and they will read in all directions—forward, backward, up, down, and diagonally. Words from different numbers sometimes overlap; therefore, some letters will be used more than once. We have started the puzzle for you. When the puzzle is completed, all the squares will be filled.

Solution on page 546

1. SCOUR
SHEATHE
SOPRANO
SQUELCH

2. JACKHAMMER
JELL
JOHNNYCAKE
JOIN
JOURNALIST

3. WAHOO
WAR
WEIGHT
WHIR
WHO
WORN
WRITHE

4. FAVA ✓
FIN ✓
FLANNEL ✓
FLOUT ✓

5. RATIO
RETRO
RHO
RUG

6. ELK
ERR

7. MANTLE
METALLIC
MILKWEED
MUNCH
MUSKET

8. AGO
ALL

9. LAVE
LET
LIEGE
LIEU
LUCKY

10. THAN
TIE
TIGERFISH
TIL
TOM
TOTE

11. KICKER
KIN
KNEE
KNOWLEDGE
KOI

12. BETWEEN
BROTH

13. PEN
PIE

14. CHAPEL
CHEVRE
CON
COWER

						1						
N			2									
I							3					
4 F	L	O	U	T								
L	A											5
A		V				6						
N			A									
N	7											
E										8		
L									9			
			10	11								
												12
13							14					

397 PLACES, PLEASE 397

Instructions for solving Places, Please are given on page 402.

Solution on page 546

1. WALLOWING
WESTWARD
WHIFF
WHOLESALE
WINCE

2. CAN
COS
CROP
CUE

3. PAIN
PAN

4. LADE
LIT
LOACH
LOGO
LYE

5. TEN
TOGA
TUG
TURTLE-NECK

6. GAS
GLIB

7. KARATE
KERNEL
KINSMEN
KUMQUAT

8. NACRE
NEE

9. SACK
SIB
SING
SNIPE
SPOT
SWAN

10. ACHER
ALMOST
AMP
ASCOT

11. DEFENSE
DEMOTE
DENIZEN
DEPEND
DEW-CLAW
DILUTE

12. HAD ✓
HOPE ✓
HOPS ✓

13. UGLY
UMP
UNTO
UNZIP
URN
USE

14. FEN
FEY
FLIT
FOG

15. EPOXY
ERST

16. REOPEN
RE-SPONSE
RUNG

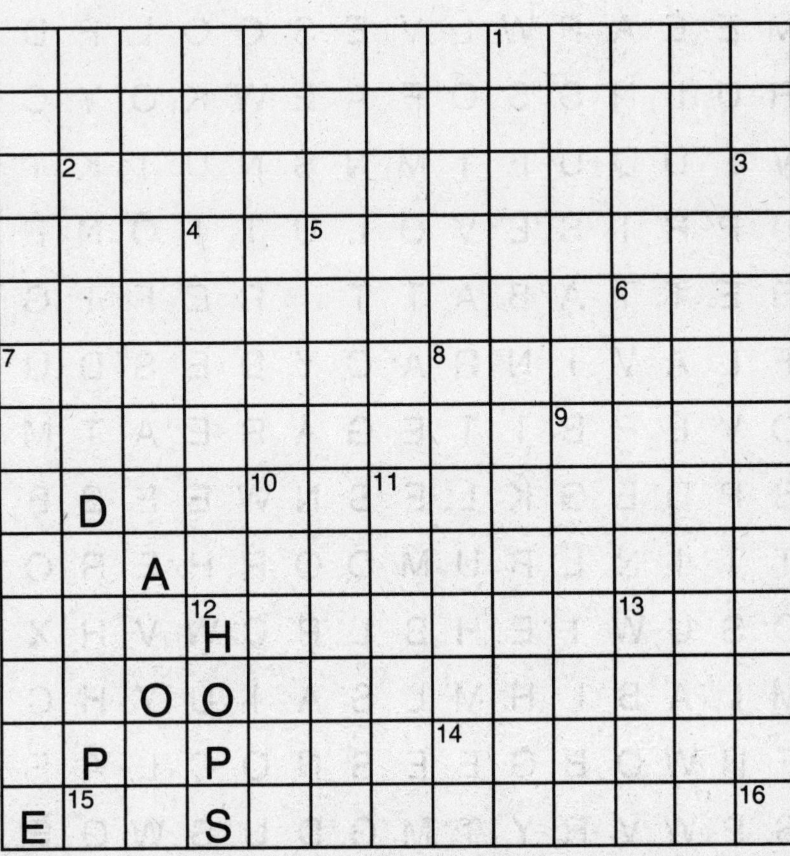

398 WORD SEEK 398

Instructions for solving Word Seeks are given on page 5.

Solution on page 546

- ☐ ATTIRE
- ☐ AVENUE
- ☐ BATTER
- ☐ BEESWAX
- ☐ CARNIVAL
- ☐ CHEERY
- ☐ CLOWN
- ☐ CROW
- ☐ EMBLEM
- ☐ EVOLUTION
- ☐ FALCON
- ☐ FLAG
- ☐ FLUNG
- ☐ GHERKIN
- ☐ GLUCOSE
- ☐ GUMBO
- ☐ INFERNO
- ☐ LEAK
- ☐ LOOSE
- ☐ MELEE
- ☐ OCEAN
- ☐ OVERBITE
- ☐ POKING
- ☐ RAGE
- ☐ ROAST
- ☐ SACHET
- ☐ SEWING
- ☐ SHAWL
- ☐ SPOUT
- ☐ SPREAD
- ☐ STUBBY
- ☐ THEE
- ☐ ULTRA-VIOLET
- ☐ UPRISE
- ☐ VASTEST
- ☐ WALK
- ☐ WAND
- ☐ YELLOWEST

```
A F K M G X T M O F C C R O W
K V A W X A E H C P L P B A S
M E E A P W L V E S O O L P D
R U L N S S O F A E W K O Y C
V L D D U E I M N S N U I K I
U P R I S E V O L U T I O N F
R E T T A B A T T I R E F T G
F L A V I N R A C Y D E S D U
O V E R B I T E G A R E A T M
S P D E G K L E S N W E E S B
T T I N L R U M O O R H E R O
O S U W I E H B L P C W V H X
M L A B L H M L S A I U Y H C
F H W O B G E E S N O C L A F
S P W V R Y T M G D U S W G E
```

399 WORD SEEK 399

Instructions for solving Word Seeks are given on page 5.

Solution on page 546

- ☐ ABROAD
- ☐ ANNEX
- ☐ AUDITOR
- ☐ COMPETENT
- ☐ CONTINENT
- ☐ CYCLE
- ☐ DOLE
- ☐ DYNAMO
- ☐ FONDEST
- ☐ FRAUD
- ☐ FRUIT
- ☐ GROCER
- ☐ INSOLE
- ☐ LAUGH
- ☐ LEATHER-NECK
- ☐ LOCATE
- ☐ LOWERING
- ☐ MARKDOWN
- ☐ MASH
- ☐ OUTER
- ☐ OVERDO
- ☐ PLIE
- ☐ POPLAR
- ☐ PROVOKE
- ☐ REFINE
- ☐ SALAMI
- ☐ SCAD
- ☐ SCRUFF
- ☐ SHARP
- ☐ SHOULD
- ☐ SISSY
- ☐ SORE
- ☐ STRUCK
- ☐ SUNDIAL
- ☐ SWIG
- ☐ TONIC
- ☐ UNDO
- ☐ WRESTLE

O	O	I	S	A	C	I	O	T	R	X	L	T	O	H
T	D	O	N	M	Y	N	M	M	R	E	C	O	R	G
Y	R	N	D	A	C	S	E	A	A	V	F	N	H	U
E	E	S	U	S	L	O	E	T	L	N	R	I	L	A
X	V	X	S	H	E	L	H	N	A	A	Y	C	N	L
C	O	M	P	E	T	E	N	T	N	C	S	D	U	E
Y	S	S	I	S	R	M	A	R	K	D	O	W	N	S
B	T	N	E	N	I	T	N	O	C	X	O	L	G	V
M	W	R	E	F	E	S	A	L	A	I	D	N	U	S
M	W	C	R	X	K	E	U	S	F	B	I	D	K	S
A	K	A	A	K	O	D	D	U	C	R	R	C	H	R
O	U	T	E	R	V	N	I	E	E	R	U	O	G	K
D	N	L	B	H	O	O	T	W	I	R	U	I	A	W
P	O	P	L	A	R	F	O	I	T	L	W	F	T	D
D	S	H	A	R	P	L	R	S	D	S	P	A	F	U

400 MISSING VOWELS 400

Before you can loop the words in the list below, you must first fill in the circles in the diagram with the missing vowels A, E, I, O, and U. We have filled in one word for you.

Solution on page 546

- ☑ ANXIETY
- ☐ BANTER
- ☐ BEAUTIFUL
- ☐ BEER
- ☐ CREAK
- ☐ DURESS
- ☐ ELITE
- ☐ EMPIRE
- ☐ ENVIRONMENT
- ☐ FAMOUS
- ☐ FAZE
- ☐ FORTE
- ☐ GRADE
- ☐ HANGTAG
- ☐ HEED
- ☐ HOSTEL
- ☐ INMOST
- ☐ INSIST
- ☐ KOSHER
- ☐ MEAT
- ☐ MISTER
- ☐ MOTIVE
- ☐ NEARBY
- ☐ ODOR
- ☐ PARDON
- ☐ PLACE
- ☐ PRESEASON
- ☐ PROPMAN
- ☐ REFUSE
- ☐ RIVAL
- ☐ ROGER
- ☐ SEED
- ☐ SHOWIEST
- ☐ TOOL
- ☐ TOPCOAT
- ☐ TUNIC
- ☐ VENUE
- ☐ VETERAN

```
S P N L W B M S G T S H M D T
B H L ○ W ○ F T N K ○ T ○ T Y
R F ○ ○ D ○ F ○ Y V K ○ S ○ ○
C ○ M W C R R ○ M T S ○ M N ○
N X T ○ ○ ○ ○ C G ○ E W V ○ L
B H ○ S T ○ L P ○ P ○ I C C C
F ○ Z ○ ○ ○ S ○ T R R S X R R
R ○ V ○ L M V T G ○ S T ○ N ○
○ F R Y B R ○ ○ N P ○ T G D A
T K ○ S H ○ R M ○ M N L ○ R K
○ S W R S ○ ○ P H ○ H R ○ G K
L V ○ ○ T N N ○ B N ○ G R D R
○ B F S T ○ P R ○ S ○ ○ S ○ N
L ○ N K N V R ○ S R D R D B F
R R L ○ F ○ T ○ ○ ○ B ○ W R T
```

401 MISSING VOWELS 401

Instructions for solving Missing Vowels are given on page 406.
Solution on page 547

- ☑ ATTACK
- ☐ CHASTE
- ☐ CLOSET
- ☐ CRIMSON
- ☐ DEVOUR
- ☐ DICE
- ☐ EARL
- ☐ ESCAPE
- ☐ FLEET
- ☐ HARMONY
- ☐ INLAY
- ☐ IODINE
- ☐ JACKET
- ☐ LIMELIGHT
- ☐ LIPSTICK
- ☐ MAMMAL
- ☐ MIME
- ☐ MINIVAN
- ☐ NANA
- ☐ NEGOTIATING
- ☐ OASIS
- ☐ PAINT
- ☐ PERUSE
- ☐ PIKE
- ☐ PINWHEEL
- ☐ PRESET
- ☐ RACE
- ☐ RAIDER
- ☐ RERAN
- ☐ SLENDER
- ☐ STOCKPILE
- ☐ SUGAR
- ☐ SWINE
- ☐ TABLET
- ☐ UNNERVE
- ☐ VIOLA
- ☐ VOUCH
- ☐ WAIL

```
L J M N S ○ T L ○ ○ H W N ○ P
V ○ ○ L ○ T T ○ V J W D ○ W L
T Y P S ○ R ○ R S K ○ D D ○ K
N T ○ S G (A) ○ C L ○ ○ C M C K
L S ○ K T N M R K N L M K T G
S R R T N ○ ○ S ○ P ○ C S ○ J
P W (A) ○ L B C T ○ M ○ M ○ L T
N C ○ ○ ○ R R K ○ M L L Y B D
K ○ J N M Y ○ P ○ ○ N T ○ ○ K
C ○ S L ○ N D ○ R N T P R T R
F N K M L ○ ○ R ○ ○ ○ ○ ○ R V
D L W V ○ M ○ ○ ○ V D N G ○ V
○ ○ ○ V G R R S V ○ W S ○ ○ N
C Y W ○ H ○ C ○ ○ N R C S Y N
○ C ○ R T H W P D C H ○ S T ○
```

402 WORD SEEK 402

Instructions for solving Word Seeks are given on page 5.
Solution on page 547

☐ ASIDE
☐ BLEAK
☐ CHICK
☐ CHOOSE
☐ COTE
☐ CRINGE
☐ EXPIRE
☐ FLIPPER
☐ FLUE
☐ FOLDER
☐ GASKET
☐ GAZELLE
☐ HAWK
☐ HOLD
☐ INFANTRYMAN
☐ INKWELL
☐ LAPEL
☐ LOON
☐ MANGER
☐ MARBLE
☐ MEMORY
☐ MICROWAVE
☐ OVERRAN
☐ PERIMETER
☐ PUTTY
☐ RELATION
☐ REND
☐ RETAIN
☐ SCAM
☐ SCENIC
☐ SECEDE
☐ SPRIG
☐ STABLE
☐ STUCK
☐ TANKSHIP
☐ TURBAN
☐ USAGE
☐ WACKY

G E W V K Y S G C P N M K S K
Y A T A R E S I E C H I C K H
H M Z O C S M R R E N L U Y C
V U M E C K I P W I X A T T H
O E D E L M Y S A R Y P S K O
M E N R E L A T I O N E I U O
I I B T L L E W K N I L U R S
C P E L B R A M N S T A B L E
R R I D E H H M A N G E R F F
O E E H N A M Y R T N A F N I
W G P N S W K E R U E G A S U
A N U P D K D S E R D K C I N
V I T O I L N C V B I L S O O
E R T U O L O A O A S C O A E
A C Y F I P F M T N A L K H G

 403

WORD SEEK

403 

Instructions for solving Word Seeks are given on page 5.

Solution on page 547

- ☐ ABBEY
- ☐ ADVERB
- ☐ ARRIVING
- ☐ AUTHORITY
- ☐ BANGS
- ☐ BIRTH
- ☐ BOOR
- ☐ BUOYANT
- ☐ CHEERILY
- ☐ CHOKER
- ☐ CLAIR-VOYANT
- ☐ DECOR
- ☐ DENIAL
- ☐ EMOTION
- ☐ FIST
- ☐ FULL
- ☐ GRAZE
- ☐ IDENTICAL
- ☐ LONE
- ☐ MERCURY
- ☐ MINCER
- ☐ ONRUSH
- ☐ PHONY
- ☐ PLURAL
- ☐ PORK
- ☐ RECEIVE
- ☐ REPLY
- ☐ RIDING
- ☐ SIESTA
- ☐ SKIMPY
- ☐ SMUGGLE
- ☐ SOCK
- ☐ SWITCH
- ☐ VOLUME
- ☐ WAVER
- ☐ WETTER
- ☐ WHEY
- ☐ WORLD

```
A N U V F M Y W R M A V D R K
E A G C K B L O E E D B O O R
B C R G L A A R C E T P B C O
P E A P I A C L N M B T D E P
W O Z N H U I D I O F I E D Y
E K E P R O T R M T W O R W H
F D R Y M G N I V I R R A T U
S M U G G L E Y E O N R U S H
B R E V D A D V L N Y R L S R
A U T H O R I T Y I E A W W R
L T O T R E V A W P R Z N I E
L D S Y C P V O L U M E D T K
U I E E A T K Y L T T I E C O
F H R I I N Z P L O N E K H H
W U K C O S T S S G N A B S C
```

404 LETTERBOXES 404

Can you find the correct places for the words in the word list? The starting letters for all the words are given in the circles. Letters may be used as parts of other words because of overlapping or crossing. The words read in a straight line and in all directions—forward, backward, up, down, and diagonally. Do not pass over a black square as you are solving. When the puzzle is completely solved, there will be a letter in every space. We have filled in one word to start you off.

Solution on page 547

- ☑ AGLOW
- ☐ ATTRACT
- ☐ BALLET
- ☐ BAMBOOZLE
- ☐ BURGUNDY
- ☐ CHEATER
- ☐ CHURCH
- ☐ CROON
- ☐ DOCK
- ☐ EGGNOG
- ☐ FIASCO
- ☐ FREEZE
- ☐ GRANDER
- ☐ GROCERIES
- ☐ GYRO
- ☐ HAIRDO
- ☐ HOMESPUN
- ☐ HOOT
- ☐ LEAVE
- ☐ LOBBY
- ☐ MANUAL
- ☐ MARVEL
- ☐ MUZZLE
- ☐ OBLIGE
- ☐ OUCH
- ☐ REVOKE
- ☐ ROGUE
- ☐ SAME
- ☐ SPADE
- ☐ STAFF
- ☐ TEMPURA
- ☐ TRIVIA
- ☐ TRUST
- ☐ UNAP-PEALING
- ☐ WEREWOLF
- ☐ WIRER

■					H	C	R						M
T	■	■					C		■			■	A
	T	U										G	■
							■				L		■
		■	■		S				D	O		■	S
		G					L		W				W
				F				B					
		■						M					
			M									A	
							O	B					R
	■							H					
	■												
L		■	■		E	T			W				
B	■	S			F		■		G	G	O	■	

405 LETTERBOXES 405

Instructions for solving Letterboxes are given on page 410.
Solution on page 547

- [x] ACCURATE
- [ ] ADJOURN
- [ ] AFFECT
- [ ] ALSO
- [ ] AMPLY
- [ ] ARGUE
- [ ] BOWER
- [ ] BRIER
- [ ] CANVAS
- [ ] COMFORT
- [ ] CURFEW
- [ ] DEFECTIVE
- [ ] DINGY
- [ ] FALTER
- [ ] FASHION-ABLE
- [ ] FIDDLE
- [ ] FOREMEN
- [ ] HEAVEN
- [ ] LANOLIN
- [ ] MINIMIZE
- [ ] MONKEY
- [ ] MUST
- [ ] OXYGEN
- [ ] PAID
- [ ] QUARRY
- [ ] REDRAFT
- [ ] ROWDY
- [ ] SETUP
- [ ] SHOW
- [ ] SUITOR
- [ ] TANTALIZE
- [ ] TINY
- [ ] WIENER
- [ ] WILLING
- [ ] WRITE

F	R						W					S	
■		■			■			■	F	■	■		
	■						F			■			
■							C	S			■		
											■		
Q		C					A	H		■			
								T				R	A
F	S				C			M				C	B
	■				■	M					C		W
L							■			U			
T						W		A	R				
	B						■	A			■		
	O						T					A	M
				D	■	E	A					P	■

406 WORD SEEK 406

Instructions for solving Word Seeks are given on page 5.

Solution on page 547

- ☐ ATTEST
- ☐ BERTH
- ☐ BLEACHERS
- ☐ CAGER
- ☐ COVE
- ☐ DATA
- ☐ DEAR
- ☐ DESIGN
- ☐ DISPLAY
- ☐ ENTWINE
- ☐ FACULTY
- ☐ FIBER
- ☐ GARNER
- ☐ GONG
- ☐ HOWEVER
- ☐ INHERIT
- ☐ JULEP
- ☐ KITTEN
- ☐ KNAPSACK
- ☐ MIGRATION
- ☐ OVERSHOE
- ☐ POODLE
- ☐ RECESS
- ☐ SAUCY
- ☐ SCHOLARSHIP
- ☐ SECRET
- ☐ SHALE
- ☐ SINKER
- ☐ SLUR
- ☐ STRONG
- ☐ SWEPT
- ☐ THREAT
- ☐ UNITY
- ☐ UNPACK
- ☐ VESSEL
- ☐ WAGE
- ☐ WARE
- ☐ WROTE

```
C O V E T O R W O N S D I J F
P O O D L E T V G G C U O A O
G V E O K G E I P N H W C Y S
G A R N E R S Y M O O U C L W
R O I T S E T T A R L U U A M
L S N H D V N O I T A R G I M
V S O G J E F E Y S R E B I F
I E R A W W K N A P S A C K U
F N S E F O R T L T H E I T S
K N H S H H E W P A I U C E B
P C E E E C G I S E P R C E E
C E A T R L A N I R W R D L R
J M L P T I C E D H E S A N T
E E L U N I T Y L T V H T R H
O O D A J U K Y I B S K A K O
```

407 WORD SEEK 407

Instructions for solving Word Seeks are given on page 5.

Solution on page 548

- ☐ ATHLETE
- ☐ BANNER
- ☐ BOOKLET
- ☐ BROKER
- ☐ BUNGLE
- ☐ BURST
- ☐ CHOP
- ☐ DANCE
- ☐ DEBUT
- ☐ DICTATE
- ☐ DIRTY
- ☐ DISBAND
- ☐ DIVIDE
- ☐ DUMPLING
- ☐ FOOT
- ☐ GRIME
- ☐ HECKLE
- ☐ HIBERNATE
- ☐ HOBBY
- ☐ IMAGE
- ☐ MELD
- ☐ MICRO-SCOPIC
- ☐ PATENT
- ☐ PAVE
- ☐ PICNIC
- ☐ PLANT
- ☐ PLUMMET
- ☐ RALLY
- ☐ SCIENTIST
- ☐ SEARCH
- ☐ SOLACE
- ☐ SOME
- ☐ TEAM
- ☐ THRONE
- ☐ TINDER
- ☐ TUBA
- ☐ VIOLIN
- ☐ WARDROBE

```
O T W T S D R M R S D O R N C
H A U K O I E G E C E M E H P
C B T B M V N T T I A C D P K
A H O H E I N H A E A H N L P
L P O G L D A R T N L Y I A N
E V A P S E B O C T R K T N D
B M M F O O T N I I Y E O T H
I U B U N G L E D S N W B O D
D E B O R D R A W T G K S I B
P L U M M E T H C H Y R S P H
H Y U U K L S C M E E B I U S
N I L O I V R R E M A C B M H
N V R L E G U A L N N R K O E
B B V L A Y B E D I R T Y L H
D F M I C R O S C O P I C L E
```

408 MISSING VOWELS 408

Before you can loop the words in the list below, you must first fill in the circles in the diagram with the missing vowels A, E, I, O, and U. We have filled in one word for you.

Solution on page 548

- ☑ AIDE
- ☐ AKIN
- ☐ ALLOW
- ☐ AMOUR
- ☐ ANKLET
- ☐ APTER
- ☐ ARCHERY
- ☐ AVAIL
- ☐ BALLAD
- ☐ BANISH
- ☐ BEET
- ☐ BEHELD
- ☐ BETA
- ☐ BROKEN
- ☐ BUFFALO
- ☐ DROOL
- ☐ DUET
- ☐ EDIT
- ☐ EXECUTE
- ☐ FORGAVE
- ☐ FRIEND
- ☐ GALLERY
- ☐ GERANIUM
- ☐ HEARTBURN
- ☐ HOLIDAY
- ☐ HURRICANE
- ☐ LINGO
- ☐ MANOR
- ☐ MASTER-PIECE
- ☐ NETHER
- ☐ NOMAD
- ☐ NUTMEG
- ☐ PINTO
- ☐ PRANCE
- ☐ RAZE
- ☐ RODENT
- ☐ SKATES
- ☐ SPORADIC

D	N	G	B	P	T	G	N	B	○	N	K	L	○	T
D	W	○	Z	○	R	○	E	○	S	N	W	Y	C	L
○	B	M	T	W	L	L	D	H	K	○	G	G	○	T
○	N	T	Y	H	H	L	I	○	L	○	G	○	○	C
T	V	○	B	Y	○	○	A	L	○	○	R	D	P	H
N	W	N	S	P	○	R	○	D	○	C	○	B	R	Y
○	C	N	○	R	P	Y	F	R	H	○	M	D	○	F
D	N	○	○	R	F	R	○	○	T	○	V	X	T	P
○	L	○	F	F	○	B	R	Y	○	B	○	○	S	T
R	B	R	C	○	L	Y	G	N	○	C	○	○	○	B
○	B	○	M	○	N	P	○	F	○	D	T	R	M	K
T	M	○	N	○	R	R	V	T	D	○	○	○	N	B
P	C	G	M	○	○	R	○	T	K	K	G	L	○	D
○	○	○	D	G	S	Y	○	S	P	○	N	T	○	B
C	D	T	Z	P	V	H	P	H	X	N	○	R	X	H

409 MISSING VOWELS 409

Instructions for solving Missing Vowels are given on page 414.
Solution on page 548

- ☑ AGAINST
- ☐ AMIGO
- ☐ AMPLE
- ☐ BABE
- ☐ BISHOP
- ☐ CARROT
- ☐ CHESSMEN
- ☐ CHORE
- ☐ CHRISTEN
- ☐ COBRA
- ☐ COLLATE
- ☐ DAMSEL
- ☐ EAGER
- ☐ ELECTION
- ☐ EMPLOY
- ☐ EVENT
- ☐ EXILE
- ☐ FEISTY
- ☐ FILTER
- ☐ FLUME
- ☐ FORGET
- ☐ GOAT
- ☐ HEADSET
- ☐ HORSERADISH
- ☐ LOPE
- ☐ MINE
- ☐ MOONLIGHT
- ☐ NOODLE
- ☐ PAPA
- ☐ PARADE
- ☐ PETER
- ☐ PIPE
- ☐ SIMPLE
- ☐ SOAR
- ☐ STRONGBOX
- ☐ TANKARD
- ☐ THRIVE
- ☐ TOMATO

X P F C M P R D B C ○ V ○ X C
S T R ○ N G B ○ X M H V H H C
M Y D B R L F Y P N ○ ○ R ○ P
○ H ○ R ○ G T L ○ R R ○ R M ○
N B V ○ B S ○ M H S S R P ○ P
○ A G A I N S T ○ T ○ G ○ M ○
P ○ T ○ R S D R ○ T L ○ F G D
R T F Y ○ ○ ○ N L M ○ L ○ X ○
○ M ○ H H D ○ L ○ L P M ○ S ○
D L C N ○ ○ H ○ C T T L ○ P Y
N ○ D S K R R S T ○ ○ N ○ L M
N P H ○ K ○ G M ○ M ○ L ○ Y F
B ○ S H ○ P R ○ ○ ○ G T L V B
R P D S N N X D N T F Y S ○ ○
M Y T H G ○ L N ○ ○ M B T L C

410 PATCHWORDS 410

It's a crazy quilt and a Word Seek combined! Each of the words in the list can be found in a continuous line in an irregularly shaped patch in the diagram. Move from letter to letter vertically or horizontally, but not diagonally. Each letter in the diagram will be used once; the patches do not overlap. We have located one word to start you off. *Solution on page 548*

- ☑ ADRIFT
- ☐ AGGIE
- ☐ BOXCAR
- ☐ DALE
- ☐ DECIDE
- ☐ DESPOT
- ☐ DIVERSE
- ☐ DUSTBIN
- ☐ EARFUL
- ☐ ENTHUSIASTIC
- ☐ EXPERT
- ☐ FALLOW
- ☐ FINDER
- ☐ FIZZLE
- ☐ FORGIVE
- ☐ GIFT
- ☐ GRIEF
- ☐ HAIRY
- ☐ INSET
- ☐ LILY
- ☐ LOUGH
- ☐ MATRON
- ☐ MOSEY
- ☐ NAUTICAL
- ☐ PINATA
- ☐ PLED
- ☐ PORCH
- ☐ POUT
- ☐ PRIVACY
- ☐ PUPPETEER
- ☐ QUARTO
- ☐ REFRAIN
- ☐ SATIRIZE
- ☐ SERE
- ☐ SQUAB
- ☐ SWEAT
- ☐ TERRIFIC
- ☐ TUSK

```
U S I E D E D B T S A E A V I
H E A S I C N I D U R Y C P R
T N B T I C F E C R F U L E E
Q U A N I A R R H O P E I V L
S I F F A O W I I R Y R G R Z
D N M B L L T N A H S E F O Z
E Y O O A R E S L I A T M F I
R E S X C R T O P L S I A T R
T O E D U A O U F Y G R U O O
A P S E Q T E T E I R I G L N
G G A L F T R E D P E Z H E V
T I D G I I R L N I E A S R I
F E R C I F N P A T W T E T D
I A E E T E A I C A S P E U S
R D P U P P U T A L E X R T K
```

411 PATCHWORDS 411

Instructions for solving Patchwords are given on page 416.

Solution on page 548

- ☑ ABACK
- ☐ ATRIAL
- ☐ AWARE
- ☐ BLUSH
- ☐ BUNDLE
- ☐ CINDER
- ☐ COLLECT
- ☐ CURE
- ☐ DECAY
- ☐ DELE
- ☐ DINGLE
- ☐ DITTY
- ☐ DIZZY
- ☐ ECLAIR
- ☐ EMPANADA
- ☐ FEARSOME
- ☐ FELT
- ☐ GRID
- ☐ HAUGHTY
- ☐ LATE
- ☐ LESSER
- ☐ LOOTER
- ☐ LOSS
- ☐ LUBBER
- ☐ MUSSEL
- ☐ PAYING
- ☐ PRELUDE
- ☐ PROBATION
- ☐ REAPPEAR
- ☐ REFLECT
- ☐ RENEWAL
- ☐ SITE
- ☐ STEAK
- ☐ STRIFE
- ☐ TELEPLAY
- ☐ VARIANT
- ☐ VULTURE
- ☐ WAXING

D I R P A N G S T D R A D I T
I O G S Y I K A E I E W A Y T
T N H S O N I X G N U B R I A
A B S U L G K A L E N V A T N
R O R L B A C W R E D L M E F
E A P B A Z Z C U A D E P A E
P P R E F Y I T E R A N A R S
E T C E L E D O O R E E L R O
A R L A I T A R L R S S B E M
D E S I R T L E D E N E B U E
U R P T E A L E N I C W A L F
L E Y R I D E L T E T E L L E
S S T H A L V U U R T L E T D
U E L G E C I F O L C L P Y E
M H A U S T R E C L E A Y A C

412 V-WORDS 412

The 5-letter words below are found in the diagram in a V shape pointing left, right, up, and down.

Solution on page 548

- ☑ ABOIL
- ☐ ACRID
- ☐ AMBLE
- ☐ ATONE
- ☐ BLOCK
- ☐ BRICK
- ☐ BUILD
- ☐ CEASE
- ☐ COACH
- ☐ ERGOT
- ☐ FAVOR
- ☐ FRIES
- ☐ FUNNY
- ☐ GLAZE
- ☐ GUILE
- ☐ HOAGY
- ☐ LARGO
- ☐ LEGAL
- ☐ MOIRE
- ☐ ORDER
- ☐ PATTY
- ☐ PENCE
- ☐ PHONE
- ☐ PINCH
- ☐ QUIRE
- ☐ SEINE
- ☐ SENSE
- ☐ SHEEN
- ☐ SKULK
- ☐ SLIDE
- ☐ SLOPE
- ☐ SOBER
- ☐ SPOOK
- ☐ STORK
- ☐ STRAW
- ☐ TENTH
- ☐ TRAIN
- ☐ USUAL
- ☐ VENOM
- ☐ WINCH

```
I K F M Y N R N C L T V L D N
I U O G C M I D C O Q B O E O
R N A H S W A P L H U P V O G
E E E O P C M O M I S O C A K
Q C B V H U R T C C R T L M F
D M N T S D A K K Z T B R R C
F E O U A E E L C T L I I A M
P G R I Y B U R G O V N I E K
D A R T L N M K T N N N U G S
W E T E S I E A S Y E E T F H
K G S I M A O E S T Z S L H N
C A D Q L B H K N A E C A I D
D E E B A S O O Q I L U U Q N
P I P C L Y T G R A U G E T Y
N S R O O S H E R K N Q B Y Y
```

413 V-WORDS 413

Instructions for solving V-Words are given on page 418.

Solution on page 549

☑ ABASH
☐ AWASH
☐ BETTA
☐ BLEST
☐ BLUES
☐ BRAWN
☐ BRIDE
☐ COINS
☐ CORAL
☐ CRAFT
☐ CRANK
☐ DAVIT
☐ DINGO
☐ DITTO
☐ DOWRY
☐ FRIZZ
☐ GRANT
☐ GRATE
☐ HOKEY
☐ INTER
☐ JEANS
☐ KNEEL
☐ MITER
☐ PROXY
☐ RHINO
☐ ROBOT
☐ SALON
☐ SHOOK
☐ SHOWN
☐ SPITZ
☐ SQUAD
☐ SULLY
☐ SWATH
☐ TACIT
☐ TRICE
☐ TRIED
☐ TRUCK
☐ VOTER
☐ WHICH
☐ YEAST

L D I H C N B S Y S P U C L Z
P O Z N T I W A H D H V P B A
C K W Q S A R O F T I O A R P
A A T I E C S T A T O N O D O
E I R Y D I O T C K G B I X Q
C B D B V E H R M O W T Y Z T
A A E O B O A C D H Y Y T L D
U T T Y T L K N I E T M A O L
P Q T E L G U C K R Z Z W U F
F A S A R E E N U O T Z S R D
D A W L S K E M E I H R I E Y
L A W T Y H H B I T P R I N J
X O B U S I L J G T A S T Y T
E C N A N E H M E R N N W E V
E U V O E X H R G A A G R Z A

414 WORD SEEK 414

Instructions for solving Word Seeks are given on page 5.

Solution on page 549

- ☐ ALLUDE
- ☐ BAND
- ☐ BEARD
- ☐ BELONG
- ☐ BOTANICAL
- ☐ BRAND
- ☐ BUNION
- ☐ CHATEAU
- ☐ CITY
- ☐ DAIS
- ☐ DRAIN
- ☐ EVOLVE
- ☐ EXCHANGE
- ☐ GATE
- ☐ GLOP
- ☐ GOVERN
- ☐ JOKE
- ☐ KIDNEY
- ☐ KNOTHOLE
- ☐ LECTURE
- ☐ LIBEL
- ☐ MERINO
- ☐ MIRROR
- ☐ OUTWORK
- ☐ PREFAB
- ☐ PRIMP
- ☐ RAPPER
- ☐ ROTATING
- ☐ SATISFY
- ☐ SHERIFF
- ☐ STOCKADE
- ☐ STRANGE
- ☐ SWINDLE
- ☐ TEMPER
- ☐ TOWER
- ☐ TOXIN
- ☐ VETO
- ☐ WEALTH

```
R E P M E T A G T B Y M L A G
Y F G K M F O G F G U L E A O
F K O D P F Y X N Y N N B X V
S J F R E I K T I I E O I F E
I W U A S R B N I N T N L O R
T E I I I E S T O C K A D E N
A E G N A H C X E T B H T I B
S N V R D S O C S O H S X O K
R P D L P L E H T U T O W E R
M I R R O R E A R T L E L R M
K B I E U V N T A W A R V E C
K M R T F I E E N O E D R P O
P V C A C A D A G R W I O P X
T E B A N D B U E K N L B A K
L A L L U D E F O O G I O R A
```

415 WORD SEEK 415

Instructions for solving Word Seeks are given on page 5.

Solution on page 549

☐ AJAR
☐ ALUMINUM
☐ BURNER
☐ COMPRESS
☐ CONFIRM
☐ COOKOUT
☐ EQUAL
☐ FLABBY
☐ GENERATE
☐ GIRDLE
☐ GOATEE
☐ GOSPEL
☐ HABIT
☐ HIGHLY
☐ HOWL
☐ HUNK
☐ KINDLE
☐ LOCK
☐ LOTTERY
☐ MINSTREL
☐ PANTRY
☐ PHANTOM
☐ POSSESS
☐ PREACH
☐ PRICE
☐ PROFILE
☐ PURL
☐ RANT
☐ REGIMEN
☐ ROUT
☐ SHORT
☐ SIEGE
☐ TEACUP
☐ THERE
☐ THIMBLE
☐ TIGER
☐ TURTLE
☐ WORLDWIDE

P A E T I B A H E H T D U L P
O P H I G H L Y L M U L C R U
S P R P T G U N T U O K O O C
S E U I I Y M F R H R F J E A
E C R R C R I N U K I N D L E
S D D E L E N E T L Y M T B T
S L I C H T U M E F L A B B Y
E H B W L T M I N S T R E L R
R C G L D O B G S Y L A U Q E
H W O O T L U E T A R E N E G
F C K N S T R R H S R T T K T
K K A H F P N O O I G A N I R
O H O E M I E L W E O U G A B
P R C O R G R L L G H E J T P
T F C G C P A M G E R A N T B

416 SQUARE NINES 416

Find 3x3 squares in the diagram that contain, in no particular order, the nine letters of the words listed.

Solution on page 549

- [x] ADVANTAGE
- [ ] APOLOGIZE
- [ ] BARNSTORM
- [ ] BULLDOZER
- [ ] DISAPPEAR
- [ ] EDITORIAL
- [ ] EMBARRASS
- [ ] ESSENTIAL
- [ ] EXECUTIVE
- [ ] EXQUISITE
- [ ] HAMBURGER
- [ ] HANDSTAND
- [ ] HOME-OWNER
- [ ] INTERPRET
- [ ] IRREGULAR
- [ ] JUNGLEGYM
- [ ] LIFESAVER
- [ ] MATCH-BOOK
- [ ] PHYSICIAN
- [ ] RAMPAGING
- [ ] REFERENCE
- [ ] SCREENING
- [ ] SENSATION
- [ ] SENSELESS
- [ ] SHIPWRECK
- [ ] SLIPCOVER
- [ ] SUCCOTASH
- [ ] SWIVELING
- [ ] VISUALIZE
- [ ] WHOLE-SOME

B A M R R X O Q G U M I G W Q
T A C O K P G A U L Y I N V I
U S S L E M R G M J G L E S V
O C H M O N I A N E G R U L Z
T K O E W J C P H R R A I A I
A B M H N A Y S I I L U L F Z
T I E O R A S Q E X I S A H V
P R R B A R S U T E V R E E C
N E T G E M B L U C E L F N R
N A O R H U Z L R I P R E E R
I S S O M N D E O O V S I G N
E N A B R A V G I L Y S N S C
T L E S R T A A Z P K E S E M
I R I P A N N D R C R S E L V
O D A P D H D S Z W H I S N J

417 SQUARE NINES 417

Instructions for solving Square Nines are given on page 422.
Solution on page 549

- ☑ AMAZEMENT
- ☐ AMPHIBIAN
- ☐ BIOGRAPHY
- ☐ CAFETERIA
- ☐ CHILDHOOD
- ☐ COMMANDER
- ☐ DESPERADO
- ☐ ENERGETIC
- ☐ IMPERFECT
- ☐ IRRITABLE
- ☐ JACKKNIFE
- ☐ LOCKSMITH
- ☐ MARGARITA
- ☐ METEORITE
- ☐ MINCEMEAT
- ☐ NAVIGATOR
- ☐ PAGEANTRY
- ☐ PENETRATE
- ☐ PERCOLATE
- ☐ POLICEMAN
- ☐ SEVENTEEN
- ☐ SINGLETON
- ☐ SQUEAMISH
- ☐ STITCHERY
- ☐ SUNFLOWER
- ☐ SUPERHERO
- ☐ TARANTULA
- ☐ TOOTHSOME
- ☐ VENTURING
- ☐ WORKPLACE

```
R S E A E T A G O E P C A I V
U R P A N G R T V R R E M M H
O E H Y P R A I N B I T N E T
U T R C R A A M P I L A G I R
E T S I A T N F T E T M C E E
O T O Q U L T R C E Z M O A D
O M H P S H D I A A A N D R E
E J F S A D H L G P B I S E P
K A N J L O C O A I H M A H Q
I C K H R T R T O R Y S Q U H
M H O W E P M E T M I N G I J
S T L S R O N I E E A T N U D
G N N U F L A C R E N V E R Z
E O I O E P R O P T T N E P T
S J Z N W K W E A L E E S J C
```

418 MISSING VOWELS 418

Before you can loop the words in the list below, you must first fill in the circles in the diagram with the missing vowels A, E, I, O, and U. We have filled in one word for you.

Solution on page 549

☑ ANYMORE
☐ ARTISAN
☐ BRIDGE
☐ BUFFER
☐ BURLAP
☐ CANDLE
☐ CATLIKE
☐ CHAPTER
☐ CIGARETTE
☐ COMET
☐ COPTER
☐ CREPE
☐ CURDLE
☐ DRAMA
☐ ENDANGER
☐ EXCEED
☐ GREASE
☐ HALVE
☐ IDEA
☐ IGNORANT
☐ LESSEN
☐ LIEN
☐ MODE
☐ NEATER
☐ NOBLE
☐ OOZE
☐ POCKET
☐ POPE
☐ PROPHET
☐ QUALITY
☐ RERUN
☐ SCOOP
☐ SCRAMBLE
☐ SEEKING
☐ SIDEWALK
☐ WINDOW
☐ WIPE
☐ ZOOM

```
Y B ○ F F ○ R M B G ○ P ○ P C
W T G T L N ○ Q K R Y D ○ ○ S
S ○ W ○ N D ○ W ○ ○ ○ ○ N ○ G
Q K K R ○ ○ G B X ○ C D L Q F
D C L C W N R C L S L B G Y Y
V ○ ○ C ○ G ○ ○ H ○ M ○ D ○ ○
B P W K V ○ C C N ○ S ○ T R ○
L T ○ B D R ○ ○ R G L Z Z Y S
○ ○ D K ○ T T C G D ○ V P N ○
S R ○ M L P S C H ○ P T ○ R L
S Y S ○ ○ ○ ○ N ○ D R ○ T ○ D
○ T K L Z N M W P C T ○ ○ M R
N E R O M Y N A ○ ○ M N T G ○
N ○ R ○ R M T P R ○ P H ○ T C
B P P M ○ ○ Z ○ C D C L B C ○
```

419 MISSING VOWELS 419

Instructions for solving Missing Vowels are given on page 424.
Solution on page 550

- [x] ADORNMENT
- [ ] AMIDST
- [ ] ARBOR
- [ ] BAKERY
- [ ] BEARSKIN
- [ ] BENEFIT
- [ ] CANYON
- [ ] CEREMONY
- [ ] COMMON
- [ ] CORNET
- [ ] COUP
- [ ] COYOTE
- [ ] CUPBOARD
- [ ] DISTANCE
- [ ] EAGLET
- [ ] GENIE
- [ ] GRAIN
- [ ] GROAN
- [ ] HEIR
- [ ] HOME
- [ ] IMPRINT
- [ ] LAWSUIT
- [ ] LAYMAN
- [ ] LITTLE
- [ ] MEDDLER
- [ ] MEEK
- [ ] ORALLY
- [ ] PROMOTE
- [ ] REIN
- [ ] SABER
- [ ] STOOGES
- [ ] TAINT
- [ ] TONING
- [ ] TWOSOME
- [ ] VAIN
- [ ] VEER
- [ ] WAITER
- [ ] WHILE

C	G	R	T	H	M	T	C	T	○	N	○	○	R	K
M	○	R	N	S	○	Y	M	○	N	○	○	R	G	T
L	T	Y	L	M	D	○	N	W	N	○	N	○	S	P
○	○	L	○	B	D	○	R	○	A	Y	R	○	R	F
T	N	H	V	T	L	T	M	D	M	○	○	P	G	G
T	○	F	○	N	○	B	O	○	Y	○	T	N	M	T
L	N	C	○	N	R	R	B	C	○	T	R	○	W	○
○	G	H	R	T	N	T	T	○	L	G	○	○	R	○
G	C	○	M	M	○	N	W	T	○	○	N	T	C	S
Y	C	H	E	C	○	P	B	○	○	R	D	H	○	W
W	L	N	○	V	F	W	○	M	S	H	S	G	M	○
F	T	L	K	L	○	H	P	○	F	○	○	K	R	L
○	C	N	○	T	S	○	D	R	C	○	M	B	○	F
B	○	K	○	R	Y	L	N	P	T	R	○	○	V	N
S	R	H	P	F	○	○	F	S	D	R	○	B	○	S

420 NUMBER SEEK 420

Solve this puzzle by seeking numbers instead of letters.

Solution on page 550

- ☑ 00323
- ☐ 02567
- ☐ 04834
- ☐ 07714
- ☐ 09605
- ☐ 09727
- ☐ 14463
- ☐ 16072
- ☐ 17855
- ☐ 23954
- ☐ 24755
- ☐ 27337
- ☐ 28480
- ☐ 30875
- ☐ 37842
- ☐ 41803
- ☐ 50065
- ☐ 54711
- ☐ 55143
- ☐ 57254
- ☐ 57624
- ☐ 58317
- ☐ 60318
- ☐ 66274
- ☐ 68908
- ☐ 70354
- ☐ 70538
- ☐ 71462
- ☐ 72614
- ☐ 74565
- ☐ 75816
- ☐ 76132
- ☐ 82196
- ☐ 84874
- ☐ 88915
- ☐ 93223
- ☐ 96049
- ☐ 97502
- ☐ 98085
- ☐ 98371

```
1 8 1 0 3 6 7 8 5 5 4 2 7 0 8
9 5 9 5 9 6 0 7 7 1 4 6 2 2 7
4 0 9 4 3 7 1 7 2 0 3 7 3 6 3
0 3 3 5 3 9 3 4 5 6 0 3 1 8 0
6 0 4 7 1 3 8 5 4 6 8 4 5 1 8
9 7 3 6 7 9 1 4 1 7 4 5 6 5 1
5 9 8 2 3 4 8 1 8 6 8 5 8 0 4
7 6 4 4 3 8 6 8 3 7 2 7 9 0 1
0 6 0 7 0 8 4 2 1 2 4 7 0 3 6
1 5 6 0 8 7 4 6 0 9 5 0 8 7 2
2 7 3 2 5 8 0 8 9 9 8 5 9 5 7
6 3 3 8 7 0 4 7 6 1 1 3 7 8 2
7 6 1 3 2 4 5 3 0 7 2 8 7 4 9
6 6 7 4 3 0 7 6 5 2 0 8 2 1 2
7 0 7 4 2 7 0 0 3 3 7 6 6 7 3
```

421 NUMBER SEEK 421

Solve this puzzle by seeking numbers instead of letters.

Solution on page 550

- ☑ 00303
- ☐ 00465
- ☐ 01553
- ☐ 01915
- ☐ 06515
- ☐ 11461
- ☐ 18306
- ☐ 20238
- ☐ 25073
- ☐ 26348
- ☐ 27855
- ☐ 28765
- ☐ 34162
- ☐ 37409
- ☐ 40275
- ☐ 44235
- ☐ 48835
- ☐ 50324
- ☐ 52986
- ☐ 55387
- ☐ 56240
- ☐ 57653
- ☐ 58150
- ☐ 58349
- ☐ 61064
- ☐ 61282
- ☐ 64326
- ☐ 70880
- ☐ 71184
- ☐ 72069
- ☐ 78708
- ☐ 87856
- ☐ 87871
- ☐ 88592
- ☐ 89412
- ☐ 92578
- ☐ 93200
- ☐ 93736
- ☐ 95450
- ☐ 97320

8	9	7	8	8	5	0	0	0	7	7	5	8	1	3
2	1	1	7	7	2	5	0	0	2	9	5	5	8	1
1	6	5	8	7	8	1	6	4	1	1	5	5	4	2
4	2	7	6	9	3	7	3	6	0	4	3	8	3	8
9	0	8	2	2	4	9	1	5	5	2	8	7	6	5
8	2	4	4	3	4	5	0	2	4	3	7	2	2	1
2	3	0	9	3	2	0	0	1	5	0	1	5	3	6
9	8	1	8	6	3	7	7	5	9	5	7	7	9	1
7	0	5	1	8	5	0	1	5	6	1	0	6	4	0
3	5	4	0	9	5	0	2	2	8	5	5	5	0	0
2	3	1	7	2	6	9	1	4	2	6	4	3	2	6
8	6	3	5	3	8	0	2	0	8	8	0	7	2	5
4	2	3	6	6	4	1	2	5	6	3	2	3	4	8
0	8	5	3	0	0	4	5	7	9	7	1	1	8	4
7	4	7	6	0	1	4	7	3	0	5	7	7	6	1

422 CROSS PAIRS 422

Hidden in the diagram below are pairs of words that cross at their common middle letter. Some are pairs of 5-letter words and some are pairs of 7-letter words. We have looped one pair for you.

Word list on page 562 *Solution on page 550*

A DMIRAL
D RAINED

A ________
S ________

A ________
S ________

B ________
E ________

B ________
D ________

C ________
G ________

D ________
M ________

E ________
L ________

E ________
M ________

G ________
Q ________

H ________
P ________

J ________
M ________

L ________
S ________

P ________
T ________

P ________
W ________

P ________
W ________

R ________
S ________

S ________
T ________

T ________
W ________

```
E B L Q L H N Y P I C C M U Y
A M M A S T U R M S M V O O O
L L B T P B O A R D E C U E D
P E O E L K N I R W Z B N R P
L R T O R D O D B K W A D E A
E A U O F L R B V I D E P Z O
L P S L H R P A L M B P A O S
E W P T S I R W I M Y L Q V T
S Z L E O W I R E N P M E T E
Q Z I N S T A K E X E I F M P
G A V E L L T T W G T D A Q M
C K I N E J A O Y E N R U O J
F S C O U T N U T S C I A H X
W K N L Y I P G V A L F O C T
H F L A V S W H M L I F B G T
```

423 CROSS PAIRS 423

Instructions for solving Cross Pairs are given on page 428.

Word list on page 562 *Solution on page 550*

A DDER ______
E NDOW ______

B ______
C ______

B ______
E ______

B ______
S ______

B ______
L ______

B ______
C ______

B ______
C ______

B ______
C ______

B ______
L ______

C ______
W ______

D ______
O ______

E ______
T ______

H ______
T ______

H ______
O ______

I ______
W ______

R ______
R ______

R ______
W ______

S ______
S ______

W ______
Y ______

H E F H B N Y Y Y A S R E G H
E H F K S R N Z Y W B K U C E
H S B H P G A D C W H A N I C
T F A K W R T I I U S U G I B
R E D E C H Y D D U B H T E L
R W G C E N E C E A T P A C L
T E E N B A O R R F O C N F H
B P D T L N E U E E H E T Y T
A O U D N G S R H A S F A A O
W Z O E A E Z E A I R I D C A
S H C K B E S S R B R P N C L
B T A U E D I S T U O E L E G
K E R R U N D E Z L M O D U T
L C H A D B D R E O N O T A G
S T F B Y Y W D W E Y K R H W

424 PLACES, PLEASE 424

Fill the diagram with all the words in the word list. The words from each group start on their matching number, and they will read in all directions—forward, backward, up, down, and diagonally. Words from different numbers sometimes overlap; therefore, some letters will be used more than once. We have started the puzzle for you. When the puzzle is completed, all the squares will be filled.

Solution on page 550

1. KARAT
   KEROSENE
   KIOSK

2. RAKE
   RID

3. WALLPAPER
   WAN
   WAY
   WHITTLING
   WITHSTOOD

4. PAS ✓
   PIG ✓
   PLEA ✓

5. ASH
   ATE

6. YET
   YON

7. IAMB
   IBIS
   IDES
   IDLE
   IMBIBE
   ION
   ISLE

8. LEMON
   LIAR
   LIGHT
   LIST
   LOLL

9. SIR
   SMOG
   SMOKE
   SOD
   SOUR
   STAT

10. BABA
    BAG
    BET
    BILL
    BIO
    BOP

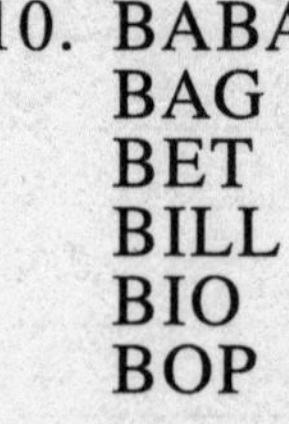

11. ODDBALL
    ONSET
    ORZO
    OTHER
    OUTPOST
    OVEN
    OVUM

12. DEE
    DUE

13. VETS
    VOLT

14. THY
    TOE
    TWO

15. MERELY
    MISTRUST
    MUD

16. FIRE
    FLOWN
    FOGY

17. EGRESS
    ELECTRIC
    ENORMOUS
    ENWRAP
    EXPENDABLE

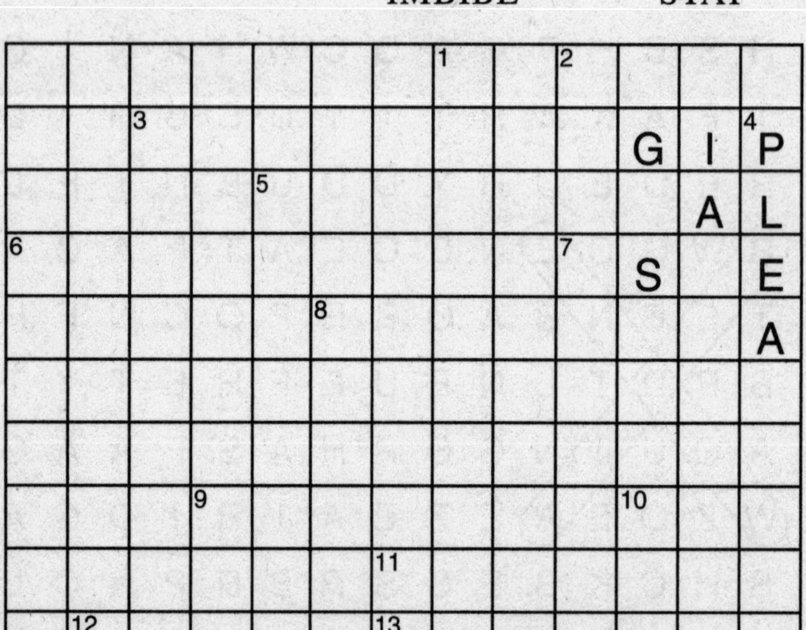

425 PLACES, PLEASE 425

Instructions for solving Places, Please are given on page 430.

Solution on page 551

1. CALL
   CEE
   CLAP
   COTTONTAIL

2. BAKE
   BIN
   BONNY
   BUMP

3. WIN
   WOE
   WON

4. URANIUM
   UTOPIAN

5. RESIGN
   ROYAL
   RUE
   RUN

6. QUAGMIRE
   QUARANTINE
   QUELL
   QUILT
   QUINELLA

7. LOIN
   LUNE

8. INN
   IRIS

9. TAN
   TART
   TAU
   TIMID
   TIN
   TOOK
   TUN

10. PICKLE
    PINKIE
    PIZZA
    PLAT
    POTION
    PREDATE

11. KEN
    KINK
    KIT

12. DAME ✓
    DEN ✓
    DIG ✓
    DODO ✓

13. GAM
    GANGPLANK
    GEM
    GEOGRAPHY
    GLUTTONOUS

14. ANEAR
    ANTE
    ARETES

15. SAGE
    SEALSKIN
    SMOKESTACK

			1									
									2			
								3				
			4									
5	6											
						7		8				
				9			10					
		E			O						11	
G		M		D								
	I	A	O									
		12 D										13
	E				14							
N											15	

PLACES, PLEASE FANS! *Enjoy loads of fun puzzles in each volume of Selected Places, Please. See page 131 for details.*

426 MISSING VOWELS 426

Before you can loop the words in the list below, you must first fill in the circles in the diagram with the missing vowels A, E, I, O, and U. We have filled in one word for you.

Solution on page 551

- ☑ ABREAST
- ☐ ABUZZ
- ☐ ADULT
- ☐ ADVICE
- ☐ AROMATIC
- ☐ AVAST
- ☐ BABOON
- ☐ BEAT
- ☐ BEETLE
- ☐ BUBBLE
- ☐ CORRUPT
- ☐ DAMPEST
- ☐ DISLODGE
- ☐ DUNE
- ☐ ENDING
- ☐ EWER
- ☐ EXTINCT
- ☐ GRIPE
- ☐ HIATUS
- ☐ HOEDOWN
- ☐ HONEY-MOON
- ☐ LAKE
- ☐ LIKEWISE
- ☐ MAIDEN
- ☐ MAKO
- ☐ MASCOT
- ☐ MOGUL
- ☐ PALACE
- ☐ QUIETLY
- ☐ ROAM
- ☐ SEQUEL
- ☐ SLUGGISH
- ☐ TABLOID
- ☐ TAKE
- ☐ UNIQUE
- ☐ VISTA
- ☐ ZUCCHINI

```
○ W Y C ○ T ○ M ○ R ○ V N H L
○ P Q Y L S ○ D ○ S L ○ D G ○
Q P ○ ○ W L C S P ○ L ○ C ○ ○
○ B D R T ○ ○ R H C D ○ K H Q
N ○ ○ ○ G G V D Q ○ R B X ○ ○
○ ○ ○ V L G D A B R E A S T S
N B ○ Y ○ ○ ○ M ○ N ○ D ○ ○ M
B ○ H M ○ S K P K T M ○ ○ R ○
V ○ N L Y H T ○ ○ C ○ Q G W L
○ M B ○ ○ ○ C S W N ○ C ○ X N
S ○ ○ B H K N T ○ ○ D R S T W
T K B C L C ○ ○ ○ T S ○ ○ ○ W
○ ○ ○ Z V ○ C T H X ○ ○ N Q M
V M ○ G ○ L L ○ V ○ B ○ C G P
D ○ N ○ S Y Q Z Z ○ B ○ H B P
```

427 MISSING VOWELS 427

Instructions for solving Missing Vowels are given on page 432.

Solution on page 551

- [x] ABET
- [ ] AFTERMATH
- [ ] BAIL
- [ ] BAYONET
- [ ] BETRAY
- [ ] CANCAN
- [ ] CHECKERS
- [ ] COUNTY
- [ ] DAMPEN
- [ ] DAZE
- [ ] DELAY
- [ ] DEPOSIT
- [ ] DROPLET
- [ ] EARMARK
- [ ] EXPOSE
- [ ] FLAKE
- [ ] FOREARM
- [ ] HOCKEY
- [ ] JOYOUS
- [ ] KINDLING
- [ ] LAPSE
- [ ] LEVEE
- [ ] LIKE
- [ ] LOOM
- [ ] MONITOR
- [ ] MOVE
- [ ] NUMERATE
- [ ] OCCUPY
- [ ] PONTIFF
- [ ] RILE
- [ ] ROULETTE
- [ ] SANDAL
- [ ] SECTOR
- [ ] SHRINE
- [ ] SITCOM
- [ ] UNDER
- [ ] WOULD

```
○ ○ S ○ N D A L C N S B G G F
L L ○ L S R B K C H ○ J N H L
Y D ○ V R ○ E J R Y H C T F S
H ○ J R ○ P T ○ ○ ○ M ○ N L ○
B M R ○ K L N N T Y M ○ W ○ T
D P X T C ○ ○ B C R ○ R V K C
J ○ C ○ ○ T M R ○ D N ○ ○ ○ ○
D N P N H B D T S ○ S L S ○ M
C X M ○ C ○ F F M R ○ ○ R ○ F
L ○ ○ M S ○ F ○ T T ○ L ○ ○ R
D L ○ ○ W ○ R K L Y L M S C S
○ F P N T ○ T ○ ○ Z R ○ N C N
Z X W N T T J L ○ C C ○ P Y V
○ J ○ ○ B Y ○ K C ○ H B G S X
V P K ○ N D L ○ N G M W J V ○
```

428 WORD SEEK 428

Instructions for solving Word Seeks are given on page 5.

Solution on page 551

- ☐ CARDINAL
- ☐ CHEEK
- ☐ CIRCLE
- ☐ COLUMN
- ☐ DART
- ☐ DEPORT
- ☐ GLEAN
- ☐ GRAIL
- ☐ IGNITE
- ☐ IMMENSE
- ☐ IMPROVE
- ☐ JUSTIFY
- ☐ LASAGNA
- ☐ LAYAWAY
- ☐ LILT
- ☐ MISLAY
- ☐ MUTANT
- ☐ NICEST
- ☐ NUMB
- ☐ OGRE
- ☐ OVERLOAD
- ☐ PACT
- ☐ PARE
- ☐ REGROUP
- ☐ REMOTE
- ☐ RINSE
- ☐ SAUCEPAN
- ☐ SCIENCE
- ☐ SECURE
- ☐ SHARE
- ☐ SLANG
- ☐ START
- ☐ STILTS
- ☐ SURE
- ☐ WAISTBAND
- ☐ WALLOP
- ☐ WEASEL
- ☐ WOODWIND

```
W S K S M I S L A Y G O G R E
S L L E O R E A Y D W A Y T J
T C A A E S S S K A C D O W D
L Y I N N H E A F O W M E M H
I J P E I G C G G L E A N U I
T B M U N D U N R R S C Y T U
S M O L G C R A S E R U S A U
I M P R O V E A L V G E S N L
B Y F I T S U J C O C R P T C
E L C R I C G D N I W D O O W
T R O P E D B G N P E K L U S
I R L P U K P R D S G U L H P
N W A I S T B A N D M H A B F
G N I T L F R I C N M R W P E
I L B J S T R L C T E R A P F
```

429 WORD SEEK 429

Instructions for solving Word Seeks are given on page 5.
Solution on page 551

- ☐ AIRPLANE
- ☐ ALUMNI
- ☐ BASKET
- ☐ BEFALL
- ☐ BELT
- ☐ BEST
- ☐ BRIDLE
- ☐ CANTER
- ☐ CASINO
- ☐ CHIMP
- ☐ CLINK
- ☐ DAMAGE
- ☐ DAUB
- ☐ DISDAIN
- ☐ ELECTOR
- ☐ ENLARGE
- ☐ EXACT
- ☐ FANCY
- ☐ GOAD
- ☐ HEART
- ☐ HERMIT
- ☐ IMPLEMENT
- ☐ JAYVEE
- ☐ LUGGAGE
- ☐ LUXURY
- ☐ PAVING
- ☐ PORTRAIT
- ☐ PROSE
- ☐ RIVALRY
- ☐ ROSEBUD
- ☐ RUGBY
- ☐ SIFT
- ☐ SOFTEN
- ☐ SPLENDID
- ☐ STEALING
- ☐ TASK
- ☐ TIME
- ☐ UNHAPPY

S E I F R A A A O H T U E T R
R T N B E L I L U N E C G T T
I O E L L U R J M R I R A N I
G L T A S M P G I S T S M X M
T G F C L N L V O N G E A I E
V E O J E I A H E A R T D C T
B K S A T L N M E L D I R B E
E N L A R G E G T E S O R P K
B F G Y L L D D I D N E L P S
C P M Y P U N H A P P Y P F A
L L Y M B G X I R E T N A C B
I K I E S G N U T S S N V S L
I H S N D A U B R S C X I V C
C O U E K G H R O Y E F N Y M
R J A Y V E E S P L T B G V G

430 ZIGZAG 430

Instead of reading in a straight line, each word has one bend in it. One word has been looped for you. *Solution on page 551*

- ☑ BARMAID
- ☐ BEGOT
- ☐ BOVINE
- ☐ COMPENSATE
- ☐ CONSUMER
- ☐ CUCKOO
- ☐ ELOPE
- ☐ EPICENTER
- ☐ FASHION
- ☐ FONDNESS
- ☐ GNOCCHI
- ☐ HIGHCHAIR
- ☐ HILARIOUS
- ☐ IMITATE
- ☐ INVITE
- ☐ LEADOFF
- ☐ LITURGIC
- ☐ LOCAL
- ☐ MOLEC-ULAR
- ☐ MONETARY
- ☐ PENANCE
- ☐ PINAFORE
- ☐ PLIERS
- ☐ POLKA
- ☐ PREJUDGE
- ☐ PUBLICITY
- ☐ RELISH
- ☐ SAFFRON
- ☐ SATIRIST
- ☐ SCRIMP
- ☐ SPONGY
- ☐ STARTLE
- ☐ SURFBOARD
- ☐ TRACTOR
- ☐ VERDICT

```
O R E V Y S B O V I D D M F R
P S D T R E I L P N N R J A M
P U U I A T E N O M E E B S A
M L B R C S A F U T S C C H I
I E O L F T N P N K S N O I D
R T O G I B U E C I P E N N H
C S E R E C O M P E L I S H G
A B I T I U A I P R E J U A K
R S A T S O R E R Y F D M E F
T T Y P L F D V A A G O L E F
I U J F O A C O L E L T R A R
L M R P E N A N U E R I E D O
O E I G H I G H C H A V H O N
P O L K I P O Y V E T N G F F
E F A C U C K O A M S I A F K
```

431 ZIGZAG 431

Instructions for solving Zigzags are given on page 436.

Solution on page 552

☑ AEGIS
☐ AFFABLE
☐ AFLOAT
☐ APOLOGY
☐ BALSA
☐ BYLINE
☐ CANTINA
☐ CLAUSE
☐ CLOAKROOM
☐ COMPONENT
☐ DOWNHILL
☐ EDIBLE
☐ EMPHASIZE
☐ EXPUNGE
☐ EXURB
☐ FLATCAR
☐ HIBISCUS
☐ IRONING
☐ LEGALESE
☐ MOBILE
☐ MOONBEAM
☐ NOTIFY
☐ OVERDRAWN
☐ PALMISTRY
☐ PAYOFF
☐ PLATE
☐ QUOTATION
☐ REVEREND
☐ ROLLBACK
☐ SALIVATE
☐ SEPTET
☐ SUTRA
☐ TIGHTEST
☐ VEGETARIAN
☐ WARPATH

```
E E O Y A P U X Y M N H I L L
W T L F F E H S K F O W B N L
N A A B F T D N O R I O O I Y
X A R L A M T I G H T T N D B
S N U P X E B N Q E A E E B T
I I G R S L T G S U T R M A E
G T G E E U K T P C O M P O N
E N L R O H C C L A F S H L E
T A A Y E A M S U L L N A F N
P D G C B V I S A A C M S A T
E O E L B B E T B L D C I E K
S L L R I M C R O N I R S Z Z
U O I H O O O A E T A V T K E
R P M B Q O K V R T X U R B B
M A N W A R D R E G E V Y D Y
```

432 BOXES 432

All the words in the list are found in the diagram in an unusual way. Each word reads clockwise or counterclockwise around the edges of a box (sometimes a square and sometimes a rectangle). *Solution on page 552*

- ☑ ABSOLUTE
- ☐ ALLEGE
- ☐ AROUND
- ☐ BEWILDER
- ☐ COLONY
- ☐ CONCUR
- ☐ CRADLE
- ☐ CREATIVE
- ☐ DOCILE
- ☐ DRAWSTRING
- ☐ DROWSE
- ☐ FELLOW
- ☐ FOOTSTEP
- ☐ FOREGO
- ☐ GREASY
- ☐ GROWTH
- ☐ HAUNTING
- ☐ HOUSETOP
- ☐ IMPOSTOR
- ☐ JABBER
- ☐ KEYBOARD
- ☐ LEGALITY
- ☐ MACARONI
- ☐ MEDITATE
- ☐ MOSQUITO
- ☐ OBSOLETE
- ☐ OPTICIAN
- ☐ PANORAMA
- ☐ PEDDLE
- ☐ PENPOINT
- ☐ SESAME
- ☐ SIGNAL
- ☐ SNORED
- ☐ STRAW-BERRY
- ☐ WIZARD

```
M M A S W I R O T E C E K S D
L E S E O M P O S V R G I R O
C I I D R E S F T I E N S E N
O L U F J B H P E T A A L D S
D E M E A B S A L E N Y E D M
I T A T U L O M O O Y S P E L
L A E A U N T Q S B G A U F L
L E G H G N I U Q R R E B W O
D A R T O E D Z F Y S T R A Z
N U O W S E T O J H W R D W I
E K D R U O H P A M A I O P N
Y B O A M I N A N O R N T P E
C Y N C A R O I R E D G O F O
O L O U D C P C B Q L A G E R
W G C R L E T I E W I T Y L T
```

433 BOXES 433

Instructions for solving Boxes are given on page 438.

Solution on page 552

- ☑ ACCEPTABLE
- ☐ ARMCHAIR
- ☐ BIRDCAGE
- ☐ CARBON
- ☐ CAREER
- ☐ COMMENCE
- ☐ CRESCENT
- ☐ ENTRYWAY
- ☐ FORCES
- ☐ FROSTING
- ☐ GASLIT
- ☐ GOALIE
- ☐ GOBLIN
- ☐ HAIRIEST
- ☐ HANDLE
- ☐ HOLLOW
- ☐ KNITTING
- ☐ ODOMETER
- ☐ OPERATOR
- ☐ OVERCOME
- ☐ POCKET-BOOK
- ☐ RATION
- ☐ RELIGION
- ☐ SELDOM
- ☐ SHOWDOWN
- ☐ SOCIABLE
- ☐ SOCIAL
- ☐ SPRAWL
- ☐ TANGLE
- ☐ TESTER
- ☐ TIMBER
- ☐ TOTTER
- ☐ TRANQUIL
- ☐ WORDLESS
- ☐ WREATH

I T R T E C V P C S E V O S E
M B E T S R L E E S R V E M L
H T R T F O G T N T C O M O D
W A T O Q B N A R I E S E G O
R E E W B L I G I A H T T E R
A C R I A E R N O P E R O C I
O D W O I S E R R O T A S L A
W N S H C O O K P U Y G T I O
L A G A M B A I O O M M M M N
I O K I R T E K C C Q E Y A W
E G F R A L Y K A E C N T R Y
G N I O N I A H E P O H W S S
K I T S Q U N D L T L L O B E
N I T A W L N O B A C D R D L
I O N R P S C A R G E B I D A

434 LICENSE PLATES 434

Take a spin around this diagram and locate all of these number-letter License Plates. *Solution on page 552*

- ☑ 29WFZ
- ☐ 2MTTK
- ☐ 3AF6W
- ☐ 3ME55
- ☐ 4JQ4U
- ☐ 4LA7Z
- ☐ 7FDYN
- ☐ 7HNAM
- ☐ 7HTPA
- ☐ 8W9KY
- ☐ 9PR2D
- ☐ A2GKP
- ☐ A72BF
- ☐ A7HVF
- ☐ C3SET
- ☐ C675R
- ☐ C85BK
- ☐ DAS2M
- ☐ E38YL
- ☐ FGK68
- ☐ H8DNX
- ☐ HL4V5
- ☐ J3VUC
- ☐ JD6HX
- ☐ JJPA2
- ☐ JMA5J
- ☐ L7VTD
- ☐ LS8C3
- ☐ MY7CV
- ☐ NJ562
- ☐ NRS9L
- ☐ PRV7S
- ☐ T7PQL
- ☐ UZ5JD
- ☐ VV7W6
- ☐ X2SV2
- ☐ X4SUS
- ☐ ZDCR6
- ☐ ZJK45
- ☐ ZM48M

L Q M Q R 5 Y Q J P 9 4 4 L Q
H W T 8 E 5 P X 3 D K P 8 7 8
K L P J 4 E 7 H V K F G K 6 8
P P 4 K V M K 6 U T Q 6 2 4 5
R 9 J V 6 3 Z D C T 7 H N A M
2 Z 7 J 5 A M J E M A P T H 7
Z W U Z 5 J D S J 2 4 J Q 4 U
6 Y W 6 F A 3 J A D T V 7 L 9
X 4 S U S C P S 7 V R P 9 2 3
2 V S 2 X A Z F H N J P Y E N
C N M N 2 M D Z V G R K L 3 W
F 8 D 6 S Y C 7 F 2 9 S L 8 R
N 8 5 L N 7 R A D W 8 H 9 Y Z
H J J B L C 6 L 8 C 9 Y J L U
N M 2 T K V 4 4 3 A 7 2 B F A

435 LICENSE PLATES 435

Instructions for solving License Plates are given on page 440.

Solution on page 552

☑ 2WHHS
☐ 33GG8
☐ 3MT54
☐ 3VU9N
☐ 3WAPD
☐ 4X7HX
☐ 5W4M8
☐ 6FB35
☐ 76A8W
☐ 7WJZ3
☐ 9D6WT
☐ 9VTWB
☐ ACS22
☐ AE9HV
☐ BZU5E
☐ DMK7E
☐ DN2T5
☐ DT36S
☐ DYZ4S
☐ GQ7HX
☐ H6DJ3
☐ HBBN5
☐ J56CF
☐ L6FZM
☐ NV2S7
☐ NW9HH
☐ P7HH9
☐ PW5DC
☐ QL822
☐ RBSD5
☐ SB9BY
☐ TA3Q7
☐ U44BL
☐ UPLX7
☐ VC7GK
☐ X3FFP
☐ XL82Z
☐ XP3GA
☐ YJUC7
☐ YN78R

N 7 5 T 2 N D F H S C 5 J 2 7
W R U L Q 9 T D 6 4 3 D A 3 A
9 H H 7 P U A P D Z C S 5 Q M
H A E 9 H V 3 A J Y 5 B R W T
H 4 5 T M 3 Q W 3 D 4 R N 5 P
B U P L X 7 7 3 B W T V 9 9 H
B 9 A P X H 7 Q G N 2 3 D A 4
N S A D M K 7 E R S P 6 6 C U
5 3 B F 6 S 8 X 7 (2 W H H S) 4
X P 3 G A X 2 M 4 T 8 W B 2 4
V H W G R Q 3 Z 4 F 7 9 H 2 B
V C A 8 G E 2 F C W B C 2 Z L
T Q 7 E A 8 3 6 F Y 5 8 U 4 R
B N F G L 6 5 L 3 P L 5 4 J J
Y Q Q X K J 7 X Z Q E K A L Y

436 MISSING VOWELS 436

Before you can loop the words in the list below, you must first fill in the circles in the diagram with the missing vowels A, E, I, O, and U. We have filled in one word for you. *Solution on page 552*

☑ BLUNDER
☐ CACHE
☐ CELEBRATE
☐ CHILDREN
☐ CITYWIDE
☐ CRIBBAGE
☐ DISCHARGE
☐ EMBRACE
☐ FIGURE
☐ GLACIER
☐ HALFTIME
☐ HANDCLASP
☐ HOLSTER
☐ LENIENT
☐ MILLION
☐ NOMINEE
☐ PARACHUTE
☐ RADIAL
☐ RIDICULE
☐ RING-MASTER
☐ SATURATE
☐ SCRIBBLE
☐ SHEPHERD
☐ SHIELD
☐ THESE
☐ THRESHOLD
☐ TURNSTILE

D	P	F	C	○	T	Y	W	○	D	○	B	T	S	L
S	○	P	S	L	○	P	○	R	○	C	H	○	T	○
H	G	○	M	B	R	○	C	○	G	R	C	C	L	R
○	○	R	E	D	N	U	L	B	○	H	R	B	○	R
P	B	N	W	D	S	N	○	S	○	N	B	D	○	C
H	B	N	D	F	T	M	H	L	○	○	○	T	G	G
○	○	○	W	C	○	○	D	G	R	○	S	M	S	T
R	R	○	M	T	L	R	R	C	L	○	M	C	○	S
D	C	L	F	D	○	○	S	○	M	○	H	T	○	N
F	D	L	B	N	H	S	S	G	D	○	C	T	C	P
T	○	○	D	C	P	L	N	P	L	○	○	○	H	D
H	W	M	S	F	T	○	N	S	W	R	C	D	○	D
○	F	○	G	○	R	○	T	W	○	L	W	○	N	R
S	D	L	○	N	○	○	N	T	S	H	○	○	L	D
○	R	○	T	○	R	B	○	L	○	C	H	B	N	○

437 MISSING VOWELS 437

Instructions for solving Missing Vowels are given on page 442.
Solution on page 553

- [x] APART
- [ ] BEHOLD
- [ ] BEIGE
- [ ] BIRTHMARK
- [ ] BLINKER
- [ ] CERTAINLY
- [ ] CHEESE-CAKE
- [ ] COWBOY
- [ ] DISCUSS
- [ ] ELATION
- [ ] GLISTEN
- [ ] HAZEL
- [ ] HIDEAWAY
- [ ] HOURLONG
- [ ] INFORMANT
- [ ] INVENTORY
- [ ] MANNER
- [ ] MOLAR
- [ ] NAPKIN
- [ ] NEWCOMER
- [ ] OVERSIZE
- [ ] PRACTICE
- [ ] RASHEST
- [ ] REBELLION
- [ ] SANDMAN
- [ ] SERIAL
- [ ] SNEEZE
- [ ] SOLICIT
- [ ] STOWAWAY
- [ ] TEAMMATE
- [ ] TREADMILL

D	S	S	○	M	G	L	○	S	T	○	N	L	P	W
L	○	○	G	○	Z	K	K	R	○	S	H	○	S	T
○	L	N	○	L	K	R	○	○	N	Ⓐ	P	K	○	N
H	○	D	○	○	W	○	Y	N	C	P	R	L	P	○
○	C	M	B	R	D	M	S	F	H	Ⓐ	○	Y	○	○
B	○	○	F	M	C	H	S	○	○	R	N	○	V	T
N	T	N	○	M	S	T	○	R	○	T	N	W	○	○
B	○	L	V	○	W	R	C	M	S	R	○	○	R	L
G	L	○	R	○	L	○	S	○	○	○	M	W	S	○
W	N	○	L	○	N	B	○	N	C	M	C	○	○	Z
G	○	B	N	L	Z	T	D	T	○	○	H	T	Z	○
L	G	G	L	K	○	C	○	T	K	C	W	S	○	H
S	N	○	○	Z	○	B	○	R	○	W	V	B	M	P
Y	L	N	○	○	T	R	○	C	Y	○	T	F	○	K
Y	L	○	C	○	T	C	○	R	P	N	T	N	P	Y

438 WORD SEEK 438

Instructions for solving Word Seeks are given on page 5.

Solution on page 553

☐ ACCESS
☐ BANDAGE
☐ BATTLE
☐ BROWSING
☐ BURGLARIZE
☐ CAPTURE
☐ CHALLENGE
☐ EGOTISTIC
☐ EXCURSION
☐ FACILITY
☐ FORTRESS
☐ FUNCTION
☐ HANKER
☐ HOUSE-WORK
☐ MEASURE
☐ NEEDLESS
☐ OBJECTION
☐ OFFICIAL
☐ OWLET
☐ SPECIAL
☐ SWARM
☐ TERMINATE
☐ THOUGH
☐ TRANSFER
☐ VAGUELY
☐ VANILLA
☐ VIOLET
☐ VIXEN
☐ WINNING

Y E N S Y R E F S N A R T M Z
L F D S C C U G N I S W O R B
E W R E K N A H O K M F D A O
U Z J R C V A P I T F C B W H
G V I T M C I C T I I P S S D
A I I R F H E X C U R S I O N
V O A O A A L I E E R I T Z F
N L L F C L A F J N S E S I N
L E L K I L G U B X P S F Y C
O T I V L E K R O W E S U O H
W I N N I N G U U L C X Z W P
L M A H T G O Z D B I C L B Z
E Z V O Y E I E M E A S U R E
T H O U G H E T C E L T T A B
T E R M I N A T E G A D N A B

439 WORD SEEK 439

Instructions for solving Word Seeks are given on page 5.

Solution on page 553

- ☐ AGILE
- ☐ ALTOGETHER
- ☐ ATTACH
- ☐ BEDSPRING
- ☐ CONTRAST
- ☐ CUSTOM
- ☐ DECOY
- ☐ EDUCATION
- ☐ ENLIST
- ☐ EXISTENCE
- ☐ FLOOR
- ☐ FLUSH
- ☐ FOOLPROOF
- ☐ GLADIATOR
- ☐ GLOVE
- ☐ KUMQUAT
- ☐ LEMONADE
- ☐ LEOPARD
- ☐ OUTNUMBER
- ☐ PLEASANT
- ☐ POTTERY
- ☐ REBUTTAL
- ☐ SALESMAN
- ☐ SEALANT
- ☐ SHAMPOO
- ☐ SNOWFALL
- ☐ TYRANT
- ☐ WAFFLE

```
S A L E S M A N L G T E L S V
S T N A S A E L P L Y E R M R
X T L V I L A T S A R T N O C
G A K O F F N E X D A O P O L
R C O F W A S C D I N O O E F
E H A O L E L G I A T K O L O
H W N A M D X N O T N P Y U F
T S E U O U B I E O A O T N L
E S G E T C T R S R P N M A E
G T T O S A Y P D T U M T E N
O L S H U T T S G M E T A L L
T K O Q C I L D B V U N R H I
L U M V Y O C E D B P E C D S
A U R S E N R B E L I G A E T
K N F O O L P R O O F L U S H
```

440 LETTERBOXES 440

Can you find the correct places for the words in the word list? The starting letters for all the words are given in the circles. Letters may be used as parts of other words because of overlapping or crossing. The words read in a straight line and in all directions—forward, backward, up, down, and diagonally. Do not pass over a black square as you are solving. When the puzzle is completely solved, there will be a letter in every space. We have filled in one word to start you off.

Solution on page 553

- ☑ ADMAN
- ☐ ALONGSIDE
- ☐ BRAVO
- ☐ CELERY
- ☐ CLOUDBURST
- ☐ COMPUTER
- ☐ CRITERIA
- ☐ DANDER
- ☐ DECODER
- ☐ DEFLATE
- ☐ DETERGENT
- ☐ EYEOPENER
- ☐ FIRST
- ☐ IMPRESS
- ☐ LITANY
- ☐ MEDICAL
- ☐ MISTLETOE
- ☐ NESTLING
- ☐ NUISANCE
- ☐ OTHERWISE
- ☐ PORPOISE
- ☐ POSTMEN
- ☐ PRANKSTER
- ☐ PRESERVE
- ☐ SEQUENCE
- ☐ SOLVE
- ☐ SPYING
- ☐ TURMOIL

S					D	C							
		■	■	O			M						
	P			■		■		D					
	A						■			■	P	■	
P		D				■					■		■
			M									■	
I				A									P
					N								
													S
A							D						
									■			■	
				■		■		C	B	■	■	C	
				■	F							C	
D	N	T	L	■	E								M

441 LETTERBOXES 441

Instructions for solving Letterboxes are given on page 446.

Solution on page 553

- ☑ BEDTIME
- ☐ BOOKCASE
- ☐ CATHEDRAL
- ☐ CHARGE
- ☐ CLOYING
- ☐ CUSTOMARY
- ☐ DAIQUIRI
- ☐ DEPLOY
- ☐ DUFFEL
- ☐ EXPEDITE
- ☐ FABULOUS
- ☐ FIGHT
- ☐ FORTIETH
- ☐ GUIDELINE
- ☐ LAZIER
- ☐ MEMORANDA
- ☐ MISTAKEN
- ☐ NARRATIVE
- ☐ ORIOLES
- ☐ OVERCOAT
- ☐ PUNISH
- ☐ PUPIL
- ☐ RAJAH
- ☐ RECEPTACLE
- ☐ REJECT
- ☐ SARDINE
- ☐ UNDERCOOK
- ☐ UTTERLY
- ☐ VAMPIRE

U	P				L		F			D	■	■	S
■										C	D		
	■			■		■			C				
■							D						
■						■							
													N
						■		O				V	
	F					U						R	
	■			M									
F		■	■				■			■	■		
B	■	E								■	■		
					R		P						M
E	M	I	T	D	E	B	O		G				C

442 PATCHWORDS 442

It's a crazy quilt and a Word Seek combined! Each of the words in the list can be found in a continuous line in an irregularly shaped patch in the diagram. Move from letter to letter vertically or horizontally, but not diagonally. Each letter in the diagram will be used once; the patches do not overlap. We have located one word to start you off. *Solution on page 553*

- ☑ ALIGHT
- ☐ ANGUISH
- ☐ BABY
- ☐ BAYOU
- ☐ BRILLIANCE
- ☐ CHIME
- ☐ COMPANION
- ☐ CRESS
- ☐ CRISP
- ☐ DEMOB
- ☐ DIGEST
- ☐ DIMPLE
- ☐ DISLOYAL
- ☐ EXPLORE
- ☐ FACTOR
- ☐ FADDIST
- ☐ FLINCH
- ☐ HOSE
- ☐ IGNITION
- ☐ IMMODESTY
- ☐ MEASUREMENT
- ☐ MEDIAL
- ☐ NEIGHBORHOOD
- ☐ NITPICK
- ☐ NOVA
- ☐ OARSMEN
- ☐ PIETY
- ☐ PINUP
- ☐ REAR
- ☐ RECITE
- ☐ RENEGE
- ☐ RESEMBLE
- ☐ RUBY
- ☐ SALARY
- ☐ TIEPIN

B	O	M	A	N	B	A	B	N	O	A	P	C	H	T
R	D	E	U	G	Y	T	I	E	I	N	M	O	G	I
E	A	R	I	S	E	C	N	P	I	N	P	L	O	L
B	M	E	R	H	S	H	I	L	F	E	X	E	R	A
L	E	S	O	N	O	H	M	I	M	M	E	P	I	E
E	R	A	V	E	M	O	M	A	E	E	N	T	E	L
B	U	E	G	D	I	D	E	S	U	R	T	Y	M	P
Y	E	C	E	N	A	L	S	R	I	S	E	D	I	P
C	M	R	P	E	R	Y	T	B	L	T	G	I	P	U
H	I	I	S	F	H	G	N	N	L	E	C	D	I	N
Y	R	A	L	A	B	I	E	E	I	A	N	S	S	E
P	T	S	A	C	O	R	H	M	S	I	S	R	E	T
I	I	R	O	T	S	L	O	O	R	D	T	C	C	I
C	N	I	T	D	I	O	Y	D	A	D	B	A	E	R
K	N	O	I	N	G	I	A	L	O	A	F	Y	O	U

443 PATCHWORDS 443

Instructions for solving Patchwords are given on page 448.
Solution on page 554

- ☑ ABHOR
- ☐ BURROW
- ☐ CANNON
- ☐ CHOCK
- ☐ CUSTARD
- ☐ EMBODYING
- ☐ FRIAR
- ☐ GERMINAL
- ☐ GUZZLE
- ☐ INFANTRY-MAN
- ☐ LIVERY
- ☐ LYNX
- ☐ MOTE
- ☐ MULTIPLE
- ☐ OILIEST
- ☐ PEBBLE
- ☐ PERSONNEL
- ☐ PEWTER
- ☐ PRIDE
- ☐ PULSE
- ☐ RAFFIA
- ☐ REGENT
- ☐ SABOTAGE
- ☐ SALT
- ☐ SLYNESS
- ☐ SNUG
- ☐ SORTIE
- ☐ STATIONERY
- ☐ STEREO
- ☐ STUDY
- ☐ SUNROOM
- ☐ TABOO
- ☐ TECHNICAL
- ☐ VERIFY
- ☐ YAWN
- ☐ YOKE

T L K C C R E T W I A G U M O
C A S O H O S P E R R N N S T
A N N O N R T L Y F M A N A E
I N A T I O I S N E Y R T F N
Y G T R E N E S S S U G E D I
D O S Y X N Y T U Z Z W O I R
M B R Y T A L Y D L E E R S P
E V E B O G E E E B B L R T E
L I S A C A L K P M O B U E R
O O T Y I N Y O E N O R N O M
Y B A F C H O E G T E L U S U
A W R I E L I R R A N N L E L
A N E V T I E P U F S O P I T
B H O R R E S S L F R D R C U
L A N I M G T E A I E P A T S

444 MISSING VOWELS 444

Before you can loop the words in the list below, you must first fill in the circles in the diagram with the missing vowels A, E, I, O, and U. We have filled in one word for you.

Solution on page 554

- ☑ ACHIEVEMENT
- ☐ ADMIT
- ☐ ANEW
- ☐ ASIDE
- ☐ BESTOW
- ☐ BLAZING
- ☐ CAPPUCCINO
- ☐ CARAMEL
- ☐ CHEDDAR
- ☐ CREWEL
- ☐ DECADE
- ☐ DEVOUR
- ☐ DUEL
- ☐ FEEBLE
- ☐ FENDER
- ☐ FIERY
- ☐ FUTILE
- ☐ GARLIC
- ☐ GIRAFFE
- ☐ HEEL
- ☐ LEAN
- ☐ LIMO
- ☐ LITCHI
- ☐ MARKETING
- ☐ PIER
- ☐ PLUNGE
- ☐ POSTCARD
- ☐ RACEHORSE
- ☐ RECUT
- ☐ SALOON
- ☐ SCARE-CROW
- ☐ SNIDE
- ☐ SOURCE
- ☐ TAGALONG
- ☐ TORSO
- ☐ TWEED

```
N G S N ○ D ○ G N ○ L P N R M
F ○ T ○ L ○ L B ○ ○ F ○ V ○ R
G F G Y L V S S F S ○ ○ R C ○
P F N V D ○ Y T F L Z K ○ ○ ○
○ N ○ C C ○ P P ○ C ○ L T H P
T C Z ○ S R ○ S R T R N R ○ K
S ○ ○ D R C L L ○ ○ E ○ ○ R G
C S L R R Y ○ N G M D H N S H
○ ○ B ○ ○ ○ G R E H C D B ○ S
M D W D D M C V ○ T ○ C ○ R W
○ ○ M N D ○ E T ○ C T L S H Z
L ○ B ○ ○ I C L S ○ R W T W C
T N ○ F H ○ R ○ R ○ W ○ ○ K S
T W C C B L L S D V P S W M Y
T T A G ○ L ○ N G F D V W P L
```

445 MISSING VOWELS 445

Instructions for solving Missing Vowels are given on page 450.

Solution on page 554

- ☑ ABBEY
- ☐ ADORN
- ☐ AHOY
- ☐ ALMOND
- ☐ AMEND
- ☐ ASPARAGUS
- ☐ AWARENESS
- ☐ BALSAM
- ☐ BERATE
- ☐ BONUS
- ☐ BREEZE
- ☐ CONTEXT
- ☐ DISCRETION
- ☐ EACH
- ☐ EXCLAIM
- ☐ FARMYARD
- ☐ FEAR
- ☐ FIDGET
- ☐ FIREFLY
- ☐ GOOF
- ☐ HATBAND
- ☐ INSURE
- ☐ KEEN
- ☐ MEMBER
- ☐ MIRAGE
- ☐ OWNERSHIP
- ☐ PILFER
- ☐ QUACK
- ☐ REED
- ☐ RESIDENTIAL
- ☐ REVENGE
- ☐ SMUDGE
- ☐ TRAVERSE
- ☐ WAKEN
- ☐ WAXEN
- ☐ YEARBOOK

F	○	H	○	Y	P	P	S	R	Z	M	D	N	K	X
○	W	Q	L	K	K	○	○	P	N	N	○	○	K	○
D	○	D	○	W	N	○	R	S	H	○	P	K	G	V
○	R	N	○	○	D	D	○	S	R	○	V	○	R	T
R	○	○	B	S	N	D	○	G	X	X	R	W	R	V
N	N	B	Y	○	C	G	N	C	D	○	B	○	K	Q
K	○	T	M	M	○	R	L	○	M	○	S	M	○	X
○	S	○	B	R	R	○	○	N	M	○	M	○	D	T
○	S	H	○	R	○	○	R	T	D	L	C	S	Y	S
B	C	P	C	M	M	G	F	○	○	K	○	L	B	B
R	S	L	W	○	X	○	N	X	V	○	F	○	R	F
○	F	○	D	G	○	T	M	T	Y	○	N	B	○	○
○	R	○	S	N	○	D	S	B	R	K	N	○	○	○
Y	E	B	B	A	H	F	F	○	○	Y	R	G	Z	G
R	○	F	L	○	P	D	F	B	○	R	○	T	○	W

446 WORD SEEK 446

Instructions for solving Word Seeks are given on page 5.
Solution on page 554

☐ ANNIVERSARY
☐ APOLOGETIC
☐ ARMING
☐ BACKTRACK
☐ BAGGY
☐ BASIS
☐ BLACKOUT
☐ CHALET
☐ CHEESE
☐ CORK
☐ ENACT
☐ EXTREME
☐ FRET
☐ GRAFFITI
☐ INGROWN
☐ KNAVE
☐ LAWMAN
☐ MARVEL
☐ MEAL
☐ MINK
☐ MISTOOK
☐ MODERATE
☐ NAUGHTIER
☐ OILER
☐ ORIENT
☐ PALATE
☐ SCAMP
☐ SCOTCH
☐ SIGNER
☐ SLEUTH
☐ SMOOCH
☐ TACK
☐ TENTATIVE
☐ TROUSERS
☐ WOOL
☐ WRITE

```
T K C T L A W M A N K C R R S
S C O T C H E S P O H E E A B
O A R S C A M P O A L I N A E
R T K R L R N T L I T N G T H
G H C O O M S E O H I G I P U
G R A F F I T I G V Y R S U H
T E R F M N N U E K W O O L N
B E X S K G A R T C P W S S S
C L T T B N S O I A Y N N E M
T T A A R A A Y C R M E Y S H
M N S C R E E V I T A T N E T
C I E Y K E M C E K R A E E U
S Y N I B O D E A C V L T H E
R O F K R E U O P A E A R C L
S R E S U O R T M B L P R C S
```

447 WORD SEEK 447

Instructions for solving Word Seeks are given on page 5.

Solution on page 554

- ☐ ACCORD
- ☐ AFFECT
- ☐ BASIL
- ☐ BOWL
- ☐ BRAIN
- ☐ BULLET
- ☐ CITIZENSHIP
- ☐ DOSAGE
- ☐ FORTUNE
- ☐ GLOOM
- ☐ GOODY
- ☐ HANGER
- ☐ HEADLINER
- ☐ ICEMAN
- ☐ JAZZ
- ☐ KILOGRAM
- ☐ KITCHEN
- ☐ LONESOME
- ☐ NEEDFUL
- ☐ NOZZLE
- ☐ OYSTER
- ☐ RAMP
- ☐ RECLINE
- ☐ RELACE
- ☐ RIDGE
- ☐ ROOK
- ☐ ROUGHHOUSE
- ☐ SONIC
- ☐ STEAMSHIP
- ☐ TENANT
- ☐ TESTIMONY
- ☐ THAT
- ☐ TOMAHAWK
- ☐ VASE

```
P S R J B R S N E G D I R N C
I O C R E J E O N N L O E O P
H N A L T E L L U B B G S Z M
S I A J D L E L T Y A A W Z A
N C A F R T W M R S S B T L R
E Z U O W O Y N O M I T S E T
Z L M Y B M U D F S L T G A M
I V A S E A H G R K E N C A A
T K I T C H E N H A A N R T T
I I C E M A N N M H F G O B N
C S G R C W T S I O O F V L A
B F O C P K H J R L O U E E N
O O O F I I A A I N C L S C E
K R D J P Y T K I Z Y E G E T
D G Y F H E A D L I N E R M D
```

448 ZIGZAG 448

Instead of reading in a straight line, each word has one bend in it. One word has been looped for you.
Solution on page 554

- ☑ AMPLY
- ☐ BEQUEST
- ☐ CARRYING
- ☐ CATEGORY
- ☐ CLARINET
- ☐ COLLEGE
- ☐ EIGHTBALL
- ☐ GONDOLA
- ☐ HANDILY
- ☐ IMPECCABLY
- ☐ INGENUITY
- ☐ INKBLOT
- ☐ INTERLOPE
- ☐ LICENSING
- ☐ MANDARIN
- ☐ MEDLEY
- ☐ MONSIEUR
- ☐ PAINFUL
- ☐ PICKET
- ☐ PIOUS
- ☐ POPLAR
- ☐ PRESIDENT
- ☐ RAMBLE
- ☐ RASPING
- ☐ RECTOR
- ☐ RINGTOSS
- ☐ RUSTIC
- ☐ SCALE
- ☐ SORENESS
- ☐ STAVE
- ☐ TRANSPORT
- ☐ TRIFLE
- ☐ UPPITY
- ☐ VINTAGE
- ☐ VOLCANO

O D N Q H O N A C L O D N O G
U P P A I N F U O A R A M B G
E G N I N K B V L Y U U L L N
P N K D T B A L L E G E E G I
O P U H I Y O B O B I F V I P
L Q G I Y L A B S T C E R A S
R I T A T C Y T S G M T T N O
E E C L C Y R U N M A S O E R
N S T E O O R I P E N M G R E
I M P N P F Y L E V D A R I N
R N O S I R Y L O I T N M E D
A A P I N R F R S N C S S P L
L V L N T A I E O G A S I M E
C T Y G I C R I N G T O U S Y
U E K C I P T T O S E U Q E B

449 ZIGZAG 449

Instructions for solving Zigzags are given on page 454.
Solution on page 555

- ☑ ACCEDE
- ☐ BETWIXT
- ☐ BLOODLINE
- ☐ CASTE
- ☐ CATACOMB
- ☐ CHATTY
- ☐ CONSTRAIN
- ☐ DEDUCTIVE
- ☐ DIRECTION
- ☐ DOLDRUMS
- ☐ EXEMPLIFY
- ☐ FACING
- ☐ FAMOUS
- ☐ FLUID
- ☐ FRAUGHT
- ☐ GUARD
- ☐ KIDDO
- ☐ LIVELIEST
- ☐ MACKEREL
- ☐ MILKSOP
- ☐ NONTOXIC
- ☐ PLANTAIN
- ☐ REMNANT
- ☐ REVIVAL
- ☐ SEEDLING
- ☐ SPLASHER
- ☐ STATURE
- ☐ SURVEY
- ☐ TENPINS
- ☐ TIRADE
- ☐ TRAITOROUS
- ☐ UPROOT
- ☐ VEGGIE
- ☐ WOODEN
- ☐ WORRISOME

G	O	E	R	E	L	S	T	C	E	R	I	D	D	E
K	D	K	I	E	M	I	G	T	N	Y	E	V	R	R
K	D	C	B	L	O	O	D	L	I	B	C	H	U	U
N	I	A	T	N	S	T	W	L	L	E	A	W	S	T
F	A	M	O	I	A	Y	R	F	E	T	S	P	L	A
S	M	U	R	T	V	L	F	A	V	W	U	T	T	B
W	S	R	D	C	A	E	P	I	I	N	O	S	R	I
E	O	R	L	U	H	T	S	X	L	T	R	A	I	N
W	A	O	O	D	C	E	T	P	O	T	O	M	B	N
U	N	E	D	E	E	D	M	Y	S	H	C	I	N	G
G	N	I	L	D	T	E	N	N	K	G	A	A	E	G
N	O	N	T	O	X	C	O	P	L	U	T	V	F	I
A	M	M	U	E	I	C	A	A	I	G	A	I	H	E
N	P	E	P	G	C	D	V	W	M	N	C	R	R	D
T	O	O	R	E	V	I	U	L	F	R	S	H	F	A

450 WORD SEEK 450

Instructions for solving Word Seeks are given on page 5.

Solution on page 555

☐ ACQUIRE
☐ AIRDROP
☐ ALIBI
☐ BADMINTON
☐ BOISTEROUS
☐ CABINET
☐ CATNIP
☐ DEBRIS
☐ DISCLOSE
☐ DOORBELL
☐ DYNAMO
☐ ENTREE
☐ EQUIPPING
☐ ETERNAL
☐ FESTIVAL
☐ GARDEN
☐ HONEYPOT
☐ HURRYING
☐ IGUANA
☐ LANDMARK
☐ MATEY
☐ NETWORK
☐ OPPONENT
☐ OVERDRAFT
☐ SAVOR
☐ STARGAZER
☐ SUBMARINE
☐ TELEPHONE
☐ VEGETABLE
☐ WARNING

Y L Q O P P O N E N T B N A E
R S D L S D O O R B E L L S Q
A I I B E T E R N A L T H A U
R R S F L F T O P Y E N O H I
K B C A T N I P B R P C G O P
R E L B A T E G E V H B M F P
O D O E H L G Z F U O A R G I
W V S N A B A D M I N T O N N
T W E I I G R N S Y E O V I G
E Q Y R R A D T D N L B A Y N
N O E A D N E M I M D N S R I
T S T M R R N B H B A W P R N
R S A B O H A C Q U I R E U R
E E M U P C Q F G O M L K H A
E C S S L A V I T S E F A V W

451 WORD SEEK 451

Instructions for solving Word Seeks are given on page 5.
Solution on page 555

☐ ACCRUE
☐ BULLFROG
☐ CARFARE
☐ CASTLE
☐ CHAMELEON
☐ CONFETTI
☐ CRUISE
☐ DARTBOARD
☐ DOUBT
☐ ELECTRICAL
☐ EPISODE
☐ EQUIPMENT
☐ ISLAND
☐ JITTERBUG
☐ LOTUS
☐ MINCING
☐ MONOTONY
☐ OCCULT
☐ ORCHESTRA
☐ PARADISE
☐ PEDESTAL
☐ PLYWOOD
☐ PROSPER
☐ SCOLD
☐ SENTINEL
☐ SLIGHTEST
☐ THICKET
☐ THUMBTACK
☐ WORKING

```
J T I D A J H G G Q G A L C S
O T H G U O I N O E S E O U W
R W L I A O I T C R N N T K R
C E U R C C A H T I F O S E R
H R W C N K A L T E L L P K P
E Q U I P M E N T A R S L L T
S L M I E T E T C D O B Y U T
T E R L S S I I O R B W U B B
R D E A N E R S P A O A U G C
A O D T B T M O N O T O N Y A
N S N S C H T Q D B D L O C S
T I A E S G K C A T B M U H T
Y P L D Y I M W O R K I N G L
R E S E F L E K C A R F A R E
H W I P A S E S I D A R A P B
```

452 MISSING VOWELS 452

Before you can loop the words in the list below, you must first fill in the circles in the diagram with the missing vowels A, E, I, O, and U. We have filled in one word for you. *Solution on page 555*

☑ ARRAY
☐ ASTRONAUT
☐ BELOVED
☐ BERET
☐ BREAKABLE
☐ CANOPY
☐ CONTINENT
☐ CRITICAL
☐ DELETE
☐ DESIGNER
☐ DOWNPOUR
☐ ELDER
☐ ESSENCE
☐ FEARSOME
☐ FIREPLUG
☐ IMMIGRATE
☐ IMPAIR
☐ KNICK-KNACK
☐ MIMICRY
☐ NIMBLE
☐ PLEDGE
☐ RELEASE
☐ STALLION
☐ STRONG-MAN
☐ STUCCO
☐ TAILOR
☐ TARPAULIN
☐ TINFOIL
☐ UNWRITTEN
☐ YULETIDE

```
F ○ S ○ ○ L ○ R ○ ○ P N W ○ D
○ ○ D ○ S ○ G N ○ R ○ P C K N
R M D T M C W R ○ M L C N Y ○
○ ○ M Y V R D D G ○ ○ ○ A N M
P S G ○ ○ R L N D T C R K D B
L R S T G ○ ○ G S K R M C K L
○ ○ T K B R ○ ○ K A B L ○ K ○
G ○ ○ C T ○ ○ N ○ R T S ○ D L
N F L S R F ○ T ○ N F ○ ○ L ○
B W L N M C S D ○ L ○ T ○ C C
○ K ○ G K D ○ V ○ L ○ B T D ○
R L ○ T ○ R P ○ ○ L ○ N T K T
○ C N ○ S S ○ S ○ R ○ ○ P M ○
T M ○ M ○ C R Y P ○ N ○ C B R
W R ○ L ○ ○ T N ○ N ○ T N ○ C
```

453 MISSING VOWELS 453

Instructions for solving Missing Vowels are given on page 458.
Solution on page 555

- ☑ ABNORMAL
- ☐ ABSENT
- ☐ ANNUALLY
- ☐ ARCHITECT
- ☐ BEHAVE
- ☐ CHAUFFEUR
- ☐ CHITCHAT
- ☐ CLINIC
- ☐ CONVINCE
- ☐ DOMINEER
- ☐ DRONE
- ☐ EMPRESS
- ☐ ENTER
- ☐ ESTABLISH
- ☐ EVERY-WHERE
- ☐ FLOWERPOT
- ☐ GALLERY
- ☐ HEARTBEAT
- ☐ INHABIT
- ☐ LABORER
- ☐ NONSTICK
- ☐ PRIMITIVE
- ☐ PROPER
- ☐ SCAMPI
- ☐ TROLLEY
- ☐ TUNDRA
- ☐ UTILIZE
- ☐ VALOR
- ☐ VIEWPOINT
- ☐ WHATEVER
- ☐ WINCE

```
R ○ V ○ T ○ H W ○ D F B C F R
N V C M C N ○ S D T R B L H L
Z ○ T P S N V N ○ S ○ ○ ○ L ○
T H ○ R R ○ ○ S T L W L N P B
B ○ N ○ V ○ ○ W ○ ○ B T ○ ○ ○
K B D S ○ L W R R R R ○ C Z R
C T R S N L P P ○ ○ A H T C ○
○ ○ ○ K H Y ○ V H ○ B C V S R
T Y N ○ ○ T ○ ○ W F N T ○ R ○
S ○ N V B T N L Y F O ○ P ○ W
N L B N ○ T T ○ R ○ R H M P H
○ L P M T N R R ○ ○ M C ○ ○ Y
N ○ ○ F M W C ○ V H A M C R D
Y R ○ L L ○ G ○ ○ C L L S P Y
P T N ○ S B ○ R C H ○ T ○ C T
```

454 WORD SEEK 454

Instructions for solving Word Seeks are given on page 5.

Solution on page 556

☐ ALKALINE
☐ BONFIRE
☐ BROOK
☐ CHEEKBONE
☐ CHROME
☐ COOLANT
☐ DECIBEL
☐ GENIAL
☐ HICCUP
☐ INTEREST
☐ ISOLATE
☐ JOYSTICK
☐ KENNEL
☐ LEAVING
☐ LINOLEUM
☐ MOSAIC
☐ MOTORBIKE
☐ NECTARINE
☐ NEIGHBOR
☐ PLEASURE
☐ PLUNK
☐ RADIO
☐ SALTINE
☐ SLINGSHOT
☐ STEP-LADDER
☐ TOOTHPICK
☐ TORTILLA
☐ UPPERMOST
☐ VOTING
☐ WHIRLWIND

E T H W W E P L U N K M T F O
M T L I H H N M U E L O N I L
O S A E C I I I I C O S D O V
R Y F L N C R C L T B A Y T I
H E F T O N U L H A R I C O N
C N J S K S E P W R K C L R T
M O T O R B I K E I W L E T E
H B L M Y C A D R N N R A I R
E K E R K S D J B E U D V L E
N E B E G A T O H S G N I L S
I E I P L E N I A U N B N A T
T H C P H F N E C B I R G Y H
L C E U I R L I U K T O A L Y
A T D R O P T N A L O O C Y Y
S N E I G H B O R L V K N V W

455 WORD SEEK 455

Instructions for solving Word Seeks are given on page 5.

Solution on page 556

- ☐ ASTRAY
- ☐ BLUEPRINT
- ☐ BOOMERANG
- ☐ CAREFUL
- ☐ COASTLINE
- ☐ DEPRECIATE
- ☐ DESOLATE
- ☐ DETECT
- ☐ DISPENSE
- ☐ EARLOBE
- ☐ EERINESS
- ☐ HALFWAY
- ☐ HOSTESS
- ☐ HOUSEFLY
- ☐ MINUTE
- ☐ MOUNTAIN
- ☐ OPERATE
- ☐ ORCHARD
- ☐ PADRE
- ☐ PAVEMENT
- ☐ PLANER
- ☐ PRAIRIE
- ☐ PRONTO
- ☐ RALLY
- ☐ STAINLESS
- ☐ STRONGBOX
- ☐ TEMPLE
- ☐ THEORY
- ☐ TIGHTROPE
- ☐ VACCINATE

```
H O S T E S S R E N A L P F T
B Y N I E S T H E O R Y R L C
T A E M R E T A N I C C A V E
X W X T D N T Y I P F C I A T
O F X U A I A G L N T S R C E
B L U E P R I N T F L E I G D
G A P S V E E T S D E E E E M
N H T C B E N P A O G S S O E
O G N A R E M O O B T O U S B
R Y F R M A T D C R L N N O Y
T L D E P R E C I A T E O A H
S L V F I L M C T A P H R R T
G A M U B O P E I S Y T G M P
P R P L V B L N I W S E T I X
M I N U T E E D R A H C R O T
```

456 PATCHWORDS 456

It's a crazy quilt and a Word Seek combined! Each of the words in the list can be found in a continuous line in an irregularly shaped patch in the diagram. Move from letter to letter vertically or horizontally, but not diagonally. Each letter in the diagram will be used once; the patches do not overlap. We have located one word to start you off. *Solution on page 556*

- ☑ ABSURD
- ☐ BANNER
- ☐ BARK
- ☐ BRUNET
- ☐ CROW
- ☐ DAUNT
- ☐ EBON
- ☐ EFFERVESCENT
- ☐ ELBOWROOM
- ☐ FADE
- ☐ FORGOT
- ☐ FRAGMENT
- ☐ FRONTIER
- ☐ FUROR
- ☐ GALLOP
- ☐ GRAZE
- ☐ INTEND
- ☐ KUDOS
- ☐ LIQUOR
- ☐ LOATH
- ☐ LOBO
- ☐ MARACA
- ☐ OVERDUE
- ☐ POND
- ☐ PORTRAY
- ☐ PROTOTYPE
- ☐ REPLACE-MENT
- ☐ RETRENCH
- ☐ RUSTLE
- ☐ SPINNAKER
- ☐ TAFFY
- ☐ USHER
- ☐ VANISH
- ☐ VERSIFY
- ☐ WIDGET
- ☐ WINCH

T	N	F	O	O	T	H	T	L	T	R	A	Y	R	U
G	E	M	R	G	E	F	A	O	R	O	P	R	D	S
A	L	G	A	L	I	F	E	E	L	E	B	E	N	B
O	L	G	R	F	Q	U	R	V	T	S	O	C	N	A
P	M	R	A	Z	R	O	P	E	R	U	N	R	A	B
O	O	S	K	E	D	N	O	S	C	E	W	O	R	U
R	W	P	R	A	B	V	O	S	T	N	N	I	B	N
B	O	I	A	K	E	E	D	R	O	F	T	E	N	E
L	E	N	N	W	R	R	U	K	R	U	P	T	D	T
V	O	F	A	I	N	S	T	O	T	O	R	E	G	D
E	Y	F	T	H	C	I	Y	P	E	N	I	R	W	I
R	D	U	M	T	N	F	Y	F	V	A	S	E	T	R
U	N	E	A	R	E	E	D	A	S	U	H	C	N	E
A	T	O	L	A	M	A	L	P	H	R	E	H	O	R
D	O	B	A	C	E	C	R	E	E	R	I	T	N	F

457 PATCHWORDS 457

Instructions for solving Patchwords are given on page 462.

Solution on page 556

- ☑ ADORE
- ☐ APPROPRIATE
- ☐ ASHEN
- ☐ ASTRAL
- ☐ BITTER
- ☐ BURSE
- ☐ CHAOS
- ☐ CLIQUE
- ☐ COURSE
- ☐ COWORKER
- ☐ DEVISE
- ☐ ENCAMP
- ☐ FOIL
- ☐ GEOLOGIST
- ☐ GOLDEN
- ☐ GREATNESS
- ☐ HAZELNUT
- ☐ INANE
- ☐ KARMA
- ☐ KITTENISH
- ☐ MALT
- ☐ MINDFUL
- ☐ NESTLE
- ☐ ORACLE
- ☐ OTIC
- ☐ PALLET
- ☐ PEKE
- ☐ POSSESS
- ☐ PROPHECY
- ☐ REFRESHING
- ☐ SAKE
- ☐ SONG
- ☐ SUNROOF
- ☐ TWISTER
- ☐ WINTER
- ☐ WOMAN

E L C A R T U N T E R I V E D
A P Q U O H A L N O M S E S R
R P I E G R Z E I W A H C E U
O P L T A E H I W T N A O S O
I R C N E E S N G W I S I T C
A T E S S R P A E L S A K T E
E U B R E F L L S T T K E I N
S R E C Y T E N E R E E N S H
P P H O D C S U N R L D M A L
R O E R A I G F O O O G B L T
E N P M O T N O E K T T I U F
H S A A C S S S T E E K R M D
I L K A N E E I S P R E O I N
O A M R I P S G G E A R W O C
F E N A N O S O L O S T R A L

458 WORD SEEK 458

Instructions for solving Word Seeks are given on page 5.
Solution on page 556

- ☐ AIRCRAFT
- ☐ BANKER
- ☐ BRAY
- ☐ BUILD
- ☐ CHOOSE
- ☐ CLOTHESLINE
- ☐ COBWEB
- ☐ CORRAL
- ☐ ELDERLY
- ☐ EVASIVE
- ☐ EXPECT
- ☐ FAITH
- ☐ FAMISH
- ☐ FEED
- ☐ FURY
- ☐ FUZZY
- ☐ GAZELLE
- ☐ GRIEF
- ☐ GUFF
- ☐ HAPPY
- ☐ HIRING
- ☐ INVENTIVE
- ☐ KERCHIEF
- ☐ LEERY
- ☐ MASTER
- ☐ MINIATURE
- ☐ PLACID
- ☐ REDCOAT
- ☐ SHIPWRECK
- ☐ SOMEBODY
- ☐ SPECIALIST
- ☐ STANCE
- ☐ SUET
- ☐ THESIS
- ☐ TORCH
- ☐ ZERO

```
S G U K W D Y A R B O Z B P R
Y P D A E N I L S E H T O L C
L B E E H R E P R T F R T M F
P A F C C H C V R E K N A B Y
W L R R I T E H I U D S V Z F
C O A R O A L S I S T L Z C A
T F I C O O L H D E A U E O M
T N E G I C E I R R F V I B I
G R I E F D Z P S U I H E W S
C H O O S E A W S T A N C E H
F F U G X R G R N A L Z D B T
U H A P P Y L E S I S E H T I
R L E N T O V C R N I R E W A
Y C D H W N A K N I W O N R F
T I D L I U B S O M E B O D Y
```

459 WORD SEEK 459

Instructions for solving Word Seeks are given on page 5.

Solution on page 556

☐ CELESTIAL
☐ CLATTER
☐ CLOCK
☐ COIL
☐ CONFORM
☐ COOKIE
☐ CRAM
☐ EQUIP
☐ ESTEEM
☐ GUEST
☐ HANDMADE
☐ HATCH
☐ INDUCE
☐ KNEEL
☐ LOWBROW
☐ MASK
☐ MOON
☐ NATIVITY
☐ PAMPER
☐ PESETA
☐ PHASE
☐ POTENT
☐ REEDUCATE
☐ SETTEE
☐ SHOULD
☐ SISSY
☐ SIZE
☐ SORE
☐ SOURDOUGH
☐ STICKY
☐ STRIKE
☐ TELEVISION
☐ TEXTILE
☐ TILLER
☐ TOASTMASTER
☐ TORTOISE

```
I U M O O N A T I V I T Y S N
P O T E N T L E A H X S Z X T
P H A S E O R L C G C G I I L
C Q F S W W X E K U T L L Z E
R P E B V H T V E O D L O D E
A P R Y R A E I A D E N E C N
M O O K Z N X S L R U S I C K
W E S C P D T I A U I C L S E
M T E I F M I O I O Y A A O C
N R U T A A L N T S T M Z T S
H Q O S S D E R S T S E U G E
E A T F C E O I E R E P M A P
D E T O N T S R L I U N Q W F
R E I C O O K I E K F O K O X
D L U O H S C Q C E E T T E S
```

460 MISSING VOWELS 460

Before you can loop the words in the list below, you must first fill in the circles in the diagram with the missing vowels A, E, I, O, and U. We have filled in one word for you.

Solution on page 557

- ☑ ABASH
- ☐ ADVISE
- ☐ ARTFUL
- ☐ ASPEN
- ☐ AWESOME
- ☐ BROCHURE
- ☐ CAGE
- ☐ CHASE
- ☐ CROCUS
- ☐ DESERT
- ☐ DONE
- ☐ EASE
- ☐ FONDUE
- ☐ HAIRY
- ☐ HOME-OWNER
- ☐ HOUSEHOLD
- ☐ IMMUNE
- ☐ IRRIGATE
- ☐ LOVE
- ☐ MEDICINE
- ☐ MIRROR
- ☐ NASAL
- ☐ PEAT
- ☐ PERFUME
- ☐ PIPER
- ☐ PLATTER
- ☐ POUT
- ☐ REGARD
- ☐ RESOUND
- ☐ SCREW-DRIVER
- ☐ SEESAW
- ☐ SHRUBBERY
- ☐ SLICER
- ☐ TEETH
- ☐ WASHER
- ☐ WORKA-HOLIC

```
L ○ F T R ○ D L W D T P R W D
F L T ○ D P K ○ ○ W ○ S ○ M ○
C ○ P C T L W V N R K R R ○ P
P ○ N ○ S ○ L ○ F ○ K ○ R S D
P M ○ D S T G ○ G A V R ○ ○ L
H P B H ○ T M ○ H ○ B R M V ○
○ C ○ ○ C ○ H ○ R ○ G A R D H
M R P F ○ R L D ○ R S ○ S ○ ○
○ ○ F D R ○ W R ○ C ○ L S H S
○ G D R C ○ ○ R ○ S ○ ○ N D ○
W V ○ ○ R H T Y ○ N ○ P S ○ ○
N W D C C Y R ○ B B ○ R H S H
○ D S ○ M ○ S M ○ P B M T C D
R S R D ○ ○ N P W T K R M G L
N B H H W P Y ○ S ○ H C G ○ D
```

461 MISSING VOWELS 461

Instructions for solving Missing Vowels are given on page 466.
Solution on page 557

☑ ABSENTEE
☐ ADVERB
☐ BECAUSE
☐ BEING
☐ BOLA
☐ BULLDOZER
☐ CANASTA
☐ CAPER
☐ CAROL
☐ COMIC
☐ CORRIDOR
☐ COUGH
☐ FORMAT
☐ HERRING
☐ HUDDLE
☐ LITTER
☐ MERIT
☐ METEORITE
☐ MOAT
☐ POLE
☐ POUR
☐ PRATTLE
☐ REIN
☐ REMINISCE
☐ RHINESTONE
☐ SCHOLARSHIP
☐ SOCKET
☐ SOME
☐ SPEAR
☐ STRIFE
☐ TREATY
☐ TURTLE
☐ URCHIN
☐ VALLEY
☐ WORKROOM
☐ YOUNGEST

```
○ G P ○ ○ R ○ M ○ N ○ S C ○ S
Y F N D C ○ L D D ○ H G ○ ○ C
○ ○ ○ ○ L ○ T ○ S ○ ○ C ○ B B
L G ○ R ○ A R F ○ V B T H ○ R
L R R N T B ○ R F R ○ H L S ○
○ ○ H N G S T M ○ R C ○ C H V
V Z ○ S P E ○ R ○ D S H ○ M D
R ○ N P M N S ○ Y ○ ○ R ○ T ○
○ D ○ ○ L T T T C L R R C N G
○ L S L D E ○ K ○ ○ D K B Y T
N L T ○ M E ○ R N T T R R ○ L
M ○ ○ T R T S G ○ T C ○ M ○ C
L B N T ○ H V ○ S ○ K R R S W
D S ○ Z ○ R M V T R ○ ○ Z ○ V
R C ○ P ○ R P Y ○ F C M Z H M
```

462 WORD SEEK 462

Instructions for solving Word Seeks are given on page 5.

Solution on page 557

- ☐ ANNOUNCER
- ☐ ATLAS
- ☐ BEARABLE
- ☐ BRANDED
- ☐ BRING
- ☐ CANOLA
- ☐ CLEANSE
- ☐ COMPLY
- ☐ CONSTRICTOR
- ☐ CREEK
- ☐ DECENT
- ☐ DERBY
- ☐ DORMER
- ☐ DOSE
- ☐ FILTER
- ☐ FOOT
- ☐ FORMER
- ☐ GNAT
- ☐ KNELT
- ☐ LAZE
- ☐ MIDWEEK
- ☐ OVERSIGHT
- ☐ PAGEANT
- ☐ PEST
- ☐ POETIC
- ☐ REGIME
- ☐ RING-LEADER
- ☐ SKEWER
- ☐ SNIPPY
- ☐ SPLINTER
- ☐ SPOUT
- ☐ THIRDHAND
- ☐ TORN
- ☐ TRIBE
- ☐ WILDLIFE
- ☐ YEARLY

```
R F K N T N A E G A P F L O S
A I L L C T S E L Y L N O P A
Y L N R S N F R L B U O O O L
E T E G A I E R Z N A U N C T
N E H E L M A Z C R T R Z A A
K R L D R E C N U O N N A D C
A C L O Y D A H O T M T S E P
M I D W E E K D V C H P B R B
W F O R M E R D E I I I L B S
W S P L I N T E R R R T D Y N
R B A T G R F D S T E I E O I
G Z R N E M H N I S V W C O P
E R A I R A E A G N C I E R P
V T L E N K C R H O Z F N K Y
E S O D N G G B T C I K T N S
```

463 WORD SEEK 463

Instructions for solving Word Seeks are given on page 5.

Solution on page 557

- ☐ ATTEST
- ☐ AURA
- ☐ BEARING
- ☐ BERRY
- ☐ BEYOND
- ☐ BRASH
- ☐ CLOTHE
- ☐ CRIME
- ☐ DING
- ☐ DOCK
- ☐ DRESS-MAKER
- ☐ EASY
- ☐ ENSURE
- ☐ EXERCISE
- ☐ FITTING
- ☐ GIFT
- ☐ MISLEAD
- ☐ MOTORCAR
- ☐ MUMBLE
- ☐ NEEDLE-POINT
- ☐ OMELET
- ☐ QUART
- ☐ RAFTER
- ☐ READINESS
- ☐ RELUCTANT
- ☐ REPEAT
- ☐ SLOPE
- ☐ SNOOZE
- ☐ SOMBER
- ☐ SPHINX
- ☐ STEAMBOAT
- ☐ STUFFING
- ☐ TALENT
- ☐ TUMMY
- ☐ UNITE
- ☐ WAVE

```
T B M U M B L E S S B Z H T R
R T N E L A T X N I H P S E W
E B N I T O D G U S C A A L A
P X E T E F N E N R U D R E Q
E I E R D I O T I I I R B M O
A S D R R R Y M T N T I E O O
T I L A C Y E I E E H T O L C
L B E C V I B S T U F F I N G
W B P R C E S L S L O P E F S
K O O O E S T E A M B O A T S
G Y I T Q T E A Z Y A U I O X
Q M N O U V F D S O R K M Q G
S M T M A G A A O A O B E N I
Y U A W R U E L R C E N I R F
M T N A T C U L E R K D S M T
```

464 NUMBER SEEK 464

Solve this puzzle by seeking numbers instead of letters.

Solution on page 558

- ☑ 00031
- ☐ 00906
- ☐ 01949
- ☐ 02799
- ☐ 05573
- ☐ 06786
- ☐ 08092
- ☐ 10466
- ☐ 17012
- ☐ 23533
- ☐ 25294
- ☐ 25656
- ☐ 27256
- ☐ 27346
- ☐ 27709
- ☐ 31749
- ☐ 39503
- ☐ 39829
- ☐ 41721
- ☐ 44537
- ☐ 44950
- ☐ 55683
- ☐ 56313
- ☐ 62922
- ☐ 68555
- ☐ 70348
- ☐ 70444
- ☐ 70489
- ☐ 72917
- ☐ 73101
- ☐ 80269
- ☐ 81679
- ☐ 81871
- ☐ 82325
- ☐ 83619
- ☐ 92023
- ☐ 94860
- ☐ 95571
- ☐ 99053
- ☐ 99804

```
4 5 9 1 8 1 8 7 1 3 0 5 9 4 4
8 0 8 4 4 4 0 7 1 6 6 3 7 3 8
8 1 3 7 0 4 2 3 8 0 7 8 3 3 3
1 0 9 5 8 8 6 4 5 3 8 2 2 5 0
0 7 5 9 5 5 9 6 2 0 6 3 0 4 7
7 7 0 7 1 8 8 9 8 4 8 1 2 4 6
3 3 3 1 2 7 0 5 5 4 7 7 9 8 7
8 5 1 3 2 8 5 3 3 5 1 0 6 4 3
4 9 2 0 0 2 1 5 3 3 7 0 3 3 9
0 5 7 8 1 2 2 0 9 7 5 0 6 4 3
1 8 1 6 7 8 8 9 2 8 9 3 9 4 8
0 0 4 3 1 7 4 9 2 5 2 1 2 9 6
2 9 4 7 8 8 1 7 2 6 0 9 0 0 5
7 6 3 6 7 7 4 2 0 0 6 8 5 5 5
2 7 2 5 6 5 6 0 4 5 0 8 8 8 2
```

465 NUMBER SEEK 465

Solve this puzzle by seeking numbers instead of letters.

Solution on page 558

- ☑ 00006
- ☐ 00232
- ☐ 02523
- ☐ 11030
- ☐ 13034
- ☐ 13213
- ☐ 14204
- ☐ 15253
- ☐ 16635
- ☐ 20248
- ☐ 28341
- ☐ 34765
- ☐ 39608
- ☐ 43767
- ☐ 47382
- ☐ 48351
- ☐ 48470
- ☐ 50104
- ☐ 52089
- ☐ 52119
- ☐ 58228
- ☐ 61825
- ☐ 66765
- ☐ 68763
- ☐ 69457
- ☐ 71515
- ☐ 73599
- ☐ 75637
- ☐ 78756
- ☐ 81452
- ☐ 84040
- ☐ 85297
- ☐ 86323
- ☐ 87064
- ☐ 89856
- ☐ 93348
- ☐ 95125
- ☐ 98178
- ☐ 98200
- ☐ 98413

7 0 4 7 9 2 2 7 9 0 1 9 5 9 5
5 3 1 3 5 2 1 1 9 6 9 3 3 5 8
6 8 5 5 0 1 0 4 6 2 4 3 8 6 5
9 6 2 9 3 2 4 3 9 4 5 4 7 4 7
6 4 5 2 9 8 5 8 7 5 3 8 6 7 5
6 7 3 8 8 9 4 2 0 0 2 7 7 6 9
2 6 9 3 9 1 5 0 3 6 7 8 6 6 1
8 1 9 7 3 8 7 1 8 9 9 5 1 7 5
1 2 9 4 3 0 3 9 2 4 1 3 2 6 7
1 5 3 4 3 6 2 3 8 5 3 5 4 5 4
2 8 4 0 4 0 2 4 1 7 2 5 9 7 4
6 7 1 9 2 0 7 7 5 7 5 2 0 8 9
0 1 8 4 0 0 8 6 1 9 4 6 0 7 8
8 4 8 5 3 0 3 5 4 3 1 2 3 1 8
3 6 5 0 8 7 8 6 2 9 8 2 0 0 6

466 MISSING VOWELS 466

Before you can loop the words in the list below, you must first fill in the circles in the diagram with the missing vowels A, E, I, O, and U. We have filled in one word for you. *Solution on page 558*

- ☑ ABBOT
- ☐ AFFORD
- ☐ AIRLINER
- ☐ ANTIC
- ☐ APPEASE
- ☐ ASCOT
- ☐ BANGLE
- ☐ BREAKOUT
- ☐ BROWBEATEN
- ☐ CASE
- ☐ CONFUSE
- ☐ DEFACE
- ☐ EMBROIDER
- ☐ FEET
- ☐ HEAVEN
- ☐ HEDGE
- ☐ JAVELIN
- ☐ LIBEL
- ☐ LIFEBOAT
- ☐ MERE
- ☐ NAPOLEON
- ☐ NORMAL
- ☐ OCHER
- ☐ OKAY
- ☐ PADDLE
- ☐ PREMED
- ☐ QUICK
- ☐ REPOSSESS
- ☐ SACHET
- ☐ SAID
- ☐ SEEK
- ☐ SENIOR
- ☐ TEMPERA-TURE
- ☐ THESAURUS
- ☐ TONGUE
- ☐ WAITER

Y	Y	D	○	○	S	C	○	T	D	○	M	○	R	P
W	○	○	T	○	R	○	B	H	F	R	D	R	M	J
Y	K	K	N	N	○	T	○	○	B	W	○	R	B	A
Q	○	○	J	L	F	N	○	S	D	D	P	F	B	C
T	○	N	G	○	○	○	S	○	○	V	K	B	F	N
R	○	N	○	L	R	○	○	○	F	Y	O	H	N	○
R	○	H	T	○	M	P	○	R	○	T	○	R	○	R
B	○	○	J	○	F	C	P	○	C	Y	N	T	V	○
V	○	P	S	○	○	P	P	S	○	○	○	W	○	D
F	L	H	○	N	V	K	○	S	P	○	H	R	○	○
L	L	○	F	S	C	○	○	○	B	○	○	H	H	○
○	H	○	M	○	S	C	L	○	C	B	D	R	V	R
B	S	D	○	R	H	○	F	○	R	H	G	D	○	B
○	C	Q	F	○	○	○	S	Y	N	B	○	H	L	M
L	F	S	T	N	L	N	P	S	○	○	K	R	R	○

467 MISSING VOWELS 467

Instructions for solving Missing Vowels are given on page 472.

Solution on page 558

- ☐ ABSORB
- ☐ ACCENT
- ☐ ALLIANCE
- ☐ ASCEND
- ☐ BIDE
- ☐ BUGLER
- ☐ CARET
- ☐ CHAPTER
- ☐ CONCEALING
- ☐ CUTE
- ☐ DAMSEL
- ☐ DARLING
- ☐ DEAR
- ☐ DIAL
- ☐ DICTION
- ☐ ENVOY
- ☐ FINER
- ☐ FOAM
- ☐ FOOTSTOOL
- ☐ GAZER
- ☐ IMPERFECT
- ☐ INTERN
- ☐ JACKET
- ☐ LIGHTWEIGHT
- ☐ MAGNOLIA
- ☐ QUIP
- ☐ RIGOR
- ☐ ROSARY
- ☐ SCALPEL
- ☐ SEALER
- ☐ SPINE
- ☐ SPLATTER
- ☐ SWORE
- ☐ THRONE
- ☐ TRANSLATE
- ☐ TREMOR

```
○ L F S ○ ○ L ○ R J F ○ N ○ R
L ○ ○ L ○ N G ○ M ○ S L Y ○ B
L N T G C T ○ P S C T W M B C
○ R M ○ H J T P L K K ○ ○ ○ ○
○ ○ N R R T L C S ○ R C T R T
N T ○ ○ R ○ W R ○ T P ○ H C ○
C N G J T L C ○ N F L L G D M
○ ○ L T N ○ R ○ ○ S R L ○ ○ D
R ○ ○ D ○ ○ ○ D N G Q ○ B C ○
F R S Y C T P ○ ○ R H ○ P D S
W ○ M M C S R B S R G T ○ M C
T S ○ ○ ○ T S D C L L B N P ○
S ○ D M C ○ N C ○ ○ L ○ N G D
V R G Y R ○ S R N Y ○ V N ○ K
D Y H B G F G V D R ○ Z ○ G F
```

WORD SEEK 468

Instructions for solving Word Seeks are given on page 5.

Solution on page 558

- ☐ ATTUNE
- ☐ BULGE
- ☐ BURLAP
- ☐ CAPTIVATE
- ☐ CARETAKER
- ☐ CASING
- ☐ DARKEST
- ☐ DIRE
- ☐ EVENTUALLY
- ☐ FANTASTIC
- ☐ FASTEN
- ☐ FOOL
- ☐ GASKET
- ☐ INKWELL
- ☐ INVASION
- ☐ LANK
- ☐ LEDGE
- ☐ MANEUVER
- ☐ NERVOUS
- ☐ NIBBLE
- ☐ PAYEE
- ☐ PICKAX
- ☐ PLEA
- ☐ REBID
- ☐ RELIC
- ☐ RESERVE
- ☐ REVEAL
- ☐ SALESMEN
- ☐ SANK
- ☐ SCAD
- ☐ SERMON
- ☐ SNEER
- ☐ STOCKY
- ☐ SWALLOW-TAIL
- ☐ TEARY
- ☐ TIPTOP

```
N T S K M P T E B Y A R P C U
D O C W A E D S W G E E U P T
N I M L A I A I N V V E L E S
E B R R B L N P U E F N K P E
L U Y E E K L E I L R S S O K
B L R S W S N O I S A V N I R
B G M E D A C S W G L O O F A
I E L R M K T I P T O P W U D
N L M V E V E N T U A L L Y S
C A R E T A K E R S C I G P G
P I Y E T A V I T P A C L I F
K A L T V Y K C O T S T K C S
P W U E I E N P L A I U N K L
B N T S R F A S T E N L A A O
E G D E L T L L N B G B S X F
```

 469

WORD SEEK

469 

Instructions for solving Word Seeks are given on page 5.

Solution on page 558

- ☐ BEAUTY
- ☐ BELIEF
- ☐ BURY
- ☐ CANNERY
- ☐ CLAPBOARD
- ☐ CLOTHING
- ☐ CONVEY
- ☐ CORE
- ☐ CRUNCHY
- ☐ DEMAND
- ☐ DROVER
- ☐ EXHAUST
- ☐ FLAVOR
- ☐ FREAK
- ☐ GUITAR
- ☐ HALT
- ☐ HEARSAY
- ☐ HURT
- ☐ ILLITERATE
- ☐ INDEX
- ☐ LEISURELY
- ☐ LUNG
- ☐ MAGICIAN
- ☐ MANUFACTURE
- ☐ OPTIMIST
- ☐ PINATA
- ☐ RECORD
- ☐ REPRESENT
- ☐ RIDER
- ☐ RUMOR
- ☐ SQUAD
- ☐ STUCK
- ☐ SYSTEM
- ☐ TOLD
- ☐ TOMBOY

```
C A N N E R Y O N S T U C K I
T X B E L I E F C O R E D I R
V L O U N X R P M Y H P M Q Y
B V A D H E F B R O V A L F I
E R E A V M O M G E N O S D O
A X U O N Y L E R U S I E L P
U S R M P C M T F C I E D G T
T D R A O B P A L C I T N L I
Y H C N U R C R G F O I A T M
M A V L T T M E D I H H P R I
K E S Q U A D T R T C F I U S
Y A T R I N E I O E T I N H T
N R E S A A G L C D E M A N D
T D U R Y E C L E D L O T N Y
R F A B F S H I R B T A A M D
```

 470 WORD SEEK 470 

Instructions for solving Word Seeks are given on page 5.

Solution on page 559

☐ ASPIRE
☐ BASIN
☐ CANINE
☐ CHIEFLY
☐ CINDER
☐ COMICAL
☐ CRAFTSMAN
☐ CROCK
☐ DUST
☐ EDIT
☐ ELAPSE
☐ ELEGANCE
☐ ENTOMB
☐ FOLD
☐ GUTTER
☐ HANDSOME
☐ LICORICE
☐ MINT
☐ PILE
☐ PLUCK
☐ POUCH
☐ RANCID
☐ RECEIPT
☐ RESET
☐ RETIRE
☐ SAVIOR
☐ SENSATION
☐ SHINER
☐ SPINDLY
☐ STAGE
☐ STRUCK
☐ TRADITION
☐ ULTRA-VIOLET
☐ UNIVERSITY
☐ WAGON
☐ YOUR

U L T R A V I O L E T N E G G
K V E A T R E N I H S F R U G
W V S P I N D I Y A O D I T P
V P E L I R I E K N E L P T O
C L R N U C C M S D G O S E O
P U A O O N N A M S T F A R C
P C Y R A N I B M O T N E Y E
I K I G C O O V G M S T L L K
L C E R P I R I E E I F A C C
E L O O N T E R T R E P I O U
E C U I O A C A E I S N M E R
K C S V G S E N H E D I G C T
H A L A A N I C D E C A T K S
B H H S W E P I R A T V R Y U
D B G P E S T D L S G W S T D

471 WORD SEEK 471

Instructions for solving Word Seeks are given on page 5.

Solution on page 559

- ☐ ADRIFT
- ☐ ANCESTOR
- ☐ BEEF
- ☐ BUTTON
- ☐ CALM
- ☐ CATCH
- ☐ CHIN
- ☐ CLAW
- ☐ CLUMP
- ☐ COACH
- ☐ COMMIT
- ☐ CONSECRATE
- ☐ CURRENT
- ☐ DIGIT
- ☐ FACULTY
- ☐ FROTHY
- ☐ HAPPINESS
- ☐ HEIFER
- ☐ INCREASE
- ☐ INQUIRE
- ☐ LOCK
- ☐ MANUAL
- ☐ MOTIVE
- ☐ MURMUR
- ☐ NEGOTIATING
- ☐ NUDGE
- ☐ OOZE
- ☐ RATTLE
- ☐ REALTY
- ☐ REBUS
- ☐ SEAMAN
- ☐ SHEEN
- ☐ TINGLE
- ☐ TOOTHACHE
- ☐ TRICKLE
- ☐ YOUNGSTER

```
L L K E S M R A S C I D O I O
S H E E N E M U R U Z Y N O A
Y U E R G A A E M R B C Z D K
T K C I N N T M A R R E R O T
L C L U F S I P A E U I R D I
A O A Q G E Q T A N F M S H N
E L W N N E R S A T E Z L A G
R G U I L E E E V I T O M P L
T O O T H A C H E N T E Q P E
Y E T A R C E S N O C O H I G
W A P S O I F R O T H Y G N D
R C F M E B C C A T C H R E U
G H M O U C E K B U A A C S N
T I G I D L N E L B O Q L S A
T N Y T L U C A F E C N N M V
```

472 MISSING VOWELS 472

Before you can loop the words in the list below, you must first fill in the circles in the diagram with the missing vowels A, E, I, O, and U. We have filled in one word for you.

Solution on page 559

- ☑ AMBER
- ☐ ARROWHEAD
- ☐ ASTIR
- ☐ AVALANCHE
- ☐ BOLOGNA
- ☐ BRANDISH
- ☐ BRIEFCASE
- ☐ CHEMICAL
- ☐ CITRUS
- ☐ CONE
- ☐ CRYPTOGRAM
- ☐ DAILY
- ☐ DEFEAT
- ☐ DEPEND
- ☐ DIME
- ☐ DOCTOR
- ☐ FORGET
- ☐ FREEHAND
- ☐ GEARBOX
- ☐ GLEE
- ☐ INFANCY
- ☐ LEARN
- ☐ NOSHER
- ☐ OPTION
- ☐ PERSPEC-TIVE
- ☐ PLATING
- ☐ PLEASE
- ☐ RIOT
- ☐ RULER
- ☐ RUMBA
- ☐ SAGA
- ☐ SEEN
- ☐ SQUIRM
- ☐ TEACH
- ☐ TUMULT
- ☐ UMPIRE

```
H C ○ ○ T ○ D ○ C T ○ R M H ○
Q B G G M X N P P W E R G B R
W H R P ○ F ○ L W B ○ H N ○ R
G L ○ ○ ○ S P ○ M ○ F ○ ○ C ○
L R ○ R ○ H ○ A Q R ○ T ○ ○ W
○ D G C H F D S ○ S H T T H H
○ ○ ○ V ○ T C ○ P S R ○ P C ○
T R D F H M H ○ ○ ○ Y W ○ N ○
L D ○ M ○ ○ ○ D S R M L X ○ D
○ Q N T N ○ N H N ○ ○ ○ ○ L G
M B F D S ○ T G C ○ B M S ○ B
○ T ○ N R ○ ○ L ○ R S M B V D
T Y N B G N ○ T ○ L P H G ○ Q
G R C S R ○ L ○ R C ○ N ○ B N
C R Y P T ○ G R ○ M C B N R W
```

473 MISSING VOWELS 473

Instructions for solving Missing Vowels are given on page 478.
Solution on page 559

- ☑ ADMIRABLE
- ☐ AGENDA
- ☐ BECKON
- ☐ BLOAT
- ☐ CARESS
- ☐ CATTAIL
- ☐ COME
- ☐ EARTH-WORM
- ☐ ECSTASY
- ☐ EXTERIOR
- ☐ FLEE
- ☐ GAPE
- ☐ GOVERN
- ☐ HAPPIEST
- ☐ HOPPER
- ☐ HORDE
- ☐ IVORY
- ☐ LOSING
- ☐ MAKO
- ☐ MICROWAVE
- ☐ MISFIT
- ☐ OUTSET
- ☐ PRESUME
- ☐ PROWESS
- ☐ RATIONALIZE
- ☐ REMOTE
- ☐ RISER
- ☐ SHAME
- ☐ SIESTA
- ☐ SPOIL
- ☐ SUNDAE
- ☐ THIEVE
- ☐ TOOL
- ☐ TRANSGRESS
- ☐ VERGE

```
M ○ C R ○ W ○ V ○ R ○ P P ○ H
M ○ K ○ S F S Y P M P ○ T D ○
G D N G M L B H ○ K ○ R ○ D R
X L ○ ○ T ○ P S ○ T ○ T F L D
○ V K V G ○ ○ R S M A V S ○ ○
X G C ○ S R X ○ ○ D ○ B ○ ○ Z
C W ○ R P S T T M W Z V M P ○
Y D B N ○ V ○ I H T ○ R M S L
R S G P D Y R R B R ○ S S ○ ○
○ C ○ T T A ○ L G W G ○ S T N
V G H T B X ○ ○ H S R ○ S L ○
○ Z R L S ○ R T N ○ N ○ F S ○
M T E S T C R S C G ○ ○ S X T
C S ○ N D ○ ○ L L S V B R ○ ○
L G T S ○ ○ P P ○ H P Z N T R
```

SOLUTIONS

WORD SEEK 1

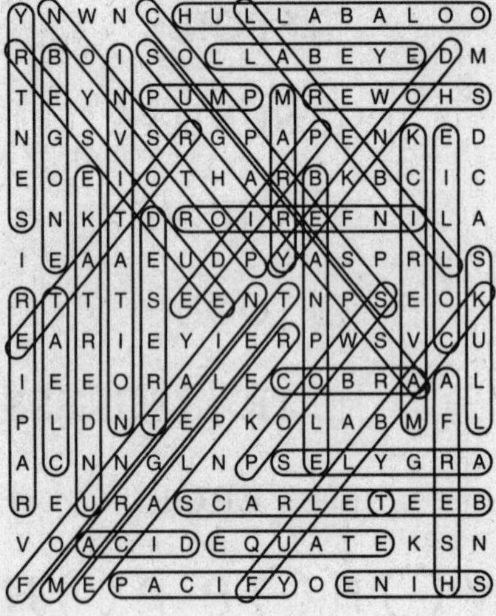

WORD SEEK 2

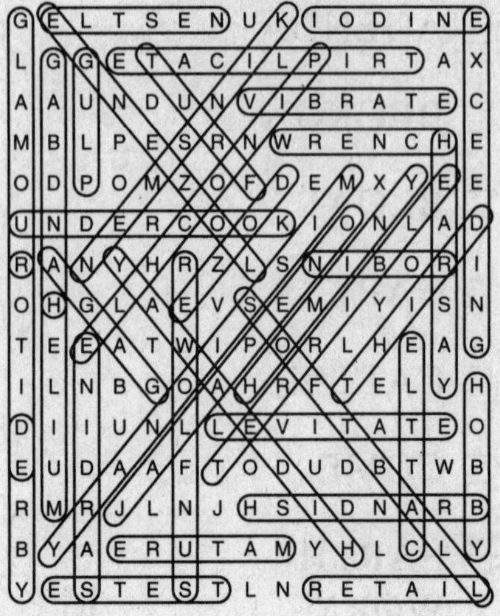

WORD SEEK 3

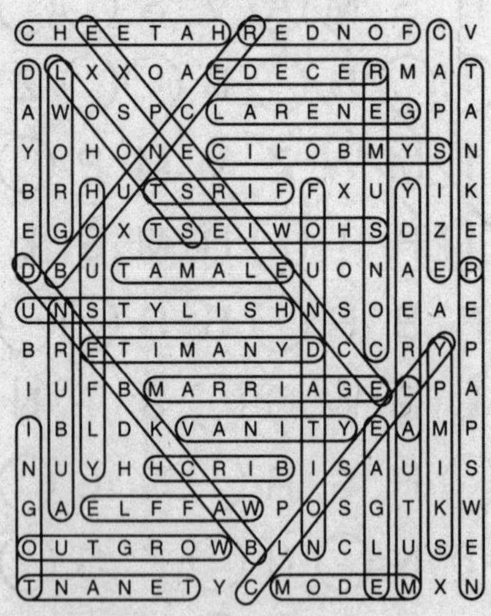

WORD SEEK 4

W	O	R	R	A	Y	O	D	E	L	I	N	G
O	O	Y	T	U	A	E	B	C	L	I	F	F
N	I	T	P	I	C	K	A	I	A	N	U	T
O	O	P	I	O	H	C	N	R	C	S	R	Y
T	I	N	D	A	T	A	A	O	N	A	T	K
E	H	E	C	I	S	P	N	C	M	I	R	E
W	C	G	C	H	M	W	A	I	A	O	N	B
O	N	O	I	T	A	C	O	L	E	V	Y	G
R	I	A	T	S	N	L	I	I	A	T	A	O
T	R	L	P	W	U	V	A	N	A	D	M	F
H	T	A	O	P	E	N	I	N	G	I	L	L
Y	D	H	J	L	L	U	G	E	T	U	P	E
E	M	E	Y	A	D	O	P	T	A	B	L	E

WORD SEEK 5

A	K	Y	K	C	A	T	H	R	E	A	T	T
R	R	A	S	R	S	A	Y	L	P	O	S	Y
O	O	O	U	O	E	N	E	A	A	I	A	A
S	W	A	H	I	N	T	E	R	L	A	N	D
I	K	O	U	O	N	A	S	A	D	E	Y	R
L	C	E	M	E	G	R	E	G	G	I	D	E
K	O	S	I	T	N	A	M	A	N	E	O	T
S	L	L	D	N	I	E	N	R	E	U	D	S
C	C	O	U	N	T	E	R	S	P	Y	O	E
R	O	H	D	R	I	B	W	O	L	L	E	Y
E	I	O	E	O	A	O	S	G	A	W	A	A
E	N	E	W	S	B	E	S	T	O	W	A	R
N	S	E	C	I	T	N	E	N	N	U	I	N

WORD SEEK 6

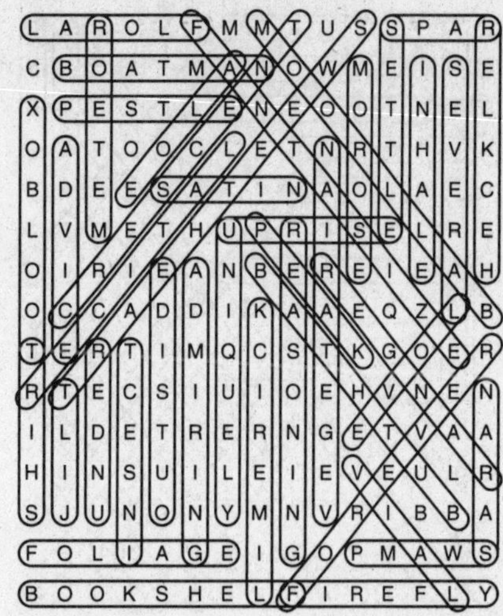

WORD SEEK 7

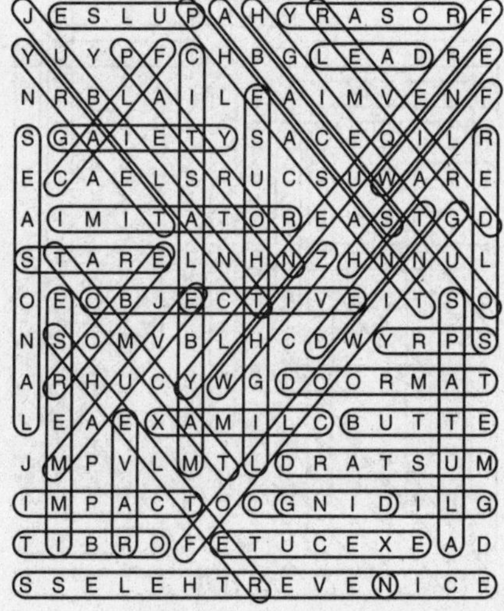

WORD SEEK 8

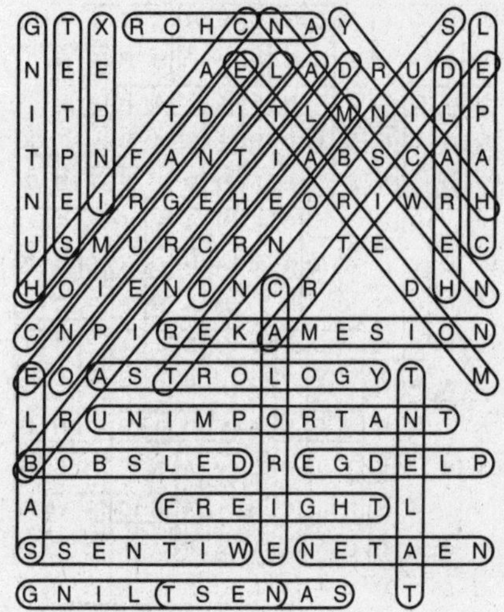

WORD SEEK 9

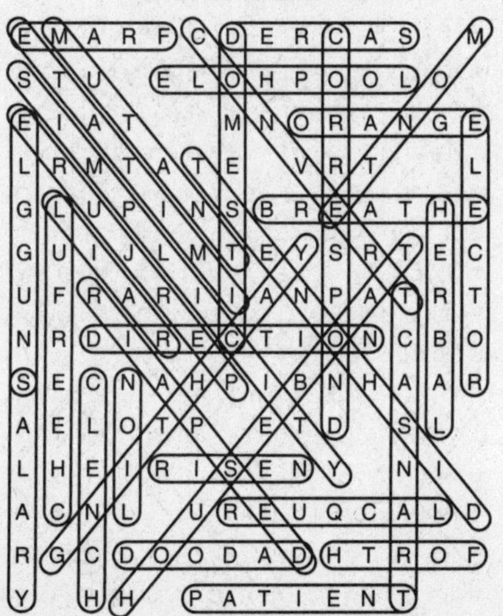

WORD SEEK 10

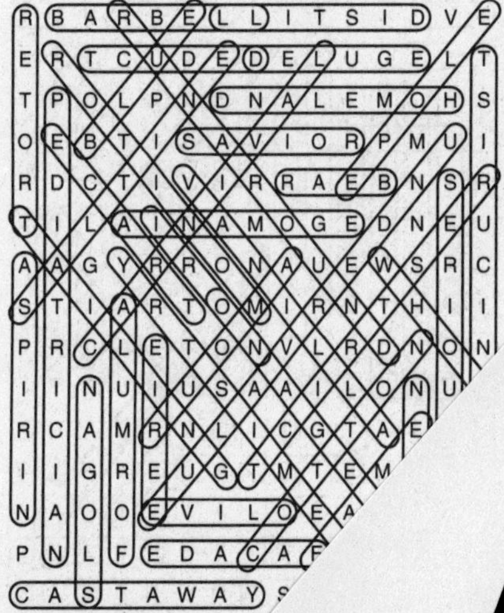

WORD SEEK 11

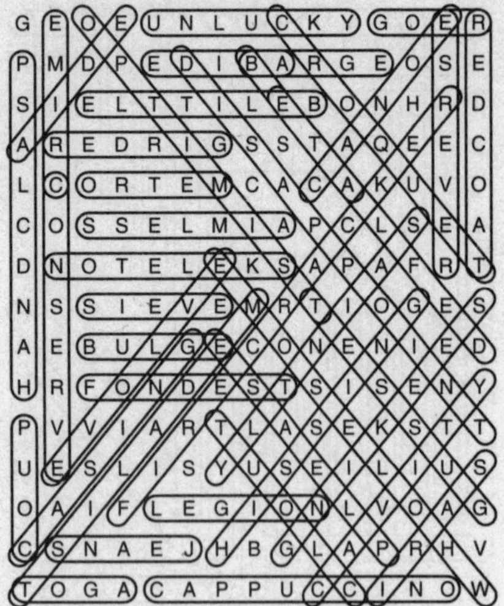

WORD SEEK 12

E O V I F U I S L I E B A P I
P E L T L A E G G B S O P S E
I N O U E B K C Z I T L D A R
A M M A E A S T M O G I P P E
T Y R L O F N M U Y H B N E H
O N E V R B E A E R A P I U N
I O T A N R Z M N L A I M A B
F O U R I U M A T T E N R S E
L E P C E H R O F C S O D M U
I O N N D S E F P E V I I L R
S G T P R I S O T E I T R U R
S H L P E A R H S L S L G E A
T A A A I R H T E N S R K E A
I H O N V O A M S E E E Z Z N
O C B I A T S P I W T E K D N

WORD SEEK 13

A L S E F Z I O E H C T E A Y
V L Y E Z M D E U P H H E M I
H W O T C R N E K S A R A F S
N O T P C I P H E S A B H T K
U D C Y E S E L D M R E P D Z
P I N L T A D E N A E T E R E
U L T E A L A M A N D A S U F
A A R T R V R O M L H P R C A
L P E S C C D V V E I I Z S T
L W P W I F I H F L O L I L N
N F G R N E N A E D T R C H E
I B I V T I O L V A K F H G N
S L S Y N T C B I A B C R W M
V O U O G Y A L A E A S O E O
U B S U Y E T N O P C K C R P

WORD SEEK 14

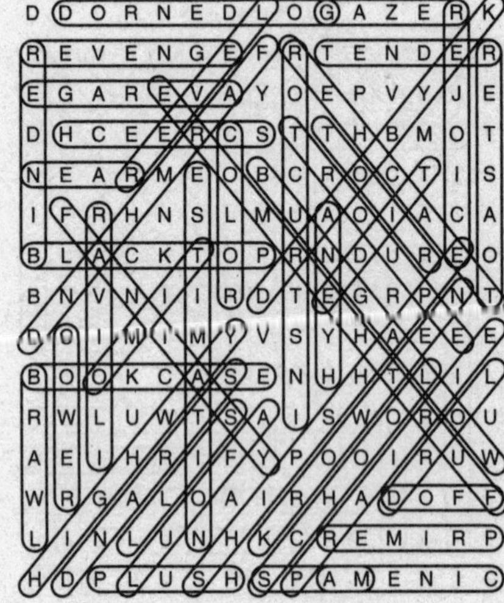

WORD SEEK 15

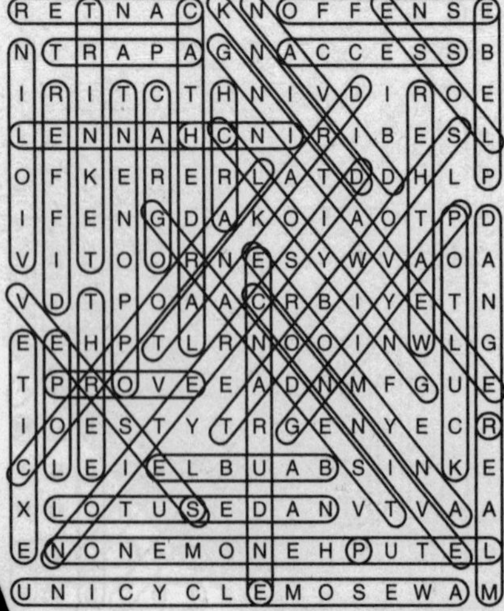

WORD SEEK 16

WORD SEEK 17

WORD SEEK 18

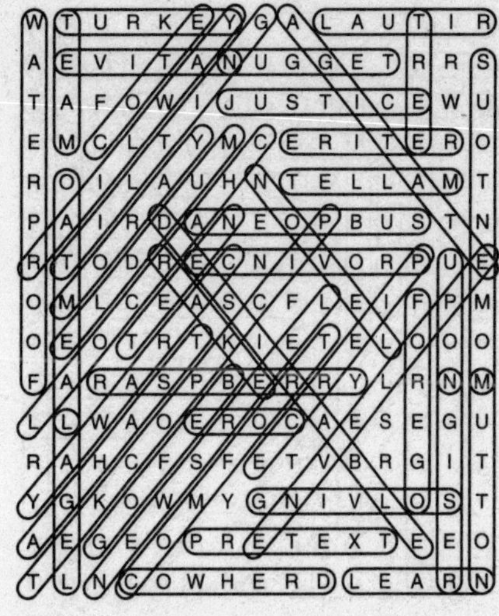

WORD SEEK 19

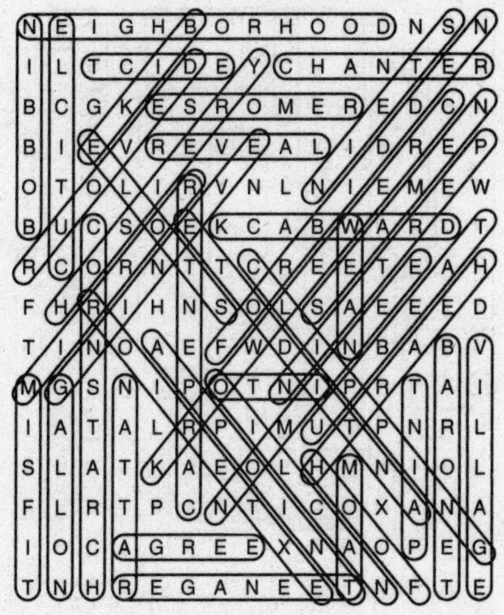

WORD SEEK 20

R	E	L	E	D	O	Y	E	O	M	A	N	T
O	C	I	R	C	U	L	A	T	E	R	N	S
F	R	O	S	T	R	D	H	M	I	E	A	U
I	A	E	M	N	E	I	M	T	M	P	R	O
G	F	C	E	M	N	P	O	I	I	E	E	L
H	T	A	E	U	E	A	A	N	E	N	R	A
T	S	M	D	T	P	R	E	P	L	Y	E	E
D	M	I	I	U	O	I	C	A	I	D	O	Z
T	A	R	V	T	E	D	U	I	N	G	I	I
U	N	G	A	L	Y	Q	E	T	A	N	Y	R
E	E	R	T	N	E	A	C	H	N	L	I	C
E	Y	A	U	G	L	R	E	I	K	S	B	O
E	B	M	O	B	L	E	A	C	H	E	R	N

WORD SEEK 21

E	E	V	I	T	U	C	E	X	E	P	O	S
U	P	L	I	F	T	I	N	N	X	S	S	N
N	K	A	P	U	A	D	J	O	T	E	P	O
D	O	E	N	I	P	O	V	E	R	L	A	Y
E	U	Z	T	E	Y	W	E	T	A	T	C	N
R	D	T	A	A	A	E	T	Y	N	E	I	A
S	O	A	B	L	R	U	W	M	E	G	S	C
T	E	L	L	I	B	E	T	T	O	R	N	O
A	E	P	O	E	A	I	N	T	U	I	I	M
N	I	S	H	R	N	U	D	I	S	T	R	P
D	A	E	T	I	D	Y	Q	D	C	S	T	O
P	S	E	L	A	I	R	T	A	E	N	N	T
T	N	N	O	I	T	C	N	U	J	N	I	E

WORD SEEK 22

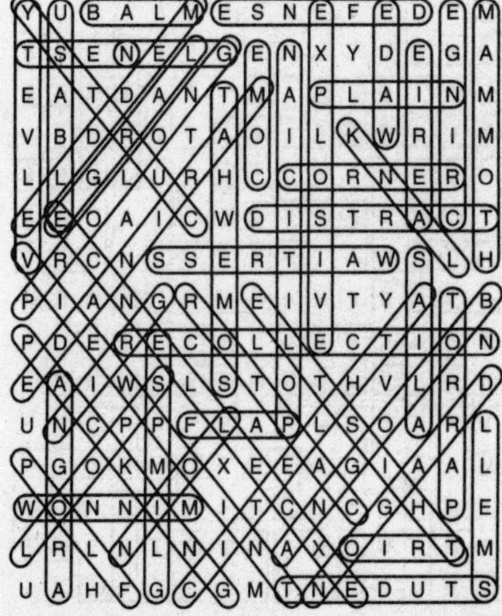

WORD SEEK 23

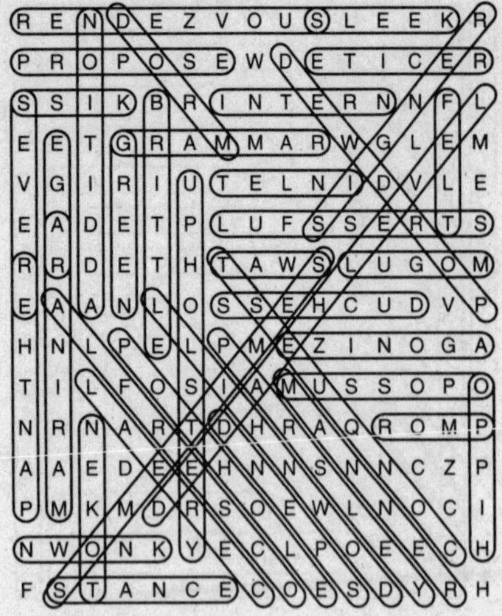

WORD SEEK 24

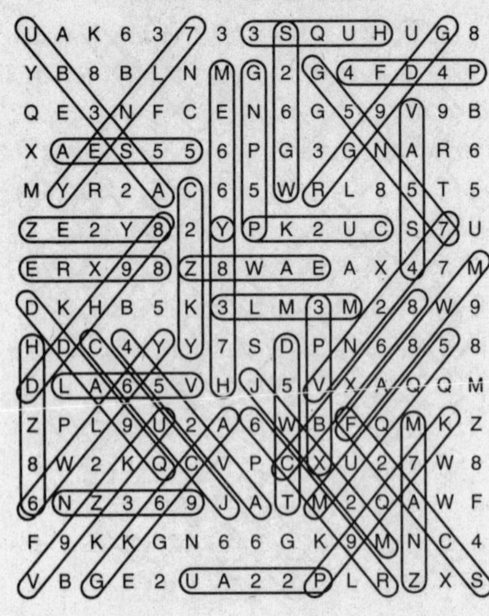

WORD SEEK 25

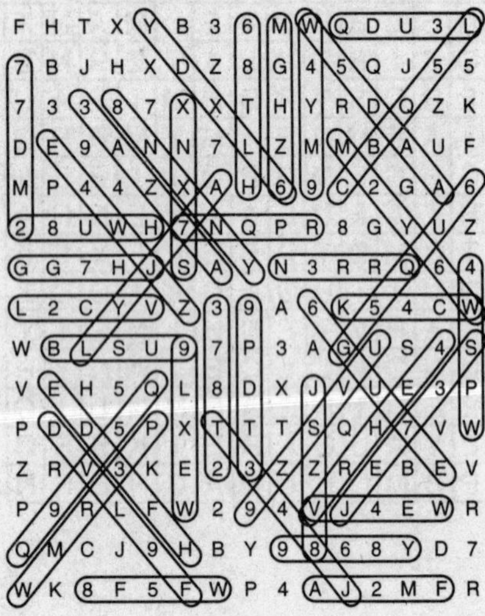

WORD SEEK 26

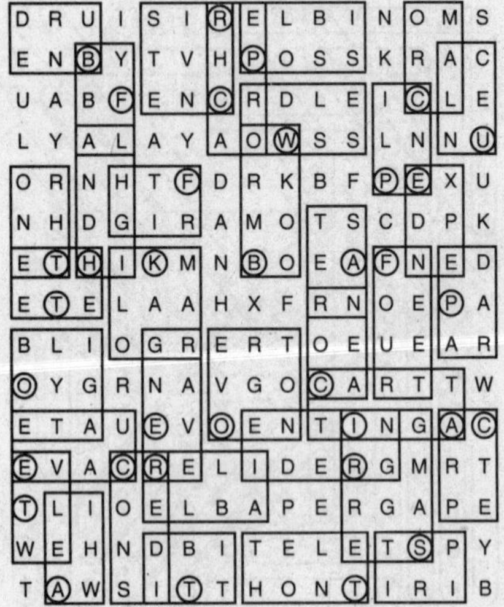

WORD SEEK 27

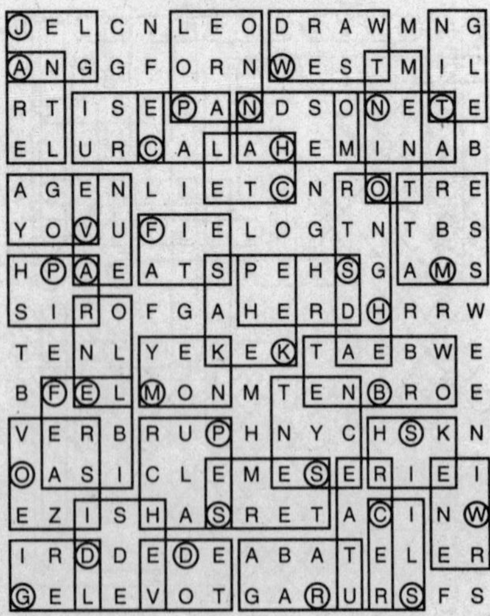

WORD SEEK 28

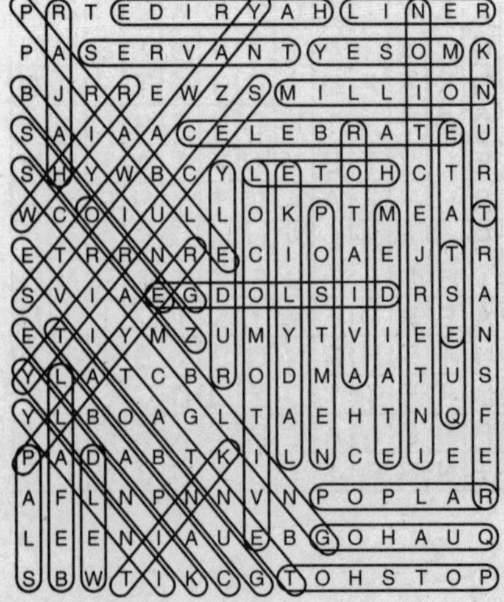

WORD SEEK 29

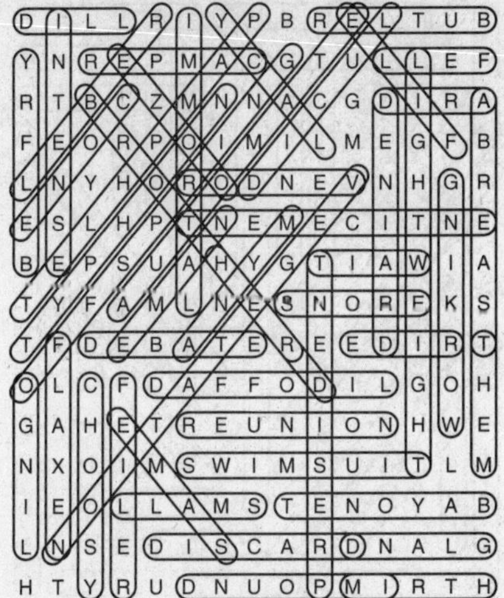

WORD SEEK 30

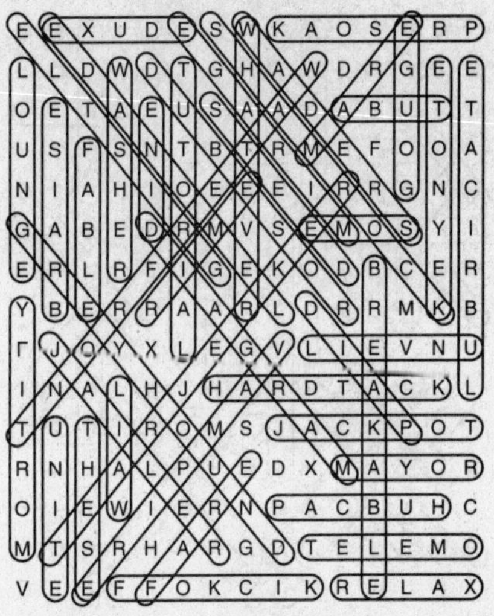

WORD SEEK 31

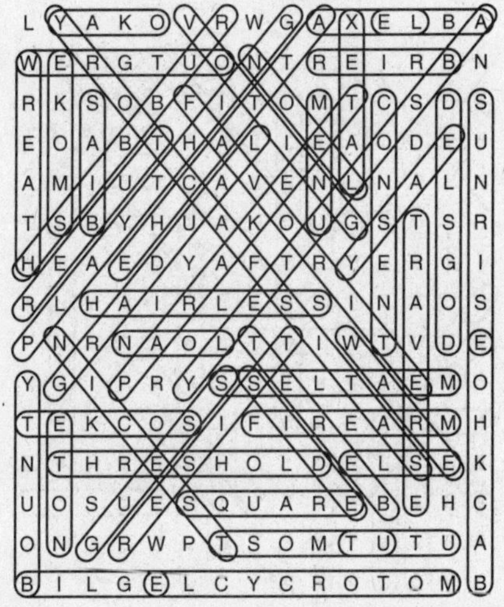

WORD SEEK 32

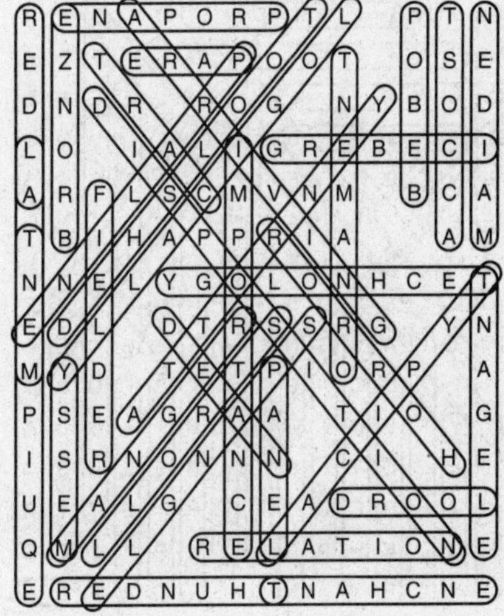

WORD SEEK 33

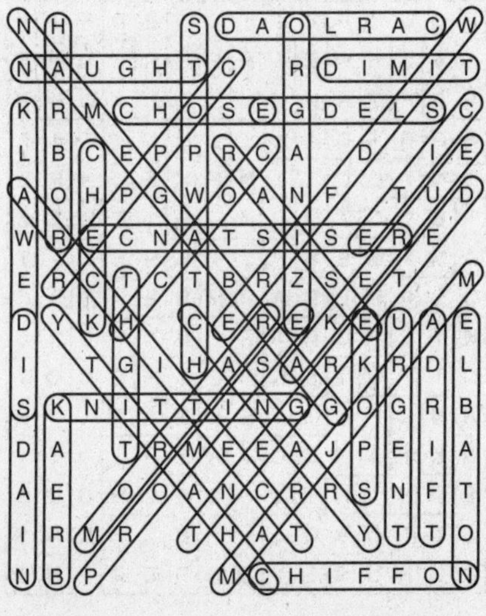

WORD SEEK 34

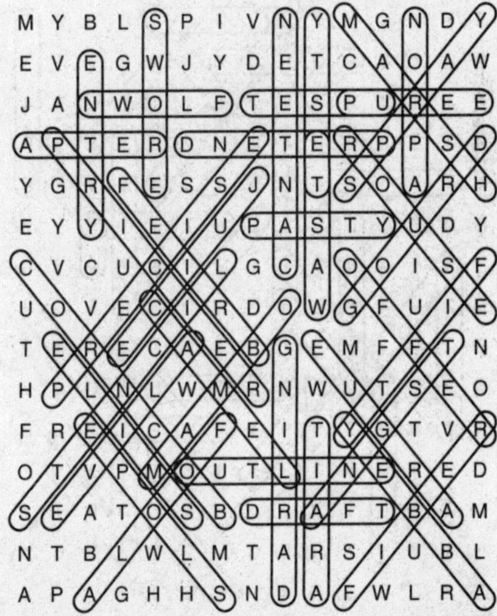

WORD SEEK 35

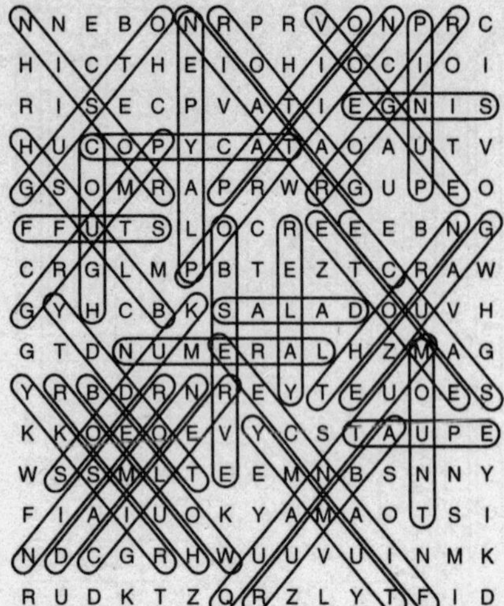

WORD SEEK 36

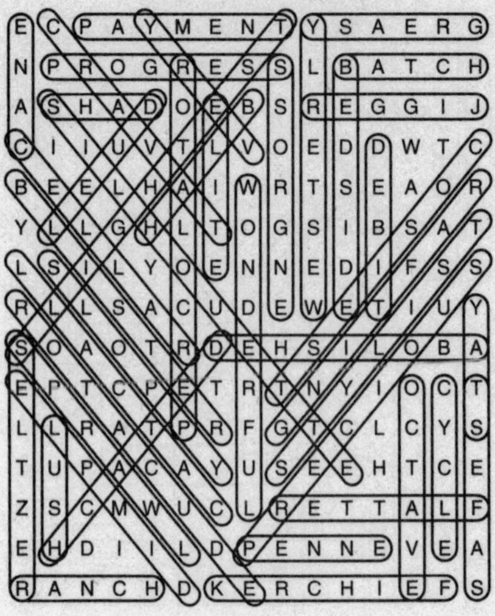

WORD SEEK 37

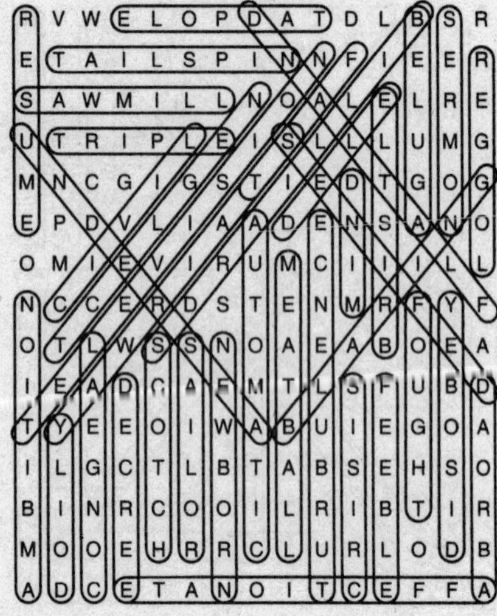

WORD SEEK 38

WORD SEEK 39

WORD SEEK 40

H	G	U	O	R	L	T	T	L	I	E	D	B	I	P
F	A	S	H	O	E	I	N	E	S	C	L	L	P	E
E	R	P	T	K	N	U	M	N	I	L	A	O	W	B
R	G	R	I	G	A	L	E	L	U	N	I	E	I	E
U	N	T	O	U	Y	I	N	F	K	E	D	N	R	F
T	B	L	C	T	O	L	N	O	E	I	E	D	L	A
A	M	I	M	E	K	P	O	T	S	R	S	E	T	T
O	C	P	U	L	B	A	R	M	S	E	P	S	I	C
K	I	E	H	U	R	T	R	P	E	N	R	O	B	E
C	T	T	C	I	L	N	O	O	R	N	G	N	O	T
A	N	L	F	N	T	I	E	F	R	A	P	I	X	H
N	K	I	A	N	C	C	T	A	E	P	T	M	I	Y
E	D	N	I	N	Y	Y	C	R	E	O	R	C	U	O
U	L	I	O	V	O	L	L	O	B	V	E	H	B	S
X	U	R	U	S	E	V	E	N	R	E	R	I	N	O

WORD SEEK 41

M	O	H	D	U	A	D	I	K	O	R	T	A	U	H
E	R	W	C	F	R	F	F	S	H	X	S	T	N	C
S	U	M	O	N	T	E	U	R	S	E	A	V	R	E
D	E	R	I	S	A	H	E	E	I	C	N	D	A	B
I	T	Y	D	E	R	A	Z	S	G	E	E	N	N	E
D	I	C	E	V	D	R	A	T	H	E	H	D	O	L
I	W	A	R	T	E	B	S	U	M	R	E	A	I	L
N	R	E	B	R	A	N	O	E	R	P	P	R	L	A
G	R	S	E	K	H	E	V	R	Y	E	R	L	Y	M
T	Y	O	N	E	N	E	R	N	D	S	Y	N	O	R
E	L	O	E	E	D	I	O	A	O	U	R	T	I	N
A	B	G	C	N	E	S	R	G	R	O	R	E	C	O
T	E	S	E	R	R	I	L	L	F	P	O	L	L	H
I	R	O	L	A	M	A	S	E	Y	T	S	I	A	P
C	E	T	C	E	D	Y	H	J	E	T	S	N	I	F

WORD SEEK 42

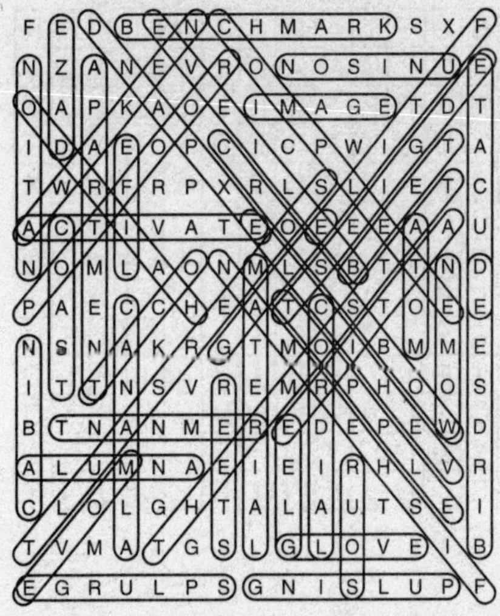

WORD SEEK 43

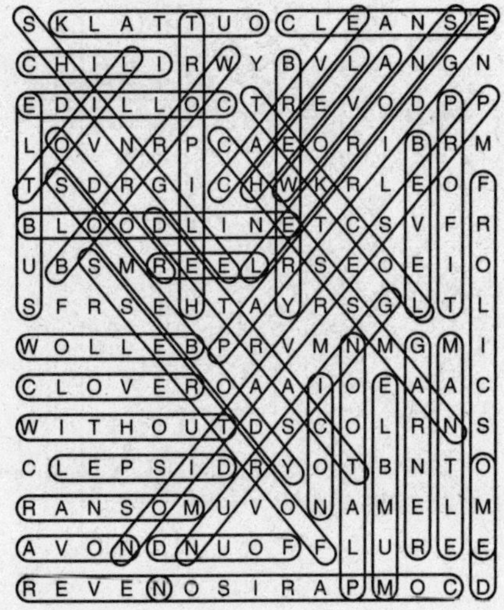

WORD SEEK 44

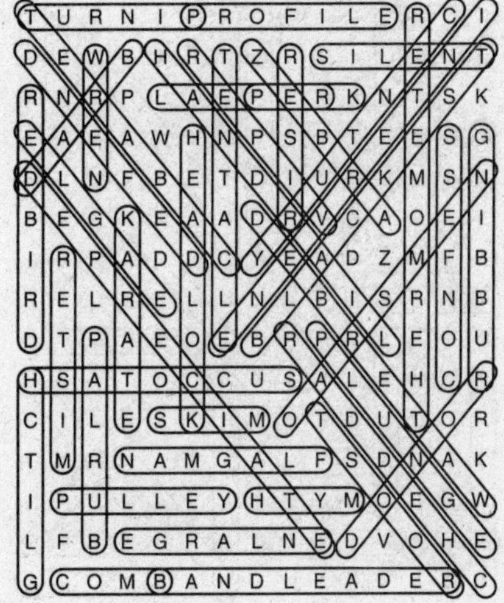

WORD SEEK 45

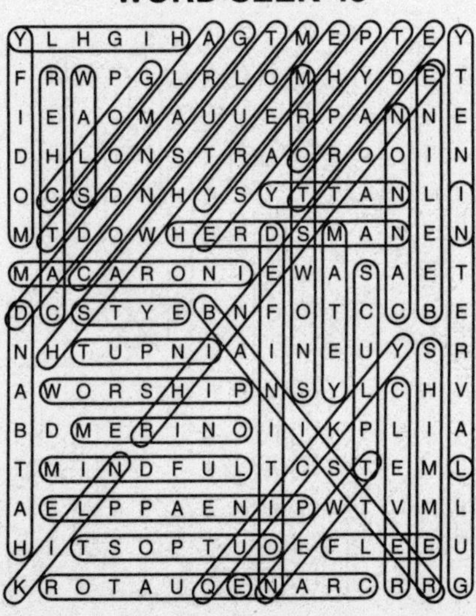

WORD SEEK 46

O	E	N	E	R	G	E	T	I	C	O	O	G
R	R	M	G	D	E	E	R	B	E	T	T	A
E	R	A	B	N	T	D	U	B	L	E	O	L
R	O	R	F	E	I	G	I	A	B	A	L	L
O	N	E	S	I	L	N	U	R	O	W	D	Y
T	E	N	D	E	R	L	O	I	N	A	K	E
A	O	A	R	Y	L	Y	I	R	G	C	E	E
N	U	W	E	T	A	L	O	S	I	A	M	B
N	S	E	P	L	E	S	H	N	H	N	C	E
I	T	H	P	A	Z	U	C	C	H	I	N	I
N	E	A	I	L	T	U	T	A	S	N	O	L
G	R	P	D	N	R	H	A	U	P	E	R	P
T	S	I	R	O	T	O	M	E	R	E	L	Y

WORD SEEK 47

S	G	E	T	A	R	G	I	M	M	I	R	K
I	O	E	T	N	A	D	I	F	N	O	C	E
H	B	R	E	A	C	H	L	O	D	A	H	Y
Y	U	U	K	T	C	E	R	E	R	G	A	E
S	N	E	S	C	S	D	R	E	O	A	I	X
S	G	A	U	Y	I	S	T	R	C	N	R	O
E	L	O	M	N	T	A	I	I	C	I	L	R
L	E	A	A	I	K	N	L	L	A	D	I	T
E	S	T	C	E	N	I	I	Y	S	P	F	H
K	E	V	R	E	S	I	X	A	I	E	T	O
O	Y	C	A	R	C	O	M	E	D	U	A	D
Y	U	M	M	Y	O	O	D	U	A	E	E	O
E	L	D	E	E	W	T	B	B	M	U	N	X

WORD SEEK 48

WORD SEEK 49

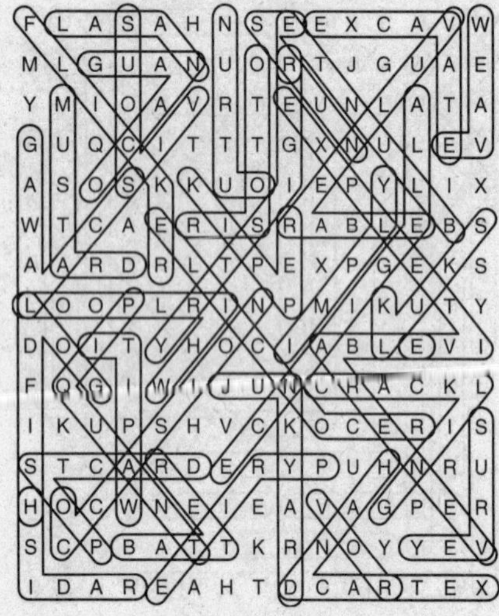

WORD SEEK 50

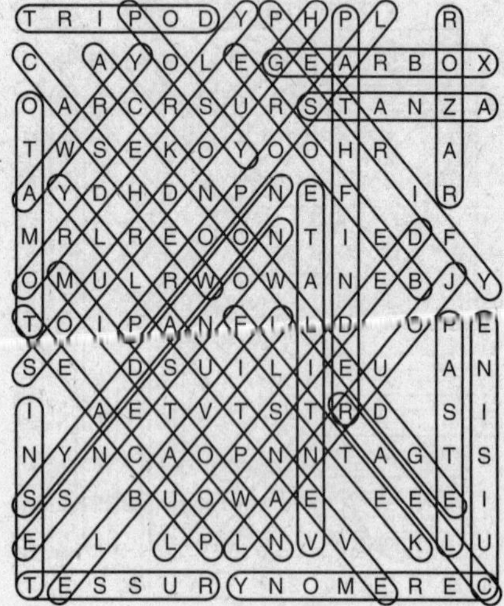

WORD SEEK 51

WORD SEEK 52

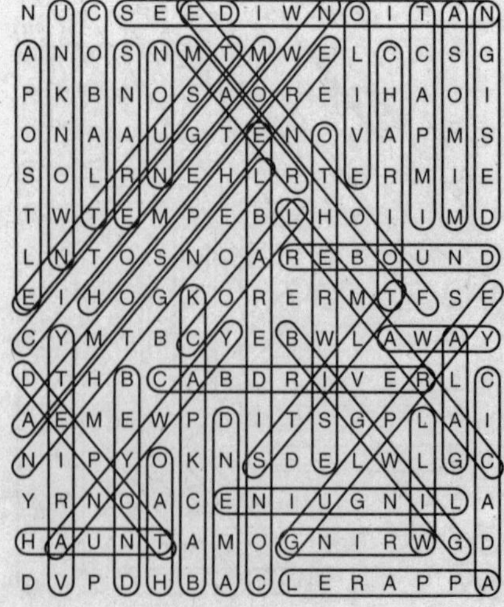

WORD SEEK 53

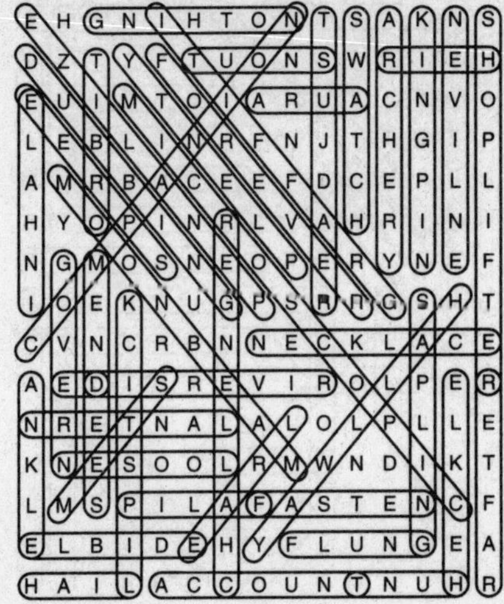

WORD SEEK 54

WORD SEEK 55

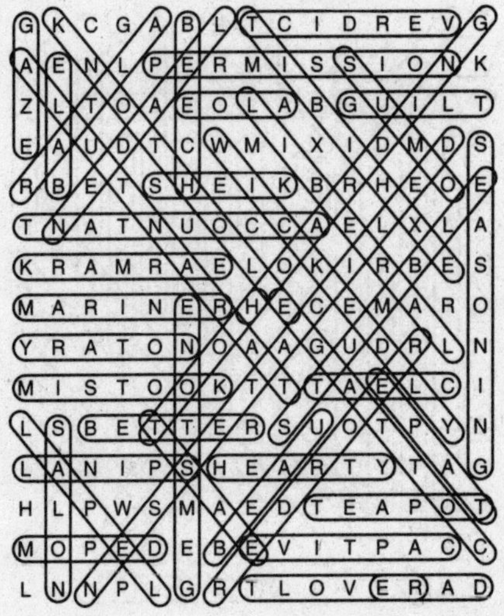

WORD SEEK 56

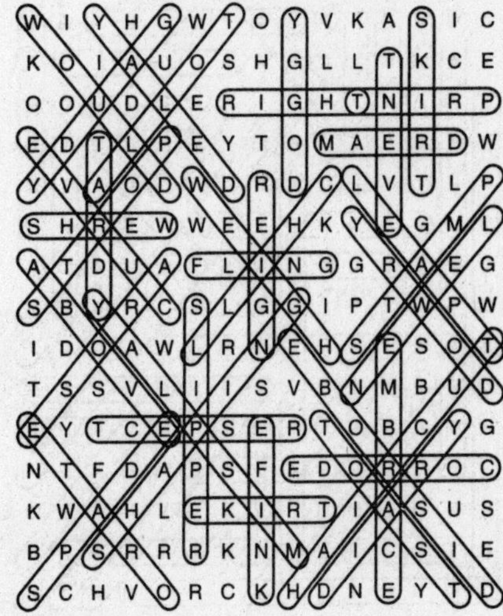

WORD SEEK 57

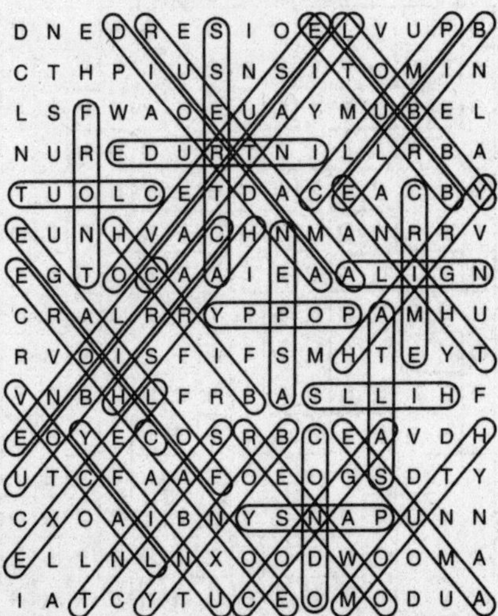

WORD SEEK 58

E	T	A	M	K	N	U	B	L	E	A	R	Y
C	K	I	I	I	O	S	Y	A	P	O	E	T
N	W	A	D	I	S	C	E	R	N	I	N	G
E	N	O	E	E	R	U	O	Y	E	A	R	N
F	O	P	C	R	L	F	E	U	E	D	A	O
R	I	T	O	E	B	P	H	R	M	N	E	I
E	T	N	R	X	S	T	U	T	U	E	T	T
E	I	O	A	A	A	T	R	R	I	I	A	A
S	R	W	T	L	N	U	E	A	D	C	U	T
T	A	E	I	E	O	R	I	S	E	A	A	O
Y	P	D	V	T	L	U	M	U	T	H	U	U
L	P	D	E	L	A	C	I	Z	Z	I	U	Q
E	A	F	T	E	R	M	A	T	H	P	L	B

WORD SEEK 59

I	O	N	T	S	E	W	O	L	L	E	Y	K
N	R	E	T	T	A	P	H	O	T	O	E	C
M	L	E	H	W	R	E	D	N	U	T	S	I
G	A	B	G	Y	K	I	G	N	N	S	T	P
X	R	E	I	Z	A	L	G	A	I	T	E	R
A	A	N	E	D	H	S	E	U	C	H	R	E
E	G	L	R	L	T	M	N	N	Y	E	Y	T
R	X	O	F	E	U	A	E	G	C	L	E	A
U	E	A	R	E	O	N	R	N	L	O	A	W
C	T	T	I	R	M	E	I	A	I	H	R	R
E	I	H	S	A	R	U	C	R	S	I	A	E
S	O	C	K	A	E	O	R	O	T	I	C	S
X	O	V	L	O	V	E	N	I	S	O	N	T

WORD SEEK 60

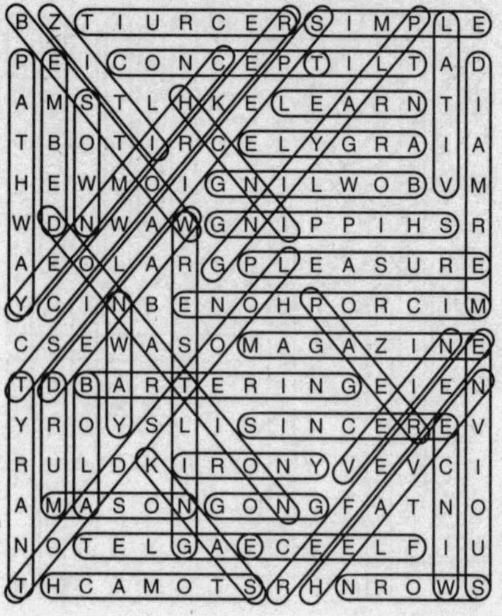

WORD SEEK 61

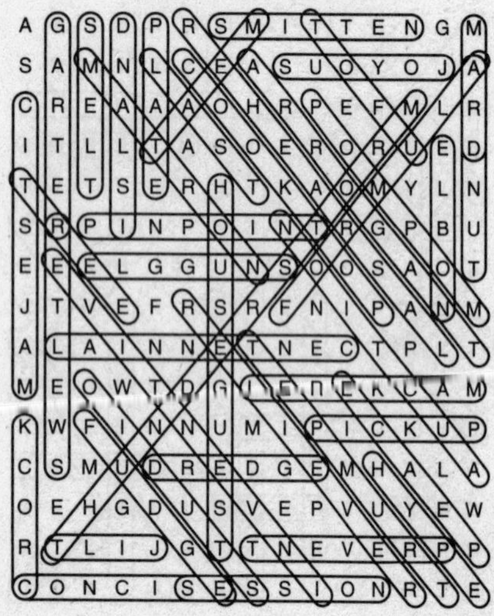

WORD SEEK 62

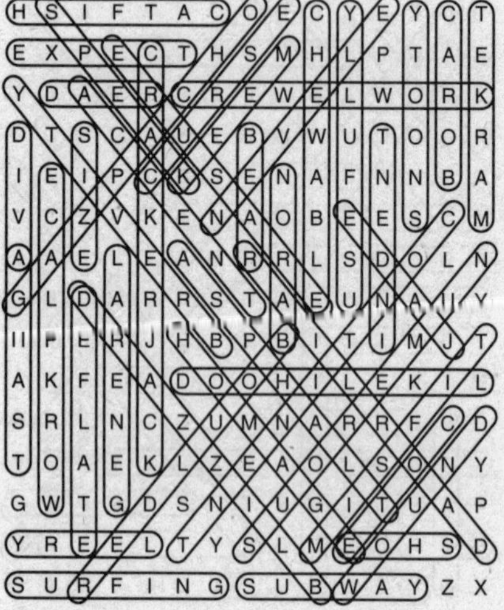

WORD SEEK 63

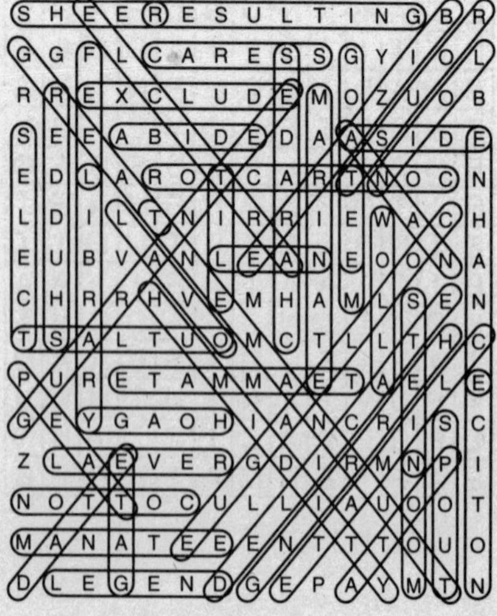

WORD SEEK 64

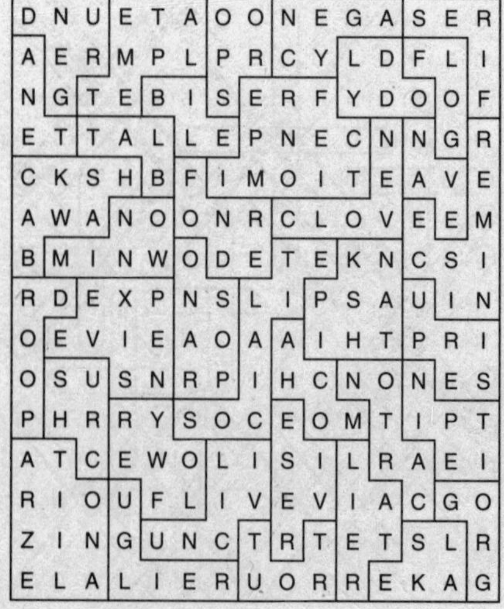

WORD SEEK 65

E	N	I	E	L	B	A	E	L	L	M	U	I	T	A
U	M	P	E	R	A	E	G	B	A	M	T	S	E	T
S	E	U	E	N	W	T	I	E	M	E	N	S	E	C
G	Y	M	T	D	E	A	H	M	O	T	A	G	A	E
N	A	W	R	O	L	B	A	M	L	E	D	E	P	N
I	L	R	S	P	U	T	T	E	N	R	U	C	A	L
R	U	O	P	I	N	G	S	R	U	E	F	K	I	L
O	F	O	D	N	E	R	E	L	B	P	R	A	R	O
O	R	A	H	S	T	C	A	H	T	P	W	N	Y	G
H	E	M	S	T	A	Y	U	G	Y	A	A	K	E	L
R	W	U	R	Y	N	E	N	C	E	M	M	N	G	L
E	V	I	U	T	G	H	T	I	V	U	P	O	L	A
H	S	L	P	E	D	N	I	R	E	O	F	U	R	G
F	I	W	S	L	E	G	R	D	Y	G	L	F	H	O
D	R	O	A	B	S	T	U	D	A	V	A	M	U	K

WORD SEEK 66

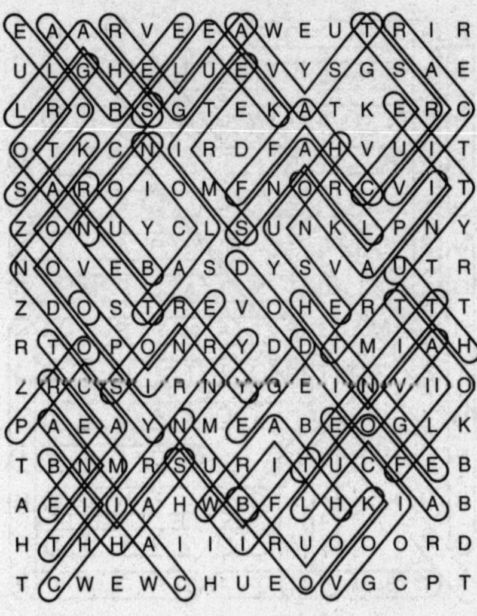

WORD SEEK 67

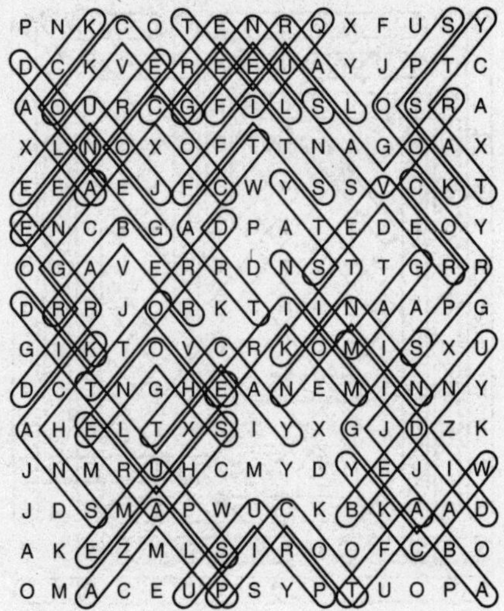

WORD SEEK 68

WORD SEEK 69

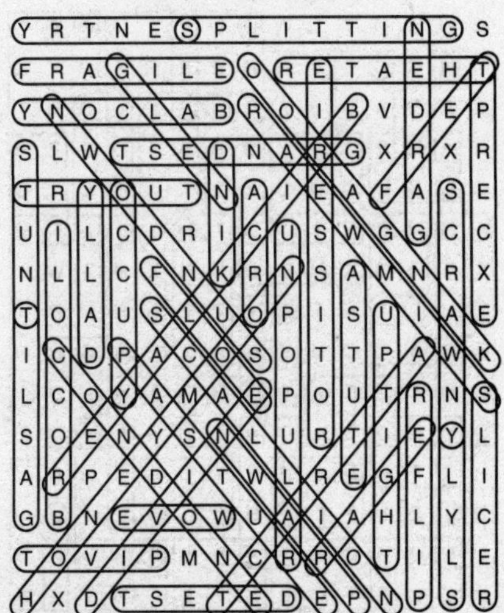

WORD SEEK 70

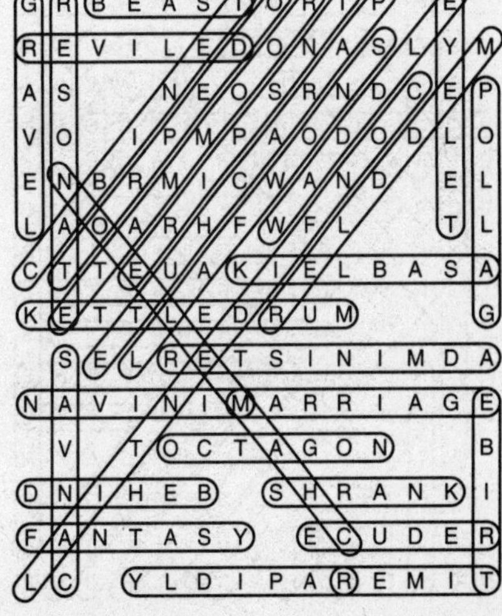

WORD SEEK 71

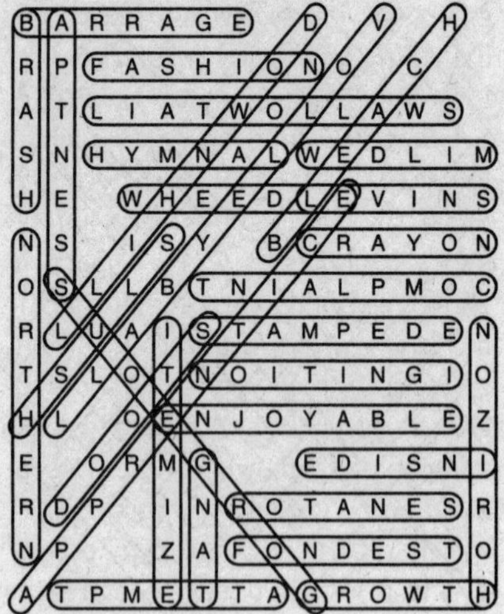

WORD SEEK 72

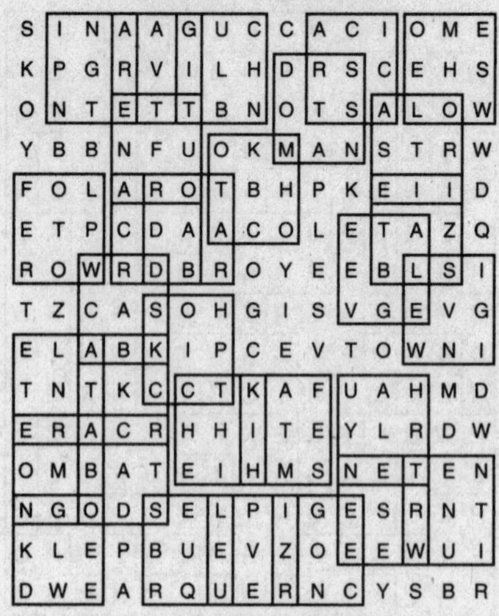

WORD SEEK 73

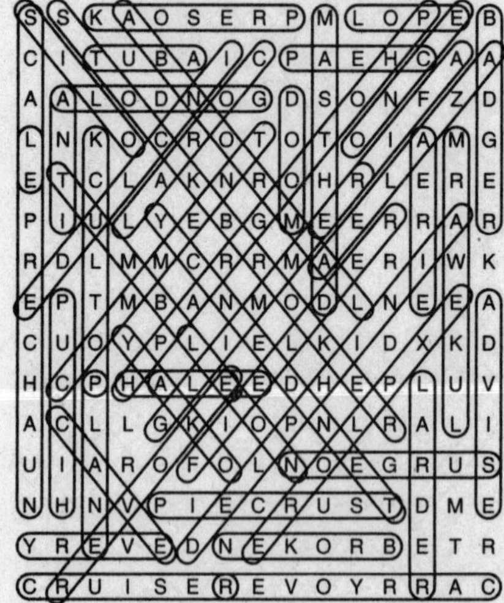

WORD SEEK 74

WORD SEEK 75

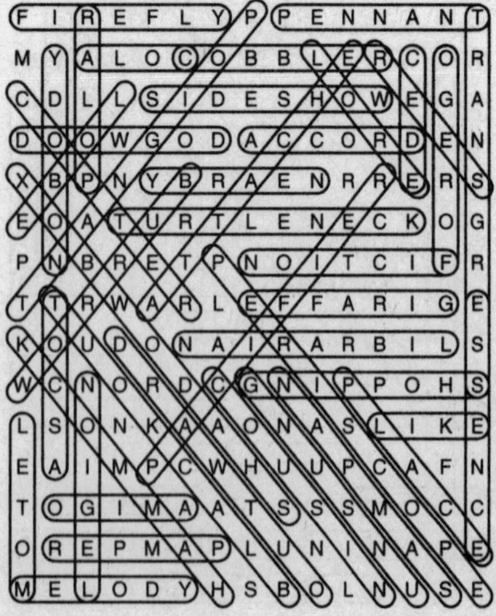

WORD SEEK 76

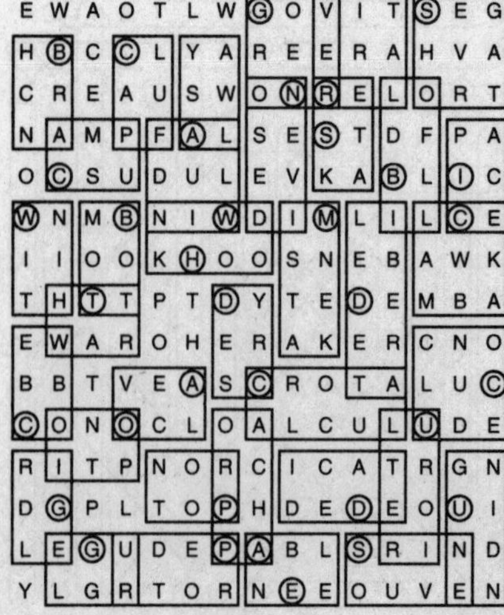

WORD SEEK 77

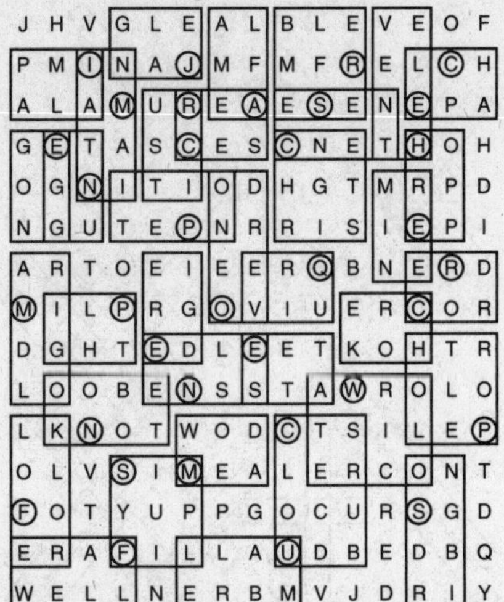

WORD SEEK 78

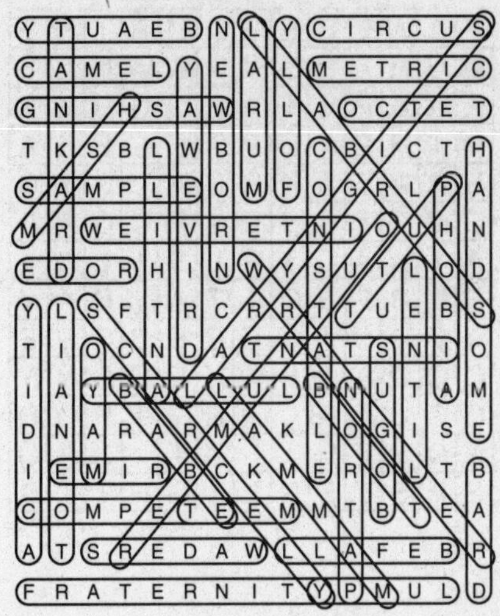

WORD SEEK 79

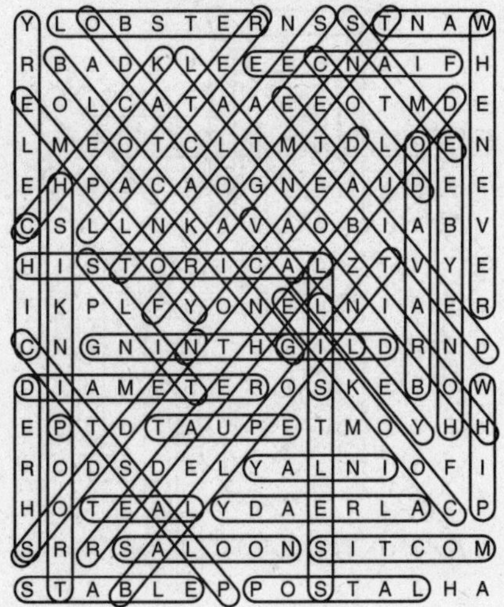

WORD SEEK 80

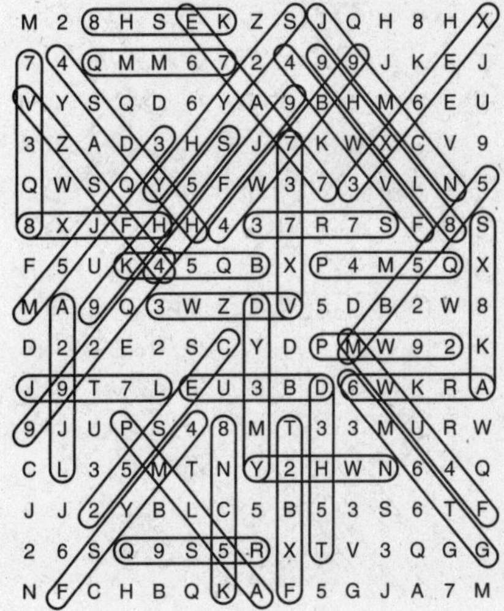

WORD SEEK 81

WORD SEEK 82

Y	S	S	E	N	E	N	A	M	U	H	I	T
K	N	O	R	R	O	A	R	L	E	A	A	P
O	E	I	E	A	L	B	A	R	E	R	A	Y
O	X	F	L	U	G	N	E	L	U	D	E	R
P	A	E	B	O	D	A	L	L	Y	H	O	E
S	L	I	P	N	F	P	A	A	M	E	Y	Y
H	F	A	N	T	A	S	T	I	C	A	D	E
O	O	I	E	Y	D	E	E	N	A	D	D	A
E	D	R	N	O	C	N	L	E	I	E	O	R
T	D	G	N	I	D	I	L	G	E	D	T	B
R	E	O	U	I	T	P	H	L	O	R	O	O
E	R	J	O	Y	U	E	A	O	I	A	R	O
E	V	L	O	S	E	R	E	P	E	N	T	K

WORD SEEK 83

R	A	W	L	B	E	G	D	U	R	T	E	E
M	U	R	A	E	O	Y	A	W	W	U	A	L
R	A	E	R	D	I	A	L	O	G	U	E	B
M	I	H	R	I	E	P	A	E	L	E	E	A
E	A	A	E	S	K	C	S	A	U	C	Y	U
G	M	Z	T	C	Y	E	I	P	O	G	A	L
A	I	A	A	O	T	R	L	S	I	L	A	A
R	H	R	E	N	O	I	T	A	I	R	A	V
U	C	D	B	T	O	E	C	E	G	O	E	E
O	O	O	A	I	F	W	N	E	O	R	N	N
C	O	U	T	N	L	A	R	T	I	P	O	D
N	Q	S	T	U	T	L	R	T	I	S	E	O
E	A	S	T	E	R	L	Y	G	R	I	T	R

WORD SEEK 84

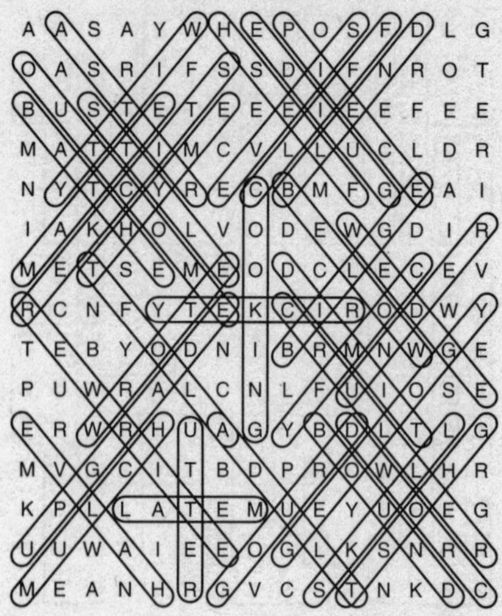

WORD SEEK 85

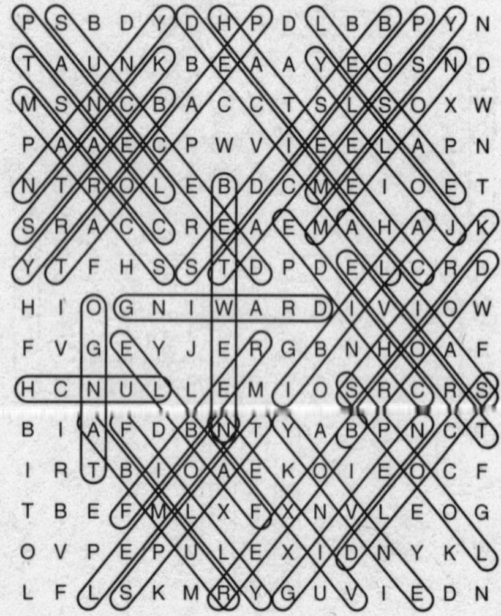

WORD SEEK 86

WORD SEEK 87

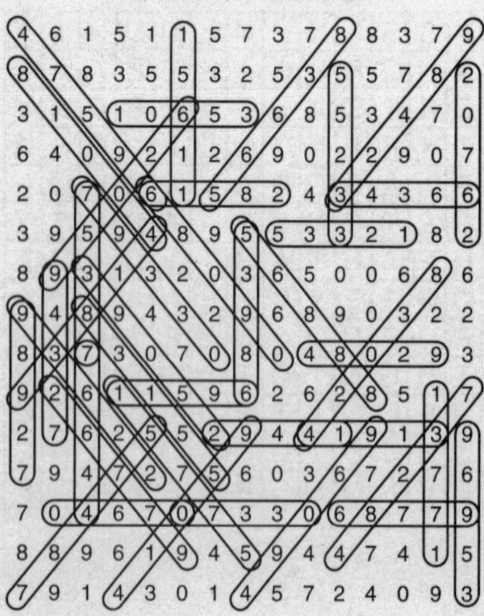

WORD SEEK 88

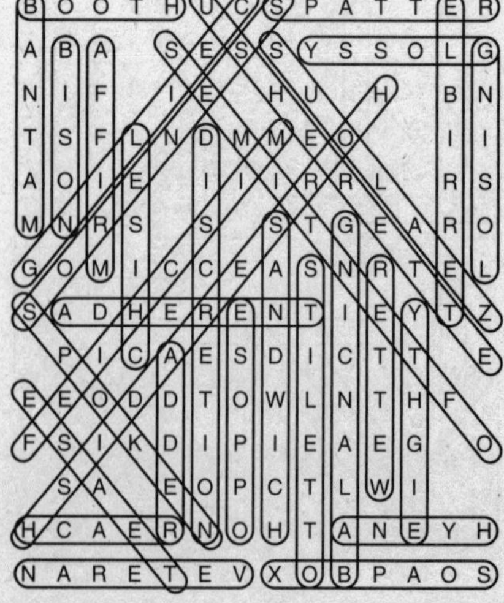

WORD SEEK 89

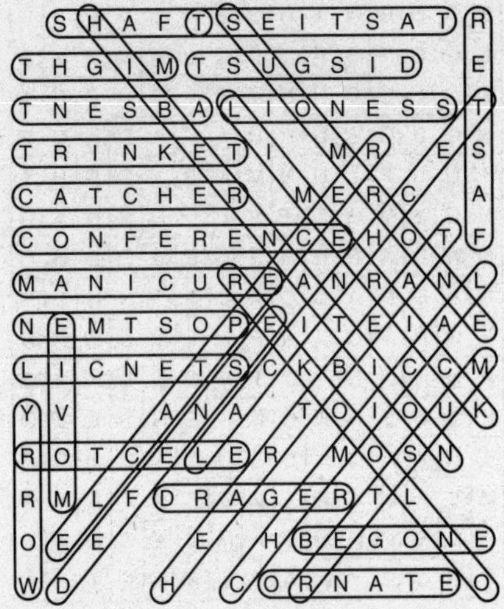

WORD SEEK 90

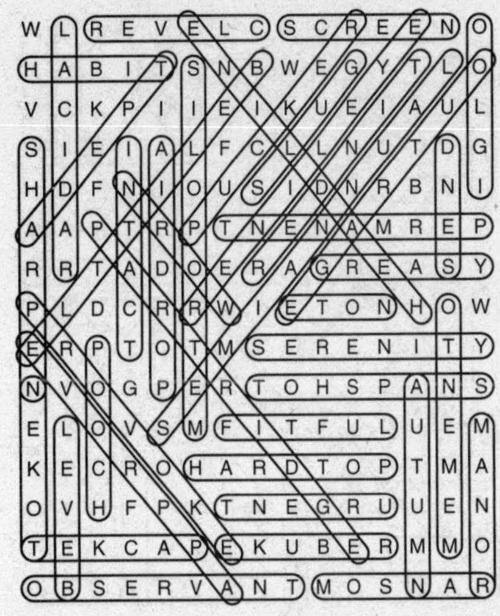

WORD SEEK 91

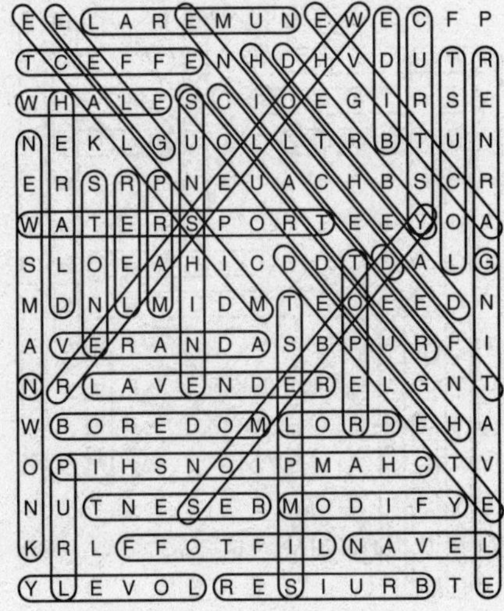

WORD SEEK 92

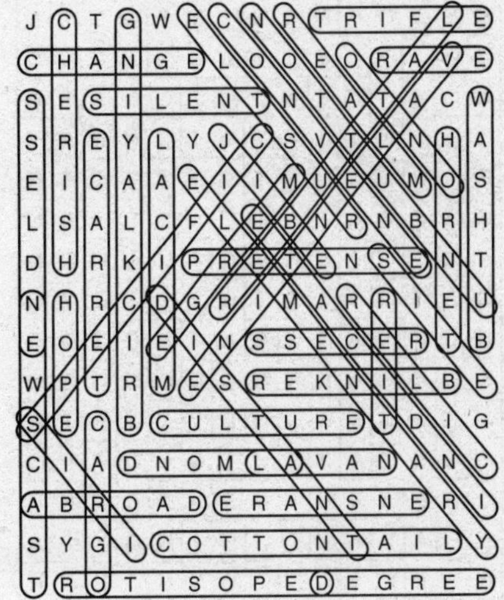

WORD SEEK 93

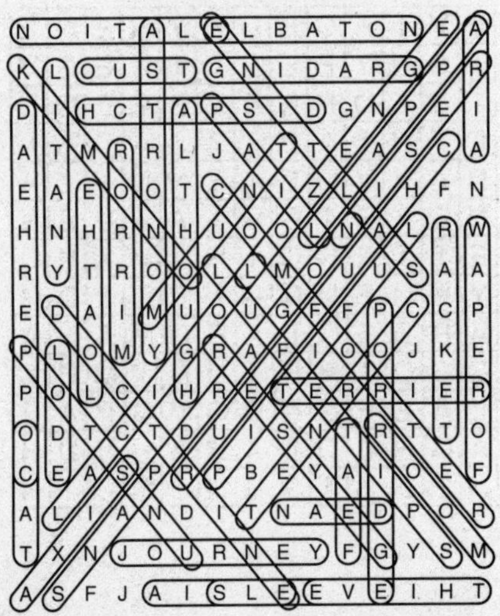

WORD SEEK 94

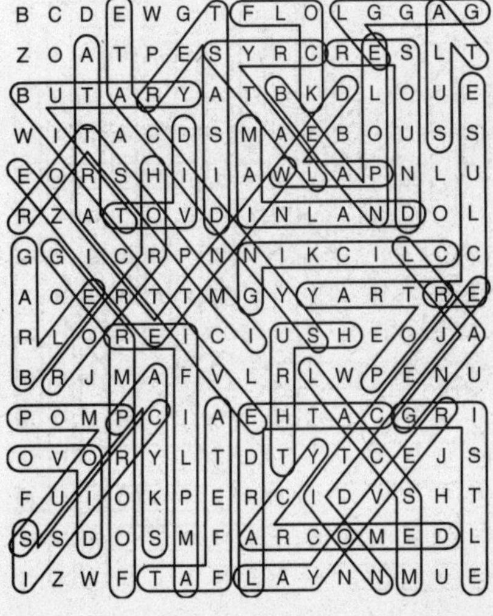

WORD SEEK 95

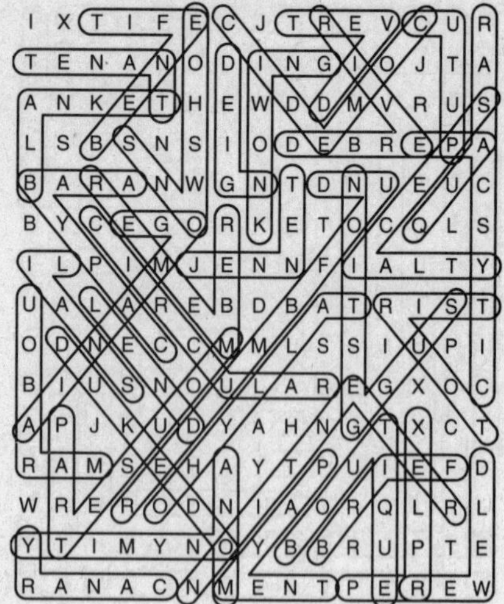

WORD SEEK 96

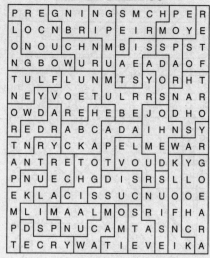

P	R	E	G	N	I	N	G	S	M	C	H	P	E	R
L	O	C	N	B	R	I	P	E	I	R	M	O	Y	E
O	N	O	U	C	H	N	M	B	I	S	S	P	S	T
N	G	B	O	W	U	R	U	A	E	A	D	A	O	F
T	U	L	F	L	U	N	M	T	S	Y	O	R	H	T
N	E	Y	V	O	E	T	U	L	R	R	S	N	A	R
O	W	D	A	R	E	H	E	B	E	J	O	D	H	O
R	E	D	R	A	B	C	A	D	A	I	H	N	S	Y
T	N	R	Y	C	K	A	P	E	L	M	E	W	A	R
A	N	T	R	E	T	O	T	V	O	U	D	K	Y	G
P	N	U	E	C	H	G	D	I	S	R	S	L	L	O
E	K	L	A	C	I	S	S	U	C	N	U	O	O	E
M	L	I	M	A	A	L	M	O	S	R	I	F	H	A
P	D	S	P	N	U	C	A	M	T	A	S	N	C	R
T	E	C	R	Y	W	A	T	I	E	V	E	I	K	A

WORD SEEK 97

B	E	T	C	H	N	R	N	I	M	E	O	G	T	T
E	W	I	I	H	S	E	T	W	O	N	I	O	U	O
N	O	H	P	H	S	A	C	Q	T	G	N	A	S	P
R	T	P	N	I	E	L	Y	U	I	G	N	P	A	Y
E	I	R	E	T	G	C	T	R	R	T	I	C	T	H
C	S	P	E	S	A	A	I	U	A	N	S	I	E	N
A	N	T	G	I	L	P	V	C	I	N	C	O	D	D
G	A	O	C	D	I	T	I	N	P	S	I	O	O	R
E	L	L	T	A	Z	E	E	E	T	E	C	T	D	O
S	H	K	E	N	K	R	N	O	D	B	O	H	O	N
A	L	C	I	N	W	O	N	D	L	T	X	R	T	R
T	C	S	T	I	R	T	U	T	O	L	O	F	F	O
S	E	P	A	P	E	O	N	E	M	A	D	E	F	F
E	H	A	P	A	L	E	H	U	J	R	G	X	I	A
B	S	L	C	I	R	I	T	S	N	U	O	L	O	H

WORD SEEK 98

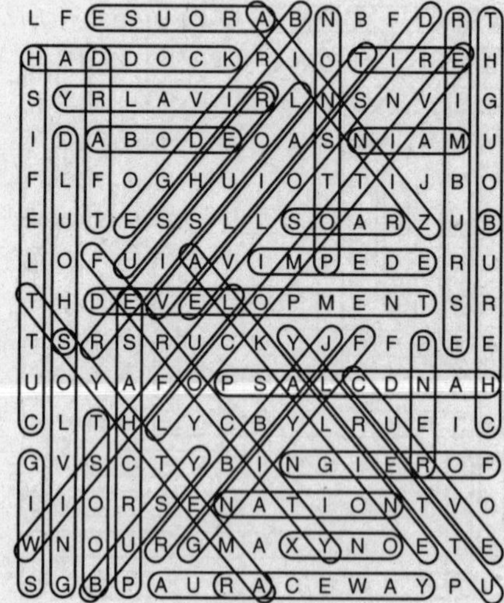

WORD SEEK 99

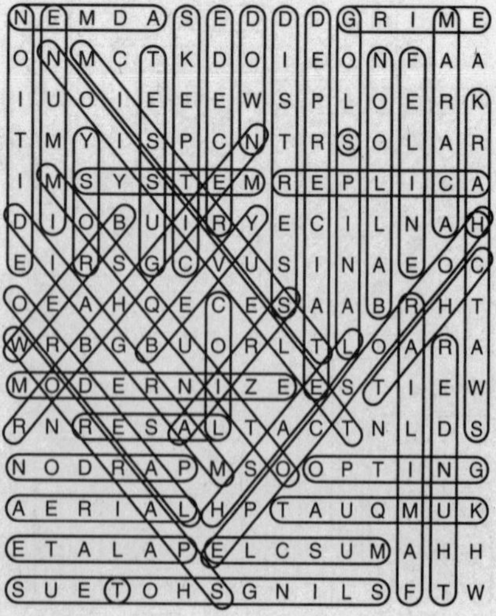

WORD SEEK 100

E	V	I	E	C	E	D	R	Y	R	E	M	E
I	S	H	Y	E	E	E	E	T	E	E	B	M
T	E	K	D	R	N	B	I	B	G	E	O	U
E	T	N	I	A	P	I	Z	Z	A	D	W	L
N	A	V	V	O	E	T	T	N	N	T	L	A
N	E	A	R	T	G	H	I	A	A	U	E	N
E	T	T	E	N	O	I	R	A	M	A	K	O
Y	R	U	F	U	M	B	L	E	I	I	D	G
A	R	E	E	O	L	A	R	O	M	A	N	A
C	L	O	T	H	R	I	U	H	I	M	P	X
L	A	E	E	S	N	D	O	M	C	P	A	E
A	G	R	O	O	L	A	B	A	L	L	U	H
M	E	L	B	A	S	U	N	C	O	U	T	H

WORD SEEK 101

R	D	E	G	A	F	T	E	R	O	G	G	E
I	H	N	N	N	N	E	C	R	A	U	N	L
S	K	I	F	F	I	E	E	E	E	F	M	I	L
T	W	M	Y	N	A	Z	A	P	J	L	T	I
E	C	A	L	A	P	E	A	R	R	B	U	R
P	R	X	N	O	I	S	S	E	S	B	O	G
P	N	E	K	O	Q	R	L	T	O	F	P	A
E	A	E	H	L	U	E	P	S	F	W	E	D
B	O	R	E	C	E	P	T	I	O	N	R	W
I	E	E	O	R	A	M	C	R	L	S	A	Y
F	O	W	L	W	U	E	H	R	A	L	T	V
L	I	O	F	E	R	T	L	A	Y	N	O	I
U	G	N	I	D	A	E	R	B	E	A	R	D

WORD SEEK 102

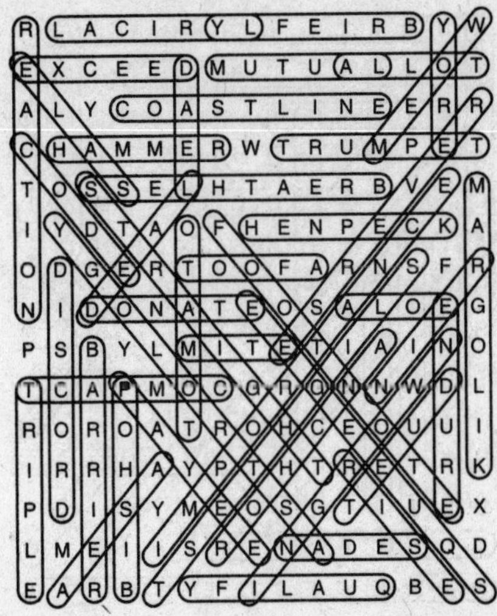

WORD SEEK 103

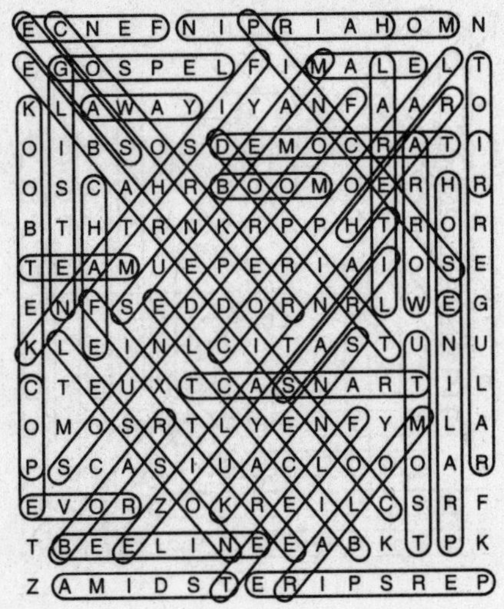

WORD SEEK 104

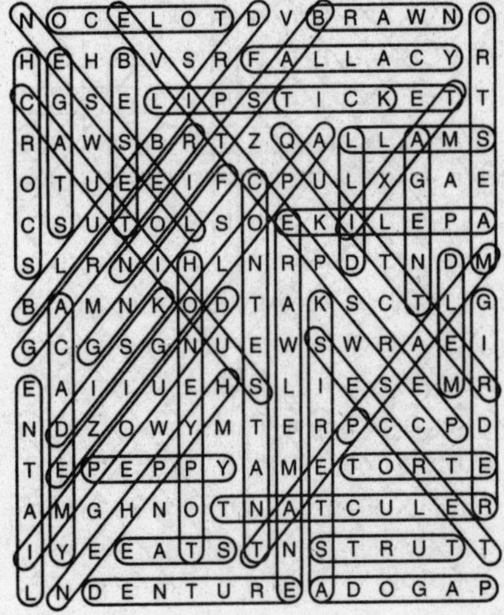

WORD SEEK 105

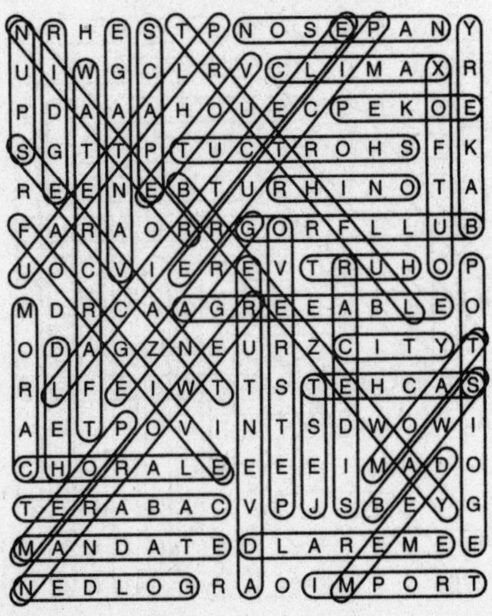

WORD SEEK 106

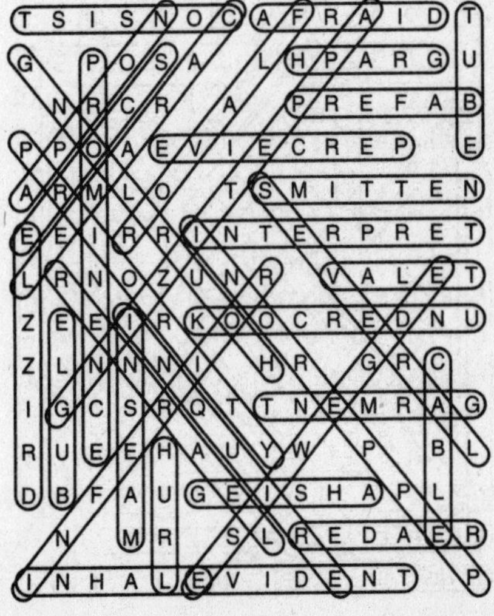

WORD SEEK 107

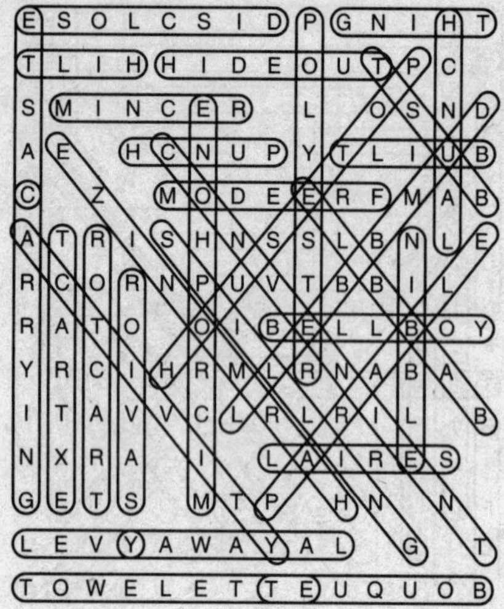

WORD SEEK 108

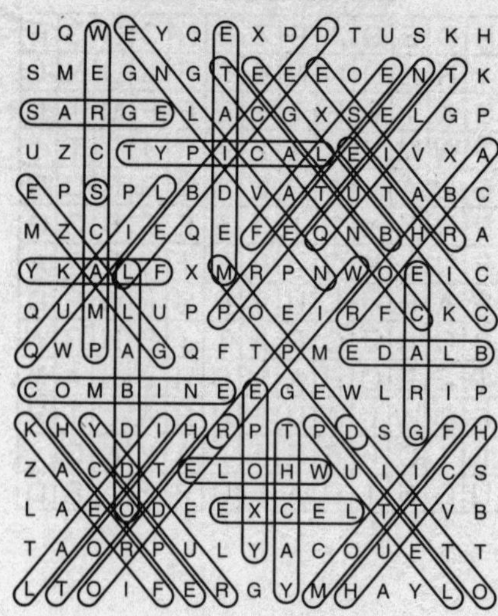

WORD SEEK 109

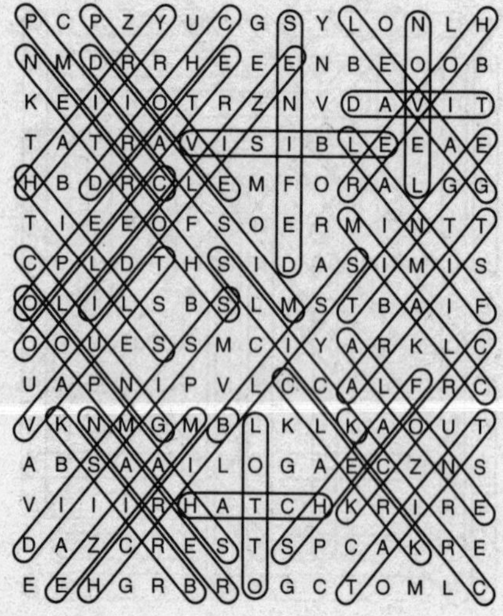

WORD SEEK 110

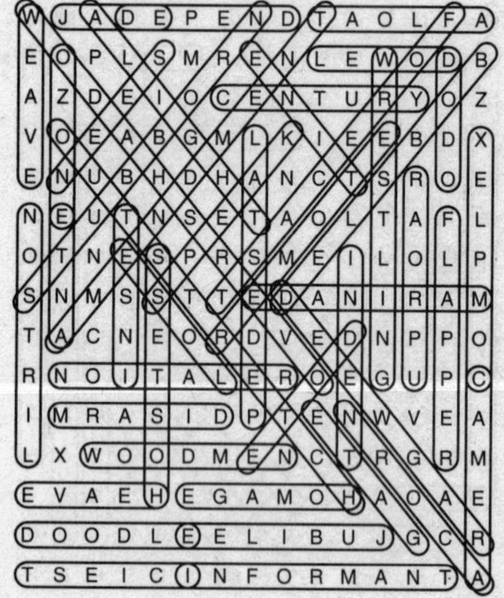

WORD SEEK 111

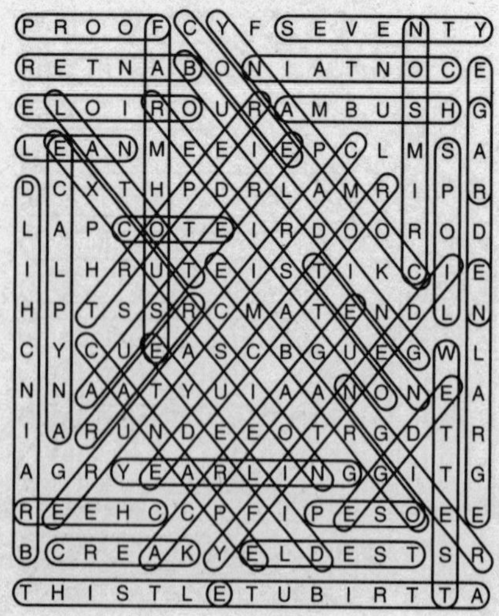

WORD SEEK 112

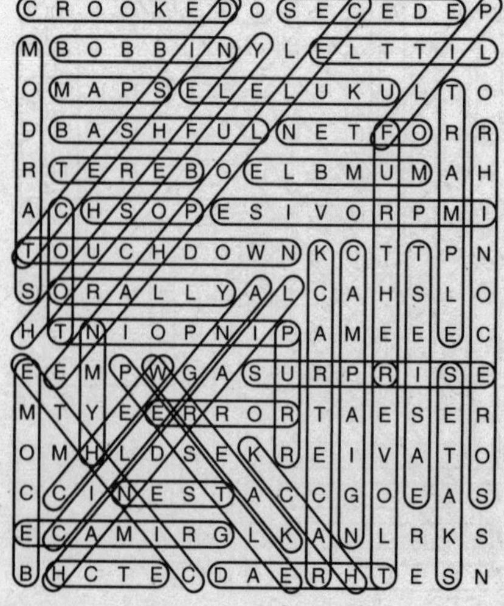

WORD SEEK 113

K	T	E	N	T	H	P	L	A	T	O	O	N	L	R
I	B	E	L	O	S	N	I	U	S	A	S	H	A	Y
N	L	B	E	T	T	E	R	C	I	T	A	N	A	F
D	A	D	O	O	D	M	T	T	Y	T	T	E	R	P
L	C	P	D	A	B	U	O	I	E	Z	U	A	G	G
Y	K	A	U	Y	T	I	R	O	H	T	U	A	T	A
R	E	S	O	Z	G	N	Y	N	N	W	R	I	T	B
E	N	T	R	Y	W	A	Y	I	G	B	M	S	I	N
M	M	U	H	A	W	R	N	N	A	S	E	R	K	A
M	R	R	S	E	K	E	V	G	N	V	D	A	R	E
U	W	E	E	E	Z	G	E	A	P	C	E	O	M	B
S	E	R	T	A	P	M	R	I	A	L	M	O	P	A
S	F	U	R	L	A	T	H	G	B	E	A	M	R	R
X	O	B	D	N	A	S	E	E	R	E	D	N	E	G
P	E	T	T	I	C	O	A	T	S	T	A	R	K	E

WORD SEEK 114

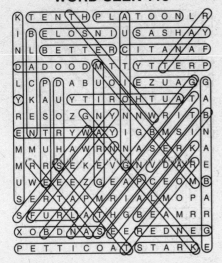

Y	T	T	A	P	E	D	I	C	U	R	E	S
T	A	S	Y	R	A	O	P	E	R	H	E	A
S	E	L	A	E	E	S	O	O	I	L	Z	M
K	O	W	A	V	E	R	T	O	D	I	I	L
N	E	I	I	E	A	R	C	O	G	D	P	E
B	E	R	E	N	E	P	O	N	R	U	S	H
E	D	E	E	T	G	B	R	O	A	A	T	W
T	E	T	R	I	S	B	G	I	Z	B	L	R
I	S	A	C	O	I	P	A	T	C	E	U	E
C	P	P	L	N	B	E	N	C	A	O	G	D
X	O	E	T	I	K	M	Z	N	K	D	T	N
E	T	H	I	C	A	L	A	U	U	N	R	U
E	S	R	U	P	H	D	O	J	U	R	O	R

WORD SEEK 115

C	I	N	U	R	E	S	I	D	E	N	C	E
L	E	O	I	L	E	L	E	S	U	B	I	T
E	W	N	X	T	L	S	A	G	O	O	R	E
V	D	A	M	P	E	R	E	W	A	R	E	H
A	R	N	N	O	E	V	E	N	N	N	N	C
E	H	A	S	Y	X	E	F	A	D	U	E	A
W	O	C	Y	R	T	N	A	L	L	A	G	M
R	N	O	A	C	R	H	T	E	A	A	A	A
E	E	N	U	T	A	C	I	T	R	P	S	N
T	O	D	I	R	E	P	A	N	A	C	E	A
N	N	A	N	Y	L	I	E	L	G	C	O	C
I	N	E	L	A	S	T	I	C	O	A	U	L
T	E	S	N	U	S	Y	N	C	K	B	S	E

WORD SEEK 116

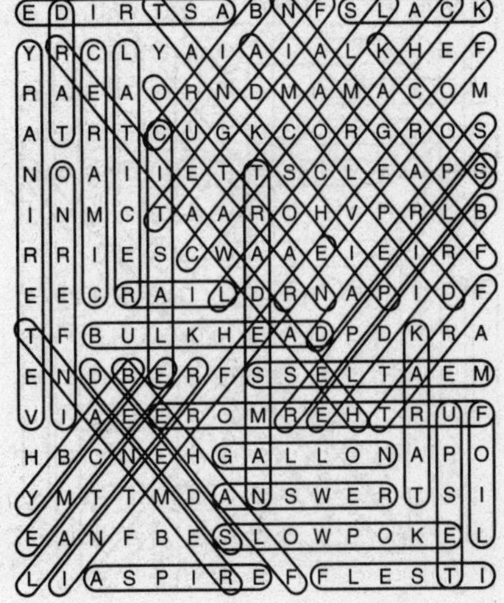

WORD SEEK 117

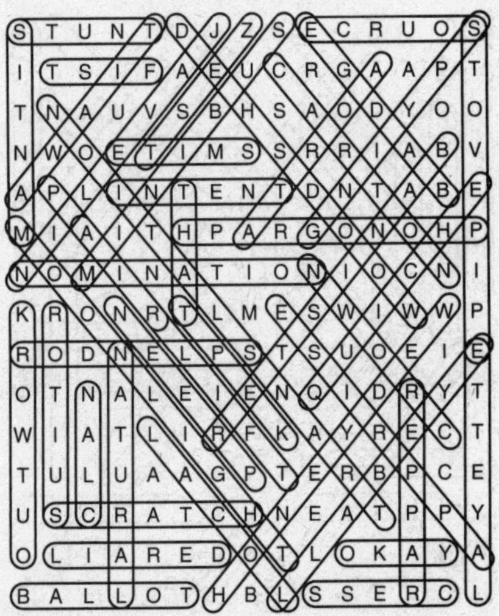

WORD SEEK 118

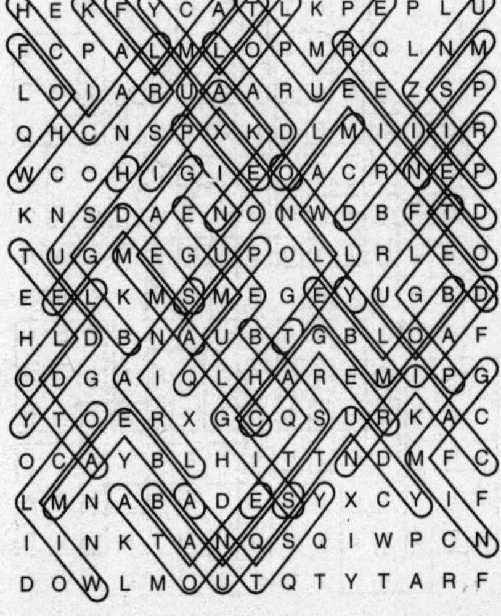

WORD SEEK 119

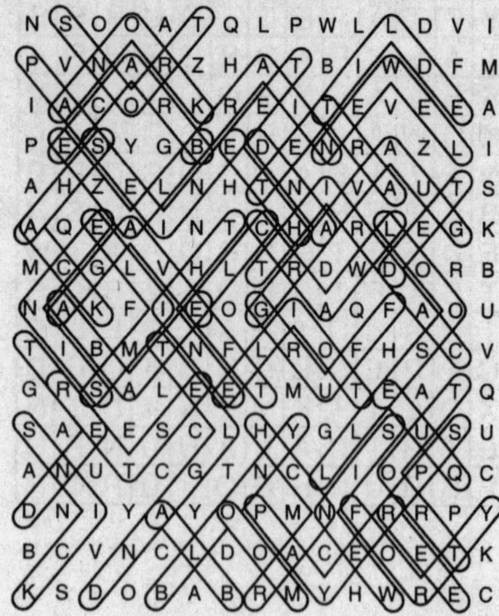

N	S	O	O	A	T	Q	L	P	W	L	L	D	V	I
P	V	N	A	R	Z	H	A	T	B	I	W	D	F	M
I	A	C	O	R	K	R	E	I	T	E	V	E	E	A
P	E	S	Y	G	B	E	D	E	N	R	A	Z	L	I
A	H	Z	E	L	N	H	T	N	I	V	A	U	T	S
A	Q	E	A	I	N	T	C	H	A	R	L	E	G	K
M	C	G	L	V	H	L	T	R	D	W	D	O	R	B
N	A	K	F	I	E	O	G	I	A	Q	F	A	O	U
T	I	B	M	T	N	F	L	R	O	F	H	S	C	V
G	R	S	A	L	E	E	T	M	U	T	E	A	T	Q
S	A	E	E	S	C	L	H	Y	G	L	S	U	S	U
A	N	U	T	C	G	T	N	C	L	I	O	P	Q	C
D	N	I	Y	A	Y	O	P	M	N	F	R	R	P	Y
B	C	V	N	C	L	D	O	A	C	E	O	E	T	K
K	S	D	O	B	A	B	R	M	Y	H	W	R	E	C

WORD SEEK 120

Y	K	R	A	M	H	C	N	E	B	R	A	E	F	L
D	D	R	D	E	V	O	L	E	B	V	V	L	E	W
A	U	M	M	S	I	O	R	E	H	O	C	T	T	E
E	A	H	A	T	C	H	E	T	R	O	N	B	H	R
R	L	R	I	B	B	I	N	G	N	A	D	U	G	E
O	E	B	G	H	S	A	N	D	M	A	N	S	I	V
T	M	P	I	R	G	N	I	L	G	G	U	J	L	O
A	M	L	L	G	A	M	E	A	O	O	S	A	F	P
T	A	O	A	A	E	N	L	E	D	T	R	E	E	O
E	C	A	E	N	C	L	D	N	R	M	S	R	C	P
A	H	T	T	S	E	E	E	S	O	G	H	I	A	D
B	I	H	F	Y	A	M	R	R	T	A	I	E	P	U
U	N	I	Q	U	E	L	Y	A	P	A	B	D	S	O
T	E	N	U	R	B	H	B	S	F	I	N	G	E	R
N	N	G	T	H	D	I	R	E	F	F	I	D	S	P

WORD SEEK 121

I	V	B	U	S	Y	B	O	D	Y	G	N	O	M	A
M	A	E	S	P	A	L	E	C	M	E	C	M	Y	C
A	L	U	M	N	I	C	S	A	P	M	O	E	N	E
G	V	A	Q	U	A	M	P	P	U	E	H	N	O	L
E	E	U	G	N	I	L	A	E	C	N	O	C	M	E
S	E	N	R	B	E	H	L	M	R	D	R	S	R	C
T	W	V	E	H	I	C	L	E	M	E	T	O	A	T
E	R	O	I	R	Y	K	O	O	T	O	H	P	H	R
L	U	E	R	L	A	T	C	A	C	S	T	T	F	I
B	B	C	R	D	A	L	R	K	A	R	W	H	E	C
A	B	A	U	E	F	U	P	E	G	E	L	L	A	I
I	I	L	F	R	T	I	S	Q	P	N	O	Y	R	T
L	N	O	O	A	L	A	S	M	O	O	T	H	F	Y
P	G	S	S	E	E	M	C	H	P	W	R	Q	U	S
D	E	F	I	C	I	E	N	C	Y	N	R	P	L	R

WORD SEEK 122

L	M	E	A	P	S	I	S	D	D	E	B	R	E	T
A	T	E	A	R	N	W	N	H	E	P	D	E	S	Y
A	T	S	D	H	E	O	F	T	A	R	S	O	R	D
L	P	P	E	R	R	Y	I	B	U	A	W	L	K	C
E	A	A	P	E	V	A	U	L	E	A	A	C	S	U
W	R	L	S	E	E	S	P	C	I	D	D	M	E	T
P	E	Y	L	Z	U	N	K	O	T	C	N	O	Z	I
N	U	E	I	T	I	G	H	C	S	I	R	C	T	D
E	G	L	B	I	I	N	A	D	N	L	E	H	H	L
I	D	I	U	S	N	S	D	N	N	I	A	E	A	K
O	N	C	E	S	T	H	A	T	E	E	Y	E	I	W
E	R	T	O	H	K	K	E	U	R	P	O	T	V	T
E	E	D	R	C	A	I	M	N	E	E	N	N	R	T
T	G	N	U	N	V	I	T	G	W	D	G	A	G	E
E	R	E	E	A	B	A	R	M	L	O	K	A	P	Y

WORD SEEK 123

V	U	E	L	R	B	T	A	O	U	U	L	A	Z	P
E	A	M	O	H	I	L	H	R	L	Y	R	E	P	O
D	A	G	C	N	E	S	S	S	G	N	H	T	M	S
D	R	E	G	E	R	P	A	M	T	N	E	P	R	U
G	F	E	I	T	E	T	T	A	R	O	K	E	O	D
L	H	R	T	A	A	N	S	I	L	H	Z	O	E	O
B	B	U	M	T	N	D	I	C	E	J	V	L	A	U
M	O	F	R	E	P	L	R	B	N	O	C	W	B	K
M	P	R	D	N	O	A	P	O	T	I	S	K	O	N
I	E	A	O	Y	E	S	T	L	E	S	T	E	W	H
S	D	S	S	G	I	G	H	A	C	I	N	B	R	C
R	N	E	I	P	T	P	A	Z	I	L	V	I	T	E
E	L	I	T	N	L	L	I	E	E	S	I	E	S	A
O	B	L	S	S	V	W	M	I	T	R	P	M	V	R
V	A	A	S	E	I	L	C	E	P	N	O	M	I	C

WORD SEEK 124

E	T	O	D	A	Y	E	Y	R	M			C	H
V	X	T		R	C		E	F	E	O	H		T
I	A	C	N	A	A	I	E	T	E	A	N	I	A
E	L	K	L	E	V	I	I	V	R	U	A	T	E
C	L	N	S	A	M	N	N	I	E	R	Q	L	H
E	U	U	E	H	I	H	S	A	T	I		I	S
R	R	H		F	O	M	S	R	G		L	C	L
B	E	O	E	T	A	R	O	I	R	E	T	E	D
L	A	D	D	R	D	P	T	E	N	S	E	N	B
O	N	P	D	I	A	M	E	S	R	U	N	S	
I	R	A	T	E	R	F	R	U	T	E	P	E	
T	H	C	T	I	P	R	R	Y	D	O	B	O	N
E	H				Z		O	A			P	E	
R	B	L	O	N	D	E		C	C	T	I	L	L

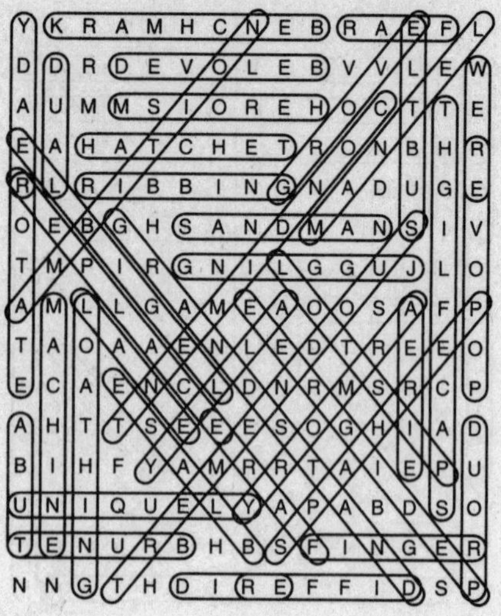

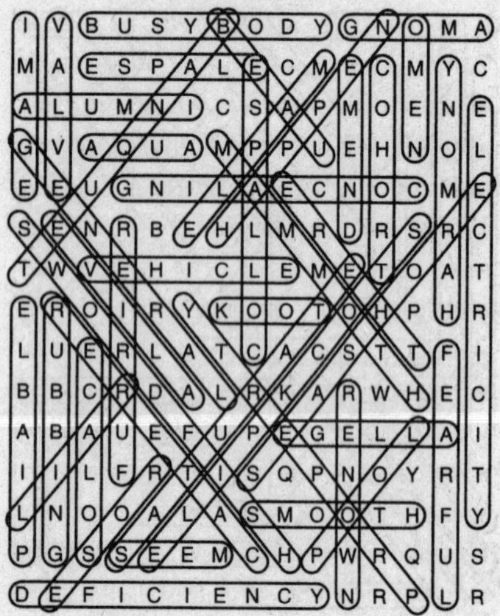

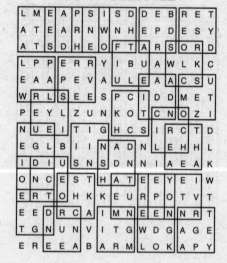

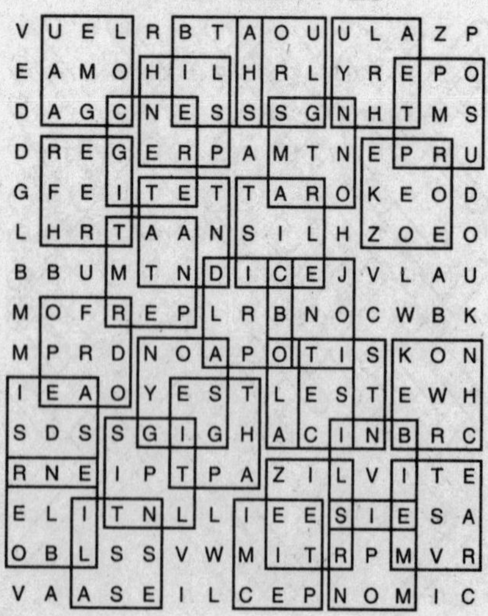

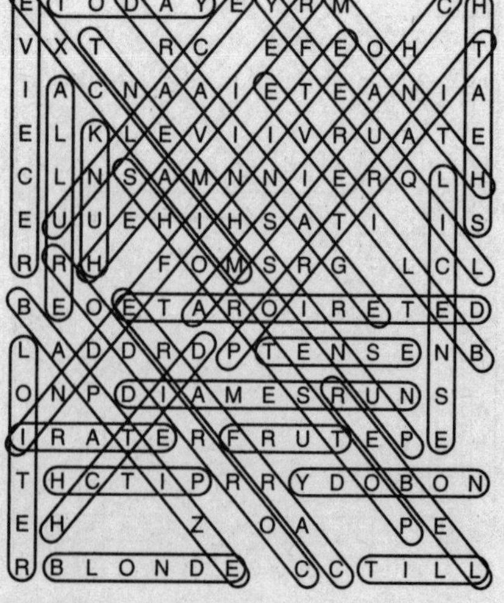

WORD SEEK 125

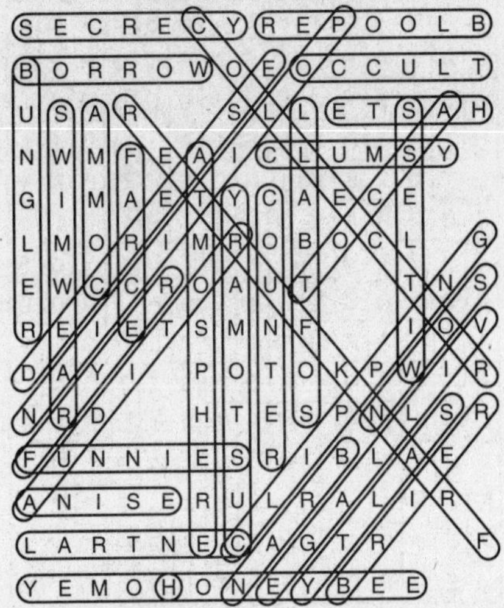

WORD SEEK 126

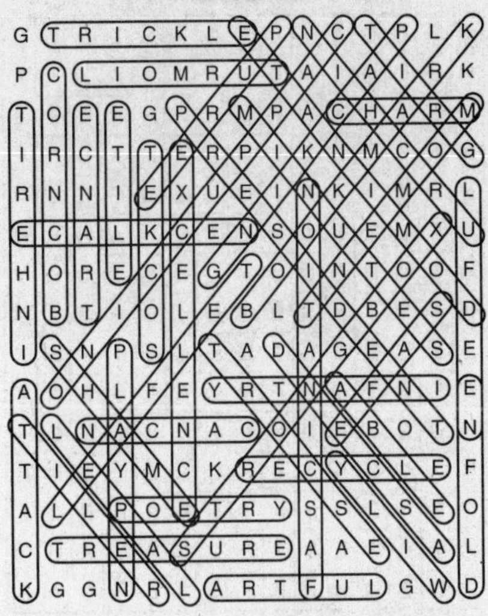

WORD SEEK 127

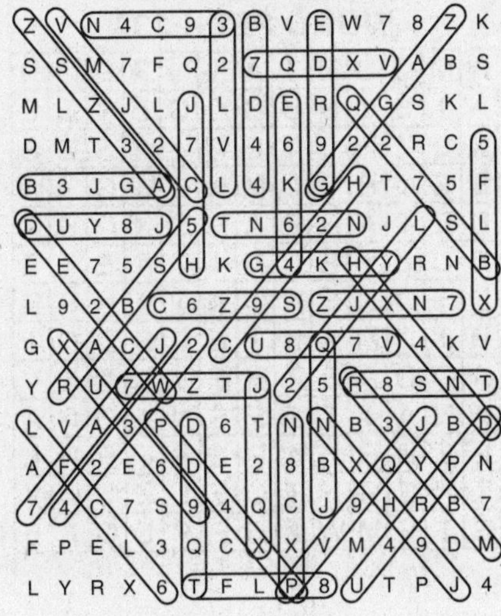

WORD SEEK 128

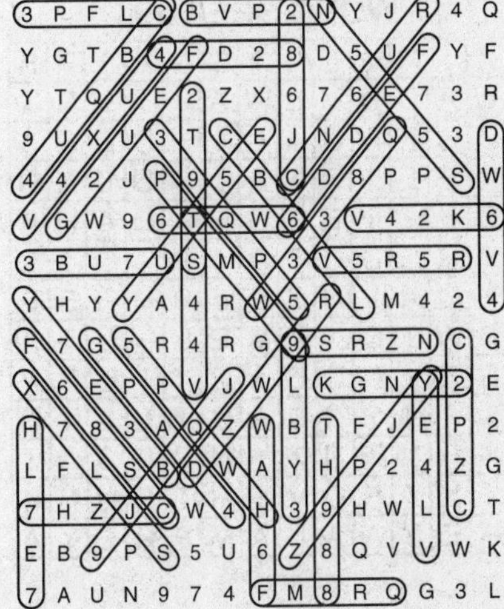

WORD SEEK 129

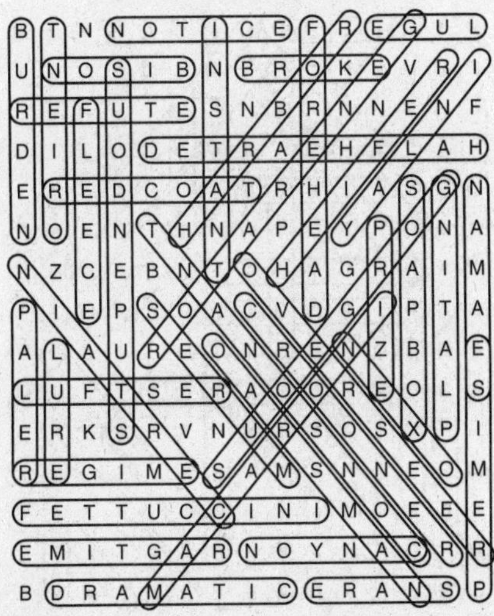

WORD SEEK 130

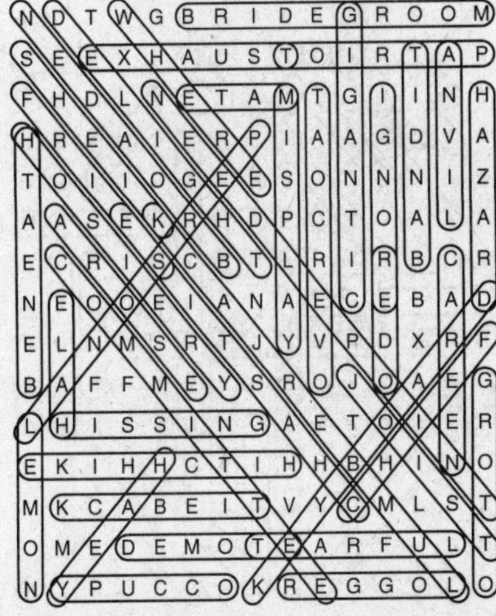

WORD SEEK 131

T	E	O	C	L	I	L	T	T	A	S	L	D	E	E
D	U	Q	G	I	M	E	T	A	R	Y	A	N	R	K
O	G	L	E	K	W	N	N	U	J	P	P	O	P	E
H	A	R	D	S	A	E	H	E	A	M	A	P	O	P
N	R	A	W	A	R	R	Q	U	L	O	G	E	M	R
A	E	L	E	U	O	D	S	Y	D	H	W	R	P	O
M	S	M	H	G	D	U	S	U	O	L	T	O	H	Y
U	I	N	T	A	S	B	I	O	I	E	A	G	E	C
S	E	U	R	U	N	T	U	P	M	M	T	I	H	T
E	L	G	I	O	D	E	M	O	N	L	I	E	R	E
F	U	E	U	P	R	U	M	F	V	E	C	T	O	W
R	A	T	Q	S	I	S	L	O	A	D	O	M	R	C
C	O	I	G	I	T	A	I	S	E	E	D	E	D	L
P	T	B	I	L	Y	T	R	U	P	R	Y	K	U	O
L	U	E	M	U	H	E	E	C	S	A	Y	S	A	B

WORD SEEK 132

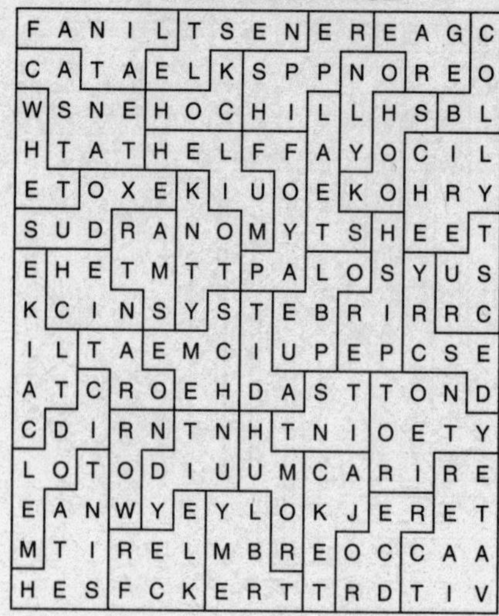

WORD SEEK 133

X	I	M	I	L	L	I	O	N	A	I	R	E
W	A	D	U	M	B	W	A	I	T	E	R	T
D	O	E	A	D	A	L	I	H	C	N	E	A
N	E	L	I	R	E	A	L	M	O	L	X	C
O	E	E	I	E	E	O	H	A	O	A	H	A
I	R	G	D	U	T	D	I	P	T	O	I	L
T	O	A	L	N	C	S	E	R	H	R	B	P
R	W	T	O	I	B	M	E	V	R	L	I	A
E	E	I	N	O	E	A	G	Y	I	G	T	P
S	I	O	G	N	S	A	G	T	I	I	I	R
N	R	N	T	U	Z	I	N	C	L	S	O	I
I	N	T	R	O	V	E	R	T	E	U	N	K
R	E	Y	W	A	L	A	M	P	R	E	Y	A

WORD SEEK 134

W	M	O	U	N	T	A	I	N	S	E	T	N
A	I	E	Y	D	U	B	G	G	L	Y	N	E
N	D	Z	R	L	I	E	O	I	A	S	E	E
E	S	Y	R	C	L	M	N	J	W	G	T	W
D	E	T	A	R	E	A	M	O	N	G	S	T
R	C	L	E	E	N	N	I	T	A	E	I	E
D	T	O	G	E	N	T	A	T	A	N	S	B
R	I	R	M	A	K	I	E	R	R	D	R	I
A	O	O	A	E	Z	H	T	V	Y	A	E	V
W	N	A	I	T	T	E	S	N	I	O	P	A
E	E	R	R	H	W	R	L	S	I	R	R	L
T	H	E	R	E	T	O	E	L	E	L	O	V
S	T	E	M	W	A	R	E	P	E	O	F	E

WORD SEEK 135

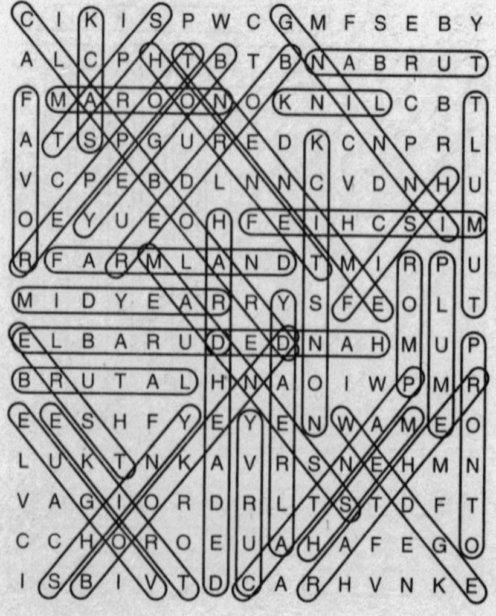

WORD SEEK 136

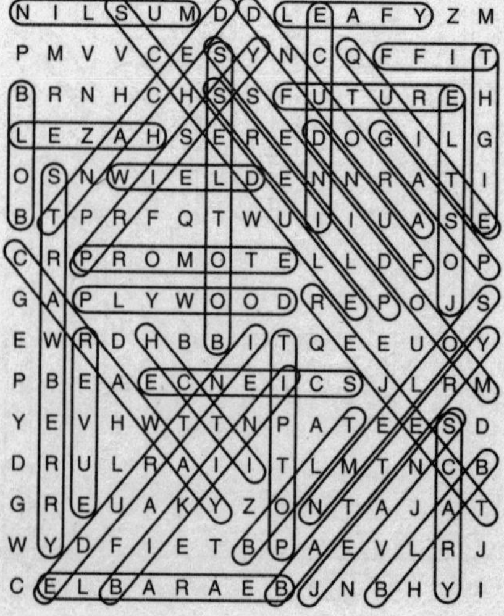

WORD SEEK 137

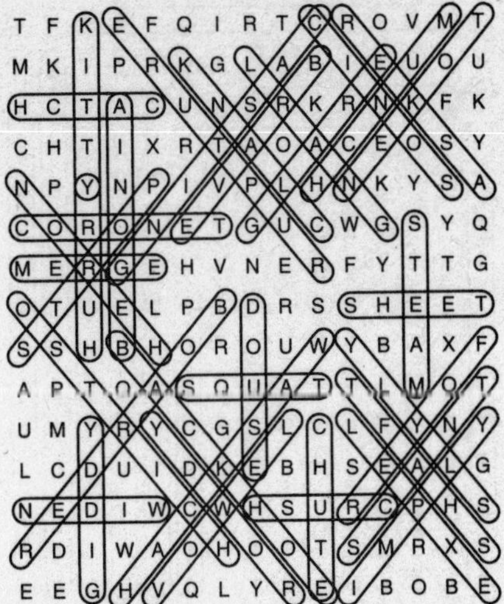

WORD SEEK 138

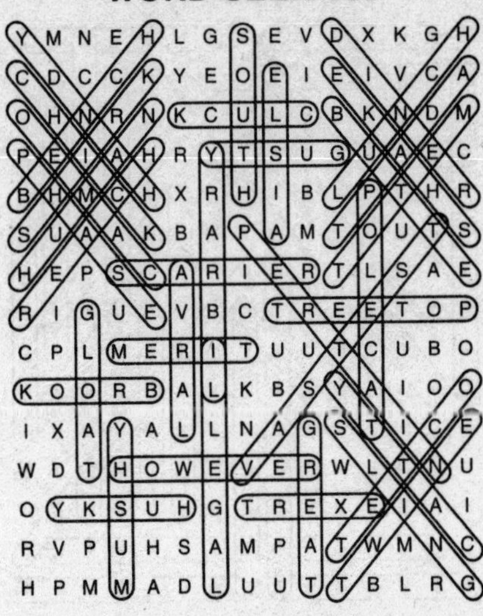

WORD SEEK 139

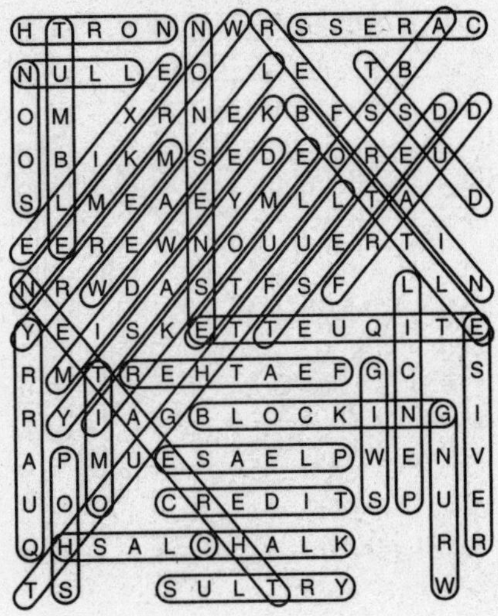

WORD SEEK 140

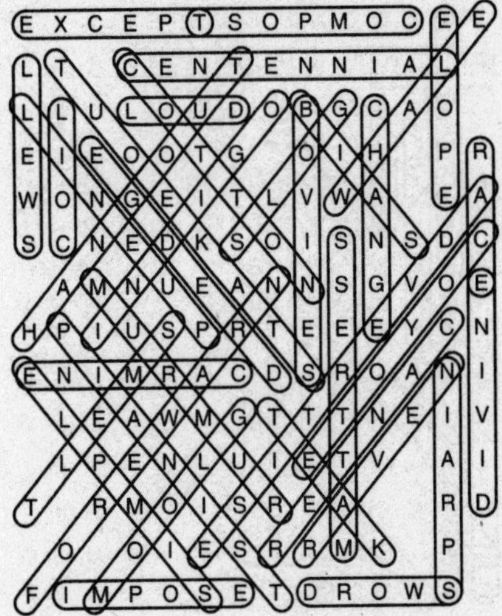

WORD SEEK 141

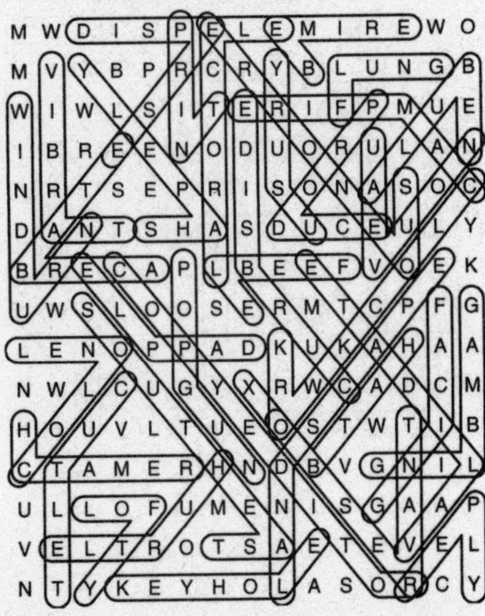

WORD SEEK 142

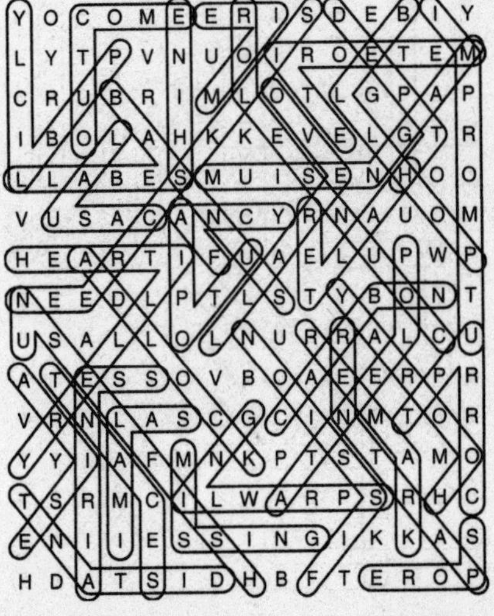

WORD SEEK 143

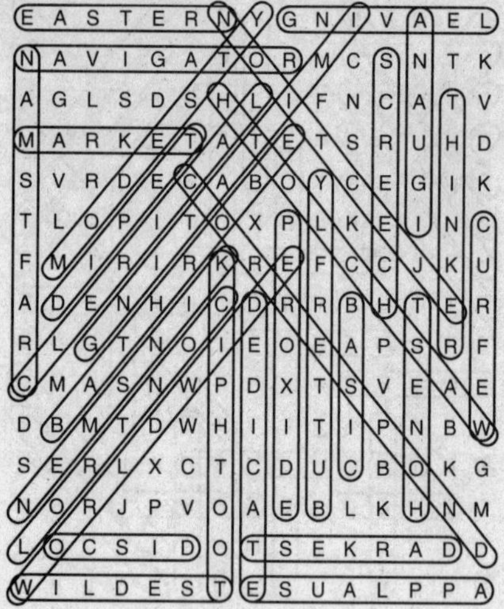

WORD SEEK 144

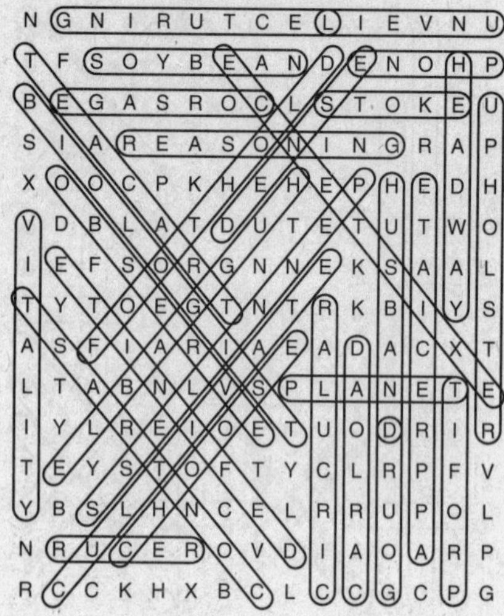

WORD SEEK 145

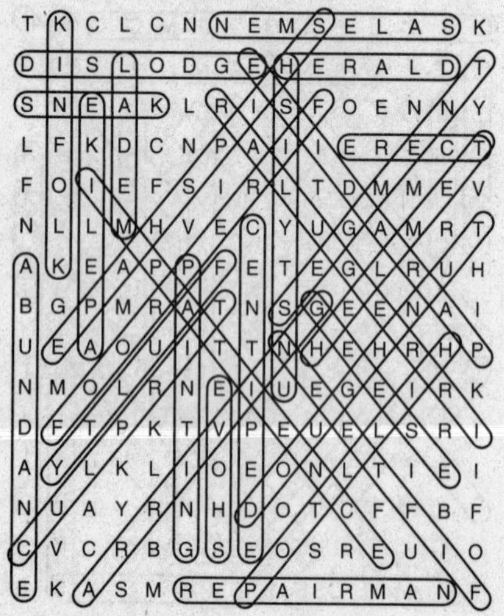

WORD SEEK 146

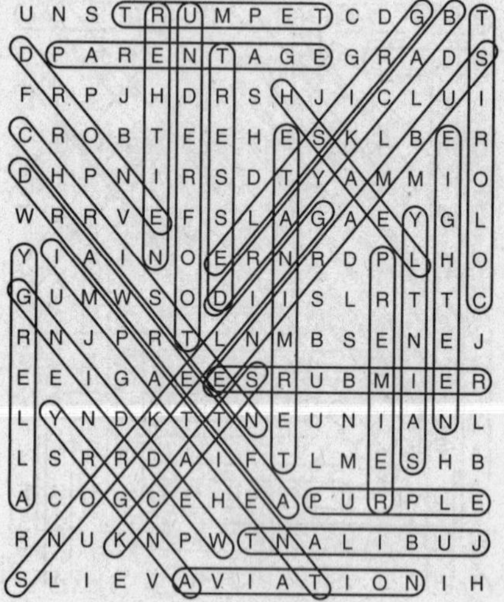

WORD SEEK 147

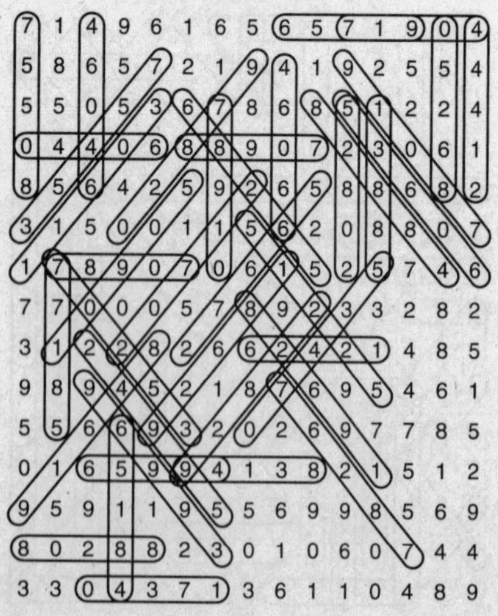

WORD SEEK 148

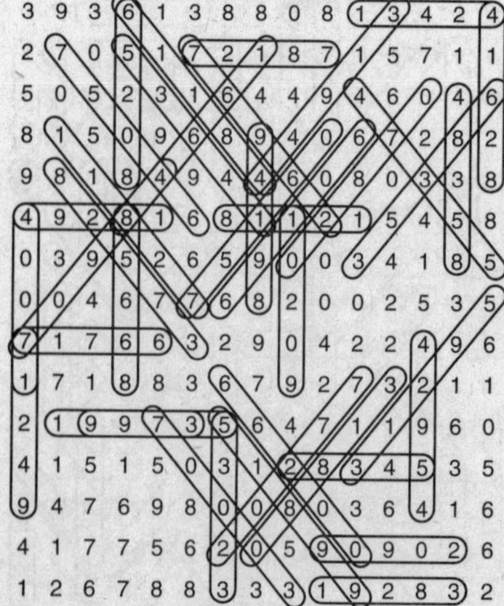

WORD SEEK 149

N	O	N	A	C	R	O	S	S	B	O	W	F
O	N	A	R	R	A	T	I	O	N	O	E	E
S	A	O	R	Y	G	N	U	Y	R	I	G	I
I	S	D	V	U	A	A	I	E	G	A	A	R
T	T	O	L	E	L	M	D	N	D	N	L	B
T	U	P	Y	E	L	O	X	R	E	I	I	E
E	R	A	R	E	I	E	A	O	G	E	S	D
J	T	L	E	D	O	Y	T	T	U	U	E	R
O	I	F	M	G	A	A	E	T	M	C	R	A
C	U	G	E	N	I	P	L	A	E	G	I	S
U	M	B	G	W	M	P	V	I	R	K	A	T
N	B	A	U	E	E	E	T	R	C	L	L	I
D	L	O	T	E	R	R	Y	Y	Y	E	Y	C

WORD SEEK 150

N	T	O	N	N	A	C	Y	C	L	O	N	E
R	A	E	S	T	A	R	R	I	N	G	A	L
O	E	T	E	P	S	O	E	Y	I	I	M	B
M	Y	Y	S	A	Y	U	V	B	S	R	Z	I
E	U	U	A	E	E	P	O	R	B	T	Z	G
R	L	L	B	L	A	I	T	Y	I	A	A	I
E	Y	N	A	M	Y	E	N	R	U	O	J	L
L	E	I	D	N	E	R	W	I	T	U	E	E
Y	R	D	A	H	I	R	E	N	N	V	A	N
S	R	G	P	G	Y	S	A	K	O	K	L	I
E	G	A	T	I	M	R	E	H	A	V	O	C
E	R	N	E	H	Y	T	E	E	O	N	U	K
T	S	Y	R	T	A	X	I	M	D	G	S	Y

WORD SEEK 151

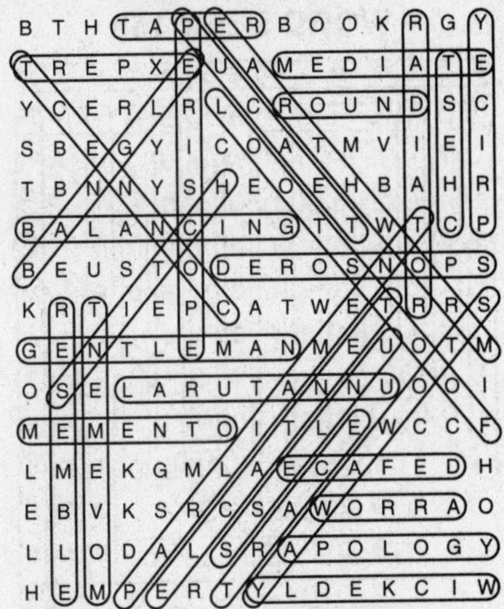

WORD SEEK 152

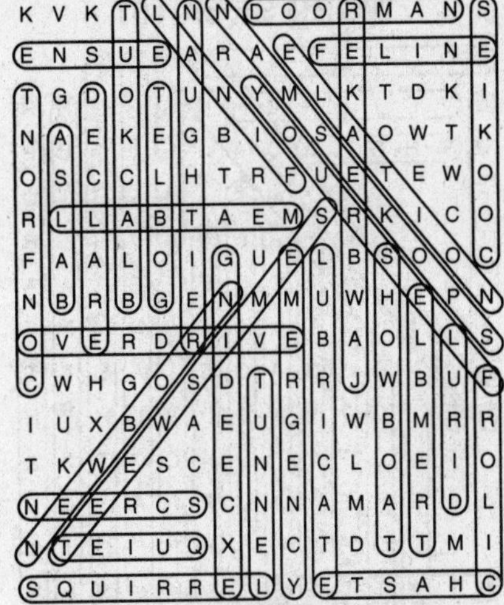

WORD SEEK 153

V	E	U	N	O	M	D	U	O	F	R	S	L	E	C
I	R	T	B	S	E	O	G	H	T	O	E	G	D	K
T	P	L	O	E	L	A	S	E	A	M	L	M	N	E
H	G	I	O	N	O	K	T	R	F	R	L	O	P	Y
K	E	T	P	O	O	O	S	U	B	R	I	L	A	J
R	Y	F	E	G	C	V	Y	C	L	T	H	E	P	R
B	A	R	I	D	R	E	L	B	M	O	E	N	A	I
S	I	D	A	S	E	E	N	S	E	L	C	I	T	S
T	A	H	H	M	H	Y	V	S	F	E	K	K	O	N
I	T	T	Y	A	N	T	I	E	F	E	S	E	L	E
O	O	N	A	N	T	I	C	L	O	C	I	D	U	M
N	N	I	C	E	T	N	I	T	R	E	P	L	A	B
A	M	O	N	G	R	B	M	E	K	E	E	L	E	B
N	I	C	S	S	E	P	U	T	I	F	T	R	G	O
H	T	E	M	U	L	L	A	E	B	Y	M	A	R	S

WORD SEEK 154

R	M	E	S	R	S	W	E	E	L	P	T	L	D	S
I	A	N	I	O	O	M	N	A	S	A	N	E	D	N
V	E	W	O	R	H	E	G	D	N	U	C	P	A	E
S	R	E	L	T	E	M	E	N	O	A	E	D	E	P
I	S	K	Q	M	D	A	R	E	I	W	S	U	C	G
V	E	R	G	W	B	B	U	P	T	C	H	L	O	F
E	T	R	E	Q	Y	C	H	Y	D	F	A	C	N	L
L	E	F	N	E	D	N	Q	C	K	E	D	A	R	S
B	S	E	T	D	S	A	Y	U	P	R	I	S	E	C
I	S	A	I	N	T	R	T	E	T	F	L	Y	K	H
O	C	U	Q	C	A	H	U	D	Q	Y	L	H	C	E
D	A	M	L	I	M	P	L	I	F	N	O	R	I	N
T	N	E	T	S	Y	T	I	C	G	E	N	I	A	G
M	A	P	P	E	I	E	W	T	I	O	N	D	Y	B
U	T	S	I	D	G	H	O	U	P	N	U	G	R	U

WORD SEEK 155

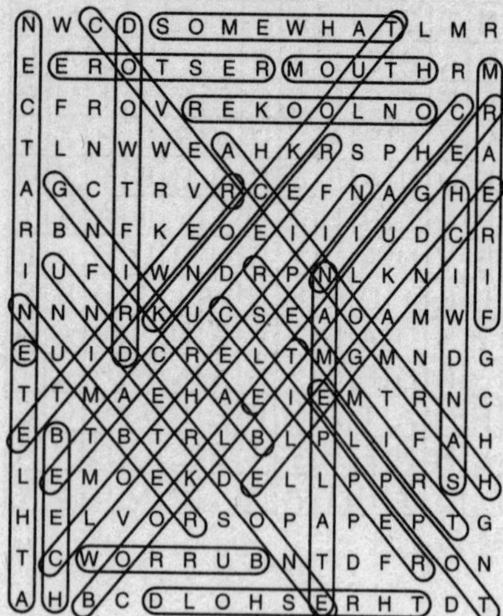

WORD SEEK 156

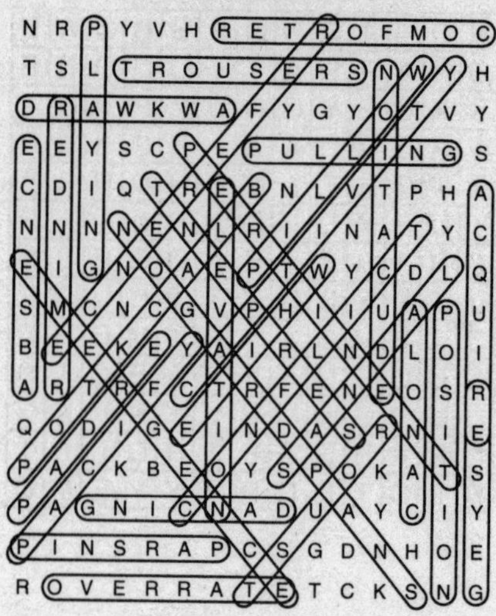

WORD SEEK 157

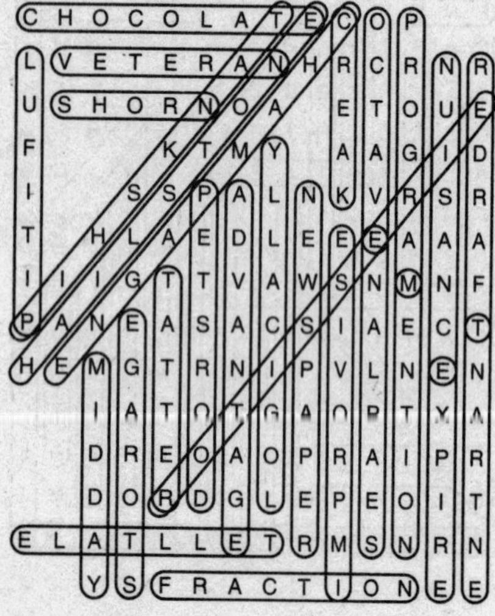

WORD SEEK 158

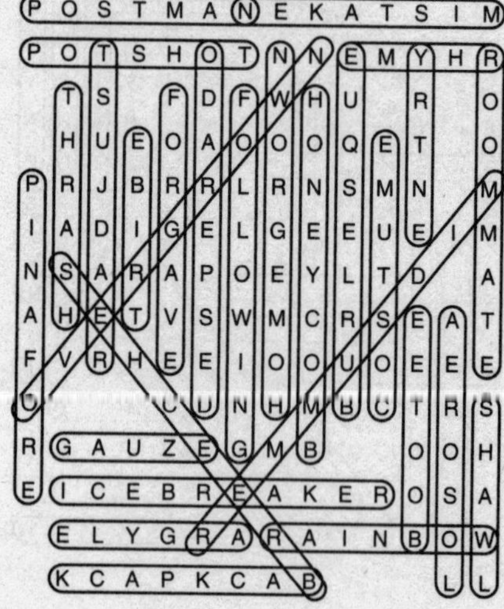

WORD SEEK 159

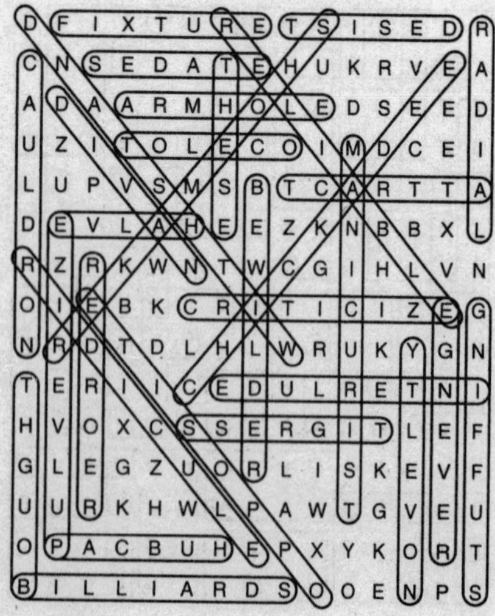

WORD SEEK 160

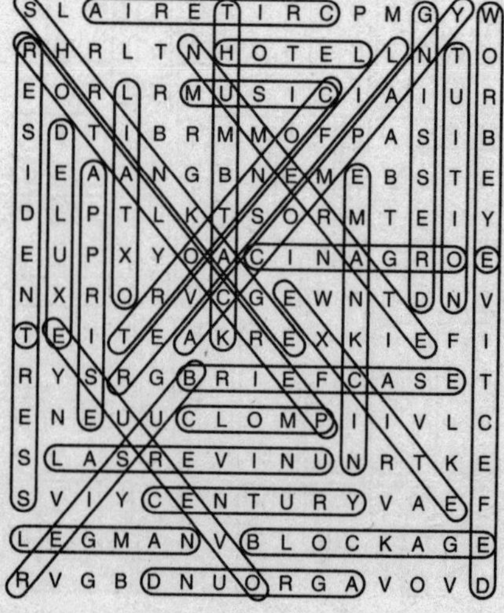

WORD SEEK 161

L	L	E	N	K	A	N	G	A	R	O	O	B
A	N	T	H	E	E	N	Y	A	T	P	U	E
L	O	A	E	T	I	R	K	R	X	N	U	D
L	K	B	E	T	A	L	C	E	T	H	O	S
I	U	R	L	L	U	E	U	H	N	P	Y	W
N	B	U	S	E	C	C	L	E	I	A	E	H
A	A	N	P	D	H	N	N	N	T	E	C	I
V	I	C	A	R	I	O	U	S	E	I	F	T
A	O	H	E	U	E	N	N	T	P	A	R	E
C	G	L	T	M	R	I	W	E	M	I	O	N
A	R	O	U	O	A	Y	R	P	N	O	A	E
T	O	L	L	M	A	N	A	G	E	R	S	R
E	F	L	O	W	E	R	P	O	T	G	T	T

WORD SEEK 162

T	E	L	G	N	U	B	A	N	K	I	N	G
K	C	I	L	F	L	A	M	M	A	B	L	E
L	L	A	I	O	R	L	I	V	Y	T	I	M
W	U	B	T	R	U	A	E	L	B	A	T	U
D	E	C	L	T	E	N	N	A	L	O	E	A
R	H	N	I	U	I	C	L	C	W	C	N	H
A	L	O	K	I	T	E	U	E	H	N	N	C
P	U	N	I	T	T	A	R	D	D	I	I	S
Y	I	E	B	O	N	F	E	I	E	A	S	R
T	H	S	I	U	Q	N	I	L	E	R	U	E
H	E	S	T	S	S	E	U	G	O	E	E	E
O	R	E	Z	O	N	E	A	O	R	T	E	M
N	O	L	E	I	N	P	M	B	T	E	T	S

WORD SEEK 163

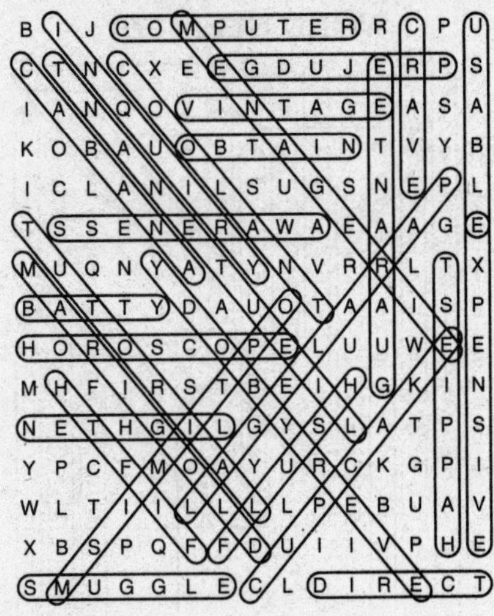

WORD SEEK 164

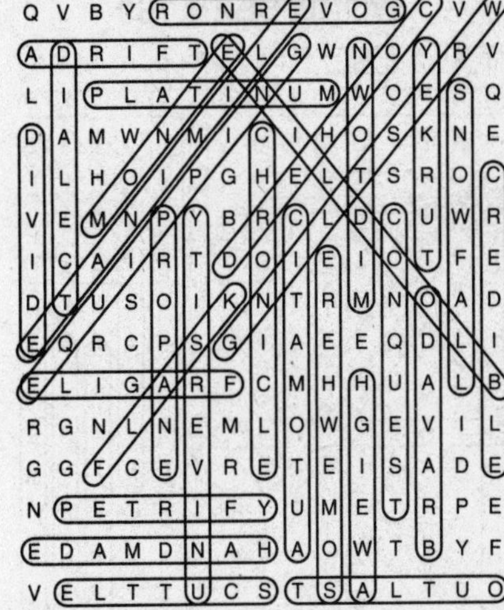

WORD SEEK 165

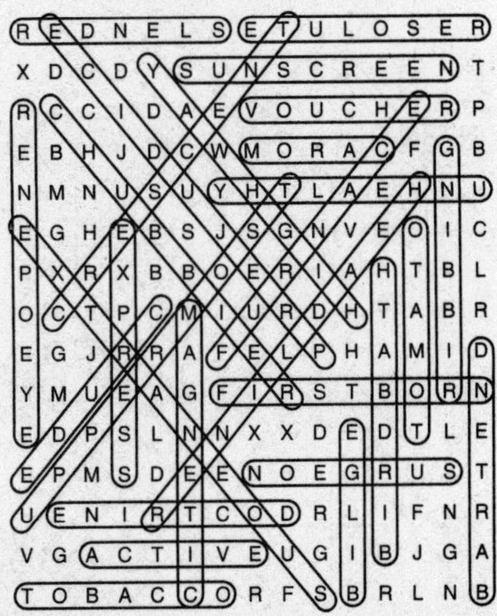

WORD SEEK 166

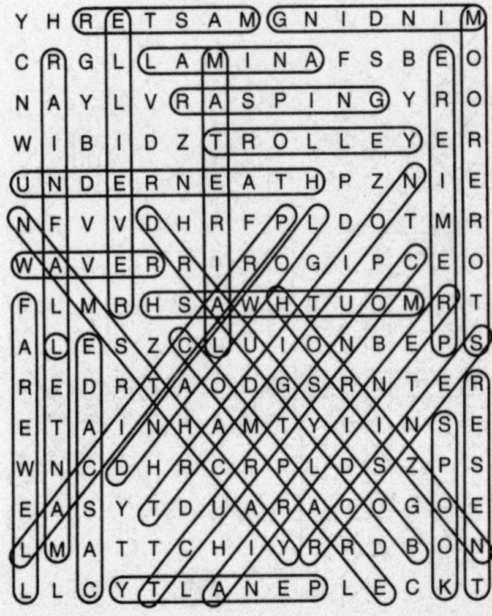

WORD SEEK 167

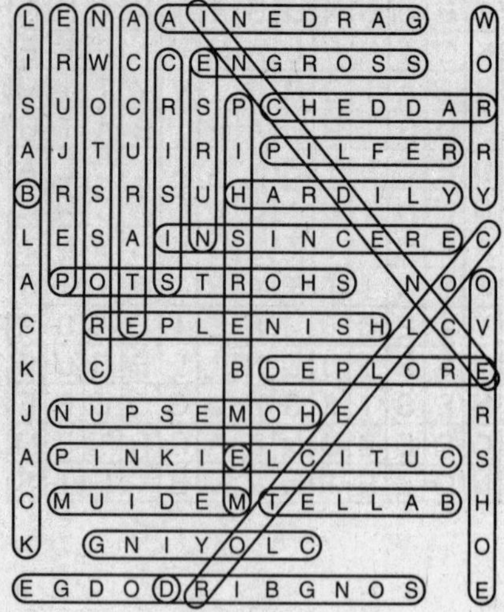

WORD SEEK 168

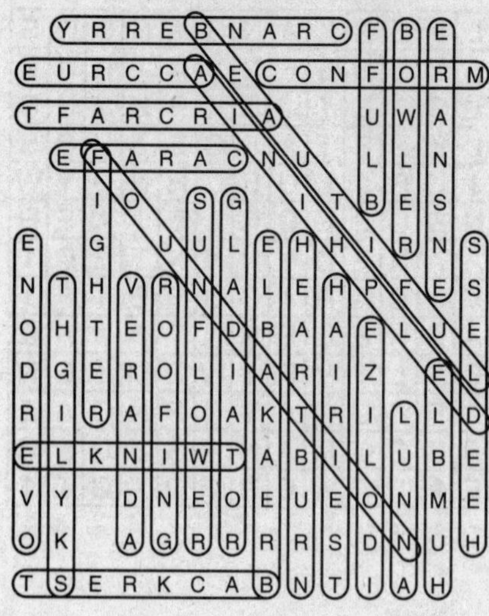

WORD SEEK 169

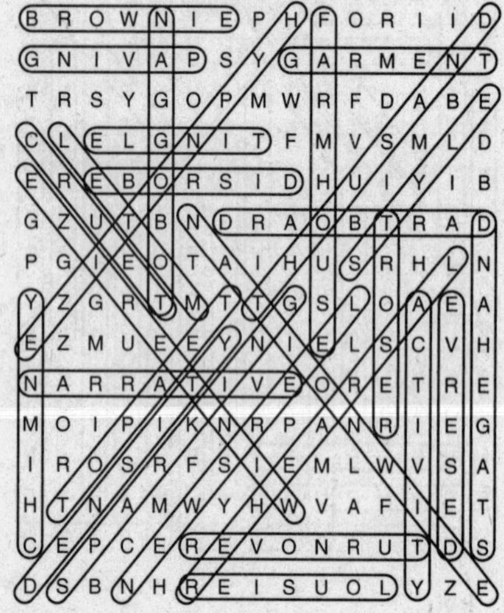

WORD SEEK 170

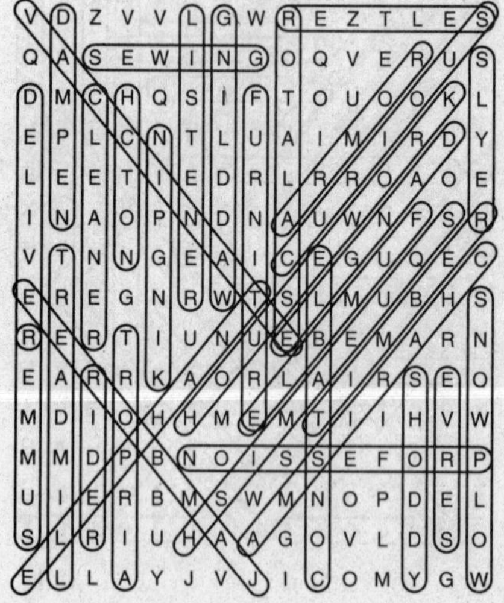

WORD SEEK 171

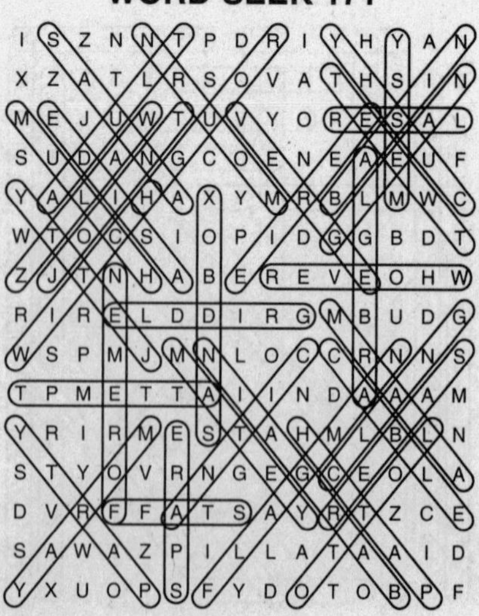

WORD SEEK 172

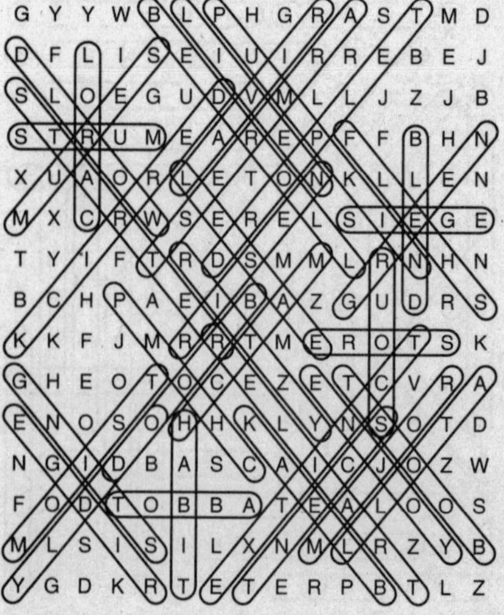

WORD SEEK 173

A	B	R	R	T	O	N	T	A	E	N	I	C	C	A
T	H	O	E	N	I	D	I	L	M	A	D	I	C	R
E	L	I	R	A	T	I	G	B	E	S	E	N	P	E
A	G	N	C	I	E	L	U	B	R	I	L	T	U	T
P	P	R	E	A	L	O	P	Y	T	E	L	Y	Y	E
D	O	R	D	N	E	M	P	O	U	O	R	H	C	N
O	S	T	E	A	N	N	E	N	E	R	O	T	G	E
N	A	I	E	T	L	E	L	I	S	W	M	V	E	R
E	T	L	I	N	A	C	K	E	L	O	S	I	G	N
T	E	L	G	E	N	C	F	I	I	A	I	A	W	I
N	I	I	T	G	G	I	R	U	Y	F	T	S	O	O
S	I	M	A	O	S	E	R	O	M	G	N	K	R	M
U	A	R	T	I	R	E	H	T	E	R	I	R	A	D
T	S	M	N	O	N	O	I	T	F	P	H	T	R	U
A	T	Y	E	V	A	C	U	A	A	C	E	D	E	M

WORD SEEK 174

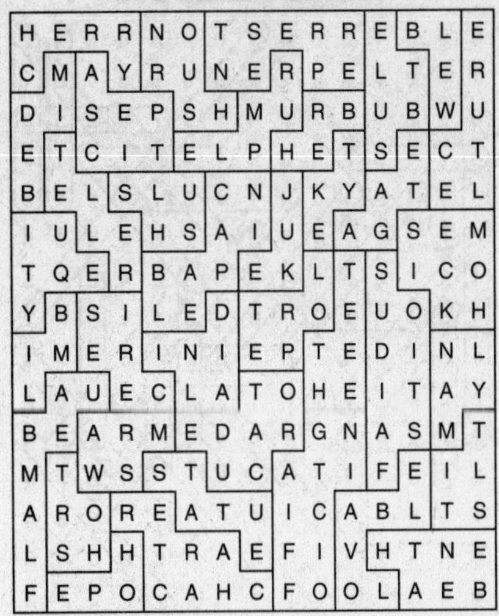

WORD SEEK 175

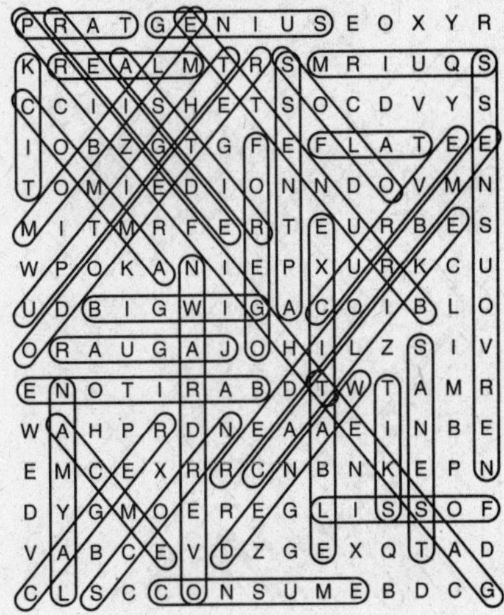

WORD SEEK 176

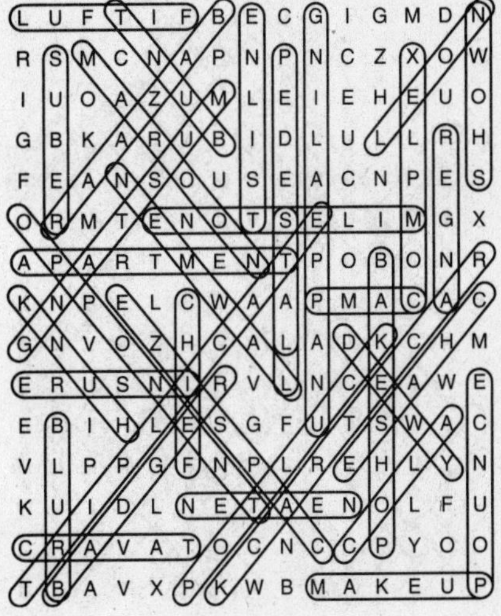

WORD SEEK 177

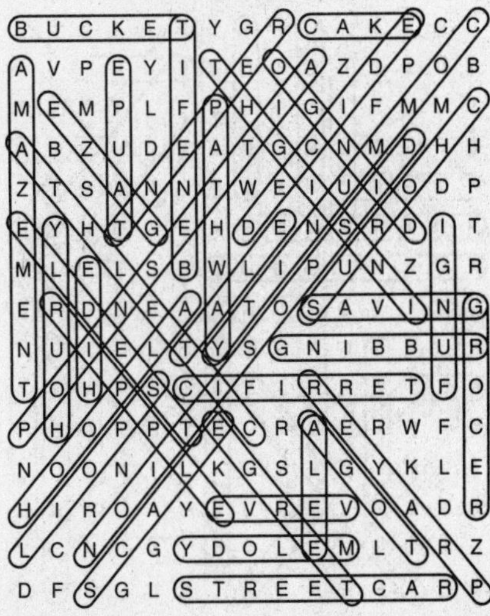

WORD SEEK 178

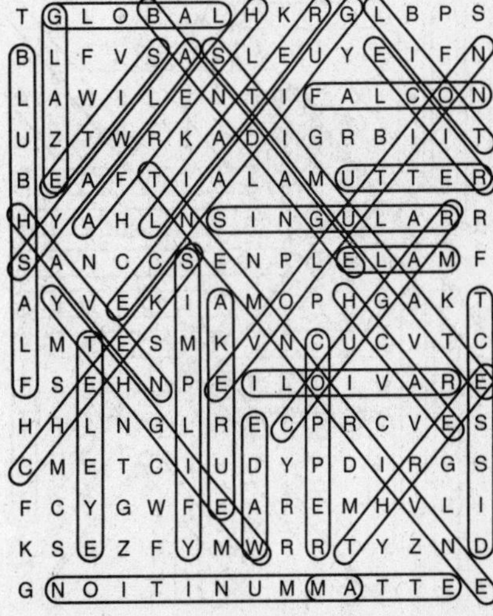

WORD SEEK 179

WORD SEEK 180

WORD SEEK 181

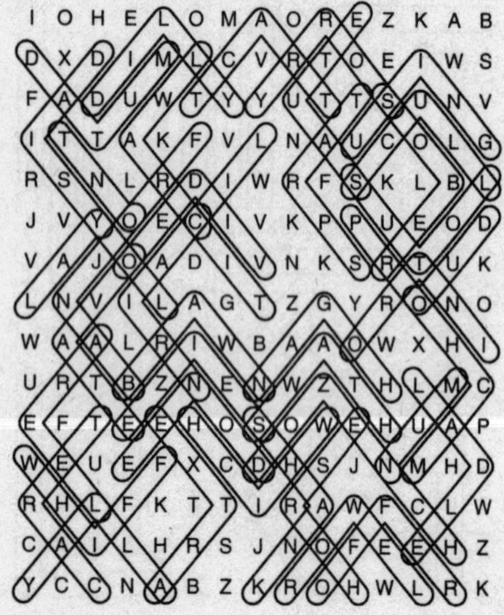

WORD SEEK 182

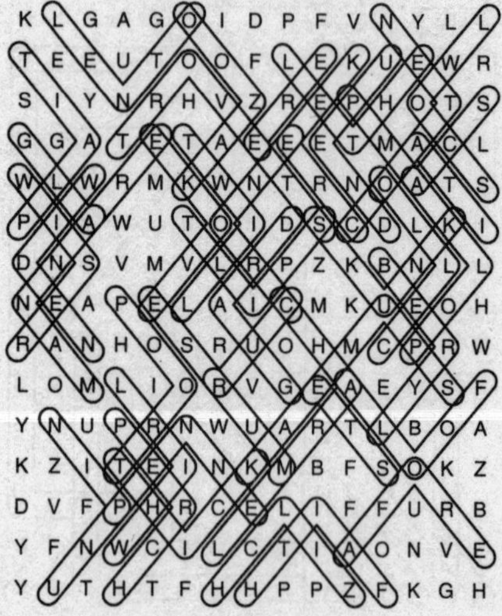

WORD SEEK 183

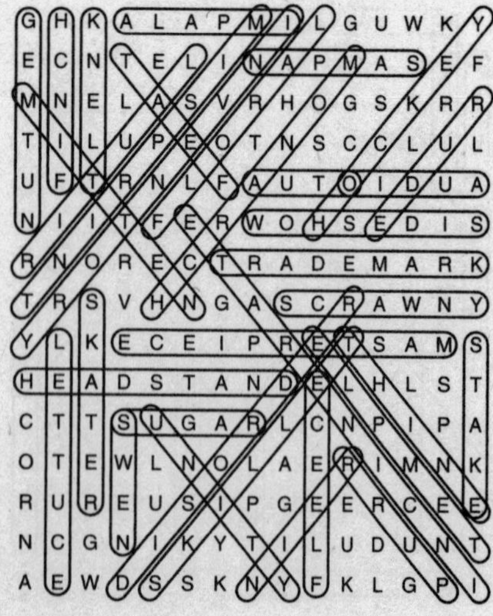

WORD SEEK 184

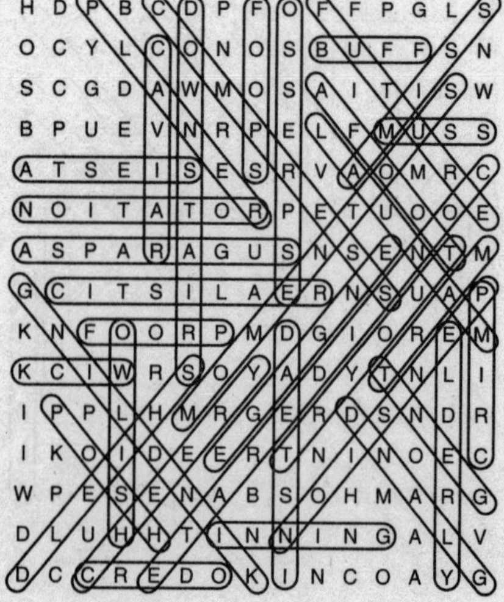

WORD SEEK 185

G N I L E D O Y E L L O W

E I A I D L E A U Q A D O

N E P O O A D R A P O E L

E G U O R O T D E R P O I

R R H B E Y S S E T Q I F

E C O S F T E T T U I N E

S O P H U O I I A P R L G

K H L O S M L C A L E I U

I O R F A N I K C A N K A

P G N O L O O U T D O O R

P R A R U V B M A I W P D

E A U S U D O N E T H E Y

R C O M P L E T I N G K E

WORD SEEK 186

L E L L A R A P I G L E T

U R B A N N O U A A E M E

L P G N I T A G E N A I L

T E P O P H A M I E O T G

I L R I T C A F O S E R A

M B E T T A T E U T A E M

A A N A U Y N R A N T V B

T T O E V I S N E F F O I

E I T R C P I Y O E C X T

L R E C N M H U N C H Y I

Y E A E U A E A U R U G O

E V I R T U A L L Y E E U

T N U H S I T U A T E N S

WORD SEEK 187

T F H I A E N T N G R S E R E

R I B H R R N O O U Y R D M Z

N G R S U G C A S N T E O I N

T E A O R L H E F C M S I E N

B T A B B L N E A R A I S T R

I N M A I D M S I P L S D O I

N D O H T R N E V U M A T W O

T D U S E E E I L I C R S H T

I E C L A R G A T A I P R R P

N A P T M I N A O P N L S C T

U R U E T I M Y E M R N E I U

T C A H N G T R S I M O R G S

G E E I L F U Y H S E S A N H

D T P R G T O S N D O M T D W

L E R M C P O S E V T A B C A

WORD SEEK 188

O N T F R S N P S A H O W T L

S U I G E I E F L B S U F E A

N A M T A S D A I E T O O R W

K O M R I A K E I R A T W S P

K L O E O H H N D L O M S N Y

C B Y M N Z K O N A H C H C I

I T N H O S S I D E C E I A P

B I G W T N P S R M K T F C E

N I L T A E E L Y V Y A E R T

C Y C B A G R R E N E Z E A H

C B R A O D N S I T R W B T A

I A D T S V T A T J C S A E V

L P O E N E E T C L Y E R P P

I T E E E N I T D W L A H D U

P S S S C V S Y D C U T N Y M

WORD SEEK 189

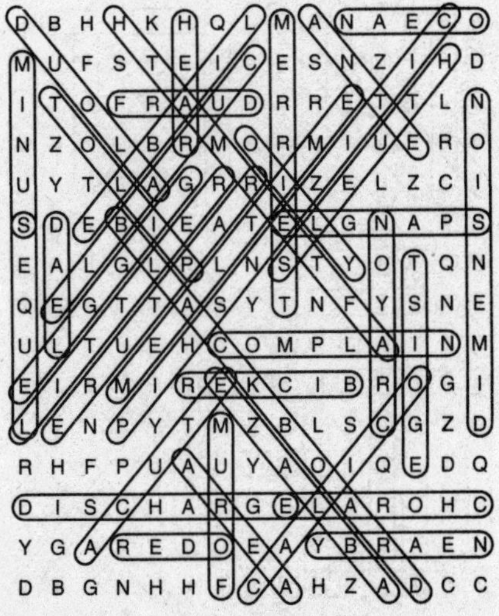

WORD SEEK 190

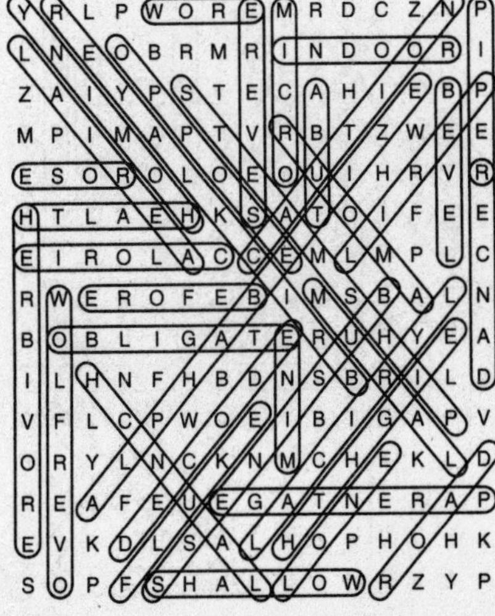

WORD SEEK 191

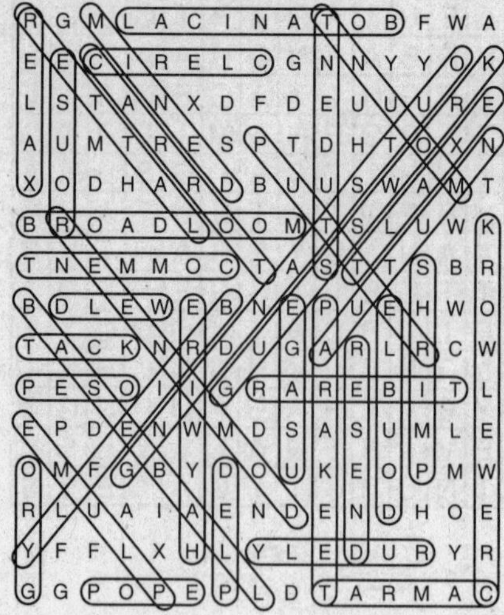

WORD SEEK 192

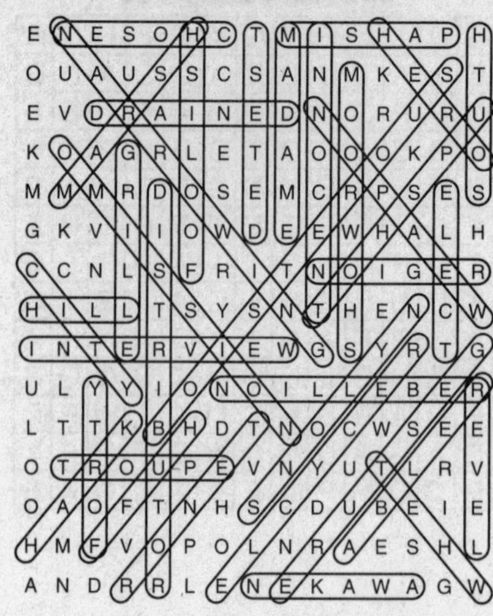

WORD SEEK 193

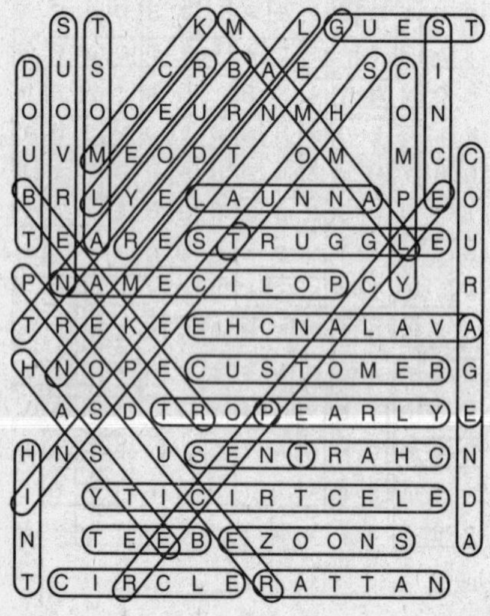

WORD SEEK 194

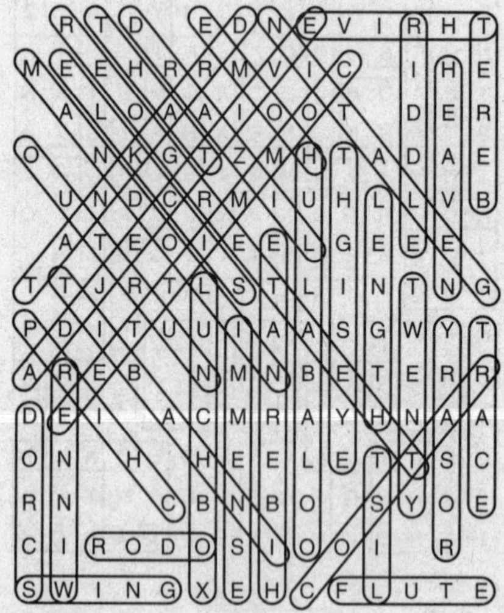

WORD SEEK 195

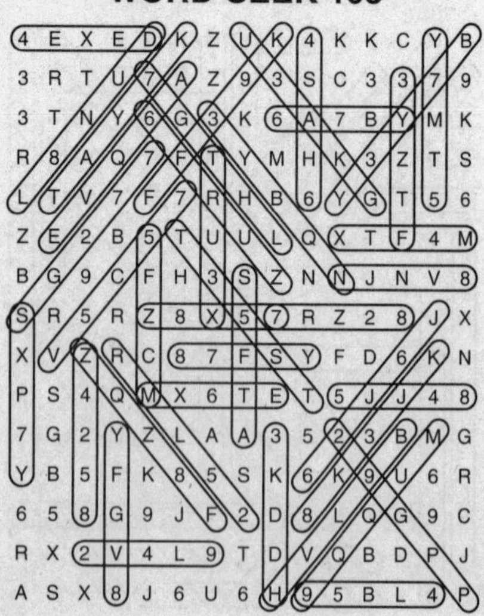

WORD SEEK 196

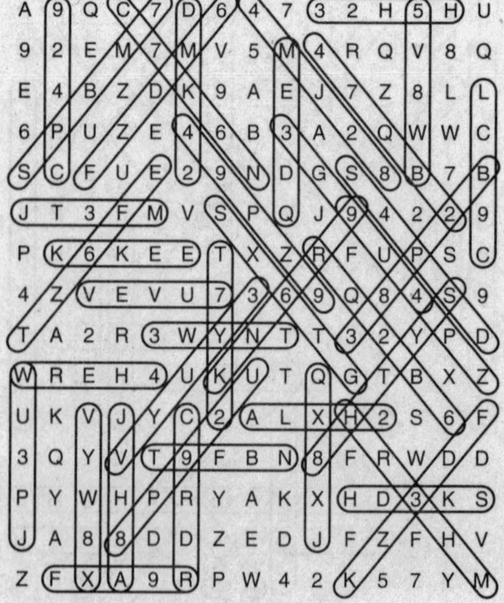

WORD SEEK 197

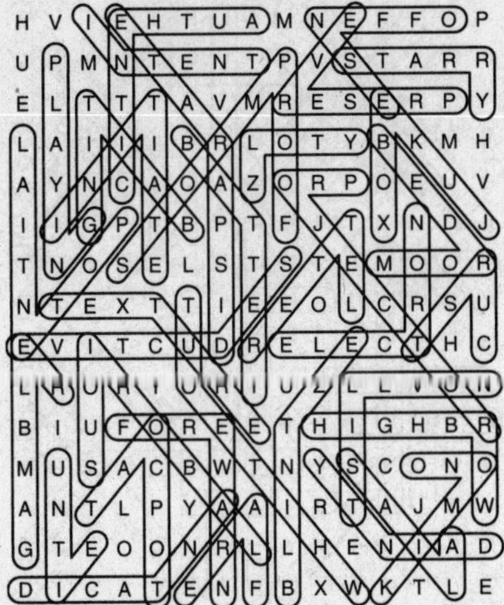

WORD SEEK 198

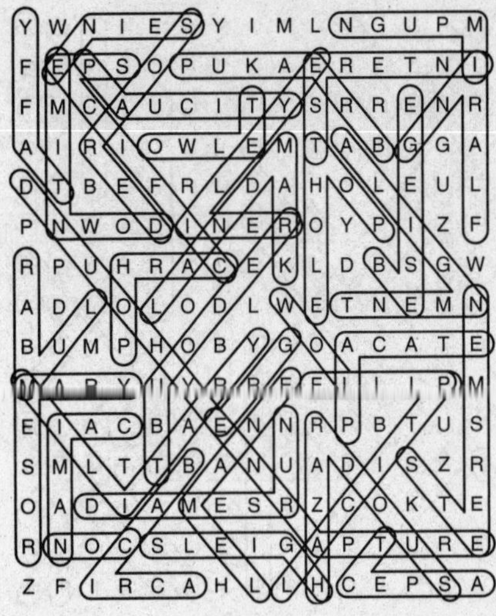

WORD SEEK 199

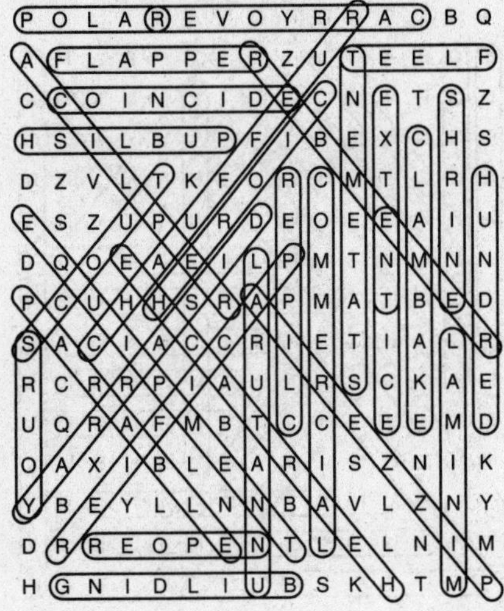

WORD SEEK 200

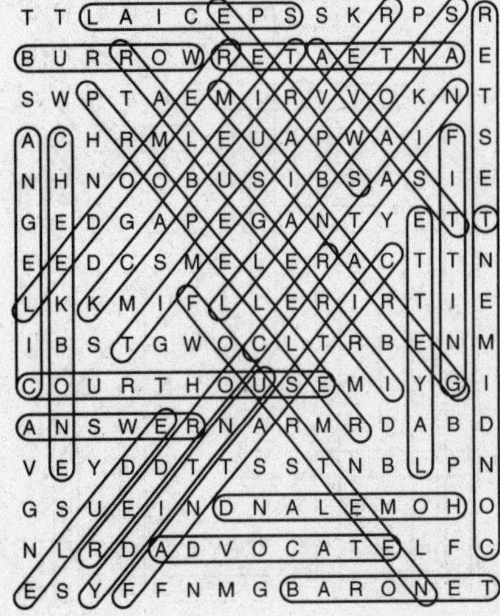

WORD SEEK 201

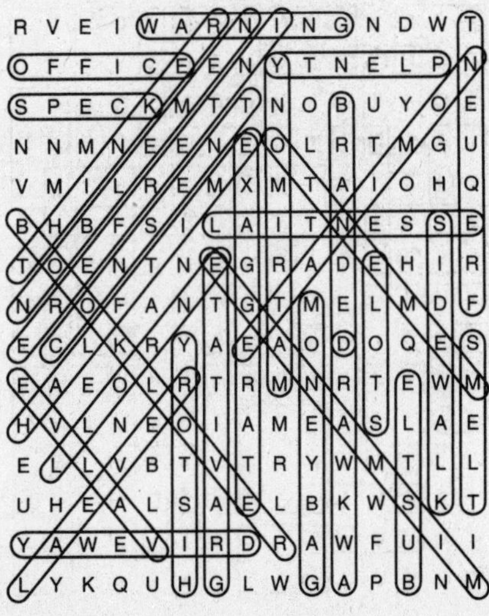

WORD SEEK 202

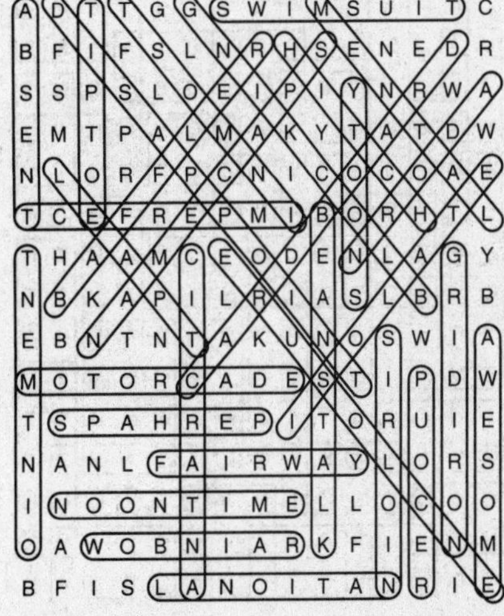

WORD SEEK 203

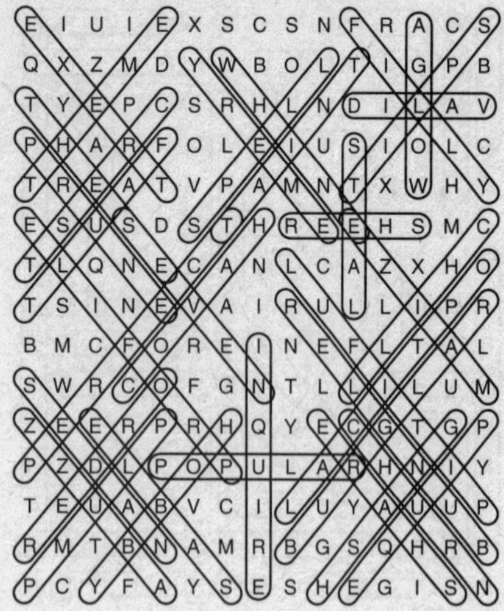

WORD SEEK 204

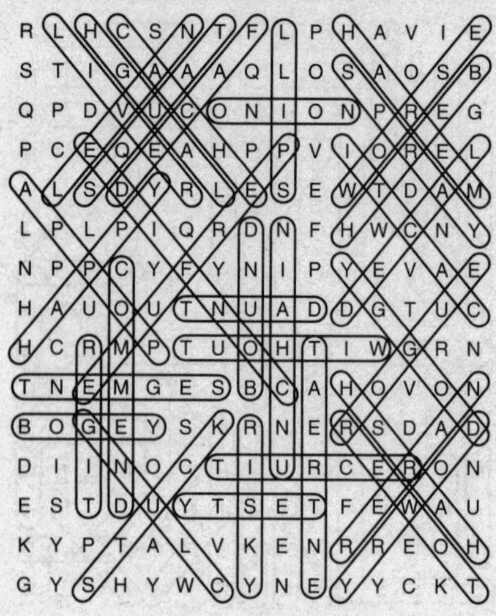

WORD SEEK 205

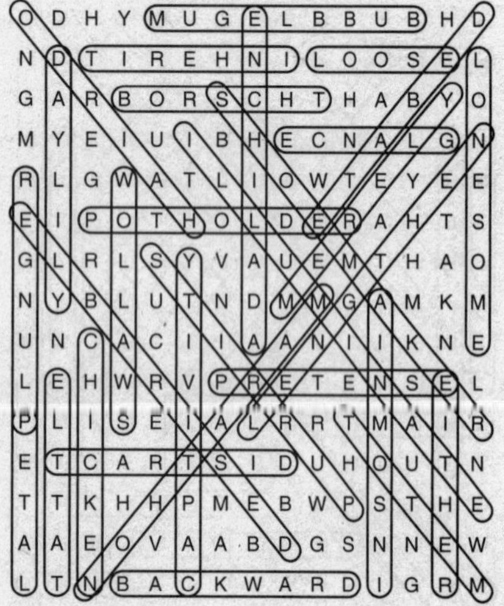

WORD SEEK 206

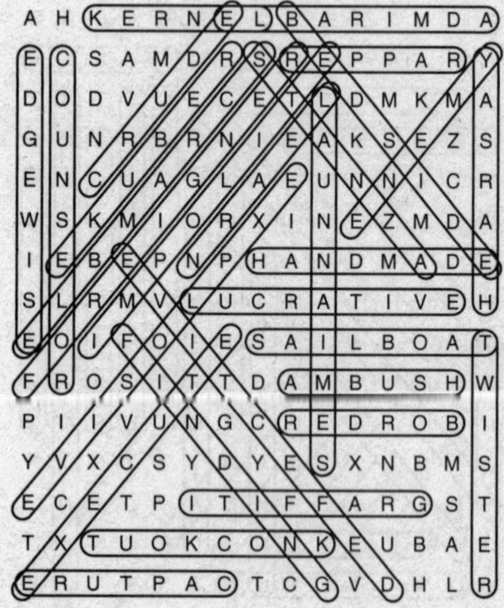

WORD SEEK 207

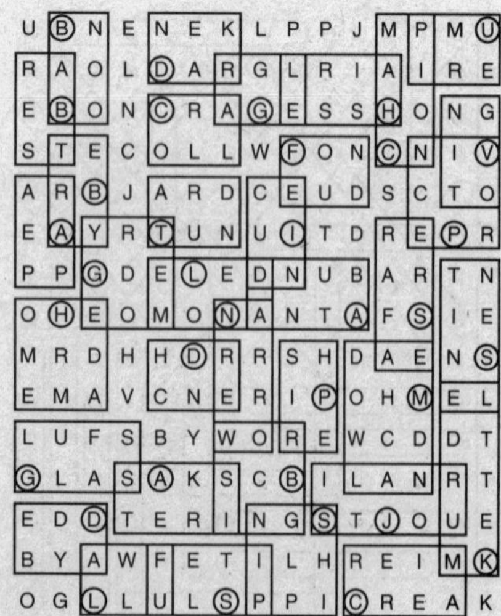

WORD SEEK 208

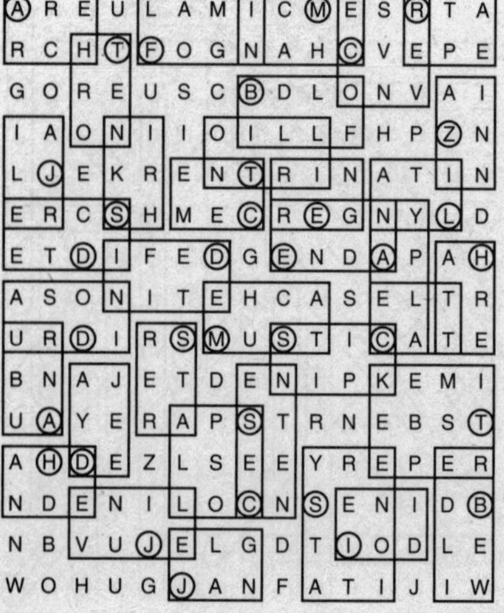

WORD SEEK 209

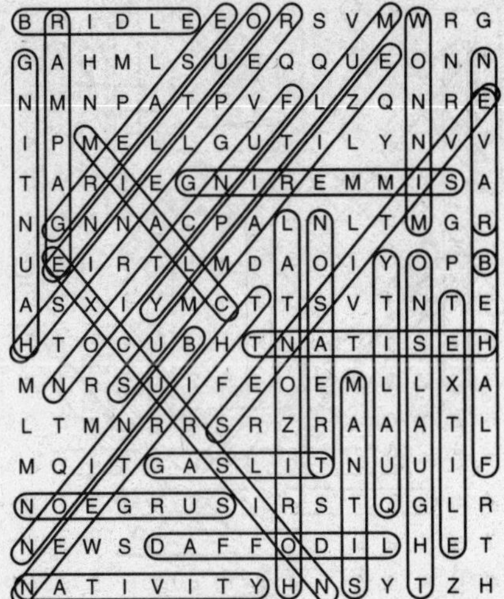

WORD SEEK 210

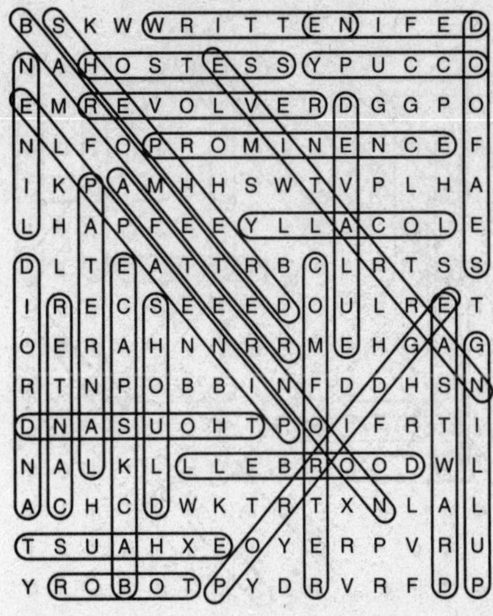

WORD SEEK 211

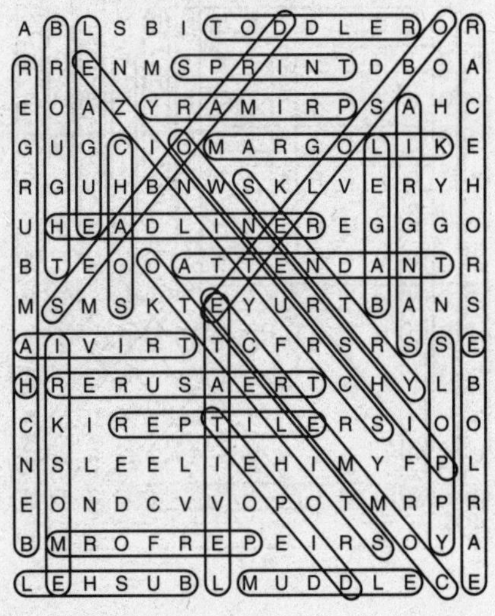

WORD SEEK 212

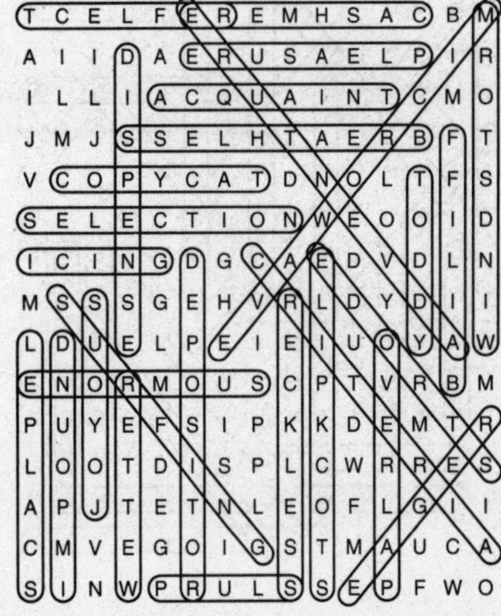

WORD SEEK 213

N	E	K	O	P	S	T	U	O	U	G	H	T
I	N	I	A	D	S	I	D	I	G	G	E	R
A	H	G	E	S	S	O	I	E	X	R	T	E
P	E	A	R	L	W	D	R	N	E	N	E	C
L	L	B	E	N	I	N	I	S	A	D	Z	N
E	R	U	S	A	E	M	G	L	N	W	S	O
A	C	I	S	Y	T	N	I	A	T	R	E	C
P	D	I	K	R	R	B	B	D	I	I	U	U
E	M	I	U	U	U	R	L	R	D	T	O	S
T	N	U	A	J	U	L	E	P	O	A	R	H
T	K	N	U	I	U	G	O	F	T	O	Y	I
E	E	D	O	B	D	M	F	K	E	R	T	O
Y	O	O	G	E	G	G	P	L	A	N	T	N

WORD SEEK 214

E	D	I	A	X	O	N	W	L	E	E	N	K
L	R	E	L	B	A	R	E	N	L	U	V	A
M	A	Y	L	S	E	L	L	I	R	O	E	T
S	Y	T	H	G	I	L	F	E	L	O	N	Y
A	N	E	N	B	A	R	V	L	A	G	E	D
I	A	I	R	E	A	O	E	D	N	N	R	I
S	L	A	I	C	M	Y	N	N	O	A	A	D
U	O	U	T	H	B	A	O	E	I	H	B	Y
H	B	I	T	A	V	O	N	E	T	T	L	E
T	O	R	L	E	I	H	O	R	P	N	E	L
N	A	L	L	E	S	R	E	V	O	K	A	Y
E	C	C	E	N	T	R	I	C	D	I	H	C
N	O	I	T	I	L	O	M	E	D	I	L	L

WORD SEEK 215

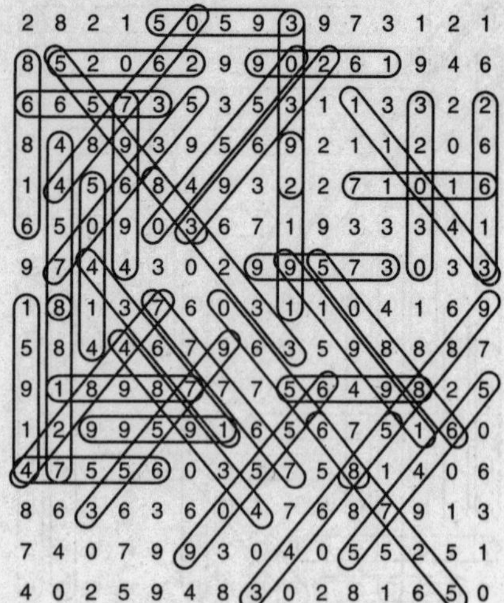

WORD SEEK 216

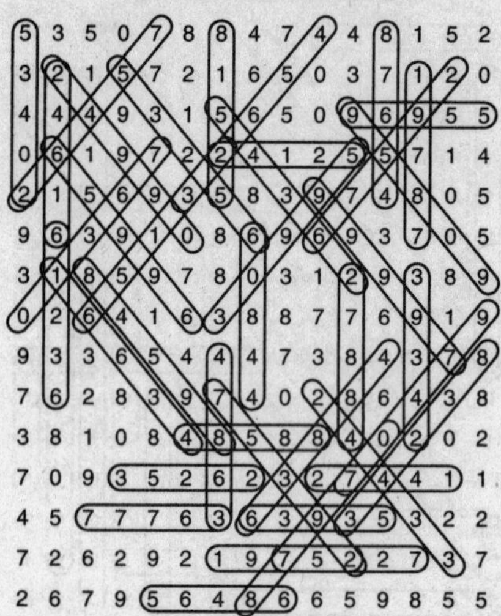

WORD SEEK 217

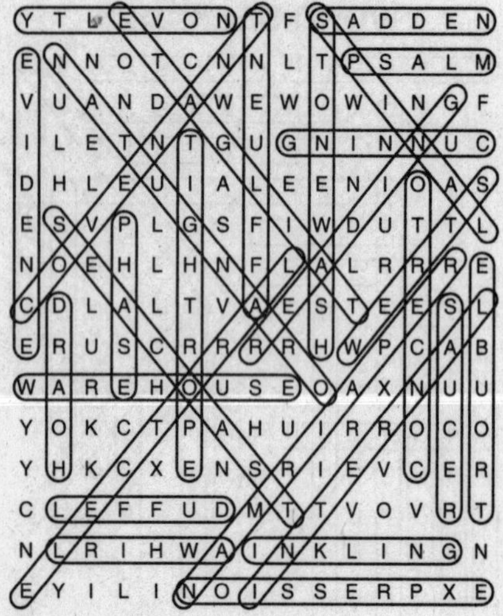

WORD SEEK 218

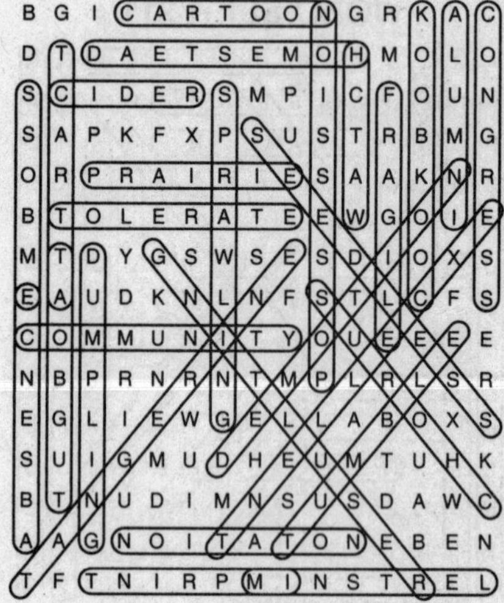

WORD SEEK 219

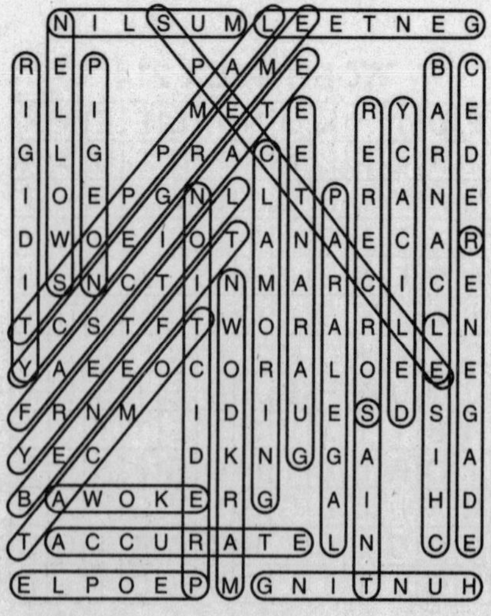

WORD SEEK 220

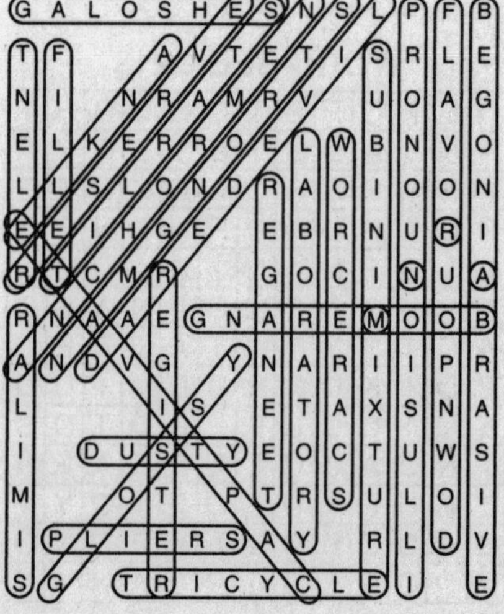

WORD SEEK 221

N	O	C	T	R	A	G	T	N	B	U	T	F	F	U
E	N	R	U	E	I	R	G	A	P	R	S	R	B	P
P	A	L	T	T	E	E	O	L	C	L	W	O	I	M
A	G	L	U	Y	T	W	A	S	P	A	E	G	D	S
E	A	F	A	A	T	I	R	D	I	R	E	R	E	B
G	R	S	R	V	E	V	Y	L	I	R	F	T	L	S
S	E	S	E	E	E	R	N	M	E	R	I	T	A	I
T	A	P	S	U	E	I	A	C	R	M	O	N	E	G
F	R	R	E	O	I	N	U	A	E	S	R	T	L	A
I	S	G	T	H	R	T	Q	R	T	I	U	W	O	E
B	H	N	R	E	O	V	E	L	O	Y	E	S	R	P
A	L	I	A	T	F	T	R	O	A	M	N	C	H	K
A	T	B	M	S	A	O	B	S	T	U	P	I	I	C
G	N	L	E	O	R	A	Y	E	V	H	E	A	E	T
E	I	V	M	O	D	R	T	N	E	S	S	L	E	S

WORD SEEK 222

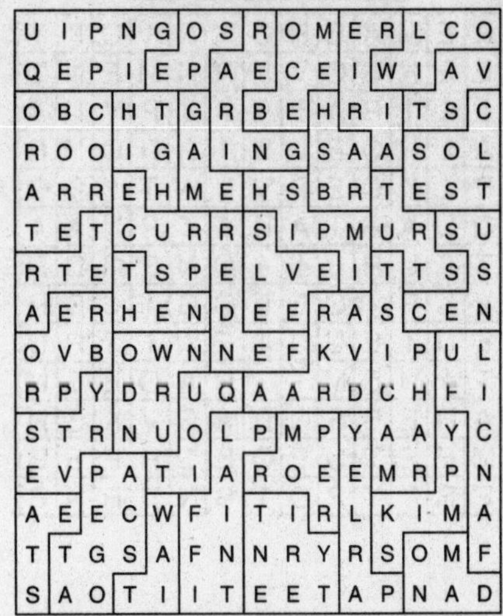

WORD SEEK 223

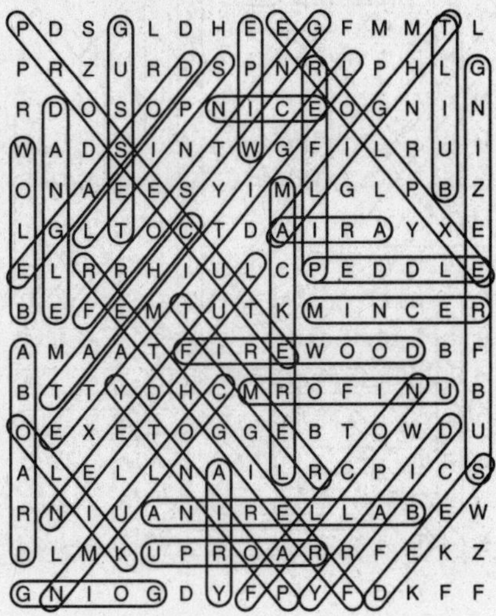

WORD SEEK 224

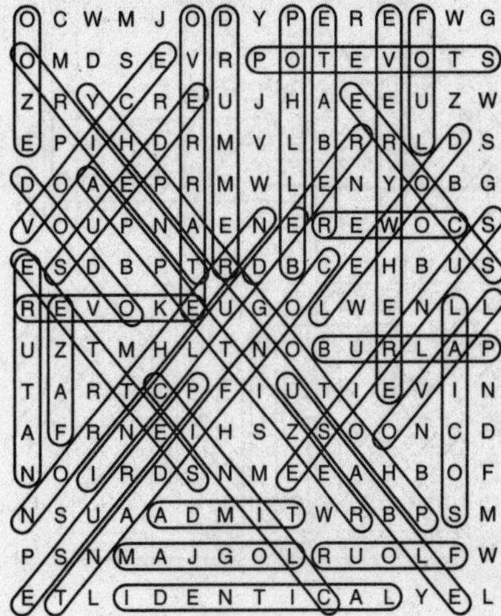

WORD SEEK 225

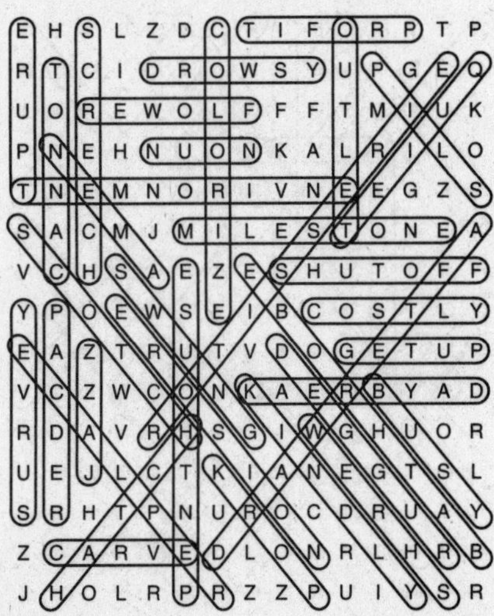

WORD SEEK 226

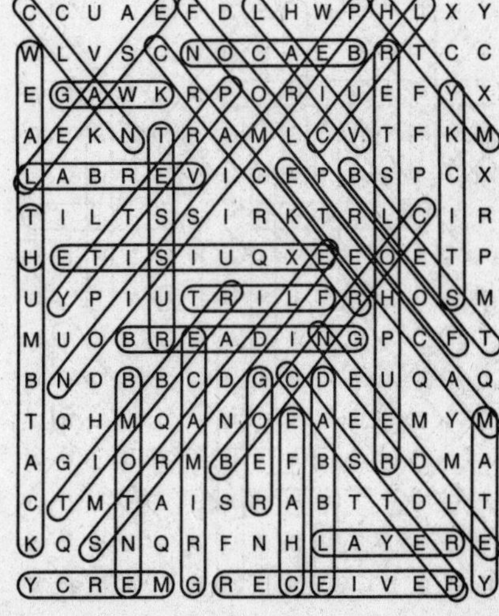

WORD SEEK 227

R	E	M	A	E	R	C	Y	N	I	C	K	Y
E	E	H	G	O	V	E	R	N	M	E	N	T
L	I	I	R	A	T	E	A	Y	P	Y	U	A
A	L	H	O	E	L	B	I	R	R	O	H	R
T	I	K	C	E	P	V	V	W	T	Y	E	O
O	O	A	E	T	A	B	A	T	P	N	A	A
T	F	U	R	L	I	A	O	N	E	G	D	D
E	L	B	I	G	E	L	O	G	I	C	D	R
E	U	I	E	U	U	T	E	W	I	Z	R	U
T	I	N	S	M	I	T	H	A	O	E	E	N
A	R	E	B	S	C	R	A	G	V	K	S	N
M	E	E	T	O	E	O	B	O	R	E	S	E
E	R	Y	Y	P	O	T	S	N	U	R	N	R

WORD SEEK 228

T	C	E	J	N	I	N	S	I	G	N	I	A
O	W	N	O	I	T	C	E	T	O	R	P	N
A	R	Y	E	A	C	Y	E	E	A	A	A	N
K	L	A	C	I	H	T	Y	M	L	I	R	A
A	C	K	T	C	I	I	E	A	A	D	T	V
N	T	O	T	E	N	N	T	Y	C	N	I	A
R	R	E	L	E	G	A	N	C	E	G	A	S
E	F	N	E	M	B	M	I	V	I	L	L	A
T	K	D	U	L	E	U	A	I	E	A	L	L
S	U	O	E	D	I	H	U	N	G	R	Y	U
A	R	R	O	Y	O	Y	E	E	I	E	V	T
W	D	S	E	R	I	P	E	F	I	F	E	E
L	S	E	A	O	B	E	A	U	T	I	F	Y

WORD SEEK 229

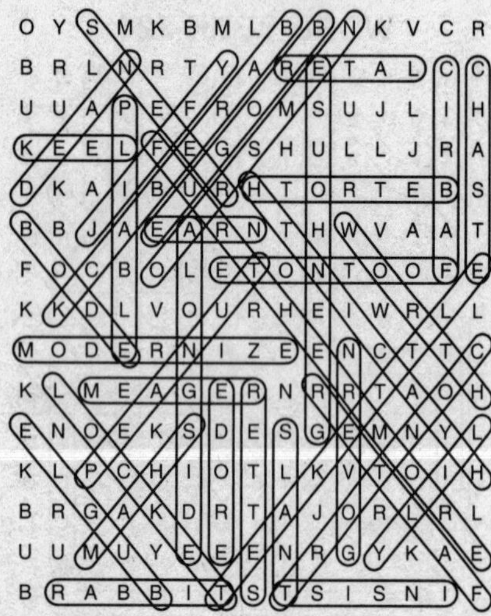

WORD SEEK 230

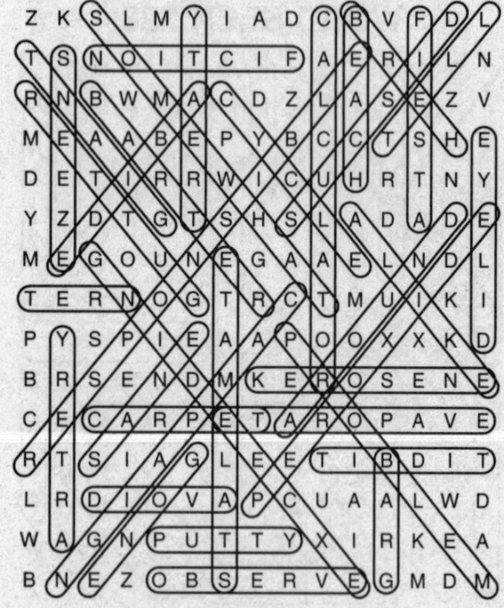

WORD SEEK 231

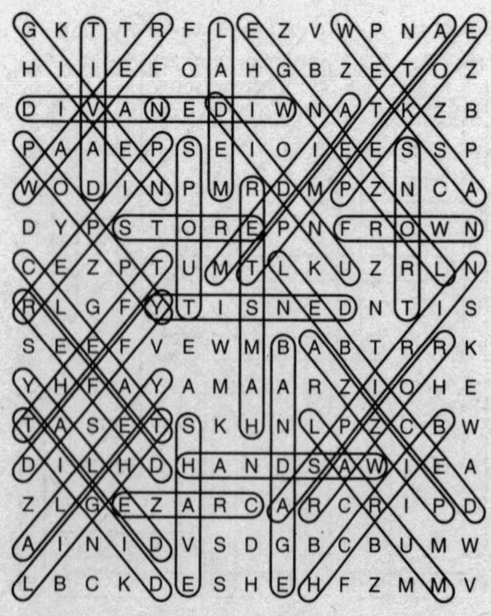

WORD SEEK 232

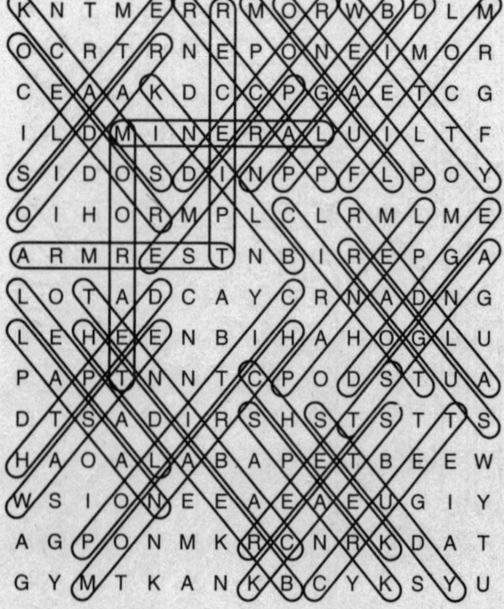

WORD SEEK 233

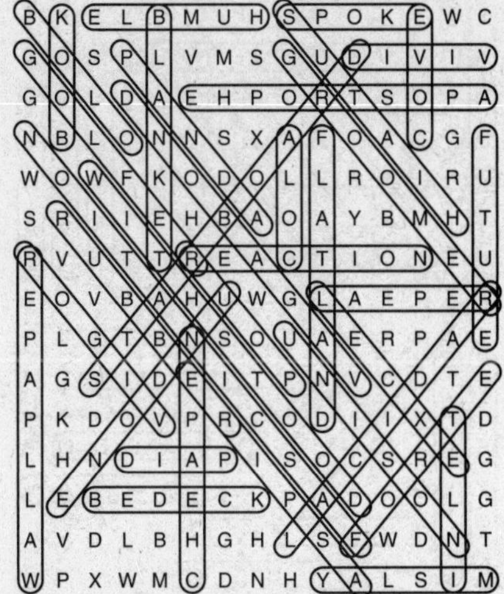

B	K	E	L	B	M	U	H	S	P	O	K	E	W	C
G	O	S	P	L	V	M	S	G	U	D	I	V	I	V
G	O	L	D	A	E	H	P	O	R	T	S	O	P	A
N	B	L	O	N	N	S	X	A	F	O	A	C	G	F
W	O	W	F	K	O	D	O	L	L	R	O	I	R	U
S	R	I	I	E	H	B	A	O	A	Y	B	M	H	T
R	V	U	T	T	R	E	A	C	T	I	O	N	E	U
E	O	V	B	A	H	U	W	G	L	A	E	P	E	R
P	L	G	T	B	N	S	O	U	A	E	R	P	A	E
A	G	S	I	D	E	I	T	P	N	V	C	D	T	E
P	K	D	O	V	P	R	C	O	D	I	I	X	T	D
L	H	N	D	I	A	P	I	S	O	C	S	R	E	G
L	E	B	E	D	E	C	K	P	A	D	O	O	L	G
A	V	D	L	B	H	G	H	L	S	F	W	D	N	T
W	P	X	W	M	C	D	N	H	Y	A	L	S	I	M

WORD SEEK 234

W	E	G	Q	K	R	E	P	O	T	C	F	T	L	E
S	W	L	T	M	E	T	R	O	Y	A	C	E	E	C
R	L	Y	D	X	D	X	P	S	U	I	E	R	E	A
S	Q	U	I	D	N	O	D	P	L	T	J	H	H	L
I	A	D	J	O	I	N	C	B	E	X	W	T	W	N
N	E	C	N	A	B	R	U	T	S	I	D	O	T	E
V	J	R	C	A	M	P	G	R	O	U	N	D	R	J
E	E	B	W	S	H	E	E	D	F	R	E	T	A	K
N	X	S	V	A	D	G	A	S	M	J	E	R	C	X
T	T	T	S	A	R	R	N	O	I	A	S	N	O	B
O	Y	A	W	E	E	R	F	O	H	C	R	W	S	M
R	C	T	S	P	L	F	A	O	L	Y	R	I	A	F
Y	V	U	S	T	E	T	U	N	Q	J	K	E	N	Q
L	A	E	R	N	E	S	B	O	T	A	N	Y	X	A
F	D	N	D	R	E	D	N	I	H	Y	X	V	S	E

WORD SEEK 235

E	L	A	C	S	M	N	P	M	S	O	U	S	H	O
P	R	E	F	A	B	P	O	D	G	V	H	D	T	D
V	E	I	T	H	R	R	R	N	A	R	E	N	E	N
G	E	C	H	D	S	P	T	I	E	C	I	B	S	E
T	F	I	I	E	I	I	E	K	E	M	W	L	U	E
P	I	R	L	L	I	M	D	N	I	W	A	A	L	A
E	E	C	I	T	S	I	T	A	T	S	R	S	C	E
G	N	A	T	E	U	I	R	M	R	E	G	O	E	E
N	A	T	I	O	N	W	I	D	E	E	R	W	R	S
E	T	R	U	S	S	D	N	I	P	N	S	O	A	N
V	K	S	I	V	C	H	G	N	S	U	L	R	E	S
A	Y	G	I	K	R	A	L	D	A	K	B	I	O	F
B	H	N	T	S	E	S	E	O	L	O	G	L	O	H
T	A	T	E	S	E	P	T	O	C	H	O	O	S	Y
G	O	B	L	I	N	D	F	R	R	P	T	A	T	B

WORD SEEK 236

P	K	B	T	E	C	G	T	S	I	N	C	E	L	T
C	V	I	T	A	M	I	N	C	O	L	D	L	R	O
R	N	E	D	R	A	H	T	I	E	I	E	A	X	N
X	Z	L	M	I	I	B	G	T	R	T	V	V	I	Z
M	X	M	T	N	S	E	V	Y	A	E	E	A	A	N
T	E	M	M	U	L	P	O	C	L	X	T	D	G	G
E	L	B	A	T	S	J	O	I	S	E	Z	A	L	G
L	R	E	M	O	H	L	N	S	P	C	A	L	C	N
B	E	E	G	I	L	G	E	N	I	U	Z	K	O	K
A	N	H	D	A	P	P	R	E	N	T	I	C	E	C
M	F	O	I	I	V	M	E	L	D	I	I	R	L	A
M	S	L	D	O	A	O	B	B	L	V	H	O	W	L
A	K	L	O	N	P	R	R	U	Y	E	T	A	N	S
L	F	O	N	A	E	P	A	A	D	H	I	F	C	F
F	C	W	L	H	T	T	B	B	E	T	B	Y	G	K

WORD SEEK 237

O	D	D	K	G	D	T	M	P	G	F	O	O	T	A
T	A	K	G	E	I	O	C	I	E	H	H	S	C	A
O	A	A	N	A	C	E	G	H	C	C	O	D	E	K
F	R	O	N	V	L	N	C	A	W	A	K	L	R	O
E	L	B	R	I	A	T	T	E	T	O	H	E	G	Y
F	N	U	M	D	W	F	R	E	M	S	B	U	L	H
O	F	A	E	D	O	O	R	O	E	B	E	L	M	C
F	T	L	B	M	B	M	A	L	N	U	D	O	O	T
R	R	E	Y	E	B	T	S	C	B	O	R	E	A	H
I	I	E	S	A	T	T	H	S	W	M	C	C	E	Y
B	W	A	A	I	R	U	R	L	D	R	I	T	K	C
T	I	S	M	K	M	M	K	O	E	P	I	E	W	Y
T	M	O	B	E	F	I	O	P	E	S	I	C	E	E
Y	L	O	R	B	R	H	D	R	E	R	S	V	E	R
H	C	U	V	C	U	K	U	T	O	L	R	T	F	P

WORD SEEK 238

L	I	C	A	C	F	A	M	R	T	T	P	S	T	M
P	A	S	A	O	G	C	L	S	I	R	A	I	A	O
F	N	B	E	R	D	T	W	O	I	C	A	P	V	U
O	F	D	E	T	A	E	N	G	H	M	M	O	C	V
U	R	A	G	E	U	E	L	A	X	I	T	Y	X	R
S	H	T	C	M	T	Z	G	L	B	H	R	K	B	B
C	N	H	E	U	G	I	E	B	O	R	T	C	O	B
I	U	A	I	L	S	V	M	Z	N	S	A	W	A	H
X	N	W	L	C	Y	I	C	A	L	F	E	C	C	Y
G	A	E	O	S	N	V	D	S	G	O	I	N	R	X
L	E	U	M	L	L	U	P	R	T	V	R	E	A	O
V	T	O	M	D	F	O	A	H	H	U	C	T	C	R
P	W	Z	Y	A	B	M	C	Z	I	N	P	K	A	Y
B	F	K	A	I	G	V	F	G	E	B	E	S	A	P
T	T	N	K	R	C	Z	A	E	O	N	N	H	W	W

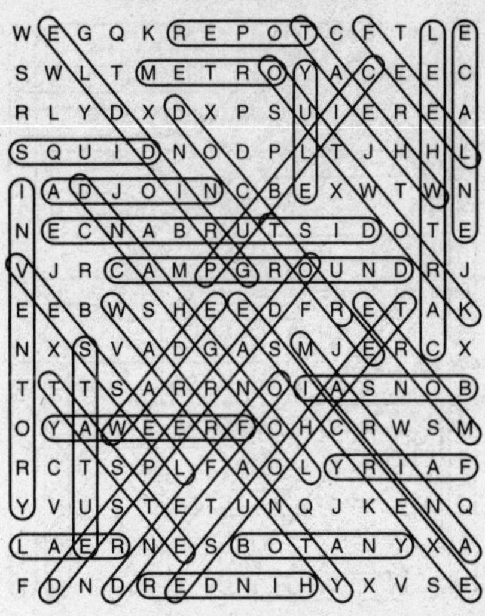

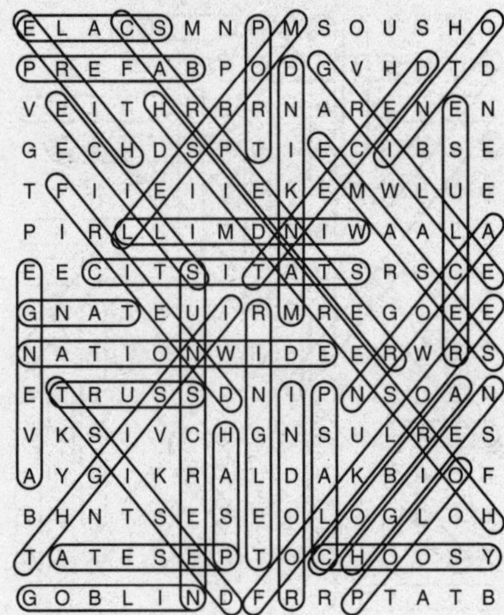

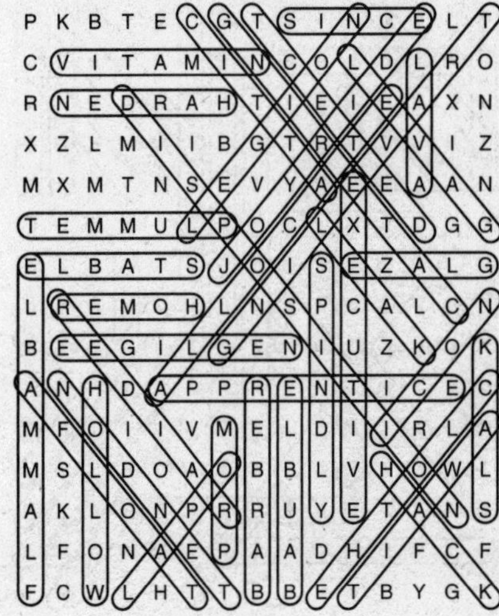

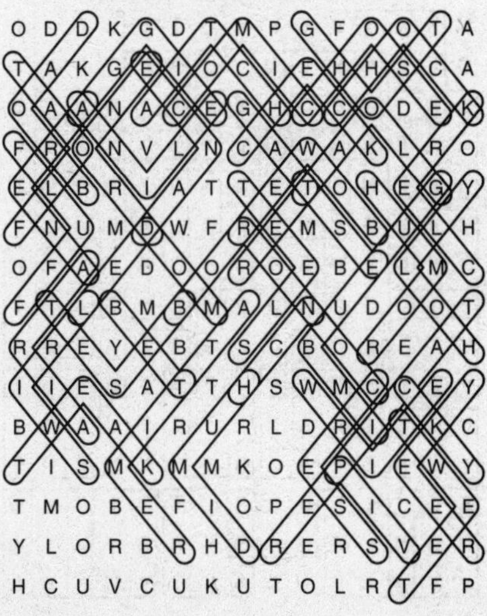

WORD SEEK 239

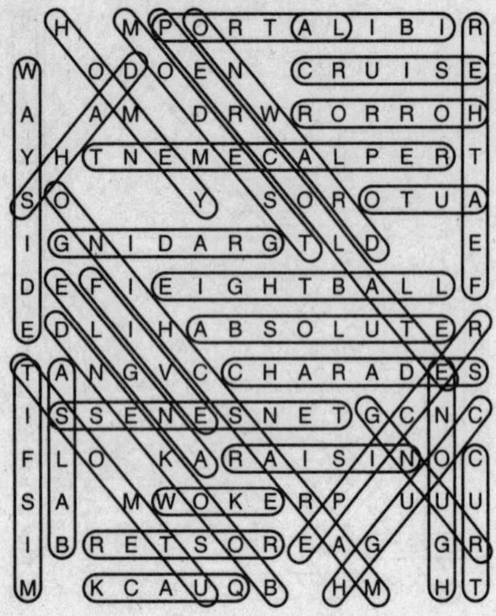

WORD SEEK 240

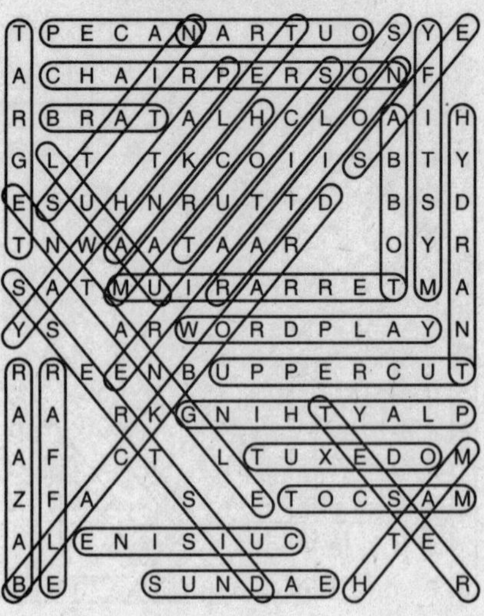

WORD SEEK 241

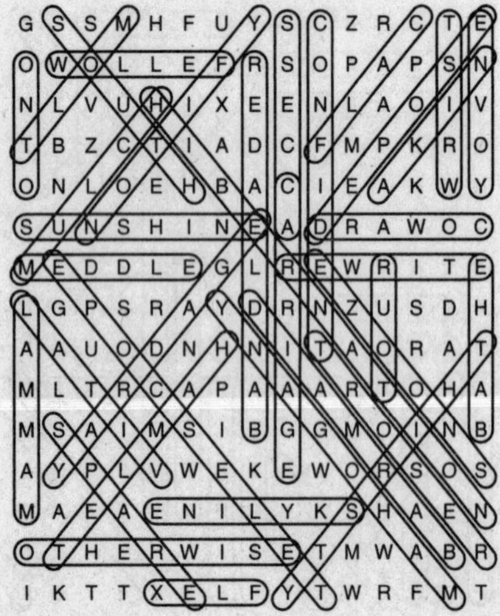

WORD SEEK 242

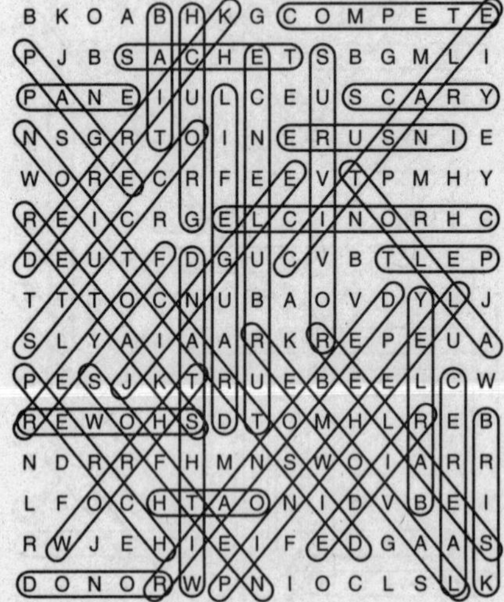

WORD SEEK 243

C P O I H A Z T I R V N U Y A
L R E R M N W O K M P O T R L
C O F F S E G O B E E H E H N
H L T C S R H M T R N E L N R
A E C O G R E I I V G I U A U
B L R O H N G L L N W I N A T
A P I O H V T O S I E V I F A
C O D H L F P E N A P T O O C
I N C O D E U R A M S O S D W
C A T B M L G I R G P R T N I
T R A R K C T N R R H O T E A
A M H I R A E D E B V H A L Z
T F E A A R E M I E O R E E M
A A W S P O T T A G N A S R E
L L R N N V D R M I I T M W W

WORD SEEK 244

M N L I Z E W K F I U E S I F
O E G N M L O U S A O T D P O
I S T O C O V B Y A V N R E E
M A E E S I O L I G I R A D H
H S P M S A E M N U L M A M A
E F U R N N G A D E E E A L T
N L N E P S I I S R E V M M K
E I C O O D C L H R N G A R O
V T T I P N C O A O Z S E E H
E E D P E L O T E I T E N S E
N D E A C A N Z I C M U L Z I
I S R B L A W R I C Y Y C H T
E O T I U D O R L I N L R B W
M R N L P H A E Y A O Y A L A
S Y A A R W D N C T V U T E E

WORD SEEK 245

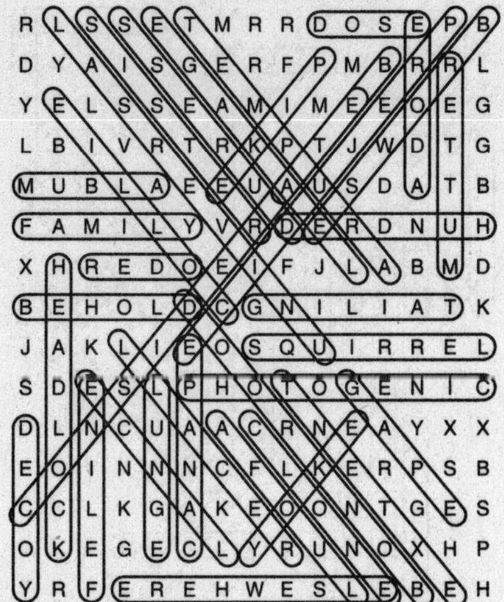

WORD SEEK 246

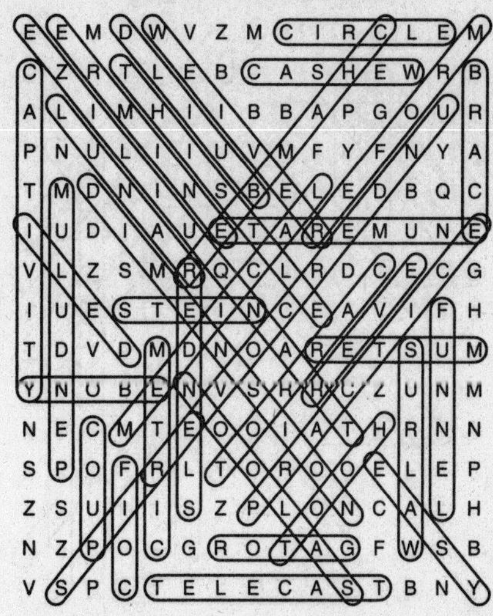

WORD SEEK 247

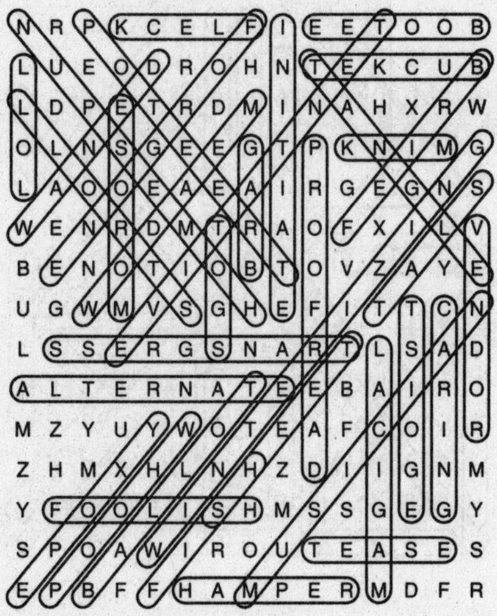

WORD SEEK 248

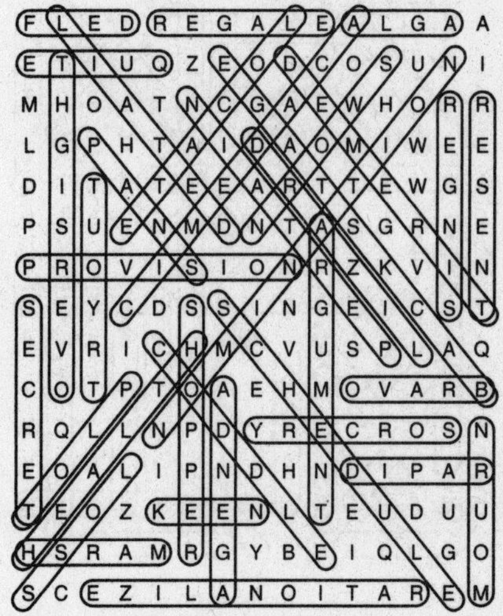

WORD SEEK 249

C	I	T	S	I	L	A	E	D	I	P	P	X
P	R	I	M	I	T	I	V	E	L	I	E	T
A	R	N	A	O	L	O	A	E	L	H	A	S
N	H	E	W	R	E	Y	R	F	A	S	T	E
H	G	O	C	A	S	T	E	U	R	N	T	N
A	U	I	B	E	R	I	L	N	M	A	A	A
N	O	U	A	Y	D	D	G	G	M	M	N	S
D	T	E	R	R	Y	I	H	I	S	K	E	K
L	W	H	D	E	R	C	N	T	D	R	Y	E
E	E	R	I	T	T	A	H	G	I	O	E	W
P	E	D	M	S	E	C	N	E	H	W	E	B
O	D	E	O	E	A	T	S	T	A	A	A	R
O	O	H	A	Y	O	U	N	G	I	S	H	D

WORD SEEK 250

G	P	R	Y	A	R	G	E	N	E	T	R	R
R	A	I	R	K	N	A	A	E	L	S	E	A
E	N	O	T	U	S	D	E	Z	E	O	P	J
A	M	D	I	H	N	I	P	O	G	O	P	A
G	N	U	L	A	A	A	R	R	L	I	I	R
L	I	O	L	E	D	N	A	F	N	I	Z	O
E	E	B	R	E	E	D	E	R	L	E	U	U
T	Y	U	A	O	O	N	W	A	P	I	C	S
E	O	N	Q	S	C	O	R	P	S	O	C	E
H	A	N	D	I	A	U	E	P	D	I	H	K
O	U	Y	N	K	L	L	T	E	T	I	I	N
M	O	G	A	S	I	B	U	P	O	F	N	I
E	N	O	I	N	I	P	O	R	D	A	I	N

WORD SEEK 251

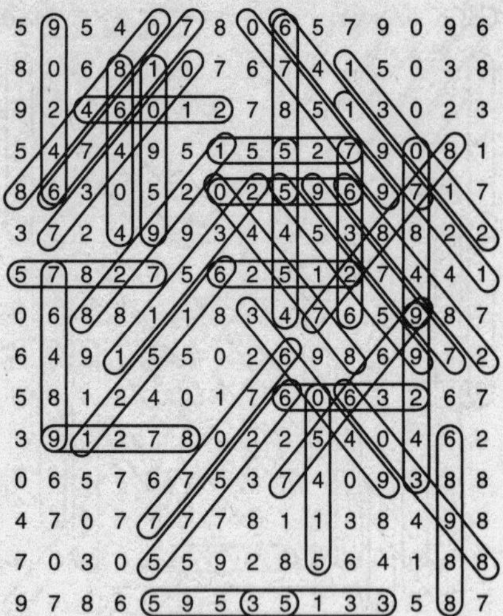

5	9	5	4	0	7	8	0	6	5	7	9	0	9	6
8	0	6	8	1	0	7	6	7	4	1	5	0	3	8
9	2	4	6	0	1	2	7	8	5	1	3	0	2	3
5	4	7	4	9	5	1	5	5	2	7	9	0	8	1
8	6	3	0	5	2	0	2	5	9	6	9	7	1	7
3	7	2	4	9	9	3	4	4	5	3	8	8	2	2
5	7	8	2	7	5	6	2	5	1	2	7	4	4	1
0	6	8	8	1	1	8	3	4	7	6	5	9	8	7
6	4	9	1	5	5	0	2	6	9	8	6	9	7	2
5	8	1	2	4	0	1	7	6	0	6	3	2	6	7
3	9	1	2	7	8	0	2	2	5	4	0	4	6	2
0	6	5	7	6	7	5	3	7	4	0	9	3	8	8
4	7	0	7	7	7	7	8	1	1	3	8	4	9	8
7	0	3	0	5	5	9	2	8	5	6	4	1	8	8
9	7	8	6	5	9	5	3	5	1	3	3	5	8	7

WORD SEEK 252

6	1	0	3	6	9	0	0	2	2	2	9	9	2	6
8	4	6	3	4	9	5	5	3	3	1	2	4	2	5
4	6	3	3	6	4	4	2	0	3	3	2	6	0	6
4	7	7	0	9	0	1	5	4	7	4	2	2	1	4
5	6	1	4	8	7	3	0	9	9	4	9	5	1	8
1	4	8	5	5	8	1	9	7	7	6	5	9	6	5
3	3	6	7	3	8	2	3	0	2	2	4	2	6	6
0	8	4	1	0	5	1	3	9	7	1	8	7	4	0
9	3	6	1	8	1	4	5	9	3	4	2	0	9	7
1	0	8	1	0	9	0	7	2	9	7	6	2	4	7
5	7	8	9	9	3	9	1	6	2	0	9	8	5	8
5	2	8	9	0	8	5	8	4	7	4	0	8	2	9
5	9	1	0	8	3	9	2	8	5	3	2	8	7	3
2	3	0	0	4	8	7	4	5	7	2	2	6	2	0
1	0	1	4	4	6	1	2	7	6	1	0	3	6	9

WORD SEEK 253

G	B	W	X	Q	S	3	8	Z	5	E	6	X	Z	7
4	3	L	H	5	7	G	8	K	B	2	A	R	B	Y
4	Q	8	V	Z	Y	J	K	8	E	G	5	B	K	V
J	H	X	R	8	5	M	D	V	L	Q	T	6	3	7
3	A	C	P	V	R	A	N	V	6	U	Q	F	R	Q
Y	8	4	3	X	8	2	4	5	2	X	B	F	9	E
C	A	F	P	C	Z	R	5	A	2	Z	D	J	L	U
H	M	5	J	J	Y	5	T	M	A	6	G	W	9	D
B	3	F	9	Y	6	6	S	3	X	V	K	H	U	9
A	W	G	H	S	M	H	W	Y	B	S	Q	2	F	8
X	S	3	2	7	2	Q	A	4	D	W	L	Y	Q	5
Z	E	M	Z	Z	Q	L	N	G	P	K	6	8	Y	M
5	7	P	9	5	5	9	E	5	E	3	Y	L	3	S
H	N	6	9	S	C	N	E	A	9	3	B	Q	P	Q
A	4	M	V	D	U	X	2	4	Z	C	K	L	L	B

WORD SEEK 254

H	5	A	D	W	E	5	J	E	V	E	6	A	P	8
B	P	D	U	4	Y	M	B	R	W	C	R	2	4	3
A	8	2	S	F	J	R	G	3	H	6	K	6	X	T
H	D	U	C	N	X	6	9	P	5	7	A	7	R	P
8	C	3	4	9	Z	Q	4	G	E	R	G	G	4	2
D	G	U	D	6	M	2	H	N	F	C	3	V	S	G
F	U	3	8	9	Q	H	4	5	2	S	3	A	D	V
X	B	S	2	V	P	Z	R	4	M	G	K	U	M	F
H	3	U	S	A	7	6	G	D	L	N	8	T	7	W
G	6	F	6	W	K	M	A	Y	Z	L	5	2	E	6
N	H	X	W	D	U	3	M	5	J	2	K	Y	9	N
8	D	J	V	D	Y	X	J	S	6	W	U	2	M	W
Z	A	2	M	M	Z	9	2	D	5	6	5	H	N	Z
N	8	F	X	8	5	Y	7	3	T	K	5	U	X	2
B	F	X	R	V	8	D	9	H	L	6	P	5	U	R

WORD SEEK 255

B	K	G	S	G	R	O	C	E	R	Y	W	F	V	G
W	O	R	R	U	B	M	P	P	A	L	T	O	E	P
L	B	O	U	N	T	Y	O	A	W	G	E	S	R	S
L	P	H	K	B	W	C	T	C	O	T	R	A	I	E
B	E	A	T	L	C	I	E	S	L	O	P	D	M	N
L	G	A	R	N	O	D	N	A	L	M	R	A	F	S
M	A	A	G	E	E	V	T	E	E	B	E	C	H	U
E	E	V	I	U	N	E	E	S	M	O	T	I	R	N
P	D	F	O	G	E	T	T	R	B	Y	N	C	W	S
G	N	I	F	R	U	S	H	R	D	D	I	M	H	T
E	N	L	T	R	P	A	P	E	I	L	D	A	K	Y
E	S	S	U	O	M	P	N	G	S	H	K	Y	L	L
S	N	A	O	G	T	I	A	A	P	E	T	O	D	I
E	K	T	E	F	M	C	I	T	R	U	S	R	P	S
W	S	F	G	C	L	R	O	U	N	D	U	E	F	H

WORD SEEK 256

P	O	I	S	E	N	E	K	S	R	G	B	V	N	L
S	V	T	R	C	T	R	K	B	N	E	W	P	I	L
P	E	R	E	H	W	E	M	O	S	S	L	M	A	E
O	R	C	P	L	M	V	R	R	P	A	E	I	R	W
R	S	O	U	P	H	O	M	I	N	Y	T	N	P	K
D	H	V	P	R	S	H	N	E	H	N	T	S	S	N
E	O	L	H	E	E	U	O	U	E	G	N	O	O	I
R	E	T	A	E	R	C	G	D	M	K	I	L	M	P
U	S	E	G	D	T	G	I	A	B	E	L	E	N	B
T	C	W	M	A	A	S	C	M	R	A	N	E	W	D
N	O	B	V	B	E	A	E	I	G	A	T	T	N	A
E	R	E	L	R	R	G	P	D	I	S	P	L	A	Y
V	T	E	V	O	R	A	E	D	I	R	B	S	S	L
D	A	T	O	U	Q	W	C	L	P	O	K	R	A	T
A	H	N	Q	N	Q	L	N	E	T	U	H	C	M	M

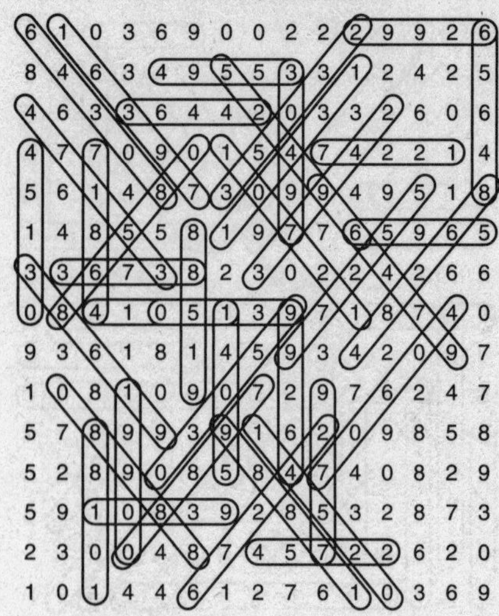

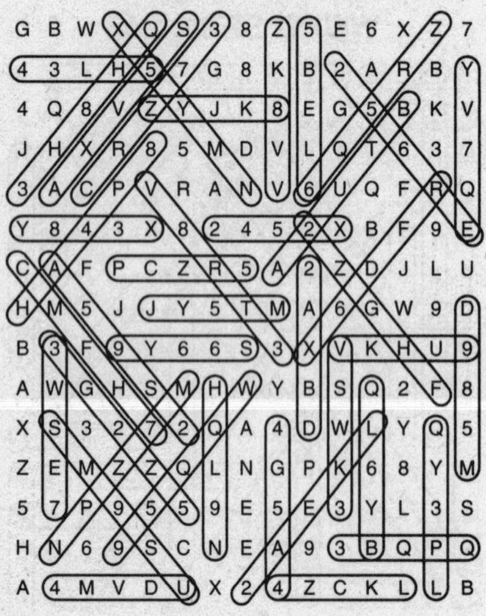

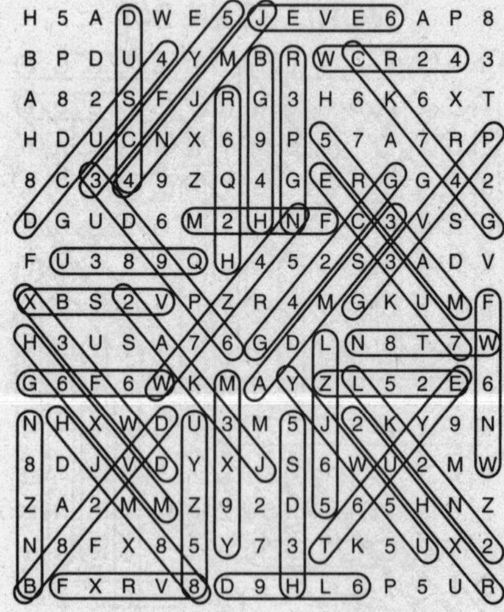

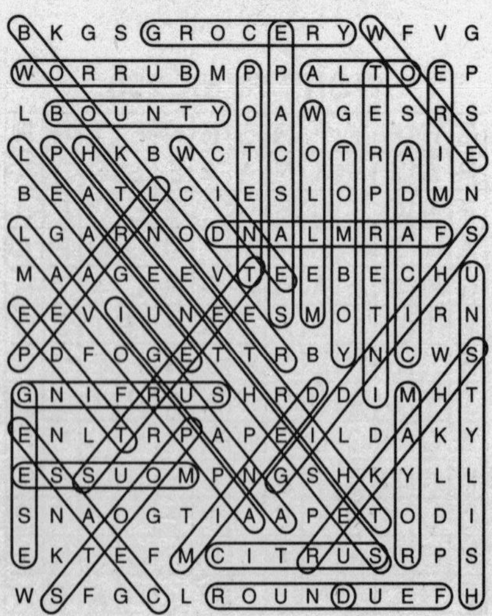

WORD SEEK 257

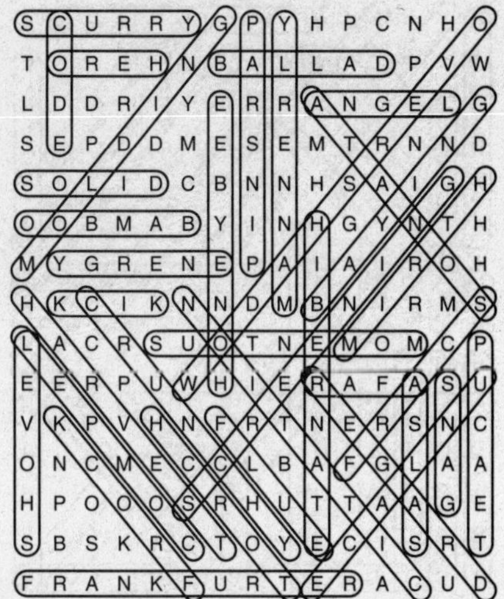

S	C	U	R	R	Y	G	P	Y	H	P	C	N	H	O
T	O	R	E	H	N	B	A	L	L	A	D	P	V	W
L	D	D	R	I	Y	E	R	R	A	N	G	E	L	G
S	E	P	D	D	M	E	S	E	M	T	R	N	N	D
S	O	L	I	D	C	B	N	N	H	S	A	I	G	H
O	O	B	M	A	B	Y	I	N	H	G	Y	N	T	H
M	Y	G	R	E	N	E	P	A	I	A	I	R	O	H
H	K	C	I	K	N	N	D	M	B	N	I	R	M	S
L	A	C	R	S	U	O	T	N	E	M	O	M	C	P
E	E	R	P	U	W	H	I	E	R	A	F	A	S	U
V	K	P	V	H	N	F	R	T	N	E	R	S	N	C
O	N	C	M	E	C	C	L	B	A	F	G	L	A	A
H	P	O	O	O	S	R	H	U	T	T	A	A	G	E
S	B	S	K	R	C	T	O	Y	E	C	I	S	R	T
F	R	A	N	K	F	U	R	T	E	R	A	C	U	D

WORD SEEK 258

K	P	D	F	E	N	T	R	Y	T	S	C	F	L	L
H	L	O	L	N	C	V	Y	F	R	E	G	N	I	L
S	A	E	R	O	F	D	I	S	V	T	W	M	M	S
M	C	P	P	T	E	H	Y	O	O	U	M	E	Z	G
E	S	P	P	S	S	N	D	A	T	N	A	F	N	I
A	E	W	C	E	S	U	O	I	C	I	L	E	D	T
R	I	R	K	L	N	U	F	W	I	M	P	A	L	A
N	Y	A	T	B	Y	L	O	S	H	M	E	A	W	G
F	M	O	F	B	E	R	R	V	O	E	T	A	N	K
P	O	T	H	O	L	D	E	R	Z	F	R	I	C	Y
C	C	F	N	C	K	F	T	S	E	E	Y	E	D	S
L	E	Z	A	H	C	G	E	I	R	P	D	O	L	T
E	L	C	A	P	A	B	L	E	S	U	R	N	V	U
A	O	A	N	G	T	E	L	K	A	A	N	B	E	G
N	T	H	E	R	R	Y	B	Y	P	Z	F	H	S	R

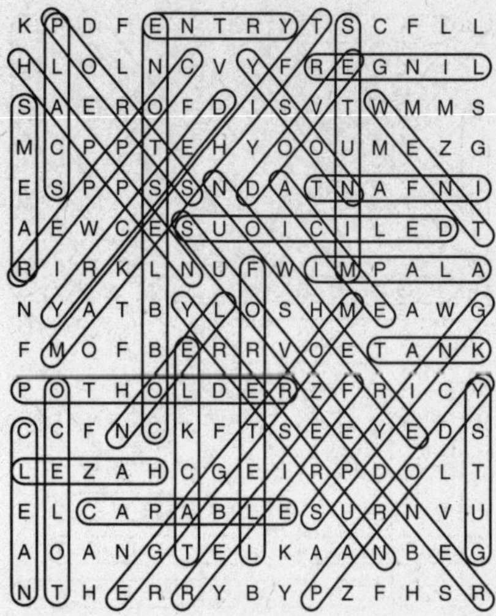

WORD SEEK 259

I	N	N	I	T	H	E	R	M	T	N	A	C	F	L
K	N	D	F	S	G	W	E	E	T	Y	R	R	F	E
S	I	E	R	O	U	M	B	M	F	L	M	O	A	W
H	R	E	G	O	T	E	L	R	C	M	O	T	C	H
I	T	H	E	V	E	L	G	A	S	T	T	A	N	G
N	P	T	N	E	R	C	P	W	G	S	O	F	I	B
G	A	G	L	N	E	P	R	I	N	I	R	T	R	O
A	D	N	E	I	T	S	I	M	T	D	E	S	Y	U
O	B	E	F	R	O	P	O	P	A	T	C	A	P	E
P	B	N	G	P	G	P	R	S	I	D	H	T	A	M
W	R	L	I	N	O	I	T	R	M	A	O	L	L	E
N	I	A	R	E	S	F	W	E	G	N	U	A	W	T
G	L	I	N	R	A	M	A	T	Y	H	G	H	M	A
S	A	S	E	I	P	E	R	S	N	O	W	S	V	N
T	E	U	A	H	P	T	H	Y	A	D	A	E	R	F

WORD SEEK 260

K	P	T	S	Y	P	R	A	I	K	T	K	E	G	D
B	E	A	R	R	O	R	D	N	C	C	A	S	M	U
H	C	C	O	M	T	Z	E	G	O	M	N	I	A	S
P	A	N	O	M	O	T	A	B	L	E	F	T	P	S
R	E	L	I	A	T	O	L	V	R	E	V	O	S	T
E	L	B	A	N	T	P	B	E	C	A	H	M	E	R
E	S	G	N	G	I	O	A	I	D	D	O	R	A	E
E	D	L	I	G	K	H	K	S	T	F	E	G	I	Y
S	I	P	D	I	T	S	E	T	C	I	Z	A	E	N
T	M	L	A	C	O	P	A	R	I	N	I	N	L	I
N	E	O	B	K	D	I	M	E	D	G	C	K	E	R
Z	T	I	S	R	E	G	S	T	N	E	M	A	M	E
R	E	L	O	M	B	Z	U	P	P	L	E	L	I	B
Y	A	V	E	I	Z	Z	M	R	O	O	D	T	M	E
T	L	I	S	F	O	L	E	R	F	U	E	T	A	R

WORD SEEK 261

Y	X	A	H	W	U	K	T	K	F	M	O	S	H	U
K	T	W	C	L	C	X	E	T	A	R	C	R	R	A
B	R	R	R	E	B	X	E	C	N	E	P	U	O	H
E	C	I	U	J	A	L	Q	Y	C	D	S	S	C	Y
X	W	N	M	M	O	X	V	I	Y	F	L	U	S	H
T	G	G	I	S	P	Y	N	E	E	T	O	A	O	Q
X	S	N	W	H	E	E	L	L	W	V	W	L	I	H
T	E	O	N	B	R	V	T	D	N	A	B	T	A	H
E	S	P	A	L	A	A	Q	R	J	B	R	W	Y	A
J	Q	A	N	O	E	G	R	U	S	S	O	A	N	F
Y	D	C	C	Y	I	R	T	S	I	R	W	U	F	D
L	K	I	L	E	C	O	E	M	O	E	A	A	N	M
D	I	R	U	L	D	F	W	G	C	S	T	E	M	D
X	A	Y	E	D	M	A	I	A	I	S	R	L	L	P
E	A	L	Y	J	A	R	R	U	U	T	R	L	Y	C

WORD SEEK 262

B	Y	M	N	E	Y	E	W	N	N	E	N	H	M	L
D	U	N	P	D	U	T	E	O	W	E	S	E	L	F
T	V	R	N	D	C	E	T	W	R	A	Y	I	Y	P
I	N	A	R	O	N	A	M	I	R	R	R	F	O	H
G	C	E	T	I	B	L	S	T	D	D	Y	B	F	N
N	V	G	M	H	T	W	I	N	K	L	E	L	X	I
O	I	R	T	Y	N	O	N	E	R	C	R	U	S	H
K	A	E	R	F	A	S	O	S	U	S	P	E	N	D
C	E	A	K	E	T	P	T	S	A	M	M	S	W	N
T	H	T	G	S	N	D	V	P	A	E	A	N	E	U
U	W	E	N	G	N	F	E	I	H	T	L	X	N	R
T	I	U	S	U	U	C	S	T	X	B	I	I	I	K
S	R	W	O	S	A	S	B	E	N	V	O	S	H	M
L	U	F	T	I	U	T	T	Y	Y	N	K	H	I	W
M	M	F	P	E	G	D	X	O	U	Y	X	B	H	V

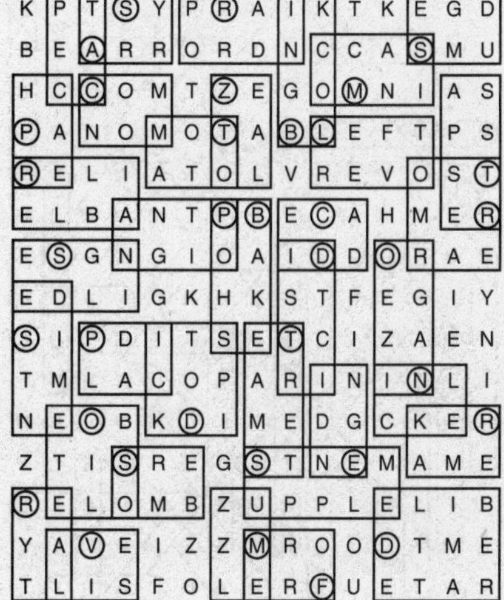

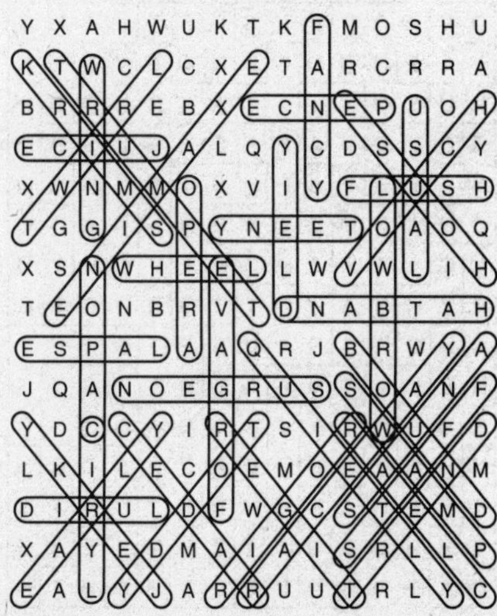

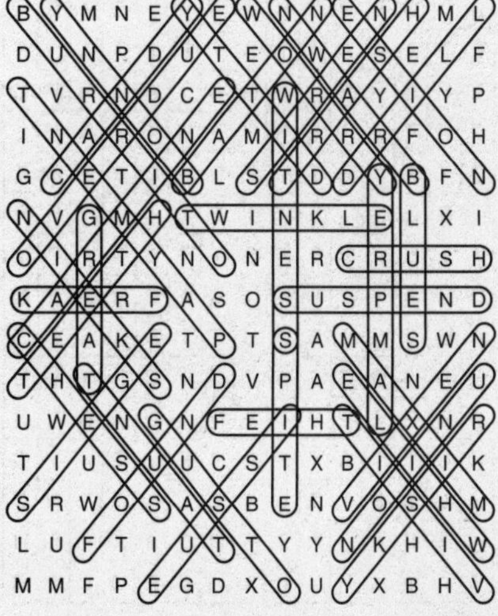

WORD SEEK 263

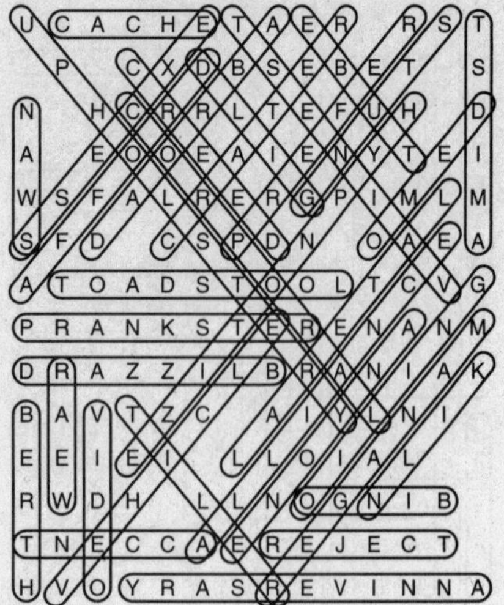

WORD SEEK 264

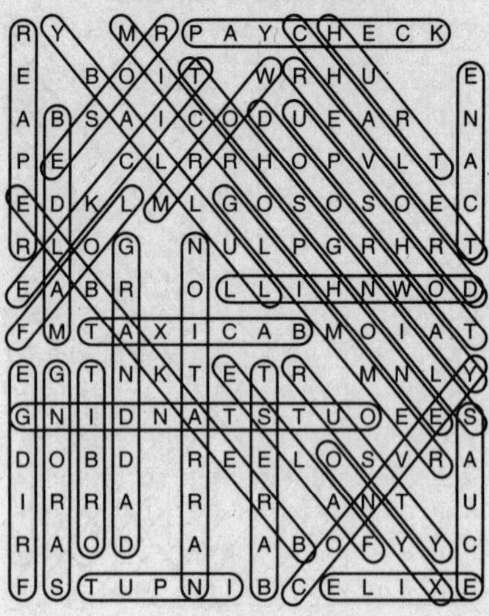

WORD SEEK 265

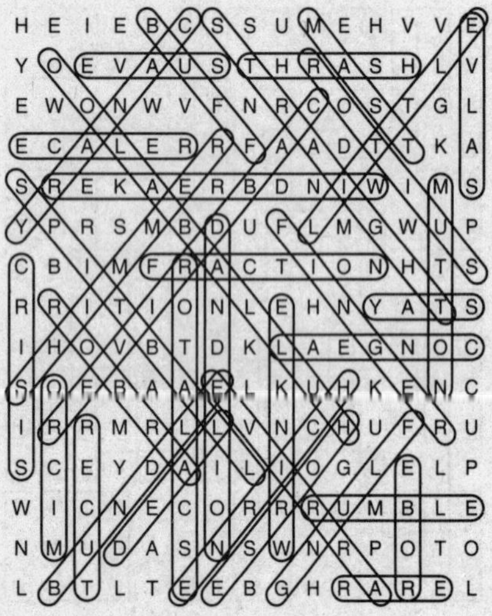

WORD SEEK 266

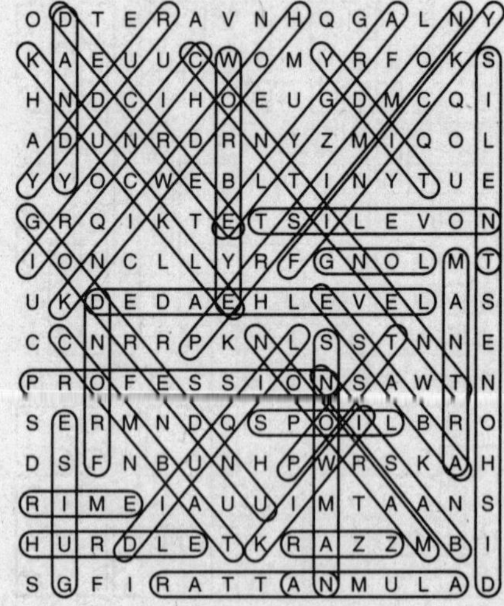

WORD SEEK 267

R	I	D	E	R	S	H	A	W	E	V	C	A	E	A
E	T	A	C	W	I	I	R	I	L	I	T	A	N	T
E	H	R	S	E	N	P	N	E	Y	R	I	N	P	O
T	E	T	P	A	E	R	T	E	R	A	I	A	L	L
C	Y	E	L	R	T	Y	L	R	A	D	L	S	B	A
I	R	N	A	I	N	T	I	S	T	I	U	T	E	P
T	E	E	L	P	E	H	G	Y	S	A	C	E	P	I
O	S	E	I	S	Y	Z	M	S	A	E	R	D	E	N
A	C	T	N	E	D	D	U	E	T	S	A	L	C	S
R	A	S	O	C	S	A	T	Q	U	C	E	V	E	E
F	R	E	P	L	U	T	E	R	I	D	A	D	R	S
E	D	T	T	A	Y	R	A	O	F	I	S	K	Y	C
B	L	S	E	B	E	L	T	E	R	A	T	R	N	O
I	I	D	R	G	R	E	T	D	L	N	T	I	S	N
T	A	R	A	U	Y	L	E	N	O	F	Q	U	I	G

WORD SEEK 268

D	E	E	S	P	P	E	S	E	P	T	L	A	R	E
L	L	E	U	O	N	O	T	N	I	E	V	C	E	N
R	U	E	S	N	I	I	T	A	S	R	N	O	G	P
T	C	D	O	L	A	E	A	C	H	S	K	S	H	M
N	A	M	R	P	S	P	H	S	I	C	Y	R	R	O
S	H	I	P	M	E	I	L	E	N	A	H	A	D	O
L	G	E	T	A	A	M	S	M	I	P	G	P	Y	O
E	Y	R	R	A	W	D	I	I	D	N	U	O	P	G
N	K	O	E	T	R	A	U	S	E	T	O	L	L	Y
N	E	M	A	T	N	A	A	L	H	T	I	S	T	H
R	E	O	R	I	N	T	N	M	G	A	D	O	O	P
N	H	C	Y	R	E	U	D	A	E	P	S	O	C	N
A	R	E	R	A	N	M	M	R	R	D	H	G	T	E
T	F	E	U	L	O	I	I	E	L	G	I	E	A	E
C	A	T	N	O	V	S	S	D	I	H	G	N	T	N

WORD SEEK 269

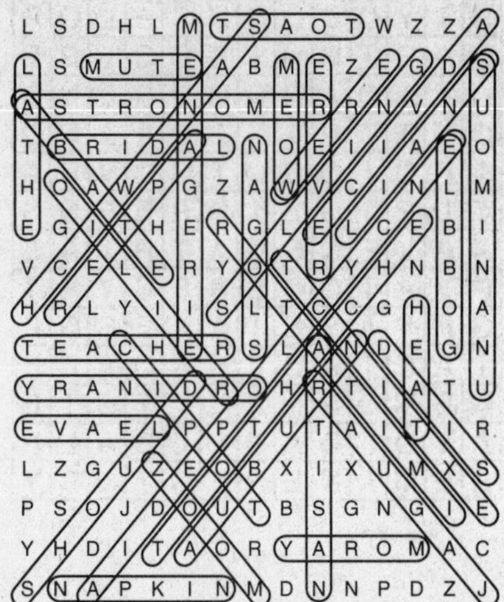

WORD SEEK 270

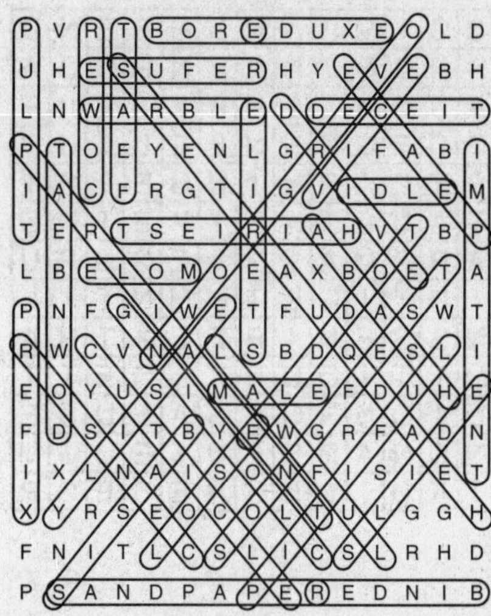

WORD SEEK 271

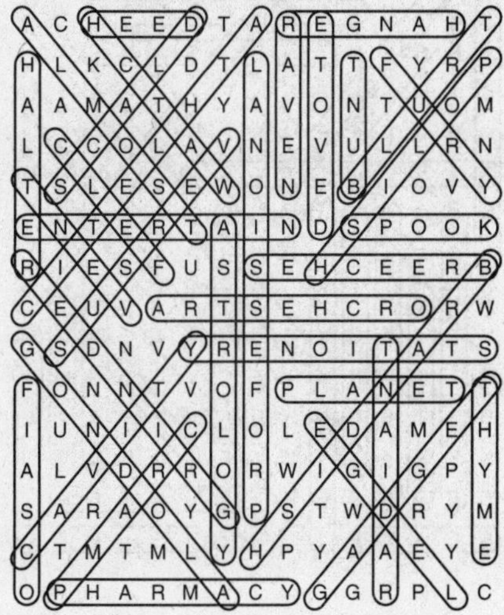

WORD SEEK 272

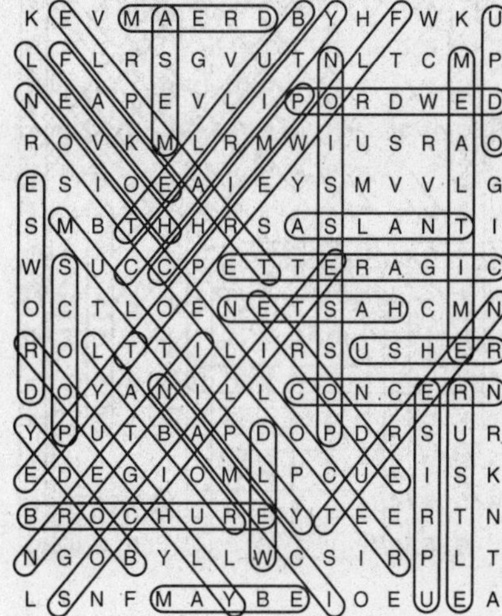

WORD SEEK 273

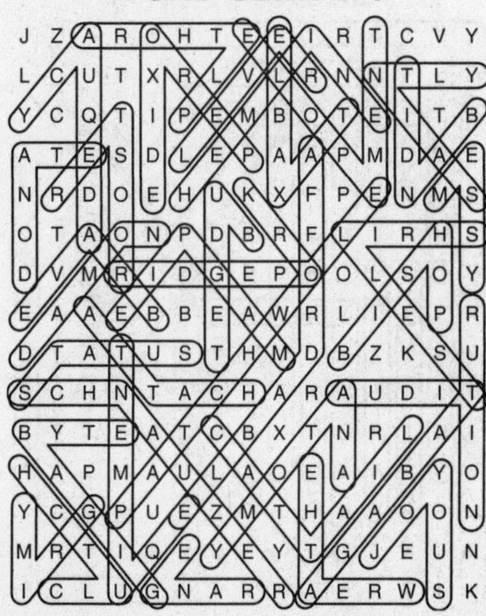

WORD SEEK 274

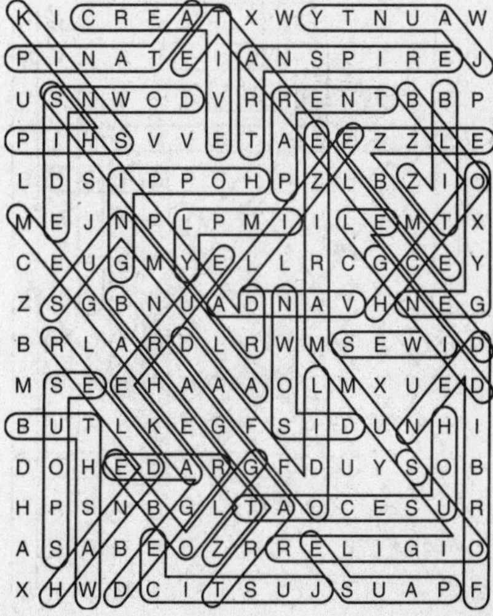

WORD SEEK 275

S	G	T	M	R	A	N	U	N	B	E	N	D
D	N	B	P	T	N	E	M	N	R	O	D	A
A	U	O	N	E	E	Y	P	Y	I	E	L	R
D	O	E	G	E	K	N	E	E	L	T	U	T
E	Y	E	A	R	N	I	N	G	E	F	E	I
T	A	U	E	I	A	E	T	R	E	I	U	C
A	R	P	M	A	V	B	A	E	G	N	P	U
I	D	I	I	M	E	T	M	M	N	I	I	L
N	S	S	E	N	I	R	E	E	X	T	R	A
M	T	T	I	O	U	E	X	L	Q	E	T	T
E	I	O	N	H	O	P	S	A	E	U	S	E
N	C	N	A	R	E	F	U	T	E	U	I	M
T	K	D	I	L	E	G	R	E	B	E	C	P

WORD SEEK 276

R	T	Y	O	C	O	U	N	S	E	L	O	R
O	A	R	I	H	H	I	E	O	O	L	R	E
N	I	T	O	A	P	O	G	D	S	E	N	D
O	Y	E	T	P	A	N	I	S	L	A	N	D
I	R	O	I	O	R	C	T	C	C	V	E	A
T	L	P	I	G	S	I	N	R	E	E	N	S
A	A	L	E	N	O	T	A	T	R	I	A	L
R	Y	A	I	O	U	S	R	F	U	Y	E	I
G	H	T	A	B	E	I	A	K	F	S	G	P
I	A	E	I	A	O	L	B	E	O	A	E	P
M	E	M	O	R	I	A	L	P	T	O	I	E
A	V	O	L	D	A	E	E	L	D	A	L	R
R	E	M	A	N	E	R	E	C	T	O	R	Y

WORD SEEK 277

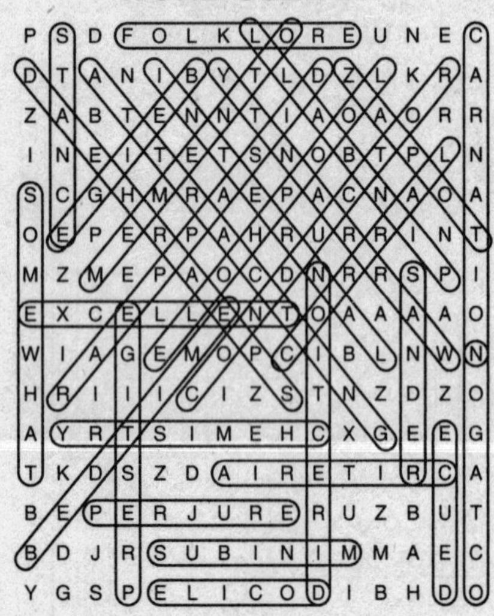

WORD SEEK 278

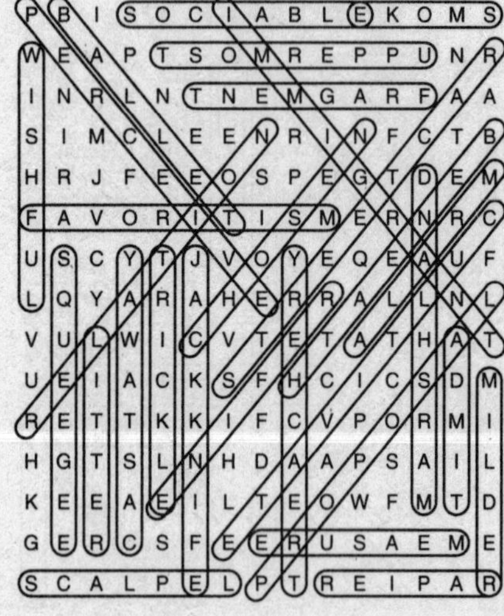

WORD SEEK 279

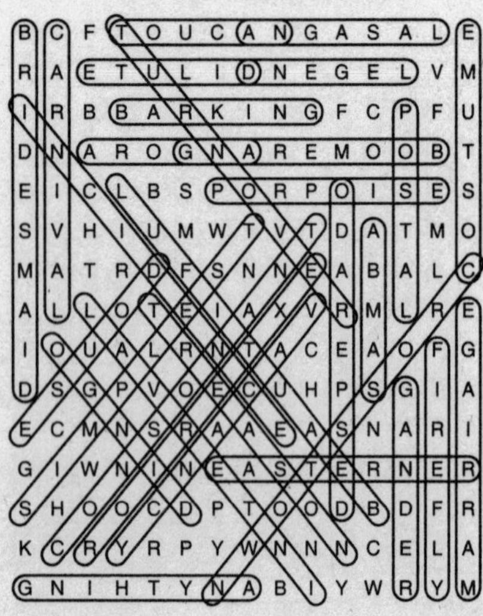

WORD SEEK 280

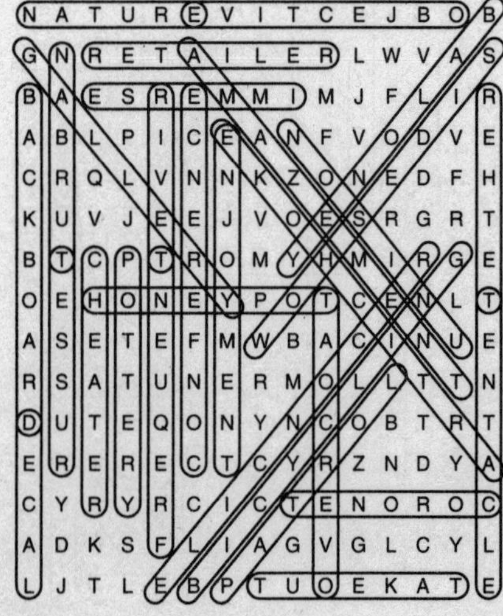

WORD SEEK 281

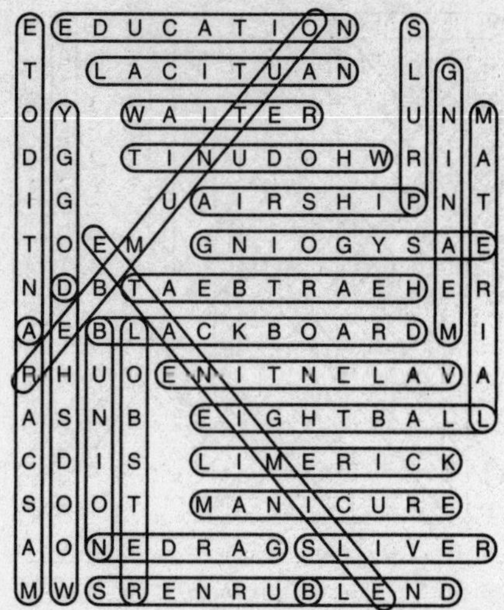

WORD SEEK 282

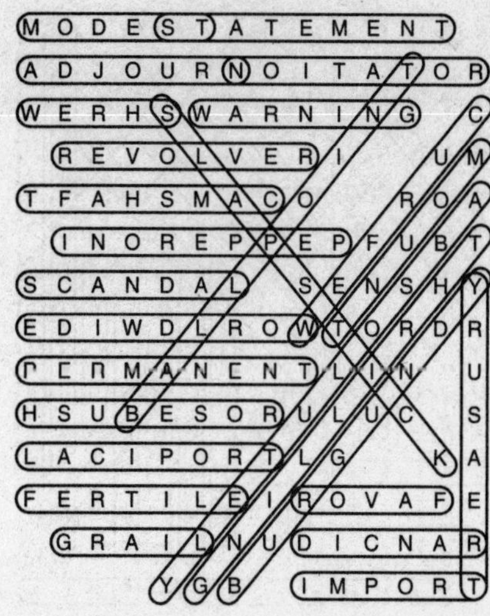

WORD SEEK 283

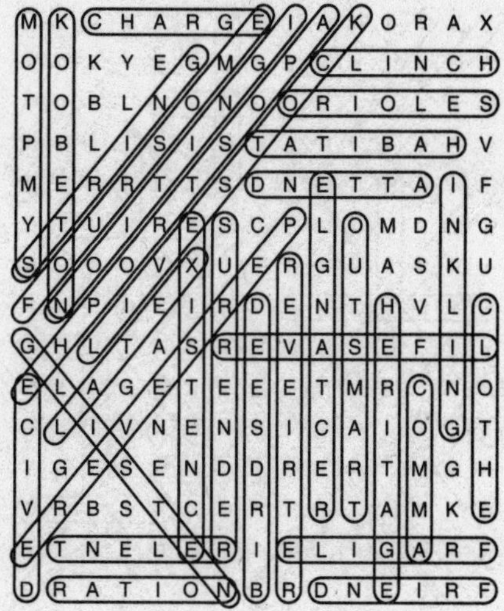

WORD SEEK 284

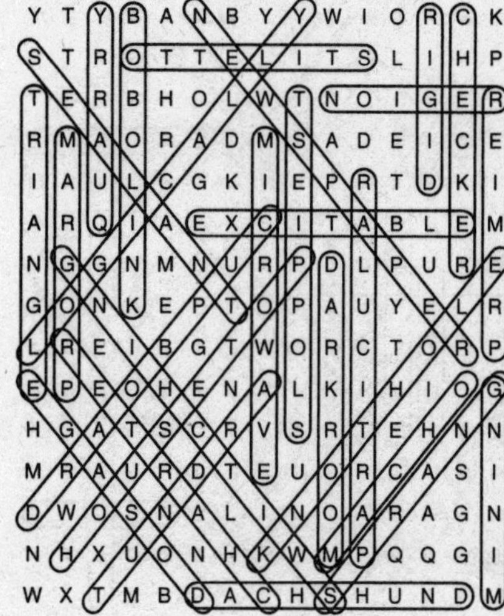

WORD SEEK 285

WORD SEEK 286

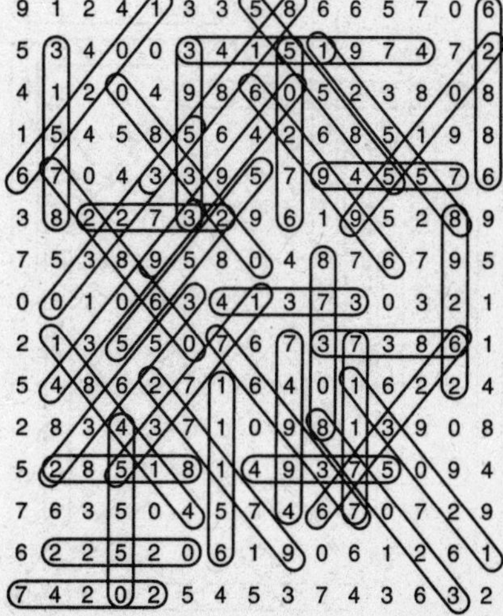

WORD SEEK 287

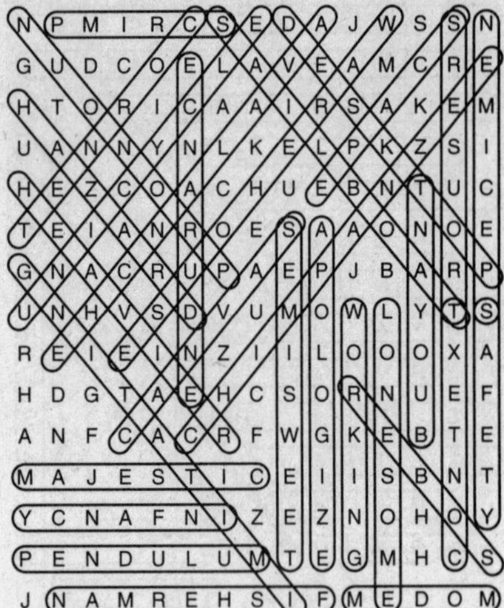

WORD SEEK 288

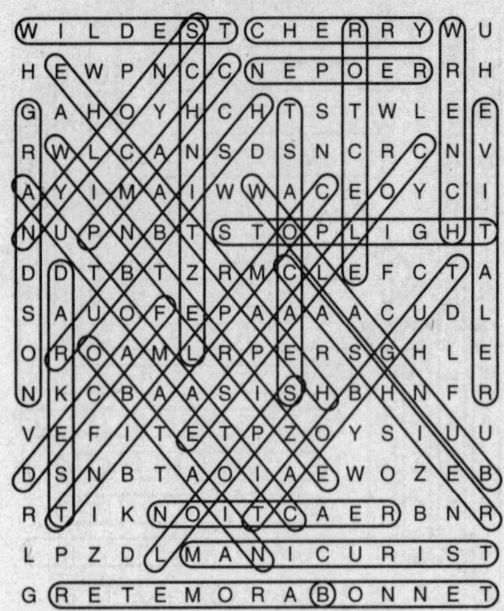

WORD SEEK 289

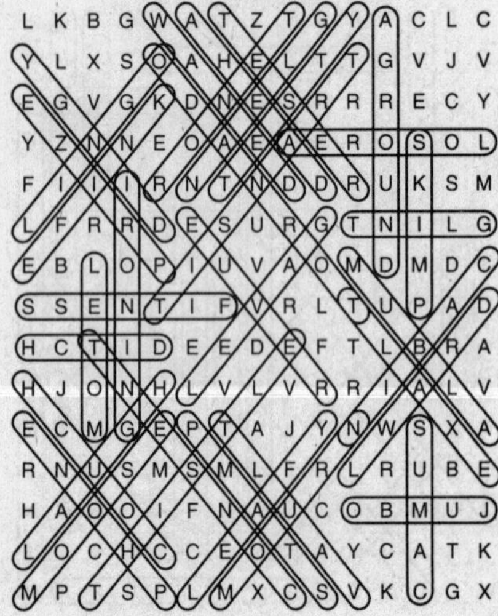

WORD SEEK 290

WORD SEEK 291

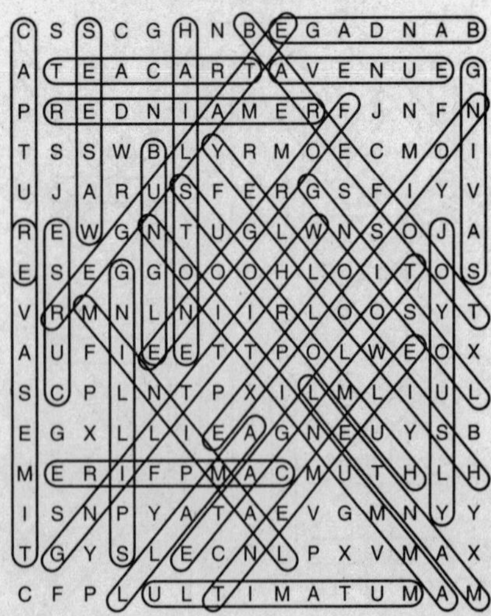

WORD SEEK 292

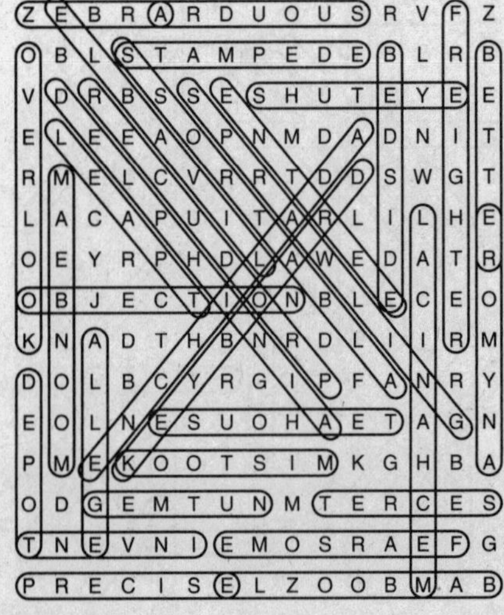

WORD SEEK 293

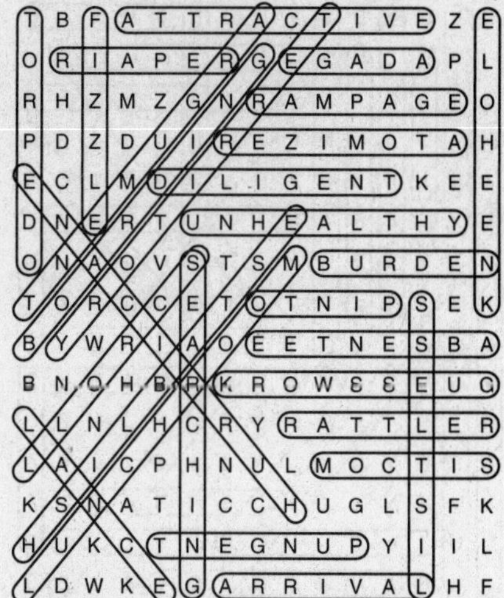

WORD SEEK 294

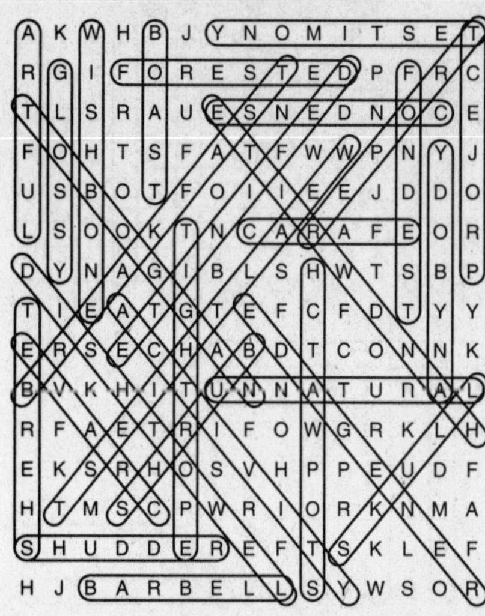

WORD SEEK 295

E	S	U	C	S	I	B	I	H	I	T	C	H
L	I	T	S	I	M	O	A	O	I	E	N	S
B	A	E	I	A	A	P	D	S	C	D	E	U
A	U	Y	L	E	P	T	N	P	T	A	E	B
G	U	L	L	I	B	L	E	I	K	I	T	R
E	L	N	N	E	E	L	G	T	R	R	H	O
A	E	E	D	S	A	K	A	A	I	A	I	K
R	S	V	A	C	I	P	U	B	A	C	R	E
S	S	E	R	N	E	S	U	L	L	O	D	R
H	O	E	N	R	I	T	A	E	F	S	H	A
I	P	L	Y	V	A	N	F	O	A	I	A	G
F	A	E	I	R	O	T	G	B	U	N	N	E
T	C	R	Y	S	K	Y	L	I	N	E	D	E

WORD SEEK 296

M	E	K	O	V	E	R	U	M	M	Y	T	W
O	E	R	S	Y	A	A	I	Z	T	L	A	W
X	S	A	E	T	A	I	C	N	U	N	E	O
U	I	T	I	O	T	S	E	U	G	L	X	E
B	O	S	I	L	L	I	N	E	S	S	C	B
A	U	P	A	Z	S	N	T	E	O	T	L	E
N	Q	H	E	N	N	A	W	A	C	N	U	G
D	R	E	A	O	D	H	D	L	L	E	S	O
S	U	R	I	S	E	P	E	R	A	D	I	N
T	T	E	R	R	A	R	I	U	M	E	O	E
A	A	O	E	W	K	E	L	P	P	M	N	C
N	S	E	G	D	E	L	P	S	E	U	D	O
D	K	N	O	S	A	M	U	S	K	R	A	T

WORD SEEK 297

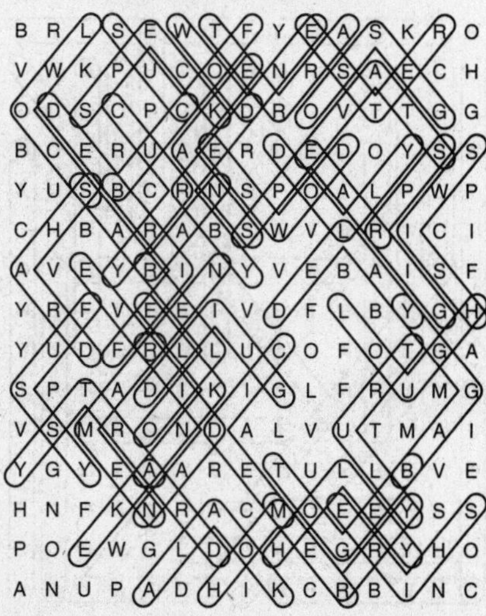

WORD SEEK 298

WORD SEEK 299

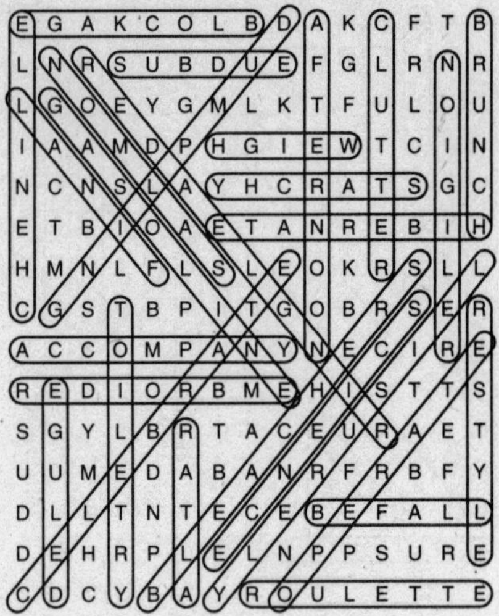

WORD SEEK 300

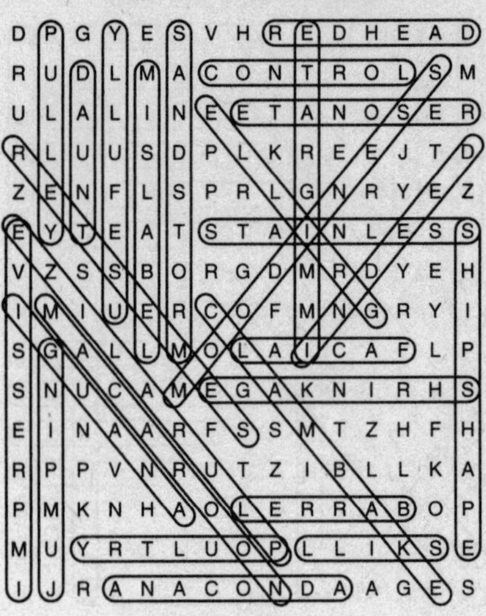

WORD SEEK 301

K	R	H	A	N	L	N	M	T	N	S	N	E	T	R
O	R	P	A	C	I	E	I	A	B	L	S	I	E	R
I	P	G	A	U	E	F	N	D	O	E	I	N	F	E
N	I	T	R	H	C	F	T	D	D	H	A	M	T	A
S	L	T	P	A	T	A	M	O	O	I	R	N	O	S
N	E	T	E	P	R	T	R	C	H	L	M	I	Y	V
I	C	Y	B	H	O	S	Y	U	M	P	C	S	P	K
S	I	R	U	R	E	E	D	U	L	Z	C	O	L	U
N	L	M	S	E	V	N	V	E	O	L	A	E	H	Y
O	C	I	B	E	G	R	K	B	R	D	D	T	N	L
V	R	S	N	B	I	R	O	L	O	B	R	O	V	D
L	P	E	T	T	R	A	E	S	T	A	A	E	P	N
R	V	E	M	I	L	E	S	C	T	G	M	N	E	T
O	E	S	L	O	U	M	K	A	E	I	R	R	I	T
K	L	E	I	N	I	S	L	D	K	A	N	V	G	L

WORD SEEK 302

R	P	S	S	P	E	M	I	T	M	S	O	P	V	E
E	S	E	A	O	U	D	M	S	A	E	C	R	X	V
N	A	G	T	M	R	M	S	D	I	O	O	H	U	S
V	O	A	D	Y	S	E	S	I	L	L	W	R	R	Y
I	R	T	R	N	B	R	T	T	G	F	N	B	E	B
N	L	C	O	X	T	N	A	R	T	W	L	I	O	T
B	U	A	G	S	O	A	H	E	I	R	R	E	L	C
V	C	A	N	D	V	P	I	H	K	K	N	A	N	S
Y	J	L	S	R	E	E	T	H	C	S	V	S	Y	T
G	E	G	A	T	L	I	L	F	O	I	I	E	O	W
U	N	M	A	I	N	C	E	C	A	I	N	E	L	L
Q	I	N	I	O	Y	R	A	C	R	V	C	C	W	B
A	N	E	B	S	T	R	P	C	O	I	A	A	H	A
E	E	R	A	K	A	T	M	T	O	Q	A	T	N	D
T	T	P	C	G	E	A	N	B	Q	U	I	K	X	J

WORD SEEK 303

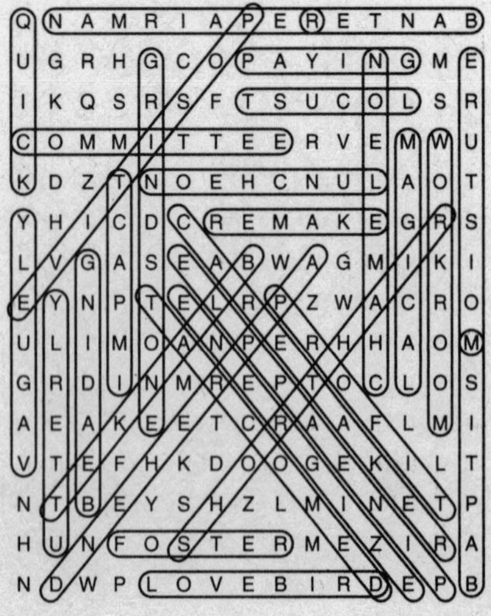

WORD SEEK 304

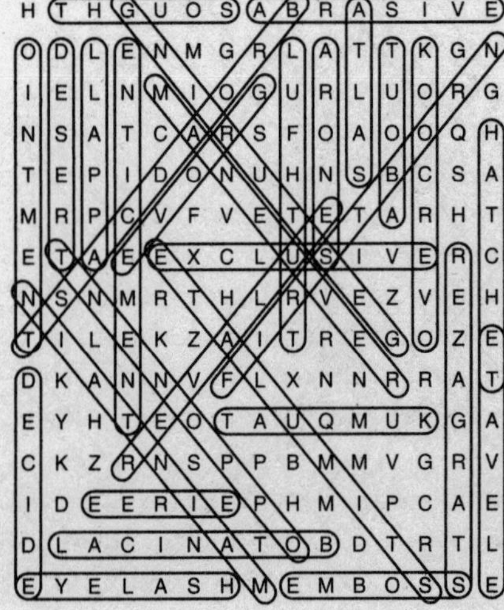

WORD SEEK 305

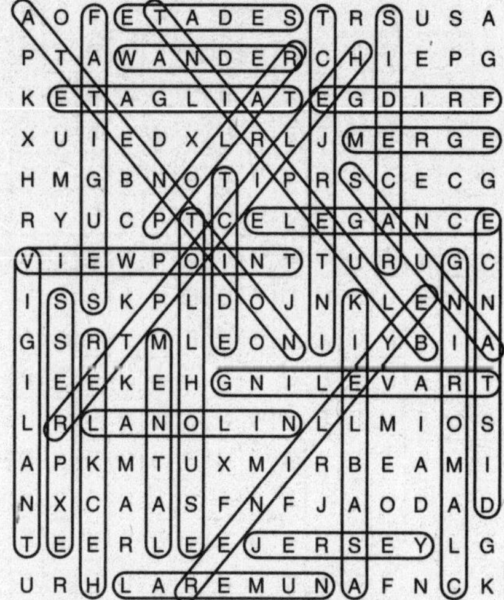

WORD SEEK 306

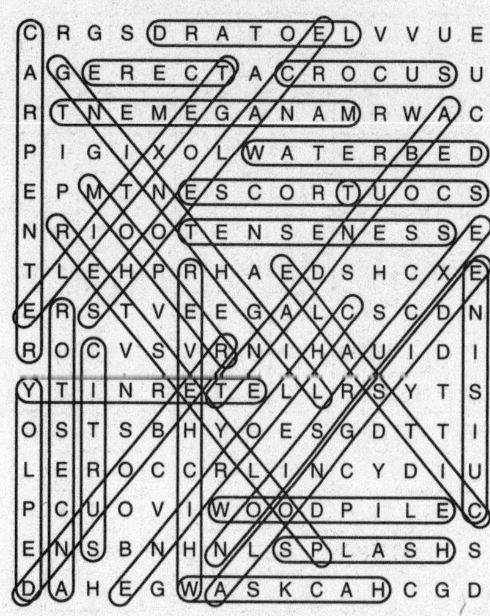

WORD SEEK 307

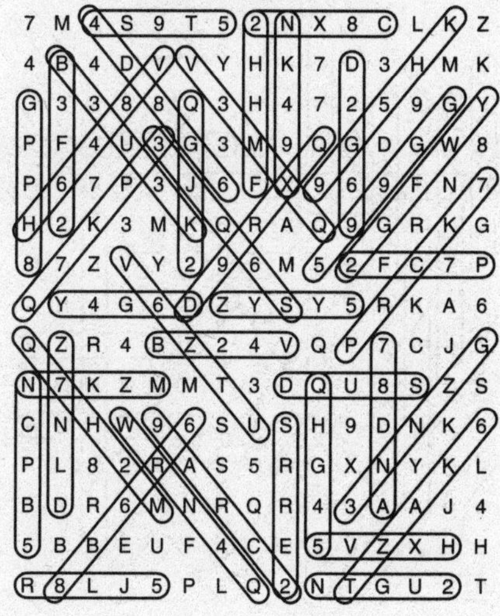

WORD SEEK 308

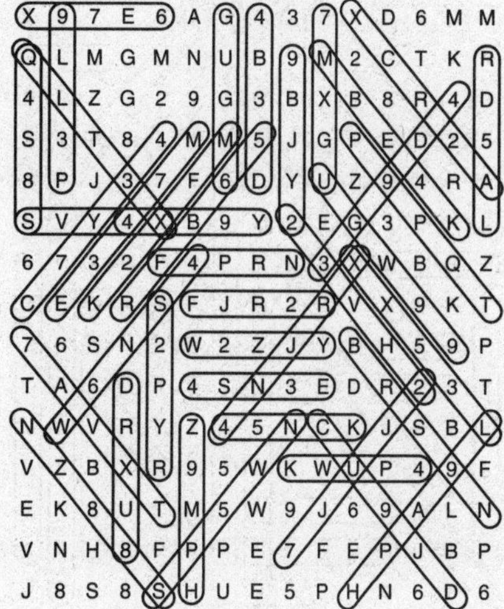

WORD SEEK 309

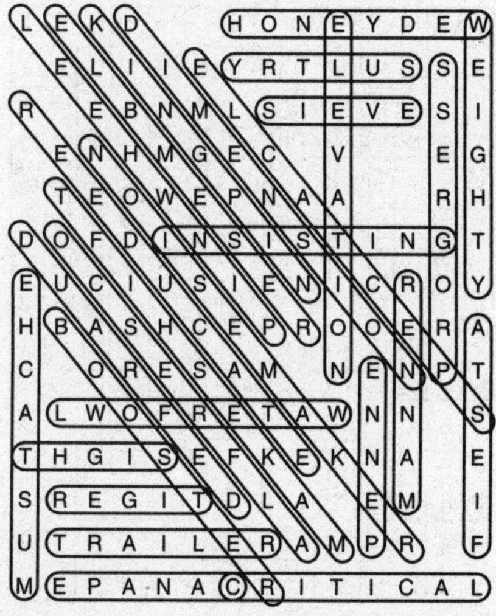

WORD SEEK 310

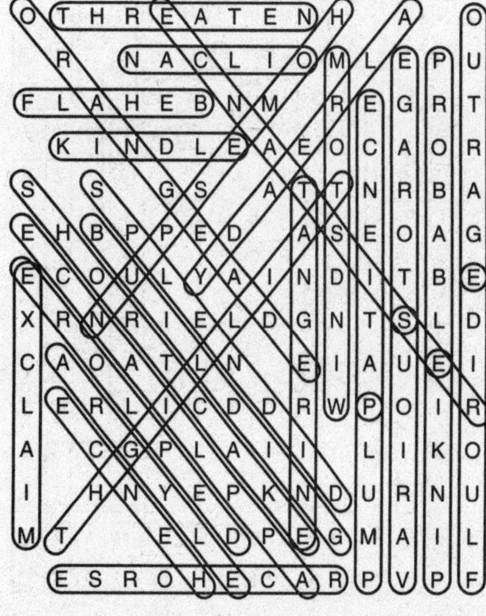

WORD SEEK 311

A L R A L E R O E S T L A N E
S L G G R Y T M V R W O T G L
T E N T O C A O P O E R R I B
T S E I N O E B U R T A O O E
A N V U Q G D S T E O C E P L
N I R I T N I Y U G R U D T T
C F Y N E E S P A L E T Y A W
H E L E U S E P U R V I P E T
I G L G O C R E S Y A F N R S
S N C O H A D C N A N Y R B A
N L A B Y E L P E N I T A L A
E T P L A V O H A B O Y N U C
O D A T O R R S T T N L T E R
O R R E R I O U L L A O P A G
M A N T L U F A T E L R T S E

WORD SEEK 312

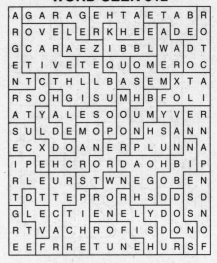

A G A R A G E H T A E T A B R
R O V E L E R K H E E A D E O
G C A R A E Z I B B L W A D T
E T I V E T E Q U O M E R O C
N T C T H L L B A S E M X T A
R S O H G I S U M H B F O L I
A T Y A L E S O O U M Y V E R
S U L D E M O P O N H S A N N
E C X D O A N E R P L U N N A
I P E H C R O R D A O H B I P
R L E U R S T W N E G O B E N
T D T T E P R O R H S D D S D
G L E C T I E N E L Y D O S N
R T V A C H R O F I S D O N O
E E F R R E T U N E H U R S F

WORD SEEK 313

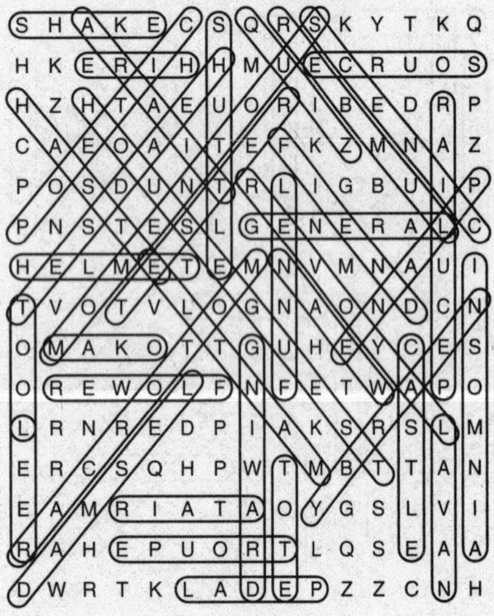

WORD SEEK 314

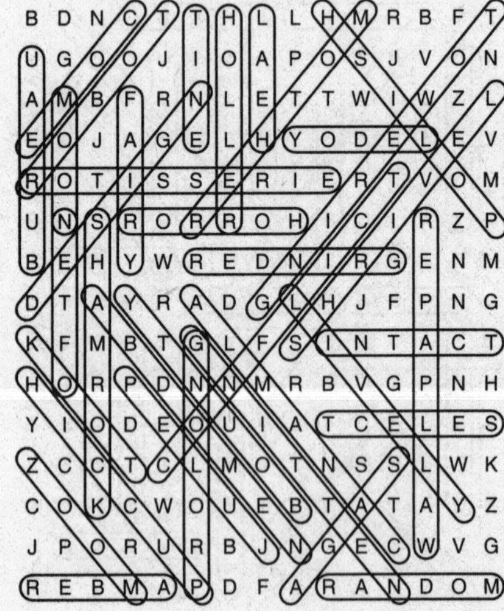

WORD SEEK 315

N N E S T O L O T R Q U A I N
G H T E D Q E C O D E T R A M
N A S E B U T R R A F H O L U
D R U U P E N E I S A E B D A
E G M M H L E P Y F C D Y L E
S T A K A E Y K Z G O N C T R
I M N E N T R O T A H L O S U
P A T W O S E D Z Z C I E Y C
T N E S C A I L L P A T A R S
E I A Z O N C E A N R E N M L
N D F K T N O S O R I M C C E
A P A Q A O M B R E T H E R S
L M R E T I L F E G O T L A N
A I E S N D Y W E R O M A T O
P K S T I A D E D I T U A E C

WORD SEEK 316

E S P B O M P F E Q U A O M E
S R A U N I Y L D A E T T I V
S I L R E N H A R X T E E G N
T E N E T A H L B E D N B F O
V Y T I I M O O E I A U R E S
I C I N N Y G C D L J F K S T
L P H F I N A K A E R P C A B
B U T O O R E T P S V E R P J
V E R U K O G E L E R V O T I
E L C E Y D O M A N O S Y S T
H E Y I N A M B L P E R A Y A
U S T Y G S L O F U L T H K C
L R E R P A A Y T H G U O J P
R S C L P T N A N E I R E T A
I C A L O I G N C E E X P I R

WORD SEEK 317

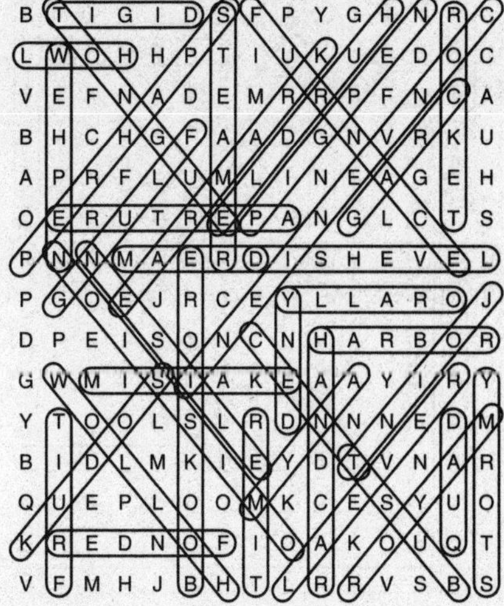

WORD SEEK 318

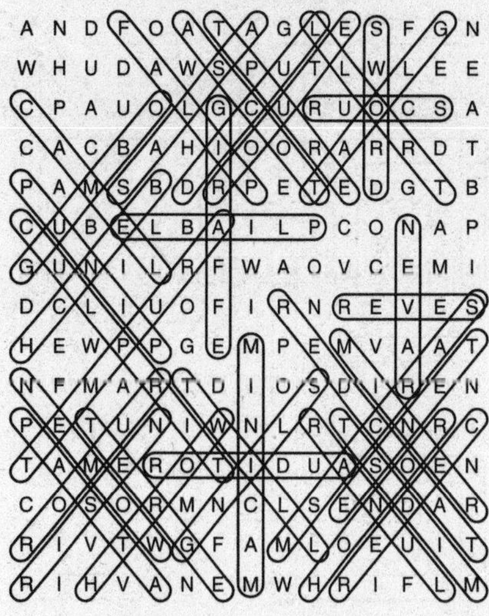

WORD SEEK 319

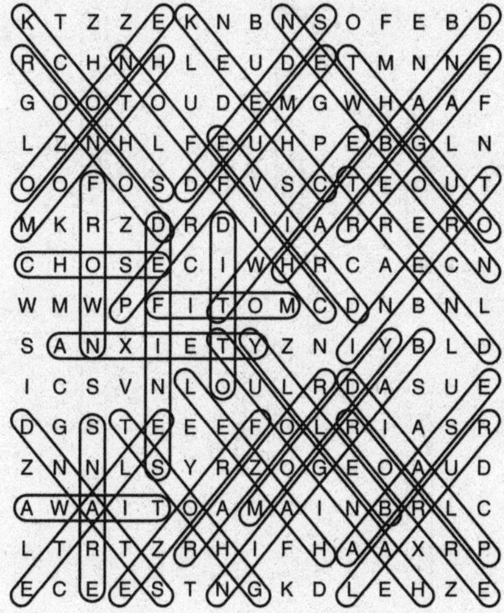

WORD SEEK 320

E	R	E	P	M	A	T	T	E	M	P	T	H
V	I	L	E	R	R	Y	I	U	I	H	C	Y
E	I	B	R	R	M	L	P	L	W	U	A	T
R	D	A	Y	C	A	R	C	A	S	L	L	S
I	N	I	A	R	D	E	Y	V	R	A	L	R
T	O	L	B	L	I	D	R	E	E	E	S	I
Y	Y	E	A	O	L	R	V	D	I	S	H	H
E	T	T	N	D	L	O	F	E	E	R	H	T
A	I	D	K	P	O	S	B	L	M	B	R	A
W	H	O	R	L	M	T	T	L	S	U	U	C
I	A	W	O	U	O	L	S	E	I	R	F	T
C	H	N	L	G	L	E	E	S	R	G	E	I
K	G	P	L	I	E	R	M	S	I	C	E	C

WORD SEEK 321

N	L	W	L	A	I	R	T	S	U	D	N	I
O	E	E	E	D	O	T	P	E	L	S	S	T
I	V	Y	E	L	P	H	E	E	H	O	I	I
L	O	E	L	G	G	I	W	I	L	C	O	N
L	N	O	C	T	U	R	N	A	L	K	E	E
I	I	E	P	L	I	E	T	G	R	M	C	R
R	T	U	W	T	R	I	N	S	O	I	I	A
T	R	E	E	L	O	I	V	S	U	T	L	R
R	O	R	D	N	Y	A	E	Y	A	R	O	Y
A	G	O	A	L	N	W	E	H	S	A	C	W
W	E	L	F	R	A	T	E	R	N	I	Z	E
L	N	I	O	R	D	U	U	D	T	L	A	R
D	R	A	B	M	O	B	K	Y	G	A	R	D

WORD SEEK 322

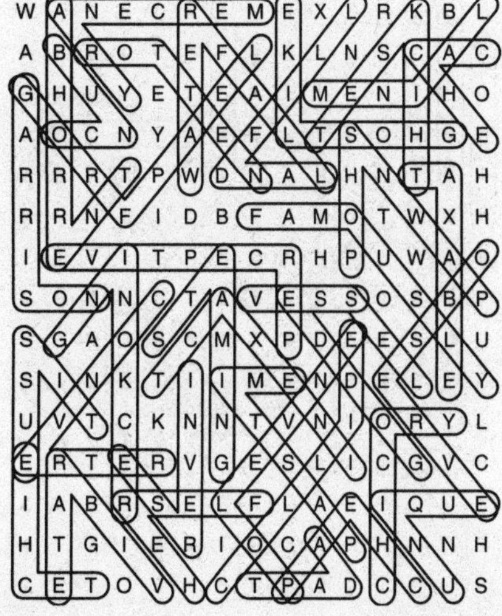

WORD SEEK 323

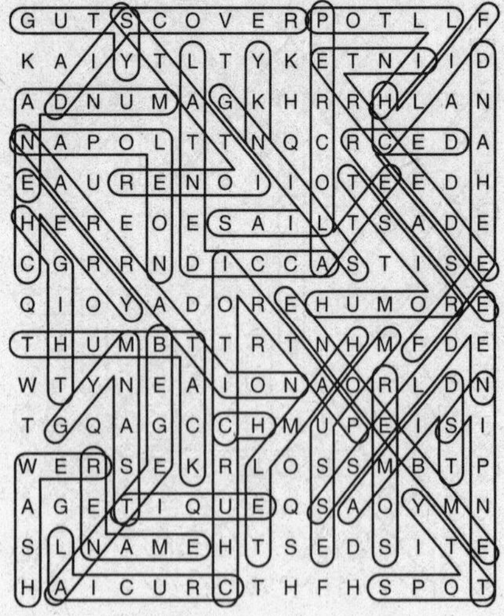

WORD SEEK 324

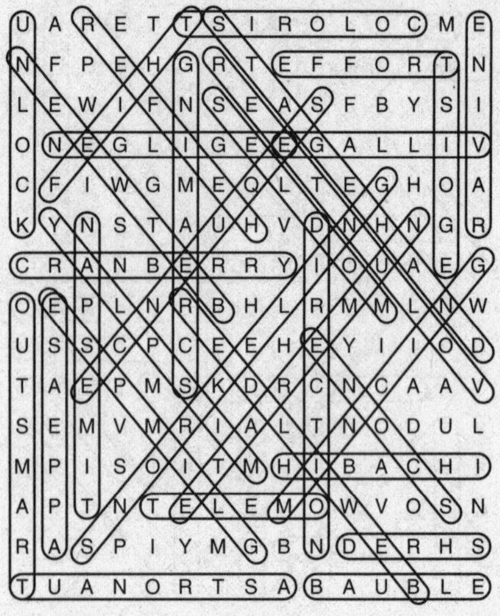

WORD SEEK 325

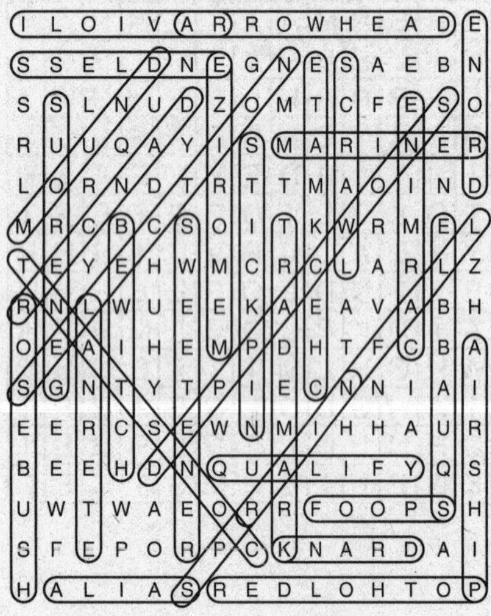

WORD SEEK 326

WORD SEEK 327

WORD SEEK 328

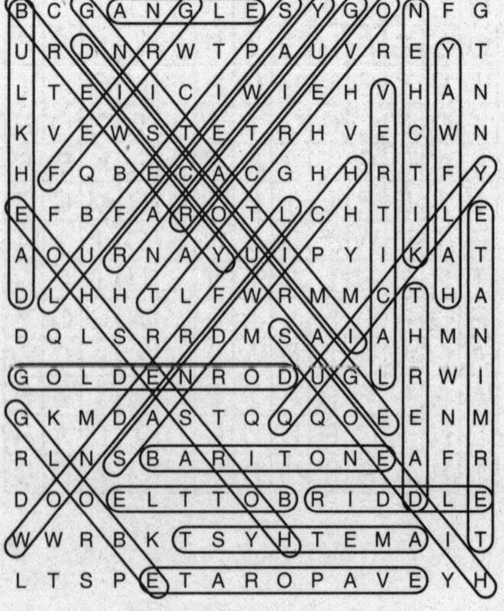

WORD SEEK 329

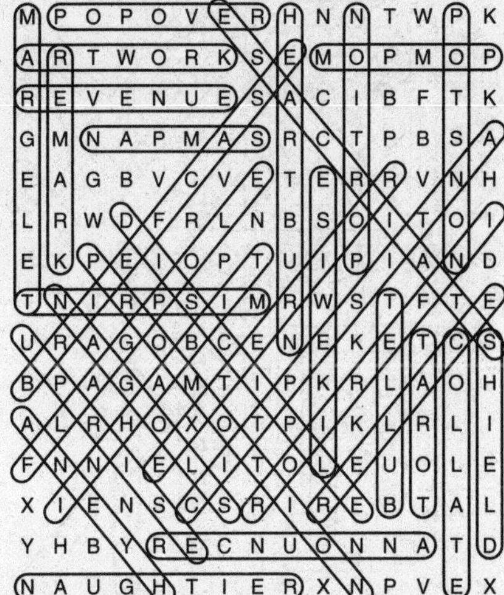

WORD SEEK 330

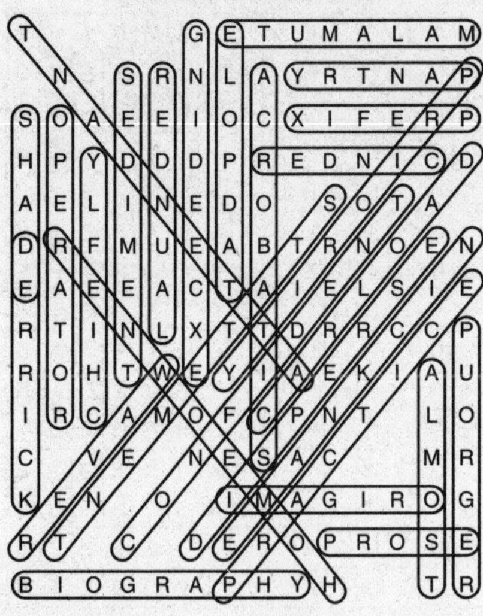

WORD SEEK 331

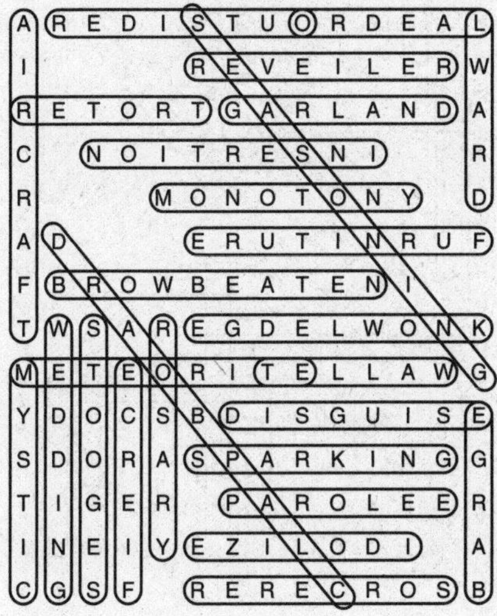

WORD SEEK 332

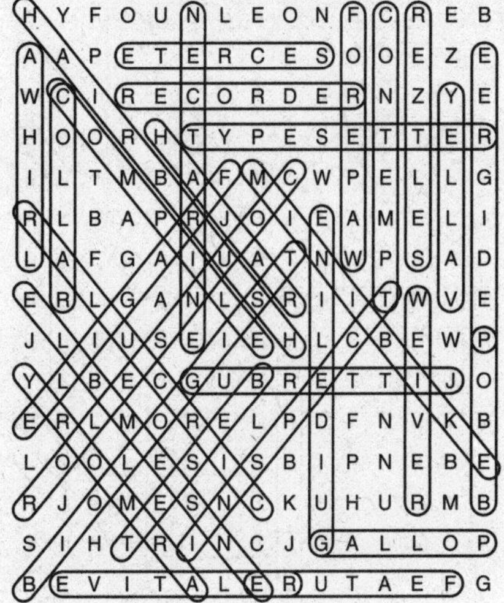

WORD SEEK 333

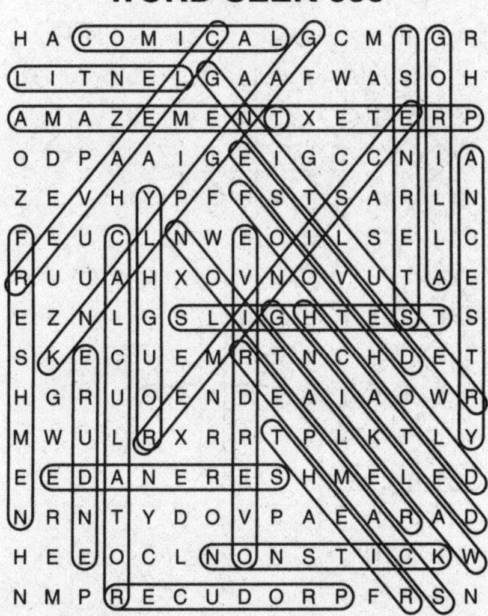

WORD SEEK 334

F	E	B	A	C	S	H	I	N	N	I	C	U	E	T
P	E	D	T	K	C	E	V	Y	F	A	T	R	X	T
U	C	K	O	P	O	U	I	R	O	R	E	S	T	U
T	N	E	C	I	H	G	T	H	I	S	C	A	E	R
E	E	R	E	D	O	T	T	A	E	N	D	E	E	M
R	D	E	L	T	R	U	R	O	S	N	A	A	N	I
B	B	L	E	C	Y	G	N	C	W	E	A	M	O	T
R	U	A	I	N	E	D	E	L	O	R	M	I	T	N
E	H	C	S	S	G	H	S	A	A	P	A	N	I	O
D	U	R	E	W	N	O	L	K	W	I	T	I	E	M
L	V	A	E	H	E	B	E	N	A	U	M	O	S	O
A	R	M	S	O	O	C	N	I	L	S	T	W	G	N
R	E	A	R	I	L	L	E	F	O	E	R	F	E	A
T	S	L	O	C	H	T	C	A	R	A	T	A	O	L
B	A	L	T	N	O	I	E	N	P	K	Y	B	L	F

WORD SEEK 335

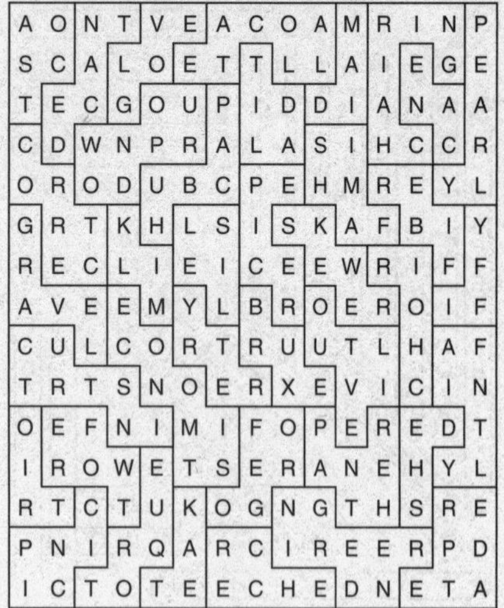

WORD SEEK 336

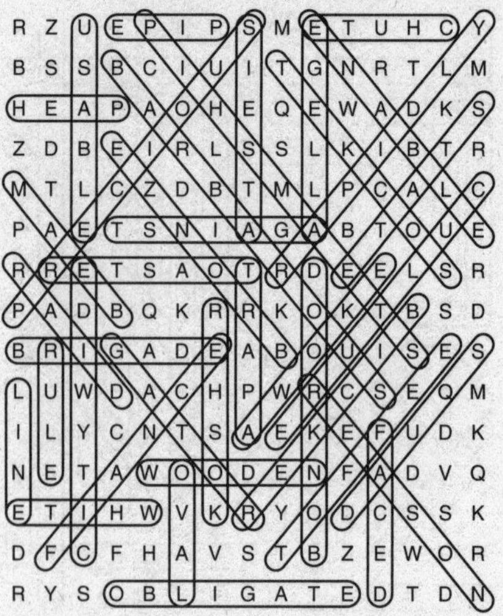

WORD SEEK 337

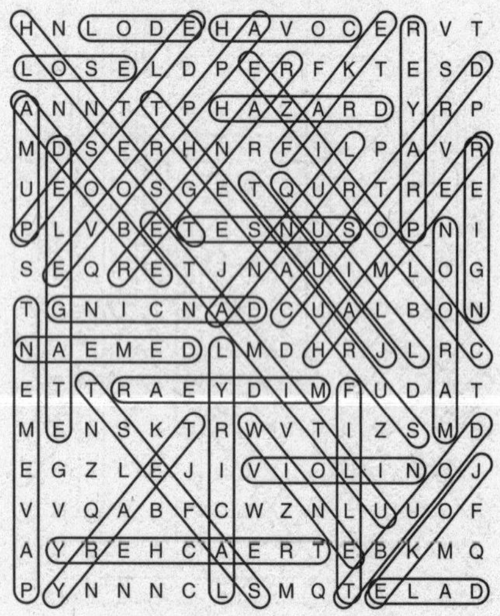

WORD SEEK 338

WORD SEEK 339

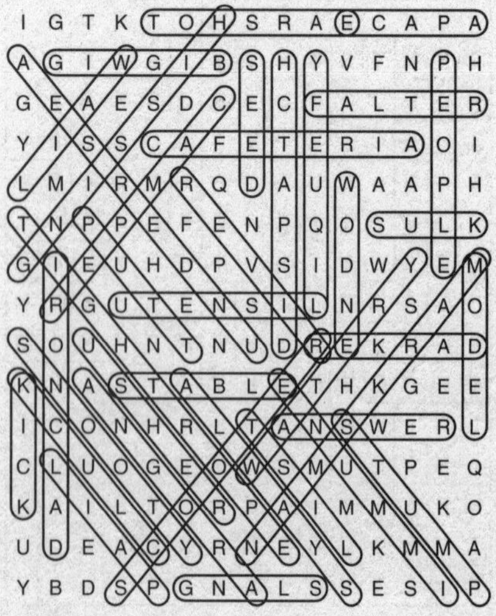

WORD SEEK 340

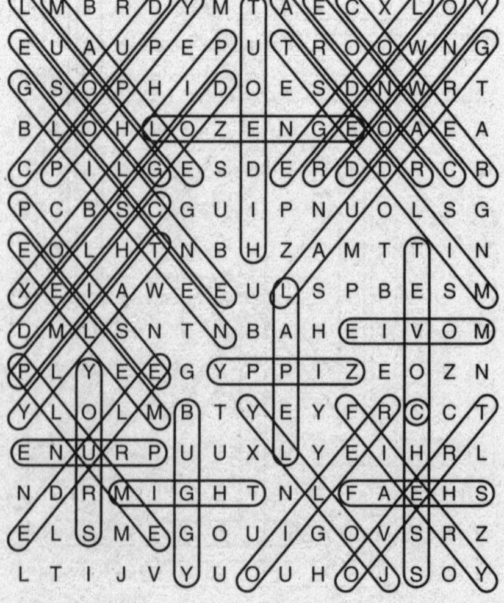

WORD SEEK 341

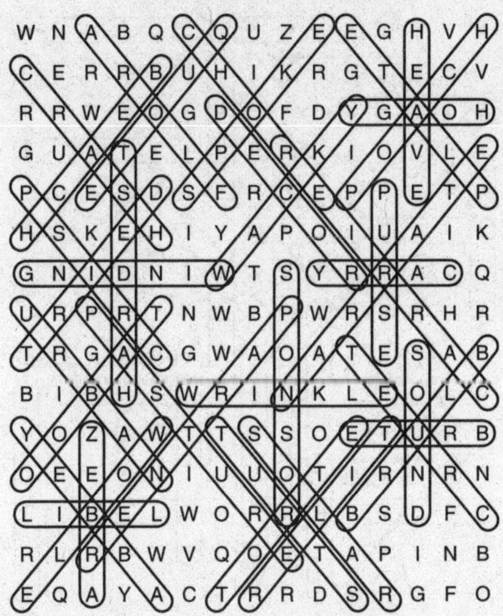

WORD SEEK 342

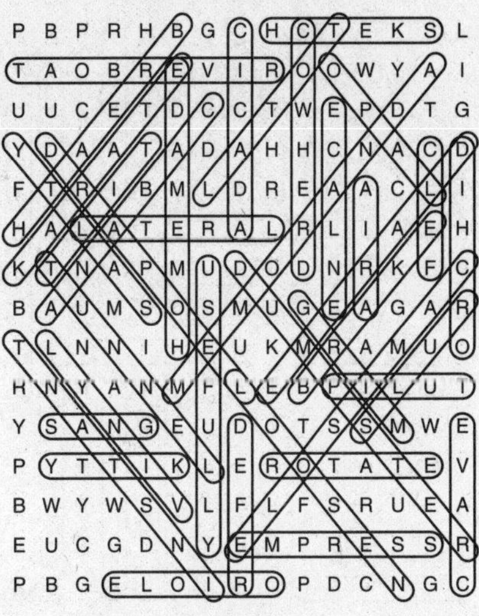

WORD SEEK 343

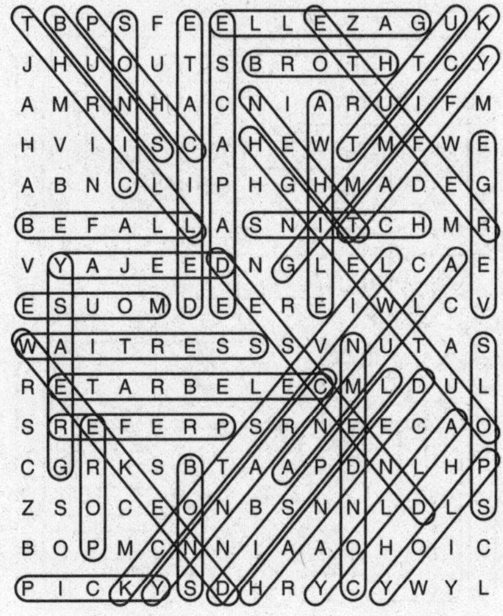

WORD SEEK 344

D	E	E	W	K	L	I	M	A	D	R	A	S
K	N	I	T	A	O	G	E	P	A	C	S	S
O	R	O	N	U	O	R	A	I	L	L	E	O
I	O	I	D	I	V	I	N	E	E	U	N	L
Y	B	A	L	A	N	C	I	N	G	F	T	F
T	A	O	U	N	C	E	D	A	G	T	I	E
N	C	L	A	O	R	E	H	A	Y	N	M	N
A	K	D	N	R	R	A	P	O	I	E	E	N
E	F	N	N	I	D	L	E	S	T	S	N	E
R	L	A	Z	N	V	R	H	U	A	E	T	L
A	I	E	R	P	I	O	O	P	E	R	I	B
T	P	H	C	U	O	P	R	O	W	I	U	A
E	K	I	L	T	A	C	A	Y	M	D	A	T

WORD SEEK 345

S	N	A	P	N	S	S	Y	B	A	S	E	A
I	I	R	O	T	C	U	R	T	S	N	I	Z
M	L	E	X	P	O	N	E	N	T	M	N	N
U	E	N	A	U	O	L	V	S	B	R	T	A
L	P	N	A	C	I	S	I	A	U	E	E	G
A	P	U	R	E	H	N	L	I	N	E	R	R
T	E	I	R	L	R	A	I	N	I	T	F	O
I	Z	I	N	C	N	E	E	U	T	A	A	I
O	E	E	K	C	A	J	O	N	Q	U	I	L
N	A	Y	E	N	E	E	O	G	L	U	T	S
A	L	R	O	T	I	L	I	U	L	F	H	K
P	O	R	T	F	O	L	I	O	S	A	E	I
E	T	Y	B	O	D	Y	S	U	I	T	D	N

WORD SEEK 346

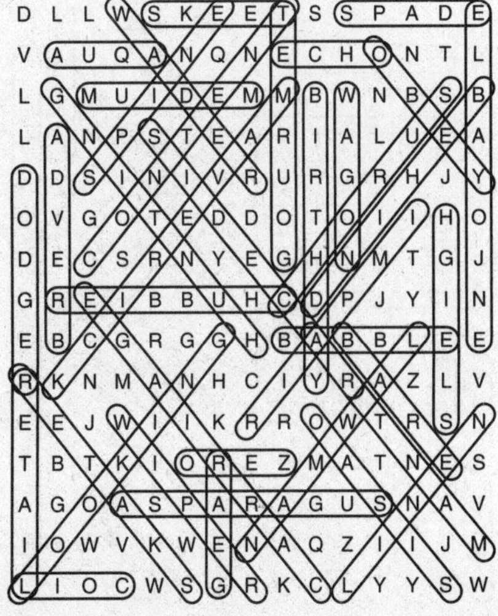

WORD SEEK 347

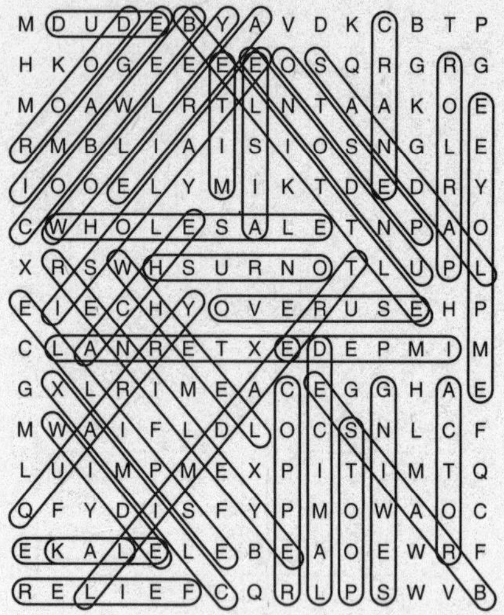

M	D	U	D	E	B	Y	A	V	D	K	C	B	T	P
H	K	O	G	E	E	E	E	O	S	Q	R	G	R	G
M	O	A	W	L	R	T	L	N	T	A	A	K	O	E
R	M	B	L	I	A	I	S	I	O	S	N	G	L	E
I	O	O	E	L	Y	M	I	K	T	D	E	D	R	Y
C	W	H	O	L	E	S	A	L	E	T	N	P	A	O
X	R	S	W	H	S	U	R	N	O	T	L	U	P	L
E	I	E	C	H	Y	O	V	E	R	U	S	E	H	P
C	L	A	N	R	E	T	X	E	D	E	P	M	I	M
G	X	L	R	I	M	E	A	C	E	G	G	H	A	E
M	W	A	I	F	L	D	L	O	C	S	N	L	C	F
L	U	I	M	P	M	E	X	P	I	T	I	M	T	Q
Q	F	Y	D	I	S	F	Y	P	M	O	W	A	O	C
E	K	A	L	E	L	E	B	E	A	O	E	W	R	F
R	E	L	I	E	F	C	Q	R	L	P	S	W	V	B

WORD SEEK 348

I	X	S	C	K	N	U	R	T	L	D	O	U	G	H
L	B	E	P	O	X	Y	Y	S	I	E	W	T	U	A
G	N	U	T	S	V	L	S	L	G	C	W	M	R	Y
N	R	F	C	X	R	E	C	A	N	X	I	O	U	S
W	C	O	G	U	L	R	R	P	T	D	N	L	R	T
A	I	L	O	N	G	A	M	S	I	E	I	E	O	T
R	O	H	I	M	C	E	K	T	S	L	F	L	X	S
B	I	A	C	C	E	W	Y	I	W	V	S	F	T	O
Y	T	R	O	N	S	R	L	C	N	E	V	I	A	W
S	K	R	A	L	I	B	A	K	E	S	H	O	P	T
E	D	L	Y	P	R	C	W	I	T	G	I	F	I	N
W	S	C	A	M	P	I	Y	N	T	L	T	L	C	E
Y	D	E	M	E	R	E	E	G	I	D	D	Y	K	T
L	E	R	A	V	U	W	R	E	K	V	P	A	L	O
A	O	E	N	M	S	W	R	T	C	L	O	F	E	P

WORD SEEK 349

T	L	W	K	M	C	G	T	H	E	S	I	S	W	D
E	L	O	B	V	E	E	K	E	F	R	I	L	L	Y
L	H	A	U	A	V	R	L	E	V	V	U	O	L	D
G	R	D	H	P	R	A	E	L	I	L	H	T	Y	L
N	C	O	N	S	E	N	T	D	U	Y	E	N	A	G
U	O	H	Y	T	N	I	A	D	G	L	A	V	W	M
B	R	T	E	T	N	U	U	E	C	S	A	N	T	P
K	O	E	U	W	U	M	T	A	T	W	E	R	H	S
C	U	S	T	O	M	A	R	Y	C	A	V	I	R	P
U	T	T	E	R	R	P	G	N	I	B	M	U	L	P
T	P	F	O	T	E	C	H	G	P	E	I	F	F	T
S	U	O	S	N	C	A	W	B	O	R	L	U	E	L
A	T	Y	T	O	E	T	T	S	T	A	F	F	E	E
I	T	E	P	I	D	O	E	K	C	T	A	A	H	M
L	R	R	A	R	E	M	A	C	O	E	F	C	Y	S

WORD SEEK 350

N	I	A	T	S	S	O	B	M	E		A	H	M
S			J	B	A	K	E	R	Y		F	A	R
E	G	N	I	R	C	K	Q		L		R	L	O
E	V		G	B	A	S	H	U	L	G	E	L	O
M		I	G	S	I	M	I	L	A	R	S	S	K
H	O	N	E	Y	D	E	W	R	U	R	H	B	I
	R	M	R	C	W	E	I	V	N	O	T	R	E
A	A	O	L		N	T	O	T	N	E	M	E	M
N	F	F	R	E	A	O		E	A		T	E	R
O	I	F	A	R	D	K	C	A	B	N	L	Z	E
P	Y	U	E	I	I	O			E	B		E	T
U	V	G		C	T	M	M	S	E	K	I	R	T
O	E				T	H	B	E	S	U	R	G	E
C	L	A	G	E	R	A	F	B	R	O	W	N	S

WORD SEEK 351

				E		C	Y	S	T	A	P	D	B
N	F	F	I	T	S		O		U			A	R
I	H	S	I	L	B	A	T	S	E	N	N	Z	E
C	A	R	P	E	T	R	C	L	M	D	D	E	O
K		T	A	M	P	E	R	W	A	I		A	P
E	L	P	M	A	R	T	T	N	O	R	C	R	E
S	T	A	T	U	E	P	N	P	D	H	O		N
O	V	E	R	L	O	A	D		E	S	S	L	A
T	N	F	D	M	N	H	B	S	S	S	S	D	F
C	E	O	A	G	R	C	N	E	C	P		E	F
I	O	T	O	U	R	E	F		R	R		L	A
D	N	L	U	E	C	O	S	A	I	R	U	P	I
E	O		P	N	R	E	N	T	B	T	Y	M	R
B		T	I	P	A	G	T		E	V	I	F	B

WORD SEEK 352

Y	O	P	R	I	A	G	N	A	N	P	O	A	B	V
O	D	R	X	D	D	H	S	O	E	T	O	T	R	P
Y	J	O	E	M	Y	E	T	Y	A	L	J	M	S	O
N	O	N	P	P	E	H	H	C	H	L	U	U	Y	Y
T	A	T	S	R	T	T	E	S	H	S	G	T	R	R
B	H	K	A	E	G	A	T	R	A	K	R	O	R	A
D	A	G	H	Z	R	E	Z	G	G	U	R	H	D	I
R	I	T	U	C	R	S	A	Y	E	U	S	L	K	J
T	M	P	N	S	N	E	S	L	I	R	I	S	F	G
H	A	A	E	I	I	N	V	I	I	N	T	L	M	R
V	M	R	C	V	A	W	Y	E	A	A	C	T	E	A
Y	A	J	N	R	M	K	W	G	D	D	R	Z	C	G
X	S	F	C	N	Z	L	E	Z	G	I	A	K	G	M
F	E	K	O	U	Y	K	W	O	X	H	A	G	A	O
M	Y	N	B	E	L	L	F	Y	O	I	B	D	A	N

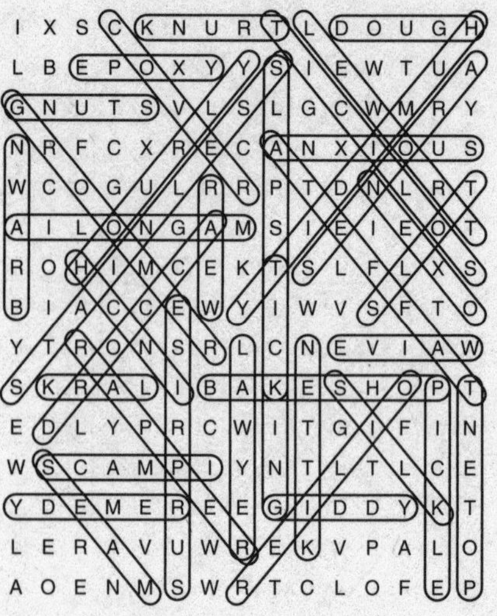

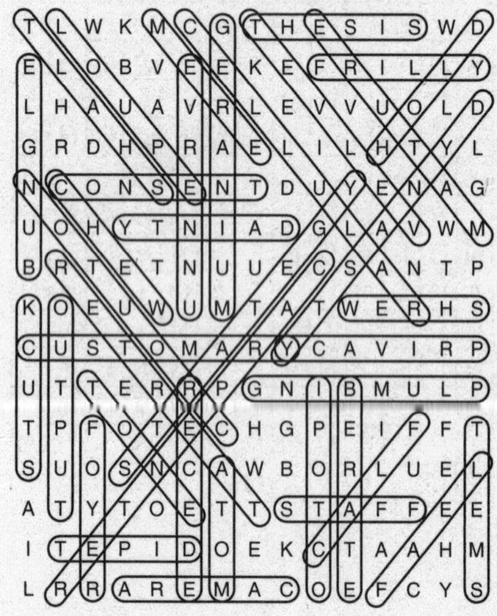

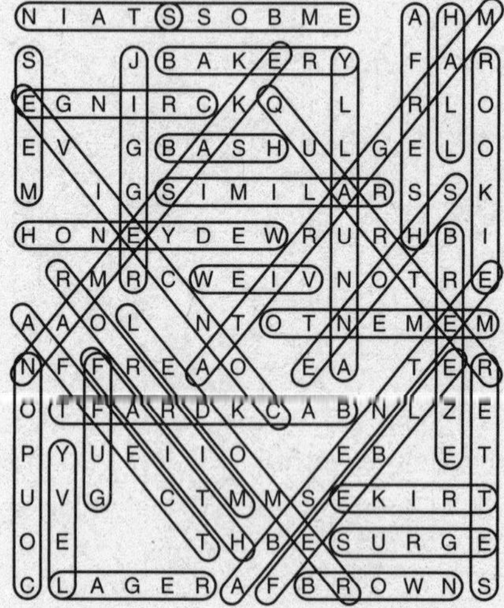

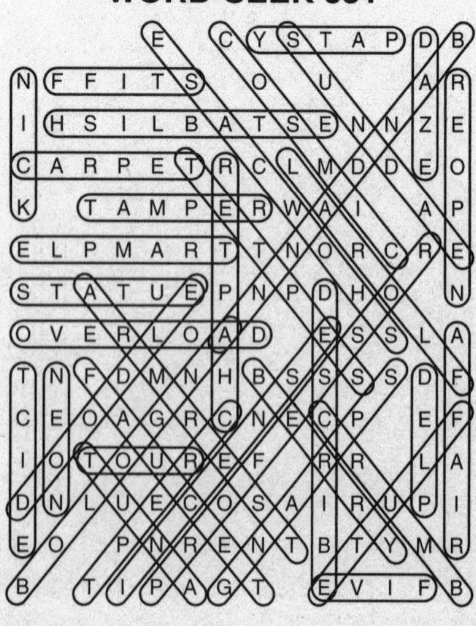

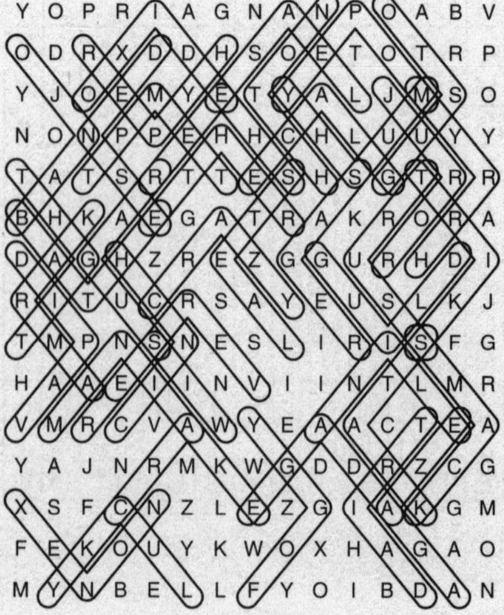

WORD SEEK 353

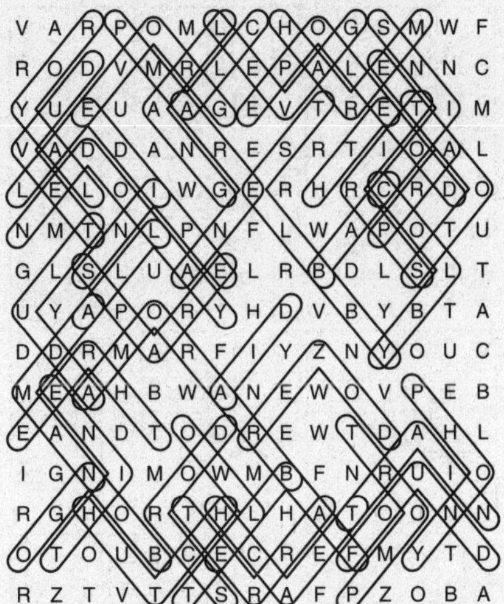

WORD SEEK 354

D E R R T B N N Z U N U N C T
M O Y E O T D S I L F I D D B
H D T S L A A D I B O T O E V
F P E I C N L R A L I D R I H
J M Q N A R Z O W S S I R E B
A E T U E S P K C S M A M M F
G E R I A U T I P C P I G T P
O N R N E C L S T O R E H F Z
G H G T I M G N I S V L N I J
U O D E A M Q N A E P E S A S
I A A L A P P Z B E C H H P F
S R M M R W E B I J E S I P K
U P L R O R K M T O V I R G A
W L O E L D G R U P D E R S E
J P R E Y N P P S E N A A Z T

WORD SEEK 355

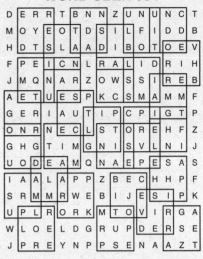

E R Y E F I T E I L E R E E H
S T T R T I S V H Y E T P O E
W O I R G N S E P P S O L N T
H D O L N I I C O E S I P Z T
O R P F N E Y R I S Z D U S E
O A D U C E X T E H A R C E I
E R F S B M E L S A U O U S E
D D O R N O L O I N Q S S C D
N B I R T A B B U N A O B W X
W P E C R E M Z E N M C T A C
G W F L O R E C D F O K H C N
S P T A E T I I B A U I I E L
E R S E M C Z I S R R M I D S
R U A L T B A F E E T R S T E
Q Y D B T Y T N A T O W N O I

WORD SEEK 356

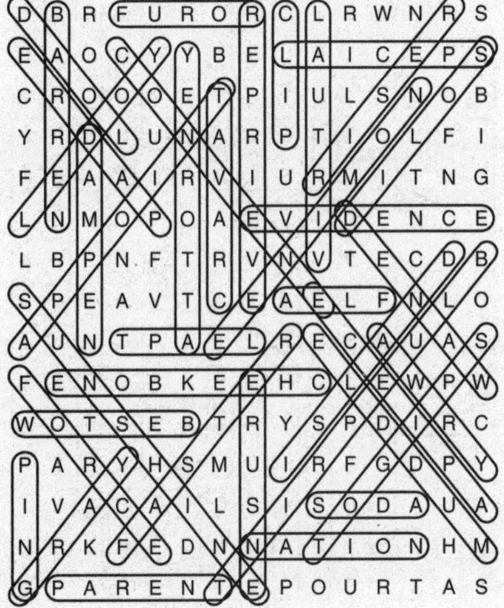

WORD SEEK 357

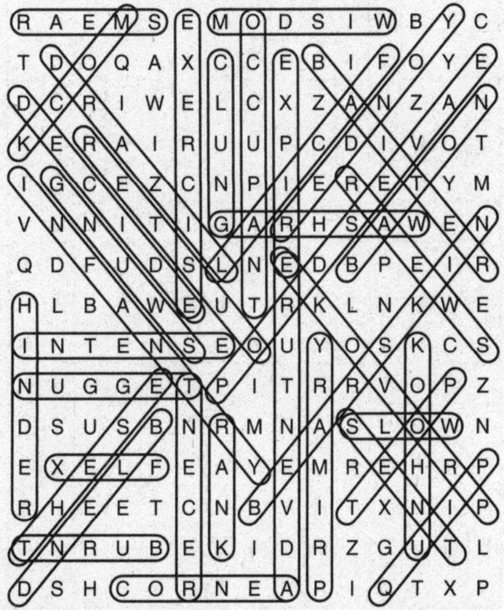

WORD SEEK 358

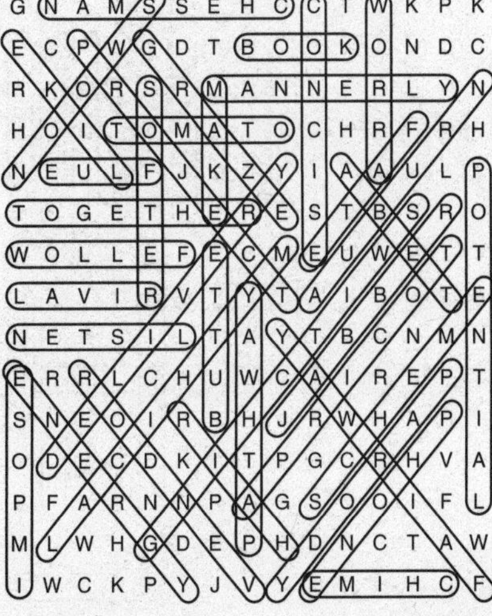

WORD SEEK 359

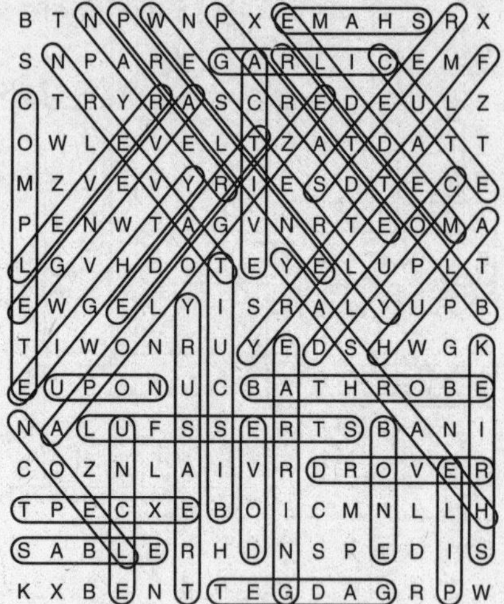

WORD SEEK 360

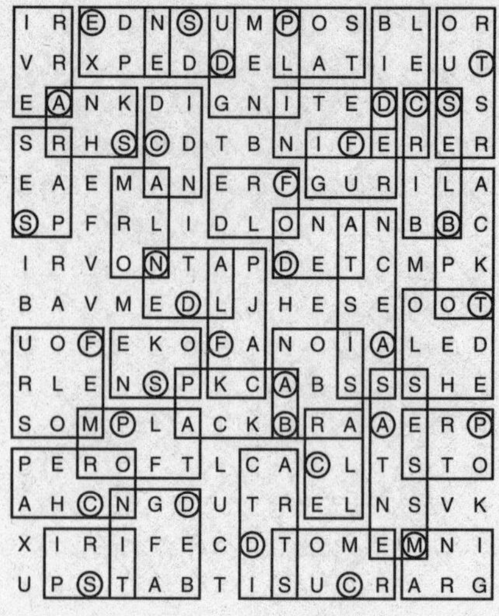

WORD SEEK 361

F W U B E A T E R E P I E S W
A N S T L R O N P A M W F T G
M A E R B Y M O D W I O I R I
L F M E R O E O H K N N G P E
I O A K O V E R S A U R E E N
S S W O O T R U K G O C U D D
E L D R A G I G E T S E F E A
H U P M N M N I M C G N I L B
M Y H O S A E F W O N C E A C
N A L T T F O A L L S O R S T
D F L A N R C Y C N I B N O I
N S O L A E R A H C L B S S F
O A I P A T A R O T P U T E T
B I S M S A N C N I I R E A A
N T N A D E T I G O N E A M M

WORD SEEK 362

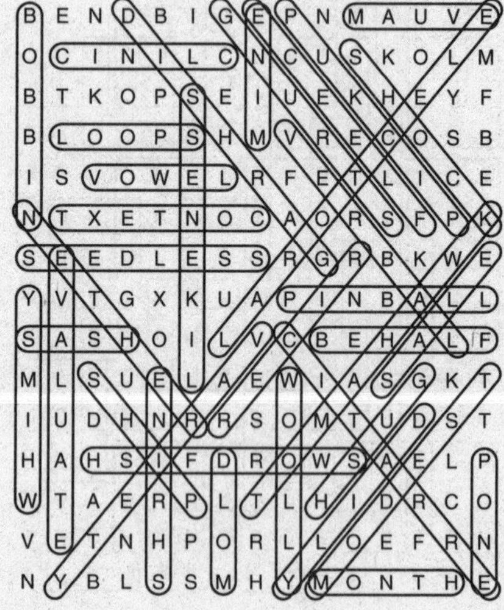

WORD SEEK 363

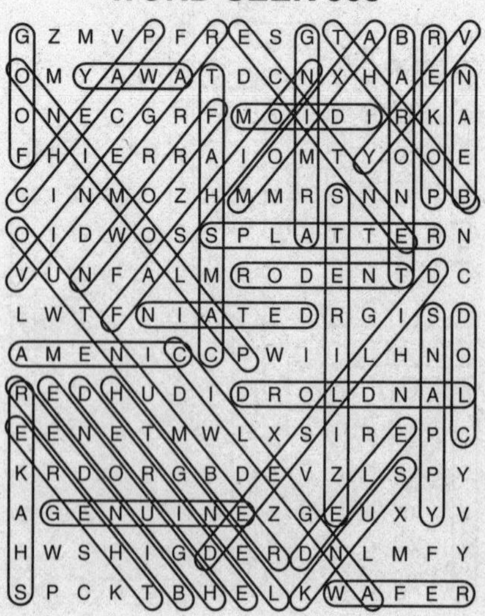

WORD SEEK 364

R E B D J O Y C A T T T U R Y
B W O I N E H T L I A T D K E
I R G N T C I G N A E R I G R
E D H Y S K S F L P A D L G E
F A O I E T E O O O T S E F D
A H C L I E M U N T W T O O I
R G E S A T O E O L E E L M S
E U R E R E D S T F P V I A Y
L O F N D M O N E R I N T A S
B O T Y S E T E D E S K U W R
E R C K C A B R O P T L L V E
T B I M A E N C H M A E P O E
A A L T N R A I N D U T R F E
E N L E C H M A S R O S E F O
M O N A U E Y A T K N E E N C

WORD SEEK 365

Z	I	L	A	G	E	L	B	D	N	W	E	E	L	I
E	A	C	S	A	B	L	L	O	I	W	N	A	E	R
A	U	T	T	E	M	A	N	W	E	D	S	A	V	H
L	E	G	E	B	I	V	F	I	S	G	E	S	U	S
U	N	G	R	A	S	E	L	T	S	E	Y	O	L	S
S	W	O	C	R	P	E	K	C	O	M	R	P	P	S
L	P	E	S	O	C	N	D	E	O	V	A	O	R	O
L	O	K	N	E	I	B	E	S	L	B	C	U	R	M
E	B	E	L	C	L	E	O	U	C	Y	S	S	E	B
R	R	C	E	R	A	T	I	R	E	D	I	S	C	A
E	Y	A	T	Y	N	U	D	C	E	G	U	O	R	M
H	E	K	D	E	R	T	O	E	I	N	N	L	E	S
C	R	I	O	F	O	Y	H	S	T	L	D	E	S	S
L	D	G	R	N	B	O	O	A	P	A	N	X	E	Q
E	C	O	R	U	E	S	U	R	T	I	I	L	E	U

WORD SEEK 366

WORD SEEK 367

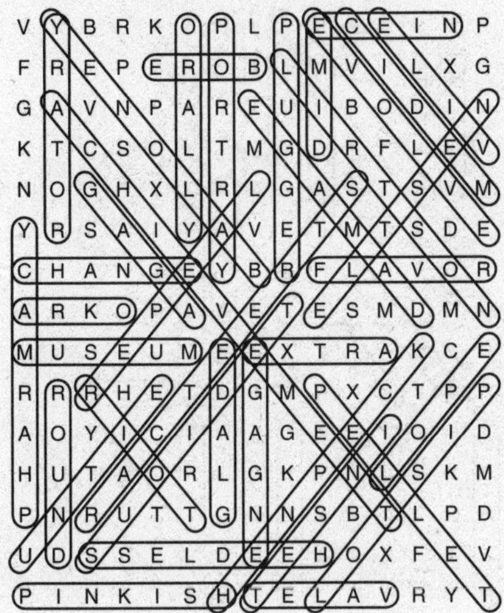

WORD SEEK 368

WORD SEEK 369

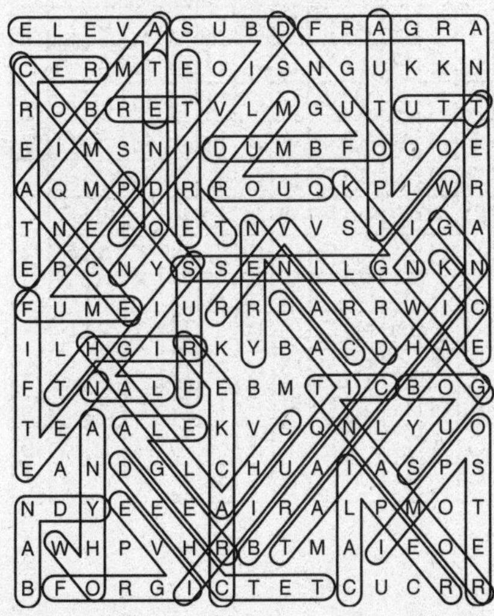

WORD SEEK 370

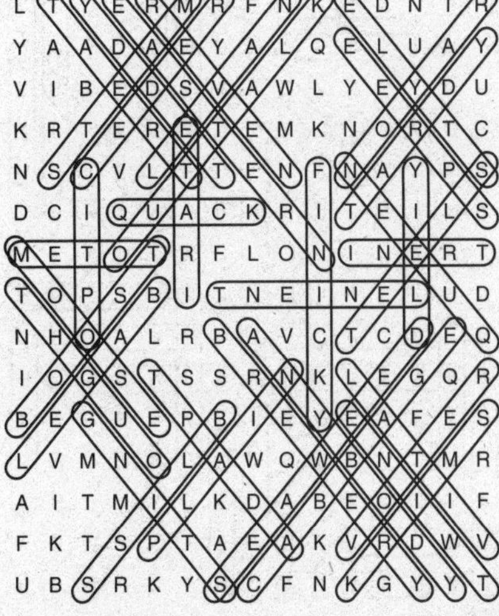

WORD SEEK 371

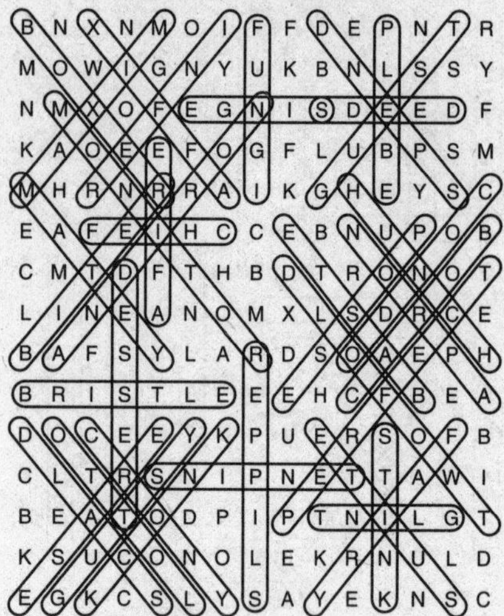

WORD SEEK 372

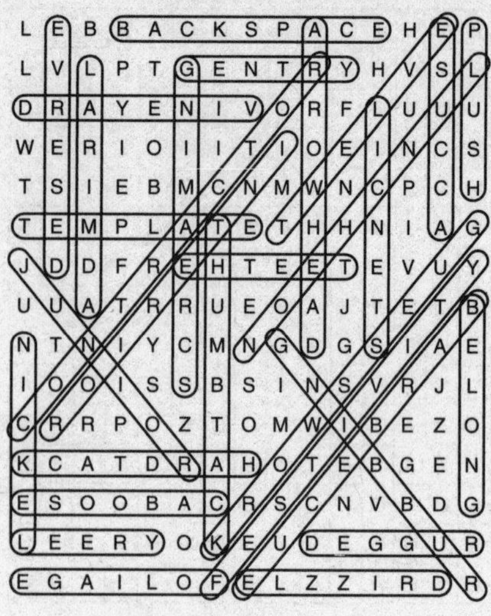

WORD SEEK 373

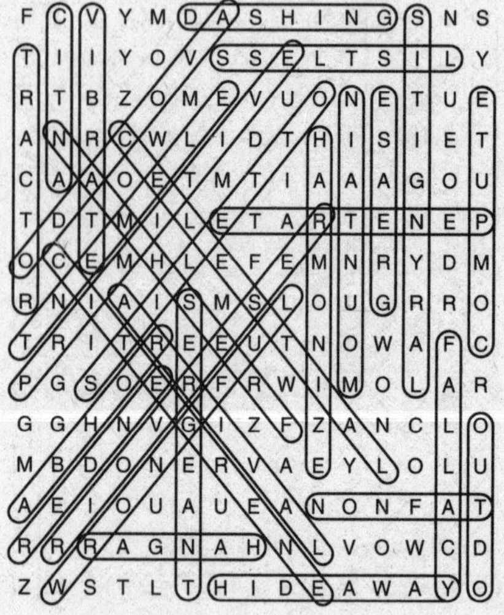

WORD SEEK 374

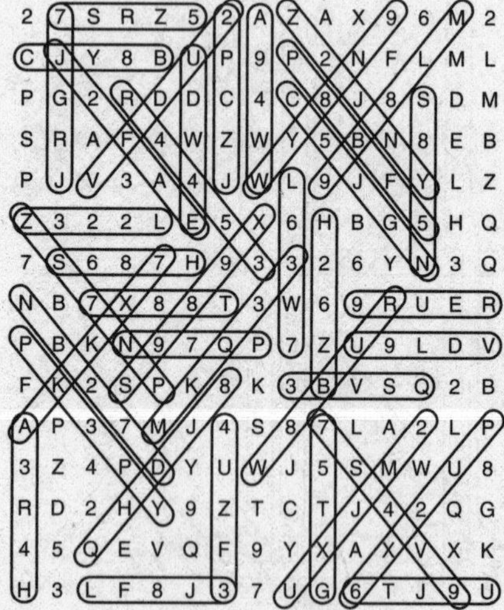

WORD SEEK 375

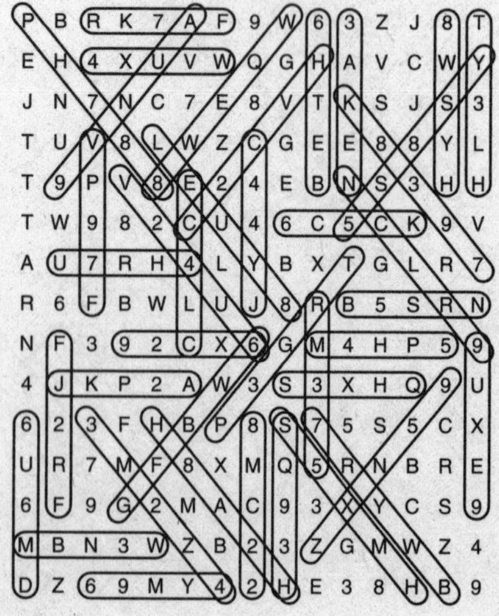

WORD SEEK 376

Y	T	R	A	P	P	E	R	U	O	P	H	I
L	E	R	I	M	G	A	U	Q	U	A	F	F
L	E	B	Y	A	M	O	U	U	U	D	K	E
A	N	V	K	V	I	A	H	I	E	O	C	V
C	Y	N	A	E	D	O	S	C	V	C	I	I
O	I	D	A	R	A	M	E	K	I	N	R	T
L	U	X	U	R	I	O	U	S	T	A	C	S
I	A	P	D	T	A	G	A	A	C	R	A	E
M	L	W	N	O	O	B	I	N	A	Y	L	F
E	T	A	S	T	O	U	N	D	N	S	L	A
A	N	R	X	U	R	E	L	D	I	C	O	N
D	A	C	G	E	I	E	H	O	R	T	W	C
E	W	H	O	R	L	T	N	S	K	Y	Y	Y

WORD SEEK 377

W	T	R	E	T	S	G	N	U	O	Y	E	P
O	S	U	H	T	S	E	T	S	E	E	O	O
N	E	G	O	T	I	A	B	L	E	S	L	N
A	O	U	A	B	H	E	L	M	E	T	O	D
S	T	T	R	Y	A	O	R	E	G	E	B	R
T	O	E	E	T	W	D	O	L	O	R	A	A
U	G	N	S	B	S	E	N	P	A	Y	D	E
R	A	E	I	O	O	N	W	U	L	E	E	W
T	M	R	E	A	L	O	O	O	O	A	A	S
I	D	G	N	I	N	O	K	C	E	R	U	N
U	W	E	N	K	Z	A	A	A	A	A	U	E
M	I	A	A	E	E	S	I	L	U	N	E	M
F	O	O	R	P	K	A	E	L	A	I	T	Y

WORD SEEK 378

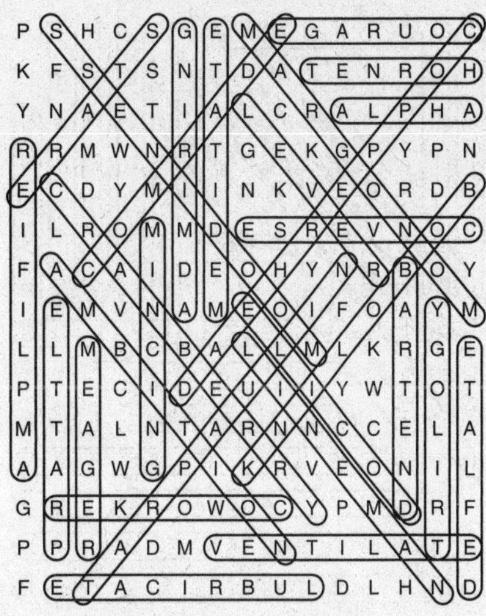

WORD SEEK 379

WORD SEEK 380

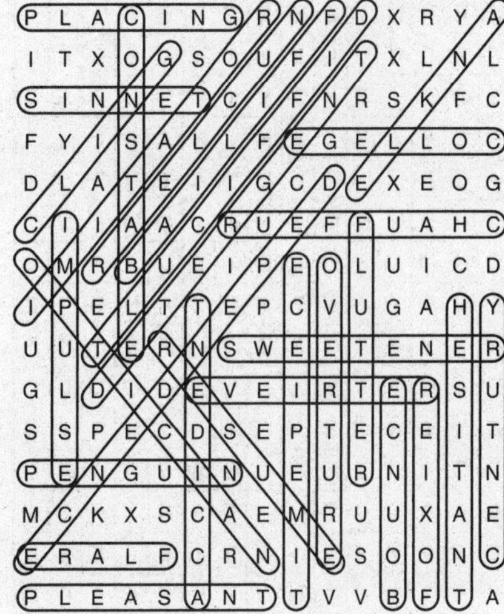

WORD SEEK 381

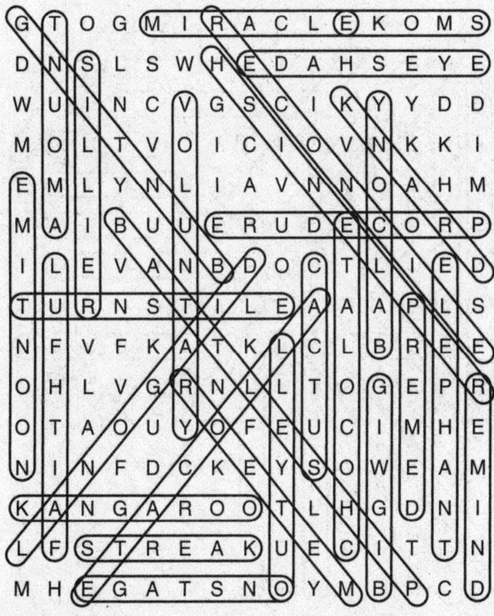

WORD SEEK 382

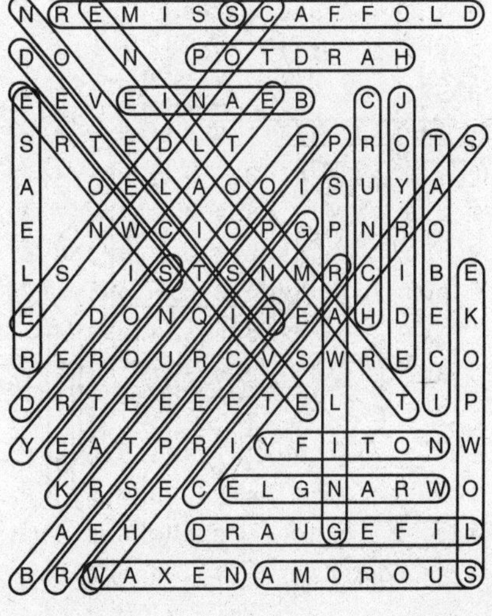

WORD SEEK 383

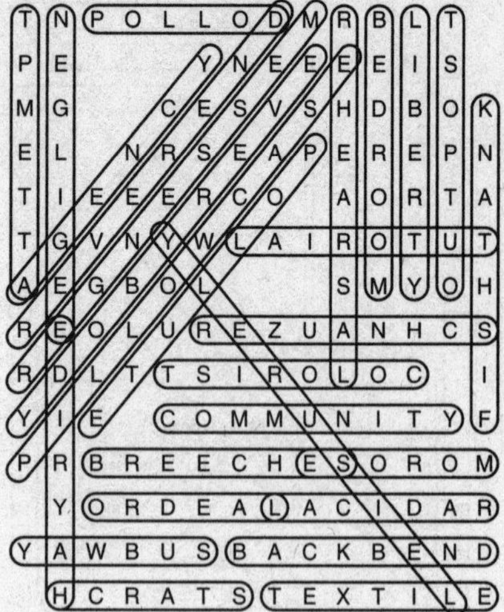

WORD SEEK 384

M O Y L D I K W A I M Y P Z S
C A N V I V W D R N B U P I O
O E U G R E A Y A W T S R E G
M S L S O N A L R E E C H I G
P O F S S E Y U I V G E I E N
G O V D R R I Q L O R M T R D
N O E R I D O P I T R I E T S
P R L E V U P U O T A G R T E
I D I H C O R I M T N E B E D
O A X O I B E S R O E M D A O
V J U D C O M N A A D T T Y R
A G N O E R A E E M R E U A D
S I S A B T P O F I R E M I D
O O S S Z I B S Y Z Z M N M E
C D S I E S U S E M T I O I S

WORD SEEK 385

R A H N I E E F R O F V I S T
P T E U M L L L T H D E E E U
E O D Y Z Y A L I M C U T A B
P C E A N E R N A R A E L L I
I C E M W O L U N A T N T S T
A N R N O C I N T I O M F N I
C H O S S C L D Y L D B A R B
E D M I A U P Y C P A D M A E
M S I B H O R D O M R S I N G
E A O A I M A P H U E O L L P
O N S N G E W H X B V U C I G
R O P L E C I L O B U S A N H
F F R L O C M A V A B T N I T
E E E Y Y C O T E I L A E E U
N S E L C I N U R P K L S E G

WORD SEEK 386

WORD SEEK 387

WORD SEEK 388

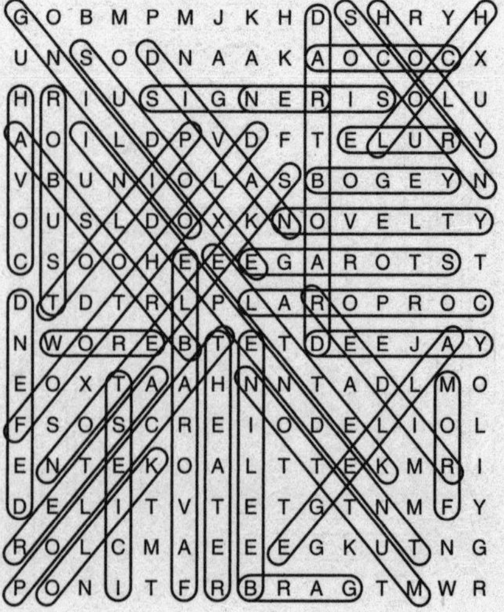

WORD SEEK 389

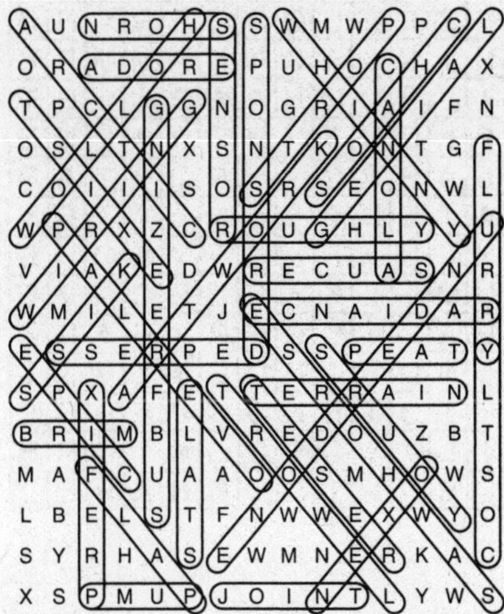

A	U	N	R	O	H	S	S	W	M	W	P	P	C	L
O	R	A	D	O	R	E	P	U	H	O	C	H	A	X
T	P	C	L	G	G	N	O	G	R	I	A	I	F	N
O	S	L	T	N	X	S	N	T	K	O	N	T	G	F
C	O	I	I	I	S	O	S	R	S	E	O	N	W	L
W	P	R	X	Z	C	R	O	U	G	H	L	Y	Y	U
V	I	A	K	E	D	W	R	E	C	U	A	S	N	R
W	M	I	L	E	T	J	E	C	N	A	I	D	A	R
E	S	S	E	R	P	E	D	S	S	P	E	A	T	Y
S	P	X	A	F	E	T	T	E	R	R	A	I	N	L
B	R	I	M	B	L	V	R	E	D	O	U	Z	B	T
M	A	F	C	U	A	A	O	O	S	M	H	O	W	S
L	B	E	L	S	T	F	N	W	W	E	X	W	Y	O
S	Y	R	H	A	S	E	W	M	N	E	R	K	A	C
X	S	P	M	U	P	J	O	I	N	T	L	Y	W	S

WORD SEEK 390

V	B	P	G	K	L	S	K	T	K	G	Z	L	L	G
Y	L	A	T	T	U	B	E	R	N	G	L	O	G	A
F	E	H	N	R	G	X	E	I	T	K	G	O	F	U
S	D	H	Y	G	C	P	V	M	N	G	B	T	O	Z
L	U	P	C	U	L	A	G	F	E	A	F	S	I	E
V	A	M	S	A	R	E	A	R	G	H	R	D	L	N
P	R	E	O	G	T	A	R	B	R	O	T	A	T	E
S	L	L	N	P	V	T	B	Y	U	A	C	O	S	C
K	A	E	R	B	E	S	A	S	F	S	O	T	A	N
H	H	U	M	M	I	N	G	B	I	R	D	R	Y	I
G	L	K	S	F	I	N	E	S	T	D	E	L	P	S
Y	R	E	T	A	E	A	N	R	N	L	B	A	O	U
D	B	E	B	E	G	T	I	G	E	Y	C	F	N	F
T	I	D	A	L	T	E	U	S	S	E	Z	V	A	B
H	O	L	E	D	M	K	S	K	S	T	O	O	C	S

WORD SEEK 391

B	R	X	Z	R	R	S	T	I	K	X	E	R	I	D
R	L	U	Y	R	O	T	A	D	N	A	M	S	R	D
B	A	A	O	W	U	M	L	N	H	F	M	H	A	D
S	S	I	Z	H	S	Y	A	C	I	D	O	N	F	V
B	P	R	R	E	T	B	C	E	B	T	G	Y	A	R
E	P	O	C	A	P	T	I	V	E	E	A	L	S	G
T	P	O	U	T	C	R	H	G	R	R	I	R	E	Y
F	M	K	L	S	E	L	T	L	N	D	A	N	Y	D
F	R	I	N	G	E	S	E	T	A	U	E	G	U	T
E	E	G	A	V	A	S	N	R	T	T	S	O	I	V
L	B	N	X	L	I	D	E	B	I	T	L	N	E	C
I	E	I	F	H	C	T	P	C	O	C	S	R	U	P
M	P	X	C	F	T	X	H	M	N	E	V	S	P	T
S	G	I	B	O	L	A	E	M	L	E	N	N	E	K
S	F	F	T	S	H	O	W	B	O	A	T	L	D	K

WORD SEEK 392

P	E	S	W	R	T	D	T	V	U	L	Y	R	M	N
M	M	E	E	E	E	K	W	I	I	E	A	T	A	P
V	L	A	R	U	M	S	I	R	P	D	V	C	A	O
V	C	A	H	G	T	M	L	O	E	G	E	R	O	L
H	C	G	T	C	A	V	L	C	B	P	K	O	E	V
V	O	H	O	U	I	N	C	S	E	A	D	M	E	N
E	T	A	R	R	A	N	N	O	L	E	M	R	C	P
P	G	S	T	E	G	D	R	C	L	W	E	A	O	H
M	R	A	E	I	R	E	L	I	E	V	E	E	E	Y
M	T	E	B	U	D	P	O	E	E	L	A	R	O	M
K	E	D	M	N	N	L	B	T	R	H	O	I	T	R
N	R	M	U	I	A	L	E	Y	E	N	A	E	E	S
A	E	A	P	S	E	E	R	E	V	I	R	V	R	L
R	L	N	E	T	T	R	B	O	U	M	I	C	E	M
L	U	R	N	I	Y	Y	U	B	E	L	S	I	E	N

WORD SEEK 393

V	F	I	B	D	H	Q	K	L	E	N	C	E	S	C
C	V	K	N	L	I	C	I	C	A	S	B	I	L	B
V	H	N	I	E	I	S	N	S	E	E	G	R	E	T
E	S	A	E	T	A	A	C	A	N	L	H	E	N	N
F	L	H	S	B	L	V	C	O	R	O	N	E	T	I
F	R	T	F	M	J	I	N	S	H	I	R	Y	V	T
C	I	P	O	T	E	L	S	I	U	R	N	K	N	L
E	T	E	Q	E	D	L	L	R	U	O	G	A	E	Q
R	C	D	D	C	L	A	K	C	E	V	I	L	O	L
J	P	A	N	I	E	I	O	C	I	L	L	R	F	M
A	H	B	R	E	U	M	L	Y	A	Y	A	L	U	A
S	M	D	G	B	P	G	I	V	R	C	L	R	T	F
T	E	A	R	I	P	S	A	L	M	I	T	L	G	Q
I	D	T	L	N	O	F	U	V	T	S	A	H	O	E
A	L	E	S	L	R	A	Q	S	N	S	U	D	B	J

WORD SEEK 394

S	D	I	P	E	T	V	H	T	O	O	M	S	B	G
T	G	E	T	U	P	I	A	U	H	L	A	A	L	P
V	A	E	C	H	E	B	R	N	U	L	L	O	R	M
S	R	M	H	A	U	R	A	O	E	D	B	I	W	I
U	E	S	I	D	N	A	H	C	R	E	M	D	R	S
B	U	C	K	L	E	T	C	O	K	A	T	H	J	F
L	B	O	E	L	V	I	L	C	T	R	W	O	E	I
E	N	F	F	K	E	N	P	E	W	R	E	T	O	T
T	I	F	R	R	R	G	Y	A	L	R	A	S	H	B
V	A	L	U	A	B	L	E	T	C	L	P	V	T	S
W	R	G	S	E	A	A	P	Y	S	I	A	A	E	S
E	B	K	P	P	D	R	E	I	G	E	F	R	C	N
N	O	H	T	Y	P	E	G	P	V	G	J	Y	A	F
I	M	O	R	A	L	E	E	O	D	N	O	A	E	P
C	P	P	L	H	L	N	L	A	E	S	V	F	M	L

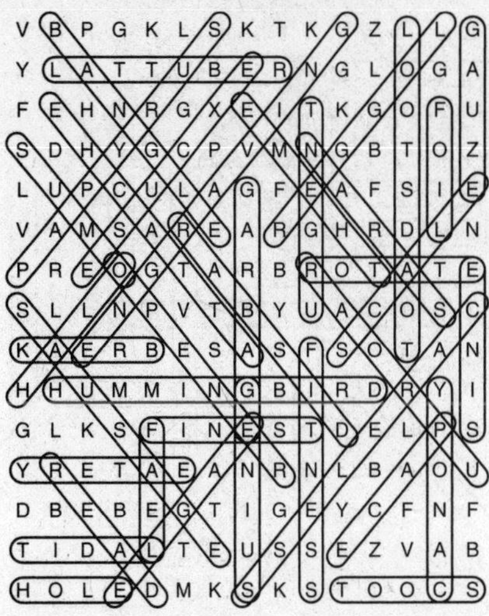

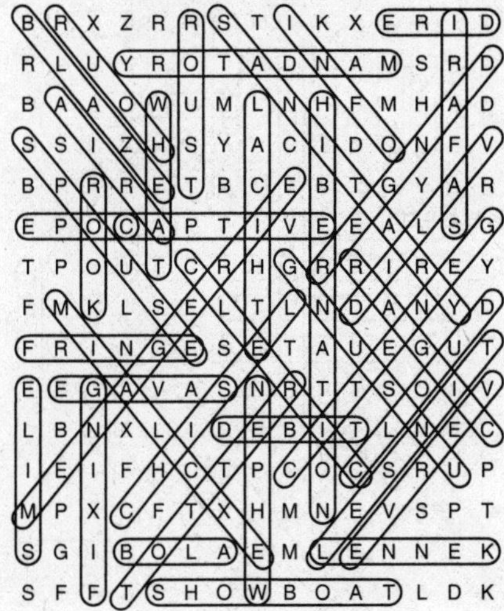

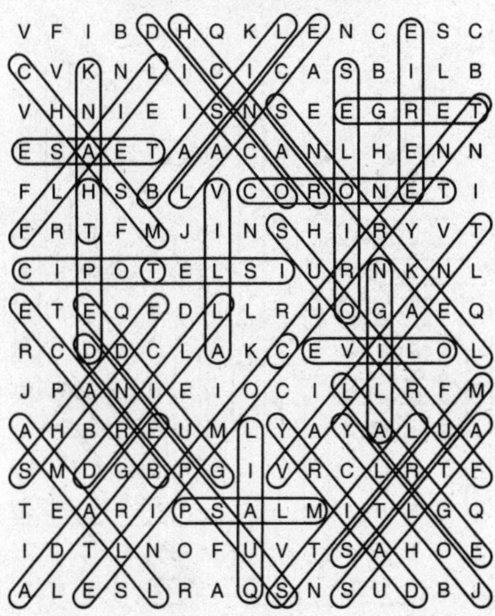

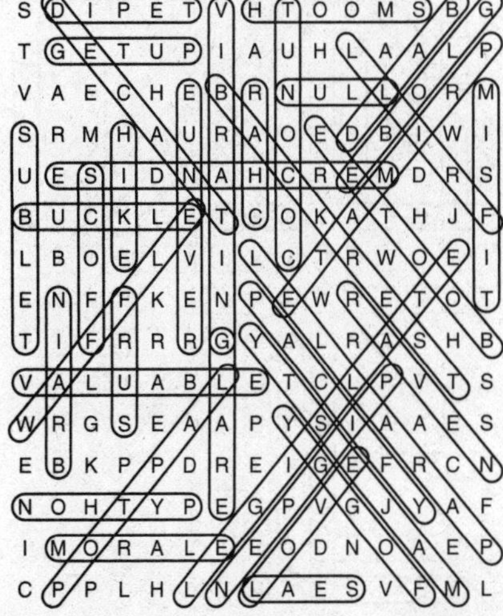

WORD SEEK 395

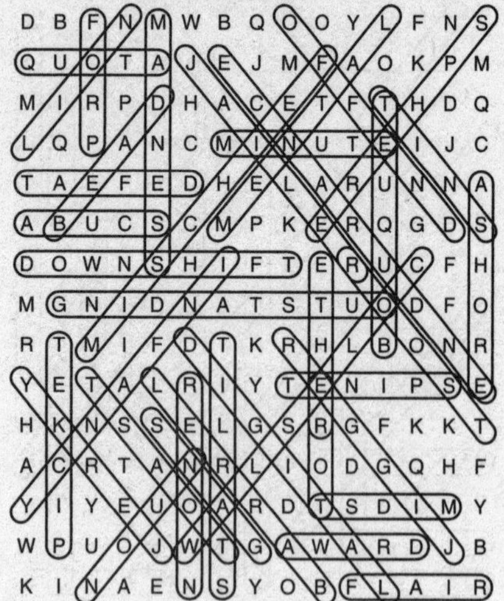

WORD SEEK 396

H	C	L	E	U	Q	S	O	P	R	A	N	O
N	I	O	J	A	C	K	H	A	M	M	E	R
I	L	E	O	O	H	A	W	E	I	G	H	T
F	L	O	U	T	H	H	O	R	A	S	U	E
L	A	R	R	C	I	N	R	O	I	T	A	R
A	T	V	N	R	E	E	N	F	Y	T	H	N
N	E	U	A	E	L	G	R	Y	K	O	H	E
N	M	I	L	K	W	E	E	D	C	G	V	E
E	A	U	I	C	G	E	R	I	U	A	R	W
L	N	H	S	I	N	U	E	I	L	V	K	T
E	T	O	T	K	N	O	W	L	E	D	G	E
I	L	I	I	O	E	O	O	H	T	O	R	B
P	E	N	L	I	M	T	C	H	A	P	E	L

WORD SEEK 397

E	L	A	S	E	L	O	H	W	I	N	C	E
T	D	O	G	E	G	E	E	A	H	B	A	W
A	C	A	N	O	U	S	R	L	N	I	A	P
R	U	R	L	I	T	N	C	L	K	L	F	T
A	E	Y	O	W	U	E	A	O	C	G	O	F
K	E	H	A	P	R	F	N	W	A	P	A	E
U	I	R	C	M	T	E	E	I	S	I	B	S
M	D	N	H	A	L	D	E	N	I	Z	E	N
Q	Y	A	S	L	E	E	I	G	N	N	R	O
U	X	C	H	M	N	P	Y	L	G	U	M	P
A	O	O	O	O	E	E	E	O	U	N	S	S
T	P	T	P	S	C	N	F	L	I	T	U	E
E	E	R	S	T	K	D	N	E	P	O	E	R

WORD SEEK 398

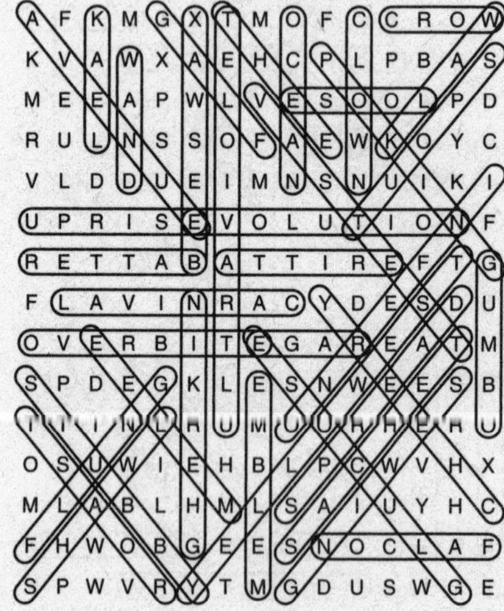

WORD SEEK 399

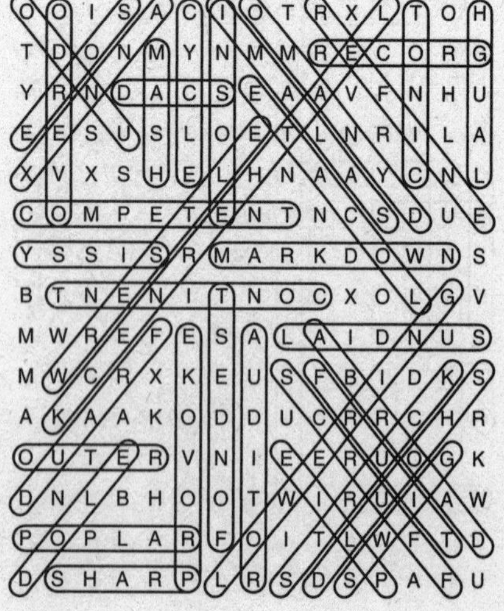

WORD SEEK 400

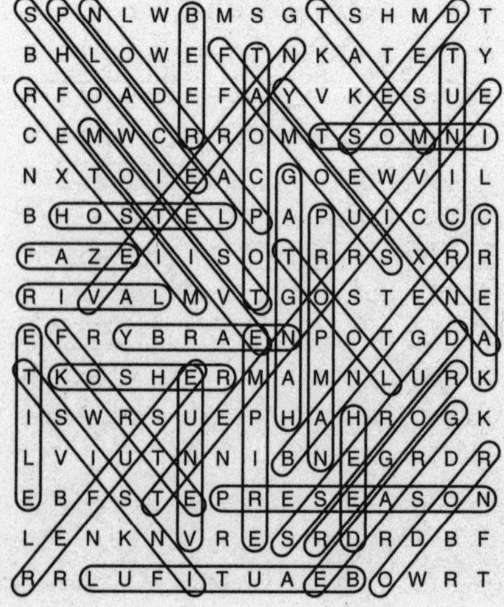

WORD SEEK 401

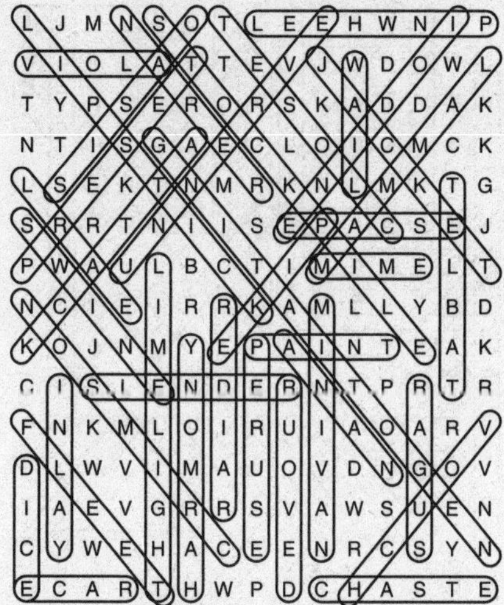

WORD SEEK 402

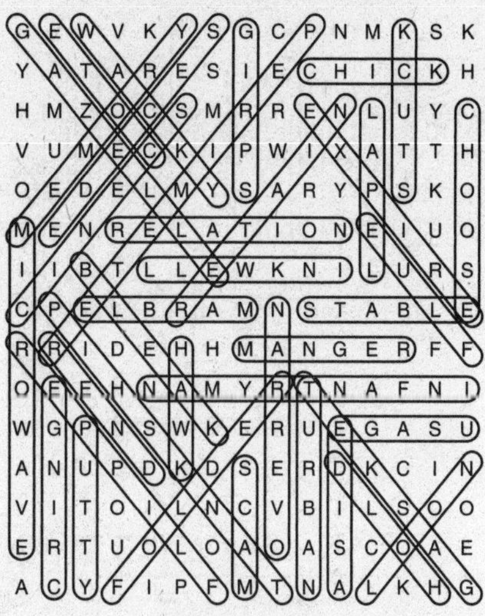

WORD SEEK 403

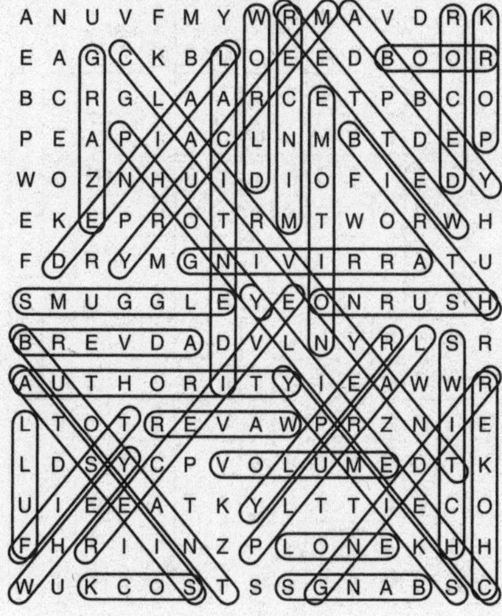

WORD SEEK 404

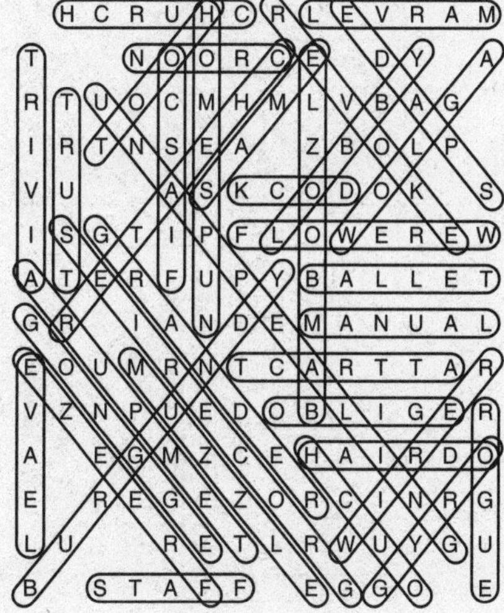

WORD SEEK 405

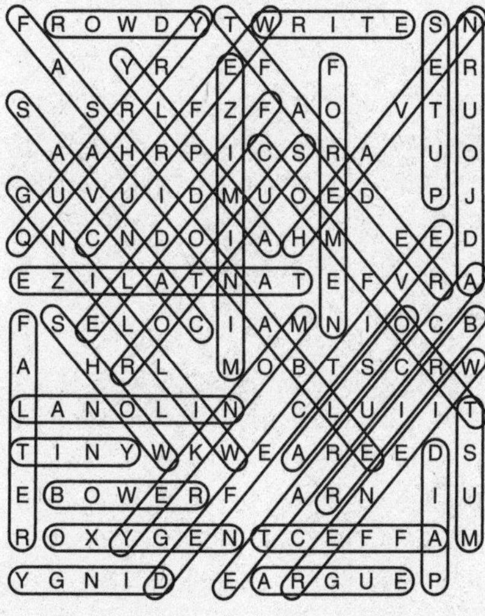

WORD SEEK 406

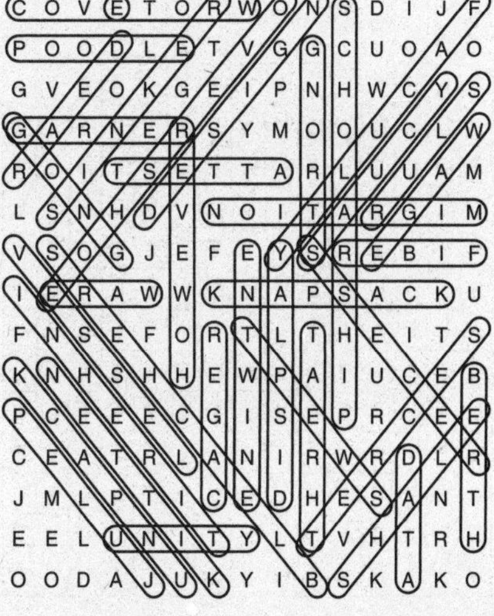

WORD SEEK 407

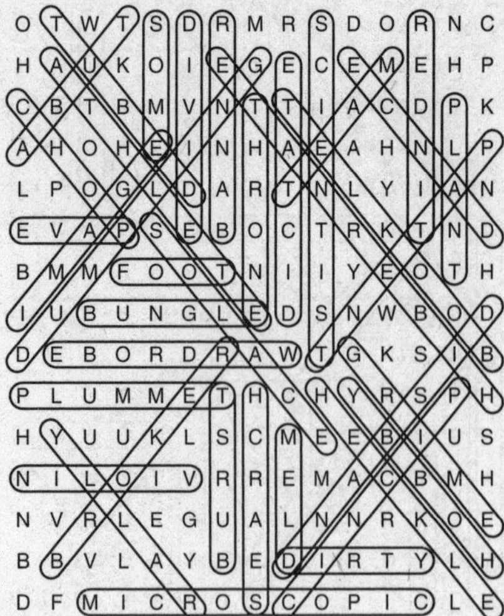

WORD SEEK 408

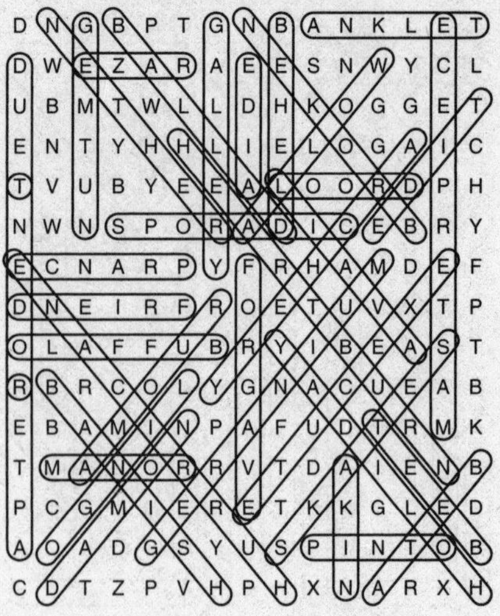

WORD SEEK 409

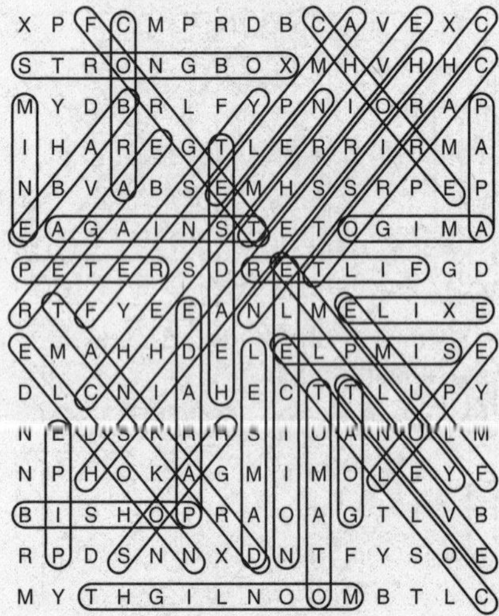

WORD SEEK 410

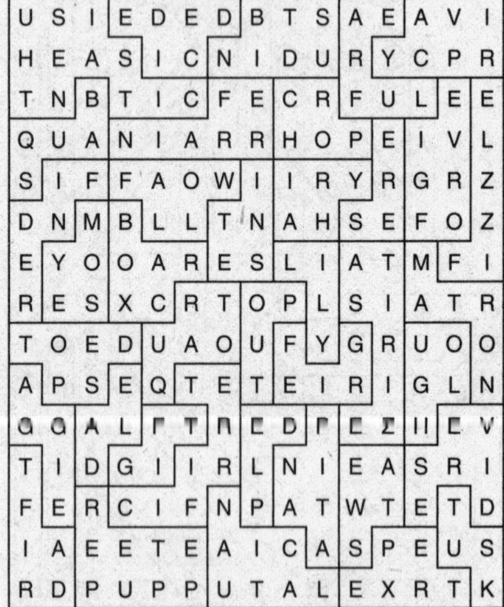

WORD SEEK 411

D	I	R	P	A	N	G	S	T	D	R	A	D	I	T
I	O	G	S	Y	I	K	A	E	I	E	W	A	Y	T
T	N	H	S	O	N	I	X	G	N	U	B	R	I	A
A	B	S	U	L	G	K	A	L	E	N	V	A	T	N
R	O	R	L	B	A	C	W	R	E	D	L	M	E	F
E	A	P	B	A	Z	Z	C	U	A	D	E	P	A	E
P	P	R	E	F	Y	I	T	E	R	A	N	A	R	S
E	T	C	E	L	E	D	O	O	R	E	E	L	R	O
A	R	L	A	I	T	A	R	L	R	S	S	B	E	M
D	E	S	I	R	T	L	E	D	E	N	E	B	U	E
U	R	P	T	E	A	L	E	N	I	C	W	A	L	F
L	E	Y	R	I	D	E	L	T	E	T	E	L	L	E
S	S	T	H	A	L	V	U	U	R	T	L	E	T	D
U	E	L	G	E	C	I	F	O	L	C	L	P	Y	E
M	H	A	U	S	T	R	E	C	L	E	A	Y	A	C

WORD SEEK 412

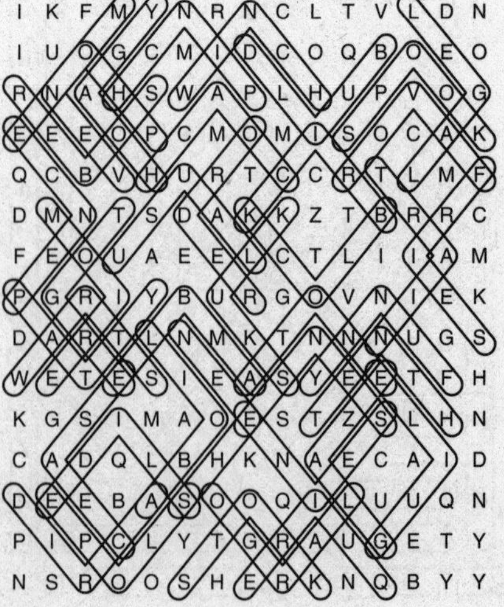

WORD SEEK 413

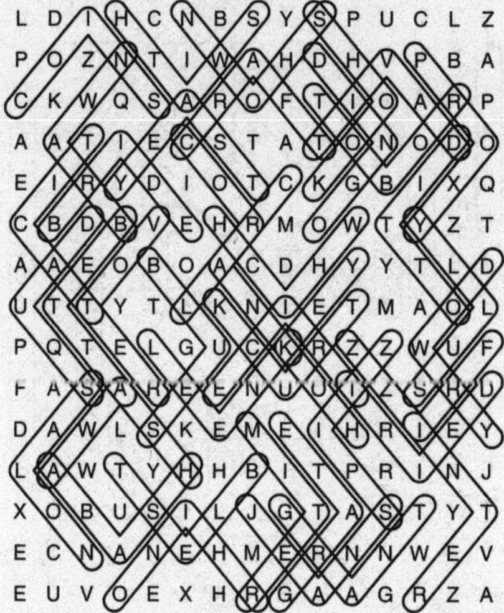

WORD SEEK 414

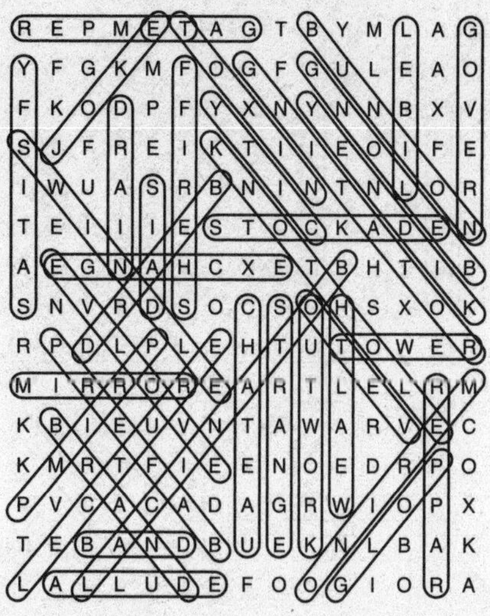

WORD SEEK 415

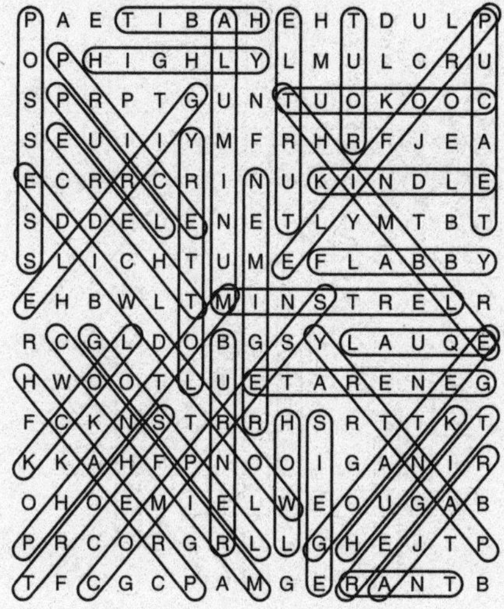

WORD SEEK 416

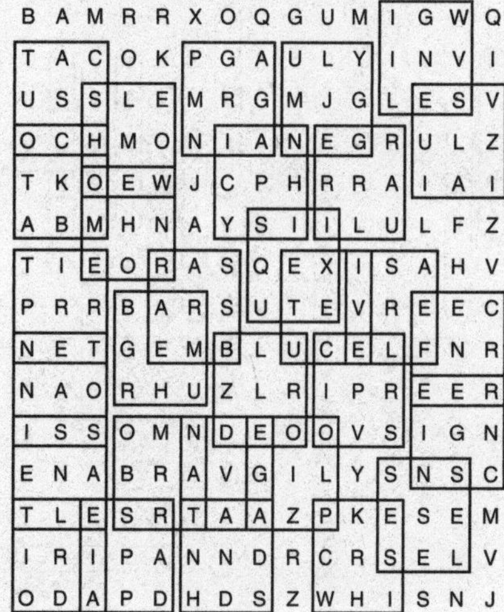

WORD SEEK 417

R	S	E	A	E	T	A	G	O	E	P	C	A	I	V
U	R	P	A	N	G	R	T	V	R	R	E	M	M	H
O	E	H	Y	P	R	A	I	N	B	I	T	N	E	T
U	T	R	C	R	A	A	M	P	I	L	A	G	I	R
E	T	S	I	A	T	N	F	T	E	T	M	C	E	E
O	T	O	Q	U	L	T	R	C	E	Z	M	O	A	D
O	M	H	P	S	H	D	I	A	A	A	N	D	R	E
E	J	F	S	A	D	H	L	G	P	B	I	S	E	P
K	A	N	J	L	O	C	O	A	I	H	M	A	H	Q
I	C	K	H	R	T	R	T	O	R	Y	S	Q	U	H
M	H	O	W	E	P	M	E	T	M	I	N	G	I	J
S	T	L	S	R	O	N	I	E	E	A	T	N	U	D
G	N	N	U	F	L	A	C	R	E	N	V	E	R	Z
E	O	I	O	E	P	R	O	P	T	T	N	E	P	T
S	J	Z	N	W	K	W	E	A	L	E	E	S	J	C

WORD SEEK 418

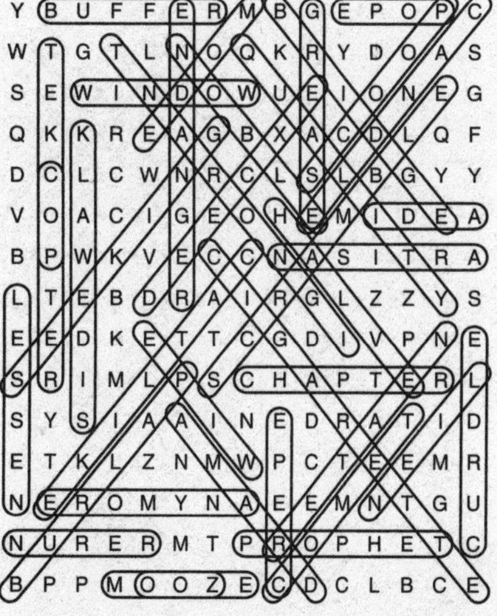

WORD SEEK 419

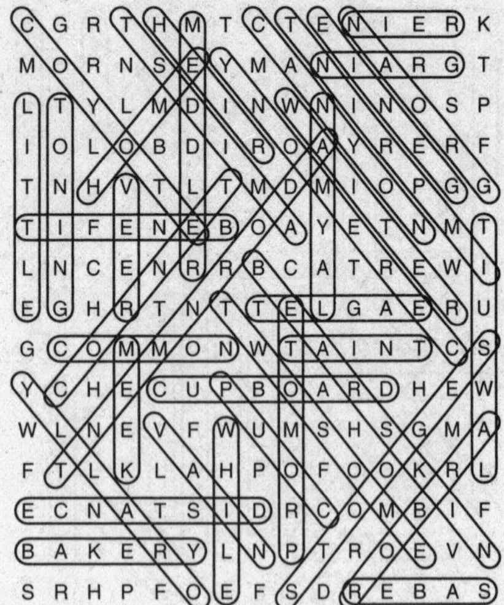

WORD SEEK 420

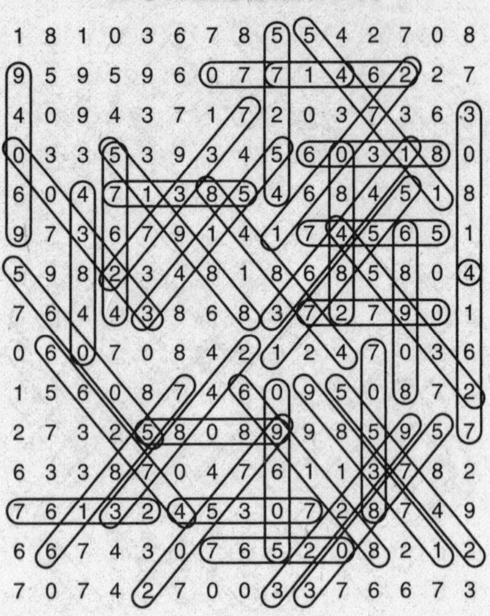

WORD SEEK 421

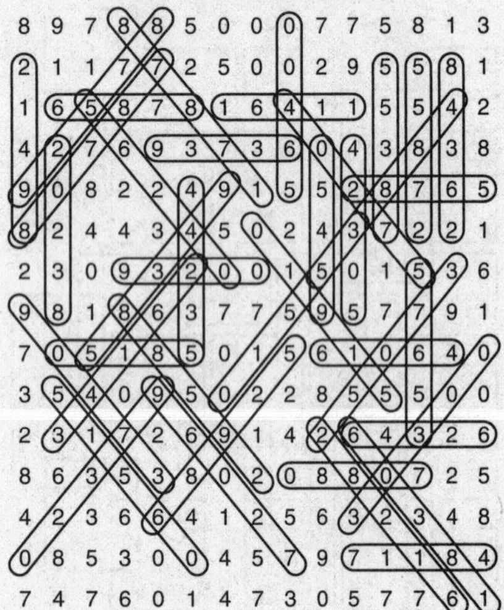

WORD SEEK 422

WORD SEEK 423

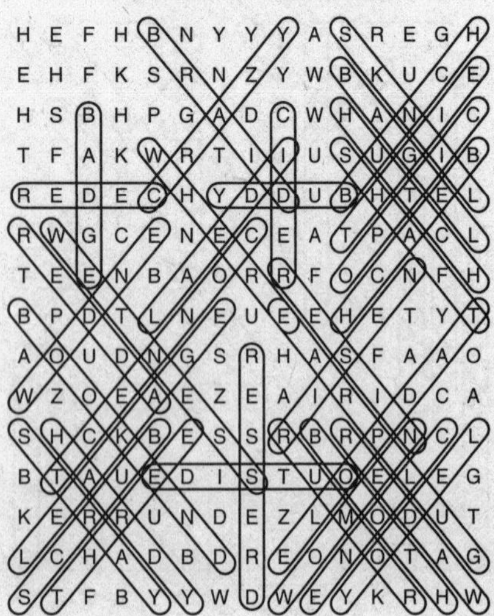

WORD SEEK 424

E	N	E	S	O	R	E	K	A	R	A	T	S
N	A	W	H	I	T	T	L	I	N	G	I	P
O	A	I	A	A	S	T	D	D	O	B	A	L
Y	E	T	S	L	I	S	E	D	I	S	L	E
T	T	H	G	I	L	O	L	L	M	A	K	A
S	A	S	O	E	I	P	B	L	B	B	M	O
U	U	T	M	Z	A	T	A	D	I	A	I	B
R	U	O	S	I	R	U	D	P	B	B	O	P
T	N	O	M	U	V	O	N	S	E	T	A	Y
S	D	D	O	R	T	V	E	T	S	R	H	G
I	U	E	K	H	O	E	P	O	W	T	I	O
M	E	R	E	L	Y	N	X	N	W	O	L	F
C	I	R	T	C	E	L	E	G	R	E	S	S

WORD SEEK 425

L	L	A	C	O	T	T	O	N	T	A	I	L
A	L	E	S	L	Y	N	N	O	B	A	K	E
Y	E	E	I	U	A	E	O	W	I	U	I	Y
O	U	U	U	T	O	P	I	A	N	K	M	H
R	Q	U	A	R	A	N	T	I	N	E	K	P
E	U	U	A	A	A	L	O	I	N	N	N	A
S	A	N	I	T	U	N	P	T	R	E	I	R
I	G	E	I	N	O	R	I	I	T	I	K	G
G	M	M	E	D	E	O	C	U	Z	U	S	O
N	I	A	O	D	T	L	K	E	M	Z	L	E
D	R	D	A	K	N	A	L	P	G	N	A	G
S	E	T	E	R	A	N	E	A	R	A	E	A
N	E	K	C	A	T	S	E	K	O	M	S	M

WORD SEEK 426

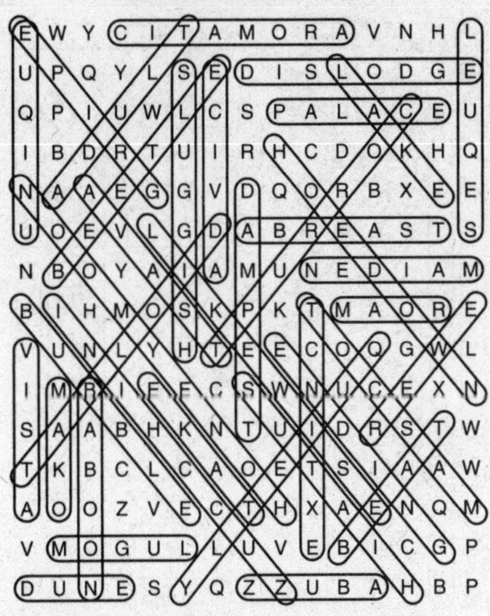

WORD SEEK 427

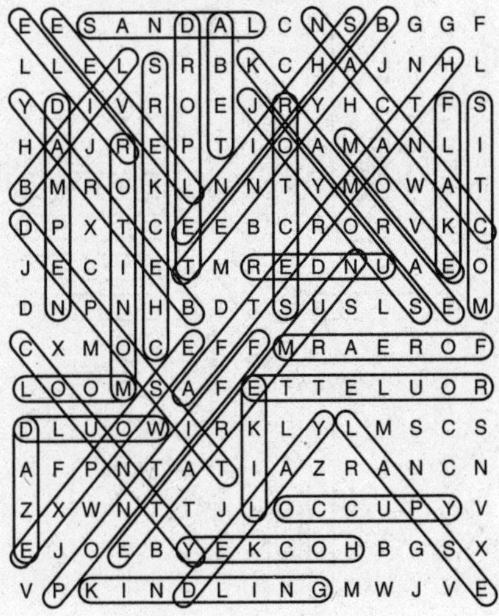

WORD SEEK 428

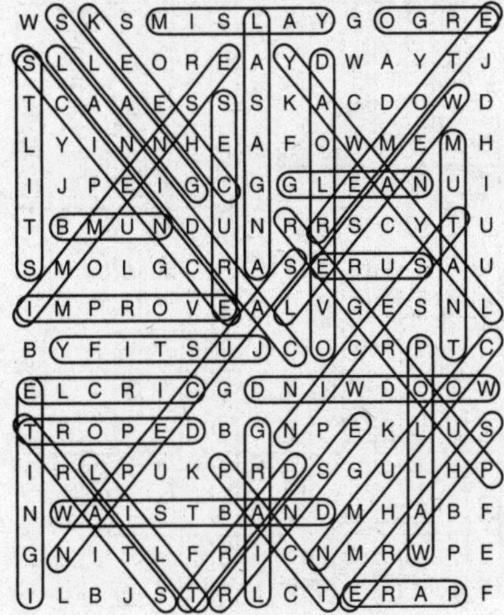

WORD SEEK 429

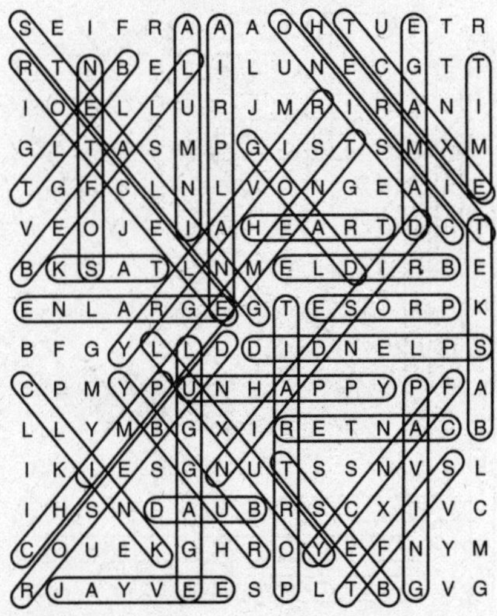

WORD SEEK 430

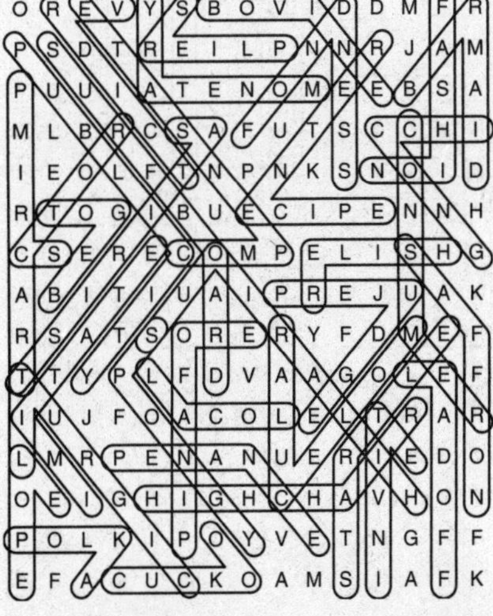

WORD SEEK 431

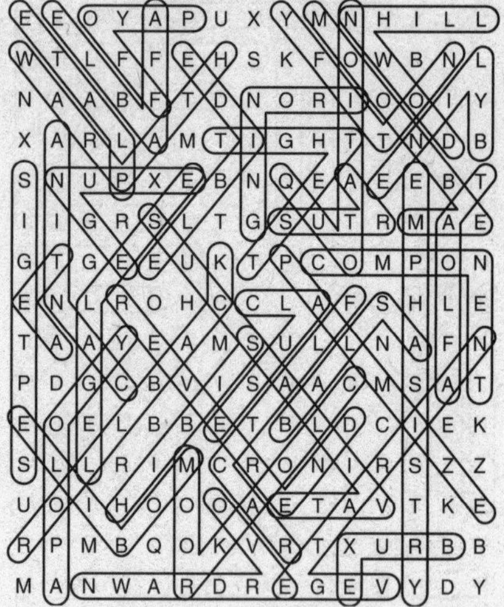

WORD SEEK 432

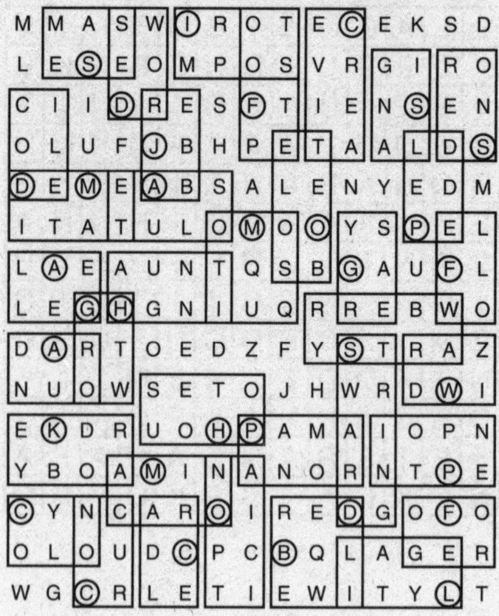

WORD SEEK 433

I T R T E C V P C S E V O S E
M B E T S R L E E S R V E M L
H T R T F O G T N T C O M O D
W A T O Q B N A R I E S E G O
R E E W B L I G I A H T T E R
A C R I A E R N O P E R O C I
O D W O I S E R R O T A S L A
W N S H C O O K P U Y G T I O
L A G A M B A I O O M M M M N
I O K I R T E K C C Q E Y A W
L U T R A L I K A E U N I R I
G N I O N I A H E P O H W S S
K I T S Q U N D L T L L O B E
N I T A W L N O B A C D R D L
I O N R P S C A R G E B I D A

WORD SEEK 434

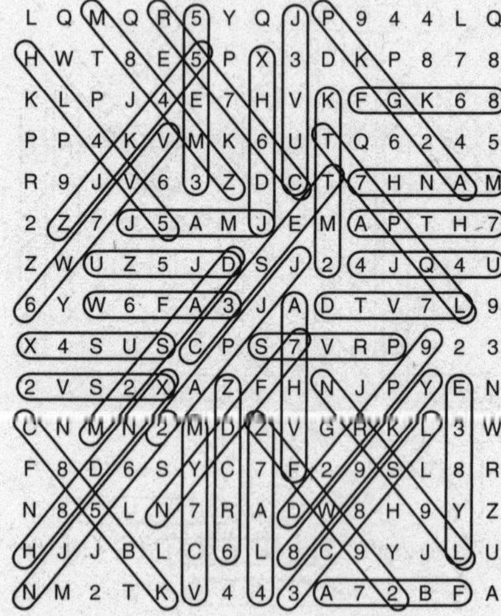

WORD SEEK 435

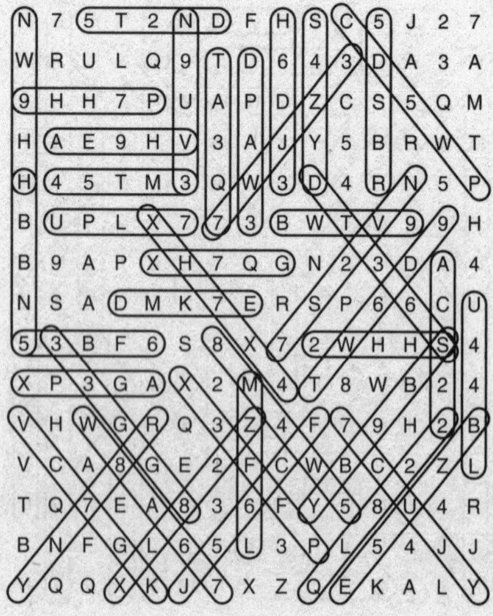

WORD SEEK 436

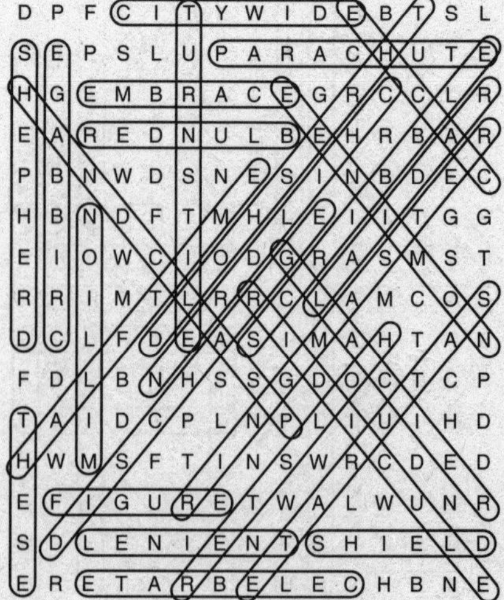

WORD SEEK 437

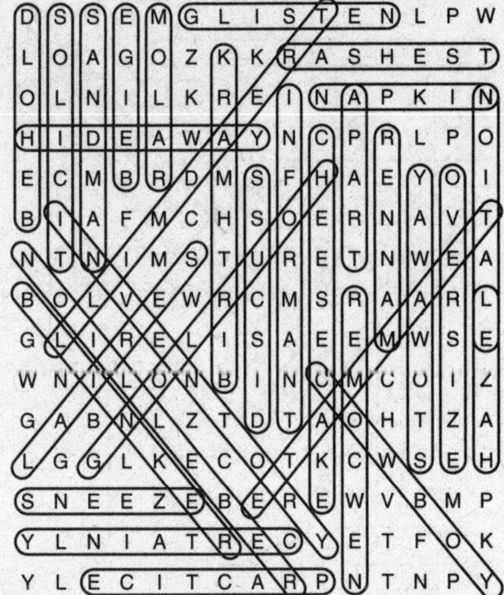

WORD SEEK 438

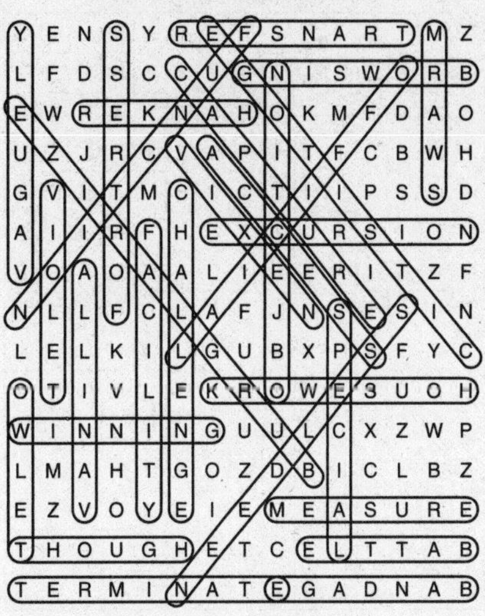

WORD SEEK 439

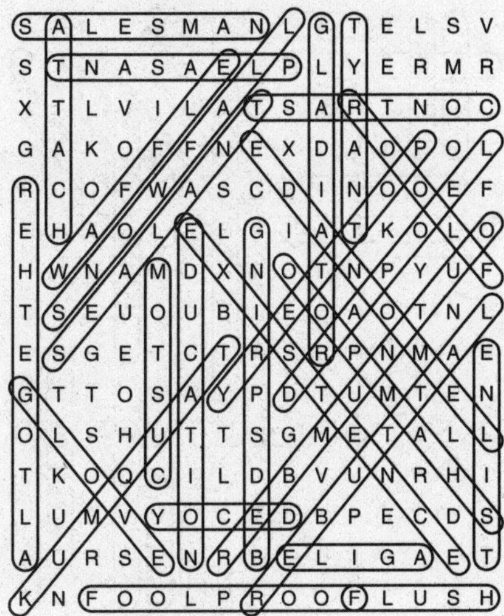

WORD SEEK 440

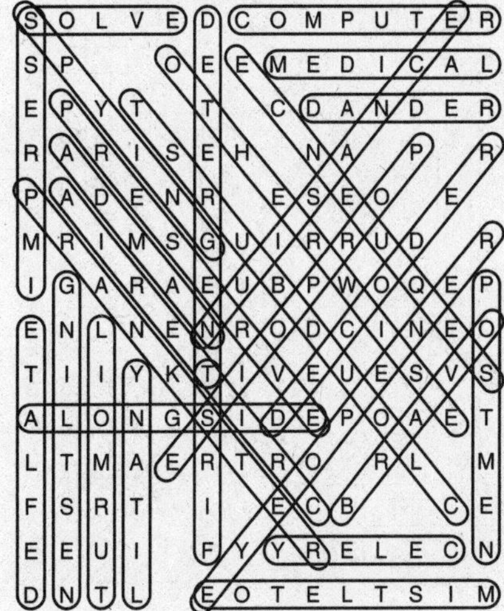

WORD SEEK 441

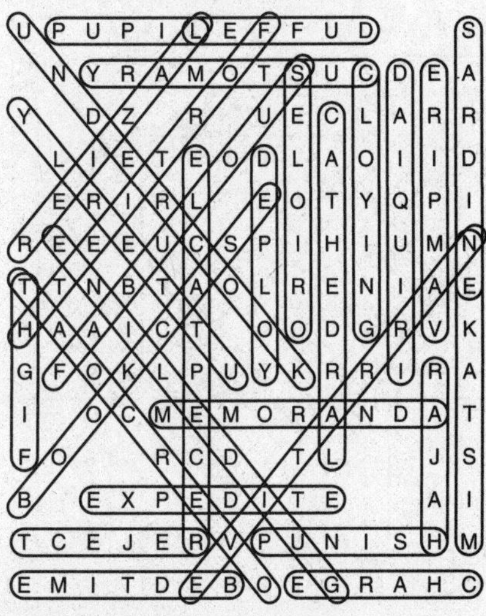

WORD SEEK 442

B	O	M	A	N	B	A	B	N	O	A	P	C	H	T
R	D	E	U	G	Y	T	I	E	I	N	M	O	G	I
E	A	R	I	S	E	C	N	P	I	N	P	L	O	L
B	M	E	R	H	S	H	I	L	F	E	X	E	R	A
L	E	S	O	N	O	H	M	I	M	M	E	P	I	E
E	R	A	V	E	M	O	M	A	E	E	N	T	E	L
B	U	E	G	D	I	D	E	S	U	R	T	Y	M	P
Y	E	C	E	N	A	L	S	R	I	S	E	D	I	P
C	M	R	P	E	R	Y	T	B	L	T	G	I	P	U
H	I	I	S	F	H	G	N	N	L	E	C	D	I	N
Y	R	A	L	A	B	I	E	E	I	A	N	S	S	E
P	T	S	A	C	O	R	H	M	S	I	S	R	E	T
I	I	R	O	T	S	L	O	O	R	D	T	C	C	I
C	N	I	T	D	I	O	Y	D	A	D	B	A	E	R
K	N	O	I	N	G	I	A	L	O	A	F	Y	O	U

WORD SEEK 443

```
T L K C C R E T W I A G U M O
C A S O H O S P E R R N N S T
A N N O N R T L Y F M A N A E
I N A T I O I S N E Y R T F N
Y G T R E N E S S S U G E D I
D O S Y X N Y T U Z Z W O I R
M B R Y T A L Y D L E E R S P
E V E B O G E E E B B L R T E
L I S A C A L K P M O B U E R
O O T Y I N Y O E N O R N O M
Y B A F C H O E G T E L U S U
A W R I E L I R R A N N L E L
A N E V T I E P U F S O P I T
B H O R R E S S L F R D R C U
L A N I M G T E A I E P A T S
```

WORD SEEK 444

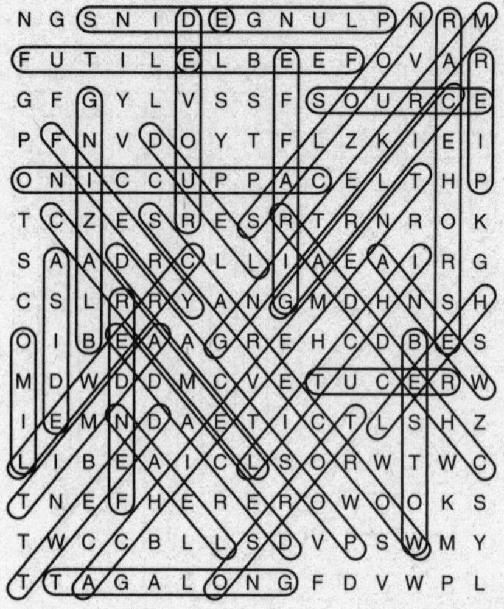

WORD SEEK 445

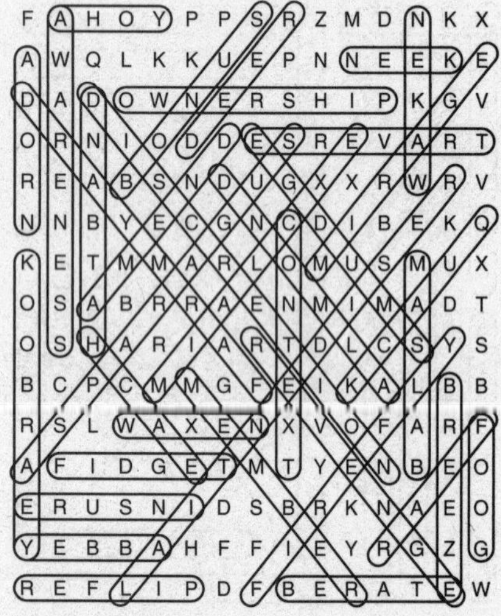

WORD SEEK 446

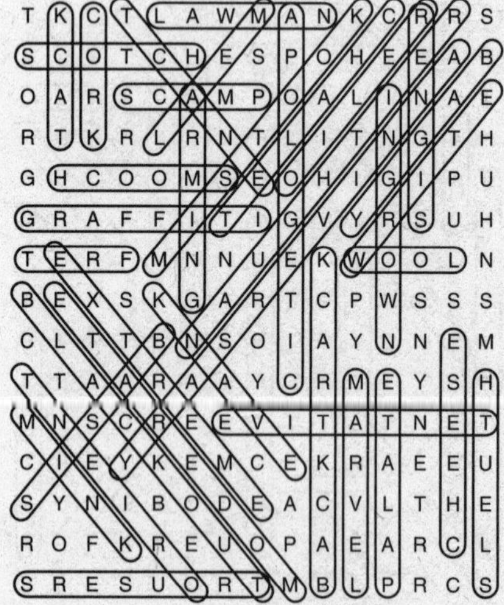

WORD SEEK 447

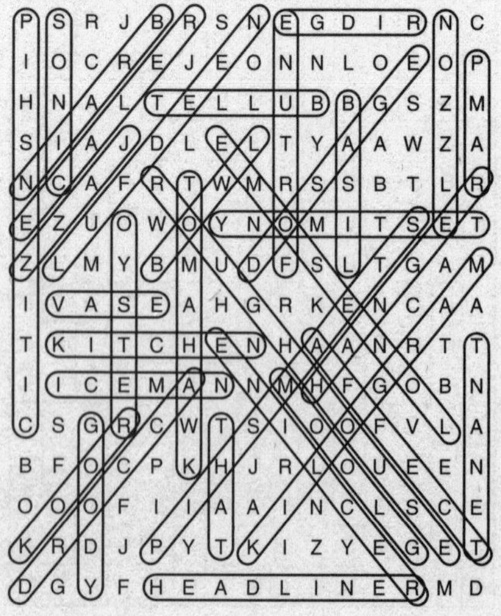

WORD SEEK 448

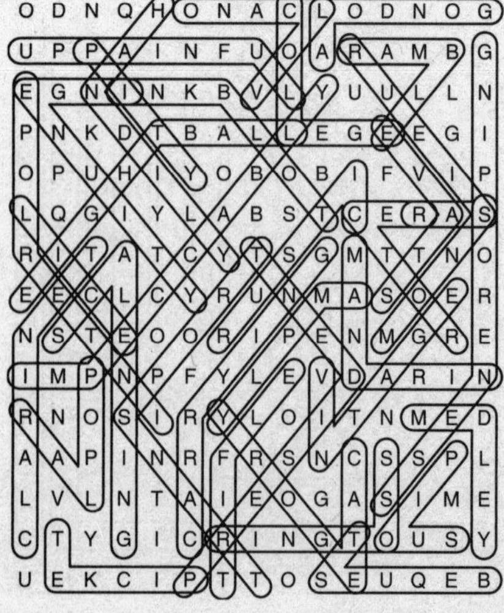

WORD SEEK 449

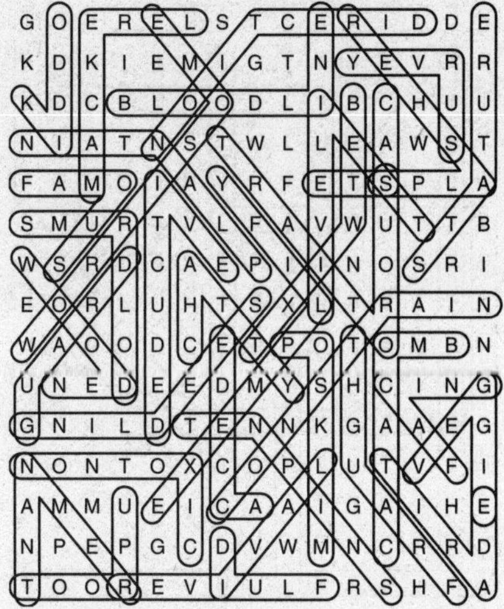

WORD SEEK 450

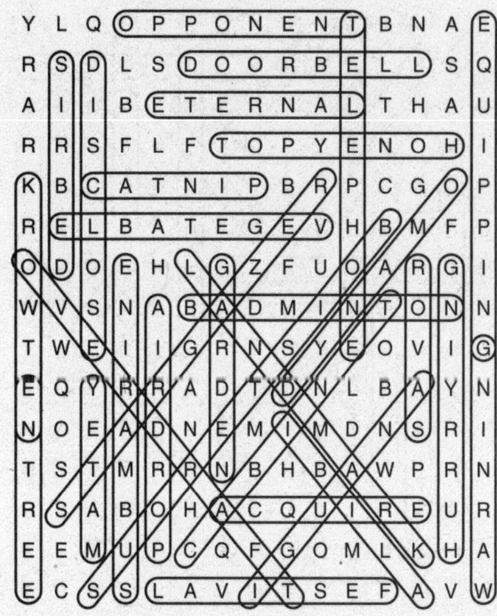

WORD SEEK 451

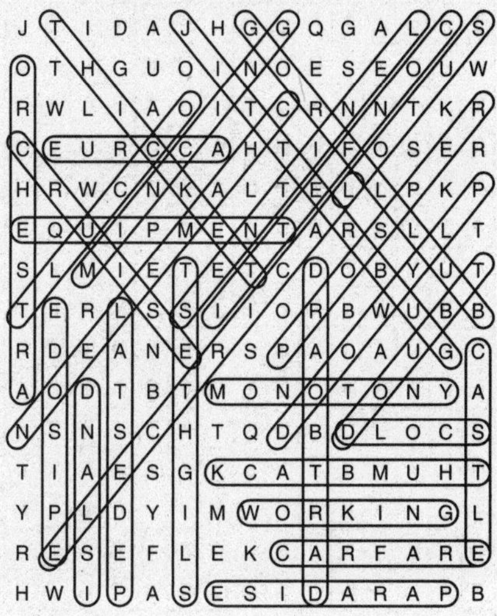

WORD SEEK 452

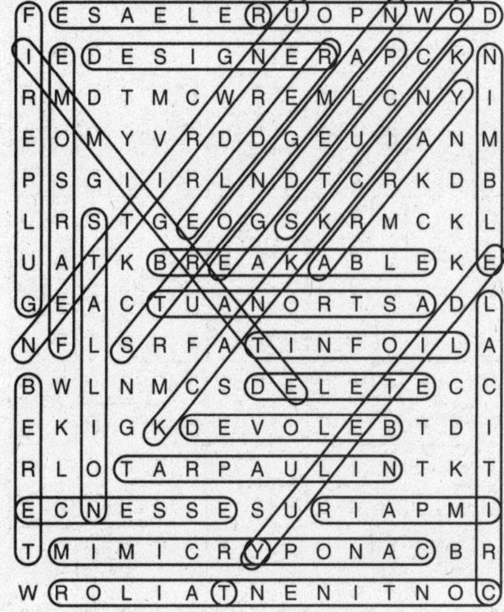

WORD SEEK 453

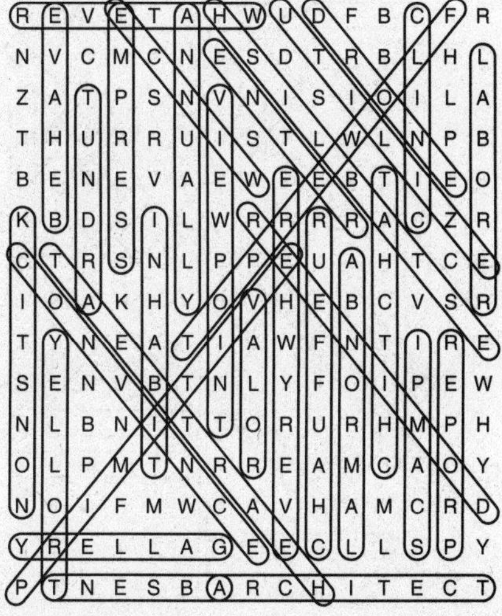

WORD SEEK 454

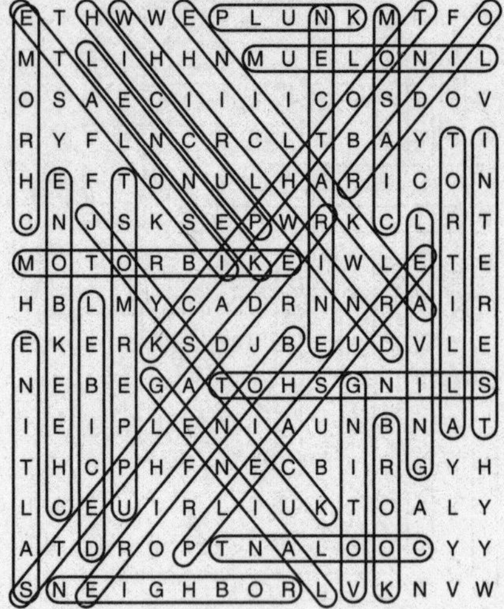

WORD SEEK 455

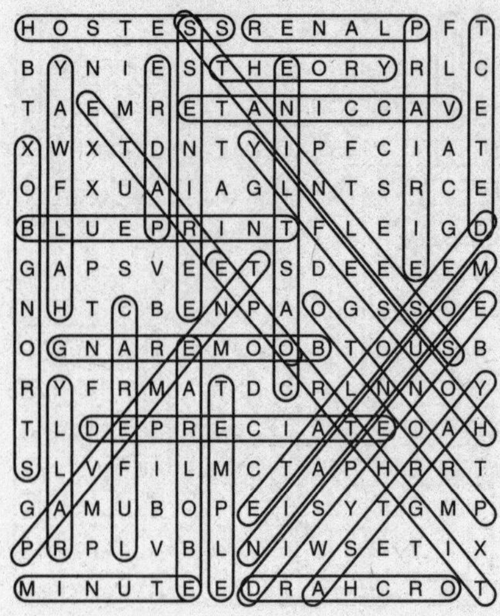

WORD SEEK 456

T N F O O T H T L T R A Y R U
G E M R G E F A O R O P R D S
A L G A L I F E E L E B E N B
O L G R F Q U R V T S O C N A
P M R A Z R O P E R U N R A B
O O S K E D N O S C E W O R U
R W P R A B V O S T N N I B N
B O I A K E E D R O F T E N E
L E N N W R R U K R U P T D T
V O F A I N S T O T O R E G D
E Y F T H C I Y P E N I R W I
R D U M T N F Y F V A S E T R
U N E A R E E D A S U H C N E
A T O L A M A L P H R E H O R
D O B A C E C R E E R I T N F

WORD SEEK 457

E L C A R T U N T E R I V E D
A P Q U O H A L N O M S E S R
R P I E G R Z E I W A H C E U
O P L T A E H I W T N A O S O
I R C N E E S N G W I S I T C
A T E S S R P A E L S A K T E
E U B R E F L L S T T K E I N
S R E C Y T E N E R E E N S H
P P H O D C S U N R L D M A L
R O E R A I G F O O O G B L T
E N P M O T N O E K T T I U F
H S A A C S S S T E E K R M D
I L K A N E E I S P R E O I N
O A M R I P S G G E A R W O C
F E N A N O S O L O S T R A L

WORD SEEK 458

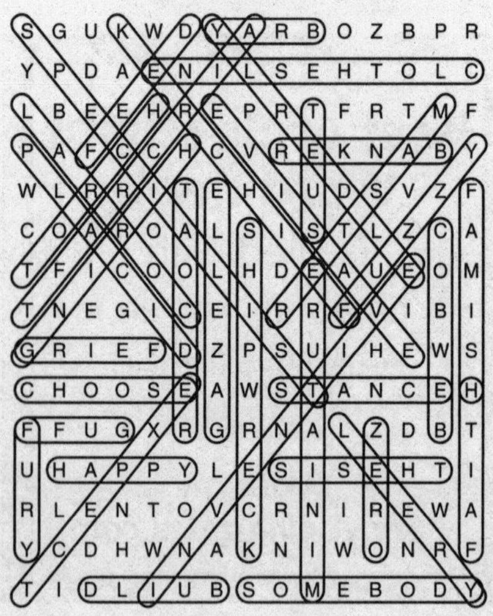

WORD SEEK 459

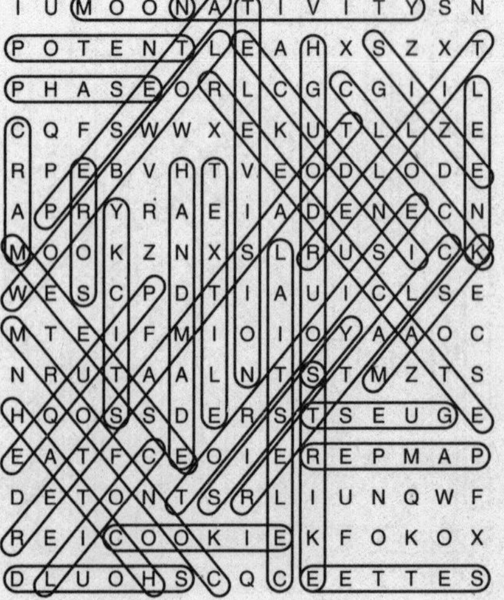